Lisa Jagersberger

TRAUNER VERLAG
BILDUNG

Küche

■ Planung ■ Vorbereitung ■ Praxis

ROSWITHA MACHER
ANDREA STALTNER
ELFRIEDE DERFLINGER
SYLVIA PEHAK
EDUARD MITSCHE
PETER FISCHER

HLW
FW
LW

Wir weisen darauf hin, dass das Kopieren zum Schulgebrauch aus diesem Buch verboten ist – § 42 Absatz (3) der Urheberrechtsgesetznovelle 1996: „Die Befugnis zur Vervielfältigung zum eigenen Schulgebrauch gilt nicht für Werke, die ihrer Beschaffenheit und Bezeichnung nach zum Schul- oder Unterrichtsgebrauch bestimmt sind."

Dieses Buch wurde auf umweltfreundlichem Papier gedruckt: 100 % chlorfrei gebleicht

PEFC

Mit PEFC wird garantiert, dass die eingesetzten Rohstoffe für die Papierproduktion aus nachweislich nachhaltiger Waldwirtschaft stammen.
www.pefc.at

Lektorat: Mag. Karin E. Gollowitsch
Gestaltung und Grafik: Bettina Victor
Zeichnungen: Heidi Hinterkörner
Schulbuchvergütung/Bildrechte:
© VBK/Wien
Gesamtherstellung:
TRAUNER Druck, Linz

ISBN 978-3-85499-427-5
Schulbuch-Nr. 110.533
www.trauner.at

Impressum

Macher u. a. Küche
■ Planung ■ Vorbereitung ■ Praxis
5. Auflage 2009, Nachdruck 2010
Schulbuch-Nr. 110.533
TRAUNER Verlag, Linz

Die Autor(inn)en

Roswitha Macher
Höhere Lehranstalt für wirtschaftliche Berufe Linz-Landwiedstraße
Andrea Staltner
Höhere Lehranstalt für wirtschaftliche Berufe Linz-Landwiedstraße
Elfriede Derflinger
Höhere Lehranstalt für wirtschaftliche Berufe Steyr
Sylvia Pehak
Höhere Lehranstalt für wirtschaftliche Berufe Wien-Michelbeuerngasse
Eduard Mitsche
Höhere Bundeslehranstalt für Tourismus, Wien-Wassermanngasse
Peter Fischer
Berufsschule Altmünster

Approbiert für den Unterrichtsgebrauch an:
- Höheren Lehranstalten für wirtschaftliche Berufe für den I. bis IV. Jahrgang im Unterrichtsgegenstand Küche und Service
  und für den III. Jahrgang im Unterrichtsgegenstand Betriebsorganisation (GZ 44.554/3-V/1/02);
- Fachschulen für wirtschaftliche Berufe für die 1. bis 3. Klasse im Unterrichtsgegenstand Küche und Service
  und für die 3. Klasse im Unterrichtsgegenstand Betriebsorganisation (GZ 44.554/3-V/1/02);
- Höheren land- und forstwirtschaftlichen Lehranstalten für den I. bis IV. Jahrgang im Unterrichtsgegenstand Küchenführung und Lebensmittelverarbeitung (BMBWK-V44.554/0001-V/9/2004).

Dieses Schulbuch wurde auf der Grundlage eines Rahmenlehrplans erstellt; die Auswahl und die Gewichtung der Inhalte erfolgen durch die Lehrerinnen und Lehrer.

Bei personenbezogenen Formulierungen wurde das geschlechtergerechte Formulieren so weit als möglich berücksichtigt.

Liebe Schülerin, lieber Schüler,
Sie bekommen dieses Schulbuch von der Republik Österreich für Ihre Ausbildung. Bücher helfen nicht nur beim Lernen, sondern sind auch Freunde fürs Leben.

Einleitung

Im hier vorgestellten Schulbuch werden die Schwerpunkte Küche sowie die Arbeitsorganisation behandelt.

Bei der Gestaltung des Buchs wurde neben einer übersichtlichen Rezeptaufbereitung vor allem darauf geachtet, das Buch besonders in der Praxis leicht handhabbar zu machen. Das Zweispaltenlayout unterstützt den Lesefluss, optische Akzente ermöglichen darüber hinaus schnelle Auffindbarkeit relevanter Themenbereiche und erleichtern die Orientierung.

Die am Beginn eines jeden Kapitels angeführten Zielformulierungen stellen die Lerninhalte kurz vor. Die Aufgabenstellungen am Ende der Kapitel sollen die Eigenkontrolle und damit die Selbstständigkeit fördern.

Wir möchten mit diesem Lehrbuch eine fundierte fachliche Information geben, die Vielfalt der Welt des Gastgewerbes vermitteln und Ihnen zeigen, wie viel Freude es machen kann, mit dem theoretischen Verständnis der Inhalte in die Praxis zu gehen. Weiters soll Ihnen das Lehrbuch Querverbindungen zu den Unterrichtsgegenständen Ernährung sowie Betriebs- und Volkswirtschaft aufzeigen.

Im Vordergrund steht die Benutzerfreundlichkeit, die Freude am Einsatz dieses Buches weit über den Schulalltag hinaus. In seiner kompakten Form bildet dieses Lehrbuch die Basis für die gesamte Küchenpraxis.

Folgende Piktogramme wurden für die verschiedenen Bereiche gewählt:

Unsere Ziele

Fragen, Arbeitsaufgaben

Wissenswertes, Tipps

Schreibaufgaben

Diskussion

Wussten Sie, dass ...

Zur besonderen Beachtung

Verknüpfung mit einem anderen Kapitel oder Gegenstand

Download aus dem Internet

Wichtige Hinweise zur Verwendung des Rezeptteils:

- Für Gerichte, die mit rohen Eiern zubereitet und nicht durcherhitzt werden, sind immer pasteurisierte Eier zu verwenden.
- Mit der Bezeichnung „Mehl" in den Rezepten ist immer glattes Mehl gemeint; bei Verwendung einer anderen Mehltype wird diese angeführt.
- Die Rezepte sind generell für vier Portionen angegeben; Ausnahme sind Teige, Strudeln, Braten etc., die sich nicht für vier Portionen eignen. Die Mengenangaben gelten dann für zehn Portionen bzw. je nach Angabe im Rezept.

Wir wünschen Ihnen ein erfolgreiches Arbeiten mit dem Buch!

Die Autor(inn)en

Inhaltsverzeichnis

Grundlagen der Küchenführung

Zur Gesunderhaltung der Gäste ist oberstes Gebot, im Betrieb hygienisch einwandfrei zu arbeiten und die HACCP-Richtlinien einzuhalten.

HACCP = Hazard Analysis Critical Control Point, Gefahrenanalyse kritischer Kontrollpunkte, siehe Lebensmittelhygieneverordnung nach HACCP, S. 15.

Ebenso ist die Gesundheit der Mitarbeiter/-innen zu schützen. Darum erfahren Sie in diesem Kapitel auch Wissenswertes über Ihren persönlichen Schutz durch die Arbeitnehmer/-innen-Schutzbestimmungen und darüber, was Sie im Brand- oder Verletzungsfall zu tun haben und wie Sie Unglücksfälle vermeiden können.

Unsere Ziele

Nach Bearbeitung dieses Kapitels werden Sie

- wissen, worauf bei der Hygiene im Betrieb zu achten ist;
- HACCP und ihre Umsetzung kennen und die Hygienevorschriften erklären können;
- Abfallbewirtschaftung als wesentlichen Faktor für Hygiene und Umweltschutz erkennen können;
- wissen, wie Sie Unfälle vermeiden können, und die einschlägigen Sicherheitsbestimmungen kennen;
- wissen, was im Brandfall zu tun ist;
- bei den verschiedenen Verletzungen richtig Erste Hilfe leisten können.

1 Hygienemaßnahmen in der betrieblichen Küche

Mit **Hygiene** ist in diesem Zusammenhang die Gesamtheit der Maßnahmen zur Sauberhaltung mit dem Ziel der Verhütung von Krankheiten gemeint.

Im Gastgewerbe spielt die Hygiene eine entscheidende Rolle, da die Gesundheit der Gäste neben einwandfreien Lebensmitteln auch von der Sauberkeit im Betrieb abhängt.

Die Hygiene ist von Bedeutung in Bezug auf

- **einwandfreie Einrichtung und Ausstattung der Räumlichkeiten (Betriebshygiene):** Küche und dazugehörige Räume wie Lager etc. und sämtliche Arbeitsgeräte sind regelmäßig zu reinigen und zu desinfizieren.
- **Sauberkeit der Mitarbeiter/-innen (Personalhygiene):** Die Mitarbeiter/-innen müssen gesund sein, dürfen nur saubere Arbeitskleidung tragen und müssen auf Körperpflege achten.
- **einwandfreie Lebensmittel (Produkthygiene):** Beim Einkauf sind die Lebensmittel auf ihre Qualität zu prüfen, die Lager müssen sauber sein und bei der Verarbeitung der Lebensmittel muss den hygienischen Richtlinien entsprechend reinlich gearbeitet werden. Hygiene ist auch ein wesentlicher Faktor in der Speisenausgabe.

1.1 Räumlichkeiten – Betriebshygiene

Zur Einhaltung der Hygieneverordnung muss der Betrieb ordnungsgemäß ausgestattet sein. Denken Sie daran, dass es sich dabei nicht um Schikanen handelt, sondern dass bauliche und ausstattungstechnische Vorschriften der Gesundheit der Mitarbeiter/-innen und der Gäste dienen.

Räume und Einrichtungen

Die Betriebsräume sollen hell, mit natürlichem Licht ausgestattet, gut belüftbar und leicht zu reinigen sein. Die Vermehrung von Schädlingen jeglicher Art und die damit verbundene Infektionsgefahr müssen durch entsprechende bauliche Maßnahmen verhindert werden. Ebenso müssen alle Einrichtungsgegenstände leicht zu reinigen sein.

Küche

Arbeitsflächen aus Chrom-Nickel-Stahl entsprechen den Hygienevorschriften am besten

- Die **Wände** müssen möglichst glatt und mit einer hellen, abwaschbaren Wandverkleidung (keramischen Fliesen) oder einem abwaschbaren Wandanstrich bis zu einer Höhe von mindestens zwei Metern ausgestattet sein.
- Der **Übergang von den Wänden zum Fußboden** ist als Hohlkehle (rinnenförmige Vertiefung) auszubilden. Der Fußboden soll wischbar sein und der Aggressivität von Reinigungs- und Desinfektionsmitteln widerstehen.
- Dunst, Gerüche und erhöhte Luftfeuchtigkeit lassen Lebensmittel rascher verderben. Daher ist eine ausreichende **Dunstabzugseinrichtung** vorzusehen.
- Die **Tisch- und Abstellflächen** müssen fugenlos und leicht abwaschbar (nicht aus Holz) sein. Den Hygienevorschriften wird eine Ausstattung aus Chrom-Nickel-Stahl am besten gerecht. Nur der Hackstock darf aus Holz sein (die Oberfläche muss nach jedem Gebrauch sorgfältig mit einer Stahlbürste abgerieben, feucht abgewischt und mit Desinfektionsmittel eingesprüht werden).
- Die Küche ist arbeitstechnisch in eine **reine** und eine **unreine** Seite zu teilen: Für die Verarbeitung von Rohware und für die Fertigspeisen müssen gesonderte Arbeitsplätze zur Verfügung stehen.
- Für die Verarbeitung von rohem Geflügel und rohen Eiern müssen ein eigener Arbeitsplatz (z. B. ein fahrbarer Arbeitstisch) und eigene Arbeitsgeräte vorhanden sein, die unmittelbar nach jedem Arbeitsgang gründlich zu reinigen und zu desinfizieren sind (Gefahr einer Kontamination mit Salmonellen). Es ist unbedingt zu vermeiden, dass austretender Fleischsaft mit anderen Lebensmitteln in Kontakt kommt. Für die Reinigung werden nur Einwegpapiertücher verwendet.
- In der Küche müssen **separate Handwaschbecken,** ausgestattet mit Spendern für Flüssigseife und Desinfektionsmittel, vorhanden sein. Die Anbringung hat so zu erfolgen, dass beim Verspritzen von Waschwasser Lebensmittel nicht verunreinigt werden können. Die Armaturen sollen nicht mit der Hand zu betätigen sein, die Bedienung muss durch Fuß, Knie oder eine Lichtschranke erfolgen.

Kontamination = Verseuchung, Verschmutzung, Verunreinigung.

- Topfpflanzen, Schnittblumen und andere Zierpflanzen dürfen in Küchen und den dazugehörigen Räumen nicht aufgestellt werden. Es dürfen keine Haustiere in den Küchenbereich mitgenommen werden.
- In der Küche gilt generell Rauchverbot.

Lagerräume

- Lager- und Vorratsräume für Lebensmittel sollen trocken und gut belüftbar sein.
- Für Fußböden und Wände gelten dieselben Grundsätze wie in der Küche. Holzstellagen und Holzflächen sind schwer zu reinigen und sollen nicht verwendet werden.
- Unter Kühlschlangen sind Abtropftassen aus nicht rostendem Material anzubringen.
- Die Temperatur der Kühlräume soll im Bereich zwischen +1 °C und +4 °C liegen. Eine geeignete Temperaturanzeige, die von außen abgelesen werden kann, ist erforderlich.

Zur Erinnerung: Küchen, Kühl- und Lagerräume nicht mit Straßenschuhen betreten!

Toiletten, Waschanlagen und Garderoben

- Für die in der Küche beschäftigten Personen müssen eigene, von den Betriebsräumen nicht unmittelbar zugängliche Toilettenanlagen vorhanden sein, die von betriebsfremden Personen nicht benützt werden dürfen.
- Die Toilettenanlagen müssen einen Vorraum haben, der mit Handwaschbecken, Kleiderhaken und einem Spiegel ausgestattet ist.
- Die Handwaschbecken haben denselben Anforderungen wie die in der Küche zu entsprechen.
- Für die Mitarbeiter/-innen in der Küche müssen für Privatkleidung und -utensilien eigene Garderoben zur Verfügung stehen. Arbeits- und Privatkleidung sind in getrennten Schränken aufzubewahren.

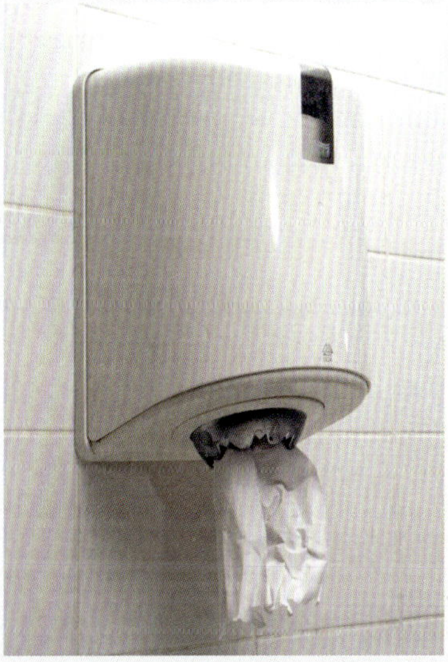

Handtuchspender, der den Hygieneanforderungen entspricht

Geräte und Geschirr

Ungeeignete Materialien, schmutzige Geräte, verbeultes Geschirr – all das bietet Bakterien Raum zur Vermehrung und gefährdet die Gesundheit. Deshalb ist für Geräte und Geschirr Folgendes unbedingt zu beachten:

- Geräte und Vorratsbehälter aus Holz (z. B. Holzschneidbretter, Holzkochlöffel, Transportbehälter, Fleischladen, Nudelwalker und Fleischschlägel aus Holz) sowie Transport- und Vorratsbehälter aus Karton dürfen nicht verwendet werden, außer es steht dafür keine Alternative zur Verfügung.
- Für die Anlieferung vorverpackter Lebensmittel und für Lebensmittel mit niedrigem Wassergehalt, z. B. Semmeln, können Kartons verwendet werden, die aber in den reinen Küchenbereich nicht eingebracht werden dürfen.
- Für Kessel können lange Holzkochlöffel verwendet werden (es stehen aber auch gleichwertige Kochlöffel aus Metall zur Verfügung, denen der Vorzug zu geben ist). Sie sind einwandfrei sauber zu halten und beim Auftreten von Sprüngen auszuscheiden.
- Alle in der Küche verwendeten Geräte müssen leicht zu reinigen sein.
- Bei Geschirr und Geräten mit Griffen oder Stielen aus Kunststoff oder anderen Materialien dürfen keine Wasseransammlungen in den Griffen, Stielen oder an den Verbindungsstellen auftreten.
- Verbeultes oder ausgeschlagenes Geschirr darf nicht verwendet werden, da eine einwandfreie Beseitigung von Verunreinigungen nicht oder nur schwer möglich ist bzw. die Gefahr weiterer Absplitterungen besteht. Leicht verbeultes Geschirr, das leicht zu reinigen ist, kann verwendet werden.

Reinigung und Desinfektion

Hygienisch einwandfrei muss auch die Reinigung erfolgen.

- Reinigungs- und Desinfektionsmittel müssen wirksam und für Lebensmittelbetriebe geeignet sein. Zum Reinigen und Spülen muss Trinkwasser verwendet werden.
- Die Reinigungsutensilien müssen sauber gehalten und Tücher täglich gewechselt werden. Die verwendeten Tücher sind auszukochen.
- Soweit möglich sind Einwegtücher zu verwenden – vor allem für die unmittelbare Beseitigung von Verunreinigungen.
- Kontrolle des Trinkwassers: Bei Wasser aus dem öffentlichen Trinkwassernetz wird die Kontrolle von Wassergesellschaften vorgenommen.

Tücher und Schwämme sind täglich zu wechseln

- Regelmäßige und gründliche Reinigung der gesamten Küche, auch und besonders der schwer erreichbaren Stellen.
- In der Küche muss es bei Handwaschbecken Heiß- und Kaltwasserleitungen geben. Die Handwaschbecken dürfen nicht für die Reinigung von Lebensmitteln oder Geschirr verwendet werden! Die dafür vorgesehenen Spül- bzw. Waschbecken hingegen dürfen nicht für die Reinigung der Hände verwendet werden (Gefahr von Kreuzkontaminationen!).

Kreuzkontamination = wechselseitige Verunreinigung von Lebensmitteln bzw. Arbeitsplätzen (z. B. Geflügelsaft am Salatplatz).

Reinigung von Geräten und Geschirr

Sie sind mit klarem, heißem Wasser (über 50 °C), Spülmittel bzw. anderen geeigneten Reinigungsmitteln und Schwamm zu reinigen und anschließend gut mit klarem Wasser nachzuspülen. Zum Trocknen sind sie verkehrt auf die dafür vorgesehene, saubere Abtropffläche zu stellen. Zum Trocknen dürfen nur saubere Tücher oder Einweghandtücher verwendet werden.

Beschreiben Sie, was mit den Schwämmen und Tüchern aus Ihrem Kochunterricht geschieht! Überlegen Sie, wozu ein Geschirrtuch im Laufe eines Arbeitstages verwendet wird und was dies aus hygienischer Sicht bedeuten kann.

Some like it hot

Zur Reinigung von Geschirr ist eine **Geschirrspülmaschine** am besten geeignet. Die Temperatur wird auf **80 °C** eingestellt, dies garantiert eine hygienisch einwandfreie Reinigung.

Reinigung der Arbeitsflächen

Grober Schmutz wird zunächst trocken oder nass entfernt. Anschließend wird mit klarem, heißem Wasser, Schwamm, Bürste und geeignetem Reinigungsmittel gereinigt und mit Wasser nachgewischt, bis keine Rückstände von Reinigungsmitteln mehr vorhanden sind. Getrocknet wird ebenfalls mit frischen Tüchern oder Einwegtüchern.

Reinigung des Hackstocks

Hackstöcke aus Holz sind nach jedem Arbeitsgang mit einem Schaber oder einer Stahlbürste zuerst trocken zu reinigen und anschließend mit 70-prozentigem Alkohol zu desinfizieren. Alkohol verdunstet und braucht daher nicht mehr abgespült zu werden.

Desinfektion

Nach einer gründlichen Reinigung wird im Bedarfsfall desinfiziert. Das erhält den Arbeitsplatz länger hygienisch einwandfrei. Es dürfen nur für den Küchenbereich geeignete Desinfektionsmittel verwendet werden! Rückstände sind mit klarem Trinkwasser restlos zu entfernen.

Schädlinge in der Küche

Vorbeugung ist der beste Ratgeber. Darum ist darauf zu achten, dass Türen ins Freie nie offen bleiben, Lüftungsschächte und -gitter regelmäßig gründlich gereinigt werden, Fliegengitter die Fenster schützen, Nischen, Risse im Mauerwerk etc. verschlossen werden, der Müll wie beschrieben ordnungsgemäß entsorgt wird, keine Haustiere die Küchenräume betreten, keine Topfpflanzen und Schnittblumen aufgestellt sind und nach den o. a. Prinzipien gearbeitet wird.

Tritt jedoch ein Schädlingsbefall auf, muss sofort rigoros gehandelt und im Bedarfsfall professionelle Hilfe herangezogen werden.

Erster Schritt ist die gründliche Entfernung aller befallenen Lebensmittel und Reinigung sowie Desinfektion der betroffenen Räumlichkeiten.

Anschließend kommen **Schädlingsbekämpfungsmittel** zum Einsatz. Beachten Sie, dass nur für Küchenräume geeignete Schädlingsbekämpfungsmittel verwendet werden dürfen, die eindeutig zu kennzeichnen sind und nicht im Lebensmittellager aufbewahrt werden dürfen.

Daraufhin ist in regelmäßigen Abständen zu überprüfen, ob kein Neubefall von Lebensmitteln gegeben ist.

In der Küche werden sie zu Schädlingen

- Raupen
- Käfer
- Mücken
- Larven
- Schmetterlinge
- Nagetiere
- Ameisen
- Motten

1.2 Sauberkeit der Mitarbeiter/-innen – Personalhygiene

Bei der Einhaltung von Hygienestandards geht es darum, die menschliche Gesundheit – im Küchenbetrieb jene der Gäste und Mitarbeiter/-innen – zu bewahren. Dies ist jedoch nur durch verantwortungsvolle Vorgehensweise jedes Einzelnen möglich. Die persönliche Hygiene spielt dabei eine wesentliche Rolle.

Personalhygiene – Verantwortung jedes Einzelnen

Gesundheit

Stellen Sie sich vor, ein Mitarbeiter in einer Küche hat Bronchitis. Der Gast kann unmöglich davon wissen, geschweige denn sich vor einer eventuellen Ansteckung, z. B. durch Anhusten der Speisen, schützen. Darum ist es unbedingte Voraussetzung, dass Mitarbeiter/-innen in der Küche die **Verantwortung** für sich, ihre Kolleg/-innen und die Gäste übernehmen und Erkrankungen wie Durchfall, Verkühlung etc. der Küchenleitung melden. Sie haben zum Schutz des Gastes auch die **gesetzliche Verpflichtung** dazu und dürfen während der Erkrankung nicht im Küchenbetrieb arbeiten.

Malen Sie sich einmal die Konsequenzen aus, die ein schlampiger Umgang mit diesem Gesetz nach sich zieht, und Sie werden sehen, warum der Gesetzgeber so streng ist. Auch **Verletzungen und kleine Wunden** sind daher der Küchenleitung bekannt zu geben und sind so zu versorgen, dass sie völlig abgedeckt sind (saubere Pflaster und Verbände sowie Fingerlinge verwenden, regelmäßig wechseln).

Körperpflege

Von den Mitarbeitern/Mitarbeiterinnen in der Küche sind folgende Punkte unbedingt zu beachten:

- Tadellose Körperpflege (tägliches Waschen und Duschen).
- Die Fingernägel sind – da sie besondere Bakterienfänger sind – immer sauber, kurz geschnitten und nagellackfrei zu halten.
- Während der Arbeit ist eine Kopfbedeckung zu tragen, die die Haare ganz umschließt. Damit dies möglich ist, müssen lange Haare fest zusammengebunden und hochgesteckt werden.
- Während der Arbeit gilt Schmuckverbot, auch sichtbare Piercings dürfen nicht getragen werden.

Reinigung der Hände

- vor Arbeitsbeginn und nach jeder Pause,
- vor Bearbeitung empfindlicher Produkte,
- vor Beginn der Speisenausgabe,
- bei Arbeitsplatzwechsel,
- bei Handschuhwechsel,
- nach Arbeiten mit rohem Fleisch, Geflügel, Fisch oder Ei,
- nach Arbeiten mit möglicherweise kontaminierten Lebensmitteln oder Geräten,
- nach Lager- und Transportarbeiten,
- nach Schmutz- und Reinigungsarbeiten bzw. nach Müllentsorgung,
- nach Husten, Niesen und Naseputzen,
- nach Toilettenbenutzung.

Hände und Unterarme gründlich waschen

Tipps zur todsicheren Kundenvertreibung

▶ Verwenden Sie zum Händewaschen niemals Seife, schon gar nicht aus einem Seifenspender! Desinfizieren Sie Ihre Hände auch nicht und benutzen Sie unter keinen Umständen Einweghandtücher! Nur so können Sie Ihrem Gast Schmierinfektionen auch wirklich übertragen.

▶ Rauchen Sie in der Küche! Der Gast soll wissen, dass Sie ein Recht auf eine Pause haben. Mit etwas Asche im Salat wird dies für ihn unverkennbar und er freut sich mit Ihnen!

▶ Gönnen Sie sich anschließend einen Kaugummi und kauen Sie ruhig heftig. Die paar Tröpfchen haben noch keinen Gast umgebracht und Ihr Atem ist nach der Zigarette wieder frisch.

Eigentlich zum Nachdenken. Wie gehen Sie mit der Gesundheit Ihrer Gäste um?

- Nehmen Sie Ihre Medikamente in der Küche ein. Der Gast wird sich freuen, wenn er etwas davon abbekommt und sich teure Apothekenrechnungen erspart.
- Sie sind verkühlt? Wunderbar! Husten und niesen Sie ordentlich auf die Lebensmittel – warum soll es schließlich nur Ihnen schlecht gehen – und eine gemeinsame Krankheit verbindet ungemein!
- Waschen Sie sich nicht. Dem Gast ist dies egal – er kann Sie nicht sehen. Lassen Sie ihn dafür durch eines Ihrer Haare erkennen, dass Sie sein Mahl bereitet haben. Dieses persönliche Zeichen wird ihm lange in Erinnerung bleiben.

Kunstfasern sind leicht brennbar und daher ungeeignet.

Für die persönliche Hygiene und die Berufskleidung gelten die Vorschriften des Lebensmittelgesetzes

? Wie sollen Sie in der Betriebsküche erscheinen?

Bekleidung

Für die richtige Bekleidung ist Voraussetzung, dass sie **hell, kochfest und nicht brennbar** ist. Daher ist Kochbekleidung meist aus reiner **Baumwolle** – Baumwolle entspricht diesen Anforderungen am besten, lässt sich leicht reinigen, die Kleidungsstücke bleiben lang in Form und sehen dadurch gepflegt aus.

Richtig angezogen ist man in der Küche mit der dafür im einschlägigen Handel angebotenen **Kochkleidung,** bestehend aus Hose, Jacke, Schürze und Kopfbedeckung. Ergänzt wird die Ausstattung meistens noch durch ein Halstuch. An der Schürze werden Geschirrtücher eingehängt. Für die **Arbeitsschuhe** gilt: Sie müssen geschlossen und rutschfest sein und einen sicheren Halt bieten. Die Sohlen dürfen keine „Schmutzfänger" sein. Tiefes Profil ist daher ungeeignet. Ebenso ungeeignet sind Holzpantoffeln oder -clogs und Schuhe mit nicht flüssigkeitsresistenten Sohlen, z. B. Bast- oder Korksohlen. Denken Sie daran: Tragen Sie in Küchen- und Nebenräumen keine Straßenschuhe.

In den Schuhen sind **Baumwollsocken** zu tragen, die auskochbar und ebenfalls nicht brennbar sind.

Beachten Sie, dass die Kleidung **bei Verschmutzung unbedingt zu wechseln** ist, mindestens aber täglich. Das WC darf nicht in Arbeitskleidung besucht werden. Schürze und Kochhaube sind demnach vorher abzulegen.

1.3 Lebensmittelhygiene

Einkauf bzw. Warenübernahme und Lagerung

Grundlage für hygienisch einwandfreie Speisen sind qualitativ hochwertige und frische Lebensmittel. Kontrollieren Sie daher bei der Übernahme die Rohwaren auf Verunreinigungen und auf Verderb. Kontrollieren Sie aber auch die Verpackung.

Das Wissen um die richtige **Lagerung** von Lebensmitteln ist aus hygienischer Sicht ebenso von großer Bedeutung. Einerseits, weil man wissen muss, dass nicht alle Lebensmittel zusammen gelagert werden dürfen, da sie sich negativ beeinflussen, andererseits, weil die Lagerbedingungen wie Kühltemperaturen und Verpackungsmaterialien stimmen müssen, um die Beibehaltung der Qualität der Lebensmittel zu gewährleisten.

- Oberstes Gebot: **First in – first out!** Lebensmittel mit früherem Ablaufdatum sind zuerst zu verwenden, nachgekaufte Produkte sind im Regal nachzureihen.
- Möglichst rascher Warenumschlag!
- Es muss für sämtliche Lebensmittelgruppen geeignete, saubere Regale und Fächer geben, da Lebensmittel – auch verpackte – nicht auf dem Boden aufbewahrt werden dürfen. Die Lebensmittel sind so zu verpacken oder aufzubewahren, dass sie nicht mit Regalböden direkt in Berührung kommen.
- Wichtig ist eine Trennung nach Warengruppen, so verhindert man eine Kontamination keimarmer Speisen durch stark verunreinigte Rohprodukte wie z. B. erdiges Gemüse.
- Rohe Eier und rohes Geflügel sind unbedingt getrennt von allen anderen Lebensmitteln aufzubewahren (Gefahr von Salmonellenübertragung auf Lebensmittel, die z. B. roh verzehrt werden. Salmonellen siehe S. 16).
- Gegarte und rohe Produkte sind getrennt zu lagern.

- Im Lager darf nur unverdorbene Ware gelagert werden. Verdorbene Ware ist auszuscheiden.
- Die richtigen Lagertemperaturen (siehe S. 45) sind regelmäßig zu überprüfen. Am einfachsten ist die Überprüfung, wenn die richtige Temperatur am jeweiligen Raum angeführt ist.

Der hygienisch richtige Umgang mit Lebensmitteln bei der Speisenproduktion

Nach Einkauf und Lagerung ist ein weiterer wesentlicher Punkt im Umgang mit den Lebensmitteln die **Zubereitung.** Im Produktionsprozess gibt es wiederum zahlreiche Bedingungen, die zu erfüllen sind, um die Sicherheit der Lebensmittel zu gewährleisten und vor allem **Kreuzkontaminationen** zu verhindern. Daher gilt:

- Für die Verarbeitung von Geflügel und rohen Eiern müssen ein eigener Arbeitsbereich und eigene Werkzeuge vorgesehen sein.
- Gemüse und Fleisch dürfen nicht gemeinsam verarbeitet werden.
- Rohes Fleisch darf nicht mit anderen Lebensmitteln verarbeitet werden.
- Auftauflüssigkeit – vor allem von Geflügel und Fleisch – darf nicht auf die Arbeitsflächen und Einrichtungen in der Küche und nicht auf die Kochkleidung gelangen.
- Rohe Lebensmittel sollen nicht mit gegarten Speisen in Kontakt kommen.
- Die Schneidbretter müssen aus Kunststoff sein und sollten zur einfachen Unterscheidung für jeden Bereich eine eigene Farbe haben.
- Nach jeder Verarbeitung, besonders aber nach der Verarbeitung von rohem Fleisch, Geflügel und Eiern, ist der Arbeitsplatz gründlich mit Einwegtüchern zu reinigen, und Messer, Werkzeuge, Geräte und Schneidbretter sind zu tauschen bzw. zu desinfizieren.
- Alle fertigen warmen Gerichte müssen mindestens 75 °C erreicht haben und auch über dieser Temperatur (für maximal drei Stunden) warm gehalten werden. Andernfalls sind fertige Gerichte abzukühlen und der Speise entsprechend verpackt im Kühllager zum alsbaldigen Verzehr aufzubewahren (der Temperaturbereich von 65 °C bis 10 °C muss möglichst rasch überbrückt werden, da sich hier Keime am besten vermehren).
- Für Arbeiten mit empfindlichen Lebensmitteln Einweghandschuhe tragen.
- Mitarbeiter/-innen dürfen Gerichte niemals direkt – z. B. mit dem Finger oder mit einem Löffel – abschmecken. Richtig abgeschmeckt wird mit Löffel und kleinem Teller: Man gibt mit dem Löffel die Speise auf den Teller und probiert davon. Löffel nicht abschlecken und unter keinen Umständen wieder mit der Speise in Kontakt bringen!

Farben für Schneidbretter, z. B.
- rot für Fleisch,
- gelb für Geflügel,
- grün für Gemüse etc.

Es wird geraten, grundsätzlich bei jeder Tätigkeit Einweghandschuhe zu tragen.

1.4 Lebensmittelhygieneverordnung nach HACCP

Ursprünglich kommt HACCP aus der US-Raumfahrt. Lebensmittel auf Raumflügen mussten zu 100 Prozent sicher sein. Daher wurden sämtliche **kritischen Punkte** (z. B. die Temperatur von Fleisch bei der Warenanlieferung), bei denen die Sicherheit von Lebensmitteln gefährdet werden kann, erfasst und deren Kontrolle durch Checklisten gesichert. Dieses **Kontrollsystem,** bei dem sämtliche kritischen Punkte – von der Anlieferung der Lebensmittel bis zur Speisenausgabe – kontrolliert werden, machen sich nun auch andere Sparten zunutze, da es Risikofaktoren effizient ausschalten kann.

Jeder gastronomische Betrieb muss daher seit 1998 laut HACCP-System selbstständig kontrollieren, ob alle Prozesse im Sinne der Lebensmittelsicherheit ordnungsgemäß ablaufen. Dieses Eigenkontrollsystem haben Geschäftsführung bzw. Eigentümer einzurichten und sie sind dafür verantwortlich, dass Sicherheitsmaßnahmen festgelegt, durchgeführt, eingehalten und überprüft werden.

Hazard
Analysis
Critical
Control
Point

➡ Gefahrenanalyse kritischer Kontrollpunkte

Übersetzt bedeutet „Hazard Analysis" Gefahrenanalyse, die eine Risikobewertung mit einschließt. „Critical Control Point" meint ein Gegensteuern, ein Lenken des Prozesses.

Beispiele für Kontrollpunkte in einem Betrieb

- Baulichkeit und Ausstattung.
- Warenanlieferung und Warenübernahme (Prüfen auf Qualität, Grad der Verschmutzung, Frische etc.).
- Lager- und Kühltemperaturen.
- Gar- und Warmhaltetemperaturen (Kerntemperatur und Warmhaltetemperatur müssen über 75 °C liegen).

HACCP garantiert die gesundheitliche Unbedenklichkeit und den einwandfreien Zustand von Lebensmitteln

- Verarbeitungsprozess von rohem Geflügel und Fleisch.
- Mitarbeiter/-innen in der Küche (Personalhygiene).
- Reinigung und Desinfektion.
- Vorsorgemaßnahmen zur Verhinderung von Schädlingsbefall.
- Mitarbeitergespräche über die Hygienemaßnahmen im Betrieb.

Die Überwachung dieser Kontrollpunkte geschieht am besten mithilfe von **Checklisten** (meist EDV-unterstützt), die eine regelmäßige Überprüfung auch dokumentieren.

Darin ist festzulegen:

Wer?	Wann?	Was?	Wo?	Wie?
Name Vertretung	Häufigkeit Zeitpunkt	Rohstoff Werkzeuge etc.	Kühlraum Geflügelarbeitsplatz	Checklisten Kerntemperaturmessgerät Thermometer etc.

Kontrolle der Räumlichkeiten
Kontrolle der Mitarbeiter/-innen
Kontrolle der Werkzeuge und Geräte
Kontrolle des Wareneingangs
Kontrolle der Lebensmittellagerung
Kontrolle der Lebensmittel vor Verarbeitung
Kontrolle der Vor- und Zubereitung der Speisen
Kontrolle der Hygiene am Arbeitsplatz
Kontrolle der Weiterverarbeitung der Speisen
Kontrolle der Aufbewahrung und Ausgabe der fertigen Gerichte
Kontrolle der Müllentsorgung
Kontrolle der Reinigung von Arbeitsflächen, Geschirr und Räumlichkeiten

Für alle Mitarbeiter/-innen, die mit Lebensmitteln umgehen, sind Hygieneschulungen gesetzlich vorgeschrieben.

Die Kontrolllisten müssen erneuert werden, wenn sie den Anforderungen im Betrieb nicht mehr entsprechen, z. B. wenn die Betriebsgröße sich ändert, neue Mitarbeiter/-innen aufgenommen werden oder bauliche Änderungen vorgenommen werden.

Mit HACCP können durch diese Kontrollen folgende Gefahren für die menschliche Gesundheit ausgeschlossen werden:

- Feste Fremdkörper wie Steinchen, Glas- oder Knochensplitter, Muschel- oder Nussschalen, Reste von Verpackungsmaterial etc.
- Rückstände von Putzmitteln, Umweltgiften, Schwermetallen und anderen Chemikalien in den Speisen.
- Rückstände von Schmutz, kleine Tiere, wie Käfer, Larven oder Mücken (z. B. im Salat).
- Mikrobiologische Gefahren wie krankheitserregende Bakterien, Verderbniserreger.
- Parasiten.
- Giftige Tiere (Fische, Muscheln etc.).

Salmonellen

Salmonellen sind Bakterien. Entdeckt hat sie 1890 der amerikanische Wissenschaftler David A. Salmon. Sie können leichte bis schwerste Erkrankungen mit Durchfall, Fieber, Erbrechen und Bauchschmerzen verursachen. Man nennt diese Erkrankungen **Salmonellosen.**

Peinliche Sauberkeit und Einhaltung der Hygienevorschriften verhindern die Salmonellose.

Die Infektionen erfolgen fast immer durch das Verzehren von mit Salmonellen kontaminierten Lebensmitteln.

Die Salmonellen können im Darm von Mensch und Tier beherbergt werden, ohne dass der Wirt selbst daran erkrankt. Sie sind daher auch im Stuhl (Kot) dieser Ausscheider enthalten und somit übertragbar. Sie vermehren sich sehr rasch bei Zimmertemperatur.

So kommen Salmonellen in die Küche:

- Mit Lebensmitteln, wie Geflügel, Fleisch, Eiern.
- Durch Personen (Ausscheider), meist über die Hände.
- Durch Haustiere.

Behelfe, die der Sicherheitskontrolle dienen

Nicht alle Gefahren können mit freiem Auge erkannt werden. Darum gibt es Geräte und Behelfe, die vor allem im mikrobiologischen Bereich Sicherheit bieten können.

Ob die Reinigung der Arbeitsflächen ausreichend ist, kann z. B. mit einem **Abklatschtest** festgestellt werden. Er dient zur mikrobiologischen Kontrolle von Oberflächen.

Mit einem **Einstech-Messgerät** lässt sich etwa die Kerntemperatur von Braten eruieren, der pH-Wert kann mit einem **pH-Messgerät oder -Messstreifen** festgestellt werden (z. B. von Mayonnaisen), und mit **Geräten zur Temperaturmessung** erhält man Aufschluss über die Temperatur von Gerichten.

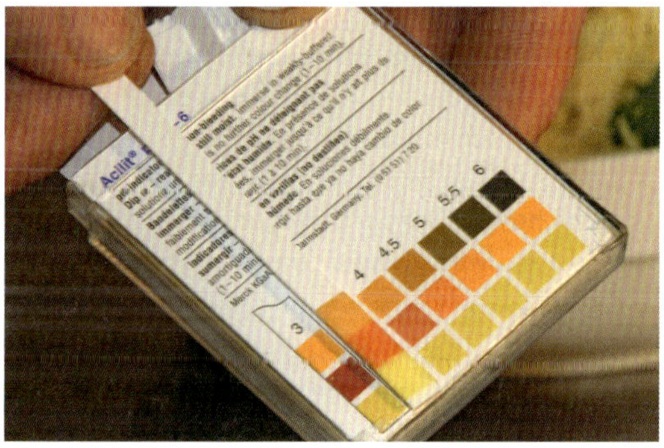

pH-Messstreifen

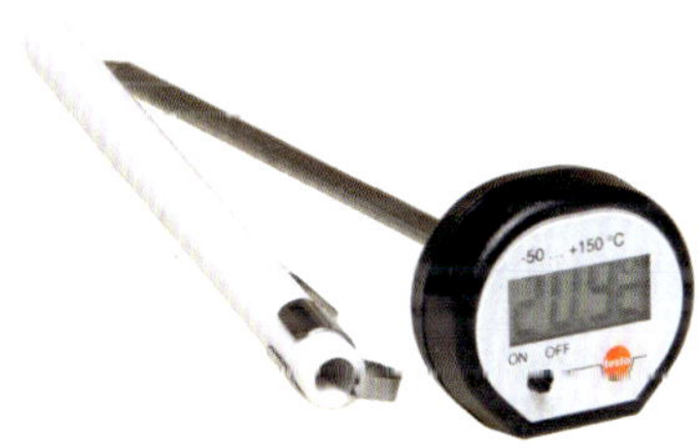

Einstech-Messgerät

❓ Welche Kontrolllisten oder -geräte werden in Ihrer Schule verwendet?

1.5 Abfallbewirtschaftung

Hygieneanforderungen an die Abfallentsorgung

Die Hygieneanforderungen an die Abfallentsorgung dienen dazu, Gefahrenquellen wie die Kontamination durch verdorbene Lebensmittel, eine Keimverschleppung, Geruchsentwicklung, ekelerregende Beeinträchtigungen, Ungeziefer- und Nagetierbefall auszuschalten.

Grundlagen für die richtige Abfallentsorgung

- Abfälle – auch Lebensmittelabfälle – dürfen nicht in Räumen, in denen Lebensmittel hergestellt, behandelt oder in Verkehr gebracht werden oder gesammelt werden (außer es ist für den Betriebsablauf unvermeidbar). Die Behälter müssen daher täglich entleert werden. In den Produktionsräumen dürfen auf keinen Fall über Nacht Abfälle gelagert werden.
- Die Abfallräume sind täglich zu reinigen und erforderlichenfalls zu desinfizieren.
- Erkundigungen über die gültigen landesrechtlichen Bestimmungen und betriebsinternen Abfallrichtlinien sind einzuholen, und auf dieser Basis ist festzulegen, welche Fraktionen getrennt zu sammeln sind.
- Gekennzeichnete Behälter mit dicht schließendem Deckel oder Verschlussmechanismus sind aufzustellen.
- Die geleerten Behältnisse sind täglich zu reinigen und zu desinfizieren. Besonders die Griffbereiche sind gründlich zu desinfizieren.

Landesgesetze und Verordnungen am Beispiel Oberösterreich

- Oö Abfallwirtschaftsgesetz,
- Oö Abfallwirtschaftsplan,
- Oö Kompostieranlagen-verordnung,
- Oö Abfalltrennungsverordnung,
- Verordnung über die Bildung des Landesabfallverbandes,
- Oö Standortabgabegesetz,
- Verordnung über die Umrechnung des Gewichtes des Abfalls.

Suchen Sie (z. B. im Internet) die entsprechenden Gesetze und Verordnungen Ihres Bundeslandes bzw. Ihrer Gemeinde!

- Größtmögliche Hygiene und Sauberkeit müssen gewahrt werden. Das Mülllager soll möglichst kühl und vor Schädlingsbefall geschützt sein.
- Lebensmittel- und Abfallströme sind so gut wie möglich räumlich oder zeitlich voneinander zu trennen (z. B. Abfalltonnen nicht im Anlieferungsbereich platzieren; Lebensmittel und Abfälle nicht gleichzeitig im gleichen Aufzug oder anderen Transportmitteln transportieren).
- Wird der Abfall nur einmal in der Woche abgeholt, sind die Abfallbehälter in einem auf 6 °C gekühlten Raum aufzubewahren.

Mülltrennung

Kein Flachglas, Spiegelglas, Kristallglas, Drahtglas, wärmebeständiges Glas in den Glasbehältern entsorgen!

Blister = (englisch) eine Klarsichtverpackung für kleinere Gegenstände.

Behälter	Inhalt
Altpapierbehälter	Papier, Kartonagen, Pappe, Wellpappe, Zeitungen, Kataloge, Zeitschriften, Prospekte, Bücher, Schulhefte. Keine Verbundmaterialien (z. B. Tetrapack). Keine Kunststoffumhüllungen (z. B. Katalogverpackung).
Weißglasbehälter, Buntglasbehälter	Hohlglas, getrennt nach Weiß- und Buntglas, z. B. Einwegglasflaschen, Marmeladegläser, Gurkengläser, Einsiedegläser, leere Medikamentenfläschchen.
Metallbehälter	Metalle, wie z. B. Aluminiumdosen, Weißblechdosen, Kronenkorken, Aluverschlüsse, Metalldeckel, Alufolie, Bindedraht, Blechgeschirr, Aludeckel von Joghurtbechern.
Leichtfraktion: gelbe Tonne, gelber Sack	Verpackungen aus Kunststoff, Holz, Verbundstoff und textilen Faserstoffen, wie z. B. Joghurtbecher, Folien, PET-Leichtflaschen, Kosmetik- und Getränkeflaschen aus Keramik, Kaffeeverpackung, Blister, Waschmittelflaschen, Säcke von Knabbergebäck und Teigwaren, beschichtetes Fleisch- und Wursteinwickelpapier, Zigarettenschachteln, Milch- und Getränkekartons.
Restmüllbehälter	Restmüll, wie z. B. Babywindeln, Staubsaugerinhalte, Glühbirnen, Kristallglas, Spiegelglas, Katzenstreu, kaputte Haushaltsgegenstände und Spielzeug, Leder, Asche, Kehricht, Knochen, Fettpapier, Hygieneartikel (z. B. Wattestäbchen, Zahnbürste) etc.
Biotonne	Biogene Abfälle, wie z. B. Küchen- und Gartenabfälle, Lebensmittelreste, Teesäckchen mit Sud, Obst- und Gemüseabfälle, Kaffeefilter mit Kaffeesatz, Laub, Schnittblumen, Topfpflanzen, Strauch- und Rasenschnitt.

Müllentsorgung

Speisereste

- Speisereste und Flüssigkeiten, z. B. Altöle, sind von den übrigen Abfällen zu trennen.
- Die Speisereste sind in gut verschließbaren, korrosionsfreien Behältern aufzubewahren. Diese müssen bis zur Abholung so aufgestellt und verschlossen werden, dass keine Nagetiere und Insekten angelockt werden.
- Die vorübergehende Lagerung von Abfällen im Küchenbereich ist nur in gekennzeichneten und verschließbaren Behältern gestattet.
- Küchenabfälle dürfen nicht als Tierfutter verwendet werden.
- Es ergeben sich für den Abholer Kosten, die der Abgeber (Großküchen, Kantinen, Restaurants etc.) je nach Vereinbarung im **Abnahmevertrag** abzugelten hat.

Für Privathaushalte und Betriebe gelten unterschiedliche gesetzliche Bestimmungen. Gemeinden informieren die Privathaushalte mit einer Broschüre über das sachgerechte Sammeln und die Sammelstellen. Verschiedene Firmen bieten Abfallsammelbehälter und Abfallpressen für die Mülltrennung an.

Biomüll

In vielen Gemeinden werden für die Privathaushalte **Biotonnen** aufgestellt. Die Gemeinde legt die Zusammensetzung des Biomülls fest und teilt sie den Einwohnern mit. In Linz dürfen z. B. diese Speisereste in der Biotonne entsorgt werden: Eierschalen, Schalen von Zitrusfrüchten und anderen exotischen Früchten sowie von Zwiebeln, Gemüse- und Obstabfälle, Knochen und rohes Fleisch, Speisereste, Kaffeefilter, Teebeutel, Blumen, Gras, Baumschnitt, Laub, Zellstoffe etc., aber keine Flüssigkeiten.

Hauseigene Kompostierung

Getrocknete, zerdrückte Eierschalen, Gemüse- und Obstabfälle (keine Zitrus- und exotischen Früchte), Kaffeefilter, Teebeutel, Blumen, Gras, Kehricht, Laub, gehäckselter Baumschnitt, Asche sowie Zellstoffe in geringem Ausmaß können dem hauseigenen Kompost zugeführt werden.

Altöl

Altöl ist abgeseiht in eigenen Behältern zu sammeln und darf nicht zu den trockenen Abfällen gelangen. Es wird im Altstoffsammelzentrum abgegeben. Keinesfalls darf Altöl über den Abfluss entsorgt werden!

Glas

Glas wird ohne Verschluss und Metallfolien, getrennt nach Weiß- und Buntglas, in Sammelcontainern entsorgt. In diese Container darf nur Verpackungshohlglas geworfen werden.

Papier

Unbeschichtetes, sauberes, trockenes Zeitungs- und Verpackungspapier wird in den dafür vorgesehenen Behältern gesammelt.

In einigen Gemeinden können geringe Mengen Karton hinzugefügt werden.

Verpackungen

Saubere Kartonagen, Kunststofffolien, Kunststoffsäcke, Styropor, Schaumstoffe, Trinkhalme, Kunststoffbehalter (Kanister, Flaschen), Kunststoffbecher (ausgewaschen, ohne Aluverschluss) und Tetrapack (ausgewaschen) sind getrennt zu sammeln und über das Altstoffsammelzentrum zu entsorgen bzw. werden in den sogenannten Leichtstoffsammelbehältern (gelben Tonnen oder Säcken) gesammelt.

Metalle werden (je nach Gemeinde unterschiedlich) getrennt, z. B. nach Alufolien, Weißblechdosen, Metallschraubverschlüssen, im Container gesammelt.

Restmüll

Durch größtmögliche Müllvermeidung sowie entsprechende Mülltrennung wird der Restmüll verringert und wie bisher von der örtlichen Müllabfuhr entsorgt.

Betriebe und Umweltbewusstsein

In Zeiten gesteigerter Sensibilität für die Umwelt kommt der Abfallbewirtschaftung eine besondere Bedeutung zu. Jeder Betrieb, jede Schule ist verpflichtet, vernünftige Abfallentsorgung zu betreiben.

Manche Hotels und gastgewerblichen Betriebe werben mit besonderen Umweltzeichen. Diese Umweltzeichen für Tourismusbetriebe garantieren dem Gast einen Mindeststandard bei der Berücksichtigung des Umweltschutzes im Betrieb.

Dieses Zeichen wird nach strenger Prüfung und besonderen Kriterien vergeben. Der Gast kann sicher sein, dass Umweltauflagen eingehalten werden. Unter anderem wird in einem Kriterienkatalog, der Muss- und Sollkriterien enthält, ein Abfallkonzept vom Betrieb verlangt.

Mehr Informationen zum Umweltzeichen erhalten Sie im Internet unter: www.umweltzeichen.at

Unfallursachen

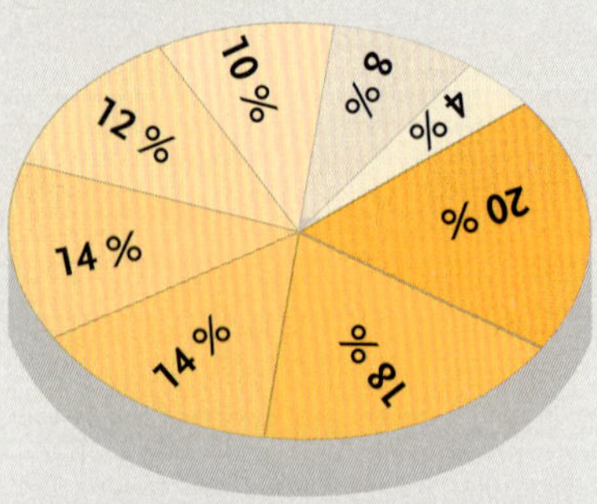

Fußböden, Verkehrswege	20 %
Heben, Tragen	18 %
Stiegen, Stufen, Leitern	14 %
Werkzeuge, Messer, Geschirr	14 %
Maschinen und Geräte	12 %
Konserven, Scherben, Chemieverbrennungen	8 %
Menschen	4 %
Sonstiges	10 %

Stechschutzschürze und Stechschutzhandschuh

Das Platzangebot in der Küche ist optimal zu nutzen. Wichtig sind ausreichend Abstellflächen.

2 Sicherheit, Unfallschutz und Erste Hilfe

Gefährlich in der Küche sind Unachtsamkeit, Hektik, Schlampigkeit und Unkonzentriertheit.

Meist passieren Unfälle durch scheinbar harmlose Umstände, wie abgestellte Gegenstände in Gängen oder verschmutzte Fußböden. Daher ist auch **Sauberkeit** am Arbeitsplatz für die Sicherheit wichtig. Ebenso können Brandursachen bei achtsamem Umgang vermieden werden – d. h. unbedingtes Einhalten des Rauchverbots, entsprechende Entsorgung von Altfetten und Lüftung gasbetriebener Geräte.

Als verantwortungsbewusste Mitarbeiterin/verantwortungsbewusster Mitarbeiter weiß man natürlich nicht nur über die Unfallgefahren Bescheid, sondern auch darüber, was im Falle des Falles – sei es Verletzung oder Brand – zu tun ist. Und man achtet darauf, konzentriert zu arbeiten, d. h. auch, weder alkoholisiert noch übermüdet oder abgelenkt zu arbeiten!

2.1 Grundregeln zur Unfallverhütung

- **Für Ordnung am Arbeitsplatz sorgen.**
- **Sauber und aufmerksam arbeiten:** Den Arbeitsvorgang vorher planen, konzentriert arbeiten, vor allem im Umgang mit scharfen Messern, großen Maschinen, heißen Speisen – v. a. heißem Fett –, Gargeräten (entweichender Dampf!) und erhitzten Gegenständen.
- **Die Betriebsleitung muss Sie zu Tätigkeitsbeginn in Bezug auf Gefahrenquellen und Sicherheit unterweisen.**

Die richtige Arbeitskleidung

- Die Kleidung muss gut passen, da abstehende Stoffteile sich leicht bei Geräten verfangen oder an Gasflammen Feuer fangen können.
- Die richtige Berufskleidung und geeignetes Schuhwerk sind auf jeden Fall zu tragen, da sie feuerresistent und strapazfähig sind (siehe Kapital Sauberkeit der Mitarbeiter/-innen – Personalhygiene, S. 13).
- Isolierhandschuhe tragen beim Umgang mit heißen Geräten, Deckeln etc.
- Stechschutzschürze und -handschuhe tragen beim Knochenauslösen und Austernbrechen.

Die richtige Küchenausstattung

- Wichtig ist ein geeigneter Fußboden, der rutschsicher ist.
- Abflussgitter im Boden müssen immer verschlossen sein.
- Sichere Trittleitern müssen zur Verfügung stehen, z. B. für Arbeiten im Lager, zum Reinigen von Regalbrettern.
- Ausreichend Abstellflächen müssen vorhanden sein, v. a. neben den Gargeräten.
- Wichtig ist ausreichend Platz zwischen den einzelnen Arbeitsbereichen.
- Helle, sichere Beleuchtung der Arbeitsflächen, der Gänge und Fluchtwege.
- Werkzeuge, Geräte und Maschinen müssen in einwandfreiem Zustand laut Vorschrift sein.
- Die Küchenausstattung muss den Sicherheitsvorschriften entsprechen. Vorgeschriebene Schutzvorrichtungen müssen immer an Maschinen und Geräten montiert bleiben.
- Gasherde brauchen vorschriftsmäßige Entlüftung. Ohne Entlüftung dürfen sie nicht in Betrieb gesetzt werden. Wenn Gas austritt, Gaszufuhr sofort unterbrechen und lüften!
- Gebrauchsanweisungen von Maschinen lesen und befolgen! Sie sind in der Nähe der Maschinen anzubringen.
- Maschinen müssen beim Kauf das ÖVE-Prüfzeichen tragen. Kabel, Stecker etc. dürfen nicht schadhaft sein und müssen für Feuchträume geeignet sein. (Die Einhaltung dieser Sicherheitsauflagen liegt in den Händen der Betriebsleitung.)
- Vor Reinigung von Maschinen muss unbedingt der Stecker gezogen werden.

ÖVE

- Schadhafte Geräte sind sofort auszuscheiden, z. B. Messer mit lose sitzenden Griffen, ausgeschlagenes Glasgeschirr. Darauf achten, dass Maschinen und Geräte richtig und sicher zusammengestellt und einsatzbereit sind.
- Schadhafte Geräte sind von einer Fachkraft zu reparieren und dürfen nicht in Betrieb gesetzt werden!

Sicherheit am Arbeitsplatz

Neben **Sauberkeit und Ordnung** – z. B. sofortigem Entfernen von nicht mehr gebrauchten Gegenständen, Aufwischen von Flüssigkeiten auf dem Boden – ist auf Folgendes zu achten:

- Pfannenstiele und Werkzeuge nicht über die Arbeitsplatte bzw. den Herd ragen lassen.
- Körper schützen beim Umgang mit heißen Geräten (z. B. hinter die Tür stellen beim Öffnen des Steamers).
- Heiße Gegenstände kennzeichnen (z. B. mit Mehl).
- Mit dem geeigneten Werkzeug arbeiten, z. B. Kochlöffel mit ausreichend langen Stielen verwenden.
- Tragen schwerer heißer Töpfe nur zu zweit.
- Messer nicht unachtsam liegen lassen, schon gar nicht unter Tüchern, Lebensmitteln oder in Waschbecken!
- Achten, dass die Hände bei der Arbeit möglichst fettfrei sind.
- Nichts auf dem Boden abstellen!

Böse Falle – Pfannenstiele, die über den Herdrand ragen

2.2 Arbeitnehmer/-innen-Schutz

Der Arbeitnehmer/-innen-Schutz dient der **Gewährleistung von Sicherheit und Gesundheit** der Arbeitnehmerin und des Arbeitnehmers. Es sind z. B. Dienstzeiten, Pausen und Mutterschutz geregelt, es gibt Vorschriften für den Umgang mit gesundheitsgefährdenden Arbeitsstoffen etc. Die Betriebsleitung ist für die Einhaltung verantwortlich. Das Arbeitsinspektorat überprüft, ob die Gesetze tatsächlich eingehalten werden.

Die wichtigsten Gesetze und Verordnungen

- Arbeitnehmer/-innen-Schutzgesetz (ASchG) und seine Verordnungen,
- Arbeitszeitgesetz,
- Arbeitsruhegesetz,
- Kinder- und Jugendlichenbeschäftigungsgesetz,
- Mutterschutzgesetz.

2.3 Brandschutz

Was vom Betrieb vorauszusetzen ist

- Wichtig ist, dass die elektrischen Geräte und Gasgeräte regelmäßig überprüft werden. Schadhafte Geräte sind eine häufige Brandursache. Sie müssen sofort repariert werden.
- Der Rauchfangkehrer muss zur Installation von Gasgeräten zurate gezogen werden.
- Die Elektroinstallation muss in der Küche immer in einwandfreiem Zustand sein.
- Die Maßnahmen für das Verhalten im Brandfall sind laut Gesetz sichtbar anzubringen.
- Verwendete Feuerlöscher sind neu zu füllen und zu warten.

Ihr persönlicher Beitrag zur Brandvermeidung

- Regelmäßiges Reinigen aller Kochgeräte, Dunstabzüge, Fritteusen etc., damit keine (brennbaren!) Fettreste zurückbleiben.
- Lüften von Gasgeräten vor Verwendung.
- Achtsamer Umgang mit offenem Feuer in der Küche, z. B. brennbare Materialien von Gasflammen fernhalten, auf die Arbeitskleidung achten.
- Niemals Flüssigkeit in überhitztes Fett gießen!
- Brennendes Fett in Pfannen durch Ersticken der Flammen mit einer Löschdecke löschen.
- Niemals in der Küche rauchen!

Fritteusen und andere Kochgeräte sind regelmäßig gründlich zu reinigen, da Fettreste eine Brandgefahr darstellen

Was tun für den Brandfall?

- Informieren Sie sich eingehend über freie (!) Fluchtwege, Feuerlöscher, Notfallnummern, Erreichbarkeit eines Telefons und über das richtige Verhalten im Brandfall: **Alarmieren – Retten – Löschen.** Die Betriebsleitung muss Sie zu Arbeitsbeginn einweisen.

Zusatzbestimmungen für Großbetriebe

- Fahrbare Feuerlöscher mit größerem Fassungsvermögen.
- Brandschutzbeauftragter, der – entsprechend ausgebildet – Brandschutzplan und -ordnung ausarbeitet, Übungen durchführt und die Feuerlöschgeräte überprüft und im Bedarfsfall erneuert.

- Im Brandfall ruhig handeln – Hektik führt meist zu Fehlverhalten!
- Löschen von vorne nach hinten und von unten nach oben, außer Tropf- und Fließbrände: Sie sind von der Brandquelle weg von oben nach unten zu löschen.
- Mehrere Feuerlöscher gleichzeitig, nicht hintereinander, einsetzen!

Brandklassen und Löschmittel

Brandklasse	Material	Löschmittel
A: Brände fester organischer Stoffe, meist mit Glutbildung	Holz, Kohle, Papier, Stroh, Faserstoffe, Textilien	Wasser, Handfeuerlöscher (nach ÖNORM F 1050 für die Brandklassen A, B und C), Löschdecke
B: Brände von flüssigen oder flüssig werdenden Stoffen	Öl, Fett, Benzin, Heizöl, Alkohol, Stearin etc.	Handfeuerlöscher (nach ÖNORM F 1050 für die Brandklassen A, B und C), Löschdecke
C: Brände von Gasen	Wasserstoff, Methan, Erdgas etc.	Handfeuerlöscher (nach ÖNORM F 1050 für die Brandklassen A, B und C)
D: Brände von Metallen	z. B. Aluminium	Sand, Zement, kein Wasser!

Notrufe (alphabetisch)	
Euronotruf	112
Feuerwehr	122
Polizei	133
Rettung	144

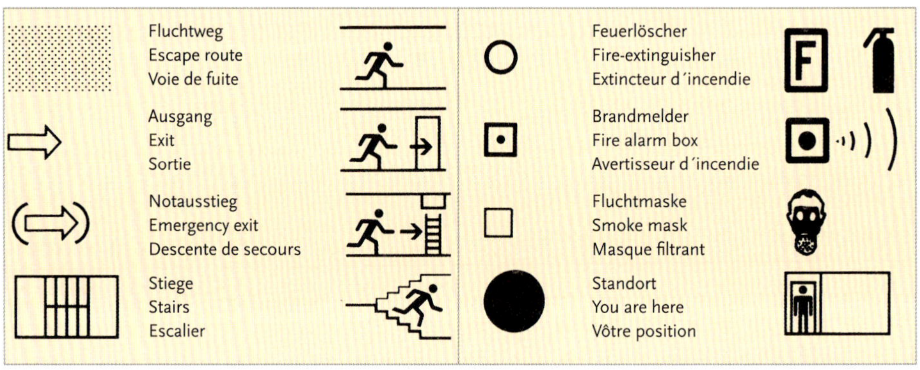

2.4 Erste Hilfe

Die angeführten Erste-Hilfe-Maßnahmen wurden vom Roten Kreuz herausgegeben.

Erste Hilfe sind jene Maßnahmen, die man als Ersthelfer durchzuführen hat, bis die Rettung eintrifft. Wichtig ist, trotz zielstrebigem Handeln Ruhe zu bewahren. In Betrieben mit bis zu vier Arbeitnehmern/Arbeitnehmerinnen soll – ab fünf Arbeitnehmern/Arbeitnehmerinnen muss – eine Person in Erster Hilfe ausgebildet sein.

Man hat die Verpflichtung zu helfen. Dabei darf man jedoch keine Maßnahmen ergreifen, die nur ausgebildeten Fachkräften vorbehalten sind, wie die Verabreichung von Medikamenten.

Es ist der verletzten Person auf alle Fälle der Rat zu geben, anschließend Arzt oder Ärztin aufzusuchen – im Bedarfsfall muss sofort die Rettung bzw. Arzt oder Ärztin verständigt werden.

Maßnahmen

- Absichern, bergen.
- Seitenlagerung bei Bewusstlosigkeit.
- Gegebenenfalls beatmen bzw. Herzmassage durchführen.
- Blut stillen.
- Schock bekämpfen.

In der Küche muss ein der ÖNORM entsprechender Erste-Hilfe-Kasten sichtbar gekennzeichnet aufbewahrt werden.

Erste Hilfe bei Wunden

Mit Wunde ist verletzte Haut bzw. Schleimhaut und das darunter liegende Gewebe gemeint.

Die Wunde ist keimfrei – so, wie sie ist, also ungereinigt und unbehandelt – zu verbinden. Auch Fremdkörper dürfen nicht beseitigt werden!

Die Wunde darf dabei nicht berührt werden! Reinlichkeit bei der Versorgung ist oberstes Gebot!

Nachdem der verletzte Körperteil ruhig gestellt ist, ist möglichst sofort ein Arzt/eine Ärztin oder ein Krankenhaus aufzusuchen, jedoch innerhalb von sechs Stunden,
- wenn der Verletzte nicht gegen Tetanus geimpft ist,
- wenn die Wunde länger als 2 cm und tiefer als 1,5 cm ist,
- bei Augenverletzungen jeglicher Art,
- bei Fremdkörpern in der Wunde,
- bei Gefahr von verletzten Sehnen (z. B. Handgelenk, Hand- oder Fußrücken),
- bei Verletzungen im Genitalbereich wegen der großen Infektionsgefahr.

Erste Hilfe bei starker Blutung bzw. Schlagaderblutung

An der Stelle der Verletzung ist die Wunde mit einem Druckverband zu versorgen. **Arzt oder Ärztin und Rettung** sind sofort zu verständigen!

Erste Hilfe bei Knochenbrüchen

Verletzte sind liegend zu lagern. Notschienen dürfen nur von geschulten Personen angelegt werden. **Rettung verständigen!**

Erste Hilfe bei Verbrennungen

Nicht offene Brandwunden zur Schockbekämpfung und Schmerzlinderung unter reines, fließendes Wasser halten. Keimfreien, nicht klebenden Verband (Metallineverband) anlegen. Gesichts- und Augenverbrennungen zur Vermeidung von Narbenbildung nicht abdecken! Keine Salben oder Hausmittel verwenden.

Fangen Kleider Feuer, sofort am Boden wälzen und sofort mit Wasser übergießen oder die Flammen mit einer Löschdecke ersticken. Löschdecken müssen in Küchen griffbereit aufbewahrt werden. Kleidung rasch entfernen, außer Kleidungsreste sind bereits eingebrannt.

Erste Hilfe bei Stromunfällen

- Stromkreis sofort unterbrechen (Stecker ziehen, Sicherung herausnehmen).
- Verunglückten nicht mit bloßen Händen berühren (Plastiksackerl, trockene Handschuhe, Tücher verwenden).
- Durch den Stromdurchfluss kommt es zur Beeinflussung der Herztätigkeit und Atmung. Achten Sie daher auf Puls und Atmung des Verletzten!
- **Arzt/Ärztin und Rettung sind sofort zu verständigen!**

Erste Hilfe bei Schock

Anzeichen eines Schocks			
Blasse, kalte und feuchte Haut	Schweiß auf der Stirn	Stark beschleunigter oder schlecht tastbarer Puls	Bewusstseinstrübung

Schockbekämpfung
- Rasche Blutstillung und Wundversorgung.
- Möglichst schmerzfreie Lagerung, Legen des Verletzten auf eine Decke.
- Öffnen beengender Kleidung.

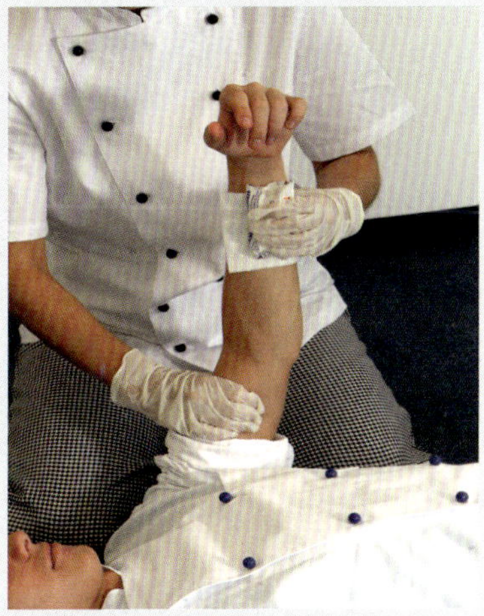

Stoppen Sie die Blutung mit dem Fingerdruck auf die Arterie und drücken Sie gleichzeitig eine keimfreie Wundauflage sowie einen Druckkörper, z. B. eine Mullbinde, auf die verletzte Stelle. Halten Sie den betroffenen Körperteil, wenn möglich, hoch.

Verbrennungen
- 1. Grad: Rötung, Schwellung, Schmerz.
- 2. Grad: Blasenbildung und oberflächliche Zerstörung der Haut.
- 3. Grad: Schorfbildung, Verkohlung.

Erinnern Sie sich an die richtige Kochkleidung (siehe S. 14)? Stellen Sie sich vor, man würde in der Küche Nylonstrümpfe tragen. Verstehen Sie nun, warum in jedem Fall Sicherheit vor Schönheit geht?

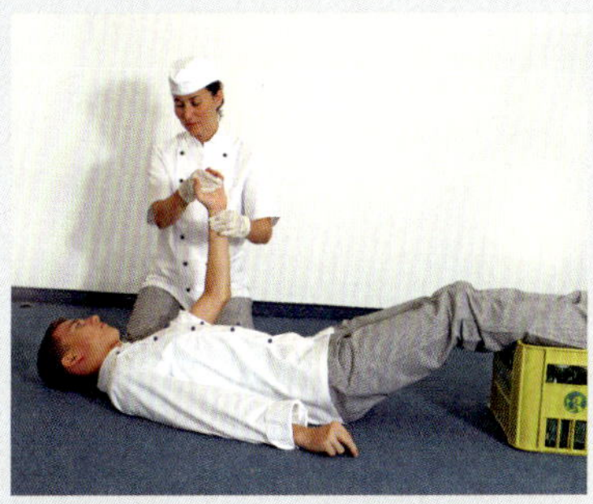

Schockbekämpfung

- Kontrolle von Bewusstsein, Atmung und Kreislauf.
- Schutz vor Unterkühlung durch Zudecken des Verletzten mit Decke oder Wärmeschutzfolie zur Erhaltung der Körperwärme.
- In geschlossenen Räumen für Frischluft sorgen.
- Beruhigung des Verletzten durch ruhiges Sprechen.
- **Sofort Rettung und Arzt/Ärztin verständigen!**

Notizen zu den Arbeitsaufgaben:

Arbeitsaufgaben

1. Warum ist die Hygiene im gastgewerblichen Betrieb so wichtig?
2. Wie erfolgt die Durchführung der Hygienemaßnahmen im Betrieb?
3. Worauf ist bei der Reinigung von Arbeitsflächen zu achten?
4. Was sind Salmonellen und wie können sie vermieden werden?
5. Erarbeiten Sie Möglichkeiten zur Müllvermeidung in Ihrem Privatbereich und im gewerblichen Haushalt, z. B. in der Schule.
6. Wodurch geschehen in gastgewerblichen Betrieben die häufigsten Unfälle? Wie können sie vermieden werden?
7. Was können Sie zur Brandvermeidung beitragen? Wie reagieren Sie im Brandfall?
8. Informieren Sie sich über Fluchtwege und Erreichbarkeit von Telefonen in der Lehr- und Betriebsküche Ihrer Schule.
9. Wiederholen Sie die Bedeutung der Sicherheitspiktogramme!
10. Was ist bei Erster Hilfe generell zu beachten? Worauf im Speziellen bei Verbrennungen oder bei einem Stromunfall?

Arbeitsorganisation

Im Duden-Herkunftswörterbuch findet man unter Organisation: Aufbau, Einrichtung, Gliederung, planmäßige Gestaltung, Gruppe, Verband. Betriebswirtschaftlich gesehen ist Organisieren die Gesamtheit aller Maßnahmen für ein planmäßig geordnetes Zusammenwirken aller Mitarbeiter/-innen zum Erreichen der Unternehmensziele. Welche Bedeutung hat Ihrer Meinung nach Organisation im Zusammenhang mit Arbeit?

Wenn ein Mensch eine Arbeitsaufgabe bestmöglich erfüllen will, muss er vielen Erwartungen (z. B. zeitgerechtes Fertigwerden, beste Qualität des Arbeitsergebnisses) gerecht werden. Andererseits stellt er Ansprüche (z. B. klare Zielformulierung, angenehmes Raumklima, moderne Betriebsmittel) an das Arbeitssystem. Um die Anforderungen von beiden Seiten zu erfüllen, bedarf es einer guten Organisation.

Die Überlegungen zur Arbeitsorganisation kommen aus der amerikanischen Automobilindustrie und sind ungefähr 100 Jahre alt. Sie war damals mit einem strengen hierarchischen Prinzip verbunden. Heute weiß man: Wenn es zu ständigen Verbesserungen kommen soll, müssen die Arbeitnehmerinnen und Arbeitnehmer in die Planung und Organisation von Projekten mit einbezogen werden.

Hierarchie = Randordnung.

Es ist also notwendig, auch als Mitarbeiter über Arbeitsorganisation Bescheid zu wissen und fähig zu sein, das Wissen in die Praxis umzusetzten. Man unterscheidet:

- **Aufbauorganisation:** Sie legt die Gliederung in Stellen und Abteilungen fest und regelt ihre Beziehung zueinander – es geht demnach um die formale Zuordnung von Aufgaben, Personen und Sachmitteln.
- **Ablauforganisation:** Mithilfe der Ablauforganisation werden Arbeitsgänge und Arbeitsprozesse strukturiert – es geht demnach um die raumzeitliche Strukturierung der Arbeit.

Unsere Ziele

Nach Bearbeitung dieses Kapitels werden Sie

- die Ziele einer ergonomischen Arbeitsgestaltung nennen können;
- wissen, welche Zeitarten für die Arbeitsplanung unterschieden werden;
- kleinere Arbeitsaufträge selbstständig planen können;
- die Fähigkeit haben, flexibel auf unterschiedliche Arbeitssituationen zu reagieren;
- die Arbeitsplätze bei der großen und kleinen Küchenbrigade kennen;
- die Berufsprofile für die Lehrberufe Koch/Köchin bzw. Systemgastronomiefachmann/-frau kennen.

Nur ca. fünf Prozent aller Arbeitenden liegen mit ihren Maßen über oder unter den Durchschnittswerten, darum können auf Basis dieser Werte allgemeine Aussagen getroffen werden.

Ein nach ergonomischen Kriterien gestalteter Arbeitsplatz trägt zum Wohlbefinden und zur Verhinderung von Verletzungen bzw. chronischen Belastungen wie Rückenschmerzen oder Verspannungen bei

Was gefällt Ihnen an Ihrem Arbeitsplatz zu Hause, was lenkt Sie ab?

Sie können sich selbst die Arbeit erleichtern, wenn Sie auf eine gute Arbeitsplatzgestaltung achten

Betriebsmittel sind Gegenstände, die zur Ausführung einer Arbeitsaufgabe eingesetzt werden, z. B. Schneidmesser, Stabmixer, Reinigungsmittel, Waschmaschine oder Computer.

1 Ergonomie

Der Begriff kommt aus dem Griechischen (ergon: Tat, Handlung; nomos: Brauch, Sitte, Gesetz). Man versteht darunter die **Lehre von der Anpassung der Arbeitsbedingungen und der Betriebsmittel an den Menschen.** Grundlage dafür sind die Körpermaße des Menschen. Durch die errechneten Durchschnittswerte können Arbeitsräume, Arbeitsplätze, Einrichtungsgegenstände und Maschinen so gestaltet werden, dass sie dem arbeitenden Menschen entsprechen.

Folgende Ziele werden dadurch erreicht:

Humane Ziele	Wirtschaftliche Ziele
▪ Die Beanspruchung des Menschen wird vermindert.	▪ Der Zeitrahmen wird optimal genutzt.
▪ Unfälle werden verhindert.	▪ Der Betriebsmitteleinsatz wird verbessert.
▪ Die Freude an der Arbeit wird gefördert.	▪ Die Qualität wird gesteigert.

Die Ergonomie umfasst verschiedene Teilbereiche, z. B.:

- angemessene Arbeitsumgebung,
- geeignete Betriebsmittel,
- energie- und körperschonende Arbeitshaltung,
- störungsfreien Arbeitsfluss.

1.1 Arbeitsumgebung

Der **Mindestraumbedarf** pro Mitarbeiter/-in beträgt 9 m², für zwei Mitarbeiter/-innen 14 m² und für drei Mitarbeiter/-innen 15 m². Der verringerte Platzbedarf erklärt sich aus der Einrichtung, die sich bei mehreren Personen nicht erhöht.

Bei der Auswahl der Materialien für die **Raumausstattung** soll darauf geachtet werden, dass der Fußboden trittelastisch, griffig und antistatisch ist, die Wände farblich ansprechend gestaltet und leicht zu reinigen sind und die Einrichtung (Möbel, Geräte) dem Arbeitsprozess optimal entspricht.

Für die **Beleuchtung** sollte das Tageslicht voll ausgenutzt werden können. Ist dies nicht möglich, sollte die Farbe des Kunstlichts dem Tageslicht möglichst nahekommen, das Licht sollte blendungsfrei sein und die für die Arbeit nötige Stärke haben.

Das **Klima** des Raumes ist entscheidend für das Wohlbefinden des arbeitenden Menschen: Temperatur, Luftfeuchtigkeit, Luftbewegung und Wärmeaustausch beeinflussen die Arbeitsleistung. Bei 20 °C und einer Luftfeuchtigkeit von 55 Prozent ist das Wohlbefinden bei der Tätigkeit am höchsten – konzentriertes Arbeiten ist möglich.

Ein weiterer wesentlicher Faktor ist der **Lärm.** Wie Geräusche empfunden werden, hängt von der Tagesverfassung ab, von der Einstellung zur Lärmquelle und von der persönlichen Beanspruchung im Arbeitsablauf (Konzentration). Gleichbleibende, monotone Geräusche ermüden, hohe Frequenzen sind eine nervliche Belastung.

1.2 Betriebsmittel

Der Mensch braucht Betriebsmittel, um ein Produkt einfacher herstellen oder eine Leistung besser erbringen zu können. Betriebsmittel, die praktisch und leicht handhabbar, griffbereit, in genügender Anzahl vorhanden und funktionstüchtig sind und dem Auftrag entsprechend ausgewählt wurden, erleichtern die Arbeit, unterstützen die Gesunderhaltung des Menschen und tragen zu einem positiven Arbeitsergebnis bei.

Eigenschaften eines guten Küchenmessers

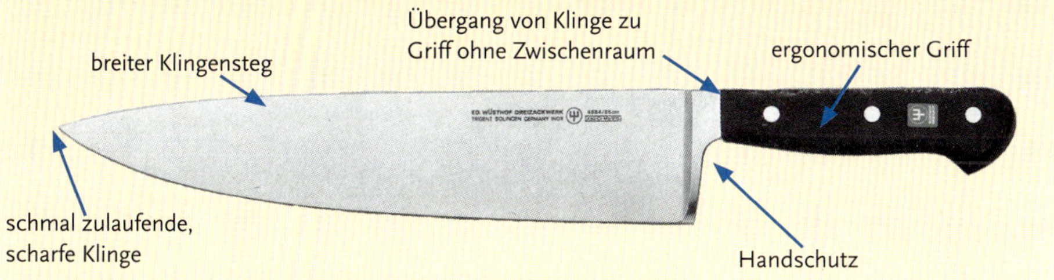

Geräte (Maschinen, Behelfe, Werkzeuge) sollen

- den Arbeitsablauf erleichtern,
- einfach zu bedienen sein,
- Belastungen verringern,
- Zeit sparen,
- Unfälle vermeiden,
- problemlos zu reinigen sein.

Moderne Geräte haben benutzerfreundliche Bedienungselemente

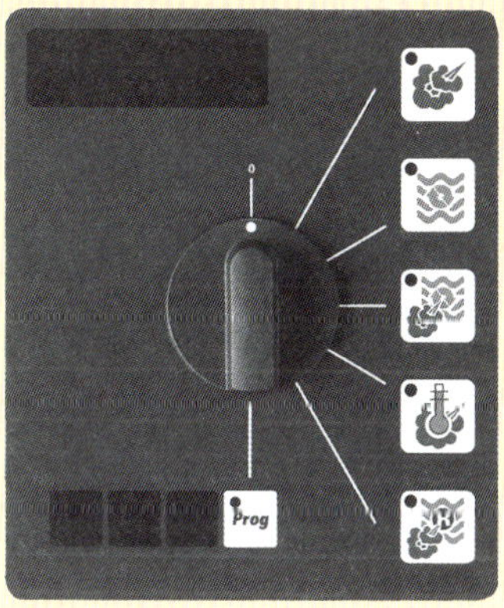

Bedienungselemente (Armaturen, Schalter, Griffe) sollen

- eine griffige Oberfläche haben,
- bei Kraftanwendung Platz für das Abstützen des Daumens bieten,
- bei Hitzebelastung einen Sicherheitsabstand aufweisen.

Geräte sollen einfach zu bedienen sein

1.3 Körperhaltung

Durch richtige Körperhaltung wird gesundheitlichen Schäden vorgebeugt. Durch falsche Körperhaltung tritt ein Leistungsverlust ein, weil mehr Kraft als notwendig aufgebracht werden muss. Die Körperhaltung soll also so gewählt werden, dass bei minimalem Energieaufwand ein maximales Arbeitsergebnis erzielt werden kann. Dies ist z. B. durch höhenverstellbare Arbeitsflächen möglich.

Beobachten Sie an sich selbst, bei welcher Körperhaltung während einer bestimmten Arbeit Sie eine Belastung spüren, und überlegen Sie, ob es eine bessere Haltung für die Ausführung dieser Tätigkeit gäbe.

Belastung in fünf Minuten bei verschiedenen Körperhaltungen

19 kJ	25 kJ	25 kJ	30 kJ	37 kJ	80 kJ	80 kJ	100 kJ	120 kJ	78 kJ
Sitzen	Knien	Hocken	Stehen	Gebeugt stehen	Sitzen u. Bücken	Gehen ohne Last	Gehen mit Last	Bücken	Im Tagesdurchschnitt

Die Körperhaltung steht in direktem Zusammenhang mit dem Energieverbrauch.

Weiters ist zu beachten, dass:

- runde, fließende Bewegungen, bei denen der Schultergürtel und die Arme gleichmäßig bewegt werden, durchgeführt werden,
- möglichst mit beiden Händen gearbeitet wird,
- einseitige Arbeiten sowie Arbeiten über der Schulterhöhe vermieden werden,
- aufrechte Körperhaltung und ein Wechsel der Körperhaltung bei länger andauernden Tätigkeiten die Wirbelsäule entlasten,
- Lasten immer gleichmäßig verteilt werden sollen.

Die Höhe dieser Arbeitsfläche ist ideal

? Beobachten Sie, wie Sie an Ihrem Arbeitsplatz sitzen: Fühlen Sie sich wohl? Was können Sie verändern, um entspannt zu sitzen?

Ideale Körperhaltung beim Stehen: Arbeitsfläche durchschnittlich 85–90 cm

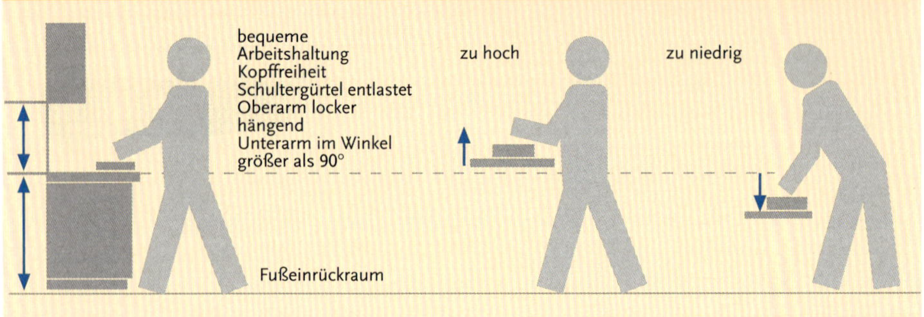

Ideale Körperhaltung beim Sitzen: Arbeitsfläche durchschnittlich 65–70 cm

Nicht nur Arbeitshöhe, Arbeitshaltung und Bewegungsablauf beschreiben einen ergonomischen Arbeitsplatz, sondern auch der **Greifbereich.** Man unterscheidet den kleinen und den maximalen Greifbereich.

Arbeitsplatz im kleinen und im maximalen Greifbereich

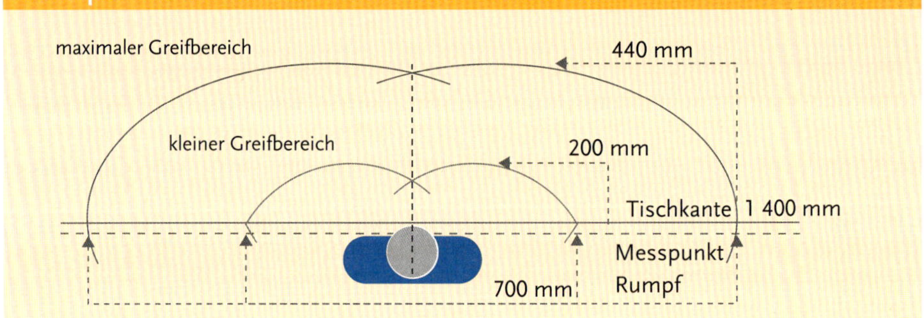

1.4 Arbeitsfluss

Der optimale Arbeitsfluss wird durch jene Anordnung der Betriebsmittel und der Arbeitsgegenstände erreicht, die dem/der Arbeitenden ermöglicht, seine/ihre Tätigkeit

- unter geringem Kraftaufwand,
- mit fließenden Bewegungen und
- ohne unnötige Ablaufunterbrechungen auszuführen.

Beispiel Arbeitsfluss beim Spülen

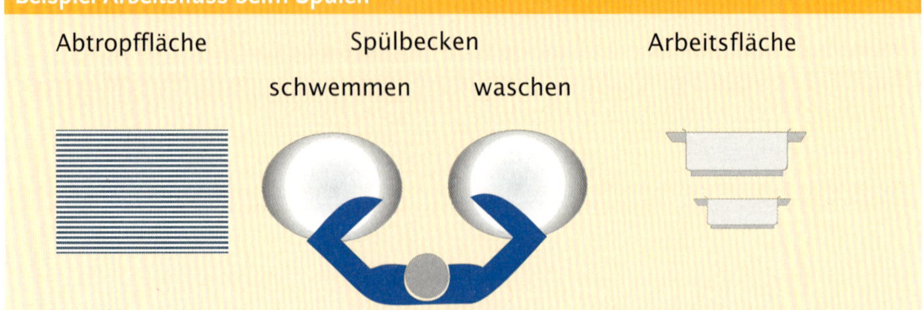

2 Zeitmanagement

Da Zeit nicht unbegrenzt zur Verfügung steht, die Arbeitszeit einer Mitarbeiterin/eines Mitarbeiters kostbar ist und auch im eigenen Interesse die Zeit gut eingeteilt sein soll, muss mit dem sogenannten **Zeitkapital** sorgsam umgegangen werden.

Es ist notwendig, die Schritte einer Tätigkeit gut zu überlegen und die dafür benötigte Zeit zu schätzen oder durch Zeitnehmung zu messen. Wird ein Ablauf öfter durchgeführt, kann auf diese Erfahrungen zurückgegriffen werden. Werden die Zeiten schriftlich festgehalten oder mit den Ergebnissen anderer Mitarbeiterinnen/Mitarbeiter verglichen, ist es notwendig, mit allgemein gültigen Begriffen zu arbeiten:

Grundzeit

Sie setzt sich aus Rüstzeit, Tätigkeitszeit und Wartezeit zusammen und ist jene Zeit, die für die gesamte Bewältigung einer Arbeitsaufgabe benötigt wird. Unvorhersehbare sachliche oder persönliche Einflüsse (Verteilzeit) sind noch nicht berechnet.

Rüstzeit

Das ist jene Zeit, die für Arbeitsschritte vor, während und nach der Hauptarbeit notwendig ist, z. B. Zutaten kontrollieren, Betriebsmittel bereitlegen, Zusammensetzen des Fleischwolfs.

Tätigkeitszeit

Das ist die Zeit, die für die planmäßige Ausführung einer Arbeitsaufgabe erforderlich ist, z. B. Zwiebeln schneiden, Abtrieb herstellen.

Wartezeit

Diese Zeit ergibt sich durch den Arbeitsablauf, z. B. Suppe köcheln lassen, Parfait tiefgefrieren, Teig rasten lassen.
Sie wird für andere Tätigkeiten genutzt (siehe Zubereitungsplan, Organisationsplan).

Verteilzeit

Diese Zeit wird von der Grundzeit (ca. 10 %) berechnet. Sie setzt sich aus sachlicher (Stromausfall, schlechte Qualität der zu bearbeitenden Materialien) und persönlicher (Übelkeit, Verletzungen) Verteilzeit zusammen.

Sollen die Zeitarten in einem Zubereitungsplan oder Organisationsdiagramm grafisch dargestellt werden, benötigt man dafür **Symbole.** Die Zeitdauer wird in Minuten (min) angegeben. Die kleinste Zeitspanne ist fünf Minuten.

Darstellungen im Zubereitungsplan

Rüstzeit

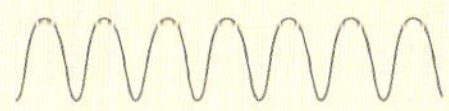

Tätigkeitszeit

Unterscheidung durch Farbgebung, z. B. Suppe = gelb, Hauptspeise = schwarz, Nachspeise = blau.

Wartezeit

Sie wird rot dargestellt, evtl. mit Angabe des Betriebsmittels (z. B. ST für Steamer). |—— ST ——|

Verteilzeit

////////////////

3 Arbeitsplanung

Paula P.s Müsliherstellung oder die Klärung der Sinnfrage zur Arbeitsplanung

- 9:00 Uhr: Paula verrührt Joghurt mit Honig. Hoppla, das war zu viel Honig! Schnell noch etwas Joghurt dazu, jetzt stimmen die Mengenverhältnisse nicht mehr. Die Schüssel wird zu klein, sie muss das Joghurt umfüllen.
- Um 9:45 Uhr merkt sie, dass sie den Getreideschrot nicht eingeweicht hat. Sie mischt den Schrot einfach so ein. „So ein mühsames Rezept", denkt sie wütend.
- Um 11:00 Uhr soll das Müsli fertig sein, um 10.30 Uhr stellt sie mit Entsetzen fest, dass die Äpfel ganz braun sind. Sie hat die Zitrone vergessen. Sie hat Mitleid mit sich selbst, weil sie immer die schwierigen Aufgaben erledigen muss, und arbeitet schlecht gelaunt weiter.
- Schnell, schnell sucht sie kurz vor elf 20 gleiche Schüsserln zusammen, füllt das Müsli ein – und entdeckt das Packerl Zimt, das still auf der Arbeitsfläche gewartet hat. Sie rührt nun in jedes Schüsserl einzeln etwas Zimt, stellt dabei fest, dass das Getreide noch ganz hart ist, und ärgert sich, dass Küchenarbeit immer so enorm stressig ist.
- Viel zu spät liefert sie das Müsli ab, ohne Garnierung, das wäre sich beim besten Willen nicht mehr ausgegangen, dafür muss doch jeder Verständnis haben, wo der armen Paula doch heute alles schiefgeht. Paula ist sauer, kostet angewidert ein Müsli und denkt verärgert: „So viel Arbeit, und ich hab ja immer schon gewusst, dass ich Müsli nicht mag."

Checkliste Arbeitsplanung

- Welche Arbeiten müssen heute erledigt werden? ____________
- Welche Prioritäten haben die Arbeiten? ____________
- Wie groß ist der erforderliche Zeitbedarf? ____________
- Inwieweit bin ich heute bereits durch Termine gebunden? ____________
- Welche Qualität wird erwartet? ____________
- Welche Informationen benötige ich zur Erledigung der Arbeit? ____________
- Wer muss vom Ergebnis benachrichtigt werden? ____________
- Wie merke ich, ob das Ziel erreicht wurde? ____________

Durch Arbeitsplanung wird das Ziel, eine Arbeitsaufgabe bestmöglich zu erfüllen, leichter und schneller erreicht. In unserem Arbeitsfeld bedeutet **Planen** das theoretische Vorbereiten eines **Arbeitsauftrages.** Der Arbeitsauftrag sagt aus, was zu tun ist. Er ist in einer klaren Sprache zu formulieren. Arbeitsumfang, zeitliche Begrenzung, Arbeitsablauf, Arbeitsmethode, einzusetzende Betriebsmittel sowie geforderte Qualität sind zu definieren. Nachdem Ziel und Rahmenbedingungen durch den Arbeitsauftrag festgelegt sind, werden die Maßnahmen zur Erreichung überlegt und erarbeitet, man spricht von **Arbeitsplanung.**

Vorteile der Arbeitsplanung:
- Die Arbeitsaufgabe wird strukturiert, ein Überblick wird geschaffen.
- Die Sicherheit in der Durchführung wird erhöht.
- Hektik während der Ausführung wird vermieden.
- Wichtiges wird nicht vergessen.
- Der wirtschaftliche Einsatz von Betriebsmitteln wird ermöglicht.

3.1 Aufgabenanalyse

Analyse nach der MENÜ-Methode
- **M**aßnahmen und Tätigkeiten auflisten.
- **E**ntscheidungen über die Reihenfolge der Erledigung treffen.
- **N**otwendigen Zeitbedarf festlegen.
- **Ü**bertragung in den Zubereitungsplan vornehmen.

Gewusst, wie! Ist man gut organisiert, geht die Arbeit leicht von der Hand

Die Basis eines Planes kann eine **Aufgabenanalyse** sein. Bei der Aufgabenanalyse werden das Was, Wie und Womit festgelegt. Ergänzt wird die Aufstellung durch geschätzte oder feststehende Zeitangaben. Jeder Ablaufabschnitt erhält außerdem einen Code, der sich aus einem Großbuchstaben und einer Ziffer zusammensetzt. Wird eine Tätigkeit erstmals durchgeführt oder eine neue Mitarbeiterin/ein neuer Mitarbeiter eingeschult, werden die Ablaufabschnitte genauer beschrieben. In der Folge reicht eine Grobstruktur.

Beispiel Feinstruktur: Zwiebelrostbraten mit Bandnudeln und Babykarotten

A: Gedünsteter Zwiebelrostbraten		
A1	Arbeitsplatz (AP) vorbereiten.	5
A2	Zwiebeljulienne herstellen.	5
A3	Rostbraten plattieren, Rand leicht einschneiden, würzen, eine Seite bemehlen.	5
A4	Mit bemehlter Seite in heißes Fett legen, auf beiden Seiten anbraten, herausnehmen.	5
A5	Zwiebeljulienne im Bratrückstand bräunen, stauben.	5
A6	Mit Fond deglacieren, Rostbraten einlegen.	5
A7	Dünsten lassen.	*25
A8	Abschmecken.	5
A9	Anrichten und servierfertig übergeben.	5

B: Bandnudeln		
B1	Arbeitsplatz (AP) vorbereiten, Wasser aufstellen.	5
B2	Nudeln kochen.	*10
B3	Abseihen, gut abschrecken, zur Seite stellen.	5
B4	À la minute in Butter regenerieren.	5
B5	Anrichten und servierfertig übergeben.	5

C: Gedämpfte Babykarotten		
C1	Arbeitsplatz (AP) vorbereiten.	5
C2	Babykarotten dämpfen.	*10
C3	À la minute mit gehacktem Kerbel anrichten und servierfertig übergeben.	5

Beispiel Grobstruktur: Müsli

A: Müsli		
A1	Arbeitsplatz (AP) vorbereiten.	10
A2	Getreideschrot ansetzen.	5
A3	Schrot quellen lassen.	*20
A4	Müsli herstellen.	35
A5	Müsli anrichten und servierfertig übergeben.	30
A6	Nacharbeiten.	5

Diese Analyse wird für das Organisationsdiagramm auf S. 32 verwendet.

3.2 Aufgabensynthese

Mehrere Analysen werden zur **Synthese** zusammengeführt.
Die Darstellung wird je nach Arbeitsauftrag oder betriebsüblichen Gegebenheiten gewählt, z. B.:

- Beschreibung mithilfe der einzelnen Aufgabenanalysen,
- grafische Darstellung durch Diagramme in Tabellenform,
- grafische Darstellung durch Diagramme in Balkenform.

Synthese = eine Zusammenfügung bzw. Verknüpfung von einzelnen Teilen.

Das Instrument zur Darstellung durch Diagramme in Balkenform ist das **Zeitband**. Es wird auf kariertem Papier vorgezeichnet, wobei ein Kästchen fünf Minuten darstellt. Der Arbeitsauftrag einer Mitarbeiterin/eines Mitarbeiters ist somit klar erkennbar.

Zeitband

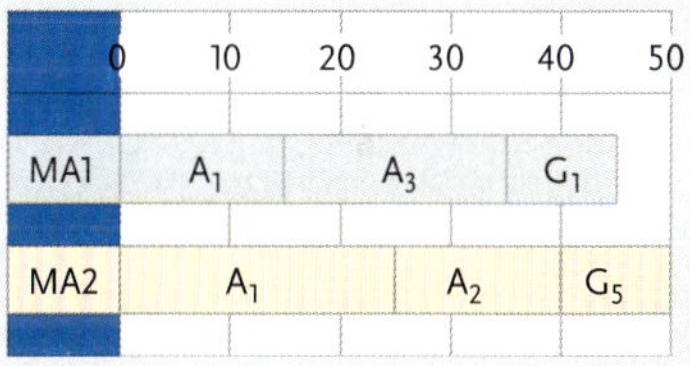

Zubereitungsplan

Die Synthese von Speisenanalysen für eine Mitarbeiterin/einen Mitarbeiter nennt man Zubereitungsplan. Er wird in der Restaurantküche eingesetzt.

Zubereitungsplan	
Datum:	**Codierung der Speisen**
Portionen: 4	**A** Gedünsteter Zwiebelrostbraten
Zubereitungszeit: 10:30 Uhr bis 11:45 Uhr	**B** Bandnudeln
Servicezeit: 11:45 Uhr	**C** Gedämpfte Babykarotten
Mitarbeiter/-innen: 1	

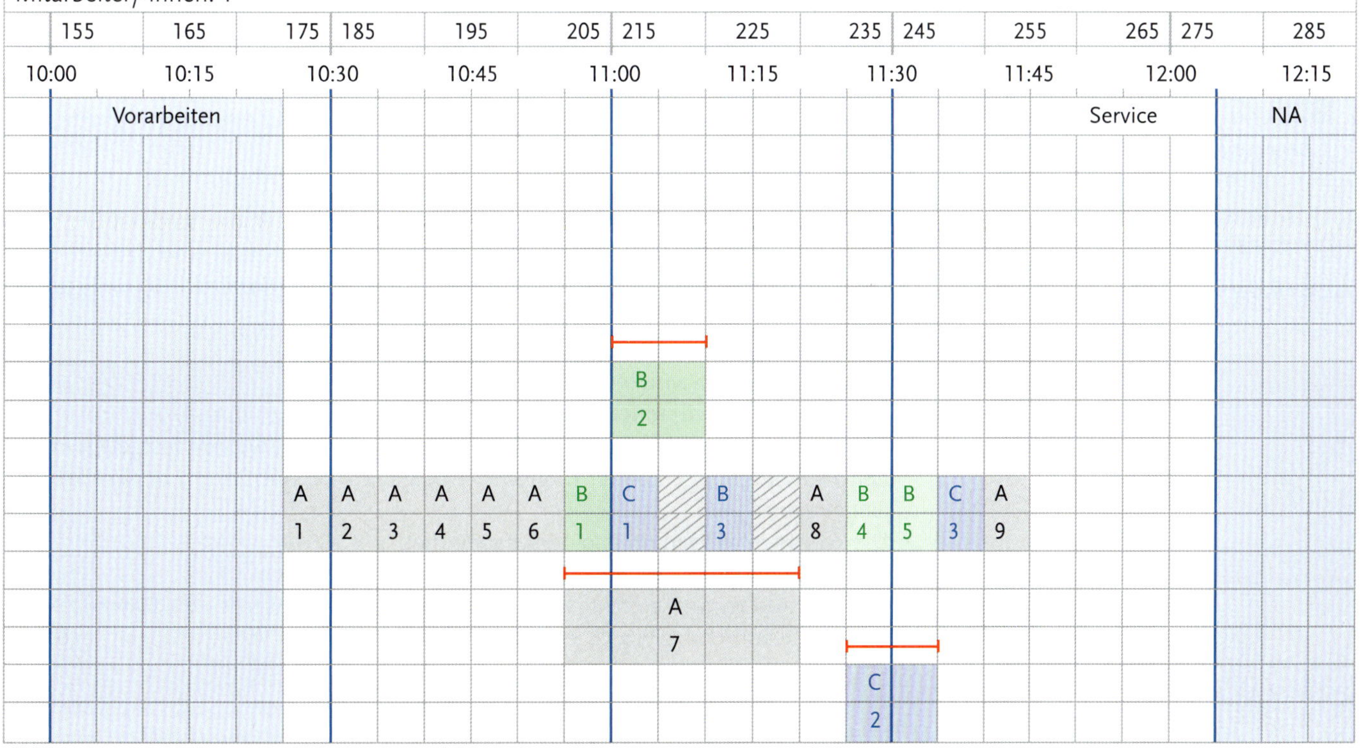

Die verschiedenen Farbunterlegungen der Felder sowie die alphabetische Codierung kennzeichnen die einzelnen Tätigkeiten am Zeitband.

Organisationsplan

Die Synthese von Aufgabenanalysen für mehrere Mitarbeiter wird Organisationsplan genannt. Er wird in der Betriebsküche, aber auch für Arbeitsaufträge im Service, der Beschließerei, der Etage oder der Rezeption eingesetzt.

Beispiel für ein Organisationsdiagramm in Balkenform: Jausenzubereitung

Datum: 23. Mai 20..
Portionen: je 50
Arbeitszeit: 55 Minuten
Mitarbeiter/-innen (MA): 5

Arbeitsauftrag

- A Müsli
- B Landaufstrichweckerl fertigstellen
- C Obstsalat
- D Himbeerspitz aus Blätterteig
- Verteilzeit
- Wartezeit

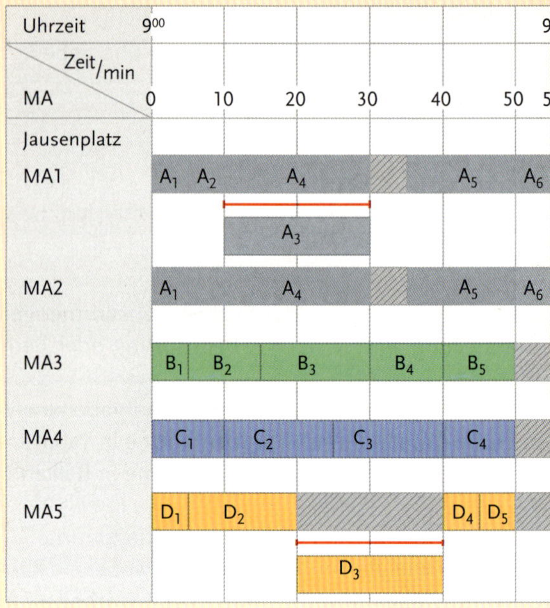

3.3 Arbeitsplan

Der Arbeitsplan ist dafür geeignet, umfangreichere Arbeitsaufgaben oder größere Zeiteinheiten, wie mehrere Tage, Wochen oder Monate zu planen.

Erstellung eines Arbeitsplans

- Die Arbeitsaufgaben werden nach Dringlichkeit gewichtet.
- Feststehende Termine werden eingetragen.
- Wichtige Arbeiten werden zuerst eingeteilt.
- Weniger wichtige Arbeiten werden in die noch vorhandenen Freiräume eingetragen.

Eine gute Arbeitsplanung hilft, unnötigen Stress zu verhindern, in Spitzenzeiten lässt sich Stress ohnedies nicht ganz vermeiden

3.4 Terminplan

Der Terminplan eignet sich zur Planung großer Aufträge, z. B. der Vorbereitung einer Abschlussfeier oder für Hochzeitsvorbereitungen. Das Terminziel wird dadurch nicht aus den Augen verloren.

Erstellung eines Terminplans

- Der Arbeitsauftrag wird in die einzelnen Vorgänge zerlegt.
- Das Zieldatum wird notiert.
- Tage, an denen an einer Aufgabe gearbeitet werden kann, werden festgelegt und in den Plan eingetragen. Jeder mögliche Arbeitstag wird mit Datum in ein Kästchen eingetragen.
- Die Vorgänge werden chronologisch geordnet.
- Der Zeitbedarf wird geschätzt und in die Spalte eingetragen.
- Der Countdown wird erstellt: Vom Zieldatum ausgehend werden die Datenkästchen markiert. Dadurch ergibt sich jenes Datum, an dem mit den Vorbereitungen begonnen werden muss.

So könnte der Terminplan für eine Abschlussfeier aussehen:

Aufgaben	1. 8.	4. 8.	5. 8.	10. 8.	11. 8.	12. 8.	13. 8.	14. 8.	15. 8.	16. 8.
Gästeliste mit Adressen anlegen.	✈									
Einladungen herstellen, aussenden.		✈								
DJ kontaktieren, Musikauswahl festlegen.			✈							
Gästezahl fixieren, gegebenenfalls nachtelefonieren.				✈						
Einkauf planen: Lebensmittel, Getränke, Dekorationen.					✈					
Begrüßungsrede formulieren.						✈				
Einkauf für Dekorationen.						✈				
Dekorationen vorbereiten.							✈			
Partyzelt und Griller abholen.								✈		
Einkauf der Lebensmittel und Getränke.								✈		
Partyzelt, Dekorationen, Griller, Tische und Sessel vorbereiten.									✈	
Fleisch marinieren.									✈	
Hi-Fi-Anlage aufbauen.										✈
Tische decken.										✈
Salate und Saucen vorbereiten.										✈
15.8.: Achtung Feiertag! Kein Einkauf möglich!										

Es benötigt eine gute Vorbereitung, damit eine Veranstaltung gelingen kann

Alles in bester Ordnung

Durch **Organisation** wird die praktische Umsetzung eines Arbeitsauftrags ermöglicht. Es werden Schritte, die im Zusammenhang mit der Tätigkeit stehen, geordnet, in eine Reihenfolge gebracht und aufeinander abgestimmt. Die organisatorischen Überlegungen werden durch Grafiken, Diagramme und Listen dargestellt, mit den Mitarbeitern/Mitarbeiterinnen besprochen und in die Praxis umgesetzt. Die theoretische Planung muss flexibel, aber sehr diszipliniert gehandhabt werden.

Arbeitsaufgaben

1. Erstellen Sie einen Terminplan für die Organisation der Kaffeejause für den Elternsprechtag.
2. Welche Erfahrungen haben Sie bei der Organisation von Tätigkeiten – z. B. Lernplanerstellung, Einteilung der Hausübungen – bereits gemacht? Was hat sich bewährt, was nicht?

Notizen zu den Arbeitsaufgaben:

4 Küchenbrigaden

Die Küchenbrigade ist ein Team, bestehend aus mehreren Köchinnen und Köchen mit verschiedenen Aufgaben. Sie wird je nach Art und Größe des Betriebs bzw. nach Arbeitsanforderungen aufgebaut.

Es gibt eine **große und eine kleine Küchenbrigade.** Man kann sie sich vorstellen wie ein Orchester, das aus verschiedenen Musikerinnen und Musikern besteht. Die große Brigade wäre ein großes Sinfonieorchester, die kleine etwa ein Kammerensemble – jede/jeder spielt ihr/sein Instrument und gibt ihren/seinen Beitrag zum Gesamtergebnis. Und eine bravouröse Violinistin muss nicht unbedingt Oboe spielen können – der beste Fischkoch ist nicht unbedingt begnadet, feine Mehlspeisen herzustellen.

Wie gut die Zusammenarbeit funktioniert und wie perfekt das Ergebnis ist, liegt in den Händen jedes einzelnen Mitarbeiters, jeder einzelnen Mitarbeiterin – und ein perfektes Menü ist wie eine Sinfonie – komponiert für den Gaumen.

Welche Küchenbrigade zum Einsatz kommt, bestimmen die betrieblichen Voraussetzungen

4.1 Die große Küchenbrigade

Food-and-Beverage-Manager – Wirtschaftsdirektor(in)
Trägt die Verantwortung für die Wirtschaftsabteilung; kontrolliert die Wirtschaftlichkeit des Restaurants und den Einkauf für Küche und Service.

Chef de Cuisine – Küchenchef(in), Küchenmeister(in), Executivechef(in)
Hat die Verantwortung für die gesamte Küchenführung:
- wirtschaftlich (Wareneinkauf, Speisenkalkulation),
- qualitativ (Hygienekontrolle, Produktionsüberwachung),
- personaltechnisch (Dienstplanerstellung, Lehrlingsausbildung),
- inhaltlich (Menü- und Speisenplanung, Angebotserstellung),
- kommunikativ (informiert ihre/seine Küchenbrigade, arbeitet eng mit der Wirtschaftsdirektion sowie der Serviceleitung zusammen und ist Kontaktperson der Küche zu den Gästen).

Welche Eigenschaften muss man als Wirtschaftsdirektor(in), welche als Küchenchef(in) haben? Besprechen Sie die Herausforderungen, die diese Berufe mit sich bringen.

Souschef(in) – stellvertretender Küchenchef/stellvertretende Küchenchefin
Ist die rechte Hand der Küchenchefin/des Küchenchefs und übernimmt in Vertretung ihre/seine Funktionen. Die Position ist oft mit einer Chef-de-Partie-Position verbunden.

Annoncier – Ausrufer(in)
Stellt die Verbindung zwischen Küche und Restaurant her, nimmt Bestellungen entgegen, ruft die fertigen Gerichte aus und kontrolliert ausgehende Gerichte. Meist ist die Souschefin/der Souschef gleichzeitig Annoncier.

Chef de Partie – Postenkoch/-köchin, Abteilungskoch/-köchin
Leitet eine Küchenabteilung, wie z. B. die Pâtisserie; wird auch Partiekoch/-köchin genannt.

Die einzelnen Stellen in der Brigade haben auch ihre eigenen Arbeitsplätze; man spricht von Saucenplatz, Fischplatz, Suppenplatz etc.

Commis de Cuisine – Jungkoch/-köchin
Ist dem Chef de Partie/der Abteilungsköchin unterstellt und steht am Anfang der Küchenkarriere.

Saucier – Saucenkoch/-köchin
Ist verantwortlich für Saucen, Fleischgerichte wie Ragouts, Wild- und Geflügelgerichte und, wenn es keinen Poissonnier gibt, ist er/sie auch für die Fischgerichte zuständig.

Rôtisseur – Bratenkoch/-köchin
Ist verantwortlich für Grilladen, Braten und Bratenjus sowie für Frittüren.

In Großbetrieben gibt es auch noch einen Grillardin, der für Steaks und Grillspeisen zuständig ist.

Restaurateur – À-la-carte-Koch/-köchin
Ist verantwortlich für die À-la-carte- und Tagesgerichte. Diese Position ist nur in Großbetrieben zu finden.

Poissonnier – Fischkoch/-köchin
Stellt Fischgerichte und Gerichte mit Meeresfrüchten her. Diese Position ist in Großbetrieben zur Unterstützung der Saucenköchin/des Saucenkochs gedacht.

Entremetier – Beilagenkoch/-köchin
Stellt Beilagen und Beilagengerichte (Getreide-, Kartoffel-, Eier-, Nudel- und Käsespeisen) sowie vegetarische Hauptplatten her. Dieser Abteilung ist der Potager – der Suppenkoch/die Suppenköchin – zugeteilt.

Potager – Suppenkoch/-köchin
Ist verantwortlich für die Herstellung von Suppen.

Légumier – Gemüsekoch/-köchin
Ist für sämtliche Gemüse- und Pilzgerichte verantwortlich und ist dem Entremetier zugeordnet bzw. es wird diese(r) so bezeichnet, wenn sie/er nur für Gemüsebeilagen zuständig ist.

Der Légumier ist für Gemüse- und Pilzgerichte zuständig

Gardemanger – Koch/Köchin für kalte Speisen

Betreut die kalte Küche (Salate, kalte Saucen, kalte Platten, kalte Buffets, Terrinen, Pasteten, Buttermischungen, Dekorationen, Garniturelemente etc.). Wenn es keinen Hors-d'œuvrier gibt, ist man in dieser Position auch für die Vorspeisen zuständig.

Hors-d'œuvrier – Vorspeisenkoch/-köchin

Ist verantwortlich für die Vorspeisen und unterstützt den Gardemanger bei der Herstellung von kalten Saucen und Salaten.

Boucher – Küchenfleischer(in)

Bereitet Fleisch, Geflügel und Wild küchenfertig vor: auslösen, Portionsstücke schneiden, faschieren, herstellen von Farcen etc.

Pâtissier – Küchenkonditor(in)

Stellt Kuchen, Torten, Feingebäck, Eisspeisen, warme und kalte Süßspeisen, Sorbets, Desserts und süße Dekorationen für Buffets her.

Ein seltener Spezialberuf ist der **Glacier,** Profi bei der Herstellung von Eis, Sorbets, Eisschaustücken und beim Eismeißeln.

Cuisinier du Personal – Personalkoch/-köchin

Stellt die Speisen für die Mitarbeiter/-innen her und ist für die Betriebskantine zuständig.

Tournant – Springer(in), Vertretungskoch/-köchin

Vertritt alle Chefs de Partie während ihrer Abwesenheit.

Chef de Garde – Wechselchef(in), Bereitschaftskoch/-köchin

Ist dann im Dienst, wenn alle anderen Köchinnen und Köche frei haben; erledigt in dieser Zeit die erforderlichen Vorarbeiten für die Hauptgeschäftszeiten.

Apprentis – Piccolo, Lehrling

Durchläuft während der Ausbildungszeit alle Küchenposten, um die wichtigsten Fähigkeiten für den Berufsabschluss zu erlernen.

Weiters gibt es in der Brigade noch

- die **Spülabteilung** mit dem Casserolier (Topfspüler[in]) und dem Plongeur (Weißwäscher[in]),
- das **Stewarding,** das für die Reinigung der Küche, die Entsorgung der Küchenabfälle und für die Bereitstellung des Geschirrs zuständig ist,
- sowie die **Magazinverwaltung,** die die Waren für den Küchenbetrieb ausgibt,
- und einen Frühstückskoch/eine Frühstücksköchin bzw. einen **Kaffeekoch/eine Kaffeeköchin,** die für die Frühstücksgerichte verantwortlich sind.

Nicht zu vergessen sind die Küchenhilfen, die zu verschiedenen Tätigkeiten nach Bedarf eingesetzt werden, wie z. B. zum Vorbereiten von Rohwaren oder Reinigen der Arbeitsflächen.

4.2 Die kleine Küchenbrigade

Das „Kammerorchester" ist in Klein- und Mittelbetrieben im Einsatz und kommt mit wesentlich weniger Mitarbeitern/Mitarbeiterinnen aus – wie der Name schon sagt.

An der Spitze der Brigade steht wieder die Küchenchefin/ der Küchenchef – Chef de Cuisine.			
Als **Souschef** ist man in der kleinen Brigade nicht nur stellvertretender Küchenchef/ stellvertretende Küchenchefin, sondern gleichzeitig Saucier.	Als **Entremetier** betreut man in der kleinen Brigade den Gemüse- und Beilagenposten und übernimmt darüber hinaus auch die Herstellung von Suppen, Teigwaren- und Eiergerichten.	Als **Gardemanger** ist man in der kleinen Brigade zuständig für die kalte Küche.	Als **Pâtissier** ist man für die süßen Gerichte zuständig.
Ergänzt wird die kleine Brigade noch durch Commis und Apprentis.			

5 Berufsprofile

Die Berufsprofile zeigen, was die Ausbildungen zu den Lehrberufen Koch/Köchin bzw. Systemgastronomiefachmann/-fachfrau umfassen und welche unterschiedliche Schwerpunkte gesetzt werden.

Berufsprofil Lehrberuf Koch/Köchin

- Mitwirken bei der Kostenermittlung, bei der Zusammenstellung der Speisenkarte und von Speisenfolgen sowie bei der Bestellung, der Annahme, Überprüfung, Lagerung und Konservierung von Waren.
- Vor- und Zubereiten der folgenden Produkte und Speisen unter Berücksichtigung regionaler, nationaler und internationaler Gebräuche:
  Salate, Obst, Gemüse, Pilze, Kartoffeln, Hülsenfrüchte und Getreideprodukte; Teigwaren, Suppen und Saucen; Teige und Massen; kalte und warme Vorspeisen; Fische; Schlachtfleisch, Wurst- und Fleischwaren, Innereien, Wild und Geflügel; Käsegerichte und Eierspeisen; warme, kalte und gefrorene Süß- und Nachspeisen.
- Vor- und Zubereiten von Speisen für Buffets, Bankette etc. und Mitwirken beim Arrangieren von Buffets und Banketten sowie bei der Ausgabe von Speisen.
- Verarbeiten und Anrichten von vorgefertigten Gerichten.
- Mitwirken bei der Pflege von Küchengeräten und Ausstattungen.

Die Berufsbilder im Detail zu den Lehrberufen Koch/Köchin und Systemgastronomiefach-mann/-fachfrau finden Sie unter: www.trauner.at, Verlag, Schulbuch, Service.

Berufsprofil Lehrberuf Systemgastronomiefachmann/-fachfrau

- Gestalten eines effizienten Geschäftsablaufes durch kundenorientiertes, kostenbewusstes und teamorientiertes Verhalten.
- Umgang mit Gästen, Beratung und Verkauf sowie Bearbeiten von Reklamationen (Beschwerdemanagement).
- Durchführen aller im Rahmen des betrieblichen Konzeptes des Ausbildungsbetriebes erforderlichen operativen Tätigkeiten.
- Handhaben, Reinigen und Warten der im Betrieb verwendeten spezifischen Arbeitsgeräte und Maschinen sowie gegebenenfalls Veranlassen der Instandsetzung.
- Herstellen von Speisen nach Rezepten unter Berücksichtigung der Wirtschaftlichkeit und der Kenntnisse über die Verarbeitung von Halbfertigprodukten (Convenienceprodukten).
- Produktpräsentation, Mitarbeit bei der Vorbereitung und Durchführung von Werbeaktionen und verkaufsfördernden Maßnahmen.
- Anwendung des betrieblichen Warenwirtschaftssystems.
- Ausgeben und Servieren von Speisen und Getränken und Mitwirken an Organisation und Durchführung gastronomischer Sonderveranstaltungen.
- Führen der Kasse, Abrechnen von Schecks und Kreditkarten sowie Umrechnen und Abrechnen in verschiedenen Währungen.
- Durchführen von Maßnahmen zur Qualitätskontrolle, Qualitätssicherung und Kostenkontrolle.
- Mitwirken bei der Umsetzung und Anwendung des betrieblichen Hygienekontrollsystems und der Dokumentation.
- Mitarbeit bei der Personalplanung und Personaladministration und bei der Organisation und Durchführung von innerbetrieblichen Schulungsmaßnahmen.
- Führen und Verwalten von Dateien und Verkaufsstatistiken unter Anwendung der im Betrieb vorhandenen bürotechnischen Einrichtungen.

Kochen mit System – die Fastfoodindustrie setzt hier die Maßstäbe

Arbeitsaufgaben

1. Beschreiben Sie eine ergonomisch eingerichtete Küche.
2. Welche Zeitarten werden unterschieden? Wie werden sie im Zubereitungsplan dargestellt?
3. Wozu dient die Aufgabenanalyse und wozu dient das Flussdiagramm?
4. Welche Positionen gibt es in der großen Küchenbrigade? Beschreiben Sie drei davon näher.

Notizen zu den Arbeitsaufgaben:

Küchentechnologie

Die Qualität der angebotenen Speisen in einem Betrieb hängt neben der Qualifikation der Köchin oder des Kochs auch von der Ausstattung der Küche und der Auswahl der Maschinen und Geräte ab.

Darum wird Ihnen in den nächsten Kapiteln das Innenleben einer betrieblichen Küche sowie aller zugehörigen Nebenräume vorgestellt.

Unsere Ziele

Nach Bearbeitung dieses Kapitels werden Sie

- wissen, welche Materialien in der Küchenausstattung zum Einsatz kommen und wie sie zu pflegen sind;
- Küchenmaschinen und -geschirr, Werkzeuge, Messer und Schneidunterlagen kennen;
- Gemeinschafts- und Individualverpflegung definieren können;
- über praxisgeeignete Einrichtung und Ausstattung von Betriebsküchen Bescheid wissen;
- Ausgabesysteme und -geräte kennen und einsetzen können.

1 Einrichtung

Die Küche im Betrieb – sei es in einem Kindergarten, in einer Schule, in einem Krankenhaus oder auch in Gaststätten und Restaurants – benötigt besondere Räume, Einrichtungen und ein spezielles Inventar.

1.1 Gemeinschafts- und Individualverpflegung

Die Außer-Haus-Verpflegung kann als Gemeinschaftsverpflegung in Großhaushalten oder als Individualverpflegung in Einrichtungen der Gastronomie erfolgen. Man unterscheidet dabei Teil- oder Vollverpflegung. Die Gemeinschaftsverpflegung ist kostendeckend, die Individualverpflegung hingegen gewinnorientiert.

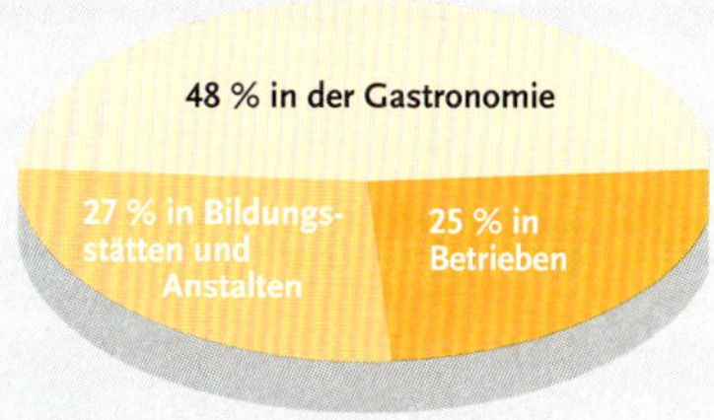

Außer-Haus-Verpflegung

Gemeinschaftsverpflegung

- **Kindergarten- oder Schulverpflegung:** in Kindergärten, Horten, Schulen, Universitäten (Mensa).
- **Betriebsverpflegung:** in Kantinen, Betriebsrestaurants.
- **Anstaltsverpflegung:** in Heimen, Krankenhäusern, Justizvollzugsanstalten, beim Bundesheer oder als „Essen auf Rädern".

Die Auswahl der Speisen soll auf den Gästekreis abgestimmt, ernährungsphysiologisch angepasst und abwechslungsreich sein.

Ernährungsphysiologisch = durch Ernährung auf die Lebensvorgänge im Organismus positiv einwirkend. Näheres dazu erfahren Sie im Gegenstand Ernährung.

Individualverpflegung

- **Gaststätte:** (Hotel-)Restaurant, Gasthaus, Wirtshaus, Pension.
- **Imbissstätte:** Snackbar, Imbissstand, Fast-Food-Restaurant, Bäckerei, Fleischhauerei.

Der Gast kann nach seinen Wünschen und Bedürfnissen aus einem Speisenangebot wählen.

1.2 Arten von Küchen

Die Art und Größe einer Küche hängen von der Betriebsform (Hotel, Restaurant, Kantine etc.) ab. Grundsätzlich wird unterschieden zwischen:

- konventioneller Küche,
- Produktions- und Fertigungsküche,
- Produktionsküche,
- Fertigungs- oder Fast-Food-Küche,
- Sicht- oder Showküche,
- Küche für Gemeinschaftsverpflegung.

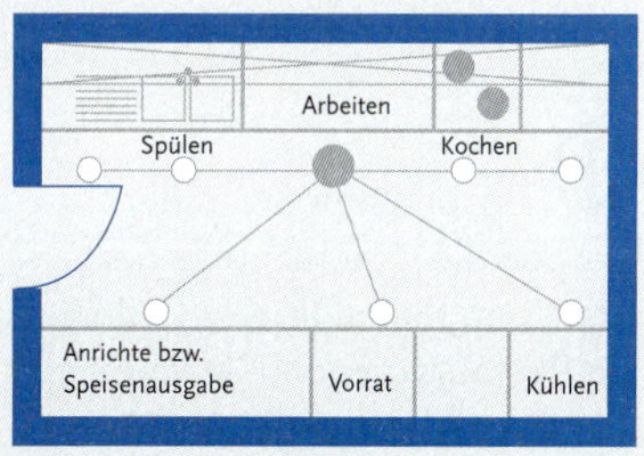

Plan einer konventionellen Küche

Küchenart	Beschreibung	Betriebsform
Konventionelle Küche (auch Restaurant- oder À-la-carte-Küche)	Eine klassische Küche, unterschiedlich groß, wobei Produktion und Fertigstellung von Speisen in einem Raum stattfinden.	Kleinere und mittlere Betriebe, wie Restaurants oder Hotels
Produktions- und Fertigungsküche	In einem Teil der Küche erfolgt die Produktion und im angrenzenden Teil werden die Speisen fertiggestellt und serviert.	Mittlere oder größere Betriebe mit angrenzendem Restaurant und zusätzlichen Veranstaltungsmöglichkeiten und/oder Catering

Je größer der Betrieb, je höher die Anforderungen, desto umfangreicher wird die Ausstattung.

Produktionsküche	Eine Produktionsküche ist nicht an Ausgabezeiten bzw. Service gebunden. Zeitlich unabhängig kann ein Großteil der Produktion erfolgen. Durch die Zeit- und Ortsungebundenheit werden meist die kombinierten Garverfahren wie Cook & Chill oder Vakuumkochen (Cuisson sous Vide, siehe auch S. 138) eingesetzt, um halb fertige oder fertige Speisen zuzubereiten.	Großbetriebe wie z. B. Hotels mit mehreren Restaurants und Bankettsälen oder große Cateringbetriebe sowie die Lebensmittelindustrie
Fertigungs- oder Fast-Food-Küche	Es handelt sich um Ausgabestellen, die von Produktionsküchen beliefert werden. Hier werden fertige oder halb fertige Speisen finalisiert, regeneriert, angerichtet und serviert. Die Aufbereitung erfolgt mit Heißluftdampfgerät, Grillplatte, Fritteuse, Salamander, Mikrowellengerät und Bain-Marie (Gargeräte siehe S. 56).	Systemgastronomie, Fast-Food-Betriebe und Betriebe mit Outside-Catering
Sicht- oder Showküche	Die Sichtküche ist eine offene Küche im Restaurant. Die Speisenzubereitung erfolgt direkt vor dem Gast, daher bietet diese Form von „Erlebnisküche" eine gute Kommunikation zwischen Gästen und Köchen.	Vor allem für Betriebe mit Freeflowsystem (meist in Buffetform mit Selbstbedienung, z. B. bei Autobahnrestaurants und in ethnischen Lokalen (z. B. Teppan-Yaki)
Küche für Gemeinschaftsverpflegung	Für die Fertigung von Speisen mit örtlich und zeitlich angegliederter Konsumation. Grundsätzlich unterscheidet sich diese Küche kaum von einer Produktions- und Fertigungsküche. Die Größe richtet sich nach der Anzahl der zu verpflegenden Personen und nach der Speisen- und Menüplanung.	Kantinen, Betriebsrestaurants, Heime, Krankenhäuser, Kindergärten, Schulen, Mensen, „Essen auf Rädern" etc.

Die Sicht- oder Showküche ist z. B. häufig in der asiatischen Gastroszene zu finden

Freeflowsystem = Ausgabe an mehreren spezialisierten Theken (siehe auch S. 69).

Besprechen Sie in der Gruppe die Unterschiede der einzelnen Küchenarten. Ordnen Sie Restaurants, die Sie kennen, den angeführten Küchenarten zu. Wo liegen jeweils die Vorteile, wo die Nachteile?

Teppan-Yaki = heißer Tisch. In japanischen Restaurants werden dabei Speisen direkt vor dem Gast auf heißen Edelstahlplatten zubereitet.

1.3 Gestaltung und Planung einer Küche

Eine Küchenplanung unter der Berücksichtigung der Wirtschaftlichkeit hängt von folgenden Faktoren ab:

- **Betriebsform:** Speisenangebot, Vorbereitung für À-la-carte-Gerichte, Buffet, Catering oder Bankett, Gästezahl (Frühstück, Mittag, Abend).
- **Ausstattung:** Einrichtung, Geräte der Gastronorm (GN, siehe S. 48) angepasst, Kühlanlagen, Lagerräume, Arbeitsplätze für Vorbereitung und Fertigstellung der Lebensmittel.
- **Arbeitsablauf:** aufgabengerecht planen und optimieren. Kurze Wege vom Arbeitsplatz zu Herden, Arbeitsgeräten, Kühlanlagen und Ausgabestellen sind Voraussetzung. Die Warenannahme, Lagerung von Lebensmitteln, die Vorbereitung und Fertigstellung von Speisen sind so zu planen, dass sich die Wege nicht kreuzen und damit die Gefahr der Kreuzkontamination bei Lebensmitteln ausgeschlossen wird.
- **Arbeitsplätze:** müssen ausreichend Tageslicht oder künstliche Beleuchtung haben. Die Plätze sind mit gekühlten Läden und Schränken auszustatten. Weiters müssen Messer und Werkzeuge griffbereit aufzubewahren sein. Die benötigten Geräte sind ergonomisch und praktisch anzuordnen. Bei der Planung ist auf ausreichend Stell- und Arbeitsflächen zu achten.

Bei der Infrastruktur des Betriebes ist zusätzlich auf die leichte Erreichbarkeit des Speisesaales und auf kurze Wege zur Warenannahme und zu den Lagerräumen zu achten.

Weg der Ware durch die betriebliche Küche

Der optimale Weg der Ware durch den Betrieb von der Anlieferung bis zum Gast ergibt automatisch die optimale Küchenplanung und räumliche Anordnung der einzelnen Bereiche.

Anlieferung ↓	Die Ware kommt in den Betrieb.
Kühl- und Vorratszentrum ↓	Die Ware wird gelagert.
Vorbereitungszentrum ↓	Die Ware wird für die Speisenproduktion vorbereitet.
Produktion ↓	Gerichte werden hergestellt.
Ausgabe ↓	An der Ausgabe holt das Service die Speisen ab ...
Gast	... und bringt sie zum Gast.

! Gesetzliche Bestimmungen beachten!

- Lebensmittelhygieneverordnung,
- Sicherheitsbestimmungen,
- Arbeitsschutzbestimmungen etc.

Die Fassung der Waren ist Schritt Nummer eins der Arbeitsabläufe

? Folgen Sie auf dem Plan auf Seite 44 dem Warenfluss durch den Betrieb.

Plan einer Produktions- und Fertigungsküche

(Am Beispiel einer Hotelrestaurantküche mit der Kapazität für 150 Portionen)

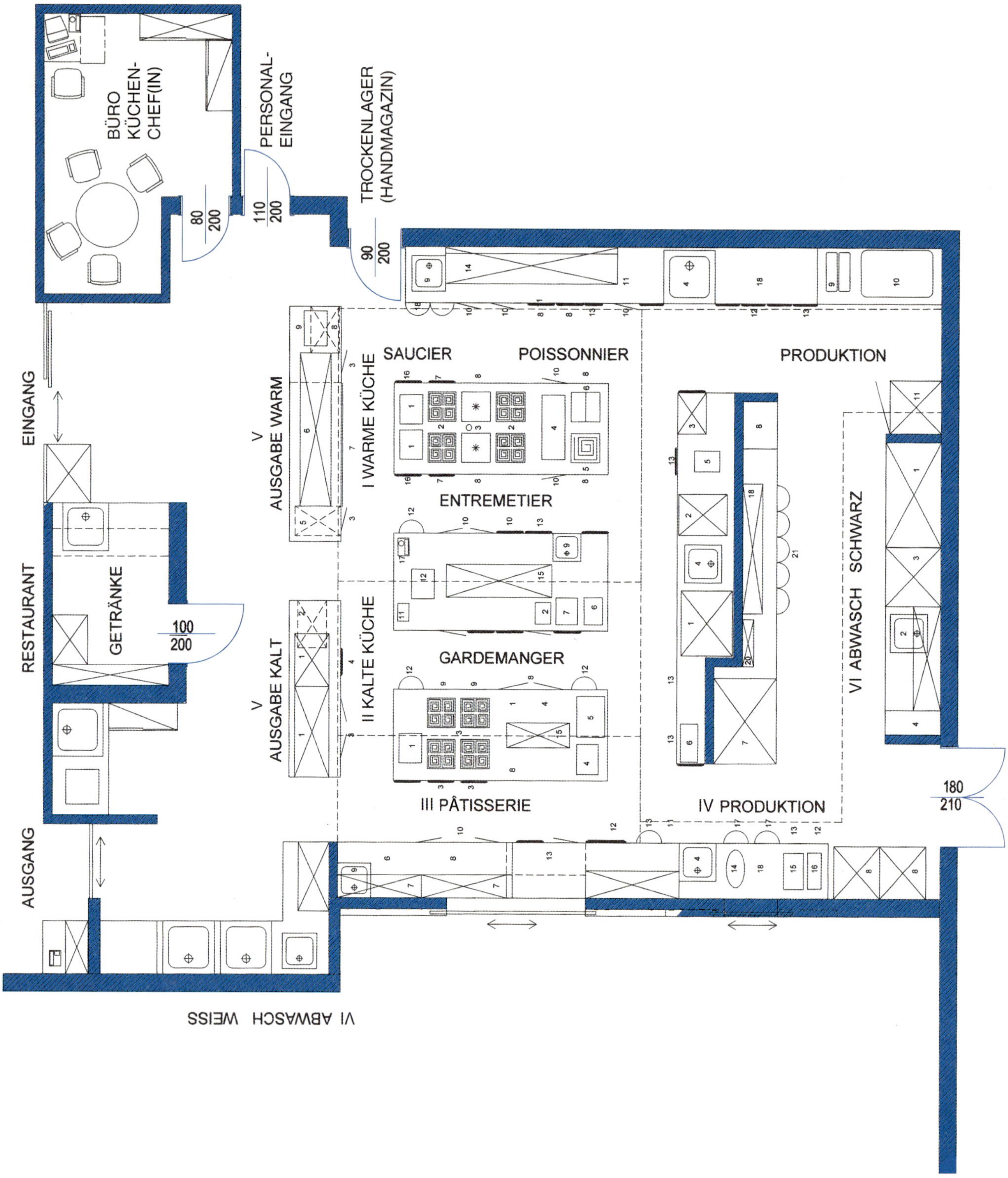

I Warme Küche

Die Abteilungen des Sauciers, Poissonniers, Entremetiers und evtl. des Rôtisseurs umfassen die warme Küche.

1. Warmhalteplatte
2. Induktionsherde
3. Wasser-Mischbatterie
4. Grillplatte
5. Wok
6. Fritteuse
7. Backrohr
8. Abstellfläche
9. Waschbecken
10. Kühlfach
11. Arbeitsfläche
12. Salamander
13. Laden
14. Hängeschrank
15. Bord – Abstellfläche
16. Rechaud
17. Telefon
18. Abfall fahrbar

II Kalte Küche (Gardemanger, Horsd'œuvrier, evtl. Boucherie). Es werden sämtliche kalten Speisen wie Vorspeisen, Salate, Buffets etc. zubereitet (evtl. Fleisch und Fisch filetiert und portioniert).

1. Arbeitsfläche
2. Aufschnittmaschine
3. Herdplatte
4. Cutter
5. Hackstock
6. Waage
7. Waschbecken
8. Kühlfach
9. Abstellfläche
10. Laden
11. Bondrucker
12. Abfall fahrbar

III Pâtisserie

Herstellung aller warmen und kalten Süßspeisen; in Großbetrieben auch Confiserie und Speiseeiserzeugung.

1. Wärmeplatte
2. Herdplatte
3. Backrohr
4. Waage
5. Bord – Abstellfläche
6. Speiseeiskühlfach
7. Hängeschrank
8. Arbeitsfläche
9. Waschbecken
10. Kühlfach
11. Abstellfläche
12. Laden
13. Marmorplatte
14. Rechaud
15. Abfall fahrbar

IV Produktion

Zubereitung und Fertigstellung von Speisen für À-la-carte-Service, Bankettveranstaltungen und Catering.

1. Kombisteamer
2. Druckdämpfer
3. Schockfroster
4. Waschbecken
5. Pacojet
6. Vakuummaschine
7. Backofen
8. Regalwagen GN 2/1
9. Fritteuse
10. Kippbratpfanne
11. Tiefkühlschrank
12. Kühlfach
13. Abstellfläche
14. Rühr- und Knetmaschine
15. Teigausrollmaschine
16. Getreidemühle
17. Mehl- und Zuckerbehälter fahrbar
18. Arbeitsfläche
19. Wandschrank
20. Erste-Hilfe-Schrank
21. Abfall fahrbar

V Ausgabestelle

Die Ausgabe ist das Verbindungsstück zwischen der Speisenausgabe der Küche und dem angeschlossenen Restaurant bzw. Speisesaal. Die Ausgabestelle wird in der Regel – je nach Betriebsart – in warme und in kalte Ausgabe unterteilt.

Kalte Ausgabe

Für das Bereitstellen oder Anrichten von allen kalten Speisen. Die kalten Speisen sollen eine Ausgabetemperatur von 8 °C (nicht über 15 °C) haben.

1. Servicebord – Porzellan
2. Salatkühlfach
3. Kühlfach
4. Abstellfläche

Warme Ausgabe

Das Anrichten bzw. die Abholung der Speisen durch das Service muss rasch und gut geplant erfolgen. Es muss gewährleistet werden, dass die warmen Gerichte bei einer Temperatur von 75 °C serviert werden. Schnelligkeit, Sorgfalt und Hygiene stehen hier an oberster Stelle.

1. Warmhaltegerät – Hold-o-mat
2. Infrarotbrücke
3. Rechaud
4. Mikrowellenherd
5. Bain-Marie

VI Abwaschstationen

Die Reinigung des Anrichte- und Küchengeschirrs wird in zwei Bereiche getrennt:

Abwasch weiß

Rückgabestelle für das Service mit Abräumstation mit Speisenreste- und Restmüllentsorgung.

1. Spülmaschine
2. Waschbecken mit Brause
3. Geschirrrückgabe
4. Gläserrückgabe
5. Abfall fahrbar
6. Wandbord
7. Abstellfläche

Abwasch schwarz

Hier wird das in der Küche verwendete Equipment, wie Töpfe, Pfannen, Werkzeuge etc., gereinigt.

1. Regal – Schwarzgeschirr
2. Waschbecken mit Brause
3. Topfspülmaschine
4. Schrank – Reinigungsmittel

Flächenbedarf und Größe richten sich nach den jeweiligen Anforderungen durch Betriebsart und -größe.

1.4 Lager- und Nebenräume

Neben der Küche sind folgende Räumlichkeiten für einen reibungslosen Arbeitsablauf notwendig:

- Vorbereitungsraum
- Lagerräume
- Mülllager
- Pausen- oder Essraum für Mitarbeiter/-innen
- Garderobe und Toiletten – Umkleideräume für Mitarbeiter/-innen

Vorbereitungsraum (Legende)

1. Fleischwolf
2. Gemüseschneidemaschine
3. Kartoffelschälmaschine
4. Regalwagen GN 2/1
5. Kühlschrank GN
6. Arbeitsfläche
7. Waschbecken
8. Laden
9. Abfall fahrbar
10. Abstellfläche
11. Kartoffelwanne fahrbar
12. Waage

→ Warenfluss

Vorbereitungsraum (unreine Küche)

Hier werden alle Rohprodukte wie Fleisch, Fisch, Gemüse und Obst geputzt, geschält, gewaschen, geschnitten, zerkleinert, ausgelöst, filetiert und portioniert.

Lagerräume

Lagerräume sind Räume zur Lagerung von Lebensmitteln und Waren aller Art, die für die Vorbereitung von Lebensmitteln benötigt werden. Hier sollen bei der Planung die gleichen Schritte wie bei der Küche eingehalten werden (siehe S. 41), damit die Anordnung so vorgenommen wird, dass der Materialfluss einen optimalen Arbeitsablauf gewährleistet.

Folgende Lager müssen vorhanden sein:

Küchenlager	Trockenlager	Kühllager
■ Beim Arbeitsplatz ■ Handmagazin ■ Kühlschränke ■ Tageskühlraum	■ Lebensmittelmagazin ■ Getränkemagazin ■ Lager für sonstige Waren	■ Kühlräume oder Kühlschränke ■ Tiefkühlräume oder Tiefkühlfächer ■ Tiefkühlschränke ■ Kühlräume für Getränke

Küchenlager
Hier werden sämtliche Lebensmittel für den Tagesbedarf gelagert.
- Beim **Arbeitsplatz:** Aufbewahrung von vorbereiteten Lebensmitteln wie Gemüse, Früchte und Fleisch etc.
- Im **Handmagazin** befinden sich nicht zur Kühlung bestimmte Lebensmittel (siehe auch Trockenlager).
- **Kühlschränke** und **Tiefkühlfächer** sollen in der Nähe des Arbeitsplatzes platziert sein.
- **Tageskühlraum:** Aufbewahrung von fertigen Speisen für Restaurant, Bankett oder Catering.

Trockenlager
Trockenlager sind Magazine mit Normaltemperatur, die trocken und dunkel sein müssen. Ideal ist eine Lüftungsanlage, die eine konstante Temperatur von etwa 15–18 °C gewährleistet. Die Waren sollen übersichtlich auf Stellagen und Holzrosten gelagert werden.
- **Lebensmittelmagazin** für trockene Vorräte wie Mehl, Zucker, Gewürze, Teigwaren, Kaffee, Konserven etc.
- **Getränkemagazin** für alkoholfreie Getränke, Mineralwässer, Rotweine und Spirituosen.
- **Lager für sonstige Waren:** Hier befinden sich getrennte Aufbewahrungsmöglichkeiten für Reinigungsmittel, Glas, Porzellan, Silber, Wäsche etc.

Kühllager
Größe und Einteilung der Kälteeinrichtungen richten sich nach Betriebsform und Betriebsgröße. Die benötigte Luftfeuchtigkeit von durchschnittlich 85 bis 90 % wird mit einem **Hygrometer** kontrolliert.

Die fugenfreien Böden und Wände müssen aus harten, glatten und abwaschbaren Materialien sein und die Stellagen müssen mit rostfreiem Metall versehen sein.

- **Kühlräume** und **Kühlschränke:** getrennte Lagerung von Fleisch, Fisch, Eiern, Milchprodukten und Frischprodukten wie Gemüse und Obst.
- **Tiefkühlräume, -schränke und -fächer:** Hier werden gefrostete Lebensmittel wie Speiseeis, Gemüse-, Kartoffel- und Convenienceprodukte in gut verpacktem Zustand gelagert.
- **Kühlräume für Getränke:** Hier werden verschiedene Getränke wie Weißweine und Schaumweine gelagert.

Unreine Küche
nennt man den Bereich in der Küche, wo rohe Lebensmittel vor- und zubereitet werden. Rohe Lebensmittel dürfen nicht mit gegarten oder servierfertigen Speisen in Berührung kommen – um Kreuzkontaminationen zu verhindern.

Reine Küche
Hier erfolgen alle Garmachungsarten zur Fertigstellung der Lebensmittel.

Alle Lagerräume müssen den gesetzlichen hygienischen Mindestanforderungen entsprechen (siehe Betriebshygiene, S. 11). Sie müssen versperrbar und leicht kontrollierbar sein.

Das Getränkemagazin muss vom Lebensmittelmagazin getrennt sein

Lebensmittelhygiene, S. 14.

Checkliste laut HACCP führen!

Kälteempfindliches Gemüse und Obst
Kartoffeln, Tomaten, Kürbisse, Ananas, Bananen, Zitrusfrüchte etc.

! Die Räumlichkeiten müssen mit Warmwasseranschluss und Desinfektionsanlage ausgestattet sein.

! Alle Müllbehälter müssen so aufgestellt und verschlossen sein, dass keine Insekten oder Nagetiere angelockt werden.

Kühltemperaturen
Auf den Kühleinrichtungen ist die Solltemperatur anzuschreiben – die dabei verwendeten Thermometer müssen periodisch auf Funktion überprüft werden. Die Haltbarkeit von Lebensmitteln ist weiters von der relativen Luftfeuchtigkeit abhängig.

Produkt	Solltemperatur	Relative Luftfeuchtigkeit in %
Rohe Eier, gekühlt	unter +8 °C	75–85
Milchprodukte	4–6 °C	75–80
Schlachtfleisch/Geflügel/Wild	2–4 °C	80–90
Frischfisch/Meeresfrüchte	0–2 °C	85–95
Gemüse, frisch	4–6 °C	85–90
Kälteempfindliches Gemüse und Obst	8–12 °C	85–90

Ein „kühles" Wortspiel und Temperaturen

Auf Verpackungen von Lebensmitteln sind Hinweise zur Lagerung zu finden, deren Bedeutung Sie hier nachlesen können:

Kühl lagern	=	+15 °C bis max. +18 °C im Trockenlager
Gekühlt lagern	=	+2 bis +6 °C in Kühlanlagen
Tiefgekühlt lagern	=	–18 °C oder kälter in Tiefkühlanlagen

Nebenräume

Mülllager
Hier werden **Speisereste, Abfälle und Altfett** in gekennzeichneten und schließbaren Behältern bzw. Tonnen gelagert. Die vorübergehende Lagerung von Müll erfolgt in gekühlten und ungekühlten Bereichen:

- Im **gekühlten Raum** werden Lebensmittelreste bis zur Abholung aufbewahrt. Die Reste werden getrennt nach Biomüll (rohe Salat-, Gemüse- und Obstreste), nach gekochten Speiseresten und Altfett.
- Der **ungekühlte Raum** dient zur Aufbewahrung von Leergut wie Kartonagen, Kisten und Pfandflaschen. Weiters gibt es hier Müllbehälter für Restmüll, Plastik, Altpapier, Metall und Glas.

Pausen- und Essraum für Mitarbeiter/-innen
Die Essenszeit bzw. die Pausen sollen für die Mitarbeiter/-innen in einer ansprechenden Atmosphäre stattfinden. Ausgestattet soll der Raum mit einer Selbstbedienungsanlage sein, bestehend aus Wärme- und Kühlanlagen für die Speisen, aus Getränkeentnahme (Automat bzw. Kaffeemaschine) und einer Abräumstation.

Dieser Raum dient auch zur **Erholung und Entspannung** der Mitarbeiter/-innen in den festgelegten Pausen. Zusätzlich wird er für **Besprechungen** und Mitarbeitergespräche genutzt. Der Raum soll Fenster für Tageslicht und eine Sichtverbindung nach außen haben.

Garderobe und Toiletten
Für die Küchenmitarbeiter/-innen ist eine eigene **Umkleidegarderobe** vorzusehen – mit Sitzgelegenheit und zwei verschließbaren Schränken pro Mitarbeiter(in) für Zivilkleidung und Uniform. Es müssen für Frauen und Männer räumlich getrennte Anlagen mit jeweils direktem Zugang zu den Waschräumen vorgesehen sein. Der **Nassraum** ist ausgestattet mit Waschbecken – mit berührungslosen Armaturen – und Dusche. Diese Toiletteanlagen und Waschbecken dürfen ausschließlich vom Personal benützt werden.

2 Inventar

2.1 Materialien des Kücheninventars

Metalle

Arten	Verwendung	Eigenschaften
Aluminium	Größere Töpfe und Bratpfannen, Verpackungsmaterial (Folien, Behälter)	Dünne Geschirre können sich leicht verbiegen und Topfböden wölben sich mit der Zeit. Säuren, z. B. Zitronen- und Essigsäure, greifen das Aluminium an – die Beschaffenheit der Nahrung wird negativ beeinflusst. Aluminiumgeschirr eignet sich nicht für Cerankochfelder.
Edelstahl	Hochwertiges Kochgeschirr, Küchenmöbel, Spülbecken, Innenwände von Elektrogeräten (Geschirrspüler, Waschmaschine), Messerklingen, Schlagmesser an Küchen- und Brotschneidemaschinen	Edelstahl nimmt Geruch und Geschmack nicht an. Er ist widerstandsfähig gegen Kratzen, Fallen und Schlagen, größtenteils säureunempfindlich, leicht zu reinigen und gut wärmeleitend. Edelstahlgeschirr ist für Elektroplatten, Gasflammen und Cerankochfelder geeignet.
Gusseisen	Pfannen, Woks	Gusseisen ist schwer und haltbar. Unbehandelt ist es rostempfindlich, daher wird es meist emailliert oder beschichtet angeboten. Aufgrund der Schwere des Geschirrs ergibt sich eine gute Wärmeverteilung und -speicherung. Da es nicht säure- und laugenfest ist, ist es nicht zum Aufbewahren von Speisen geeignet. Neue Pfannen mit Salz ausbrennen und ausreiben, das entfernt den Metallgeschmack. Gusseisen soll immer fett gehalten werden. Nach dem Waschen trocknen und einfetten (verhindert die Rostbildung).
Kupfer	Töpfe, Serviergeschirr, Flambiergeschirr, Ziergegenstände, Sandwichtopfböden (bestehen aus Edelstahl und Kupfer)	Kupfer ist besonders gut wärmeleitend. Reinkupfer oxidiert und ist nicht säurebeständig, daher wird es mit einer Antioxidationsschicht behandelt. Kupfergeschirr ist mit Edelstahl ausgekleidet.
Schwarzblech	Kuchenformen, Backbleche	Dünnes Stahlblech oxidiert durch Hitzeeinwirkung. Durch die Behandlung wird die Oberfläche geglättet und das Blech schwarz gefärbt. Durch diese Färbung wird die Wärme besser an das Backgut abgegeben. Der Überzug ist sehr dünn und die Wirkung geht bei falscher Behandlung sehr schnell verloren; das Schwarzblech beginnt an schadhaften Stellen (z. B. wenn auf dem Blech geschnitten wird) zu rosten.
Weißblech	Kuchenformen, Keksausstecher, Konservendosen	Eisenbleche werden verzinnt und erhalten eine glatte Oberfläche. Weißblech ist sehr leicht, an angekratzten Stellen rostet es. Weißblech wird kaum mehr verwendet.
PTFE-Beschichtung (Polytetrafluorethylen) für Metalle	Pfannen, Töpfe, Grillplatten, Kuchenformen etc.	Die PTFE-Beschichtung ist eine Antihaftbeschichtung aus Kunststoffmaterial, das bis ca. 300 °C wärmebeständig ist; wird z. B. auf Aluminium oder Stahlblech aufgebracht – ermöglicht das Braten ohne Fett. Der Antihafteffekt lässt nach längerer Benutzung und bei falscher Behandlung, z. B. durch Überhitzen oder Verkratzen, nach. Die Qualität dieses Geschirrs ist vom Grundmaterial und von der Stärke der Beschichtung abhängig.

Pflege und Reinigung

- Nach jedem Gebrauch wird das Geschirr in einer **heißen Spülmittellösung** gereinigt, es wird nachgespült und anschließend getrocknet, um Wasserflecken zu vermeiden. Die meisten Betriebe setzen dafür **Geschirrspüler** ein.
- Eingebrannte Stellen werden mit Spülmittellösung oder mit Wasser mit etwas Salmiakgeist sofort eingeweicht und evtl. aufgekocht.
- Nur wenn unbedingt nötig, Scheuermittel verwenden, **flüssige Scheuermittel** sind zu bevorzugen.
- Edelmetalle und oberflächenbehandelte Metalle dürfen nur mit **Spezialreinigungsmitteln** gesäubert werden, da sonst die Schutzschicht zerstört wird.
- Spezialpflege- und Reinigungsmittel nach Gebrauchsanweisung verwenden!

Holen Sie Preise für Pfannen und Töpfe aus unterschiedlichen Materialien ein und vergleichen Sie sie.

Weitere Materialien wie Glas oder Keramik finden Sie auch in Service, Getränke und Betriebsorganisation, Kapitel Tisch- und Servierinventar.

Zum Tieffrieren nur dafür geeignete Kunststoffe verwenden!

Bain-Marie = Heißwasserbad zum Warmhalten von Speisen (vgl. S. 67).

Nicht auf Kosten der Umwelt

Umweltfreundlich und preisgünstig ist die Reinigung
- mit Schlämmkreide und Wasser für Herdplatten, Küchengeräte und Zinngegenstände,
- mit Schlämmkreide und Essig für fettige Verschmutzungen von Herdplatten,
- mit Schlämmkreide und Spiritus für Silbergegenstände,
- mit Salz und Essig für Kupfer,
- mit Schmierseife anstelle herkömmlicher Spülmittel.

Kunststoffe

Alle Gegenstände, die früher aus Holz waren (Schneidbretter, Nudelwalker etc.), werden auch in Privathaushalten mehr und mehr durch Produkte aus Kunststoff ersetzt. In der betrieblichen Küche ist der Einsatz von Gegenständen aus Holz generell verboten, ausgenommen ist der Hackstock (vgl. auch Hygienemaßnahmen in der betrieblichen Küche, S. 12).

Eigenschaften

- Leicht, druckfest, zäh, widerstandsfähig gegen Säuren und Laugen.
- Temperaturempfindlich: Verformung bei Überhitzung (Ausnahme: Backformen aus Silikon sind für das Backrohr geeignet), daher nicht auf heiße Herdplatten, offene Flammen oder in das Backrohr stellen und kein heißes Fett in Kunststoffgeschirr einfüllen.
- Geringe Wärmeleitfähigkeit, deshalb geeignet für Wärmeisolierung bei Kühlschränken und für Kunststoffgriffe.
- Aufgrund seiner glatten Oberfläche pflegeleicht.
- Verfärbungen, z. B. durch Gulasch, sind möglich.
- Nimmt intensiven Geruch von Speisen (z. B. Knoblauch) auf.

Verwendung

- Küchenbretter.
- Gehäuse von Küchenmaschinen.
- Griffe an Pfannen, Töpfen, Messern etc.
- Geschirr: Essgeschirr, Rührschüsseln, Filteraufsätze, Tabletts, Tortenplatten, Behälter mit Deckel zum Aufbewahren und Tiefkühlen.
- Kleinküchengeräte: Kochlöffel, Quirler etc.
- Eimer, Körbe, Reinigungsgeräte (z. B. Besenstiele).
- Schwämme, Abwaschtücher.
- Verpackungsmaterial: Einsiedehaut, Plastiksäcke, Gefrierbeutel, Frischhaltefolie etc.
- Backformen zum Backen, Gefrieren und Auftauen in der Mikrowelle.

Pflege und Reinigung

- Keine Topfkratzer, Scheuermittel und harten Bürsten zur Reinigung verwenden.
- In heißer, milder Spülmittellösung mit Schwammtuch reinigen, klar nachspülen und trocknen.

2.2 Gastronorm (GN)

Die Gastronorm ist ein **Maßsystem,** das Größenverhältnisse von in der Küche verwendeten Blechen, Schalen und Einsätzen vereinheitlicht, die somit beliebig kombinierbar in alle maßgerechten Gargeräte, Backöfen, Kühlschränke, Schubladen und Bain-Maries passen. Die Gastronorm ist mittlerweile beinahe auf der ganzen Welt zu finden und aus keiner Küche mehr wegzudenken.

Der eigentliche **Vorteil** der Umsetzung eines abgestimmten Behältersystems nach der Gastronorm liegt in der **Einsparung von Umfüll-, Umstapel- und Lagerungsvorgängen.**

Dadurch ergeben sich
- eine geringere Beanspruchung der Waren,
- eine optimale Flächennutzung, z. B. in Gargeräten, und
- eine Rationalisierung des gesamten Warenflusses in der Küche.

Der GN-Behälter durchwandert den ganzen Betrieb

Warenannahme → Lagerung → Vorbereitung → Garen → Warmhalten → Speisenausgabe

Eigenschaften

Gastronormeinsätze können aus Chrom-Nickel-Stahl, Polycarbonat oder Porzellan gefertigt sein. Vorteilhaft und universell einsetzbar sind Einsätze aus Chrom-Nickel-Stahl und Kunststoff. Sie sind fugenlos verarbeitet und sind sehr stabil.

Maße und Tiefen der GN-Behälter

Das Grundmaß GN 1/1 hat die Größe von 530 x 325 mm. Die Einsätze sind in verschiedenen Tiefen erhältlich.

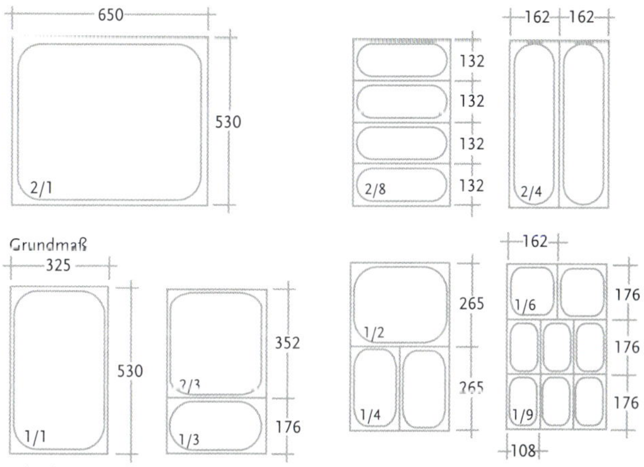

Behältermaße in mm

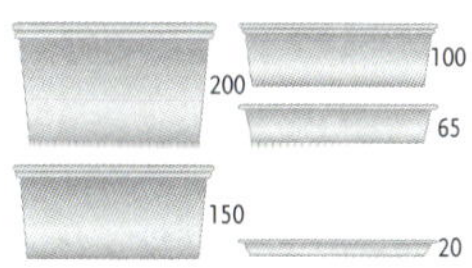

Behältertiefen in mm

Die GN hat den Küchenalltag revolutioniert und ist heute aus keinem Betrieb mehr wegzudenken

2.3 Küchengeschirr

Hoher Kochtopf

Halbhoher Kochtopf

Flache Henkelkasserolle

Flachkasserolle mit Stiel

Sauteuse (Schwenkkasserolle)

Bratpfanne

Palatschinkenpfanne/Omeletten-(Crêpes-)Pfanne

Spaghettitopf
Hoher Kochtopf mit Locheinsatz.

Druckkochtopf, -pfanne

Dünsttopf mit Einsatz zum Dämpfen

Wok
Der Wok ist ein chinesisches Universalkochgerät mit abgerundetem Boden. Bei starker Hitze wird darin sehr kurz unter ständigem Wenden gegart.

Bratpfanne

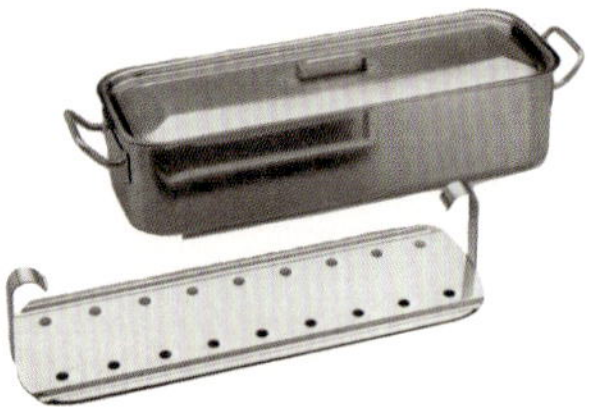

Fischwanne mit Einsatz

Spargeltopf
Hoher, schmaler Kochtopf mit Siebeinsatz.

Schneekessel

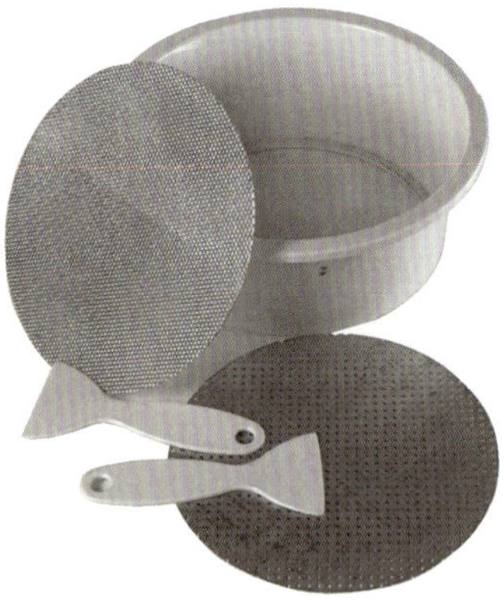

Passiersieb mit Spateln und Einsätzen

Durchschlagsieb

Spitzsieb

Savarinform
Für Germteigringe oder Reisbordüre.

Rehrückenform

Obsttortenform

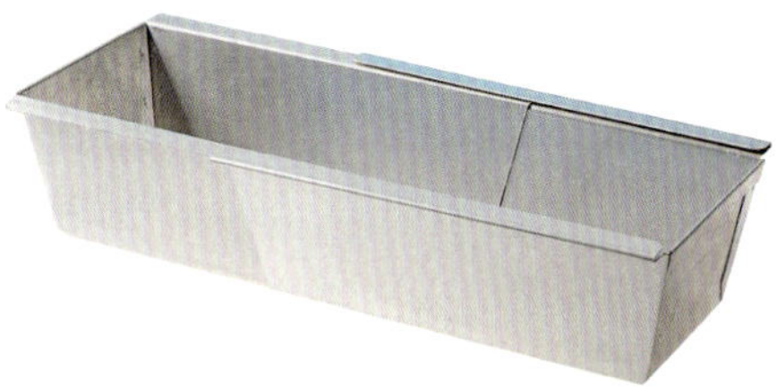

Kastenform

Gugelhupfform

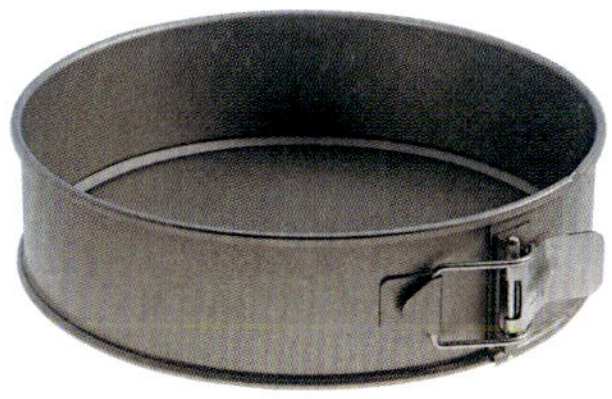

Tortenspringform

Darioleform
Becherform zum Pochieren, Backen, Chemisieren.

Schiffchen, Torteletten
Formen zum Auslegen mit Teig und zum Blindbacken; die Formen gibt es hoch oder niedrig, glatt oder gerippt.

Schöberlform

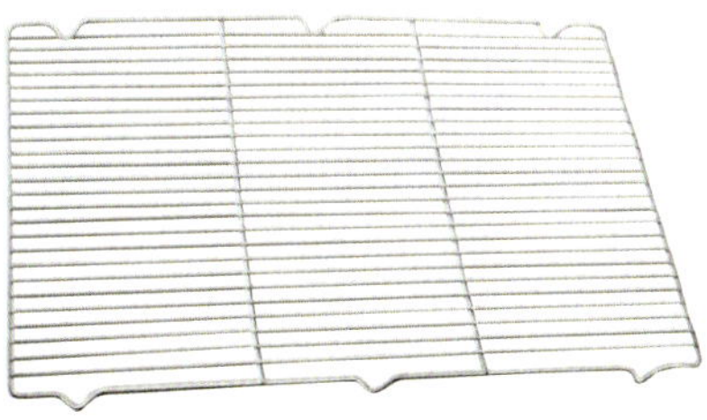

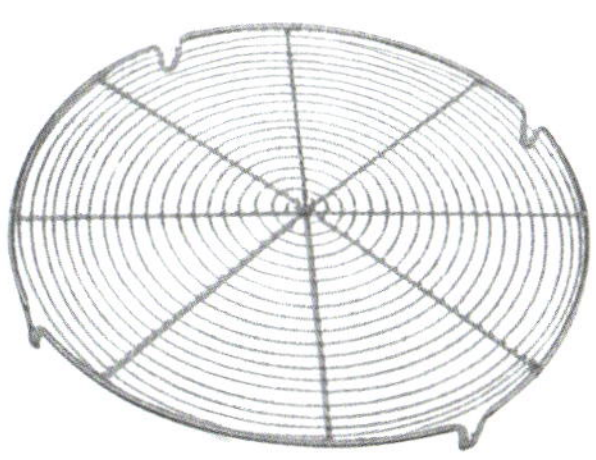

Glasiergitter
Zum Glasieren von kalten Gerichten und Süßspeisen.

Puddingform

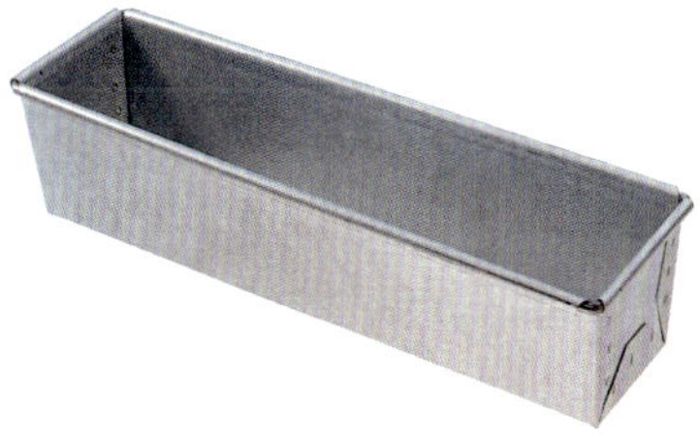

Terrinenform
Aus feuerfestem Steinzeug mit Deckel für Terrinen oder Aufläufe (Rand 10–12 cm hoch).

Pastetenform
Zerlegbare Form aus Weißblech mit gerippten Seitenwänden.

Auflaufschüssel, Souffléform
Aus hitzebeständigem Steingut (Rand 8 10 cm hoch).

Auflaufförmchen
Portionsformen für Koche, Puddings, Soufflés.

Gratinierplatte
Ovale Form mit niederem Rand (3 cm). Für Ragoutgerichte, pochierte Fische in Saucen, gekochtes Rindfleisch und für Gerichte, die im Salamander überglänzt werden.

Tonschneckenpfanne
Nur für Schnecken, wenn sie ohne Gehäuse serviert werden.

Schneckenpfanne
Für Schnecken im Gehäuse.

Muscheln, Muschelschalen
Für kalte oder gratinierte Vorspeisengerichte aus Meeresfrüchten oder für Salate.

Tontopf (Römertopf)
Zum Braten von Fleisch, Geflügel etc.; unglasiertes Steinzeug ist vor Gebrauch zu wässern!

2.4 Messer und weitere Küchenwerkzeuge

Qualitativ hochwertige Messer sind teuer. Daher ist eine sorgfältige Pflege von großer Bedeutung. Messer niemals im Geschirrspüler waschen, sie werden davon stumpf. Am besten reinigt man sie sofort nach Gebrauch mit kaltem oder warmem Wasser. Messer nach der Reinigung sachgemäß aufräumen.

Wenn die Schärfe des Messers nachlässt, wetzen Sie es auf einem Stahlstreicher, indem Sie die Klinge in einem Winkel von 20 ° in Richtung der Schneide über den Stahlstreicher streichen.

Die Klingen der Messer müssen scharf gewetzt sein, damit man problemlos saubere Schnitte machen kann.

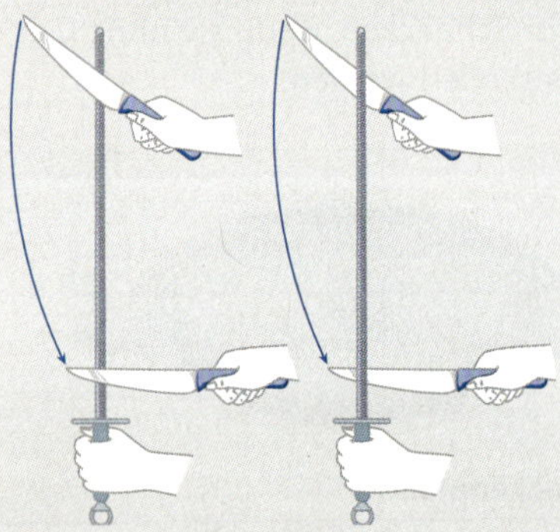

Wetzstahl, Stahlstreicher
Zum Abziehen, Schärfen glatter Messer.

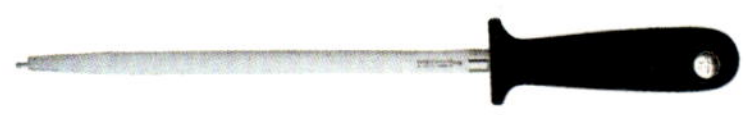

Küchenmesser
Allroundmesser zum Schneiden von Gemüse, Kartoffeln, Obst, Fleisch.

Tranchelard
Dünnes Schneiden (tranchieren) von Braten, Fisch, Schinken und anderen verzehrfertigen Fleisch- und Wurstwaren.

Filetiermesser
Zum Filetieren, Parieren.

Säge- bzw. Brotmesser
Mit Wellenschliff; für Brot, Gugelhupf bzw. Kuchen (aus Backpulver-, Biskuit- und Sandmassen ohne Glasur).

Tomatenmesser
Mit Wellenschliff und gezackter Spitze.

Gemüse(putz)messer
Zum Putzen und Vorbereiten von Gemüse, Salaten, Kartoffeln, Pilzen und Obst.

Gemüsebeil
Eignet sich besonders zum exakten Schneiden von Gemüse (Julienne, Brunoise etc.)

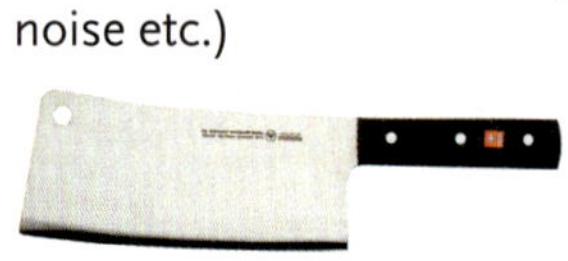

Tourniermesser
Für gleichmäßige Formen von Gemüse, Kartoffeln (z. B. für Olivenkartoffeln) und Obst.

Chartreuse- bzw. Buntmesser
Für geriffelte Scheiben von Gemüse, z. B. Rote Rüben, Gurken sowie Kartoffeln.

Sparschäler
Erlaubt dünnes Schälen von Gemüse, Kartoffeln und Obst.

Parisienne- bzw. Noisetteausstecher
Für Kugelformen von Gemüse, Kartoffeln und Obst.

Tortenmesser
Für Torten und Schnitten, glasiert bzw. mit Creme bestrichen.

Palette
Zum Streichen von Füllungen, Cremen und als Hilfe zum Abheben und Anrichten.

Fleischmesser
Für rohes Fleisch.

Ausbeinmesser
Zum Auslösen von Knochen.

Wussten Sie, dass ...
es auch Messerklingen aus Porzellan gibt? Sie haben den Vorteil, dass sie die Schärfe nicht verlieren, sind aber sehr teuer in der Anschaffung.

Hackmesser
Zum Hacken von Knochen (rohes Geflügel oder Fleisch, z. B. Rückenteil) und Aufschlagen von Krustentieren.

Knochenhacke
Zum Durchtrennen bzw. -schlagen von Knochen.

Knochensäge
Zum Durchtrennen von Knochen.

Fleischgabel

Zum Fixieren und Wenden gegarter Fleischstücke.

Plattiereisen

Zum Plattieren (Klopfen) von rohem Fleisch.

Fleischklopfer aus Kunststoff

Spicknadel
Speckstreifen und Gemüsestreifen (Karotten, Sellerie etc.) werden damit in rohes Fleisch, Geflügel und Wild eingezogen.

Maronimesser
Zum Einschneiden von Maroni.

Zestenmesser
Für feine Fäden der Schalen von Zitrusfrüchten.

Austernöffner
Zum Öffnen von Austern.

Grapefruitmesser
Zum Herauslösen von Fruchtfleisch aus halbierten Grapefruits.

Pastetenkneifer
Zum Verschließen von Teigrändern.

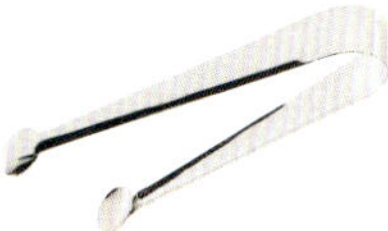

Kanneliermesser
Zum Kannelieren von Zitrusfrüchten, Gurken, Radieschen etc.

Wiegemesser
Zum Hacken von Kräutern und Gewürzen.

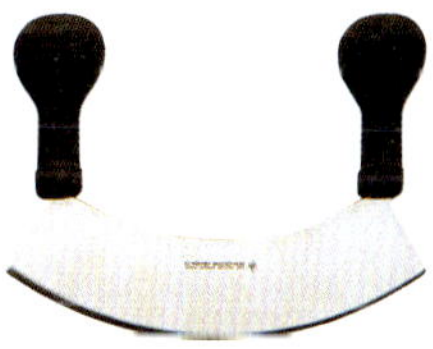

Geflügelschere
Zum Tranchieren und Zerteilen von Geflügel.

Küchenschere, Fischschere, Flossenschere
Zum Abschneiden von Flossen und Köpfen kleiner Plattfische.

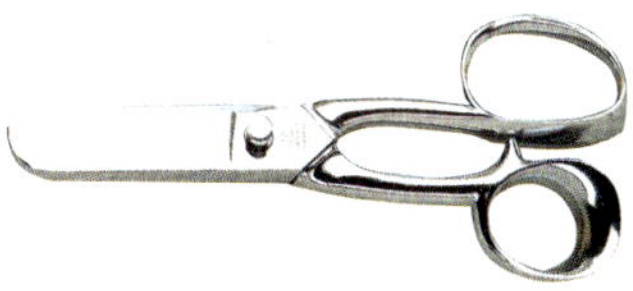

Butterroller

Zum Formen von Butterröllchen.

Schneidunterlagen
Kunststoffbretter gibt es rund oder eckig und in verschiedenen Farben. Bei der Auswahl von Schneidunterlagen ist auf Größe und Standfestigkeit zu achten:

- **Größe:** Das Schneidbrett sollte möglichst so groß sein, dass das Geschnittene auf der Unterlage liegen kann, ohne den Arbeitsprozess zu stören. Auf einem kleineren Brett wird der Schneidvorgang zu häufig unterbrochen, das Arbeiten wird unrationell. Außerdem fallen bei zu kleiner Unterlage Lebensmittel öfter auf den Boden.
- **Standfestigkeit:** Zu kleine, zu leichte und zu glatte Bretter haben den Nachteil, dass sie oder die zu schneidenden Lebensmittel beim Arbeiten verrutschen. Ein **feuchtes Tuch** zwischen Arbeitstisch und Unterlage kann das Rutschen des Brettes verhindern. Bretter mit Saugnäpfen sind aber aus hygienischen Gründen vorzuziehen. Leichte, dunne, mit Kunststoff beschichtete Brettchen führen zum schnellen Abstumpfen des Messers. Schwere, fest aufliegende Unterlagen verringern die Unfallgefahr.

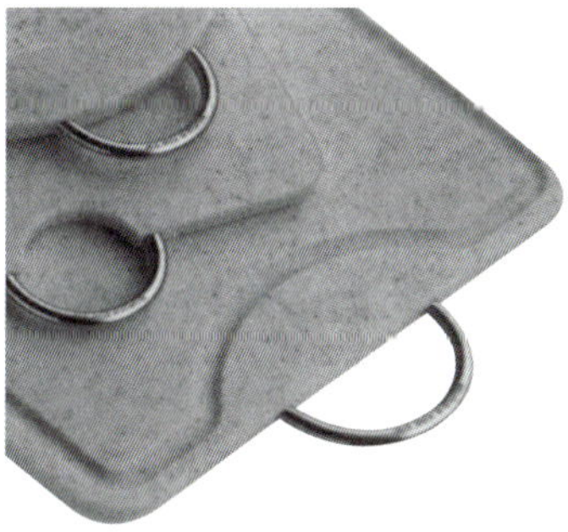

Bratwender

Siebschöpfer, Gitterlöffel
Zum Herausheben von Frittiertem.

Schaumlöffel, Lochschöpfer
Zum Herausheben aus Flüssigkeiten (Knödel, Nockerln etc.) und zum Abschäumen.

Schöpflöffel

Spätzlesieb

Flotte Lotte

Vierkantreibe

Muskatreibe

Parmesanreibe

Knoblauchpresse

Dressiersack, Tüllen
Glatt und gezackt zum Dressieren.

Schneebesen

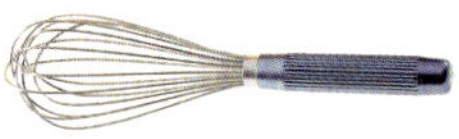

Ausstecher

Teigspachtel

Teigkarte

Teigrad

Pizzateigrad
Zum Schneiden von fertiger Pizza.

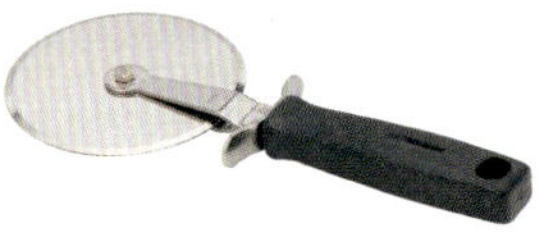

Nicht mehr verwendbare Gebrauchsgegenstände sofort entsorgen, z. B. Dressiersäcke, ausgebrochene Teigkarten, gebrochene Messer, rostige Tüllen etc.

Weiters gibt es noch Spezialkühlgeräte, wie Schockkühlgeräte (für das Garverfahren Cook & Chill, siehe S. 138), Eiswürfelbereiter und Klimaschränke, bei denen sowohl Temperatur als auch Feuchtigkeit zu regulieren sind.

2.5 Kühlgeräte

Kühlschränke dienen zum kurzfristigen Aufbewahren von Lebensmitteln. Die Lebensmittel werden durch Kühlen auf eine Temperatur von 0 bis +8 °C einige Zeit frisch gehalten.

Moderne Kühlgeräte haben innen eine spezielle Beschichtung, die das Ausbreiten von Bakterien und Pilzen hemmt und eine Geruchsbildung verhindert.

Kältezonen

Gefrierfach	Die Sternbezeichnungen sagen aus, welche Temperaturen das Verdampferfach hat und wie lange dort Gefriergut und Tiefkühlkost gelagert werden können:			
	*	−6 °C	und kälter	1–3 Tage
	**	−12 °C	und kälter	1–2 Wochen
	***	−18 °C	und kälter	2–3 Wochen
	****	−18 °C	und kälter	Gefriervermögen bis max. 4 kg in 24 Stunden

0-°C-Zone	**Vorteile:** Da die Lagerdauer mindestens sieben Tage beträgt, muss man nur einmal wöchentlich einkaufen. Alle Nachteile des Einfrierens fallen weg. Die meisten 0-°C-Zonen haben neben dem trockenen einen taufrischen Bereich mit 90 % relativer Feuchte für Obst, Gemüse und andere Lebensmittel, die leicht durch Verwelken oder Austrocknen unbrauchbar und ungenießbar werden. **Nachteile:** Die Technik ist sehr aufwendig, weil sichergestellt sein muss, dass der 0-°C-Punkt nie unterschritten oder wesentlich überschritten wird.
Kühlschrankbereich +4 °C bis +8 °C	40–70 % relative Luftfeuchtigkeit. Das ist der ideale Lagerbereich für Getränke, streichfähige Produkte und gut konservierte Lebensmittel.
Kellerbereich: +5 °C bis +15 °C	Er ersetzt die Vorteile eines Vorratskellers und bietet viel Platz für Kartoffeln, Zwiebeln, Getränke (auch Zweiliterflaschen) bei relativ geringem Energiebedarf.

Kühlgerät mit verschiedenen Kältezonen

Lagerdauer

Produkt	Tage
Wurst, Aufschnitt, Fleisch	2 7
Salate, Blattgemüse, Pilze, Würstel, Fleisch in kleinen Stücken	4 10
Fleisch in größeren Stücken, Fertiggerichte	6 15
Geräucherte oder gepökelte Wurst, Kohl	8 20
Frische Hülsenfrüchte, Rindfleisch, Wild, hitzebehandeltes Fleisch in großen Stücken	10 30
+ 5 °C, rel. Feuchte = 40–70 %	0 °C bis + 1 °C, rel. Feuchte = 90 %

Moderne Kühlgeräte haben automatische Abtauvorrichtungen.

Hinweise für die Lagerung

Beim Einräumen des Kühlschrankes werden häufig Fehler gemacht, die sich auf Qualität und Haltbarkeit der Speisen und Lebensmittel auswirken. Daher beachten Sie:

- Die kälteste Stelle liegt im unteren Bereich, die wärmste Stelle an der Kühlschranktür.
- Der Innenraum des Kühlschrankes soll mindestens einmal im Monat mit Essigwasser ausgewischt werden.
- Nur abgekühlte Speisen in den Kühlschrank stellen. Zur Erhaltung von Feuchtigkeit, Frische, Aroma und Farbe die Speisen gut abdecken.
- Der Kühlschrank soll regelmäßig abgetaut werden, damit der Innenraum nicht vereist. Es wird dadurch eine gleichmäßige Kühlung erreicht.

2.6 Gefriergeräte

Gefriergeräte dienen zum Einfrieren (Schockgefrieren) bei Temperaturen von –35 °C und zum langfristigen Lagern von Lebensmitteln bei Temperaturen von –18 °C.

Lagerdauer von Tiefkühlkost in Monaten

Fleisch		Fisch	
Ente, Gans	4	Fischfilet, Forelle	3
Truthahn	7	Karpfen	2
Frische Wurst- und Fleischwaren	7	Räucherfisch	2–3

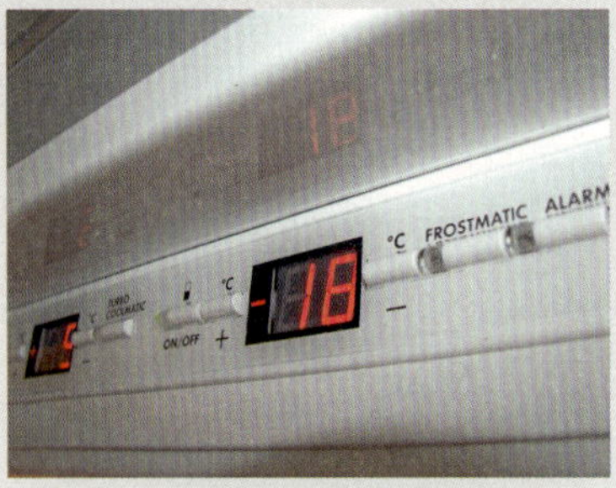

Auf modernen Kühlgeräten ist die Kühltemperatur auf einem Display abzulesen

Huhn	10		
Kalbfleisch, Lammfleisch, Schweinefleisch	4–8		
Rindfleisch, Wild	6–12		
Fertiggerichte	**2–6**	**Eier**	**10**
Milchprodukte		**Gebäck**	
Butter	8	Biskuittorte, Germgebäck, Obstkuchen	6
Eis	4	Pastete	4
Käse	8	Rühr- und Germteig	2
Milch, Schlagobers	3		

2.7 Geschirrspüler

Im Geschirrspüler wird der Schmutz gelöst durch:

Chemie	Wärme	Mechanik
↓	↓	↓
Spülmittel	warmes Wasser	Bewegung

Die Abläufe der Spülprogramme können in Temperatur und Dauer sehr unterschiedlich sein. Je nach Art, Verschmutzung und Menge des Geschirrs gibt es Vorspül-, Kurz-, Fein-, Normal-, Stark- und Sparprogramme.

Für den Geschirrspüler ist geeignet

- Geschirr, das als spülmaschinenfest deklariert ist, eignet sich für das 65-Grad-Normalprogramm.
- Heikles Geschirr (mit Aufglasurdekor, Kristallgläser etc.) nur mit schonenden Programmen (40–55 °C) spülen.
- Kunststoffgeschirr ist normalerweise spülmaschinenfest, darf aber keinesfalls in die Nähe des Heizkörpers kommen, daher ist der Oberkorb der sicherste Platz dafür.
- Für Silberbesteck gibt es spezielle Silberglanzkassetten, die das Anlaufen des Metalls vermeiden.

Beladen des Geschirrspülers

Geschirr kurz mit klarem Wasser abspülen bzw. grob vorreinigen (z. B. bei Verkrustungen); mit der Beschickung des Geschirrspülers hinten beginnen; Öffnungen von Gefäßen gehören nach unten und das Zusammenstoßen von zerbrechlichem Geschirr ist zu vermeiden.

2.8 Gargeräte zum Kochen, Braten und Backen

Wärmeerzeugung

Es gibt unterschiedliche Arten, Wärme zum Garen zu erzeugen:

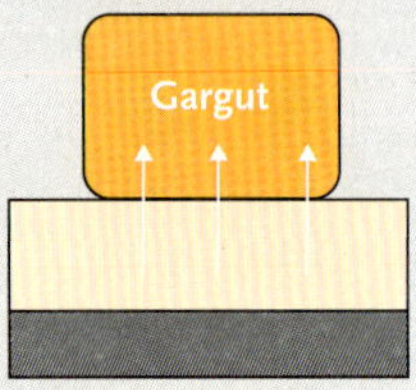

Kontaktwärme

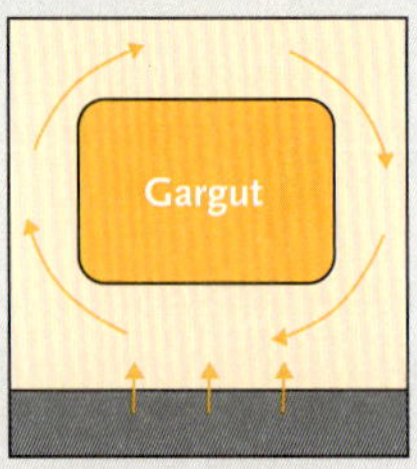

Übertragungswärme

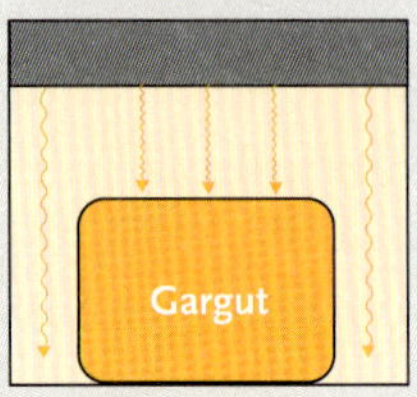

Strahlungswärme

Wärmeart	Wärmeübertragung	Gargerät
Kontaktwärme	Übertragen wird die Wärme durch Kontakt mit dem Gargefäß.	Kochplatte, Grillplatte, Grillrost, Induktionsherd
Übertragungswärme	Übertragen wird die Wärme über Flüssigkeiten, Fett, Heißluft oder Dampf.	Kochtopf, Bain-Marie, Fritteuse, Konvektomat, Dampfkochtopf, Steamer
Strahlungswärme	Die Speisen werden durch Heizschlangen, Mikrowellen oder Infrarot erhitzt.	Oberhitze im Backrohr (Grillfunktion), Salamander, Infrarotgerät, Mikrowellengerät
Kombinationswärme	Kontakt-, Übertragungs- und Strahlungswärme sind in einem Gerät kombiniert.	Backofen (Rohr), Heißluftdampfgerät, Kombimat

Elektrische Back- und Bratgeräte

Durch die verschiedenen Heizsysteme kann der Backofen zum Backen, Braten, Grillen, Gratinieren, Auftauen, Dörren etc. verwendet werden.

Bezeichnung	Anwendung	Anmerkung
Ober-/Unterhitze 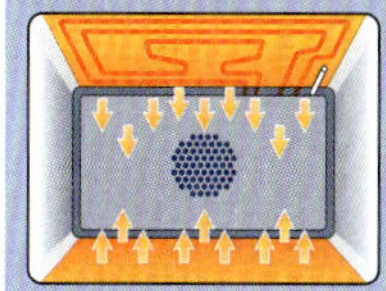	Braten 	Wird auch als klassische Beheizung bezeichnet. Das Verhältnis von oberer und unterer Hitze kann mit der Einschubhöhe verändert werden.
Heißluft 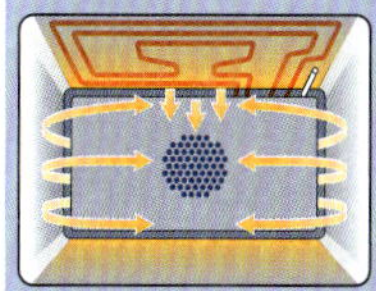	Backen, Auftauen, Dörren 	Gleichmäßige Wärmeverteilung, guter Wirkungsgrad, meist 20–30 °C weniger Temperatur als bei Ober- und Unterhitze, daher sparsamer. Die Wärme wird im oberen, unteren und in einem speziellen Ringheizkörper erzeugt. Je größer die Heizoberfläche, desto gleichmäßiger das Ergebnis.
Grill 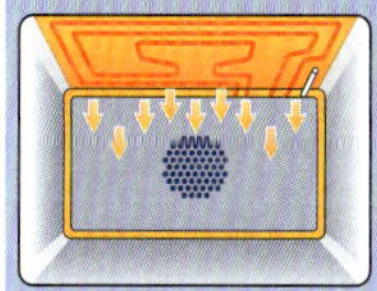	Flaches Grillgut, Gratinieren 	Rot glühender Heizkörper erzielt in wenigen Minuten den gewünschten Grilleffekt.
Umluftgrill-system 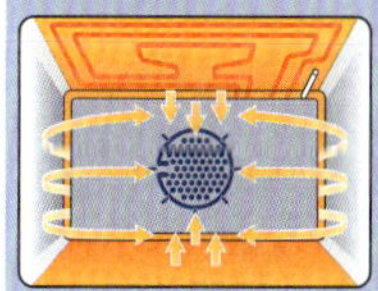	Grillen von größeren Stücken 	Heizkörper glüht impulsartig, das Gebläse verteilt die Hitze und bräunt rundherum gleichmäßig.
Mikrowelle 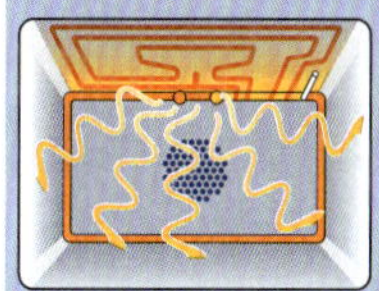	Auftauen, Wärmen, Garen, Dünsten, Kochen 	Kombiniert mit den anderen Beheizungsarten beschleunigt die Mikrowelle den Brat-, Back- und Grillvorgang und spart dabei Energie.

Integrierte Reinigungshilfen

- **Glanzemail (Cleanemail):** Die spiegelglatte, säurebeständige Emailoberfläche lässt den Schmutz nicht so fest ankleben.
- **Permanente (katalytische) Selbstreinigung:** Die beschichteten Flächen des Backofens reinigen sich bei Temperaturen über 150 °C selbsttätig.
- **Pyrolytische Selbstreinigungsautomatik:** Sie wirkt ohne Chemie in allen Ecken und Kanten des Backofens, auf dem Sichtfenster und bei einigen Modellen sogar auf den Backblechen. Bei 500 °C werden sämtliche Verschmutzungen verbrannt. Es bleibt etwas graue Asche übrig, die sich leicht entfernen lässt.

Beispiele für Zusatzeinrichtungen von Back- und Bratgeräten

- **Backwagen:** Bequemer, sicherer Zugriff auf die Bleche. Der Backofen hat glatte, reinigungsfreundliche Wände.
- **Elektronikuhr: Der** Backofen schaltet sich zur gewünschten Zeit ein oder aus.
- **Bratautomatik:** Nach der Eingabe von Fleischart und Gewicht läuft der Bratvorgang vollautomatisch ab.
- **Programmautomatik (Kochcomputer):** Die Bratautomatik wird um die Funktionen Grillen, Auftauen und Backen erweitert.

Dunstabzüge mit Abluftbetrieb

Der Kochdunst wird vom Lüfter angesaugt und über eine Abluftleitung entweder direkt ins Freie oder in einen Luftkamin geleitet. Der entstehende Unterdruck in der Küche bewirkt, dass geruchsfreie Frischluft aus Nebenräumen oder von draußen nachströmt.

Dunstabzüge mit Umluftbetrieb

Der Kochdunst wird nicht aus der Küche abgesaugt, sondern zur Filterung innerhalb des Raumes umgewälzt. In diesem Kreislauf bleibt die vorhandene Raumluft mengenmäßig während des gesamten Lüftungsvorganges konstant erhalten.

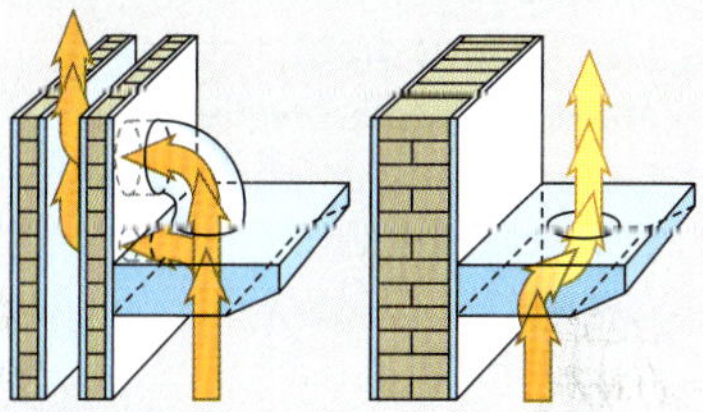

Abluftbetrieb Umluftbetrieb

Jede Hitzefläche in einer gewerblichen Küche muss mit einem Dunstabzug versehen sein.

Welche Symbole und Funktionen hat das Backrohr in Ihrer Lehrküche? Besprechen Sie sie in der Gruppe!

- **Fuzzycontrol:** Modernste Technologie, die nicht mit sprunghaften Zustandsänderungen (kalt/heiß, ein/aus, zu hoch/zu tief), sondern mit unscharfen Begriffen arbeiten kann, z. B. fast kalt/sehr heiß, kaum gebräunt, etwas höher, viel tiefer. Mit Fuzzycontrol bekommt der Herd sozusagen Gefühl fürs Kochen.
- **Kindersicherungen:** Backofenverriegelung, Hauptschalter, versenkte Knöpfe, Kinderschutzbügel etc.

! Wegen dieser Eigenschaften der Mikrowelle soll das Gargut nur in Glas-, Porzellan- oder Kunststoffgeschirr bzw. in Papierbehältern in das Gerät gestellt werden.

Mikrowelle

Eigenschaften

Mikrowellen durchdringen Glas, Keramik, Porzellan, Pappe, Papier, Kunststoffe etc. Sie werden von Metallen reflektiert und in wässrigen Stoffen (Lebensmitteln) in Wärme umgewandelt.

Wirkung

Mikrowellen sind elektromagnetische Felder, die 2,45 Milliarden Mal pro Sekunde ihre Polarität (Richtung) wechseln. Die magnetische Kraft der Mikrowellen bringt die Wassermoleküle in Schwingung. Dadurch reiben sich die Moleküle aneinander und erzeugen Wärme.

Mikrowellenverteilung

Durch Licht-und-Schatten-Effekte entsteht eine ungleichmäßige Wärmeverteilung. Es gibt verschiedene Möglichkeiten, diesen Nachteil zu beseitigen.

Mikrowellenverteilung

- **Drehteller**
  Das Gargut dreht sich im statischen Mikrowellenfeld. Gute Verteilung, aber schlechte Platzausnutzung.

- **Drehantenne**
  Die Mikrowelle wird über die Antenne ständig in eine andere Richtung gesendet. Gute Raumnutzung, ideal für Kombigeräte. Antennenverschmutzungen vermindern die Leistung.

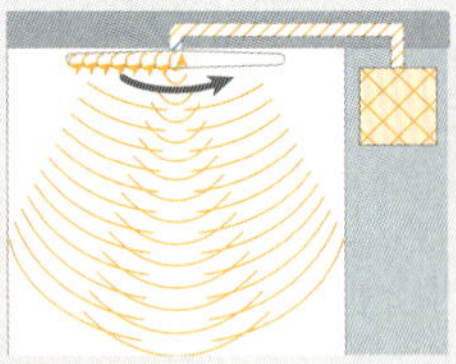

- **Wobbler**
  Die statische Mikrowelle wird durch einen sich drehenden (unter einer Kunststoffdecke liegenden) Flügel in alle Richtungen reflektiert. Nicht für Kombigeräte geeignet.

Mikrowellengenerator (Magnetron)

Vorteile der Mikrowelle

- Zeit- und Energieersparnis.
- Fettarmes Kochen.
- Die Inhaltsstoffe bleiben im Lebensmittel und werden nicht mit dem Kochwasser weggeschüttet.

Grenzen der Mikrowelle

- Mit der Mikrowelle allein kann keine Bräunung, wie sie beim Backen, Braten und Grillen gewünscht wird, erzielt werden.
- Das am Markt angebotene Bräunungsgeschirr kann diesen Mangel nicht wettmachen.
- Ein vollwertiger Herdersatz ist nur mit integrierter klassischer Backofenbeheizung gegeben.

Gefahren bei der Handhabung eines Mikrowellenherdes	
Metallgeschirr	Manche Geräte können durch Verwendung von Metallgeschirr defekt werden, daher stets die Herstellerhinweise beachten. Goldränder auf Tellern und Tassen werden durch die Mikrowelle zerstört.
Mikroorganismen	Sie werden erst bei Temperaturen über 70 °C verlässlich abgetötet. Dies ist beim Erhitzen von Speisen immer zu berücksichtigen.
Siedeverzug	Durch langsame, gleichmäßige Energiezufuhr können Flüssigkeiten eine Temperatur von über 100 °C bekommen, ohne zu kochen. Bei der geringsten Erschütterung verdampfen sie dann schlagartig. Dagegen verschafft ein Glasstab Abhilfe, der bei modernen Geräten mitgeliefert wird und den man in den Behälter gibt. Er verursacht eine Strömung, und die Flüssigkeit beginnt bereits bei ihrem Siedepunkt zu kochen.

Einsatz der Mikrowelle

Mikrowellengeräte werden im Betrieb vor allem im À-la-carte-Geschäft zum raschen Erhitzen von Einzelportionen eingesetzt. Geeignet sind sie auch zum Erhitzen von vorgefertigten Speisen (Regenerieren) in Einzelportionen und zum Auftauen von rohen und vorgefertigten Tiefkühlprodukten. Es gibt auch ein kombiniertes Gerät aus Umluftherd und Mikrowellengerät – den sogenannten Kombimaten. Er ist für sämtliche Funktionen beider Geräte einsetzbar.

Herde

Kochmulde

Die Kochmulde gibt es mit drei, vier oder fünf Kochplatten. Sie ist aus emailliertem Stahlblech oder aus Chrom-Nickel-Stahl. Sie dient als **Auffangmulde** für überlaufendes Kochgut.

Cerankochplatte

Der Großteil der derzeit verwendeten Kochstellen sind Cerankochplatten. Das Kochgeschirr muss einen **gut wärmeleitenden und nicht glänzenden Boden** haben. Aluminiumgeschirr ist für Cerankochplatten nicht geeignet. Es hinterlässt sehr schwer entfernbare Schleifspuren.

Vorteile

- Porenfreie, glatte Oberfläche, daher leichte Reinigung.
- Kein Kippen der Kochtöpfe möglich.
- Umschaltbare Zweikreiszonen erweitern die Flexibilität beim Kochen.
- Restwärmeanzeigen helfen Energie sparen und bringen Sicherheit, weil abgelesen werden kann, welche Kochzonen noch heißer als 60 °C sind.
- Digitalanzeigen am Kochfeld geben über die Schalterstellung Auskunft, dadurch wird das Kochen auf mehreren Zonen übersichtlicher.
- Halogenkochzonen werden zusätzlich oder ausschließlich mit starken Halogenlampen beheizt.
- Automatische Topferkennung schaltet immer aus, wenn kein Topf auf der Kochzone steht, daher sehr sicher und energiesparend.
- Autofokuskochzonen erkennen die Größe eines Topfes selbst und stellen den Kochzonendurchmesser darauf ein.

Induktionsherd

Der Induktionsherd funktioniert mit **Magnetwellen,** nicht mit Hitze. Das Prinzip des Induktionsherdes ist die direkte Beheizung des Topfbodens (Metallbodens) mit starken Magnetfeldern im Niederfrequenzbereich. Der Induktionsherd gewährleistet punktgenaues Garen.

Vorteile

- Niedrige Kochzonentemperatur.
- Aufheizzeiten entfallen.
- Sparsame Arbeitsweise.
- Schnelle Reaktion auf Änderungen der Energiezufuhr.
- Verschiedene Topfgrößen auf einer Kochzone ohne Energieverlust.
- Geringe Verbrennungsgefahr.

Nachteile

- Hohe Anschaffungskosten.
- Mögliche Störung elektronischer Geräte.
- Spezialgeschirr ist notwendig.

Gasherd

Gasherde werden als Stand- oder Einbaugeräte ausgeführt. Es besteht die Möglichkeit, ein **Elektrobackrohr** mit einer **Gaskochmulde** zu kombinieren. Neue Gasherde gibt es auch in der Ausführung wie Elektroherde, die Gasflamme ist dabei geschlossen unter der Herdplatte.

Hinweise zur Handhabung von Gasherden

- Brennerkopf mit Düse, Zündeinrichtung und Thermoelemente sauber halten.
- Küche regelmäßig lüften – Gasgeruch, Abgasbelästigung.
- Vor dem Anzünden der Flamme muss im Gastronomiebetrieb der Dunstabzug eingeschaltet werden. Absperrhahn an der Zuleitung nach Gebrauch schließen.
- Die Flammengröße ist nach der verwendeten Topfgröße einzustellen. Die heißen Flammenspitzen sollen nicht seitlich über den Topfboden hinausschlagen, sonst wird unnötig Energie verschwendet.

Wussten Sie, dass ...
in 70 % aller Haushalte in Österreich elektrisch gekocht wird?

Achtung!

- Keine schweren, harten oder eckigen Gegenstände auf das Cerankochfeld fallen lassen!
- Verschmutzungen nicht einbrennen lassen!
- Vorsicht mit Zucker, Marmelade oder Kunststoff! Solange die Verschmutzung noch heiß und zäh ist, lässt sie sich rückstandsfrei, am besten mit einem Ceranfeldschaber oder einer Rasierklinge und einem Putzschwamm, entfernen.

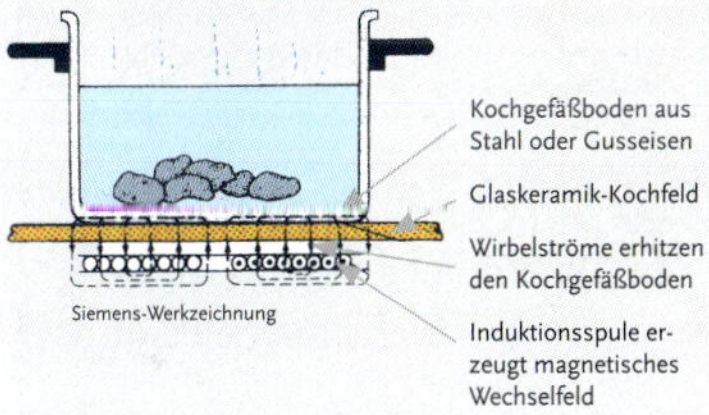

Induktionsherd

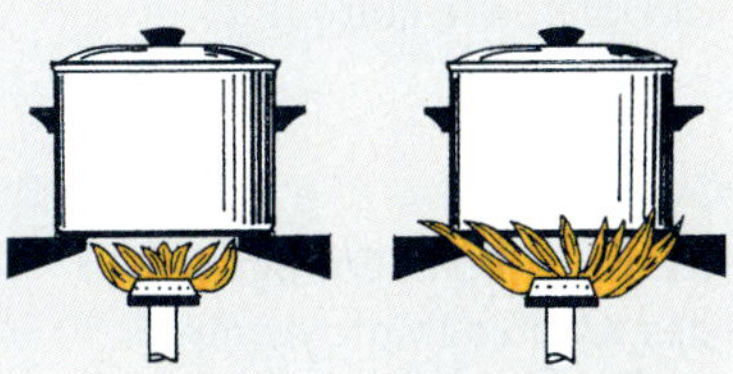

richtig falsch

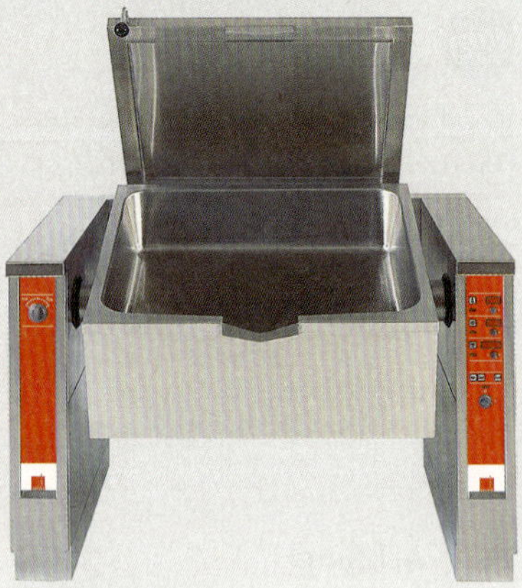
Kippbratpfanne

Bratenplatte

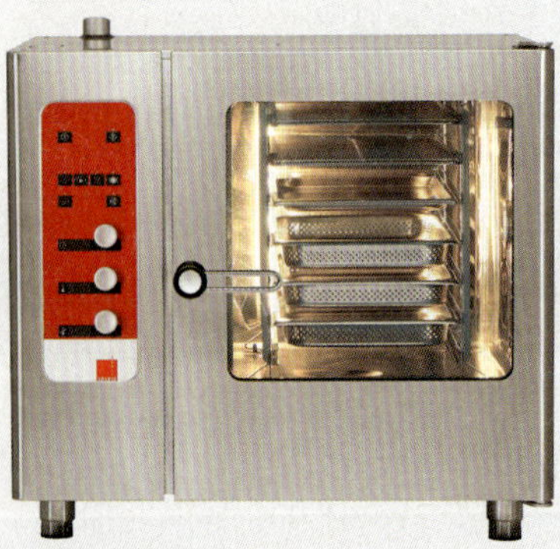
Kombidämpfer

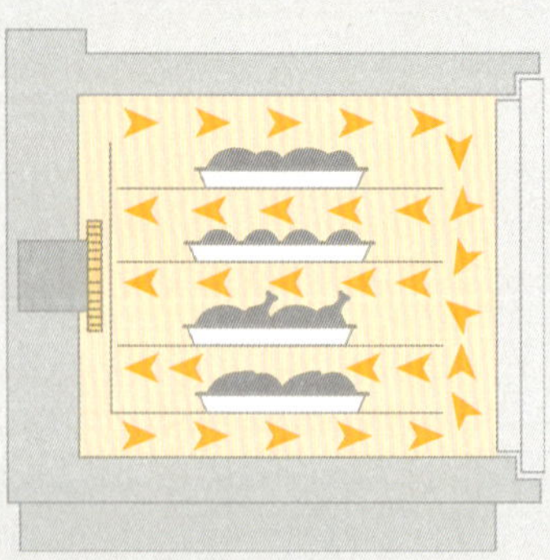
Zirkulierende Luft

Vor- und Nachteile
- Erhitzt sehr schnell.
- Verbrennungsgefahr durch offene Flamme.
- Keine thermostatische Regelung im Backrohr.
- Erfahrungswerte und genaues Beobachten des Gargutes sind erforderlich.
- Stärkere Verschmutzung des Geschirrs.

Kippbratpfanne

Die Kippbratpfanne ist ein typisches **Großküchengerät der konventionellen Küche.** Allerdings wird dieses Gerät zunehmend vom Kombidämpfer verdrängt. Kippbratpfannen sind vor allem zum Braten, Kurzbraten und Schmoren geeignet. Beheizt sind sie sowohl elektrisch als auch mit Gas.

Bratenplatte bzw. Grill

Sind meist Tischgeräte oder in den Herdblock integrierte Geräte. Sie dienen zum Kurzzeitbraten von Portionsstücken wie Steaks oder Schnitzeln.

Heißluft- oder Kombidämpfer oder Kombisteamer

Der Kombidämpfer entwickelt sich zum **Klassiker unter den Gargeräten** – er darf in keiner betrieblichen Küche fehlen. Er ist der Prototyp neuer technologischer Garverfahrenskombinationen. Dabei werden Heißluft und Dampf in verschiedenen Kombinationen und Temperaturvariationen eingesetzt. Nahezu alle Speisen können schonend, material- und energiesparend sowie mit hoher Qualität zubereitet werden. Programme für verschiedene Garmöglichkeiten für unterschiedliche Gerich te können gespeichert werden.

Die vielfältigen Einsatzmöglichkeiten eines Kombidämpfers sind	
Dämpfen	Die Garraumtemperatur bei dieser Betriebsart wird konstant auf 100 °C eingestellt. So kann alles gegart werden, was sonst in Wasser gekocht wird, wie Kartoffeln, Knödeln, Gemüse oder Eier. Der Garprozess beginnt sofort, lange Ankochzeiten entfallen. Durch die kurzen Garzeiten wird auch den ernährungsphysiologischen Erkenntnissen Rechnung getragen, die Vitamine und Mineralstoffe werden nicht in das Kochwasser ausgeschwemmt.
Braten in Heißluft	Im Gegensatz zum herkömmlichen Bratrohr mit Ober- und Unterhitze wird in dieser Betriebsart mit permanenter Heißluftumwälzung gegart. Die Temperatur reicht von 50 °C bis 300 °C und ist stufenweise einstellbar.
Braten in Heißluft und Dampf	Das Austrocknen des Garguts wird verhindert, da feuchte und trockene Hitze miteinander kombiniert werden. Mit diesem Programm kann alles gebraten werden, was sonst im Backrohr gebraten wird. Die Zusatzfunktion der Kerntemperaturmessung übernimmt die Kontrolle des Garprozesses. Nach Erreichen der vorgewählten Kerntemperatur wird das Braten automatisch beendet. Natürlich können Erfahrungswerte der Köchin, des Kochs dadurch nicht ersetzt werden.
Niedertemperaturdämpfen	Damit ist schonendes Pochieren oder sanftes Garen unter 100 °C möglich. Empfindliche Produkte lassen sich garen (z. B. Fisch) oder pochieren (z. B. Terrinen oder Farcen). Ermöglicht wird dies durch stufenloses Einstellen der Temperaturen von 60 °C bis 99 °C.
Vakuumkochen (Cuisson sous Vide, siehe auch S. 138)	Durch das Verpacken in einen Vakuumbeutel wird die Speise schonend konserviert, wobei sie das volle Aroma behält. Der eigentliche Vorteil des Vakuumkochens liegt in der Verlagerung der Produktion auf die produktionsarme Arbeitszeit.

Achtung! Beim Öffnen der Tür des Kombidämpfers entweicht heißer Dampf!

Regenerieren von Speisen	Durch Heißluft und exakt dosierte Dampfzugabe. In jeder Küche gibt es Vorbereitungen, um für Zeiten mit Spitzenbelastung gerüstet zu sein, vor allem bei Banketten und im Catering. Im ungünstigsten Fall wird das Essen warm gehalten, bis die Gäste kommen. Beim Regenerieren – Dauer wenige Minuten – werden die essfertigen, aber kalten Speisen direkt auf dem Teller oder auf einer Platte erhitzt (siehe Cook & Chill, S. 138).

Konvektomat ist die Bezeichnung für einen Kombidämpfer, der über die Dämpffunktion hinaus Garfunktionen anderer Geräte integriert hat, wie z. B. Mikrowellenherd, Salamander etc.

Salamander = ein Gerät, das zum Gratinieren verwendet wird (siehe unten).

Niedertemperatur-Gargerät: Hold-o-mat oder Alto Shaam

Dieses Gerät eignet sich zum **Garen im niedrigen Temperaturbereich** und zum **Warmhalten** von Speisen. Dabei bewahrt es – unter genauer Steuerung von Temperatur und Feuchtigkeit – die Qualität der Speisen. Fleisch und Fisch können damit besonders schonend warm gehalten werden.

Niedertemperaturgargerät

Und so funktioniert's

- Große Bratenstücke werden kurz vorgebraten. Anschließend kommen sie in das Niedertemperatur-Gargerät. Die Vorheiztemperatur liegt bei 120 °C. Anschließend erfolgt die automatische Umschaltung auf die Reife- bzw. Warmhaltephase zwischen 65 °C und 75 °C. Die Einstellung von Temperaturen und Garzeit hängt vom Fleischstück bzw. Gewicht des Bratgutes ab.
- Durch die gradgenaue Steuerung können Kurzbratstücke durch schonendes Nachgaren **(Cook-&-Hold-Verfahren)** warm und servierfertig gehalten werden.

Ein ruhiger Garprozess, bei dem das Bratgut langsam gart und **saftig** bleibt, ist im Niedertemperatur-Gargerät möglich.

In Betrieben mit großem Anteil an Bratgerichten wird sich die Anschaffung dieses Gerätes allein aufgrund des geringeren Bratverlustes bald amortisieren.

Vorteile	■ Geringer Gewichtsverlust des Bratgutes, dadurch behält das Fleisch seine Saftigkeit. Der Bratverlust liegt bei 5 bis 8 % (bis zu 30 % bei herkömmlichem Braten). ■ Es kann sowohl als Bratgerät als auch als Warmhaltegerät verwendet werden. Die in der Küche fertiggestellten Speisen können im Gerät warm und servierfertig transportiert werden.
Nachteile	■ Hohe Anschaffungskosten. ■ Keine Bräunung der Speisen möglich. ■ Durch den geringen Brat- und Feuchtigkeitsverlust des Gargutes gibt es keinen Bratensaft.

Salamander – Gratiniergerät

Durch die starke Infrarot-Oberhitze eignet sich das Gerät zum **Gratinieren und Glacieren** von fertigen Speisen wie Fleisch-, Fisch- und Gemüsegerichten. Die Auflagefläche für das Kochgut ist höhenverstellbar, dadurch können auch fertige Gerichte erhitzt werden, allerdings nur bei niedriger Temperatur, sonst trocknen die Speisen aus.

Salamander

Fritteuse

Sie wird als Tischaufsatzgerät, separates Blockgerät oder als Einbaueinheit gefertigt. Die Größe muss der Betriebsform und den Anforderungen angepasst sein. Für mittlere Betriebe eignen sich zumeist zwei nebeneinanderliegende Becken mit Füllvolumen von 4 bis 6 Litern.

Gebrauch

- Für Fritteusen gibt es **pflanzliche Spezialfette,** die hitzebeständig und neutral im Geruch sowie im Geschmack sind.
- Die Temperatur bei Bereithaltung soll 120 °C betragen; Backtemperatur 150 °C bis maximal 170 °C.
- Nur trockenes Backgut verwenden, Wasser beschleunigt den Fettverderb.
- Das richtige Verhältnis von Backgut und Frittierfett beträgt 1 : 8.
- Nicht über der Fritteuse salzen oder würzen.

Verdorbenes Fett – darauf sollten Sie achten

- Unangenehmer Geruch.
- Schlechter Geschmack.
- Dunkle Farbe.
- Zähe Konsistenz mit Schaumbildung.
- Zähe Rückstände am Gerät.
- Backvorgang verzögert sich.

Ist das Fett verdorben, ist auch das darin zubereitete Produkt verdorben.

Was wissen Sie aus dem Gegenstand Ernährung über das Erhitzen von Fett?

Achtung! Verbrauchtes Fett darf weder in den Kanal noch in die Abfalltonne geleert werden (vgl. Altöl, S. 19).

Diese Geräte gibt es in verschiedenen Größen; sie werden vorwiegend in der Gemeinschaftsverpflegung und in großen Cateringbetrieben eingesetzt.

Kochkessel

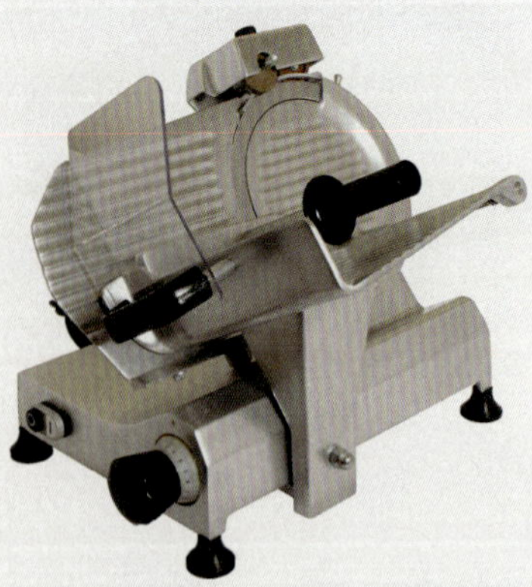
Allesschneider

Dörrapparat

Wartung

- Bei Nichtgebrauch die Fritteuse abdecken, vor Licht, Luft und Staub schützen.
- Fett täglich ablassen und filtern. Testgeräte zur Messung der Fettqualität verwenden.
- Gründlich reinigen und die Harzrückstände entfernen.
- Thermostat in regelmäßigen Abständen – zur eigenen Sicherheit – überprüfen. Eine Temperatur von über 180 °C soll nicht möglich sein.

Steamer – Druckdämpfer – Jet-Cooker

Druckdämpfer haben dicht schließende Garräume, die sich mit **Dampf** füllen. Darin wird das Gargut einem **Überdruck** von 0,3 bis 1,0 bar bei 120 °C ausgesetzt. Die Einstellung von Dampfdruck und Garzeit hängt von Gargut und Größe ab.

Der Dampf wird direkt auf das Gargut gesprüht. Dies bewirkt ein schonendes Garen in kurzer Zeit. Besonders geeignet ist der Steamer zum Dämpfen von **Kartoffeln und Gemüse.**

Kochkessel

Den Kochkessel kann man sich wie einen überdimensionierten Kochtopf vorstellen, der **kippbar** ist. Es gibt ihn in verschiedenen Ausführungen und Größen. Er findet vor allem in Großküchen Verwendung. Die Beheizung erfolgt mit Gas, Elektrizität oder Dampf. Der Kochkessel eignet sich zum Kochen von Suppen, Gemüse oder Nudeln, zum Sieden von Fleischsorten, zum Dämpfen von Kartoffeln oder Blanchieren von allen Gemüsesorten.

Weitere Gargeräte

- Pizzaofen
- Drehspieß
- Räucherofen

2.9 Küchenmaschinen und Küchengeräte

In allen Küchen, in denen es auf hohe kulinarische Qualität ankommt, nehmen die Vorbereitung und dabei vor allem die manuelle Tätigkeit einen großen und wichtigen Platz ein. Im Folgenden werden die wichtigsten Maschinen und Geräte vorgestellt, die diese Arbeiten unterstützen.

Allesschneider

Es gibt Geräte für Rechtshänder und für Linkshänder. Die **regelbare Drehzahl** macht eine Brotschneidemaschine zum Allesschneider. Das Universalmesser ist aus Edelstahl und hat einen Wellenschliff. Zum hauchdünnen Aufschneiden ist ein glatt geschliffenes Schinkenmesser notwendig. Der Messerwechsel soll einfach und gefahrlos vollzogen werden können.

Die **Hygieneanforderungen** können am besten erfüllt werden, wenn das Gerät aus zerlegbaren, spülmaschinenfesten Metallteilen besteht. Den elektrischen Block nur feucht abwischen.

Dörrapparat

Mit dem Dörrapparat werden Obst, Gemüse, Pilze, Blüten, Samen, Küchenkräuter etc. gedörrt. Der Dörrapparat besteht aus emailliertem Leichtmetall mit mehreren Siebeinsätzen. Eine **stufenlos regulierbare Heizung** erwärmt die Luft, die durch einen Propeller bewegt wird.

Eierkocher

Mit dem Eierkocher lassen sich bis zu sechs Eier kochen. Die Garzeit ist von weich bis hart stufenlos einstellbar.

Eis- oder Sorbetmaschine

Durch das kräftige **Rührwerk** entsteht in ca. 30 Minuten cremiges Eis.

Eis- oder Sorbetmaschine

Elektromesser

Das Elektromesser hat eine Klinge für normales Schneidegut und eine Spezialklinge für Tiefgekühltes. Eventuell sind die Klingen selbstschärfend. Fingerschutz und Auswerftaste dienen einer sicheren Klingenentnahme. Elektromesser gibt es auch mit Wandhalterung.

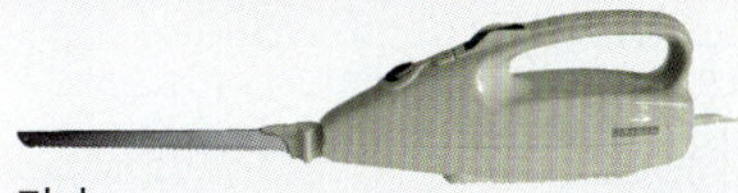

Elektromesser

Fritteuse

Die Fritteuse ist für alle Speisen, die in Fett gebacken werden, geeignet. Heben und Absenken des Frittierkorbes soll bei geschlossenem Gerät möglich sein.

Fruchtentsafter

Der Fruchtentsafter wird zum Herstellen von sterilisierten Säften wie z. B. Ribisel- oder Himbeersaft verwendet. Fruchtentsafter sind auch mit **Elektroboden** erhältlich – es wird für die Zubereitung kein Herd benötigt.

Fruchtzentrifuge

Die Fruchtzentrifuge dient zum Herstellen von frischen Frucht- und Gemüsesäften.

Fruchtzentrifuge

Gemüseschneidmaschine und Tischcutter

Diese Maschine wird vorwiegend in Großküchen und in der Gemeinschaftsverpflegung verwendet. Empfehlenswert ist ein Kombinationsgerät mit verschiedenen Aufsätzen und Einsätzen aus Edelstahl zum Schneiden von Gemüse (z. B. Julienne) und zum Cuttern von Gemüse-, Fleisch- und Fischfarcen.

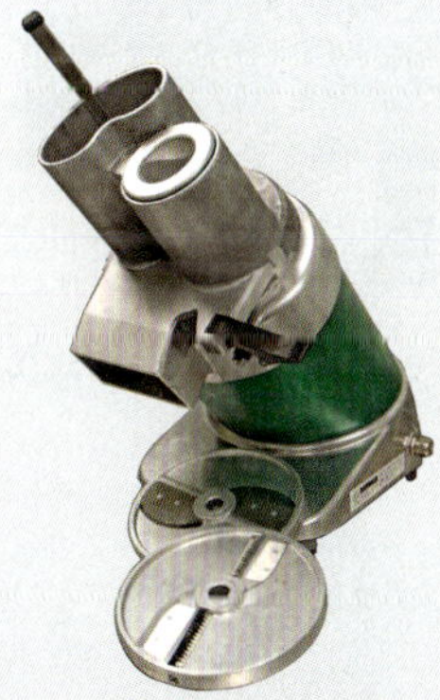

Gemüseschneidmaschine

Getreidemühle

Die Getreidemühle wird zum Mahlen von Getreide, Mohn, Sesam, Leinsamen, Buchweizen, Reis, Gewürzen, Kräutern etc. verwendet.

Kaffeemaschine (Automat)

Die Kaffeemaschine dient zur Herstellung von zwei bis zwölf Tassen **Filterkaffee** und verfügt über eine Warmhalteplatte. Als Sonderzubehör gibt es **Golddauerfilter** – für das Filtern ist dabei kein Papierfilter nötig. Kaffeemaschinen mit Timerfunktion sind bis zu 24 Stunden vorher einstellbar. Neu sind Kaffeemaschinen mit **integriertem Mahlwerk.**

Espressomaschine

Mit der Espressomaschine wird Espresso hergestellt. Sie hat auch eine **Dampfdüse** zum Aufschäumen von Milch für die Zubereitung von Cappuccino. **Heißwassererzeugung** und **Tassenvorwärmung** am Gerät sind ebenso möglich.

Handrührgeräte

Mit dem Handrührgerät werden Teige, Massen etc. gerührt oder geknetet. Es gibt dazu auch einen Mixstabaufsatz.

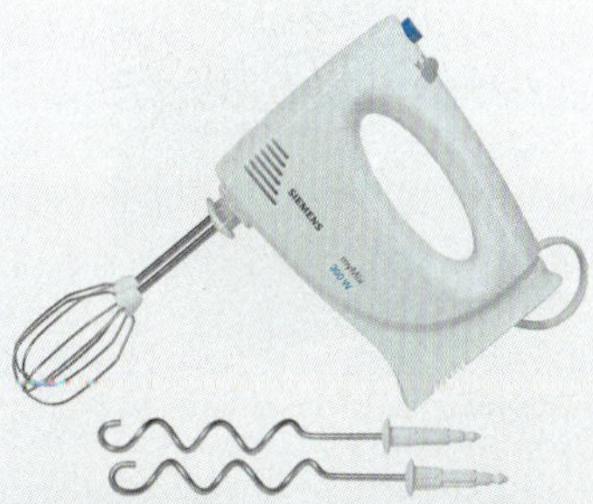

Handrührgerät

Stabmixer

Der Stabmixer wird zum **Pürieren** von Suppen, Saucen, Cremen etc. verwendet.

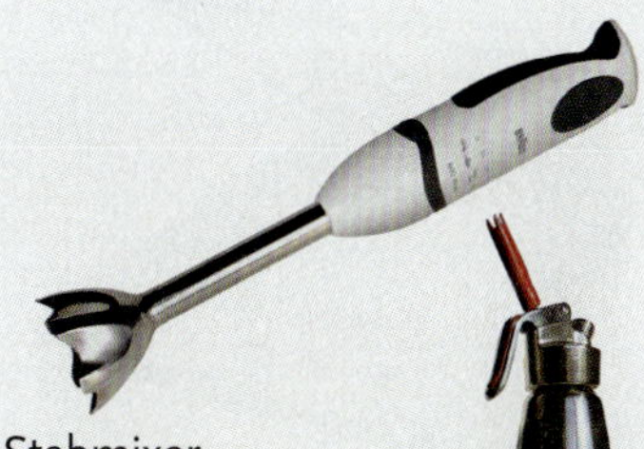

Stabmixer

Schlagobersapparat

Rasche Schlagobersbereitung mit **Kohlensäurekapseln** ist mit dem Schlagobersapparat möglich. Ideal ist er für Garnierungen, z. B. von Desserts, durch eine Zackendüse. Bei Aufbewahrung im Kühlschrank hat man mehrere Tage lang frisch geschlagenes Obers.

Schlagobersapparat

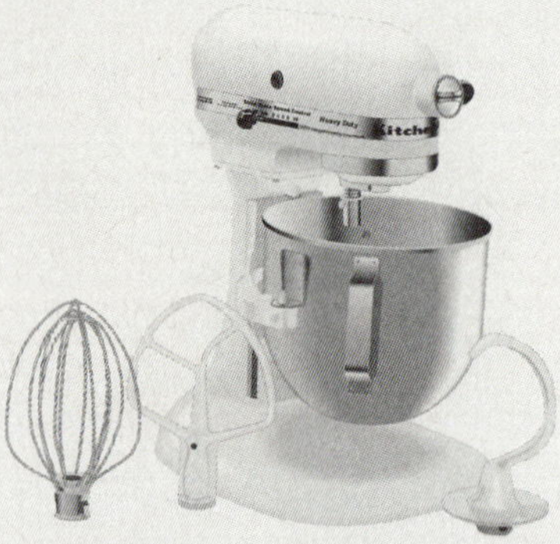

Universalküchenmaschine

Toaster

Toaster haben **Röstgradwähler** und eignen sich für Toasts oder Brotscheiben. Als Sonderzubehör gibt es einen Röstaufsatz für Semmeln.

Universalküchenmaschine

Die Universalküchenmaschine wird zum Pürieren, Hacken, Kneten, Reiben und Rühren verwendet. **Sonderzubehör:** Zitruspresse, Getreidemühle, Saftzentrifuge, Fleischwolf, Pommes-frites-Schneidscheibe, Juliennescheibe, grobe Reibscheibe.

Waffelautomat

Der Waffelautomat dient zur Herstellung von Waffeln, z. B. für das amerikanische Frühstück.

Großküchenuniversalmaschine

Zitruspresse

Mit der Zitruspresse werden Zitrusfrüchte wie Limetten, Orangen etc. ausgepresst.

Großküchenuniversalmaschine

Sie ist in beinahe jedem Großbetrieb zu finden, da sie so **vielfältig einsetzbar** ist. Sie eignet sich zum Kneten, Schlagen und Rühren, zum Schneiden, Zerkleinern und Faschieren und zum Reiben, Passieren und Mahlen. Dazu gibt es zahlreiche **Zusatzgeräte.**

Pacojet

Der Pacojet ist ein Schweizer Multifunktionsgerät – als **Mixer, Cutter oder Eismaschine** verwendbar. In einer modernen Küche ist dieses Gerät kaum wegzudenken. Es eignet sich zur Herstellung von Mousses, Farcen, Terrinen, Saucen, Suppen und für die Speiseeiszubereitung.

Der Pacojet bringt eine wertvolle **Zeitersparnis im À-la-carte-Geschäft.** Mehrere Gerichte können zeitgerecht im **Pacossierbecher** (Gerätebestandteil) vorbereitet werden und à la minute – wie unten beschrieben – fertiggestellt werden, z. B. Fischfarce zum Pochieren, Kräutermasse für Saucen, Sorbet für Desserts etc.

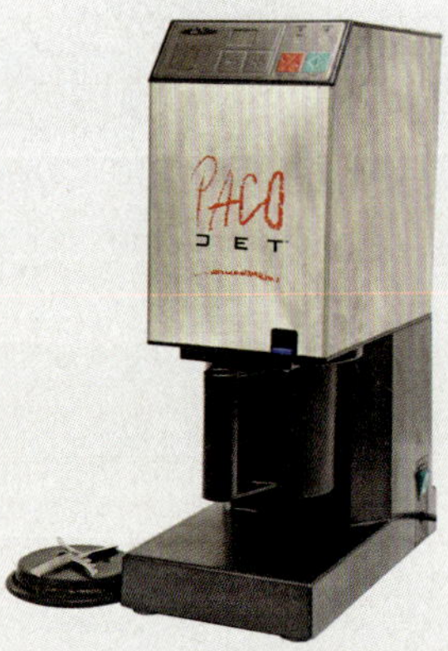

Pacojet

So funktioniert der Pacojet – 3 Schritte zum Ziel

- Nach Rezept werden alle benötigten Zutaten grob zerkleinert und gut vermengt. Die vorbereitete Menge kommt in einen Pacossierbecher und wird bei etwa –18 °C eingefroren. Die Mengen betragen zwischen zwei und zehn Portionen.
- Den tiefgekühlten Becher zusammen mit dem **Pacossiermesser** an den Pacojet ansetzen. Die benötigte Menge zwischen zwei und zehn Portionen wählen. In Sekundenschnelle püriert das Gerät die gewünschte servierbereite Menge.
- Der Rest im Becher kann zur späteren Verwendung wieder in das Tiefkühlfach gegeben werden.

Vakuummaschine

Die Aufbewahrung von Lebensmitteln und Speisen in luftdichten Frischhaltefolien oder Vakuumbeuteln ist bei heutigen **Hygienevorschriften** unumgänglich. Dazu reicht ein einfaches Tischgerät mit verschiedenen Vakuum- und Druckeinstellungen.

Vakuummaschine

Vakuummaschinen ermöglichen eine **luftdichte Verpackung** und damit die beste Aufbewahrungsmöglichkeit für alle gekochten und rohen Lebensmittel. Durch das Vakuumieren wird dem gefüllten Beutel praktisch die gesamte Luft entzogen. Keime und Bakterien haben dadurch kaum eine Wachstumschance, es kommt zu keiner Geruchs- und Schimmelbildung.

Die verschiedenen Verwendungsmöglichkeiten der Vakuumierung

- Beim Portionieren von rohem Fleisch im À-la-carte-Bereich – Fleisch ist vor Austrocknung bewahrt.
- Portionen von gekochten bzw. gebratenen Fleischportionen – bewahrt die Qualität des Gerichts.
- Erhaltung der Frische von geputztem oder gekochtem Gemüse.

Schlag- und Rührgerät

Es ist mit Schneebesen, Teigrührer (Bischof) und Knethaken ausgestattet und wird zum Schlagen, Rühren und Kneten von Massen und Teigen verwendet.

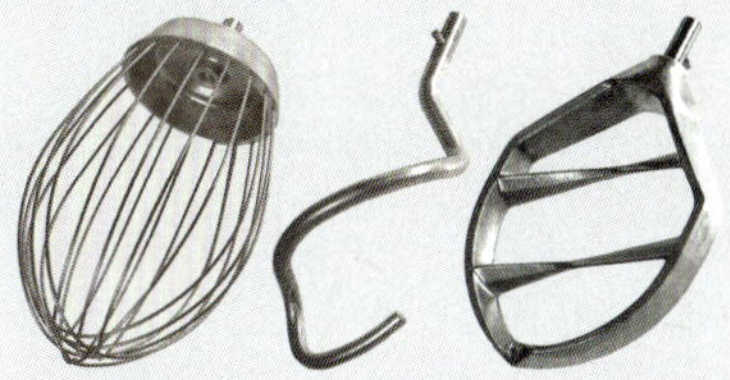

Schneebesen, Knethaken, und Teigrührer (Bischof)

Schockfroster – Chiller

Zum schnellen Abkühlen des garheißen Produkts – für die Kochmethode „Cook & Chill" (siehe S. 138) – sind Schockfroster bzw. Chiller vorgesehen.

Schockfrosten heißt: Heiße Speisen werden direkt vom Herd im Schockfroster abgekühlt. Je nach Größe und Geräteeinstellung können heiße Speisen innerhalb von 30 bis 90 Minuten auf 2 bis 3 °C gekühlt werden. Mit einer Innentemperatur bis zu – 40 °C und einer hohen Luftumwälzung wird gefrostet. Die **Eigenfeuchtigkeit** des Garguts bleibt dadurch erhalten und in den Zellwänden bilden sich keine groben Eiskristalle. Durch diese Kühlung wird den schädlichen Mikroorganismen keine Möglichkeit zur Keimbildung gelassen.

! Den Fleischwolf nur mit dem Stößel füllen!

Weitere Küchenmaschinen	
Fleischwolf oder Faschiermaschine	Zur Herstellung von faschierten Speisen, Füllungen und Farcen. Nur zerkleinertes Fleisch einfüllen!
Cutter, Blitz	Zum Herstellen von Farcen und Füllungen. Das Fett wird dabei emulgiert. Das Rohprodukt muss sehr kalt sein, damit das Eiweiß nicht stockt. Ganze Fleischstücke werden vor dem Cuttern zerkleinert.
Kartoffelschälmaschine	Zum Schälen von rohen Kartoffeln und Wurzelgemüse.
Aufschnittmaschine	Zum Schneiden von Wurstwaren, Schinken, Käse und gegartem Fleisch.
Brotmaschine	Zum Schneiden von Brot und weißem Gebäck.
Mixer	Mit einem Becheraufsatz; zum Zerkleinern und Pürieren von Gemüse und Früchten und zum Montieren (Emulgieren) von Saucen und Suppen in kleineren Mengen.
Turbomixer	Zum Pürieren von Suppen, Saucen etc. Der Turbomixer ist für große Mengen geeignet.
Nudelschneidmaschine	Zum Ausrollen und Schneiden des Nudelteigs.
Rührmaschine oder Knetmaschine	Für die Pâtisserie zur Herstellung von Teigen, Massen und Cremen.
Teigausrollmaschine	Zum Ausrollen von verschiedenen Teigen wie Blätter-, Plunder- oder Nudelteig in verschiedenen Stärken.
Steaker oder Fleischmürber	Zum Mürbemachen von Schnitzeln und anderen portionierten Fleischstücken wie z. B. Steaks. Die Maschine hat zwei Rollenmesser mit Zacken, durch die das Fleisch gedreht wird.
Universalwaschmaschine	Zum Waschen von Gemüse, Kartoffeln, Obst etc.
Kartoffel-/ Apfelschälmaschine	Darin werden rohe Kartoffeln oder Äpfel in einer Trommel durch ständiges Drehen geschält. Kontrolle und Nachschälen sind notwendig.
Salattrockner	Damit werden Gemüse, Kartoffeln, Salate etc. nach dem Waschen in einer Zentrifuge getrocknet.

Fleischwolf

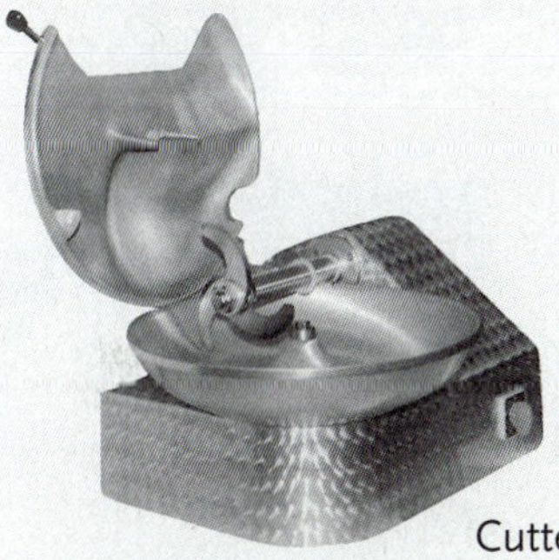

Cutter

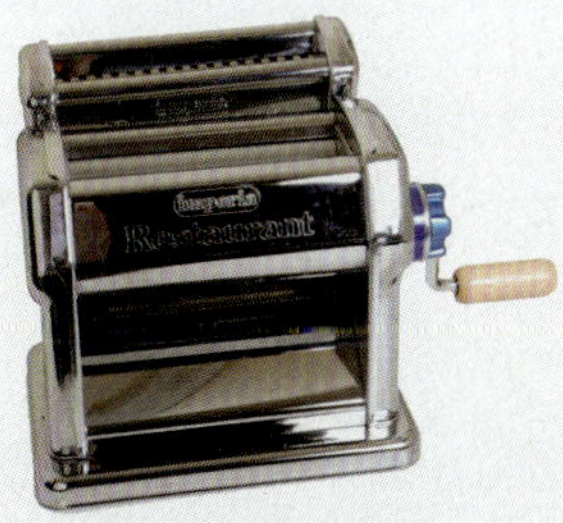

Nudelschneidemaschine

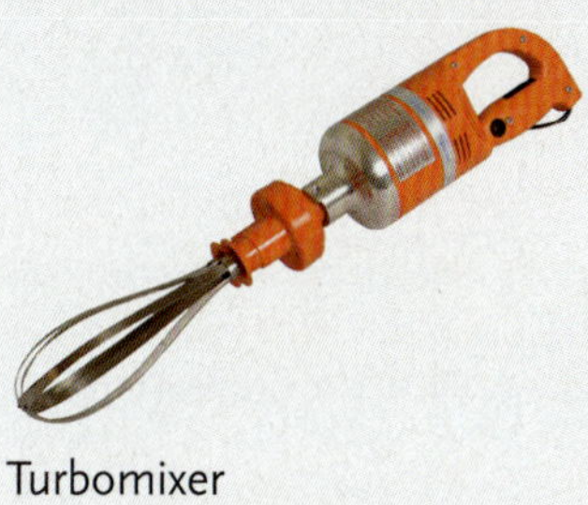

Turbomixer

! Alle Geräte müssen vorschriftsmäßig zusammengesetzt, gewartet und gereinigt werden! Die Sicherheitshinweise sind unbedingt zu lesen und einzuhalten! Sie müssen in der Nähe der Geräte angebracht bzw. aufbewahrt sein!

2.10 Abwaschstation

Die Reinigung des Anrichte- und Küchengeschirrs wird in zwei Bereiche getrennt, in die **Weiß- und die Schwarzabwasch.**

Weißabwasch

Die Weißabwasch ist die **Rückgabestelle des Service** mit Abräumstation zur Speisereste- und Restmüllentsorgung. Hier werden sämtliches Porzellan, Besteck, Anrichteplatten, Silbergeschirr und Glas gewaschen und gelagert. Die Weißabwasch befindet sich in unmittelbarer Nähe der Ausgabestelle für Speisen bzw. im Kelleroffice und aus hygienischen Gründen räumlich getrennt von der Küche. Neben der Abräumstation befinden sich folgende Geräte in der Weißabwasch:

- **Geschirrspülmaschine:** mit Spülprogrammen, eingebauten Dosiergeräten für Reiniger und Nachspülmittel (Desinfektion). Die Teller, Tassen und Platten werden in normierten Plastikkörben (Racks) hochgestellt, mit der Waschbrause abgespritzt und anschließend in der Maschine gewaschen und desinfiziert.
- **Gläserspüler:** sind mit Spülprogrammen und eingebauten Dosiergeräten ausgestattet. Die Gläser werden in Plastikkörbe geschlichtet.

Moderne Gläserspüler haben mehrere Spülarme sowie Verschmutzungssensoren für ein optimales Reinigungsergebnis.

Die Gläser müssen nachpoliert werden, auch wenn die neuesten Geräte über eine Turbotrocknung verfügen.

Die Temperaturen von Spülmaschinen müssen periodisch kontrolliert werden. Die Nachspültemperatur muss zumindest 85 °C erreichen, um Keimfreiheit zu gewährleisten.

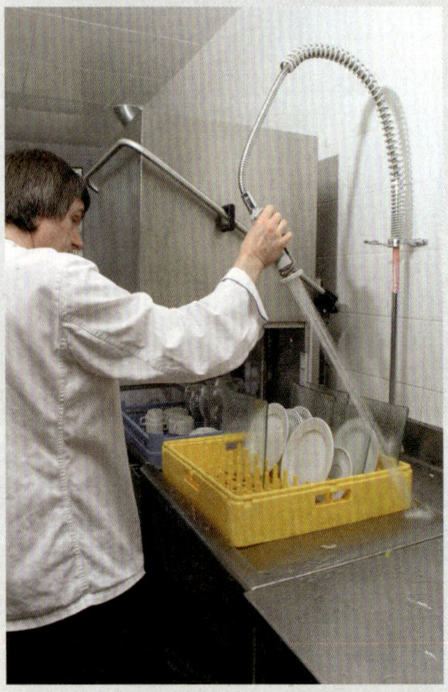

Waschstraße

Die abservierten Teller und Platten werden in Nadelboxen (Plastikboxen mit Halterungsstiften) hochgestellt eingeschlichtet, und das Besteck wird in Flachboxen (Plastikboxen ohne Halterungsstifte) eingeräumt. Zuerst wird das Geschirr mit einer Brause abgespritzt und anschließend durch den Waschtunnel geschickt.

Schwarzabwasch

Die Abwasch befindet sich in einem **abgetrennten Bereich der Küche.** Hier wird das **in der Küche verwendete Equipment** wie Töpfe, Pfannen, Werkzeuge etc. gereinigt. Sie ist ausgestattet mit

- **Spültisch, Doppelbecken mit Brause:** mit Waschstraße für Schwarzgeschirr.
- **Abstellfläche und Regale:** für das Küchengeschirr.

2.11 Ausgabestelle und Ausgabegeräte

Die Ausgabe (auch Pass genannt) ist das **Verbindungsstück** zwischen der Speisenausgabe aus der **Küche** und dem angeschlossenen **Restaurant** bzw. Speisesaal. Hier ist der kritische Punkt jeder Küchenverpflegung – hier entscheidet sich, ob das Essen **ohne Qualitätsverlust** zum Gast gelangt oder nicht.

Wichtige Voraussetzungen

- Ein guter Überblick über das Speisenangebot muss gewährleistet sein.
- Sauberkeit, Schnelligkeit und Sorgfalt beim Anrichten sind oberstes Gebot.
- Gut geschulte Mitarbeiter/-innen sind Voraussetzung.
- Die Anordnung der Speisen soll ein rasches Anrichten oder eine einfache Selbstbedienung ermöglichen.

Die Ausgabestelle wird in der Regel – je nach Betriebsart – in eine **warme** und in eine **kalte** Ausgabe unterteilt.

Warme Ausgabe

Hier erfolgt die Bereitstellung oder das Anrichten der fertigen warmen Gerichte. Das Anrichten bzw. die Abholung der Speisen durch die Servicemitarbeiter/-innen muss rasch und gut geplant erfolgen. Es muss gewährleistet sein, dass die warmen Gerichte mit einer Temperatur von **75 °C** serviert werden. **Schnelligkeit, Sorgfalt und Hygiene** stehen hier an oberster Stelle.

Geräte

- **Bain-Marie:** thermostatisch regulierbares Wasserbad zum Warmhalten fertiger Speisen. Die Speisen müssen bei der Ausgabe mindestens 75 °C haben. Das Warmhalten von Speisen soll sich auf maximal eine Stunde beschränken, damit Qualitätseinbußen bei Gerichten vermieden werden können.
- **Ausgabefläche mit Rechaud (Wärmeschrank):** für Serviergeschirr wie Porzellan und Anrichteplatten.
- **Wärmebrücke:** mit Wärmeschlange oder Infrarotstrahler.
- Zusätzlich evtl. ein **Mikrowellenherd:** zum schnellen Erwärmen von flüssigen Speisen.
- **Elektrisch beheizter Tellerdispenser:** zum Warmhalten von Anrichtetellern.
- **Besteck- und Tablettspender.**

Bain-Marie

Wärmebrücke

Kalte Ausgabe

Hier erfolgt die Bereitstellung oder das Anrichten von allen kalten Speisen. Die kalten Speisen sollen eine Ausgabetemperatur von **8 °C** (in keinem Fall über 15 °C!) haben.

Dazu wird benötigt

- **Anrichtefläche mit Kühlfächern:** für das Mise en Place kalter Speisen.
- **Offene Kühlfläche:** für verschiedene Salate und Vorspeisen.
- **Plattformstapler:** Hordengestell mit Kunststoffeinsätzen für kalte Speisen.
- Je nach Betrieb kann sich in diesem Bereich auch eine **Speiseeisausgabe** befinden.

Arten mobiler bzw. fahrbarer Einheiten

- Herdblöcke kombiniert mit Grillplatte und Abstellflächen.
- Geschirr- und Gläsertransporter.
- Wärmeschränke oder -boxen für Speisen.
- Gekühlte Salat- und Vorspeisenwagen.
- Geschirrauffangtische.
- Barteile und Ausgabetresen.

Mobile Ausgabegeräte und Transportmittel

Für Catering (Partyservice) bzw. Bankettveranstaltungen werden für die Fertigstellung der Speisen mobile Einheiten verwendet. Diese Geräte sind meist multifunktionelle und fahrbare Koch-, Anrichte- und Kühleinheiten.

2.12 Ausgabesysteme

Welches Ausgabesystem in welchem Betrieb zur Anwendung kommt, hängt einerseits von der Anzahl der zu verpflegenden Gäste und andererseits von der Menügestaltung – z. B. Wahlmenüs oder nur eine Speisenfolge – ab.

Tiefe Ausgabetheke, Fließbandausgabe

Die Fließbandausgabe ist für die Ausgabe von einheitlichen Einzelmenüs geeignet, die vorportioniert werden. Rasche Ausgabe der Speisen und gleichmäßige Portionsgrößen stehen im Vordergrund.

Die Leistung dieses Ausgabesystems liegt bei 1 000 Essen je Stunde bei einem fünfteiligen Menü bzw. 2 000 Essen je Stunde bei Eintopfgerichten.

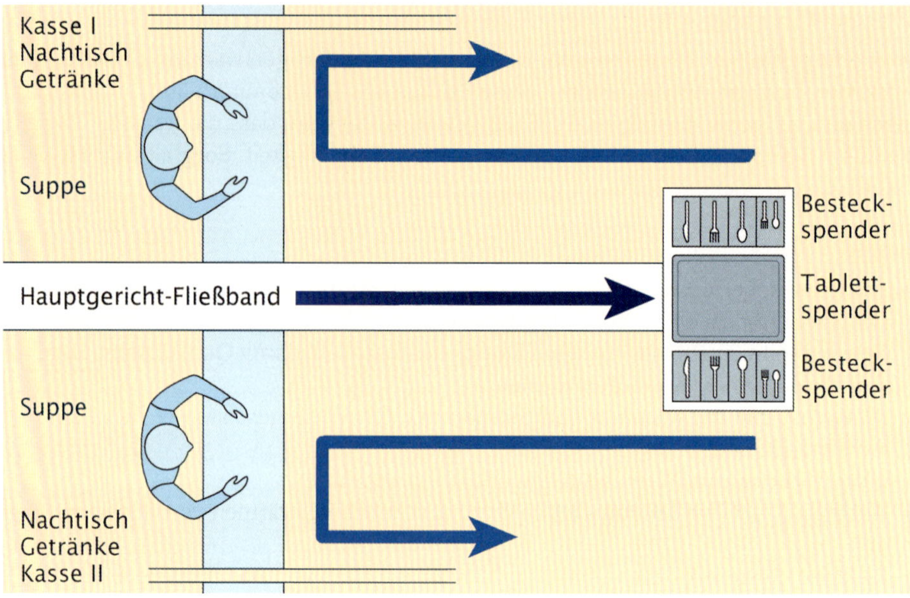

Diskutieren Sie, für welche Form der Gemeinschaftsverpflegung welches Ausgabesystem geeignet ist.

Flache Ausgabetheke

Individuelle Menüs (Portionsgröße, Menüteile) werden auf Wunsch des Gastes von den Mitarbeitern der Ausgabe direkt vor dem Gast angerichtet. Mittlere Ausgabeleistung bei ausreichendem Überblick und genügend Information: 600 Essen je Stunde.

Fließbandportionierung im Tablettsystem

Dieses System eignet sich besonders für Krankenhäuser oder Kuranstalten. Individuell verschiedene Menüs (je nach Diät und Kostform) werden am Fließband nach der Patientenkarte zusammengestellt und im Tablettwagen zu den Stationen gebracht.

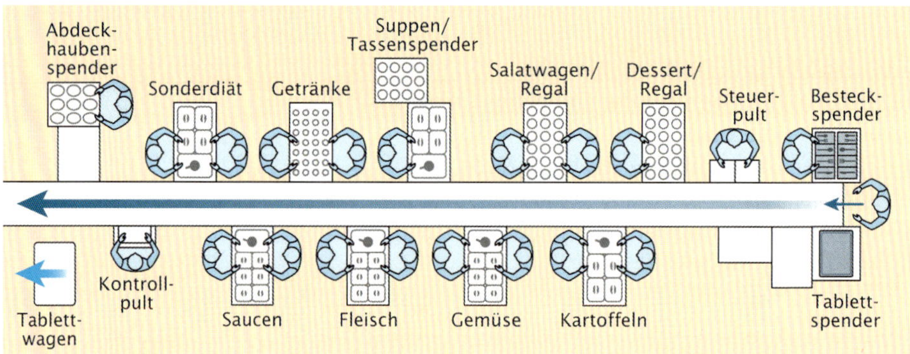

Karusselltheke, Tablettwagentheke, Bandtheke

Menüteile werden direkt aus der Küche (schon vorportioniert) in der Karusselltheke hinter Glas bereitgestellt. Der Gast kann das Menü selbst zusammenstellen. Die Leistung liegt bei 600–800 Essen je Stunde.

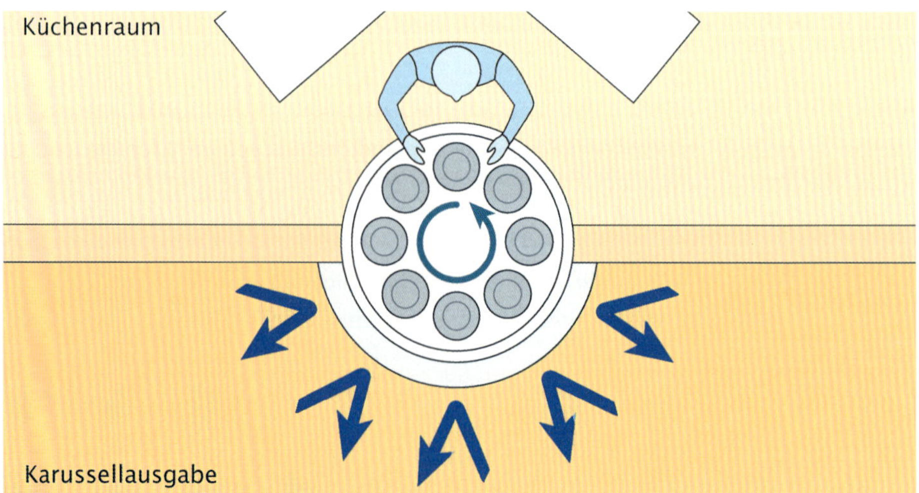

Freeflowsystem

Die Ausgabe erfolgt **an mehreren spezialisierten Theken.** Die warmen Menüteile (Fleisch, Beilagen) werden direkt portioniert; die kalten Menüteile werden vorportioniert und können an der Kalttheke frei gewählt werden. Die Getränkeausgabe ist meist vor den Kassaplätzen.

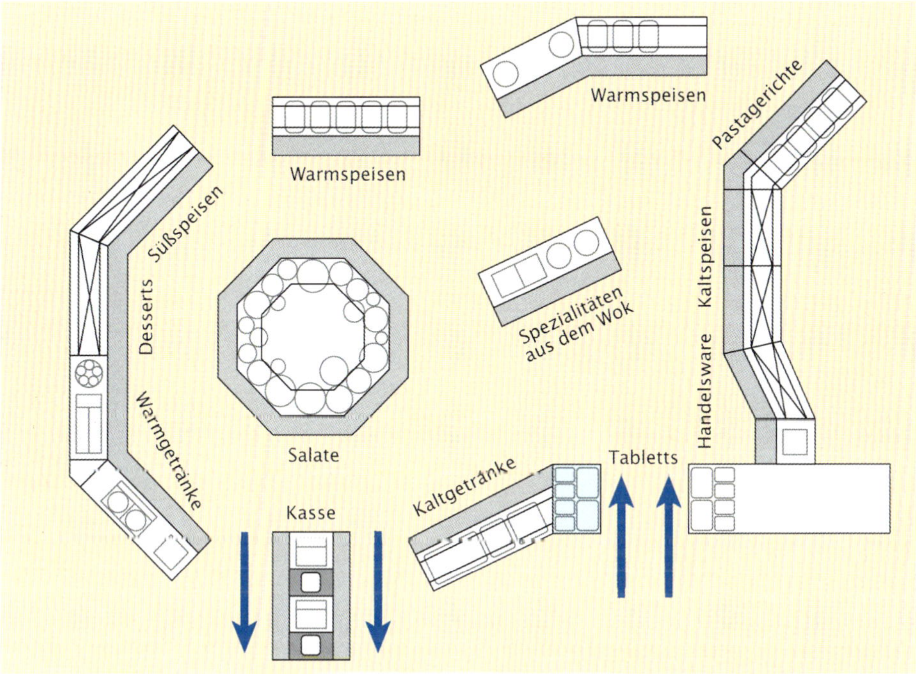

Arbeitsaufgaben

1. Zählen Sie die Vor- und Nachteile unterschiedlicher Metalle beim Einsatz in der Küche auf.
2. Welche Keramikware eignet sich für welche Zwecke?
3. Worauf achten Sie beim Einkauf von Schneidbrettern?
4. Welche Kältezonen bei Kühlgeräten kennen Sie?
5. Nennen Sie die Gefahren bei der Handhabung von Mikrowellenherden.
6. Welche Küchenarten werden unterschieden?
7. Beschreiben Sie den Weg der Ware mithilfe des Plans auf Seite 44 am Beispiel Huhn und am Beispiel Salat.
8. Was ist die Gastronorm?
9. Nennen Sie die Vorteile des Heißluftdampfgerätes.
10. Beschreiben Sie den Gebrauch und die Einsatzmöglichkeiten der Vakuummaschine.
11. Zählen Sie das Geräteinventar Ihrer Betriebsküche auf.
12. Was ist beim Frittieren zu beachten?
13. Welche Ausgabesysteme kennen Sie?

Notizen zu den Arbeitsaufgaben:

Wirtschaftliches Küchenmanagement

Ein gut durchdachtes Küchenmanagement garantiert Wirtschaftlichkeit und spart Kosten ohne Qualitätsverlust. Die ökonomische Arbeit in der Küche beginnt bereits beim Einkauf. Weiters gehören zu einem wirtschaftlichen Küchenmanagement auch eine effiziente Warenlagerung, gezielte Speisen- und Menüplanung, Berechnungen der Materialkosten und eine anschließende Preiskalkulation. Einen Betrieb wirtschaftlich zu führen bedeutet aber auch, Veränderungen bei Essgewohnheiten und Trends zu erkennen und richtig einzuschätzen, Verantwortung zu übernehmen und Teamarbeit zu fördern.

Unsere Ziele

Nach Bearbeitung dieses Kapitels werden Sie

- Voraussetzungen für den wirtschaftlichen Einkauf kennen;
- wissen, wie die Warenübernahme und die Warenausgabe funktionieren;
- die Speisen- und Menükalkulation beherrschen;
- die Hilfsmittel der Planungsarbeit in der computerunterstützten Küchenverwaltung kennen.

1 Einkauf

Ziel des Einkaufs ist es, die beste Qualität zum bestmöglichen Preis zu erwerben. Niedrige Preise sind nicht automatisch Ersatz für Qualität. Beim Einkauf ist auf die Produktgröße, den Zuschnitt (z. B. beim Fleisch), den Nettoinhalt und die Qualität zu achten, andernfalls können sich scheinbar günstige Lebensmittel als teuer herausstellen.

Was beim Einkauf eingespart wird, braucht nicht erst verdient zu werden!

1.1 Voraussetzungen für den wirtschaftlichen Einkauf

Um für die Bestellung den Warenbedarf zu erfassen, sind folgende Punkte zu beachten:

- **Gästestand:** Die Anzahl der zu erwartenden Gäste muss bekannt sein. In Restaurants errechnet man die zu erwartende Gästezahl anhand der Reservierungen und der Erfahrungswerte. Bei Veranstaltungen im Haus und für das Outsidecatering ist die Personenzahl meist bekannt.
- **Warenbestand:** Der Warenbestand ist im Lager bzw. in der Küche zu erfassen und zu kontrollieren.
- **Saisonangebote, Marktlage:** Preise und Angebote von Frischprodukten sind saisonal verschieden und beim Einkauf zu berücksichtigen.
- **Tagespreis:** Marktprodukte, wie Gemüse und Obst, haben Tagespreise. Sonderangebote im Großhandel, z. B. für Fleisch oder Fisch, sind für die Planung der Tageskarte von Bedeutung.
- **Speisen-, Tages- und Menükarten:** Der Einkauf der benötigten Waren richtet sich nach den angebotenen Gerichten.
- **Haltbarkeit der Lebensmittel und Lagermöglichkeiten:** Bei den Einkaufsmengen sind die Ablaufdaten zu beachten.
- **Zahlungsbedingungen:** Beim Vergleich von verschiedenen Waren sind auch verschiedene Rabatt- bzw. Zahlungsbedingungen zu berücksichtigen.

Vermerken Sie, wie der Einkauf in Ihrer Lehrküche erfolgt:

1.2 Hilfsmittel für den wirtschaftlichen Einkauf

Folgende Hilfsmittel werden für den wirtschaftlichen Einkauf herangezogen:

- **Marktliste:** Vermerk von allen frischen Produkten wie Fleisch, Fisch, Milchprodukten, Gemüse, Obst und Gebäck. Die Bestellung dieser Produkte erfolgt meist täglich.
- **Lagerkarteiliste:** Erfassung des Warenbestandes von Trockenprodukten und Tiefkühlware. Die Bestellung dieser Produkte erfolgt in größeren Intervallen.

Saisonangebote nutzen!

1.3 Verantwortlichkeit für den Einkauf

Die Handhabung und Durchführung des Einkaufs ist je nach Betriebsform und -größe unterschiedlich.

- **Im Großbetrieb** übernimmt den Einkauf die Einkaufsleitung in Zusammenarbeit mit der Lagerverwaltung, der Food-&-Beverage-Managerin/dem Food-&-Beverage-Manager und der Küchenleitung (Küchenchef[in]).
- **Im Mittelbetrieb** wird der Einkauf von der Küchenchefin/dem Küchenchef in Absprache mit der Geschäftsleitung ausgeführt.
- **Im Kleinbetrieb** erfolgen der Einkauf und die Lagerverwaltung durch die Besitzerin/den Besitzer unter Mitarbeit der verantwortlichen Köchin/des verantwortlichen Kochs.

2 Lagerverwaltung

Die Lagerverwaltung umfasst die Bereiche Warenübernahme, Warenausgabe, Lager- und Produktkontrolle. In Großbetrieben gibt es eine eigene Lagerverwaltung, in Klein- und Mittelbetrieben erfolgen Warenübernahme und -ausgabe meist durch die Küchenchefin/den Küchenchef (vor allem bei teuren, heiklen Produkten).

Die Lagerverwaltung, sowohl Warenannahme als auch -ausgabe, und die Rezepterfassung mit Nährwerten sowie die Preiskalkulation erfolgen in den meisten Betrieben computerunterstützt (siehe S. 86). Eine schriftliche Dokumentation des gesamten Warenweges ist gesetzlich vorgeschrieben.

➡ Dokumentation nach HACCP, siehe S. 15.

2.1 Warenübernahme

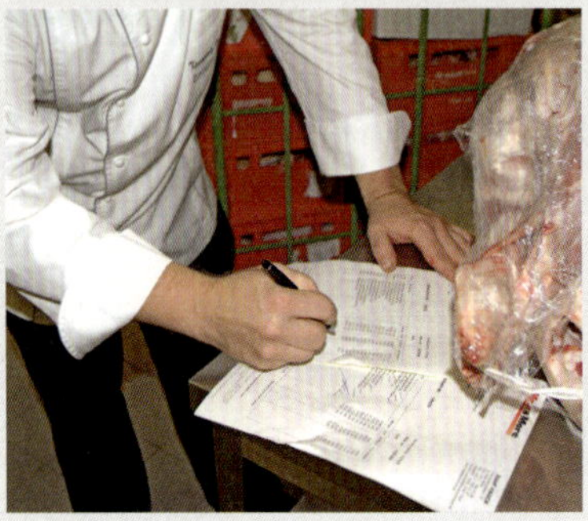

Bei Warenübernahme ist der Lieferschein zu überprüfen

Bei der Warenübernahme werden die bestellten Waren zum vereinbarten Termin und in der entsprechenden Menge und Qualität übernommen. Für die Übernahme von Frischprodukten (Fleisch, Fisch, Gemüse) sollte die Küchenleitung hinzugezogen werden.

Das ist bei der Warenübernahme zu beachten

- Der **Lieferschein** wird überprüft: Die angeführte Menge und das Gewicht müssen mit der Bestellung bzw. mit der Lieferung übereinstimmen.
- Die **Ware** wird **kontrolliert:** Qualität, Temperaturen, Gebinde und Haltbarkeitsdaten (vor allem bei Trockenprodukten und Tiefkühlware) werden geprüft (siehe dazu auch Kapitel Lebensmittelhygiene, S. 14).
- Die gelieferten Lebensmittel werden als **Wareneingang** in die **Marktliste** bzw. **Lagerkarteiliste** eingetragen. Dabei werden neben dem Lagerbestand auch die Einheit, der Einkaufspreis und der Lieferant angeführt.
- Die Ware wird mit **Eingangsdatum** versehen und in den vorgesehenen Lager- und Kühlräumen **sachgemäß versorgt.**

2.2 Warenausgabe

- Die Ausgabe aus dem Lager wird im **Fassungsbuch** oder in **Lagerkarteikarten** vermerkt. Dadurch ist ein Überblick über den Lagerstand gegeben.
- Die Ausfassung durch die Küche erfolgt mit einem **Fassungsschein,** einer Art Bestellschein der Küche an das Lager.

Die fünf Ws auf dem Fassungsschein

- **Wann:** Datum.
- **Was und wie viel:** Art und Menge des Materials.
- **Wohin:** Kostenstelle, z. B. Pâtisserie.
- **Warum:** Zweck des Verbrauchs, z. B. Buffet, Bankett oder À-la-carte-Gerichte.
- **Wer:** Unterschrift des Küchenchefs oder Chef de Partie.

3 Speisenplanung

Im Inhalt eines Menüs bzw. einer Speisenkarte sollen sich der individuelle Charakter und die Leistungsfähigkeit eines Betriebes widerspiegeln. Die Karte ist sozusagen die Visitenkarte eines gastronomischen Betriebes, und der Gast liest daraus nicht nur Speisen, sondern gewinnt daraus auch seine individuellen Eindrücke.

Die visuelle Gestaltung der Speisenkarte ist ein Teil der Corporate Identity, des Erscheinungsbildes eines Betriebes in der Öffentlichkeit.

3.1 Menüreihenfolge

Mit dem aus dem Französischen abgeleiteten Wort **Menü** ist in unserem Sprachgebrauch eine **Speisenfolge** aus drei oder mehr abgestimmten Gerichten in einer festgelegten Reihenfolge oder eine **Speisenkarte** gemeint.

Die **klassische französische Menüreihenfolge** – aus dem 19. Jahrhundert stammend und bis zu 14 Gänge umfassend – ist aus ernährungsphysiologischer Sicht nicht mehr zu vertreten. Sie bildet jedoch nach wie vor die fachliche Grundlage für die Zusammensetzung von **zeitgemäßen Menüs.**

Degustieren = kosten.

Grundsätzlich unterscheidet man drei verschiedene Arten von Menüs:

- **Grundmenü oder Tagesmenü:** ein einfaches Menü, bestehend aus zwei bis drei Gerichten bzw. Gängen.
- **Erweitertes Menü oder Festmenü:** Es besteht aus vier bis sechs Gängen.
- **Gourmetmenü oder Degustationsmenü:** Es besteht aus bis zu zehn Gängen. Es ist für Feinschmecker und Genießer und wird in Spitzenrestaurants als Abendmenü häufig mit entsprechender Weinbegleitung angeboten.

Die Portionsgrößen werden der Anzahl der Menügänge angepasst, um Ausgewogenheit und Bekömmlichkeit zu gewährleisten.

Fachlich richtige Speisenfolge – Menüreihenfolge

Der **zeitgemäße Menüaufbau** richtet sich nach der klassischen französischen Menüreihenfolge.

Auf Deutsch	En français	In English
Gaumenfreuden, Appetithappen, Mundbissen	Amuse-Gueule, Amuse-Bouche	Appetizers
Kalte Vorspeise	Horsd'œuvre froid	Starter, First Course
Suppe	Potage	Soup
Warme Vorspeise	Horsd'œuvre chaud	Hot Entrée
Fisch, Meeresfrüchte	Poisson, Fruits de Mer	Fish, Seafood
Sorbet/Eisgetränk	Sorbet	Sherbet, Sorbet
Hauptgang – Fleischgang	Rôti/Grosse Pièce/Relevé	Main Course
Käse	Fromage	Cheese
Warme Süßspeise	Dessert/Entremets chaud	Hot Dessert
Kalte Süßspeise	Dessert/Entremets froid	Cold Dessert
Kaffee – kleine Näschereien	Café – Petits Fours	Coffee – Cookies

Diese zeitgemäße Menüreihenfolge hat sich durchgesetzt und wird bei allen Menüarten eingehalten.

3.2 Grundsätze zur Menüerstellung

Ein Menü darf keine Aufzählung von Gerichten sein, sondern man soll versuchen, die Speisen appetitanregend zu beschreiben. Bei der Zusammensetzung von Menüs ist es hilfreich, folgende Kriterien zu beachten:

Anlass des Essens	Es muss berücksichtigt werden, für welchen Anlass ein Menü geplant wird. Grundsätzlich soll zwischen **privaten, gesellschaftlichen und geschäftlichen Anlässen** unterschieden werden. Je nach Anlass und Gästekreis muss auf Essgewohnheiten, Traditionen, Timing und Trends Rücksicht genommen werden.
Verkaufspreis	Preislich sind Unterschiede zu machen zwischen Mittags- und Abendmenü, Bankett- oder Cateringmenü, um Gästewünschen zu entsprechen.

Ein erweitertes Menü

Salat von der Artischocke mit gegrillten Steingarnelen

xxx

Consommé double mit Sellerietascherln

xxx

Gebratenes Zahnbrassenfilet im Gemüsefond mit Erdäpfelstroh

xxx

Glacierte Barbarieentenbrust mit Pfeffer-Orangen-Sauce Brokkolirosen und Polentascheiben

xxx

Kokosnuss-Soufflé mit Confit von Passionsfrüchten

Ein Gourmetmenü

Erlesene Gaumenfreuden

xxx

Delice von Langustinos mit grünem Spargel, Frisésalat in Distelölmarinade

xxx

Suprême vom Perlhuhn mit sautierten Steinpilzen und Eierschwammerln

xxx

Souffliertes Filet vom Steinbutt mit Zucchiniblüte

xxx

Grapefruit-Sorbet mit trockenem Sekt

xxx

Mignonettes vom jungen Kalb im Kräuterfond mit Frühlingsgemüse und Schmelzkartoffeln

xxx

Bouquet von Waldbeeren auf Fruchtmark

Probieren Sie es aus: Legen Sie nach Gefühl einen Preis für ein Hauptgericht mit Beilagen Ihrer Wahl fest und schätzen Sie die Kosten. Sehen Sie sich anschließend die Berechnung des Portionspreises auf S. 83 an, berücksichtigen Sie die Portionsgrößen und Garverluste und erheben Sie die tatsächlichen Kosten. Welche Faktoren haben Sie in Ihrer Schätzung übersehen? Wie weit liegen Schätzung und tatsächlicher Preis auseinander? Wichtig ist, dass man eine Ahnung von der Bedeutung der wirtschaftlichen Planung bekommt, sonst gibt es zwangsweise Verluste.

Gästekreis	Die Speisenfolge ist dem **Gästekreis** (Geschäftsleute, Touristen verschiedener Nationalitäten) und der **Zielgruppe** (Erwachsene, Jugendliche, Senioren) anzupassen, wobei Essgewohnheiten, besondere Wünsche, religiöse Ansprüche, Diäten etc. zu beachten sind.
Jahreszeit/Tageszeit	Die Gerichte sollen der Jahreszeit angepasst sein, damit saisonale Lebensmittel gewählt werden können. Auch die Tageszeit und die dem Gast zur Verfügung stehende Zeit haben Einfluss auf die Erstellung von Menüs.
Zusammenstellung und Umfang	Guter Sachverstand und fachliches Wissen sind Grundvoraussetzungen für die Erstellung von Menüs. Es soll verhindert werden, dass Speisen aus zu unterschiedlichen Küchenrichtungen (z. B. regionale, klassische oder kreative Küche) in einem Menü vorkommen. Bei größeren Menüs muss auf den Geschmacksaufbau und auf die Größe der Portionen geachtet werden. Die ersten Gerichte in der Menüfolge sollen mild und appetitanregend sein, um dem Gast Geschmack auf die folgenden Gerichte zu machen.
Ausgewogenheit	Je nach Zielgruppe und Tageszeit ist auf die Ausgewogenheit der Speisen zu achten. Der Sättigungsgrad und die Bekömmlichkeit sind beim Mittagessen und in den warmen Jahreszeiten schneller bzw. anders erreicht als beim Abendessen oder in der kalten Jahreszeit. Die Auswahl von Lebensmitteln muss nach ernährungsphysiologischen Erkenntnissen erfolgen, um dem Bedarf an Nährstoffen, Wirkstoffen und Geschmacksstoffen (süß, sauer) im Menü gerecht zu werden.
Keine Wiederholungen	Wiederholungen im Menü sind grundsätzlich zu vermeiden. Dies gilt sowohl für Speisenbegriffe als auch für Garmachungsarten und Lebensmittel. Spezialmenüs wie z. B. Wild-, Fisch- oder Spargelmenüs bilden jedoch eine Ausnahme. Da auch das Auge mitisst, ist bei der Zusammenstellung der Hauptplatte auf eine farbliche Ausgewogenheit zu achten.
Wirtschaftlichkeit	Eine gut durchdachte Organisation und zeitgerechte Planung helfen, keine bösen Überraschungen bei der Abrechnung zu erleben. Die Wirtschaftlichkeit beginnt bereits bei der Mengenberechnung, Kalkulation und Preisgestaltung. Ohne einen Kosten-Nutzen-Vergleich zu erstellen, kann es keine Wirtschaftlichkeit geben (siehe Übungsaufgabe, Randspalte).
Vorhandene Möglichkeiten	Räumliche Voraussetzungen, Ausstattung der Küche und die fachliche Qualifikation der Mitarbeiter/-innen in Küche und Service müssen berücksichtigt werden. Je genauer man diese Voraussetzungen kennt, desto präziser und effizienter können sie genutzt werden.

Menüplanung

Der Inhalt eines Menüplanes hängt wesentlich von der Betriebsart ab. In der **Gemeinschaftsverpflegung** wird ein **Menügrundplan für zumindest zwei Wochen** im Voraus erstellt, um die Grundsätze bei der Menüerstellung zu erfüllen und einen gut funktionierenden Einkauf aufzubauen.

In der **Gastronomie** werden – je nach Speisenkarten – **zusätzlich Tageseinkauf und Sonderangebote** berücksichtigt. Daher wird zur Übersicht ein grober Menügrundplan erstellt, der sich je nach Geschäftslage und Reservierungen ändern kann.

Menüarten

Durch eine besondere Speisenauswahl wird Menüs eine spezielle Note gegeben. Je nach Jahreszeit und nach der Gästeschicht werden zusätzlich verschiedene Menüarten angeboten.

Wahlmenüs

Bei Wahlmenüs kann der Gast selbst aus vorgegebenen Speisen das Menü zusammenstellen. Der Gast hat eine attraktive Auswahl und man reduziert die Tauschwünsche der Gäste. Ein zusätzlicher Vorteil ist die besonders ökonomische Vorbereitung in der Küche.

Spezialmenüs

Je nach Jahreszeit und zu besonderen Festtagen werden spezielle Menüs angeboten.

Feiertagsmenüs	Saisonmenüs	Festmenüs
Bei Festtagen erfolgt die Speisenwahl meist nach landesüblicher Tradition oder regionalem Brauchtum. Beispiele sind Heringsschmaus, Ostermenüs, Martini- oder Weihnachtsmenüs.	In Restaurants werden der Jahreszeit entsprechende Spezialitätenmenüs angeboten, wie Frühlings-, Fisch- oder Spargelmenüs oder Jagdmenüs während Wildwochen etc.	Festmenüs werden zu besonderen Anlässen angeboten, wobei auf die jeweiligen Wünsche der Gäste besonders Rücksicht zu nehmen ist. Anlässe für Festmenüs sind Hochzeiten, Geburtstage, Jubiläen, Firmenfeiern etc.

Fisch steht beim Heringsschmaus auf dem Prgramm

Kindermenüs

Kinder sind aus unternehmerischer Sicht eine sehr wichtige Gästeschicht, da sie meist mitentscheiden, welche Lokalwahl getroffen wird, und sie die Gäste der Zukunft sind.

Für Kinder bis 12 Jahre sind die Nährwerte zu reduzieren, und auf die typischen Essgewohnheiten ist zu achten. Daher ist eine eigene Kinderkarte zu empfehlen, die diesen Bedürfnissen gerecht wird. Die Kinderkarte kann mit Comicfiguren oder anderen Motiven als Ausmalbild fungieren. Die Speisen können nach Märchenfiguren oder anderen lustigen Figuren benannt werden.

Cool für Kids	Nix für Kids
Klare Suppen mit Einlage, Gemüsesuppen, Pastagerichte, gebackene Schnitzel oder panierte Fische, Risotto, Pommes frites, Süßspeisen und Eiscremen	Große Fleischbraten oder ganze Fische, Wildgerichte, stark marinierte oder geräucherte Speisen, Innereien, Krustentiere, stark gewürzte, scharfe oder alkoholhaltige Gerichte

Kinder – Gäste von heute und Gäste der Zukunft

Erstellen Sie ein Kinder- bzw. ein Seniorenmenü und setzen Sie dafür auch Ihre Kenntnisse aus dem Gegenstand Ernährung ein.

Seniorenmenüs

Bei älteren Gästen ist auf eine abwechslungsreiche, leicht verdauliche und eiweißreichere Kost besonderes Augenmerk zu richten.

Menüs mit drei Gängen und kleineren Portionen sollen bevorzugt werden. Bei der Speisenauswahl müssen folgende Richtlinien beachtet werden:

- Schwer verdauliche und blähende Gerichte vermeiden.
- Kleinere Portionen und mehrere Gänge servieren.
- Leicht verzehrbare und weich gekochte Speisen ohne Knochen oder Gräten anbieten.
- Kein fettes, bindegewebereiches Fleisch verwenden.
- Eher herkömmliche und bekannte Gerichte anbieten.

Siehe auch Schonkost, unten.

Genuss im Alter – darauf braucht nicht verzichtet zu werden

Diätmenü – Basisdiät, Schonkost

Die Diätkost wird nach dem Krankheitsbild des Kunden zusammengestellt. Die genaue Anweisung kann nur von einer Diätassistentin/einem Diätassistenten oder einer Ärztin/einem Arzt gegeben werden. Bei besonderen Diätwünschen muss auf die exakte Erklärung des Gastes genau geachtet werden.

Warum sind ☹ diese Speisen und Getränke in der Schonkost ungeeignet?

Schonkost, die schmeckt

☺ Tops und ☹ Flops in der Schonkost

	☺	☹
Speisen	▪ Klare oder leicht gebundene Gemüsesuppen, entfettete Rindsuppe mit leichter Einlage wie Nudeln, Gemüsejulienne etc.	▪ Mit Mehl gebundene oder mit Obers angereicherte Suppen, fetthaltige Einlagen wie Backerbsen, Frittaten, Leberknödel
	▪ Gedünstete oder blanchierte feine Gemüse	▪ Rohe Zwiebeln, blähende Gemüsesorten wie Kohl und Kraut sowie Hülsenfrüchte und rohes Obst und Gemüse
	▪ Fettarme Milch und Milchprodukte	▪ Fette Milchprodukte wie Obers
	▪ Fettarmer Käse, milde Sorten	▪ Würziger, fetter Käse
	▪ Zartes, mageres Fleisch	▪ Fettes, durchzogenes, flachsiges Fleisch
	▪ Magere Fischsorten	▪ Fette Fischsorten
	▪ Kohlenhydratreiche Beilagen wie Reis, gekochte Kartoffeln, Teigwaren	▪ Fette, frittierte Gerichte und Beilagen
	▪ Leicht altbackenes Brot	▪ Frisches Brot
	▪ Leichte, kalorienarme Desserts, Bäckereien aus Biskuitteig	▪ Sehr süße Desserts, Bäckereien aus Germteig
Getränke	▪ Warmer (nicht heißer) Tee	▪ (Eisgekühlte) Limonaden
	▪ Koffeinfreier Kaffee oder Malzkaffee	▪ Bohnenkaffee
	▪ Kohlensäurefreies Mineralwasser	▪ Kohlensäurehaltige Getränke
	▪ Fruchtsäfte, auch frisch gepresst	▪ Zuckerhaltige Fruchtsaftkonzentrate
	▪ Zuckerfreie Trinkmilchprodukte wie Buttermilch	▪ Angereicherte Trinkmilchprodukte, die sehr zuckerhaltig sind
		▪ Alkohol

Vegetarische Menüs

Alternativen zu Fleisch oder Fisch werden infolge eines zunehmenden Ernährungs- und Gesundheitsbewusstseins immer populärer, nicht nur in der warmen Jahreszeit. Da der Arten- und Sortenreichtum von Gemüse von keinem anderen Lebensmittel übertroffen wird, stehen zahlreiche Möglichkeiten zur Kreation vegetarischer Gerichte zur Verfügung.

Leichte Gemüsegerichte sind idealer Bestandteil vegetarischer Menüs

Einige Anregungen und Zubereitungsmethoden	
Antipasti	Gegartes (z. B. gegrilltes) Gemüse wie Artischocken, Zucchini, Auberginen, Tomaten, Paprika, Fenchel, Jungzwiebeln, Stangensellerie etc. mit Olivenöl und gutem Essig marinieren und mit frischen Kräutern und Knoblauch nach Bedarf verfeinern. Auch in Kombination mit verschiedenen Meeresfrüchten gut geeignet.
Pastagerichte	In verschiedenen Variationen mit unterschiedlichen Saucen, Pestos und Kräutern.
Kalte Suppen	Zum Beispiel geeiste Gurkensuppe, kalte Avocadosuppe, Vichyssoise, Gazpacho.
Kalte Gemüsespeisen	Terrinen, Gemüse in Aspik; als gefülltes Gemüse eignen sich besonders Tomaten, Melanzani, Zucchini, Kohlrabi, Paprika, Kartoffeln und Zwiebeln – das ausgehöhlte Fruchtfleisch bildet die Basis für die Füllung.
Pilzgerichte	In der Saison werden Edelpilze wie Steinpilze, Eierschwammerln oder Frühlingsmorcheln sautiert, gebacken oder in Cremesauce sehr geschätzt.

Gemüseaufläufe, Gratins oder Flans	Diese leichten Gerichte werden immer beliebter.
Gemüse aus der Pfanne, vom Grill oder aus dem Wok	Durch das Garen im Wok erhält das Gemüse eine knusprige, bräunliche Oberfläche, die ihm einen guten Geschmack verleiht. Besonders geeignet sind Melanzani, Zucchini, Tomaten, Maiskölbchen, Zuckererbsen, Kartoffeln und Champignons.
Käsegerichte	Sie können die vegetarische Kost ebenso bereichern (z. B. Käsekuchen).

Im Wok lassen sich zeitgemäße vegetarische Gerichte rasch und unkompliziert herstellen; Frische und Bekömmlichkeit stehen neben der fleischlosen Ernährung dabei im Vordergrund

Natur- oder Vollwertmenüs

Wie der Name sagt – für diese Menüarten werden naturbelassene Lebensmittel verarbeitet, wobei besonders Wert auf die Erhaltung und Ausgewogenheit der vorhandenen Nähr- und Wirkstoffe gelegt wird.

Grundsätze

- Biologisch angebautem Gemüse und Obst sowie Fleisch und Fisch aus artgerechter Tierhaltung wird der Vorzug gegeben.
- Keine raffinierten (bearbeiteten) und gehärteten Öle, Margarine und Fette.
- Keine denaturierten Kohlenhydrate, wie Auszugsmehle und Fabrikzuckerarten.
- Weniger tierisches Eiweiß, vermehrt pflanzliche Eiweißstoffe (z. B. Hülsenfrüchte).

Wussten Sie, dass ...
der Schweizer Gast z. B. Salatbuffets und eine reiche Auswahl an Mehlspeisen schätzt und der französische Gast im Gegensatz zum deutschen sehr umfangreiche Menüfolgen zum Abendessen wünscht?

Menüs für ausländische Gäste

Unterschiedliche Nationalitäten haben unterschiedliche Bedürfnisse und Ansprüche, denen man gerecht werden soll. Bei der Erstellung von Menüs für ausländische Gäste muss auf ihre traditionellen Tischsitten Rücksicht genommen werden. Es ist durchaus angebracht, heimische, landesübliche Gerichte zu empfehlen, allerdings unter Berücksichtigung der Essgewohnheiten.

Menüs für die Gemeinschaftsverpflegung (GV)

GV-Einrichtungen bieten ein vielfältiges Angebot unterschiedlicher hochwertiger Speisen, wobei je nach Betrieb und Zielgruppe verschiedene Ernährungsformen angeboten werden. Nicht nur eine reichhaltige Vielfalt an Gerichten ist gefragt, sondern auch eine Ausgewogenheit der Nähr- und Vitalstoffe (Vitamine und Mineralstoffe).

Darauf ist in der Gemeinschaftsverpflegung zu achten

- Weniger tierische Fette, sondern mehr solche pflanzlicher Herkunft.
- Fleisch und Wurstwaren reduziert verwenden, daher vermehrt pflanzliche Eiweißstoffe und Proteine vom Fisch berücksichtigen.
- Frische Kost wie Gemüse und Obst für ausreichende Versorgung mit Vitaminen und Mineralstoffen.
- Vorsicht bei denaturierten Kohlenhydraten und raffinierten Fetten und Ölen.

Fleißiges Lieschen oder fauler Willi?

Ist man träge bei der täglichen Arbeit oder hat man Freude daran? Stimmung, Wohlbefinden und Leistungskraft hängen zum Teil von der Art der Verpflegung ab. Die Gemeinschaftsverpflegung kann daher einen wesentlichen Beitrag leisten, dass der arbeitende Mensch optimal versorgt und dadurch einsatzfreudiger ist.

Stellen Sie sich vor, Sie essen mittags eine große Portion Wiener Schnitzel mit Pommes frites – wie fühlen Sie sich, wenn Sie anschließend an Ihren Schreibtisch zurückkehren? Wahrscheinlich faul und träge. Essen Sie jedoch leichte, ausgewogene Vollkost, werden Sie frischer und aktiver an Ihre Aufgaben herangehen. Viele Betriebsküchen bieten deshalb neben dem Normalkostmenü auch Vollwertmenüs und vegetarische Menüs an. Wichtig ist ein abwechslungsreicher Menügrundplan für einen Monat.

Zu berücksichtigen ist aber auch die Art der Tätigkeit. So stellen z. B. körperlich Arbeitende andere Ansprüche an die Nahrung als geistig Tätige. Der Nährwert muss der Tätigkeit angepasst werden.

Die Nahrung muss dem täglichen Energieverbrauch angepasst sein

4 Kalkulation und Preisgestaltung in der Küche

In diesem Kapitel wird eine einfache, praxisbezogene Grundlage für die Küchenkalkulation und Preisgestaltung für Speisen gegeben.

Folgende Bereiche werden behandelt:
- Maße und Gewichte
- Gewichtstabelle für Portionsgrößen
- Praktische Verbrauchertabelle
- Rezept- und Menüberechnungen
- Preisgestaltung für Speisen

Wirtschaftlichkeit und Effizienz durch

Überlegen, kalkulieren →	Wiegen →	Kochen →	Rechnen
↓	↓	↓	↓
Fachgerechte Speisenplanung	Exakte Portionsgrößen laut Kalkulation	Unter Berücksichtigung der wirtschaftlichen Lebensmittelverarbeitung	Preisgestaltung, Kontrolle

Zur Information
- **Brutto** (Abkürzung btto.) = roh, ohne Abzug; hier: Gewicht der Ware inklusive Verpackung.
- **Netto** (Abkürzung ntto.) = rein, nach Abzug bestimmter relevanter Größen; hier: nach Abzug des Verpackungsgewichts – der Tara.
- **Tara** = das Gewicht der Verpackung einer Ware.

4.1 Maße und Gewichte

Vor den Berechnungen und der Kalkulation hilft eine kurze Wiederholung der Maße und Gewichte.

Waagen können mit beliebigen Gefäßen auf null gestellt werden. So kann die Tara abgezogen werden.

Maße

Abkürzungen für Maße: l = Liter, dl = Deziliter, cl = Zentiliter, ml = Milliliter								
1 l			=	10 dl	=	100 cl	=	1 000 ml
1/2 l	=	0,5 l	=	5 dl	=	50 cl	=	500 ml
1/4 l	=	0,25 l	=	2,5 dl	=	25 cl	=	250 ml
1/8 l	=	0,125 l	=	1,25 dl	=	12,5 cl	=	125 ml

Gewichte

Abkürzungen für Gewichte: kg = Kilogramm, dag = Dekagramm, g = Gramm						
1 kg	=	100 dag	=	1 000 g	=	1 000 kg
1/2 kg	=	50 dag	=	500 g	=	0,500 kg
1/4 kg	=	25 dag	=	250 g	=	0,250 kg
1/8 kg	=	12,5 dag	=	125 g	=	0,125 kg
		10 dag	=	100 g	=	0,100 kg
		1 dag	=	10 g	=	0,010 kg

Verpackungseinheiten und rationelle Teilung

Neben dem Messen und Wiegen ist es auch wichtig, ein Gespür für Mengenangaben zu entwickeln. Nicht immer ist die Verwendung von Waage oder Messbecher sinnvoll. Manchmal ist einfach Hausverstand gefragt. So macht es z. B. keinen Sinn, 0,125 kg Butter abzuwiegen, wenn man weiß, dass ein Päckchen Butter 0,25 kg wiegt. Das einzige, was man braucht, ist Augenmaß.

Verpackungseinheiten als Schätzhilfe

Lebensmittel	Verpackung	Verpackungseinheit	Menge	Anteil der Verpackungseinheit
Butter		Packung	0,25 kg	
(Back-)Margarine		Packung	0,25 kg	
Sauerrahm		Becher	0,25 l	
Schlagobers		Becher	0,25 l	
Crème fraîche		Becher	0,125 l	
Topfen		Packung	0,25 kg	
Germ		Würfel	0,042 kg	
Wein		Stifterl	0,375 l	
Mohn, Nüsse		Säckchen	0,20 kg	
Puddingpulver		Säckchen	0,05 kg (für 0,5 l Milch)	
Kochschokolade		Tafel	0,25 kg (1 Rippe = 20 g)	
Staubzucker		Packung	0,50 kg	
Bandnudeln		Packung	0,50 kg	

Ergänzen Sie in der letzten Spalte für folgende Rezeptangaben den Circaanteil der Verpackungseinheit (z. B. 1/2 Becher) bzw. zeichnen Sie die Teilungsstriche in die Grafiken ein:

- 0,08 kg Butter
- 0,12 kg Margarine
- 0,12 l Sauerrahm
- 0,06 l Crème fraîche
- 0,08 kg Topfen
- 0,02 kg Germ
- 1/8 l Wein
- 0,07 kg Mohn
- 0,025 kg Puddingpulver
- 0,10 kg Kochschokolade
- 0,125 kg Staubzucker
- 0,20 kg Bandnudeln

Ermittlung von Löffelmaßen

Nehmen Sie aus dem Schulinventar einen Löffel, füllen Sie ihn mit Mehl, wiegen Sie es ab und notieren Sie den Wert. Errechnen Sie nun in der Gruppe einen Durchschnittswert und vermerken Sie diesen als Kennzahl im Buch. Wiederholen Sie den Vorgang mit Kristall- und Staubzucker, Grieß, Flüssigkeiten etc., so erhalten Sie eine praktische Tabelle, mit der Sie Gewichtsangaben in Löffelangaben umrechnen können.

4.2 Gewichtstabelle für Portionsgrößen

Jeder Betrieb soll – an seine Bedürfnisse angepasst – eine Gewichtstabelle für Portionsgrößen erstellen. Diese Tabelle soll an allen Posten einer Küche aufliegen.

Sie wird gebraucht

- zur Erstellung von Rezepten,
- als Hilfsmittel beim Einkauf,
- zur Qualitäts- und Portionskontrolle (Bestimmung der Portionsmengen).

Um die richtige Menge zu produzieren, muss zuerst (vor allem im Catering, bei Banketten oder in der Gemeinschaftsverpflegung) die **Anzahl der Portionen** ermittelt werden. Anschließend muss **exakt gemessen** und **gewogen** werden, um gleiche Portionen zu erhalten und Schwund bzw. Überschuss zu vermeiden. Zur richtigen Planung finden Sie hier Portionsgewichte und Angaben dazu, welcher Schwund zu berücksichtigen ist.

In diesem Kapitel angeführte Gewichte sind Durchschnittswerte.

Fleisch

Bei der Verarbeitung von Fleisch entstehen Abschnitte und Verluste, die für eine genaue Kalkulation zu berücksichtigen sind. Schon den Lieferanten sind daher genaue Schnittlinien vorzugeben, um unnötige Verluste zu verhindern.

Die Portionsgröße ist maßgeblich für die Bestimmung des Portionspreises

Gewichtsverluste entstehen
- **beim Auslösen:** Knochen, Parüren und Fett fallen weg.
- **bei der Lagerung:** Verluste bis zu 5 % entstehen, daher empfiehlt es sich, das Fleisch zu vakuumieren oder in Frischhaltefolie zu verpacken; dadurch reduzieren sich die Verluste um die Hälfte.
- **beim Portionieren des rohen Fleisches:** Hier entstehen zwangsläufig Abschnitte, die für andere Gerichte verwendet werden können.
- **beim Garen:** Je nach Garmachungsart und Qualität verliert Fleisch verschieden viel Gewicht.
- **beim Tranchieren von gegartem Fleisch:** Bei sachgemäßem Tranchieren, gegen die Fasern, können die Abschnitte minimiert werden.

Gewichtsverluste beim Garen	
Kurzbraten von Portionsstücken – medium	15 %
Grillieren, Portionsstücke	15 %
Braten ganzer Stücke	25 %
Dünsten, Schmoren ganzer Stücke	30 %
Kochen oder Sieden	35 %
Pochieren	15 %
Cuisson sous Vide – Vakuumkochen	10 %
Niedertemperaturgaren	5–8 %

In einer Menüfolge werden in der Regel die Portionen um 20–30 % reduziert.

Portionsgewichte	
Filetsteak	160–180 g
Chateaubriand	360 g
Rostbraten	160 g
Entrecôte, Sirloinsteak	200 g
Tournedos, 2 Stück, 2 x 80 g	160 g
Filetspitzen	160 g
Kalbssteak	160 g
Wiener Schnitzel	140 g
Kalbsschnitzel	160 g
Kalbskotelett	200 g
Kalbsmedaillons, 2 Stück, 2 x 80 g	160 g
Schweinskotelett	180 g
Schweinsschnitzel	160 g
Schweinssteak	160 g
Gulasch, Ragout	160 g

Kalbsschnitzel

Geflügel

Bei der Zubereitung von ganzen Stücken ergeben sich folgende Bratverluste:

Gewichtsverluste beim Garen	
Brathuhn	20 %
Ente	30 %
Gans	40 %
Wild- oder Barbarieente	25 %
Truthahn, je nach Größe	30–35 %

Für eine Portion in bratfertigem Zustand werden 300–400 g berechnet. Das Rohgewicht für ausgelöstes Geflügel rechnet man mit 120–140 g.

Wild

Wildfleisch hat einen geringen Fettanteil; dadurch ergeben sich geringere Bratverluste:

Gewichtsverluste beim Garen	
Ganze Stücke mit Knochen	20 %
Ganze Stücke ohne Knochen	10 %
Kurzbraten von Portionsstücken	12–15 %

Portionsgewichte	
Ganze Stücke mit Knochen	200 g
Ganze Stücke ohne Knochen	150 g
Kurzbraten von Portionsstücken	160 g

Fisch

Bei der Vorbereitung von Fischen entstehen **Abfälle** durch das Filetieren, durch den Wegfall des Kopfes, der Karkassen und der Haut; das muss beim Einkauf berücksichtigt werden.

Fischabfälle beim Filetieren	
Forelle, Felchen und Reinanke	50 %
Lachs, Lachsforelle, Zander	40 %
Karpfen, Wels	55 %
Hecht	65 %
Wolfsbarsch	55 %
Dorsch, Kabeljau	40 %
Seezunge, Steinbutt	60 %
St.-Peters-Fisch	70 %

Durch fachgerechtes Filetieren von Fisch kann man Gewichtsverluste minimieren

Portionsgewichte	
Fisch im Ganzen oder mit Karkasse geschnitten	300–350 g
Fischfilet als Vorspeise	60–100 g
Fischfilet als Hauptgericht	120–150 g
Fisch in der Menüfolge	100–120 g

Meeresfrüchte

Beim Auslösen von Meeresfrüchten entstehen teilweise große Abfälle, die beim Einkauf bzw. bei der Berechnung von Portionen beachtet werden müssen.

Abfälle beim Auslösen	
Flusskrebse	85 %
Hummer	70 %
Languste	80 %
Garnelen, mit Kopf	70 %
Garnelen, ohne Kopf	15 %

Bis zu 70 % Gewichtsverlust ergibt sich beim Auslösen ganzer Garnelen

Gemüse

Die nachfolgende Gewichtstabelle gibt Richtwerte des Bruttogewichts, das benötigt wird, um zehn fertige Portionen zu bekommen.

Gewichtstabelle für Gemüse

Artikel	Bruttogewicht	Abfall	Nettogewicht ca.	Portionsgewicht	
				À la carte	Menüfolge
Auberginen	1,50 kg	8 %	1,35 kg	0,14 kg	0,11 kg
Brokkoli	2,00 kg	25 %	1,50 kg	0,15 kg	0,12 kg
Grüne Fisolen	1,60 kg	6 %	1,50 kg	0,15 kg	0,12 kg
Karfiol	2,00 kg	25 %	1,50 kg	0,15 kg	0,12 kg
Karotten	2,00 kg	20 %	1,75 kg	0,17 kg	0,13 kg
Kartoffeln	2,50 kg	25 %	1,90 kg	0,20 kg	0,15 kg
Kohlrabi	2,20 kg	25 %	1,70 kg	0,16 kg	0,12 kg
Kürbis	2,20 kg	25 %	1,70 kg	0,16 kg	0,12 kg
Kohlsprossen	1,80 kg	12 %	1,60 kg	0,16 kg	0,12 kg
Sellerie	2,50 kg	30 %	1,70 kg	0,17 kg	0,13 kg
Spargel, weiß	3,00 kg	30 %	2,10 kg	0,20 kg	0,16 kg
Spinat	1,60 kg	10 %	1,45 kg	0,14 kg	0,12 kg
Zucchini	1,80 kg	10 %	1,60 kg	0,16 kg	0,12 kg

Eier

Ein Hühnerei der Gewichtsklasse M wiegt **50 g.** Davon entfallen

- 30 g auf das Eiklar und
- 20 g auf den Eidotter.

4.3 Praktische Verbrauchertabelle

Suppen

1 l ergibt 4–6 Portionen	
1 Teller	0,25 l
1 Tasse	0,20 l
1 Tasse für Spezialsuppen (Consommé double) oder Suppe in Menüfolge	0,15 l

Warme Saucen

Portionsangaben			
1 l Bratensaft/Jus	15 Portionen	=	0,07 l pro Portion
1 l gebundene Sauce	12 Portionen	=	0,08 l pro Portion

Kalte Saucen, Salatmarinaden

Portionsangaben			
1 l Mayonnaise	20 Portionen	=	0,05 l pro Portion
1 l verschiedene kalte Saucen	20–25 Portionen	=	ca. 0,04 l pro Portion
1 l Salatmarinade	30 Portionen	=	ca. 0,035 l pro Portion
1 l gebundene Marinade (Dressing)	20 Portionen	=	0,05 l pro Portion

Beilagen

Die Portionsgewichte richten sich auch nach der **Anzahl der Beilagen,** die zu einem Gericht serviert werden.

Portionsangaben	
Reis	0,04 kg
Teigwaren	0,05 kg
Spaghetti	0,08 kg (Hauptgericht 0,10–0,12 kg)
Kartoffeln, je nach Zubereitung	0,20–0,25 kg

5 Vom Einkaufspreis zum Portionspreis

Um genaue Rezeptberechnungen erstellen zu können, muss der Wareneinsatz mit den tatsächlichen Einkaufspreisen errechnet werden. Einkaufgewichte sind gleichzusetzen mit Rohgewichten (Gewicht des gekauften Fleisches bzw. Fisches oder ungeputzten Gemüses). Bei der Vorbereitung entstehen Abfälle, Verluste und Nebenprodukte, die für andere Gerichte – meist mit niedrigerem Verkaufspreis – verwendet werden.

Es ist ein langer Weg, bevor die Karotten servierbereit sind

5.1 Vom Bruttogewicht zum Nettogewicht

Beispiel Gemüse

Es werden 4,25 kg Karotten gekauft. Wie viele Portionen sind das?

Bruttogewicht (Einkaufsgewicht):	100 %	4,25 kg
Putzverlust und Abschnitte:	20 %	0,85 kg
Nettogewicht:	**80 %**	**3,40 kg**

(4,25 kg : 100 x 20 = 0,85 kg 4,25 kg : 100 x 80 = 3,40 kg)

Eine À-la-carte-Portion entspricht etwa 0,17 kg (siehe S. 82): $\frac{3{,}40\ \text{kg}}{0{,}17\ \text{kg}} = \underline{20}$

Aus 4,25 kg Karotten können **20 Portionen** hergestellt werden.

Rechnen Sie die Portionszahl für 6 kg Karotten aus:

5.2 Vom Nettogewicht zum Einkaufsgewicht

Für 20 Portionen sind wie viel Kilogramm Karotten zu kaufen, wenn eine Portion ca. 0,17 kg haben soll?

Nettogewicht (Einkaufsgewicht):	3,40 kg	80 %
Putzverlust und Abschnitte:	0,85 kg	20 %
Einkaufsgewicht:	**4,25 kg**	**100 %**

(3,40 kg : 80 x 100 = 4,25 kg)

5.3 Vom Einkaufspreis zum Portionspreis

Diese Berechnung wird auch **progressive (fortschreitende) Kalkulation** genannt. **Die retrograde (rückschreitende) Kalkulation** ermittelt hingegen, ausgehend vom Verkaufspreis, den Wareneinsatz.

Ein Kilogramm Karotten kostet im Einkauf € 0,50, somit kosten 4,25 kg Karotten € 2,125. Wie viel kostet eine Portion Karotten?

Einkaufspreis:	4,25 kg x € 0,50	€	2,125
Ergeben 20 Portionen (siehe S. 83)			
1 Portion (€ 2,125 : 20 Portionen)		**€**	**0,11**

Eine Portion Karotten kostet **€ 0,11 (11 Cent).**

Die Verkaufskalkulation wird im Gegenstand **Rechnungswesen** noch ausführlicher behandelt.

5.4 Rezept- und Menüberechnungen

Nachdem Sie sich mit den Grundlagen zur Rezeptkalkulation wie Verbrauchstabellen, Gewichtstabellen und Portionsgewichten vertraut gemacht haben, können die praxisorientierten Rezeptberechnungen erfolgen.

Bei der Zubereitung der Gerichte werden alle Zutaten und Mengen in eine **Rezeptdatei** eingetragen. Dadurch erfolgt eine realistische Warenberechnung je nach Anzahl der Portionen. Bei der Berechnung von À-la-carte-Gerichten werden zusätzlich 5 % Warenkosten dazugerechnet, weil man davon ausgehen kann, dass man nicht alle vorbereiteten Speisen verkauft. Bei Bankett- bzw. Cateringmenüs ist es nicht üblich, da die Anzahl der zu servierenden Portionen bekannt sein soll bzw. eine Pauschale vereinbart wird.

Die Berechnung der Warenkosten finden Sie unter www.trauner.at, Verlag, Schulbuch, Service.

Bei der **Menükalkulation** werden die einzelnen Rezeptberechnungen zusammengefasst und addiert.

Preisgestaltung für Speisen

Die Komponenten für eine praxisorientierte Preisberechnung	
Warenkosten	eines Gerichtes oder Menüs werden anhand der Rezeptkalkulation errechnet. Ausgangspunkt zur Berechnung des Verkaufspreises sind die Warenkosten ohne Umsatzsteuer. Die Warenkosten zum Nettoverkaufspreis betragen in der Regel, je nach Restaurant, zwischen 25 % und 35 %.
Gemeinkostenzuschlag	oder Betriebskosten sind alle indirekten Kosten, die in einem Betrieb anfallen. Für die Berechnung werden alle Kosten eines durchschnittlichen Monats, die durch die Führung eines Betriebes entstehen, erfasst. Sie machen je nach Aufwand, ausgehend von den Warenkosten, zwischen 160 % für einen einfachen Betrieb und 300 % für ein gehobenes Restaurant aus.
Selbstkosten	ergeben sich durch die Addition von Warenkosten und Gemeinkostenzuschlag.
Gewinnzuschlag	oder Unternehmerrisiko; er wird von der Geschäftsführung bestimmt. Der prozentuelle Aufschlag bewegt sich zwischen 5 % und 8 % der Selbstkosten. Der Gewinnzuschlag kann auch im Gemeinkostenzuschlag enthalten sein.
Grundpreis	ist die Addition von Selbstkosten und Gewinnzuschlag.
Bedienungszuschlag	oder Tronc wird im Kollektivvertrag der Servicemitarbeiter/-innen festgehalten und liegt je nach Festlegung und Umsatz bei 10,5 % oder 12,5 % oder 15 %, berechnet vom Nettoverkaufspreis. Falls für die Servicemitarbeiter/-innen ein Fixlohn ausgehandelt wird, entfällt der Bedienungszuschlag, dadurch erhöht sich der Gemeinkostenzuschlag.
Nettoverkaufspreis	ist der Grundpreis plus eventueller Bedienungszuschlag.
Verkaufspreis oder Kartenpreis	ist der Nettoverkaufspreis zuzüglich Umsatzsteuer.

Die Preiskalkulation ist eine sensible Angelegenheit

Ermittlung des Verkaufspreises

	Warenkosten (= direkte Kosten)	Mengenberechnung, Rezeptkalkulation
+	**Gemeinkostenzuschlag** (oder Betriebskosten = indirekte Kosten)	Erfassung aller Kosten, die durch die Führung eines Betriebes entstehen – wie Personalkosten, Sozialleistungen, Energiekosten, Anschaffungen, Versicherungen, Zinsen, Mieten, Wäsche etc.
	Selbstkosten	
+	**Gewinnzuschlag** (Wagnis)	Unternehmerrisiko – (Managementkosten) – Wagnis. Prozentueller Aufschlag von den Selbstkosten
	Grundpreis	
+	**Bedienungszuschlag**	10,5, 12,5 oder 15 % – laut Kollektivvertrag
	Nettoverkaufspreis oder umsatzsteuerpflichtiger Betrag	
+	**Umsatzsteuer** (= 10 % für Speisen)	
	Verkaufspreis oder Bruttopreis oder Inklusivpreis oder Kartenpreis	

Bis die Preise ermittelt sind, wird viel Zeit benötigt

Musterbeispiel

Warenkosten (ohne Umsatzsteuer)	100 %	=	6,68
Gemeinkostenzuschlag	250 %	=	16,70
Selbstkosten		=	23,38
Gewinnzuschlag 6 % von den Selbstkosten		=	1,40
Grundpreis		=	24,78
Bedienungszuschlag 12,5 % vom Grundpreis		=	3,10
Nettoverkaufspreis		=	27,88
Umsatzsteuer 10 %		=	2,79
Verkaufspreis		=	30,67

Das Menü kostet in diesem Beispiel **€ 30,70** (aufgerundet).

Machen Sie einen Versuch

Für das Fischgericht – Lachsforellenfilet mit Beilagen – kosten laut Rezeptkalkulation die Waren inklusive Umsatzsteuer € 3,95.

Berechnen Sie den Verkaufspreis bei folgenden Angaben:	
Warenkosten	€ 3,95 inklusive Umsatzsteuer
Gemeinkostenzuschlag	220 %
Gewinnzuschlag	5 %
Bedienungszuschlag	10,5 %

Notizen zur Arbeitsaufgabe:

6 BKV-WIN-Programm – die computerunterstützte Küchenverwaltung

BKV steht für Betriebsküchenverwaltung.

Das BKV-WIN-Programm dient einer ökonomischen Planungsarbeit vom Wareneinkauf über die Zubereitung der Speisen bis zur Preisgestaltung. Die Vorteile liegen in der einfachen Umrechnung auf unterschiedliche Portionszahlen und im mühelosen Aktualisieren der Portionspreise.

6.1 Lagerartikelkartei

In der Lagerartikelkartei wird für jeden Artikel im Lebensmittellager eine Karteikarte angelegt.

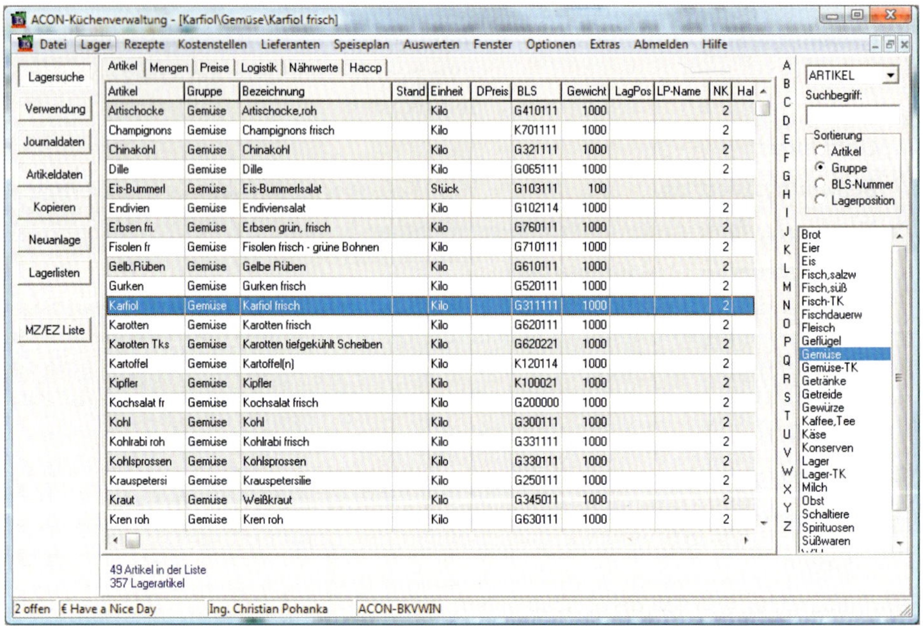

Die Karteikarte enthält folgende Informationen

- Zugänge, Abgänge und Stand des Artikels.
- Nährwerte und Inhaltsstoffe (z. B. BE: Broteinheiten).
- Gewichtseinheit und Preis jedes Zuganges.
- Lieferant.

6.2 Basisrezeptkartei

In dieser Kartei befinden sich Rezepte, die als Basisrezepte bezeichnet werden. Die Rezepte können jederzeit verändert werden bzw. es können neue Rezeptkarteien angelegt werden.

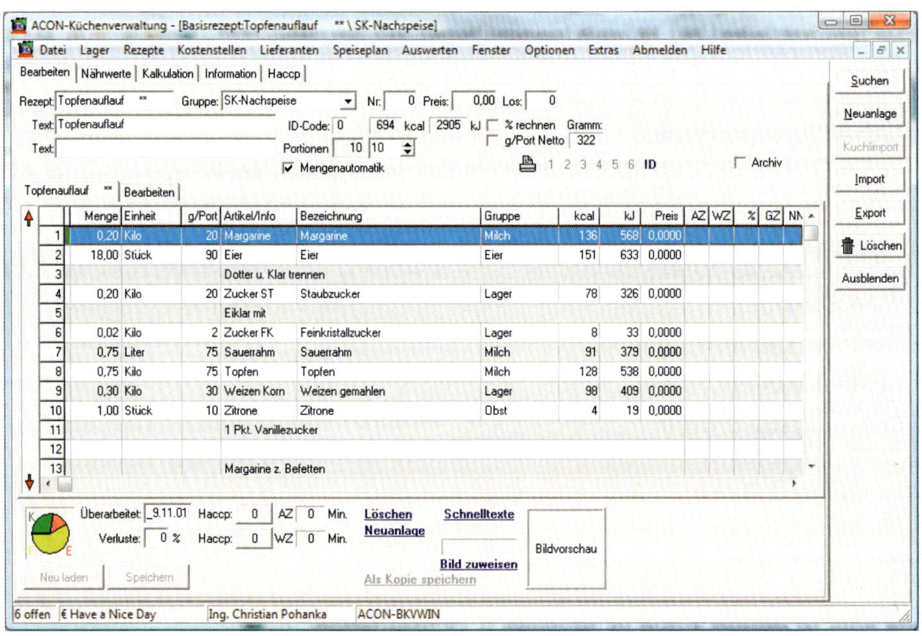

Die Rezeptkartei enthält folgende Informationen

- Portionszahl: kann je nach Bedürfnis geändert werden.
- Zubereitung des Gerichtes.
- Arbeitszeit bei der Herstellung des Gerichtes.
- Aktuellen Gesamteinkaufspreis und Kosten pro Portion.
- Grafische Darstellung der Nährwerttabelle.

6.3 Kostenstellen

In den Kostenstellen kann der Tagesspeisenplan oder können die Menüs erstellt werden. Grundlage der Berechnung des Speisenplanes sind die Basisrezepte. Sie können verändert und an die gewünschte Portionszahl angepasst werden. Daraus kann die Bedarfsliste für die Ökonomatsbestellung (siehe unten) erstellt und die Wareneinsatzberechnung durchgeführt werden.

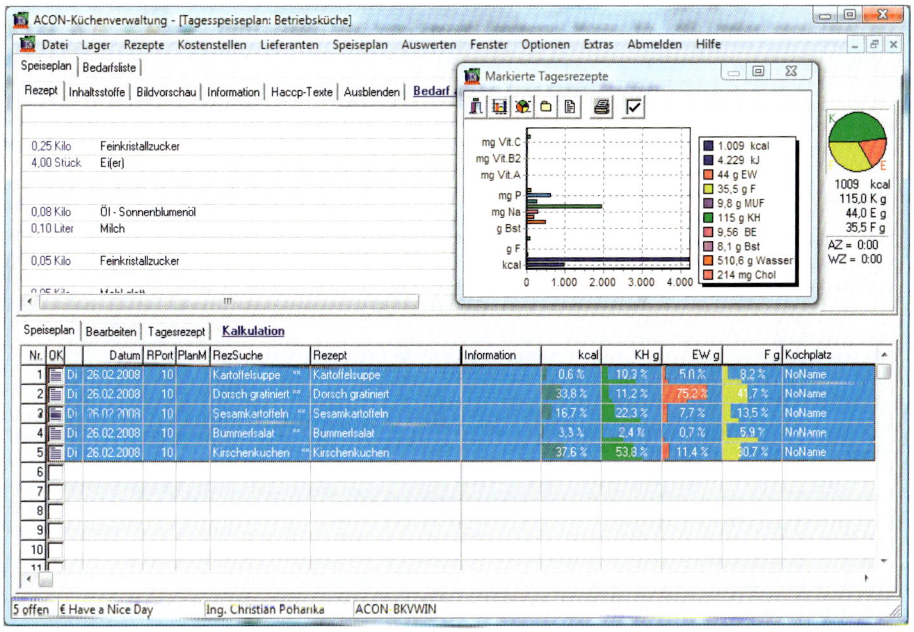

6.4 Bedarfsliste

Auf der Bedarfsliste stehen alle benötigten Lebensmittel und Getränke. Anhand der Bedarfsliste und der Kontrolle im Lager wird die **Ökonomatsbestellung** durchgeführt:

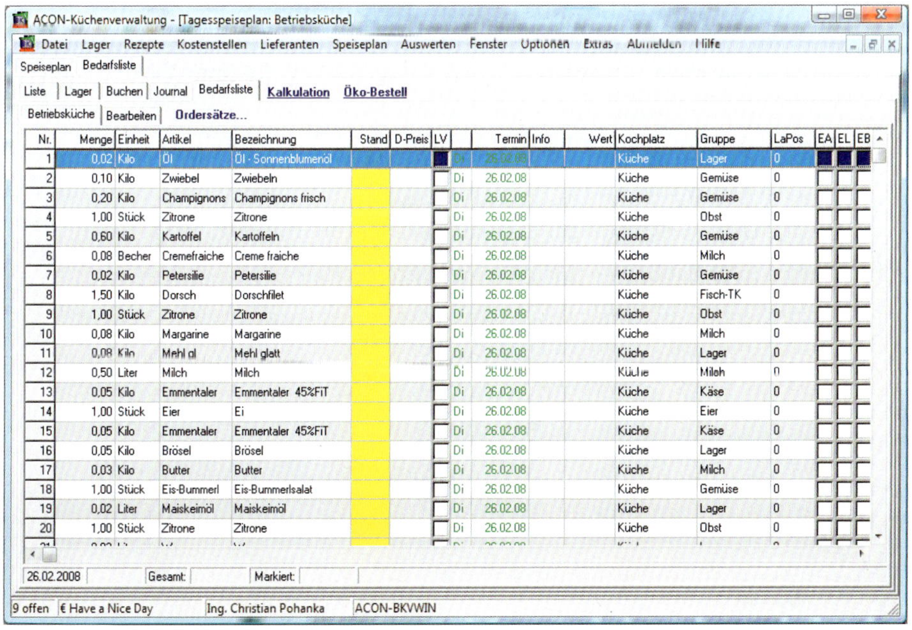

In der Bedarfsliste können die Artikel alphabetisch geordnet bzw. abgeändert werden.

6.5 Wareneinsatz

Auf Basis der Kostenstellen wird die Wareneinsatzberechnung durchgeführt:

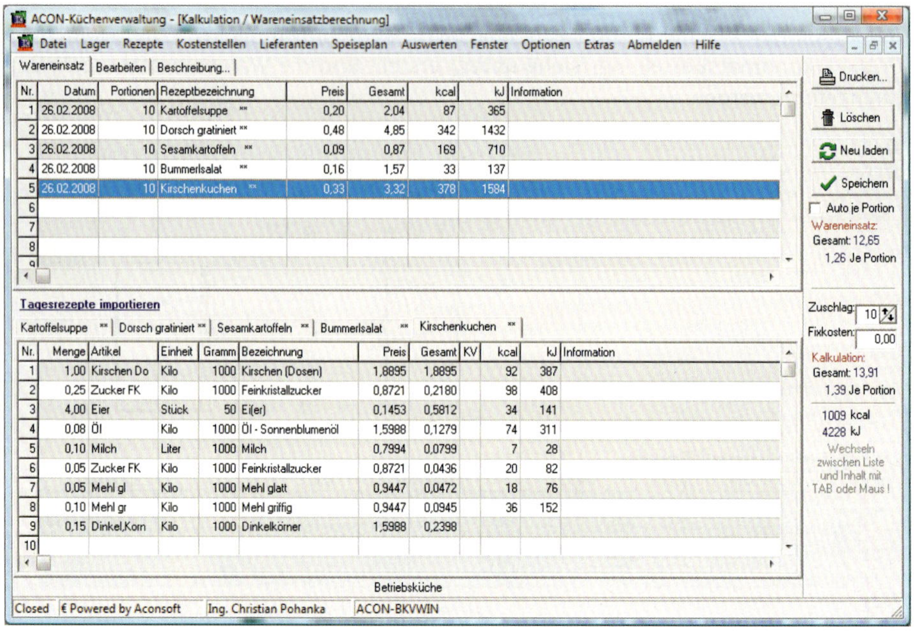

Nr.	Datum	Portionen	Rezeptbezeichnung	Preis	Gesamt	kcal	kJ	Information
1	26.02.2008	10	Kartoffelsuppe **	0,20	2,04	87	365	
2	26.02.2008	10	Dorsch gratiniert **	0,48	4,85	342	1432	
3	26.02.2008	10	Sesamkartoffeln **	0,09	0,87	169	710	
4	26.02.2008	10	Bummerlsalat **	0,16	1,57	33	137	
5	26.02.2008	10	Kirschenkuchen **	0,33	3,32	378	1584	
6								
7								
8								

Nr.	Menge	Artikel	Einheit	Gramm	Bezeichnung	Preis	Gesamt	KV	kcal	kJ	Information
1	1,00	Kirschen Do	Kilo	1000	Kirschen (Dosen)	1,8895	1,8895		92	387	
2	0,25	Zucker FK	Kilo	1000	Feinkristallzucker	0,8721	0,2180		98	408	
3	4,00	Eier	Stück	50	Ei(er)	0,1453	0,5812		34	141	
4	0,08	Öl	Kilo	1000	Öl - Sonnenblumenöl	1,5988	0,1279		74	311	
5	0,10	Milch	Liter	1000	Milch	0,7994	0,0799		7	28	
6	0,05	Zucker FK	Kilo	1000	Feinkristallzucker	0,8721	0,0436		20	82	
7	0,05	Mehl gl	Kilo	1000	Mehl glatt	0,9447	0,0472		18	76	
8	0,10	Mehl gr	Kilo	1000	Mehl griffig	0,9447	0,0945		36	152	
9	0,15	Dinkel,Korn	Kilo	1000	Dinkelkörner	1,5988	0,2398				
10											

Notizen zu den Arbeitsaufgaben:

Arbeitsaufgaben

1. Nennen Sie die Voraussetzungen für den wirtschaftlichen Einkauf.
2. Was muss bei der Warenübernahme beachtet werden?
3. Beschreiben Sie den zeitgemäßen Menüaufbau.
4. Wie lauten die Grundsätze einer Menüzusammenstellung?
5. Erstellen Sie ein vegetarisches Menü mit drei Gängen. Worauf müssen Sie bei dieser Menüart besonders achten?
6. Rechnen Sie in dag und g um: 2,25 kg, 1/4kg, 0,04 kg. Rechnen Sie in cl und Viertel um: 4,25 l.
7. Wie viel Gramm sind 1/8 kg, 0,02 kg und 0,125 kg?
8. Wie viel Viertel sind 3,5 l?
9. Welche Daten werden in der Lagerartikelkartei von BKV-WIN festgehalten?
10. Welche Informationen enthält die Basisrezeptkartei?
11. Wozu dient die Bedarfsliste?

Lebensmittelverarbeitung

In diesem Kapitel erhalten Sie Informationen über grundlegende Techniken der Vor- und Zubereitung von Gemüse, Obst, Fisch, Geflügel und Fleisch. Sie lernen verschiedene Garmachungsarten kennen und erfahren Wesentliches über kochtechnische Hilfsmittel.

Ein wichtiger Aspekt bei der Lebensmittelverarbeitung ist die Wirtschaftlichkeit. Gerade die Vorbereitung spielt dabei eine entscheidende Rolle, da die Qualität der Rohware bewahrt werden muss und keine unnötigen Putzverluste – etwa bei Gemüse – entstehen sollen. Deshalb sind ein sorgfältiger Umgang mit den Waren und Kenntnisse über die richtige Vorbereitung und Verarbeitung unerlässlich.

Ein Verkaufserfolg ist garantiert, wenn Sie qualitativ und optisch ein optimales Resultat erzielen – und mit den richtigen Techniken bereitet Ihnen die Herstellung von schmackhaften Speisen auch Freude.

Unsere Ziele

Nach Bearbeitung dieses Kapitels werden Sie

- Lebensmittel richtig vorbereiten können;
- die klassischen und weitere Garmethoden kennen und die Garstufen unterscheiden können;
- wissen, wie man Speisen fachgerecht warmhält, anrichtet und garniert;
- Arten der Konservierung von Lebensmitteln kennen.

! Oberster Grundsatz: Nichts darf verderben und nichts Verdorbenes darf verarbeitet werden! Ein kleiner Geldverlust ist besser als ein nicht wiedergutzumachender Vertrauensverlust oder gar Krankheit der Gäste!

1 Saisonkalender für heimisches Gemüse und Obst

Gemüse	Jänner	Feber	März	April	Mai	Juni	Juli	August	Sept.	Okt.	Nov.	Dez.
Blattsalate	kein	kein	kein	groß	groß	groß	groß	groß	groß	gering	gering	gering
Blaukraut	groß	groß	groß	gering	gering	gering	groß	groß	groß	groß	groß	groß
Brokkoli	gering	gering	gering	gering	gering	gering	gering	groß	groß	groß	gering	gering
Chicorée	gering	gering	groß	groß	groß	kein	kein	kein	gering	groß	groß	groß
Chinakohl	gering	gering	gering	gering	gering	gering	groß	groß	groß	groß	groß	gering
Eissalat	gering	gering	gering	gering	groß	groß	groß	groß	groß	groß	gering	gering
Endiviensalat	groß	groß	groß	gering	gering	gering	gering	gering	groß	groß	groß	gering
Erbsen	kein	kein	kein	gering	gering	gering	groß	groß	groß	gering	gering	gering
Erdäpfel	groß	groß	gering	gering	gering	gering	gering	gering	groß	groß	groß	groß
Fenchelknollen	gering	gering	gering	gering	kein	kein	kein	kein	kein	gering	gering	groß
Fisolen	kein	kein	kein	gering	gering	gering	groß	groß	groß	gering	gering	gering
Gurken	gering	gering	gering	gering	gering	groß	groß	groß	groß	groß	gering	gering
Häuptelsalat	gering	gering	gering	gering	groß	groß	groß	groß	groß	gering	gering	gering
Karfiol	gering	gering	gering	gering	gering	groß	groß	groß	gering	groß	groß	gering
Karotten	groß	groß	groß	groß	gering	gering	gering	groß	groß	groß	groß	gering
Knoblauch	gering	gering	gering	gering	gering	gering	gering	gering	groß	groß	gering	gering
Kohl	groß	groß	groß	gering	gering	gering	groß	groß	groß	groß	groß	gering
Kohlrabi	kein	gering	gering	groß	groß	groß	groß	groß	groß	groß	groß	groß
Kohlsprossen	groß	gering	gering	kein	kein	kein	kein	kein	kein	groß	groß	gering
Kren	groß	groß	gering	gering	gering	gering	gering	gering	gering	gering	groß	groß
Kürbis	kein	kein	kein	kein	kein	kein	gering	groß	groß	groß	gering	gering
Mangold	gering	gering	groß	groß	groß	kein	kein	kein	groß	gering	gering	gering
Melanzani	gering	gering	gering	gering	groß	groß	groß	groß	gering	gering	kein	kein
Melonen	gering	gering	gering	gering	gering	groß	groß	groß	groß	groß	gering	gering
Paprikaschoten	gering	gering	gering	gering	gering	gering	gering	groß	groß	groß	gering	gering
Petersilie	groß	groß	gering	gering	gering	gering	gering	gering	groß	groß	groß	gering
Porree/Lauch	gering	gering	gering	gering	gering	gering	gering	groß	groß	groß	groß	groß
Radicchio	groß	groß	groß	gering	gering	gering	gering	groß	groß	groß	gering	groß
Radieschen, Rettich	gering	gering	gering	groß	groß	groß	groß	groß	groß	gering	gering	gering
Rhabarber	groß	gering	gering	groß	groß	kein	kein	kein	kein	kein	kein	kein
Rote Rüben	gering	gering	gering	kein	kein	kein	kein	kein	gering	gering	gering	gering
Schwarzwurzeln	gering	gering	gering	kein	kein	kein	kein	kein	kein	gering	groß	groß
Sellerieknollen	groß	groß	gering	gering	gering	gering	gering	gering	groß	groß	groß	groß
Spargel	groß	gering	gering	groß	groß	groß	gering	groß	groß	groß	groß	groß
Spinat	gering	gering	groß	groß	groß	gering	gering	gering	groß	groß	gering	gering
Spitzkraut	kein	kein	kein	groß	groß	groß	kein	kein	kein	kein	kein	kein
Staudensellerie	gering	gering	gering	gering	gering	gering	gering	gering	gering	gering	gering	gering
Tomaten	gering	gering	gering	gering	gering	groß	groß	groß	groß	groß	gering	gering
Vogerlsalat	gering	gering	gering	kein	kein	kein	kein	kein	gering	groß	groß	gering
Weißkraut	groß	groß	groß	gering	gering	gering	gering	groß	groß	groß	groß	groß
Zucchini	gering	gering	gering	gering	gering	gering	groß	groß	groß	groß	gering	gering
Zuckermais	kein	kein	kein	kein	kein	gering	gering	groß	groß	groß	groß	gering
Zwiebeln	groß	groß	groß	gering	gering	gering	gering	gering	groß	groß	groß	groß
Obst												
Äpfel (Lager)	gering	gering	gering	gering	gering	gering	gering	gering	groß	groß	groß	gering
Birnen	kein	kein	kein	kein	kein	kein	kein	groß	groß	groß	kein	kein
Brombeeren	kein	kein	kein	kein	kein	kein	gering	groß	groß	gering	kein	kein
Erdbeeren	kein	kein	kein	kein	groß	groß	groß	gering	kein	kein	kein	kein
Himbeeren	kein	kein	kein	kein	kein	kein	gering	gering	groß	gering	kein	kein
Holunderbeeren	kein	kein	kein	kein	kein	kein	kein	kein	gering	groß	gering	kein
Kirschen	kein	kein	kein	kein	gering	groß	groß	gering	kein	kein	kein	kein
Marillen	kein	kein	kein	kein	kein	groß	groß	groß	kein	kein	kein	kein
Pfirsiche/Nektarinen	kein	kein	kein	kein	gering	groß	groß	groß	gering	kein	kein	kein
Preiselbeeren	kein	kein	kein	kein	kein	gering	gering	groß	gering	kein	kein	kein
Quitten	kein	kein	kein	kein	kein	kein	kein	gering	gering	gering	gering	kein
Ribiseln	kein	kein	kein	kein	kein	gering	groß	groß	gering	gering	gering	kein
Stachelbeeren	kein	kein	kein	kein	kein	gering	gering	gering	kein	kein	kein	kein
Weintrauben	kein	kein	kein	kein	kein	gering	groß	groß	groß	groß	kein	kein
Zwetschken	kein	kein	kein	kein	kein	gering	groß	groß	groß	gering	kein	kein

kein Angebot — geringes Angebot — großes Angebot

2 Vorbereiten von Lebensmitteln

Bevor Lebensmittel zubereitet, verarbeitet bzw. gegart werden können, müssen sie gesäubert, gewaschen, geschnitten – eben vorbereitet – werden.

2.1 Allgemeine Vorbereitungsarbeiten

Waschen

Lebensmittel sind vor der Be- und Verarbeitung möglichst unzerkleinert unter kaltem, fließendem Wasser abzuspülen, damit sie von Keimen und Schmutz befreit werden.

Waschen

Wässern

Durch Wässern werden unerwünschte Stoffe, die den Geschmack beeinträchtigen, ausgelaugt, oder eine unerwünschte Braunfärbung wird verhindert. Durch zu langes Wässern werden aber auch wasserlösliche Vitamine ausgelaugt. Gewässert werden z. B.

- **Endiviensalat und Nieren,** um die Bitterstoffe zu entziehen,
- **Salzheringe und Pökelfleisch,** um Salz zu entziehen,
- **Karfiol** (in lauwarmem Wasser), um Ungeziefer zu vertreiben,
- **geschälte Kartoffeln, Sellerie und Äpfel,** damit sie nicht braun werden.

! Erdiges Gemüse und Kartoffeln an einem eigenen Vorbereitungsplatz mit einer Gemüsebürste reinigen.

Einweichen

Eingeweicht werden getrocknete Lebensmittel, das Einweichwasser soll zum Kochen weiterverwendet werden. Eingeweicht werden z. B. Hülsenfrüchte (in drei- bis vierfacher Wassermenge), Trockengemüse und Trockenobst.

Putzen

Unter Putzen versteht man, dass Lebensmittel ausgeschnitten bzw. nicht verwendbare Teile abgeschnitten werden, wie z. B. faule und braune Stellen bei Obst, Gemüse und Salat, das Kerngehäuse von Obst, der Stängelansatz von Tomaten, die Wurzelenden und Grünes von Gemüse etc.

2.2 Schneidetechniken

Zwiebel

Zubereitung	Eignung	Schnittform, Ergebnis
■ Zwiebel schälen. ■ Beide Zwiebelenden knapp abschneiden. ■ Zwiebel durch die Wurzel halbieren. ■ In dünne, feine Streifen schneiden.	■ Für Salatmischungen ■ Zur Garnierung von Vorspeisen ■ Zur Zubereitung von Suppen, Saucen ■ Zum Ansetzen von Ragouts und Braten	**Streifen** 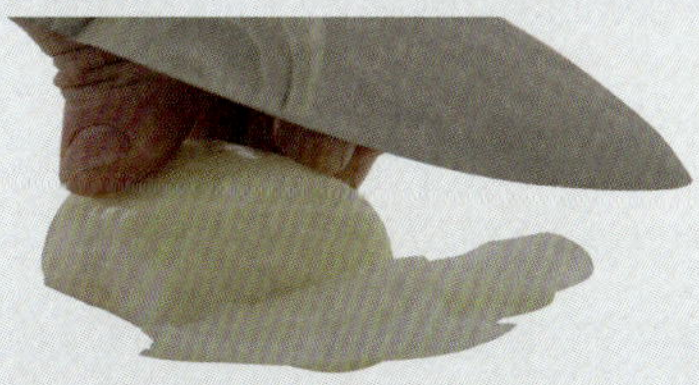
■ Geschälte Zwiebel durch die Wurzel halbieren. ■ Senkrecht so fein wie möglich bis zum Wurzelende einschneiden, ohne dieses durchzuschneiden. ■ Zwei bis drei waagrechte Einschnitte machen . ■ Anschließend senkrecht quer zum Wurzelende feine Würfel schneiden.	■ Für Salate und Vorspeisen ■ Zum Ansetzen von Suppen und Saucen ■ Für Fleisch- und Fischgerichte ■ Zur Verfeinerung von Kartoffel-, Getreide- und Pastagerichten	**Feine Würfel** 

■ Geschälte Zwiebel fest mit den Fingern halten und in dünne Scheiben schneiden. ■ Zwiebelenden entfernen, aus den Scheiben Ringe herauslösen. ■ Den mittleren Teil der Scheiben für feine Würfel verwenden.	■ Zur Garnierung von Salaten, Vorspeisen und kalten Fischgerichten ■ Warm: Paniert oder im Backteig gebacken	**Ringe** 

Gemüse

Gemüseart und Zubereitung	Eignung	Schnittform, Ergebnis
Wurzelgemüse und Paprika ■ Der Länge nach in 3–4 mm dünne Scheiben schneiden oder hobeln. ■ Die Scheiben in feine Stäbchen schneiden und anschließend in Würfel.	■ Für Suppen und Saucen ■ Für Fleisch- und Fischgerichte ■ Zur Verfeinerung von Ragouts ■ Für Pasta- und Reisgerichte	**Brunoise, feinwürfelig** 
Karotten, Sellerie, Lauch, Gelbe Rüben und Petersilienwurzeln ■ Der Länge nach in feine Scheiben schneiden oder hobeln. ■ Danach in 4–5 cm lange feine Streifen schneiden.	■ Für Rohkostsalate und Salatmarinaden ■ Als Einlage für klare Suppen ■ Für Saucen ■ Zur Garnierung von Fisch, Schnitzeln, Wurzelfleisch, Geschnetzeltem und Rostbraten	**Julienne, feine Streifen** 
Wurzelgemüse, Kartoffeln und Zwiebeln ■ Der Länge nach in ca. 1 cm dicke Stäbe zerteilen und in dünne Blätter schneiden.	■ Für Gemüsesuppen ■ Für helle und dunkle Fleischsaucen ■ Zur Verfeinerung von Ragouts und Wildgerichten	**Paysanne, feinblättrig** 
Karotten, Rüben, Sellerie, Kohlrabi und Kartoffeln ■ Der Länge nach in 5 mm dicke und ca. 5 cm lange Stäbchen ■ oder in 1 cm dicke und ca. 5 cm lange Stäbchen schneiden (für Kartoffeln).	■ Blanchiert für Gemüsesalate und Gemüsegerichte ■ Als Garnitur bei Fleisch- und Wildragouts ■ Glaciert als Beilage	**Bâtonnets, Stäbchen** 
Wurzelgemüse, Zwiebeln und Kartoffeln ■ In 1 cm große Würfel schneiden.	■ Gedämpftes oder glaciertes Mischgemüse als Beilage ■ Als Einlage oder Garnitur für Ragouts und Eintöpfe	**Jardinière, würfelig** 
Wurzelgemüse, Pilze, Kartoffeln, Kohl- und Blattgemüse ■ In 1 cm dicke Stäbe und anschließend grobblättrig schneiden.	■ Zum Ansetzen von Fischfonds und Saucen ■ Zu Fischgerichten ■ Als Garnierung zu Siedefleisch ■ Als Beilagengemüse	**Scheiben, blättrig** 
Rote Rüben, Sellerie, Kohlrabi, Kartoffeln ■ In 5 cm lange Spalten schneiden und halbmondförmig tournieren.	■ Blanchiert und glaciert als Beilage ■ Als Garnierung für Fisch- und Fleischgerichte	**Spalten oder halbmondförmig** 

Wurzelgemüse und Kartoffeln ■ In 5 cm lange Spalten oder Stäbe schneiden. ■ Mit Tourniermesser formen bzw. tournieren.	■ Als Beilage zu kurz gebratenen oder pochierten Fisch- und Fleischgerichten	**Tournieren, formen** 
Karotten, Rüben, Sellerie, Kartoffeln, Kohlrabi, Gurken und Melonen ■ Mit Parisiennemesser ausstechen bzw. formen.	■ Als Beilage und Garnierung für feine Gerichte von Meeresfrüchten, Fisch und kurz gebratenes Fleisch vom Lungenbraten ■ Als Garnitur für kaltes Buffet und Cocktails	**Parisienne, runde Formen ausstechen** 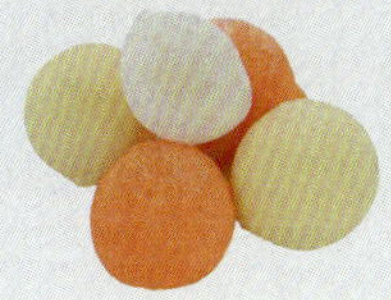

Weitere Schneidetechniken

Raspeln und hobeln
Zerkleinern oder blättrig raspeln.
- Rohes Wurzel- und Grüngemüse
- Rohes Stein- und Kernobst

Mahlen
Mit der Mühle mahlen.
- Kaffee
- Mohn
- Nüsse
- Getreide

Reiben
Mit der Reibe feinst zerkleinern.
- Kren
- Nüsse
- Schokolade

Hacken
Mit dem Hackmesser feinst zerkleinern.
- Kräuter
- Blanchiertes Blattgemüse
- Kerne und Nüsse

2.3 Vorbereiten von Gemüse

Artischocke

- **Den Stiel abbrechen oder abschneiden:**
  Die Artischocke beim Abbrechen gut festhalten und den Stiel so lange umbiegen, bis er vom Stielansatz abbricht. Beim Abbrechen werden die zähen Stielfasern aus dem Blütenboden mit herausgezogen. Der Stiel kann auch abgeschnitten werden.
- **Die äußeren Blätter entfernen:**
  Jedes Blatt nach unten biegen, damit der zähe, äußere Teil des Blattes abbricht. Dies bis zu den zarten, inneren Blättern fortführen, die man an ihrer gelblich grünen Farbe erkennt.
- Zirka ein Viertel der Artischockenspitze abschneiden – äußere Blätter entfernen – die Spitzen der verbliebenen Blätter mit einer Schere stutzen.
- Das Heu mit einer Gabel, den Rest mit einem Teelöffel entfernen.
- Den Boden knapp glatt abschneiden und sofort mit Zitrone einreiben. Die Schnittflächen werden sonst braun.
- Bei größeren Artischocken eine Zitronenscheibe am Boden festbinden.

Vorbereiten von Artischocken

Aufgeschnittene Avocado

Mit einem Schuss Essig im Waschwasser vertreibt man Ungeziefer, leicht welke Blätter werden in Eiswasser wieder knackiger.

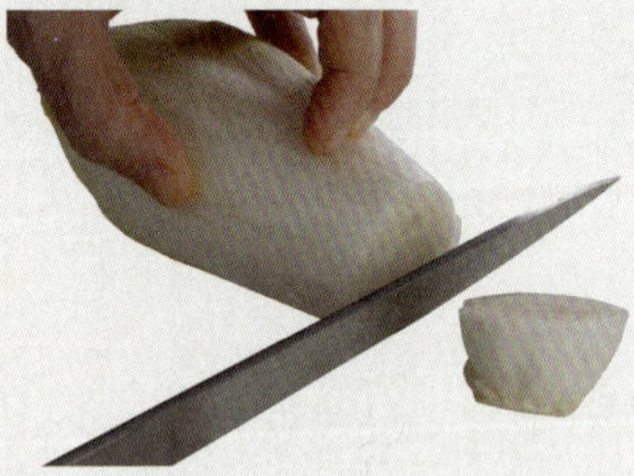

Vorbereiten von Chicorée

Artischockenböden

- **Spitze abschneiden:** Etwa ein Drittel der Artischocke abschneiden. Um eine Verfärbung zu vermeiden, die Artischocke anschließend in gesäuertes Wasser tauchen.
- **Boden schälen:** Mit einem kleinen, scharfen Gemüsemesser das zähe, dunkelgrüne Äußere des Artischockenbodens spiralförmig abschälen, dabei am Stielansatz beginnen. Die Schnittfläche mit Zitronensaft oder gesäuertem Wasser befeuchten.
- **Spitze putzen:** Alle verbliebenen dunkelgrünen Teile vom oberen Teil der Artischocke abschneiden, um die dicht stehenden inneren Blätter, die das „Artischockenheu" umhüllen, freizulegen. Diese Blätter abbiegen, bis die ganze Blütenanlage sichtbar ist.
- **Das Heu mit einem Teelöffel bzw. einer Gabel herausheben.** Den Boden mit Zitronensaft abreiben oder in gesäuertes Wasser legen. Wird der Artischockenboden blanchiert, wird das Heu erst nach dem Kochen herausgehoben.

Avocado

Da Avocados meist unreif, hart und bitter angeboten werden, müssen sie in Zeitungspapier eingewickelt bei Zimmertemperatur mehrere Tage **nachreifen.** Man kann auch Äpfel dazulegen, damit sie schneller reifen. Vollreife Avocados fühlen sich weich an und geben auf Fingerdruck nach.

- Die Frucht der Länge nach rund um den Kern aufschneiden.
- Die Hälften gegeneinanderdrehen und den Kern auslösen.
- Sofort mit Zitronen- oder Limettensaft beträufeln.
- Kern wieder zum Fruchtfleisch geben.
- Halbiert, gewürfelt oder mit der Gabel zerdrückt weiterverwenden (für Vorspeisen, Salate, Suppen etc.).

Blattsalate

- Welke Blätter entfernen – einzelne Blätter ablösen – in kaltem Wasser kurz waschen – Blätter gut abtropfen lassen oder in der Salatschleuder schleudern. Der Salat soll zum Marinieren trocken sein.
- Blätter kurz vor dem Marinieren und Anrichten in mundgerechte Stücke zerteilen und evtl. grobe Blattrippen entfernen.

Brokkoli (Spargelkohl)

- Außenblätter entfernen.
- Lange Stiele mit den Blütenknospen vom dicken Strunk abschneiden.
- Stiele kürzen (grobe Stiele evtl. schälen) – waschen.
- Strunk und Stiele für Suppen verwenden.

Chicorée (Brüsseler Spitzen)

Der konische feste Kern, der von den innersten Blättern gebildet wird, ist bitterer als die übrigen Blätter.

- 2–3 cm von Wurzelansatz entfernt abschneiden.

Eierfrüchte (Auberginen, Melanzani)

- **Backen und Braten:** In 1 cm dicke Längs- oder Querstücke schneiden. Vor dem Braten die Scheiben salzen oder mit Zitronensaft beträufeln. Danach abtupfen und ausdrücken, damit die Bitterstoffe entfernt werden. Die Eierfrüchte nehmen derart behandelt auch nicht so viel Fett auf.
- **Füllen:** Junge Früchte nicht schälen – der Länge nach halbieren – Schnittfläche einschneiden – in wenig Fett in heißer Pfanne braten. Fruchtfleisch mit Löffel entfernen – mit der Fülle mischen. Die ausgehöhlte Frucht füllen.
- **Dünsten:** Frucht in 2 cm große Würfel schneiden.

Fenchel

- Stiele enfernen – Fenchel halbieren oder vierteln.
- Strunk entfernen. Fenchelgrün zum Würzen oder für Dekoration verwenden.

Fisolen (grüne Bohnen)

Enden abzwicken und Fäden abziehen.

Hülsenfrüchte

- Hülsenfrüchte verlesen, waschen.
- In der drei- bis vierfachen Menge Wasser einweichen.
- Mit Speckschwarten, Schinkenknochen, gespickter Zwiebel, Bouquet garni, Knoblauch und Gewürzsäckchen im Einweichwasser kalt ansetzen und weich kochen – aufsteigenden Eiweißschaum entfernen. Erst nach dem Weichkochen salzen und säuern, da Salz und Säure die Garzeit verlängern.
- Braune Linsen in Wasser quellen lassen, gelbe und rote Linsen nur zehn Minuten mitgaren (ohne quellen).

Ingwer

Er zählt zu den Wurzelgewürzen. Der Ingwer wird frisch in Kombination mit Früchten verwendet, z. B. für Kompotte, Marmeladen, Gelees, Chutneys oder Kuchen, aber auch für Reis- und Geflügelgerichte. Der Ingwer kann auch zur Verstärkung von Knoblauchgeschmack verwendet werden.

- Die Wurzel dünn schälen, in Brunoise oder Julienne schneiden oder raffeln.

Karfiol (Blumenkohl)

- Grüne Außenblätter entfernen – braune Stellen dünn abschneiden.
- Wässern – in kleine Röschen zerteilen.

Karotten (Möhren)

- Karotten mit dem Messer schaben oder dünn schälen.

Kohl, Wirsingkohl, Weißkraut, Rotkraut

Für Salate und zum Dünsten

- Äußere Blätter entfernen, vierteln oder sechsteln und waschen.
- Strunk entfernen, schneiden oder vom ganzen Strunk ausschneiden.
- Kraut für warmen oder kalten Salat hobeln.

Zum Füllen

- In Salzwasser blanchieren und einzelne Blätter ablösen.

Kohlrabi

- Blätter entfernen, junge, zarte Blätter zur Weiterverarbeitung aufheben. Knolle mit Gemüsemesser vom Wurzelende beginnend schälen. Holzige Stellen ausschneiden.
- In Scheiben oder Stäbe schneiden.
- Zum Tournieren halbieren und in Schnitze teilen.
- Zum Füllen kleine Knollen verwenden, Wurzelende abflachen, mit Parisienneausstecher aushöhlen.

Kohlsprossen

- Waschen, putzen, Strunk je nach Größe einmal oder kreuzförmig einschneiden.

Kürbis

- Junge Kürbisse schälen, entkernen, schneiden.
- Größere Kürbisse halbieren, Kerne entfernen und Fruchtfleisch auslösen.

Mangold

- Mangold am Wurzelende abschneiden.
- Evtl. Stiele keilförmig herausschneiden – längs oder quer in Streifen schneiden.
- Stiele blanchieren und als Beilage verwenden. Blätter in Streifen geschnitten oder im Ganzen weiterverarbeiten.

Vorbereiten von Fenchel

Durch Zugabe von Natron kann die Garzeit von Hülsenfrüchten verkürzt werden.

Ingwer

Vorbereiten von Mangold

Okra

Reinigen von Champignons in der Großküche
Champignons werden in der Großküche mit Mehl vermischt, gut durchgerüttelt und kalt abgespült.

Grüner Spargel wird nicht geschält

Wenn die Spargelspitzen über den Kochtopf schauen, den Topf mit einem feuchten Tuch bedecken.

Okra

- **Im Ganzen kochen:** Die Spitze und den zähen Stielansatz entfernen. Dabei so wenig wie möglich abschneiden, damit die klebrige Flüssigkeit nicht aus dem Samengehäuse austritt; die Frucht verliert sonst beim Kochen die Form.
- **In Scheiben kochen:** Die austretende Flüssigkeit dient als Bindemittel, z. B. für Eintöpfe.

Paprika

- Paprika senkrecht halbieren, Stängel und Kerne entfernen.

Paprika enthäuten

- Halbierte oder ganze Schote unter dem Grill oder im heißen Backofen garen, bis die Haut Blasen wirft.
- Mit einem feuchten Tuch abdecken und auskühlen lassen.
- Haut mit den Fingern abziehen.

Petersilienwurzeln

Wegen des Aromas wird die Petersilienwurzel mit dem grünen Stängelansatz verwendet.

- Petersilienwurzel mit dem Messer gut abschaben.

Pilze

Frische Pilze (ausgenommen Champignons und Austernpilze) innerhalb von 24 Stunden verwenden. Die Pilze erst kurz vor der Verarbeitung putzen.

- Stielenden und braune Stellen entfernen (evtl. bei Champignons die Haut abziehen), gut abtropfen lassen oder mit Küchenkrepppapier trocken tupfen.
- Schneiden und sofort garen.

Porree (Lauch)

- Wurzelansatz abschneiden, Außenblätter entfernen, der Länge nach halbieren und gut abspülen.
- Dunkelgrüne Blätter nur für Suppengemüse verwenden.

Radicchio

- Strunk herausschneiden und Blätter ablösen.
- Die sehr bitteren Blattrippen entfernen.

Rote Rüben

- **Vorbereiten zum Kochen:** Blätter abbrechen (nicht schneiden), Wurzel nicht abschneiden, gut waschen. Mit der Schale kochen und noch heiß schälen.
- Roh verwenden: Waschen und mit dem Messer schälen.

Schwarzwurzeln

- Schwarzwurzeln unter fließendem Wasser bürsten, anschließend schälen und sofort in mit Zitronensaft gesäuertes Wasser legen.
- In 5–6 cm lange Stücke schneiden.

Sellerie

- Knollen mit dem Gemüsemesser schälen.
- Mit Zitronensaft einreiben, damit sie nicht braun werden.

Spargel (weiß oder grün)

- Weißen Spargel mit Spargelschäler schälen. Mit dem Schälen etwas unterhalb des Kopfes beginnen. Damit dabei die Stangen nicht abbrechen, auf einem umgedrehten Kasserollenboden flach auflegen.
- Mit den Fingern am Kopf halten und rundherum gegen das Ende zu schälen, dabei mit den Fingern den Spargel drehen. Auf Schalenreste prüfen.
- Spargel waschen. An den Enden gleichmäßig abschneiden. Bis zum Kochen in feuchte Tücher gehüllt kühl aufbewahren.
- Den Spargel gebündelt mit den Spitzen nach oben in gesalzenem, mit etwas Zitronensaft gesäuertem und mit einer Prise Zucker versetztem Wasser langsam kochen. **Spargelspitzen nicht mit Wasser bedecken!**

- Zum Abtropfen auf ein Tuch oder in ein Sieb legen.
- Gewaschene Spargelschalen und abgeschnittene Enden zum Ansetzen von Spargelsud verwenden.

Spinat

Spinat muss grün, möglichst frisch, frei von Erde und Unkrautbestandteilen sein. Alter, ausgewachsener Spinat ist zäh, grau und bitter.

- Spinat von den Stielen befreien – mit viel Wasser vorsichtig öfters waschen.
- Zum Blanchieren in kochendes Salzwasser geben – offen kochen – sofort mit reichlich kaltem Wasser abfrischen – auf einem Sieb abtropfen lassen.
- Ganz frischer, junger Spinat kann ohne Blanchieren in Butter gedünstet werden.

Stangensellerie

Stangensellerie (Bleich- oder Staudensellerie)

- Die Stängel mit den Blättern abschneiden. Die Selleriestange an der Basis von innen nach außen einschneiden und die Fäden abziehen.

Süßkartoffeln (Bataten)

- Süßkartoffeln mit der Gemüsebürste reinigen – vor oder nach dem Garen schälen.

Tomaten (Paradeiser)

- Waschen, Stängelansatz entfernen.
- **Abziehen, schälen:** Stängelknoten herausschneiden – auf der Gegenseite kreuzförmig kleine Einschnitte machen – mit Siebeinsatz oder Gitterlöffel wenige Sekunden in kochendes Wasser tauchen – sofort in kaltes Wasser legen – abziehen.

- **Tomates concassées:** Abgezogene Tomaten halbieren – Kerne herausdrücken – Tomaten in Würfel schneiden.

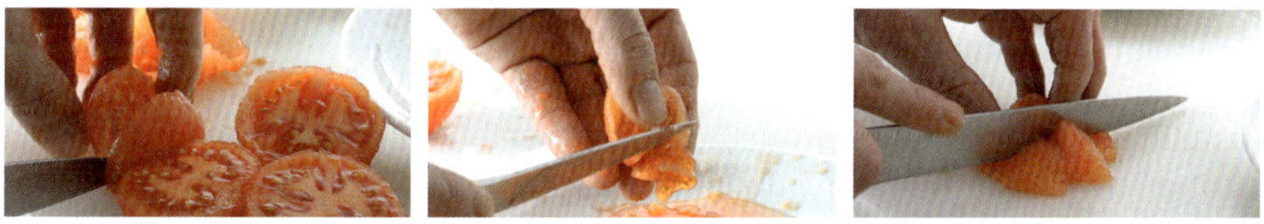

- **Braten:** Ungeschälte Tomaten halbieren.
- **Füllen:** Geschält oder ungeschält halbieren – aushöhlen.
- **Für Salate:** Geschält in Scheiben schneiden, vierteln oder sechsteln.

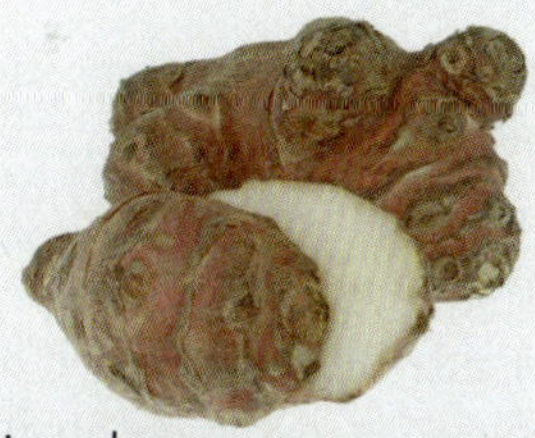

Topinambur

Topinambur

- Topinambur gründlich mit der Gemüsebürste reinigen.
- Vor oder nach dem Garen schälen.

Trüffeln

Trüffeln

- Unter fließendem Wasser kräftig abbürsten.
- Mit dem Sparschäler dünn schälen und sofort weiterverarbeiten.

Weiße Rüben

- Dünn schälen, tournieren oder in Stäbchen schneiden.

Zucchini (Zwergkürbisse)

- Junge Zucchini werden mit der Schale, ältere geschält und entkernt verarbeitet.

Zwiebel schälen

Zwiebeln

- Wurzelansatz und Spitze entfernen, schälen. Zwiebeln können auch eine Minute im kochenden Wasser oder im Dampf (Konvektomat) blanchiert werden, damit sich die Schale leicht löst.
- **Zum Füllen:** Kleine Zwiebeln schälen, blanchieren und aushöhlen.

2.4 Samen, Keime und Sprossen

Als Bestandteil für eine ausgewogene Ernährung, zur Geschmacksverbesserung und als Dekoration finden sie in der Fein-, Natur- und Ethnoküche Verwendung.

Samen

Samen, wie Sesam, Leinsamen, Sonnenblumenkerne, Pignoli, Kürbiskerne etc., werden im Ganzen verwendet, fein oder grob gehackt oder trocken geröstet.

Verwendung

Für pikante Rezepte	Für süße Rezepte
Rohkost, Salate, Brotaufstriche, Creme- und Püreesuppen etc.	Früchtecocktails, Dessertcremen, Mousses, Parfaits etc.

Kresse eignet sich gut für Garnierungen

Keime und Sprossen

Keime und Sprossen werden auch als **Keimgemüse** bezeichnet. Kresse, Alfalfa, grüne Sojabohnen, Weizen etc. müssen zur Verwendung als Rohkost quellen und keimen. So wird innerhalb kurzer Zeit (zwei bis sieben Tage) „Frischgemüse" herangezogen.

Die abgeschnittenen Keime und Sprossen werden mit dem Samenkorn (verdauungsfördernd) gewaschen und entsprechend dem Rezept verwendet.

Verwendung

Roh	Gegart
Für Salate, Müsli, Aufstriche, kalte Saucen, Garnierungen etc.	Als Fülle für Omeletten, für Suppen, Eintöpfe, Pfannen- und Wokgerichte etc.

Keimmethoden

(nur für größere Samenkörner geeignet)
Beispiel: 1 Tasse Mungobohnen (ergibt ca. 5 Tassen Sprossen)

Keimen im Glas		
1. Tag	■ Bohnen sehr gründlich waschen und in ein großes Einmachglas (1–1 ½ l) geben. ■ Mit lauwarmem Wasser auffüllen – bedecken – über Nacht (zwölf Stunden) quellen lassen.	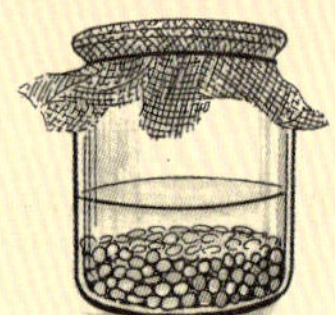
2. Tag	■ Morgens das Einweichwasser abgießen, die Mungobohnen gut mit lauwarmem Wasser spülen; hartgebliebene, nicht gequollene Kerne entfernen. ■ Ohne Wasser wieder ins Glas geben, mit einem luftdurchlässigen Stoff (Kunststoffgaze) oder Küchenrolle und einem Gummiring verschließen. ■ Das Glas mit der Öffnung nach unten leicht schräg aufstellen – das Wasser muss abtropfen und Sauerstoff eindringen können. ■ Abends lauwarmes Wasser dazugießen, ca. 15 min stehen lassen – aufsteigende Hülsen entfernen. ■ Das Glas wieder stürzen und bis zum nächsten Morgen stehen lassen.	
3.–5. Tag	■ Bohnen wie am 2. Tag zweimal täglich versorgen. ■ Ab dem 4. Tag sind bei richtiger Temperatur und Behandlung die Mungobohnen so weit gekeimt, dass sie verwendet werden können.	

Tipps, damit die Sprossen richtig sprossen

- Die Temperatur konstant zwischen 18 und 22 °C halten.
- Ein ausreichend großes Glas verwenden, damit die Sprossen genug Platz zum Gedeihen haben.
- Das Glas nicht direktem Sonnenlicht aussetzen.
- Nur unbeschädigte Samenkörner verwenden, damit im Glas keine Gärung entsteht.
- Keine alten Samen verwenden – sie keimen nicht.
- Gibt man keimfähige Senf- oder Rettichsamen zu den anderen Samen in das Keimglas, wird das Wachstum von Schimmelpilzen gehemmt.

Keimen im Keimgerät	
Samenkörner waschen	■ Samen in den durchlöcherten Keimtassen gründlich schwemmen (Ausnahme: Alfalfa, Kresse, Senf und Rettich).
Samenkörner einweichen	■ Größere Samenkörner in der Wasserauffangschale einweichen; mit Wasser randvoll füllen. ■ Für kleinere Samenkörner die durchlöcherte Keimtasse auf die randvoll gefüllte Schale aufsetzen; der Boden der Keimtasse ist mit wenig Wasser bedeckt und die Samen verteilen sich gleichmäßig.
Samen quellen lassen	Die Einweichzeit ist je nach Sorte verschieden (siehe Übersicht unten); das Samenvolumen kann sich verdoppeln. ■ Einweichwasser abgießen, Samengut abschwemmen und in die Keimtasse geben. ■ Die Keimbox an einen Platz mit gleichbleibender Temperatur stellen. Durch die Schlitze im Deckel kann genügend Luft eindringen – Gase, die während des Keimprozesses entstehen, können entweichen. ■ Die Samenkörner täglich gründlich spülen und morgens und abends Wasser in den obersten Deckel gießen; das Wasser sickert rasch auf die Keimtassen durch; Wasser aus der Auffangschale entleeren! Schleimbildende Samen, wie Kresse oder Leinsamen, werden in den ersten Tagen nur befeuchtet. ■ Nach zwei bis sieben Tagen (siehe Übersicht unten) sind die Keime mehrere Zentimeter lang und essfertig.

! Die Keimtassen müssen sehr sauber mit heißem Wasser gewaschen werden.

Die Sprossen im Kühlschrank aufbewahren, vor dem Verzehr gründlich waschen.

Arten

Art	Einweichzeit	Keimdauer in Tagen	Länge (cm)		Verzehrbarer Anteil
			Keime	Sprossen	
Alfalfa	Nur gründlich befeuchten	4–7	–	3–4	In jedem Wachstumsstadium genießbar; junge Sprossen und Samenkorn mit der Schere abschneiden.
Kresse	Nur befeuchten	5–7	–	3–5	Stiele mit den Blättchen abschneiden; wird sie mit Wurzeln und Samen gegessen, wirkt sie verdauungsanregend.
Linsen	10–12 Stunden	3	0,5–1	max. 3	Keimling und Samenkorn.
Mungobohnen (grüne Sojabohnen)	10–12 Stunden	3–4	0,5–1	3–4	Keimling und Samenkorn; die grünen Hülsen können gegessen werden, sind jedoch schwer verdaulich.
Sonnenblumenkerne	2–4 Stunden	1–max. 2	0,5–0,6	–	Samenkorn und Keimling.
Weizen	10–12 Stunden	2–3	0,3–0,5	–	Samenkorn und Keimling.

2.5 Vorbereiten von Obst

Ananas

Ananas reifen nach der Ernte nicht nach und sollen bald verarbeitet werden. Im Ganzen als Dekor, halbiert zum Füllen verwenden.

Als Scheiben

- Blattkrone entfernen. Schöne Blätter evtl. für Garnitur verwenden.
- Ananas aufstellen und Schale in Streifen nicht zu dünn abschneiden.
- An der Unterseite den Stielansatz großzügig wegschneiden.
- Die Augenreste mit einem Tourniermesser ausstechen.
- In Scheiben schneiden.
- Mark mit einem runden Ausstecher entfernen.

Vorbereiten der Ananas zum Schneiden in Scheiben

Vorbereiten der Ananas für Fruchtsalate

Datteln

Feige

Granatapfel

Der Granatapfelsaft wird als Getränk mit Wasser, Sekt oder Weißwein verwendet oder mit Zucker zu Sirup verkocht (Grenadinesirup).

Kaki

Für Fruchtsalate

- Blattkrone abbrechen.
- Ananas vierteln.
- Holziges Mark wegschneiden.
- Fruchtfleisch mit dem Messer von der Schale lösen.
- In gleich große Stücke schneiden.

Beerenobst

- Mit dem Stängelansatz waschen, gut abtropfen lassen und für Mousse oder Gelee Himbeeren und Brombeeren wegen der Kerne durch ein Haarsieb streichen.
- Weintrauben für Salate, Kompotte, Kuchen, Strudel halbieren und entkernen oder kernlose Trauben verwenden.
- Bei Stachelbeeren den Blütenrest (Bart) und den Stängelansatz entfernen.

Bananen

- Die Bananen schälen – weiße Fäden entfernen – mit Zitronensaft beträufeln.

Cherimoyas, Annonen

Unreife Cherimoyas reifen bei Zimmertemperatur in wenigen Tagen nach. Reife Früchte haben eine schwarzbraune Haut. Bei reifen **Schuppenannonen** brechen die ausgeprägten Schuppen aus.

- Der Länge nach aufschneiden – Kerne entfernen.
- Fruchtfleisch mit Zitronensaft beträufeln (verbessert den Geschmack); Fruchtfleisch auslöffeln.

Datteln

Reife, frische Datteln werden unmittelbar nach der Ernte **schockgefroren** und kurz vor dem Verkauf wieder aufgetaut. Sie können geschält oder ungeschält verwendet werden.

- Zum Füllen ist der Kern vorsichtig zu entfernen (Dattel der Länge nach aufritzen).

Feigen

Feigen sind grün oder violett.

- Frische Feigen am flachen Ende abschneiden.
- Mit einem scharfen Messer der Länge nach halbieren, vierteln oder achteln.

Granatapfel

Die ledrige Schale ist sehr dick, daher ist der Granatapfel gut transportier- und lagerbar.

- Um die Kerne herauszulösen, wird beim Stängelansatz ein keilförmiges Stück herausgeschnitten.
- Die Frucht wird über eine Schüssel gehalten und auseinandergebrochen. Die bitteren Zwischenhäute werden entfernt.
- Zum Rohgenuss halbieren und die Beeren herauslöffeln.
- Will man nur den Saft, die halbierte Frucht mit einer Zitronenpresse vorsichtig auspressen, abseihen.

Guave

Grüne, unreife Früchte an einem kühlen Ort möglichst feucht nachreifen lassen, bis sie überwiegend gelb sind und intensiv duften. Das süßsäuerliche Fruchtfleisch kann weiß, gelblich oder rosa sein. Reife Guaven sofort verbrauchen.

- Zum Rohverzehr waschen, evtl. schälen und entkernen.

Die Guave wird für Cremen, Marmeladen und Fruchtsalate sowie Torten verwendet.

Kaki, Sharonfrucht

Bei voller Reife ist sie weich und saftig, sie schmeckt überreif am besten.

- Zum Rohgenuss halbieren oder vierteln; das Fruchtfleisch mit Zitronensaft, Likör oder Weinbrand beträufeln und aus der Schale löffeln.

Das herausgelöste Fruchtfleisch harmoniert mit Vanilleeis, Schlagobers, Topfen, Joghurt und mit anderen Früchten, wie Bananen, Trauben, Birnen, Orangen, Melonen oder Datteln. Püriert ist es Grundlage für Cremen, Sorbets, Eis, Mousses, Marmelade und Saft.

Kaktusfeige

Die Früchte müssen nach der Ernte so lange nachreifen, bis sie gelblich, rötlich oder braun sind. Sie sind **nur ausgereift genießbar.** Die großen Stacheln werden meist vor dem Verkauf maschinell entfernt. Trotzdem die Kaktusfeigen beim Schälen mit einem Tuch anfassen.

- Die Schale oben und unten sowie der Länge nach einritzen und abziehen, ohne mit den Stachelhärchen in Berührung zu kommen. Die Haut löst sich besser, wenn die Früchte zuvor drei Stunden gewässert wurden.

Wegen des geringen Eigengeschmacks werden die frischen Kaktusfeigen nur mit etwas Zucker, Schlagobers und Likör gegessen.
Mit Zitronensaft und Pfeffer gewürzt werden sie mit Geflügel, Schinken und Fisch zu Vorspeisen verarbeitet.
Wegen ihrer appetitlichen Farbe werden sie hauptsächlich **als Garnitur** verwendet.

Kapstachelbeere

Die ganze Frucht wird vor allem **zum Garnieren** von Süßspeisen verwendet. Dafür die pergamentartigen Blätter öffnen.

Karambole (Sternfrucht)

Die Karambole ist eine leicht säuerliche, nicht sehr aromatische Frucht. Auch die Karambole wird vor allem **als Garnitur** verwendet.

Kernobst (Äpfel, Birnen)

- Kerngehäuse entfernen (bei Äpfeln im Ganzen mit dem Kerngehäuseausstecher möglich).
- Geschältes oder zerkleinertes Obst mit Zitronensaft beträufeln, um die Braunfärbung zu verhindern.

Kiwi

Die Frucht schmeckt nur gut, wenn sie richtig reif ist. Sie hält im Kühlschrank bis zu vier Wochen. Harte Kiwis reifen bei Zimmertemperatur langsam nach – schneller geht es in einem geschlossenen Plastiksackerl mit Apfel oder Banane.

- Kiwi oben und unten abkappen.
- Der Länge nach schälen – in Würfel, Scheiben oder Spalten schneiden.

Kein rohes Kiwimus unter Milchprodukte mengen, da die Speise bitter wird. Das in der Kiwi enthaltene Eiweiß spaltende Enzym Actinidin verliert seine Wirkung jedoch durch kurzes Erwärmen.

Kokosnuss

Ein Zeichen der Frische ist es, wenn beim Schütteln das in der Kokosnuss enthaltene **Kokoswasser** plätschert. Ist die Kokosnuss ausgetrocknet, schmeckt das Fruchtfleisch seifig und ist ungenießbar. Zwei Kokosnüsse (1 kg brutto) ergeben 0,50 kg Fruchtfleisch und Kokoswasser.

- Die zwei bis drei Keimporen mit einem Nagel durchschlagen, das Kokoswasser in eine Schüssel gießen.
- Die Nuss etwas ansägen und mit einem Hammer aufklopfen.
- Die harte Schale stückweise abbrechen.
- Die Fruchtschale mit einem Schäler entfernen.

Frisches Fruchtfleisch wird geraspelt für Fruchtsalate, Cremen, Speiseeis, Bäckereien, Torten, Kuchen, zum Panieren von Fleisch, Fisch und Gemüse verwendet, oder es wird aus den Raspeln Kokosmilch hergestellt.

Kumquat (Zwergorange)

Die Früchte sind **nicht gespritzt,** die Schale ist zum Verzehr geeignet.

- Sie werden in Scheiben oder Spalten geschnitten oder halbiert für Garnierungen und für Fruchtsalate, Kompotte, Marmeladen etc. als Mischfrucht verwendet.
- Die unverhältnismäßig großen Kerne müssen entfernt werden.

Wussten Sie, dass ...
Fleischtranchen zum Grillen und Braten mürber werden und einen stärker ausgeprägten Geschmack bekommen, wenn sie mit einer aufgeschnittenen Kiwi eingerieben werden?

Vorbereiten von Kiwis

Kumquats

Litschi

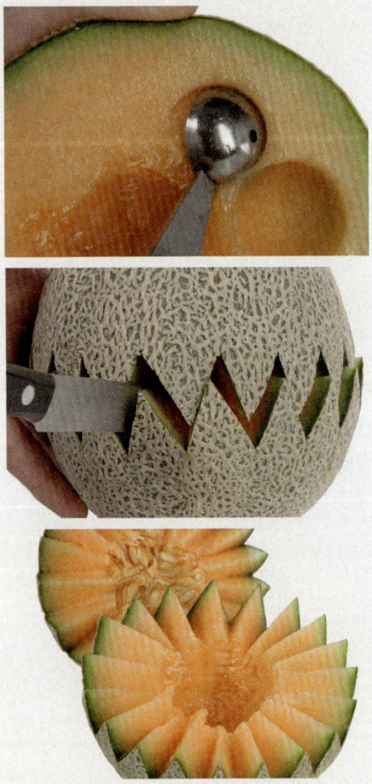

Vorbereiten von Melonen

Papaya

Limette (Limone)

Limetten werden unreif (grün) geerntet und verkauft, obwohl sie reif (gelb) viel aromatischer sind.

Die dünne, meist ungespritzte Schale eignet sich besonders zum Würzen von Süßspeisen, Kuchen und Torten. Der Saft ist sehr aromatisch. Limetten enthalten doppelt so viel Saft wie die größeren Zitronen.

Litschi (Litchi, Lychee)

Frisch und vollreif ist die stachelige Schale rosa oder tiefrot, das Fruchtfleisch ist saftig und perlmuttartig.

Geschält und entkernt eignet sie sich für den Rohgenuss, als Kompott, für Fruchtsalate, Cocktails, Kaltschalen und Flambés, aber auch als süße Zutat für Fleisch-, Fisch-, Geflügel- und Reisspeisen.

Mangos

Sie sind vollreif, wenn sie auf Fingerdruck nachgeben.

- Mit dem Kartoffelschäler Schale abziehen.
- Am Stein entlang die beiden Backen abschneiden.
- Dann den Rest des Fruchtfleisches vom Stein schneiden.
- In Würfel oder in Spalten schneiden oder Fruchtfleisch gitterartig bis knapp vor der Schale einschneiden und Schale nach innen biegen („Mangoigel“).

Maroni (Edelkastanien)

Maroni werden zu Püree oder Füllungen verarbeitet oder zu Blaukraut etc. gereicht.

- Vor der Zubereitung auf der runden Seite kreuzförmig einschneiden.
- Auf ein Blech legen, mit Wasser bespritzen.
- Im vorgeheizten Rohr bei 220 °C rösten, bis die Schalen aufspringen.
- Schale und Fruchthaut entfernen.
- Für Püree Maroni in Salzwasser ca. 15 min weich kochen.

Melonen (Zucker-, Honig-, Netz- und Wassermelonen)

Die Reife erkennt man am intensiven, aromatischen Duft, und der Blütenansatz muss auf leichten Daumendruck nachgeben. Zum Nachreifen an einen kühlen, luftigen Ort legen – nicht in den Kühlschrank. Reife Melonen verderben sehr rasch.

- Die Frucht der Länge nach halbieren.
- Samen mit dem Löffel herauslösen.
- Je nach Verwendung in Spalten schneiden (evtl. von der Schale lösen), in Würfel schneiden oder mit dem Parisienneausstecher Kugeln ausstechen.
- Ausgehöhlte Melonenhälften mit gezacktem Rand eignen sich **zum Anrichten** von Fruchtsalaten, Eis, Drinks, Bowlen etc.

Papayas (Baummelonen)

Unreife Früchte, die auch nach Lagerung bei Zimmertemperatur grün bleiben, schmecken bitter und strohig, können aber als Gemüse, für Kompotte und Marmeladen verwendet werden. Reife Früchte haben eine gelbe oder orangerote Schale und können einige Tage im Kühlschrank gelagert werden.

- Die Frucht schälen und längs halbieren.
- Die Kerne mit einem Löffel entfernen, sie sind ungenießbar.
- Fruchtfleisch in Spalten oder Würfel schneiden, mit Limetten- oder Zitronensaft beträufeln.

Papayas werden für Fruchtsalate, Cocktails oder Cremen (mit Portwein) verwendet oder zu Schinken gereicht.

Passionsfrucht, Maracuja (gelbe Passionsfrucht)

Die gelbe oder blauviolette Schale schrumpft nach einigen Tagen Lagerung, die Frucht daher möglichst bald verwenden.

- Zum Rohgenuss halbieren, das gallertartige, erfrischende Fruchtfleisch mit dem Löffel essen, die Kerne sind genießbar.
- Mit den Kernen wird sie für Obstsalate, als Garnierung etc. verwendet.

- Ohne Kerne wird sie für Eis, Cremen, Sorbets oder Gelees verwendet. Das Fruchtfleisch mit dem Pürierstab sanft durchrühren, mit einer Palette durch ein Haarsieb streichen.

Rhabarber

- Haut und holzige Fäden abziehen und in ca. drei Zentimeter lange Stücke schneiden.

Wussten Sie, dass ...
Rhabarber eigentlich eine Gemüsesorte ist? Er wird jedoch in der Küche wie Obst verwendet.

Steinobst (Kirschen, Marillen, Pfirsiche, Zwetschken)

- Obst waschen und Steine entfernen, bei Kirschen evtl. mit dem Kirschkernentkerner.
- In der feinen Küche werden Pfirsiche und Marillen enthäutet: Die Haut mehrmals einstechen, kurz mit einer Gitterkelle in kochendes Wasser tauchen, Haut abziehen.

Tamarillo (Baumtomate)

Die reif geernteten Früchte sind sehr druckempfindlich. Zum Rohgenuss ist die dünne, leicht bittere Schale nicht geeignet.

- Die Frucht längs halbieren, mit den Kernen auslöffeln oder
- die Frucht mit einem scharfen Messer spiralenartig schälen,
- den holzigen Stielansatz herausschneiden und
- die Frucht quer in Scheiben schneiden.

Sie wird für Salate, Käse oder zum Dekorieren verwendet. Für Mus die Fruchtscheiben mit den Kernen pürieren.

Tamarillo

Zitrusfrüchte

- Bei Orangen, Mandarinen, Grapefruits, Pomelos und Sweetys die weiße Fruchthaut mit einem Gemüseputzmesser sorgfältig entfernen oder filetieren, d. h. die Schale und die Haut mit dem Messer abschneiden, Filets zwischen den Häuten herausschneiden.
- Die Kerne vorsichtig herauslösen.
- Bei Verwendung der Schale nur ungespritzte Früchte verwenden. Die Schale dünn abschälen.

Filetieren von Zitrusfrüchten	
Frucht oben und unten abkappen.	
Mit einem scharfen Messer Schale und Fruchthaut abschneiden.	
Filets zwischen den Häuten herauslösen.	
Evtl. vorsichtig parieren.	

2.6 Vorbereiten von Fisch

? Warum sollte einmal wöchentlich Fisch gegessen werden?

Fisch ist aus ernährungsphysiologischer Sicht ein wesentlicher Bestandteil der modernen Küche und vielseitig einsetzbar. Beim Fischeinkauf ist auf Herkunft und Qualität zu achten.

Frischer Fisch schmeckt eindeutig besser als Tiefkühlware.

Folgende Qualitätskriterien sind bei frischem Fisch zu beachten

- Leuchtend rote Kiemen, weder fleckig noch verschleimt.
- Glasklare, gewölbte Augen.
- Klare, durchsichtige Schleimschicht auf der Haut.
- Entsprechend der Fischart fest sitzende Schuppen.
- Frischer Fisch hat keinen ausgeprägten Geruch!

Qualitätskriterien für küchenfertige Fischfilets

- Makelloses, festes, druckelastisches Fleisch.
- Feuchte Oberfläche.
- Kein ausgeprägter Geruch!

Qualitätskriterien für tiefgekühlten Fisch

- Nur fangfrische, ausgenommene Fische dürfen tiefgekühlt werden.
- Die Tiefkühlpackung darf nicht beschädigt sein.
- Filets sollten durch Folienblätter voneinander getrennt sein (steht auf der Packung).
- Kleinfische und Filets tiefgefroren bzw. nur angetaut verarbeiten.
- Große Fische vor der Verwendung im Kühlschrank auftauen.

3-S-Regel – säubern, säuern, salzen

- **Säubern:** Fisch oder Fischfilet unter fließendem Wasser abspülen (nicht ins Wasser legen – der Fisch laugt zu sehr aus!) und gut abtropfen lassen.
- **Säuern:** Vor dem Garen mit Zitronensaft beträufeln. Das Fischfleisch wird fester, würziger und weißer und der Fischgeruch wird gebunden.
- **Salzen:** Erst unmittelbar vor der Zubereitung salzen, weil Salz dem Fisch Flüssigkeit und damit Wirkstoffe entzieht.

Rundfische (z. B. Zander) für Filets vorbereiten		
Vorbereiten zum Ausnehmen	■ Fisch mit einem Tuch am Schwanzende festhalten und Richtung Kopf die Flossen mit der Küchenschere abschneiden.	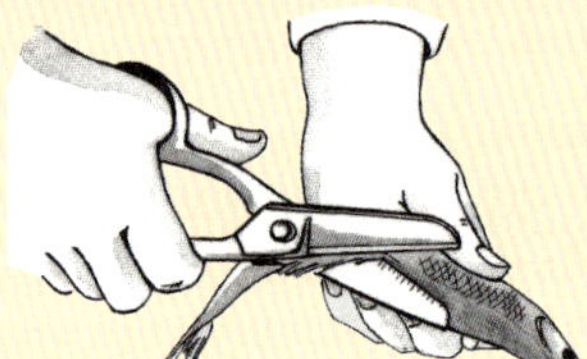
	■ Anschließend mit einem Fischschupper oder Messerrücken die Schuppen in Richtung Kopf abschaben.	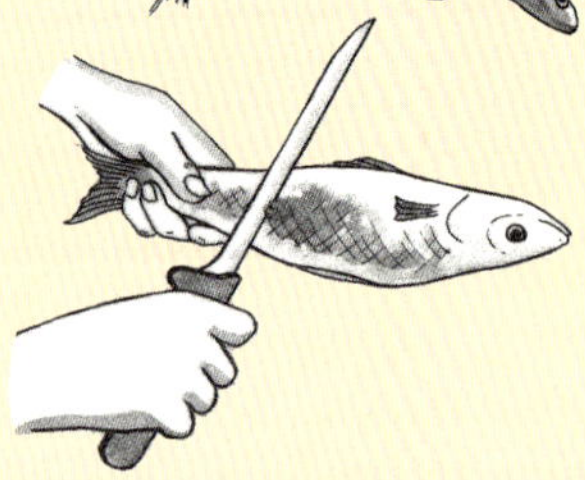
	■ Mit einem spitzen Messer von der Afteröffnung zum Kopf hin die Bauchhöhle vorsichtig – die Eingeweide nicht verletzen – aufschneiden.	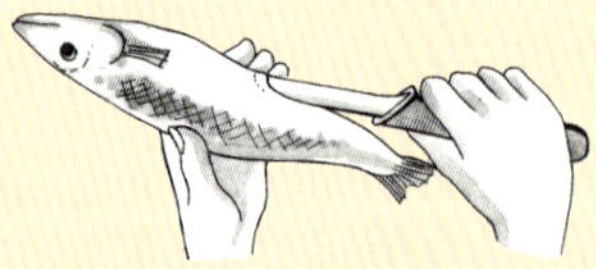
Ausnehmen	■ Bauchseiten auseinanderziehen; die Eingeweide mit den Fingern an der Afteröffnung lösen, vorsichtig nach vorne herausziehen und am Schlund mit der Küchenschere abschneiden. ■ Die Niere mit einem Löffel herausschaben. ■ Bauchhöhle unter fließendem Wasser gründlich reinigen.	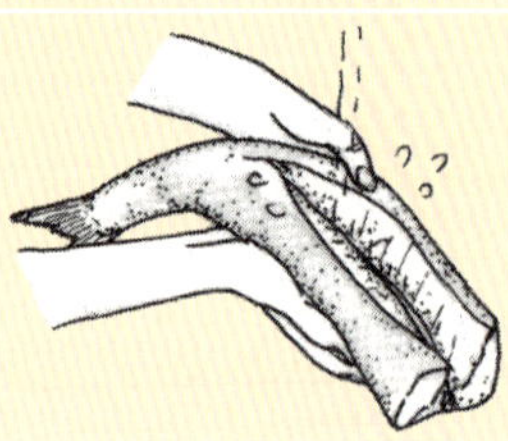

Kopf abschneiden	▪ Mit einem scharfen Messer auf beiden Seiten direkt hinter den Kiemen bis auf die Mittelgräte einschneiden, anschließend mit kräftigem Druck die Mittelgräte durchschneiden.	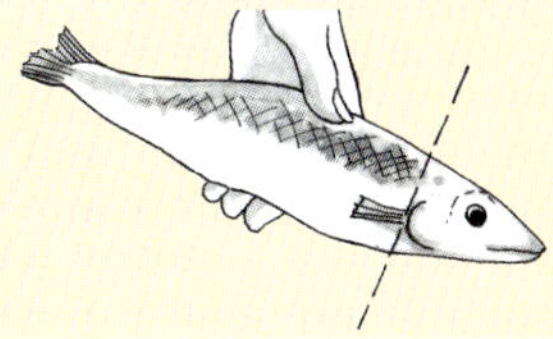
Filets auslösen	▪ Mit einem dünnen, scharfen Messer vom Kopfende bis zum Schwanz den Rücken der Länge nach einschneiden. ▪ Das Messer quer am Kopfende unter das obere Filet schieben und dieses in Richtung Schwanz direkt über der Mittelgräte abschneiden; auf der anderen Seite wiederholen. ▪ Die Mittelgräte samt Schwanz abheben; verbleibende Fischgräten mit einer Grätenzange oder Pinzette entfernen.	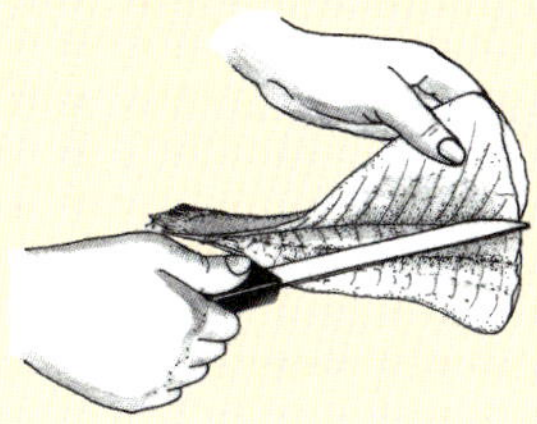
Haut ablösen	▪ Am Ende der Filets (Schwanzende) etwas Fleisch über der Haut wegschneiden; das Hautende jeweils festhalten und mit einem Messer direkt auf der Haut die Filets Richtung Kopfende abschneiden.	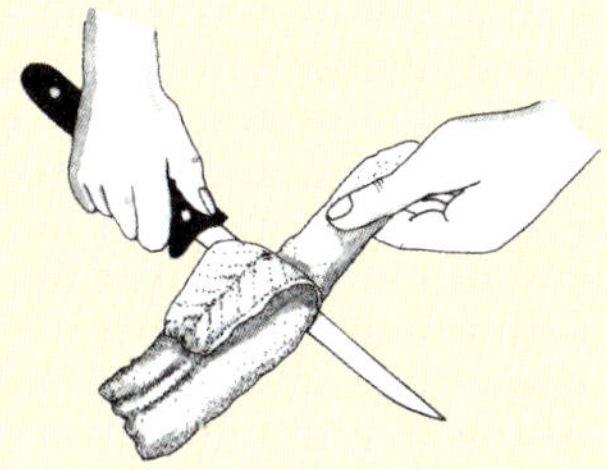
	▪ Die Filets evtl. noch fassonieren bzw. in beliebig große Stücke teilen.	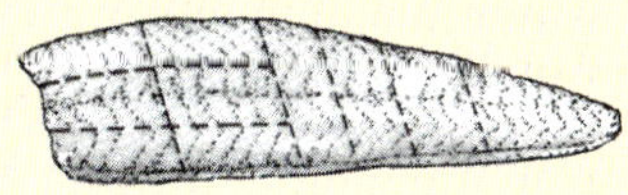

Rundfische in Tranchen portionieren		
Vorbereiten zum Ausnehmen	▪ Kopf mit einem scharfen Messer abtrennen.	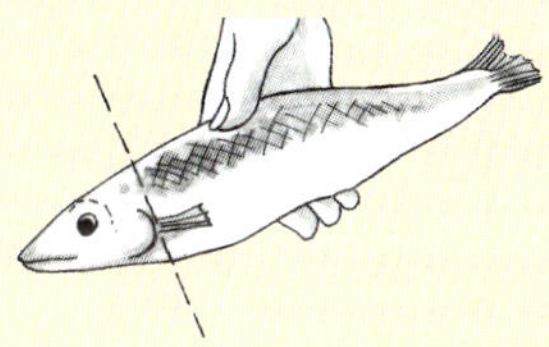
Ausnehmen	▪ Mit einem spitzen, scharfen Messer den Darm am After lösen. ▪ Kiemendeckel wegklappen und die Kiemen dort, wo sie festgewachsen sind, mit einer Küchenschere abschneiden. ▪ Die Kiemen herausnehmen. ▪ Mit Daumen und Zeigefinger in die Kiemenöffnung greifen und den Schlund mit den daranhängenden Innereien vorsichtig – ohne zu reißen – herausziehen.	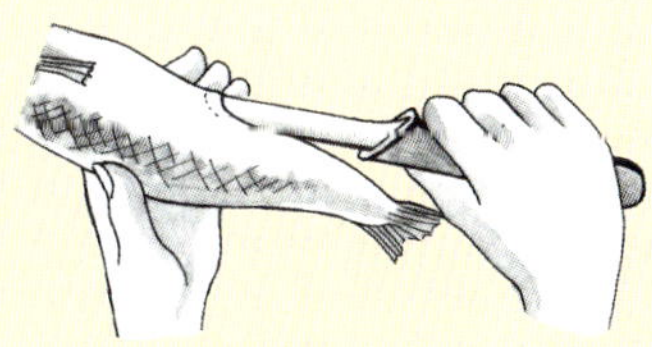
Portionieren	▪ Mit einem kräftigen Messer am Kopfende beginnend ca. 3 cm dicke Scheiben abschneiden; bis zum Ende der Bauchhöhle werden die Scheiben als **Darne** bezeichnet. ▪ Das Schwanzende wird für Fonds etc. verwendet.	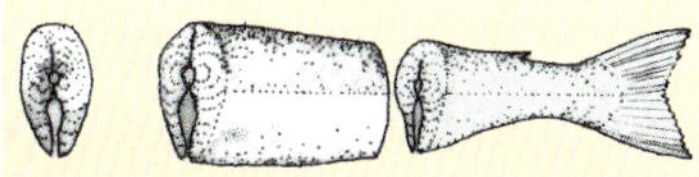

Plattfische für Filets vorbereiten

- **Kleine Plattfische** wie Seezunge, Rotzunge, Scholle und Flunder werden **zuerst gehäutet und dann filetiert.** Diese Fische können auch im Ganzen zubereitet werden.
- **Große Plattfische** wie Steinbutt und Heilbutt müssen immer filetiert werden, anschließend werden die **ausgelösten Filets gehäutet.**

Steinbutt

Beispiel Heilbutt	
Fleisch einschneiden	▪ Den Fisch auf die Blindseite (farblose Seite) legen. ▪ Mit einem spitzen, scharfen Messer direkt über den Augen am Rand des Kopfes, wo der Flossensaum beginnt, ansetzen und am Kopf entlang bis zur Mitte (sichtbare Seitenlinie) und weiter bis zum Schwanz einschneiden; der Schnitt trennt Haut und Fleisch bis zum Knochen.

Filets lösen	▪ Haut und Fleisch dem Flossensaum entlang einschneiden. ▪ An der Einschnittlinie in der Mitte das obere Filet anheben und mit dem Messer flach auf den Gräten zum Rand hin ablösen; das untere Filet ebenso abschneiden. ▪ Den Fisch umdrehen; die Filets auf der Blindseite wie auf der dunklen Seite herauslösen. ▪ Je nach Jahreszeit kann ein **Rogensack** zum Vorschein kommen; daraus lassen sich kleine Köstlichkeiten (pochierte Suppeneinlage etc.) zubereiten.
Haut abziehen	▪ Filets mit der Hautseite nach unten legen. ▪ Am Ende der Filets (Schwanzende) etwas Fleisch über der Haut wegschneiden; das Hautende jeweils festhalten und mit einem Messer direkt auf der Haut die Filets Richtung Kopfende abschneiden. ▪ Anschließend den Flossenrand und evtl. vorhandenes fettes oder braunes Gewebe wegschneiden.

2.7 Vorbereiten von Krebs- oder Krustentieren

Krusten- und Weichtiere werden auch als Meeresfrüchte bezeichnet.

Einteilung der Krebs- oder Krustentiere

Süßwasserkrebse (Écrevisses)	Meereskrebse
▪ Flusskrebs ▪ Edelkrebs (Solokrebs) ▪ Signalkrebs ▪ Galizierkrebs (Teich- oder Sumpfkrebs)	▪ Hummer ▪ Amerikanischer Hummer ▪ Languste ▪ Scampi (Kaisergranate, Langoustines) ▪ Garnelen (Shrimps, Prawns, Crevettes) ▪ Krabbe ▪ Taschenkrebs

Nach dem Abspülen und evtl. Bürsten (bei Hummer) ist die gängigste Vorbereitungsart das **Kochen.** Die gekochten Delikatessen werden anschließend auf vielfältige Weise zu kalten und warmen Vorspeisen, Suppen, Hauptgerichten und v. a. Buffetspeisen weiterverarbeitet.

Hummer

Lebend gekaufte Krustentiere müssen getötet werden. Bei Langusten und Hummern passiert dies in vielen Ländern durch einen gezielten Stich in den Kopf. Bei uns ist diese Tötungsart nicht erlaubt, sondern es ist vorgeschrieben, das Tier Kopf voran in sprudelnd kochendes Wasser zu legen.

Garzeiten für Hummer und Langusten

Bei reduzierter Hitze wird die Garzeit mit
- ca. **12 Minuten** für die ersten 500 g und
- **10 Minuten** für die nächsten 500 g gerechnet.
- Für alle weiteren 500 g Gewicht sind **5 Minuten Garzeit** zu kalkulieren.

Beispiel
1 Hummer mit 1,50 kg benötigt 12 min + 10 min + 5 min = ca. 27 min Garzeit.

Neben der Garmachungsart Kochen besteht auch die Möglichkeit, Krebstiere zu **dünsten**, zu **braten** oder zu **grillen.**

Hummer vorbereiten	
■ Zum Töten in einen Korb geben und mit dem Kopf voran in stark wallendes Wasser tauchen; der Hummer ist sofort tot, folgende Zuckungen sind Reflexbewegungen der Muskeln. **!** Bei abgestorbenen Tieren entstehen Giftstoffe, die auch nach dem Garen wirksam bleiben!	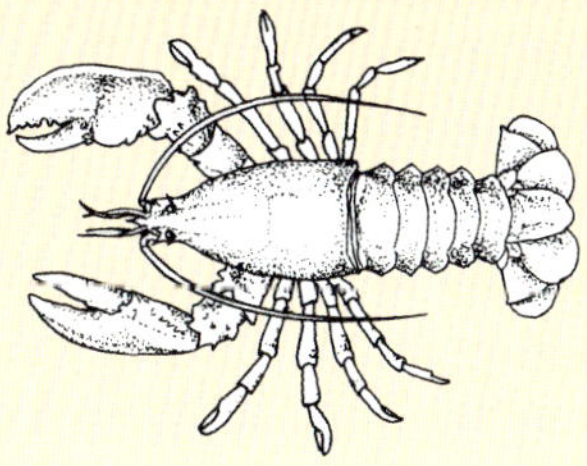
■ Abdrehen des Schwanzstückes vom Vorderkörper.	
■ Darm aus dem Schwanzstück ziehen: Dazu den auf der Mittelplatte angewachsenen Darm leicht anheben und durch Drehen und Ziehen entfernen.	
■ Abtrennen der Scheren mit den Scherengliedern und der restlichen Schwanzflosse.	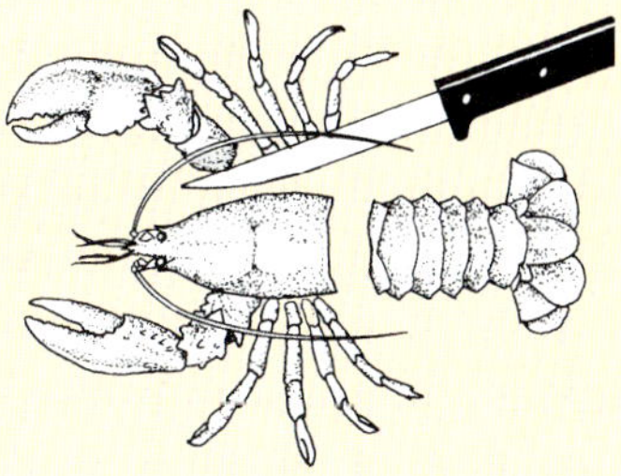
■ Halbieren des Vorderkörpers; die cremigen Teile, Eingeweide und Rogen für Hummer auf amerikanische Art reservieren; den in der Höhe des Kopfes befindlichen Magen entfernen.	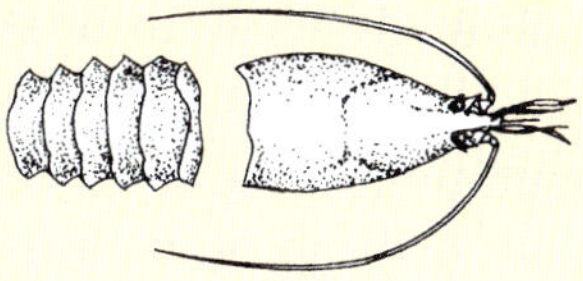
■ Hummerschwanz in den Gelenken quer in Stücke teilen.	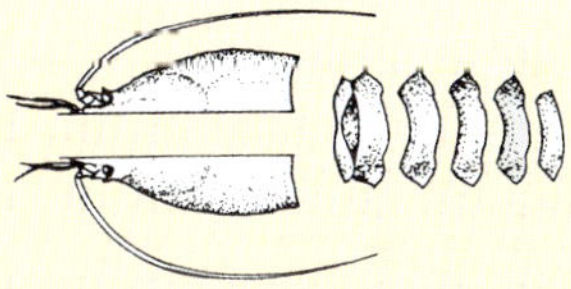
■ Öffnen der Scheren durch Aufklopfen.	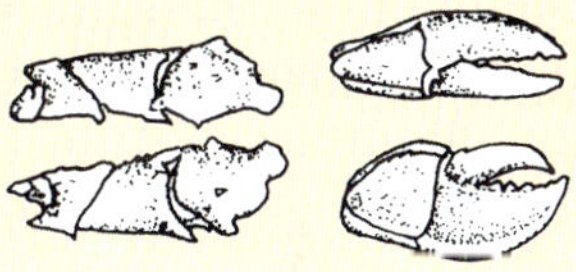

Garnelen vorbereiten

Tiefgefrorene Garnelenschwänze sind häufig küchenfertig, d. h. ohne Schale und Darm, erhältlich.

Sie werden bei Zimmertemperatur aufgetaut, das bewahrt am besten den feinen Geschmack:
- In ein Durchschlagsieb geben, auftauen lassen,
- kurz abspülen und mit Küchenpapier vor der Weiterverarbeitung trockentupfen.

Garnelenschmetterlinge vorbereiten		
Auslösen und Schälen	■ Garnelen am Kopfteil festhalten, mit der anderen Hand den Schwanzteil abdrehen (den Kopfteil evtl. für Fonds verwenden). ■ Die Schalenunterseite des Schwanzteils mit einer Schere aufschneiden und ablösen; das letzte Schalenglied mit dem Schwanzfächer wird meistens belassen.	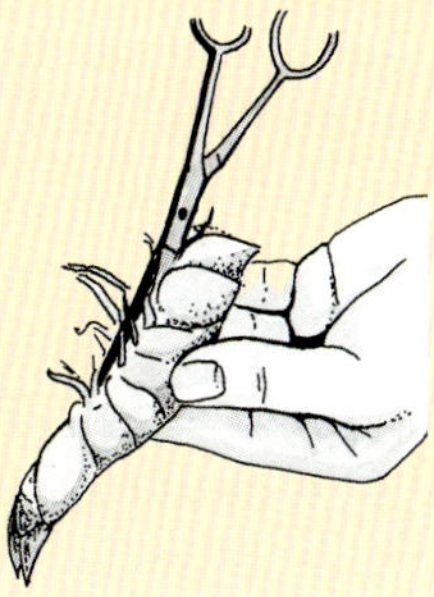

Darm entfernen	■ Den Darm (sieht aus wie eine schwarze Schnur) vom Kopfteil aus behutsam herausziehen oder den Rücken mit einem scharfen Messer leicht einschneiden und so den Darm freilegen und entfernen.	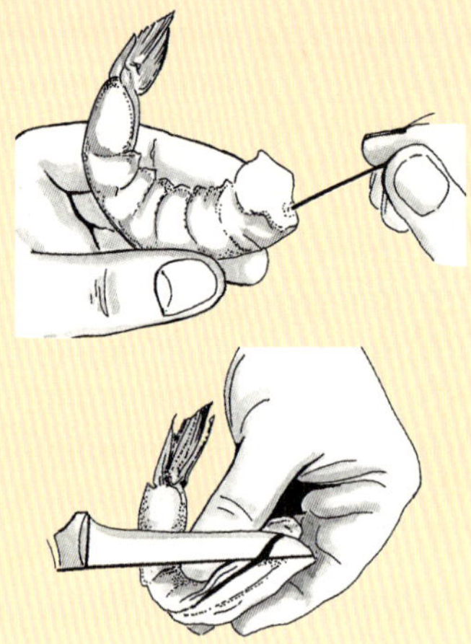
Schmetterlinge schneiden	■ Die Bauchseite bis zum Schwanzfächer einschneiden und das Fleisch flach drücken. ■ Beim Braten, Grillen oder Frittieren rollt sich die Garnele dekorativ auf.	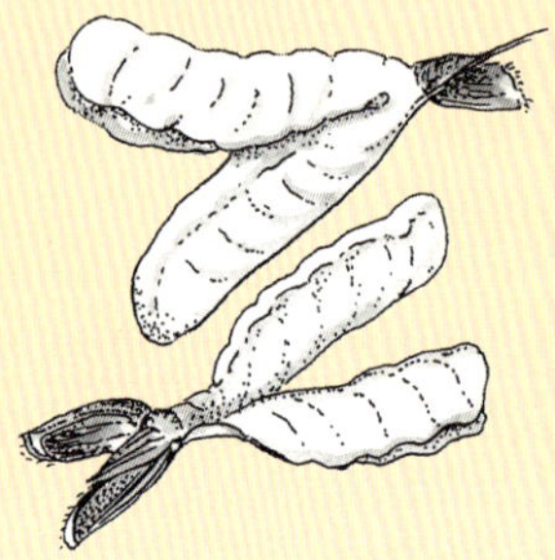

2.8 Vorbereiten von Weichtieren

Die meisten Weichtiere gelangen küchenfertig vorbereitet als Tiefkühlprodukt, vakuumverpackt oder in Dosen in den Handel.

Miesmuscheln

Zu den Weichtieren gehören

- Muscheln,
- Kopffüßler (Tintenfische) und
- Schnecken.

Beispiele		
Muscheln	Miesmuscheln	Auch Pfahl- oder Seemuscheln genannt
	Austern	Europäische, amerikanische, japanische ... Austern
Kopffüßler (Tintenfische)	Zehnarmige Tintenfische	Sepien (gemeine Tintenfische), Kalmare
	Achtarmige Tintenfische	Kraken
Schnecken	Meeresschnecken	Napfschnecken, Strandschnecken, Kreiselschnecken, Stachelschnecken
	Landschnecken	Riesenschnecken, Weinbergschnecken
Andere Meeresfrüchte		Quallen, Seeigel, Seegurken

Miesmuscheln vorbereiten

- **Waschen:** Muscheln sorgfältig unter fließendem Wasser waschen und bürsten, um Sand- und Kalkreste zu entfernen.
- **Bart entfernen:** Den Bart (die Haftfäden) fest zwischen Daumen und Zeigefinger nehmen und kräftig abziehen.

Keine geöffneten Muscheln verarbeiten! Kein Muschelfleisch verwenden, das eine unnatürliche Rot- oder Schwarzfärbung hat! Vergiftungsgefahr!

Austern vorbereiten		
Waschen	■ Austern unter fließendem Wasser gründlich waschen und bürsten.	
Austern öffnen	■ Auster mit der gewölbten Seite nach unten auf ein Tuch in die Hand legen.	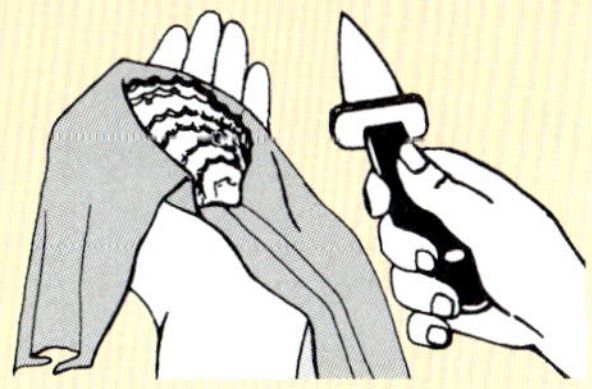
	■ Mit dem Austernmesser am **Scharnier** (innen liegender Muskel) einstechen und aufdrehen. Vorsicht, dabei besteht große Verletzungsgefahr! ■ Die obere Austernschale abheben, wobei die Flüssigkeit in der unteren Schale nicht verloren gehen darf.	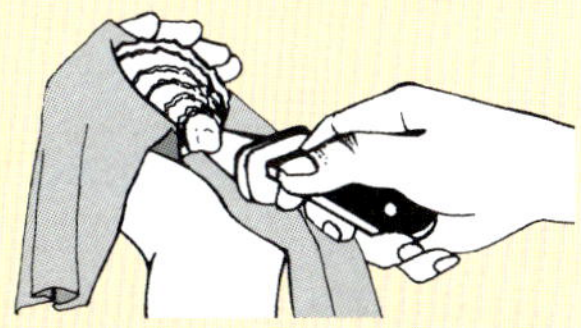

Tragen Sie zum Öffnen von Austern unbedingt einen Stechschutzhandschuh (siehe S. 20).

Kalmare vorbereiten	
Haut abziehen	■ Den Kopffüßler gründlich waschen und die äußere Haut vom Körper abziehen.
Kopf und Arme (Tentakel) trennen	■ Die Arme kräftig aus dem Körperbeutel ziehen; die Arme knapp am Kopf – sie sollen noch durch einen Ring verbunden sein – abschneiden. ■ Aus der Mitte der Arme (dem Ring) die Kauwerkzeuge herausziehen. ■ Arme und Rumpf mit Flossen nochmals sorgfältig waschen. ■ Das transparente Fischbein aus dem Rumpf herausziehen.
Weiterverarbeitung	■ Je nach weiterer Zubereitung den Rumpf im Ganzen (zum Füllen) belassen oder in Ringe schneiden (zum Grillen oder Frittieren). ■ Flossen und Arme werden meist in Streifen oder Würfel (für Ragouts oder Füllungen) geschnitten.

Sepien vorbereiten

Normalerweise werden Sepien wie Kalmare vorbereitet. Wird jedoch die **Tinte** benötigt, ist wie folgt vorzugehen:

Vorbereitung		
Tintenfisch aufschneiden	■ Kopf mit den Fangarmen abschneiden. ■ Körperbeutel der Länge nach vorsichtig aufschneiden.	
Fischbein entfernen	■ Tintenfisch an den Schnitträndern vorsichtig auseinanderziehen und das Fischbein (die Sepiaschale) entfernen.	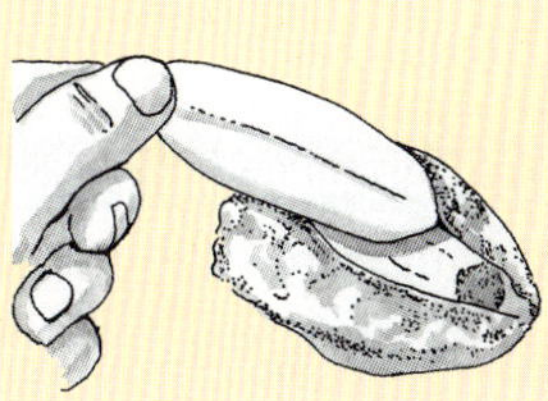

Die Tinte wird für Nudelgerichte, Risotto, Saucen etc. verwendet. Sie gibt Gerichten neben einem würzigen Geschmack auch eine charakteristische dunkle Farbe (z. B. Risotto nero).

Wussten Sie, dass ...
der Tintenfisch die Tinte im Angriffsfall zur Verteidigung einsetzt? Die Tinte trübt das Wasser – der Tintenfisch ist geschützt.

Eingeweide entfernen	■ Vorsichtig die Eingeweide herauslösen; der Tintenbeutel am unteren Ende darf nicht verletzt werden. ■ Die würzige Tinte in ein Gefäß drücken und bis zur weiteren Verarbeitung bereitstellen.	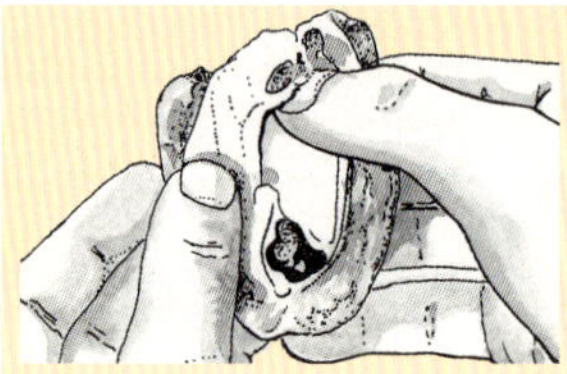

Je nach weiterer Zubereitung den Rumpf **im Ganzen** (zum Füllen) belassen oder in **Ringe** schneiden (zum Grillen, Frittieren). Die Arme vom Kopf so abschneiden, dass sie durch einen dünnen Ring verbunden bleiben.

2.9 Vorbereiten von Geflügel und Wildgeflügel

Obwohl Geflügel und Wildgeflügel fast immer küchenfertig in den Handel kommen, müssen einige Vorbereitungsarbeiten durchgeführt werden.

Geflügel sorgfältig ausnehmen

- Vorhandene Innereien (v. a. Nieren und Lungen) vom Hals aus komplett herausziehen. Überschüssiges Fett und Bürzel (Fettdrüse am hinteren Ende) wegschneiden.
- Evtl. Füße abhacken, Teile von Federkielen mit einer Küchenpinzette aus der Haut ziehen.

Geflügel reinigen

Frisches und tiefgefrorenes Geflügel ist fast immer mit Keimen belastet, deshalb ist es unter **fließendem, kaltem Wasser innen und außen** sorgfältig zu waschen.

Geflügel dressieren

Damit das Geflügel auch nach dem Braten noch schön geformt ist, wird es mit **Küchenspagat** umwickelt. Dabei wird am Kopfende begonnen, und die Keulen werden fest mit eingebunden.

Dieser Vorgang wird auch **binden** oder **bridieren** genannt.

Bei **gefülltem Geflügel** wird die Öffnung nach dem Füllen mit Rouladennadeln oder Küchenspagat verschlossen. Das Geflügel wird anschließend ebenfalls bridiert.

Geflügel roh zerlegen

Geflügel kann auch zerlegt zubereitet werden, dadurch wird es schneller gar.

Arbeitsvorgang	
Keulen abtrennen	■ Mit einem spitzen, scharfen Messer die Haut zwischen Körper und Keule durchschneiden; die Keulen beim Knorpelgelenk am Körper fest durchdrücken.
Flügel abtrennen	■ Flügerln wie Keulen abschneiden.
Bruststücke auslösen	■ Die seitliche Brustmitte entlang des Brustbeinknorpels leicht einschneiden. ■ Die erste Brusthälfte entlang der Karkasse abschneiden, dann die zweite Brusthälfte auslösen. ■ Für kleinere Stücke können die Keulen im Gelenk noch einmal durchtrennt werden und die Brusthälfte kann halbiert werden.

Karkasse = Knochengerüst.

Geflügelkeulen zum Füllen auslösen	
Einschneiden	■ Das Fleisch an der Innenseite der Keule entlang des Ober- und Unterschenkelknochens mit einem Ausbeinmesser einschneiden.

Knochen entfernen	■ Die Knochen freischaben und das Fleisch auseinanderklappen. ■ Knochen entfernen.
Keule füllen	■ Beliebige Fülle auftragen. ■ Das Keulenfleisch zusammenklappen, mit Rouladennadeln oder Küchenspagat verschließen und mit der Nahtseite nach unten garen.

Sämtliche Hilfsmittel wie Rouladennadeln oder Küchenspagat müssen vor dem Servieren entfernt werden.

Geflügel bardieren

Mageres Geflügel wie Wildgeflügel (Fasan, Wachtel etc.) wird meist bardiert.

- Dazu wird fetter oder durchwachsener **Speck** in ca. 2 mm dicke Scheiben geschnitten.
- Anschließend werden Brust und Keulen mit den Speckscheiben dachziegelartig belegt und das Geflügel wird bridiert (siehe S. 124).

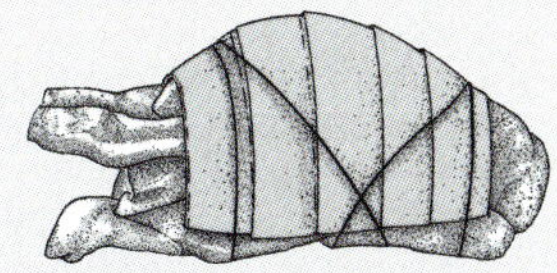

2.10 Aufteilung von Schlachtfleisch

Allgemeines zur Fleischaufteilung

Schlachtfleisch wird halbiert und in Grobteile zerlegt. Anschließend werden die Knochen herausgelöst. Entlang des Faserverlaufs werden die Kleinteile abgelöst.

Die Teile werden je nach Fleischart von Häuten, Sehnen und Knorpeln befreit. Das Fett wird – abhängig von der Verwendung – mehr oder weniger abgelöst.

Mehr dazu finden Sie auch unter www.ama.at bzw. www.fleisch-teilstuecke.at.

Eignung der Fleischteile

- **Grobfaserige, bindegewebereiche Fleischteile,** z. B. Rindsschlegel- und -schulterteile, benötigen eine längere Garzeit. Geeignete Garmethoden sind Sieden, Dünsten oder Kochen.
- **Feinfaserige, bindegewebearme Fleischteile,** z. B. Teile vom Englischen (siehe S. 113), benötigen geringere Garzeiten und eignen sich daher auch zum Kurzbraten und Braten im Ganzen.

Was ist ein Gustostück?
Diese Bezeichnung ist im Handel üblich und erleichtert Konsumenten die Auswahl. Es bezeichnet jene Fleischteile, die wenig durchwachsen und möglichst sehnenfrei sind.

Das Portionieren von Fleischstücken

Bevor das Fleisch in Portionsstücke geteilt wird, sollte der Verlauf der Fasern festgestellt werden. Geschnitten wird immer quer zur Faser.

Verhalten beim Auslösen von Fleisch

- Die Messer und Werkzeuge müssen gut geschliffen und in einwandfreiem Zustand sein. Nur dafür vorgesehene Ausbeinmesser verwenden!
- Zum Auslösen sind unbedingt die Stechschutzschürze und Stechschutzhandschuhe (siehe S. 20) zu tragen.
- Beim Auslösen muss immer vom Körper weg gearbeitet werden, damit Stichverletzungen vermieden werden. Konzentriert und ruhig arbeiten!

2.11 Rind – Grob- und Feinaufteilung

Das Rind wird halbiert. Die Rinderhälften werden zwischen sechstem und siebtem Brustwirbel in **hinteres und vorderes Viertel** getrennt.

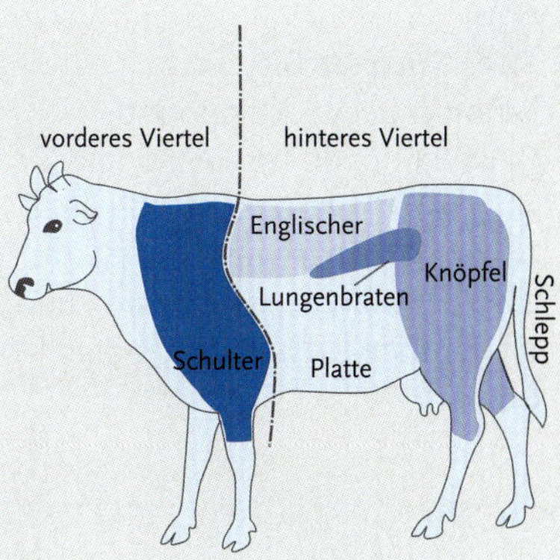

Die Grobaufteilung einer Rinderhälfte

- **Hinterviertel:** Knöpfel (Rindsschlegel), Englischer, Platte
- **Vorderviertel:** Schulter, Hals und hinteres Ausgelöstes, Brustteil

Eine weitere Teilungsmethode
Geschnitten wird so, dass für das hintere Viertel nur der Schlegel/das Knöpfel zusammen mit dem Englischen als sogenannter **Revolver** abgelöst wird. Die verbleibende **Platte,** also der Bauch-/Brustteil, wird beim vorderen Viertel belassen.

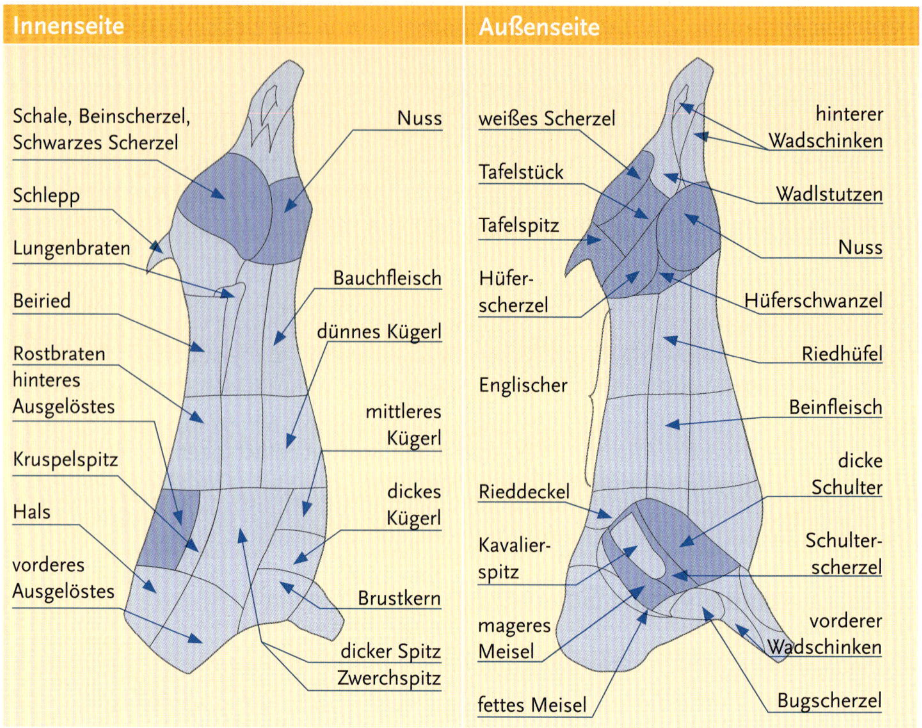

Zum hinteren Viertel zählen
- Knöpfel,
- Englischer und
- Platte.

Legende zu den folgenden Tabellen
B = Braten
D = Dünsten/Braundünsten
S = Sieden
KB = Kurzbraten
SCH = Schmoren
G = Grillen

Hinteres Viertel

Knöpfel – Aufteilung und Verwendung

Fleischteil	Garung	Charakteristik und Verwendung
Schale	D, S	Lässt sich in zwei große Teile mit Deckel teilen:
▪ Schwarzes Scherzel ▪ Beinscherzel (mit Deckel) ▪ Schalendeckel (abgetrennt)	D	Wird vorwiegend zum Braundünsten verwendet Für Rindsschnitzel und Rindsrouladen Für Ragouts, Gulasch, Kleingerichte, Faschiertes
Nuss (Zapfen, Kugel)	D, B	Feinfaseriger als die Schale; gleiche Verwendung
Tafelstück	D, S	Zum Braundünsten und Sieden – für Rinderbraten, Rindsschnitzel und Rindsrouladen
Tafelspitz	S	Fleischteil mit Fettabdeckung; klassisches Siedefleisch
Weißes Scherzel	D	Trockener, langfaseriger Fleischteil; zum Braundünsten
Hüferscherzel (Hüferl, Huft)	D, B, KB	Feinfaseriger, saftiger Fleischteil; zum Braten; bei guter Qualität auch zum Kurzbraten geeignet; Huftsteak/Rumpsteak (Bezeichnung der internationalen Küche)
Hüferschwanzel	D, S	Ähnliche Form wie der Tafelspitz; vorwiegend zum Sieden, auch zum Dünsten
Wadlstutzen (Geschnatter)	D	Ragout- und Gulaschfleisch
Hinterer Wadschinken	D	Typisches Gulaschfleisch – sehnenreich und saftig
Fledermaus	D, S	Kleiner Muskelteil im Kreuzbein; als Siedefleisch eine Besonderheit

Wussten Sie, dass ...
Schottisches Hochlandrind, Galloway- oder Angusrind und andere Rinderrassen wegen ihres zarten Fleisches wieder verstärkt auf dem Markt vertreten sind und oft in guten Lokalen angeboten werden?

Schale

Nuss

Tafelstück

Tafelspitz

Weißes Scherzel

Hüferscherzel

Hüferschwanzel

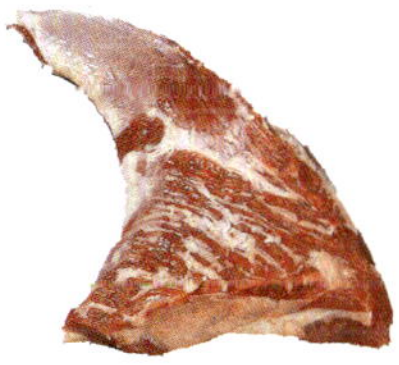

Wadlstutzen

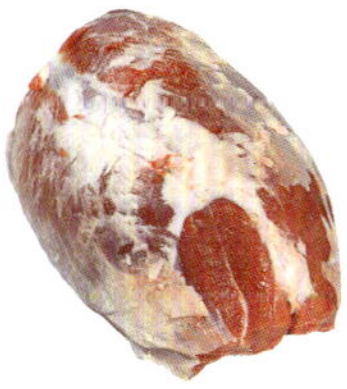

Wadschinken

Englischer – Aufteilung und Verwendung

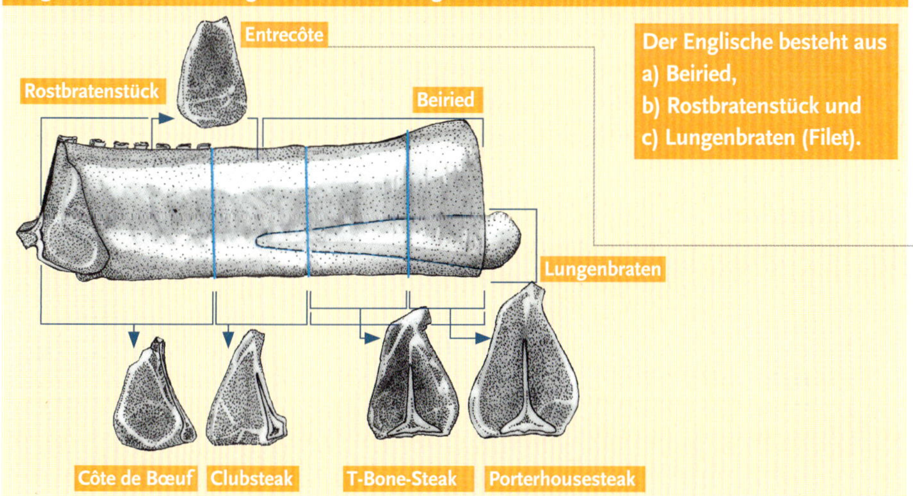

Zur Erinnerung: Der Englische zählt wie Knöpfel und Platte zum hinteren Viertel.

Entrecôte = Zwischenrippenstück, Sirloinsteak; in der französischen Küche werden die Entrecôtes aus dem ganzen Englischen zwischen den Rippen – also mit Knochen – geschnitten.

Fleischstücke der internationalen Küche aus dem ganzen Englischen

Fleischteil	Garung	Charakteristik und Verwendung
T-Bone-Steak	KB	▪ Wird quer aus Lungenbraten und Beiried geschnitten – mit typischem T-Knochen. ▪ Portionsgröße: ab zwei bis vier Personen (Portionsgewicht ca. 300 g).
Porterhousesteak	KB	▪ Wird quer aus Lungenbraten und Beiried aus jener Stelle, wo der Lungenbraten am stärksten ist, geschnitten, daher größerer Filetanteil – sonst wie T-Bone-Steak.
Clubsteak	KB	▪ Eine Schnitte quer durch Beiried mit Knochen. ▪ Wird zwischen Lungenbratenende und Hochrippe geschnitten.
Côte de Bœuf (Rindskotelette)	KB	▪ Aus dem Rostbratenstück mit Rippe geschnitten. ▪ Portionsgröße: für zwei Personen (ca. 600 g).

Englischer

Die angeführten Fleischstücke werden am Rost, Grill oder in der Pfanne kurz gebraten bzw. angebraten. Größere Fleischstücke bis zu 1 kg werden, unter Berücksichtigung des gewünschten Garungsgrades, zumeist im Backrohr bei milder Hitze fertig gegart.

Beiried

a) Beiried (niedere Ried)

Fleischteil	Charakteristik und Verwendung
Beiried ↓ **Teilstücke zum Kurzbraten:**	Saftiges, marmoriertes, mit Fettschicht überzogenes Fleischstück; im Ganzen verarbeitet: ■ im Stück gebraten – Roastbeef, ■ im Ganzen braun gedünstet.
■ **Rumpsteak**	Beiriedschnitte mit ca. 180 g. In der angloamerikanischen Küche wird das Rumpsteak aus dem Hüferscherzel (Huft, siehe S. 113) geschnitten.
■ **Entrecôte (Sirloinsteak)**	Ebenso gängige Bezeichnung für Beiriedschnitte; doppelt so schwer – mit 360 g geschnitten – wird es als Entrecôte double bezeichnet.
■ **Beiriedschnitte, plattiert**	Wird wegen des geringen Sehnenanteils für À-la-minute-Gerichte – mitunter gefüllt – verwendet.

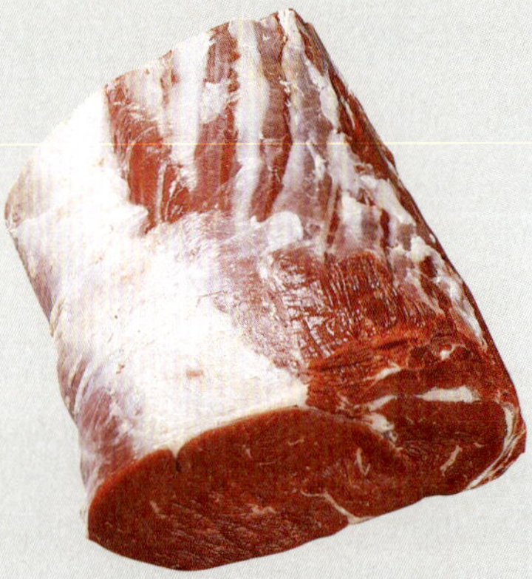

Rostbraten

b) Rostbratenstück (hohe Ried)

Fleischteil	Charakteristik und Verwendung
Rostbratenstück ↓	Wird im Ganzen – mit oder ohne Rippen – als Hochrippe gebraten.
■ **Rostbraten**	Wird klassisch aus dem ausgelösten Rostbratenstück geschnitten; bei guter Qualität wird das Fleisch für À-la-minute-Zubereitungen verwendet, sonst eher braun gedünstet.
■ **Rieddeckel**	Flacher Teil, der teilweise das Rostbratenstück abdeckt; wird abgelöst und im Ganzen zum Sieden oder für Ragouts, Kleinfleisch und zum Faschieren verwendet.

Die Filetkette (der Strang, IV) wird pariert für Gulaschsuppe, Kleingerichte und dergleichen verwendet.

c) Lungenbraten

Lungenbraten – Aufteilung und Verwendung

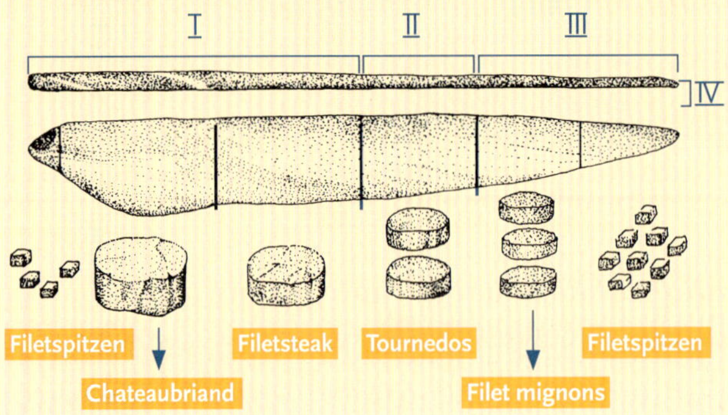

Der Lungenbraten wird aufgeteilt in
I Filetkopf,
II Filetmittelstück und
III Filetspitze.

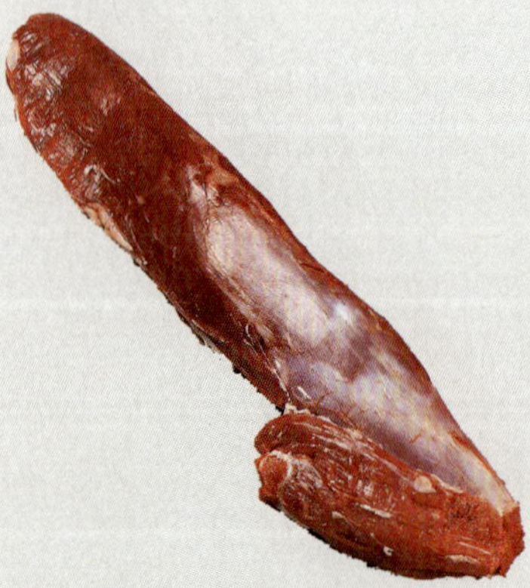

Lungenbraten

Fleischteil	Charakteristik und Verwendung
Lungenbraten (Tenderloin)	Edelster und teuerster Teil – oberhalb der Beiried gelegen; der seitliche Filetstrang wird vorher abgelöst und weiterverarbeitet. **Filet im Ganzen zubereitet** ■ Rosa gebraten, mitunter gespickt, ebenso gedünstet in Rahmsauce. ■ Als Filet Wellington in Blätterteig mit Duxelles gebacken. ■ Für Filet Colbert mit Kohlblättern im Schweinenetz gebraten.

Filetteilstücke zum Kurzbraten: ↓	**Filet roh geschnitten als Carpaccio** ■ Der Lungenbraten wird roh in dünne Scheiben geschnitten, zwischen einer Folie hauchdünn plattiert, so vorbereitet auf einem Teller angerichtet und beliebig mariniert.
■ Chateaubriand (doppeltes Filetsteak)	■ Aus dem **Filetmittelstück** ebenso wie aus dem Filetkopf geschnitten. ■ Gewicht ca. 360 g. ■ Angerichtet auf einer Platte, mit mindestens drei bzw. vier verschiedenen Gemüsesorten; wird vor dem Gast tranchiert.
■ Filetsteak (Beefsteak)	■ Wird aus Filetmittelstück und Filetkopf geschnitten. ■ Gewicht 180 g oder etwas mehr.
■ Tournedos	■ Zwei Stück mit je 90 g – ab dem Mittelstück geschnitten. ■ Werden auf einem Toastsockel angerichtet.
■ Filet mignon	■ Aus dem schmal zusammenlaufenden Filetteil geschnitten. ■ Drei Stück mit je 60 g werden angerichtet.
■ Filetspitzen	■ In fingerdicke Streifen geschnitten fur Filetgulasch, Bœuf Stroganow. ■ Würfelig geschnitten für Fondue. ■ Gehackt für Beef tartare (roh).

Platte – Aufteilung und Verwendung

Fleischteil	Charakteristik und Verwendung
Platte ↓	Siedefleisch
■ Beinfleisch ■ (Zwerchried)	Saftiges, mit Fett durchzogenes Siedefleisch
■ Mittleres und dünnes Kügerl	Siedefleisch
■ Riedhüferl	Siedefleisch
■ Bauchfleisch	Suppenfleisch, Verwendung im Fleischerbetrieb für Wurstwaren etc.

Weitere Fleischteile des hinteren Viertels

- **Schlepp:** Wird zwischen den Knorpelansätzen durchgetrennt – zum Sieden und Braundünsten.
- **Kronfleisch:** als Suppenansatz; als Bruckfleisch – eine Besonderheit der Wiener Küche.

Vorderes Viertel

Fleischteil	Garung	Charakteristik und Verwendung
Schulter ↓	S, D	
■ Dicke Schulter	S, D	■ Im Ganzen zum Sieden und Braundünsten (Gustofleisch) ■ Für Rindsschnitzel, -rouladen
■ Schulterscherzel (Bugblatt)	S, D, B	■ Saftiger, kurzfaseriger Fleischteil mit markanter Sehne in der Fleischmitte – unterhalb des Schulterblattes gelegen ■ Bestens geeignet zum Sieden und Dünsten
■ Mageres Meisel	S, D	■ Siedefleisch

Fleischreifung
Fleisch zum Kurzbraten wird für mindestens zwei bis drei Wochen in Öl eingelegt oder vakuumverpackt.

Zur Erinnerung: Die Platte zählt wie Knöpfel und Englischer zum hinteren Viertel.

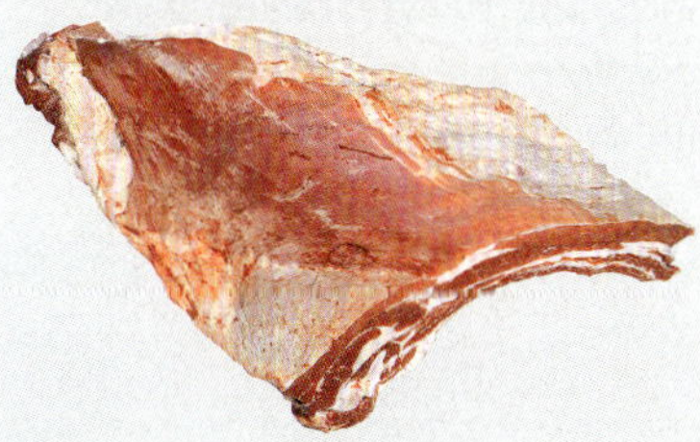
Platte

Dicke Schulter

Schulterscherzel

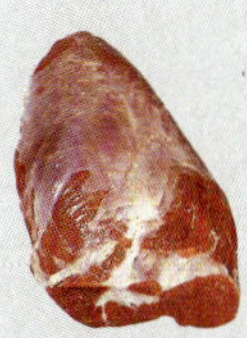
Mageres Meisel

Kruspelspitz

Brustkern

■ Fettes Meisel	S	■ Siedefleisch
■ Kavalierspitz	S	■ Flacher Fleischteil, oberhalb des Schulterblattes gelegen ■ Typisches Siedefleisch
■ Bugscherzel	D	■ Gulasch- bzw. Ragoutfleisch
■ Vorderer Wadschinken	D	■ Typisches Gulaschfleisch
Hals (vorderes Ausgelöstes)	D, S	■ Faschiertes/Klärfleisch ■ Kleinfleischgerichte/Gulaschsuppe
Hinteres Ausgelöstes	D, S	■ Im Ganzen zum Sieden und Dünsten
Dicker Spitz, Zwerchspitz	S	■ Siedefleisch
Kruspelspitz	S	■ Siedefleisch
Brustkern ■ Dickes und ■ dünnes Kügerl	S, SCH	■ Siedefleisch ■ Das dünne Kügerl wird auch gepökelt

Weitere Teile vom Rind

- **Rinderbacken:** werden im Ganzen geschmort oder in Fond gegart.
- **Ochsenmaul:** wird gekocht, für Ochsenmaulsalat (meist fertig angeboten).

Innereien vom Rind

- **Rindsleber:** für Leberknödel/-nockerln.
- **Rindszunge:** zumeist gepökelt; wird gekocht – längere Gardauer.

Die übrigen Innereien werden zumeist gewerbsmäßig verarbeitet oder vom Schlachtbetrieb entsorgt.

Wussten Sie, dass ...
das Nierenfett ausgelassen oder klein gehackt für Pies – z. B. Yorkshirepudding – verwendet wird?

Hinweise laut EU-Verordnung zur Verarbeitung von Rindermark, -milz und -hirn finden Sie im Internet unter: www.trauner.at, Schulbuch, Service.

2.12 Kalb – Grob- und Feinaufteilung

Das Kalb wird halbiert und für die gewerbsmäßige Verwendung zwischen der sechsten und siebenten Rippe in

- **Stutzen** (Schlegel mit Karree) und
- **Vorderviertel** mit Schulter, Brust und Hals geteilt.

Üblicherweise werden – abhängig von der jeweiligen Betriebsform – einzelne Grobteile, also Fleischteile mit Knochen, zerteilt und verarbeitet.

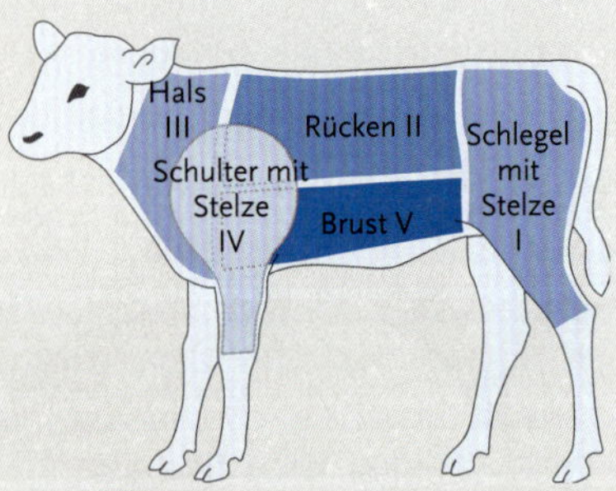

Die Grobaufteilung:
- I Schlegel,
- II Kalbsrücken,
- III Hals,
- IV Schultern,
- V Brust.

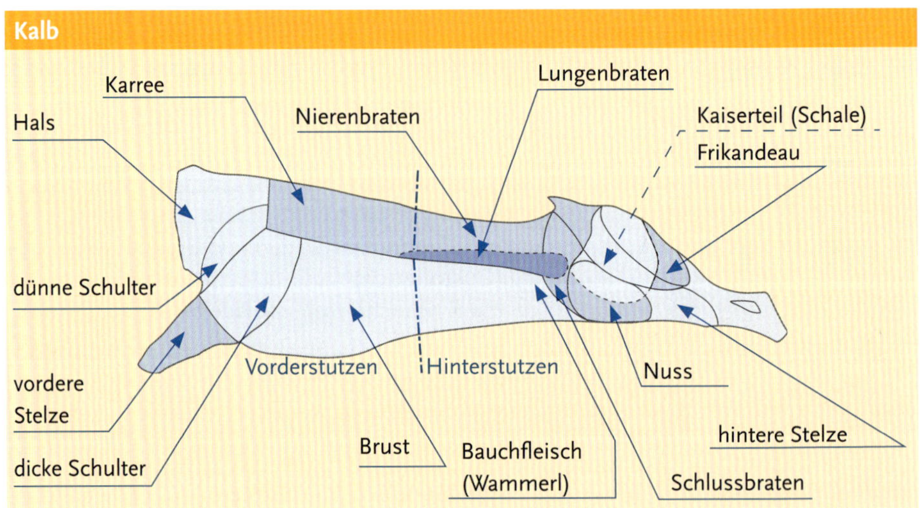

Stutzen, Kalbsschlegel – Fleischteile

Fleischteil	Charakteristik und Verwendung
Kaiserteil (Schale) mit Deckel	■ Für Schnitzel, Geschnetzeltes, Steaks, Rouladen ■ Für Faschiertes, Kleinfleisch
Kalbsnuss	■ Für Schnitzel, Steaks, Nüsschen, Medaillons ■ Gespickt und im Ganzen gebraten ■ Mariniert und in Fond gegart für Vitello tonnato
Frikandeau mit Rolle	■ Für Schnitzel ■ Gespickt, gefüllt und im Ganzen gebraten
Schlussbraten (kleine Nuss, Rose)	Der Schlussbraten ist ein besonders zarter Fleischteil vom Kalb. ■ Für Schnitzel (Piccata, Saltimbocca) ■ Für Medaillons, Spießchen, Sautés ■ Im Ganzen gebraten
Kalbsvögerl	■ Für Kalbsgulasch ■ Gespickt im Ganzen gebraten und glaciert
Hintere Kalbsstelze	■ Gebraten im Ganzen und glaciert ■ Für Ragouts (ausgelöst) ■ Mit dem Knochen leicht angefroren und so in ca. 2,5 cm dicke Scheiben geschnitten für Ossobuco
Kalbshaxe	■ Die Kalbshaxe (vor der Stelze liegend) wird für Fonds verwendet, da sie einen hohen Bindegewebsanteil hat

Kalbsrücken – Fleischteile

Fleischteil	Verwendung
Kalbsnierenbraten (Kurzes Karree)	■ Im Ganzen gebraten (klassischer Kalbsnierenbraten) ■ Zusammen mit der Niere eingerollt, gebraten und glaciert **Rückenfilet ausgelöst:** ■ Im Ganzen rosa gebraten, gefüllt ■ Für Steaks, Nüsschen **Niere:** siehe Innereien, S. 118
Langes Kalbskarree	■ Im Ganzen gebraten oder ausgelöst als Rückenfilet (wie oben) ■ In Koteletts geschnitten
Kalbslungenbraten (Filet)	■ Im Ganzen gebraten, eingehüllt in Blätterteig ■ Für Nüsschen, Medaillons, Mignons, Spießchen, Sautés

Kalbshals

Fleischteil	Verwendung
Kalbshals	■ Im Ganzen ausgelöst, gefüllt, gerollt und gebraten ■ Für Gulasch, Ragouts, Klein- und faschierte Gerichte und Farcen

Vorderviertel – Fleischteile

Schulter

Fleischteil	Verwendung
Dicke/dünne Schulter	■ Ausgelöst im Ganzen gerollt, gefüllt, gebraten ■ Als Blanquette, Frikassee, Ragout, faschiert für Butter-schnitzel
Vordere Kalbsstelze	■ Im Ganzen gebraten ■ Ausgelöst für Gulasch, Ragout, Kleinfleisch

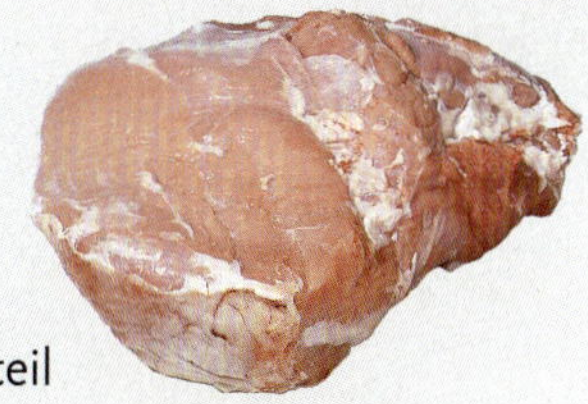
Kaiserteil

Nuss

Frikandeau

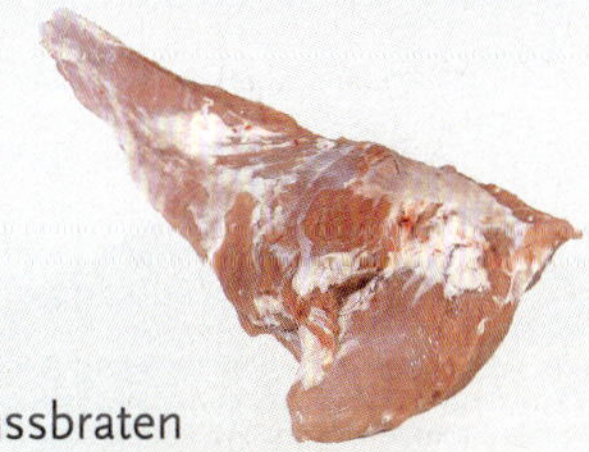
Schlussbraten

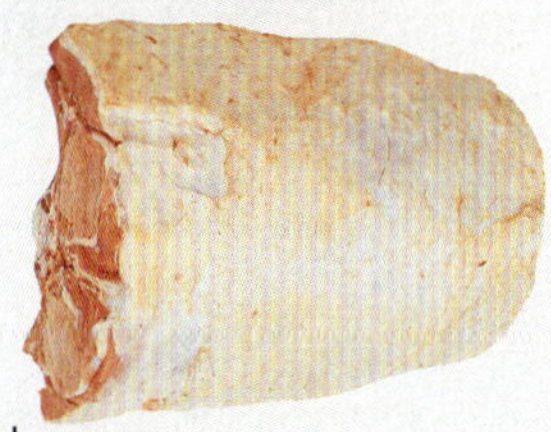
Kalbsrücken

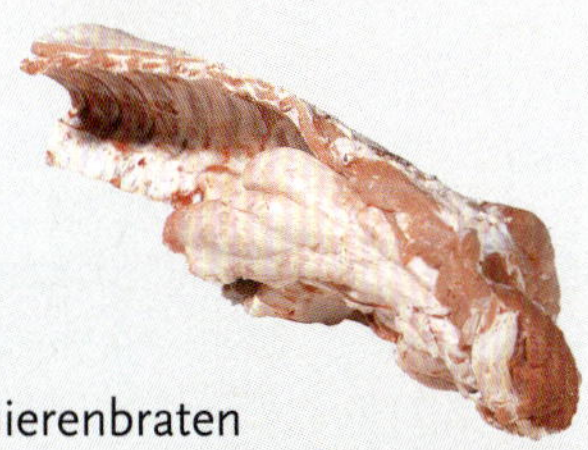
Kalbsnierenbraten

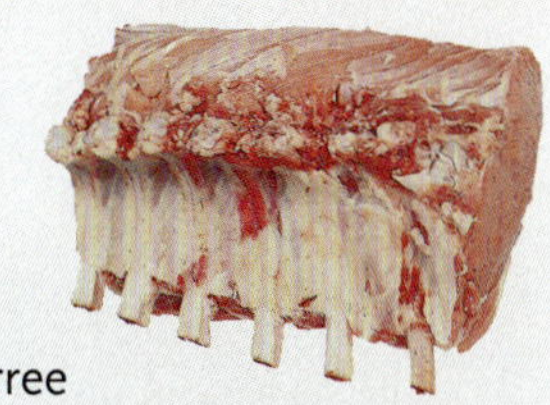
Kalbskarree

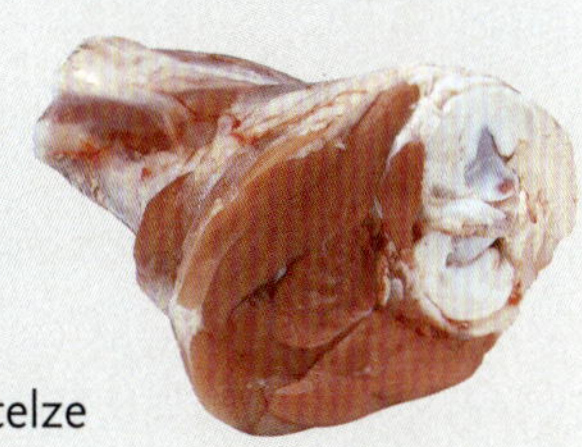
Kalbsstelze

Die Gefüllte Kalbsbrust ist ein klassisches Gericht der österreichischen Küche.

Grün = roh, unbehandelt.

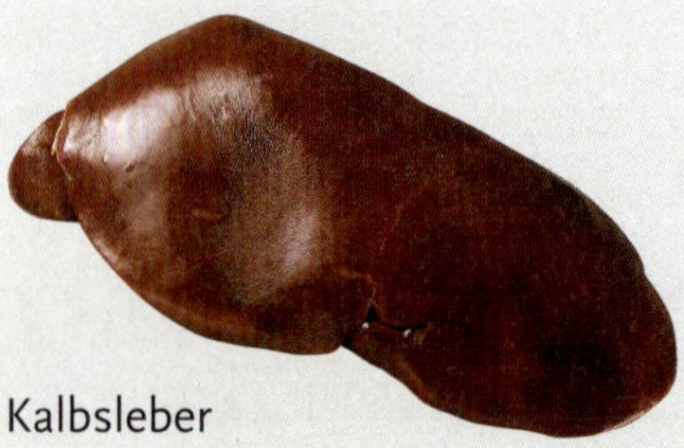

Kalbsleber

Brust

Fleischteil	Charakteristik und Verwendung
Kalbsbrust (mit Wammerl)	▪ Im Ganzen gebraten, gefüllt oder glaciert ▪ Für Faschiertes ▪ Für Kalbsbrustschnitten mit Knochen

Innereien – Vorbereitung und Verarbeitungsvorschläge

Innereien werden zu Suppen, Suppeneinlagen, Vorspeisen, Zwischengerichten und Hauptspeisen verarbeitet. Am beliebtesten und feinsten sind die Innereien vom **Kalb.**

Innereien vom Kalb – Vorbereitung und Verarbeitung

Teil	Vorbereitung	Verwendungsbeispiele
Kalbshirn	▪ Im lauwarmen Wasser Haut abziehen. ▪ Hirn frisch verarbeiten ▪ oder in leicht gesalzenem Essigwasser, mit Gemüse versetzt, blanchieren.	▪ Geröstet mit Ei ▪ Gratiniert, auf Blattspinat ▪ Mariniert für Salat ▪ Für Schöberln und Pofesen ▪ Püreesuppe
Zunge	▪ Grün, gepökelt, geräuchert. ▪ In Salzwasser mit Aromaten gegart.	▪ Gekocht, mit Wurzelgemüse in Krensauce ▪ Als Einlage für Farcen
Bries (Kalbsmilchner)	▪ Für kurze Zeit auswässern. ▪ In Wassermilch blanchieren. ▪ Außenhaut entfernen. ▪ In Briesrosen trennen oder in Scheiben schneiden.	▪ In Scheiben geschnitten gebacken oder sautiert ▪ Briesrosen als Ragout ▪ Für Pasteten und Terrinen
Kalbsleber	▪ Dünne Außenhaut abziehen; ▪ erst nach dem Garen salzen.	▪ In Scheiben oder Streifen geschnitten sautiert, geröstet, gebacken, glaciert ▪ Im Stück gebraten
Kalbsnieren	▪ Das Nierenfett bis auf eine schmale Schicht entfernen. ▪ In Scheiben schneiden oder in einzelne kleine Rosen (ähnlich Bries) abtrennen.	▪ Der Länge nach halbiert als Nierenbrateneinlage ▪ Gebraten (auch im Ganzen), glaciert, flambiert ▪ Am Spieß gebraten ▪ Als Sauté mit Bries
Kalbsherz	▪ Herzkranz entfernen. ▪ Herz halbieren – gut auswaschen.	▪ Gespicktes Rahmherz ▪ Gefülltes Kalbsherz ▪ Im Stück gebraten
Beuschel (Lunge)	▪ Grobe Röhren entfernen – gut waschen. ▪ Vor dem Garen auswässern.	▪ Salonbeuschel ▪ Weinbeuschel ▪ Lungenstrudel
Milz	▪ Mit dem Messerrücken/ Plattiereisen weich klopfen (zwischen Folie) und ausstreifen.	▪ Milzschnitten/-pofesen ▪ Milzpüreesuppe
Kutteln (Kälbermagen)	▪ Gründlich reinigen, wässern, weich kochen. ▪ Beliebig geschnitten (z. B. in Streifen) weiterverarbeiten.	▪ Kutteln in Weißweinsauce ▪ Kuttelflecksuppe

2.13 Schwein – Grob- und Feinaufteilung

Das Schwein wird halbiert oder geviertelt. Angeboten wird auch der Schweinestutzen, bestehend aus Schlegel und Karree. Beim Jungschwein wird der Rücken auch im Ganzen belassen. Die Fleischteile vom **Jungschwein** können mit **Fett** und **Schwarte** zubereitet werden.

Schwein

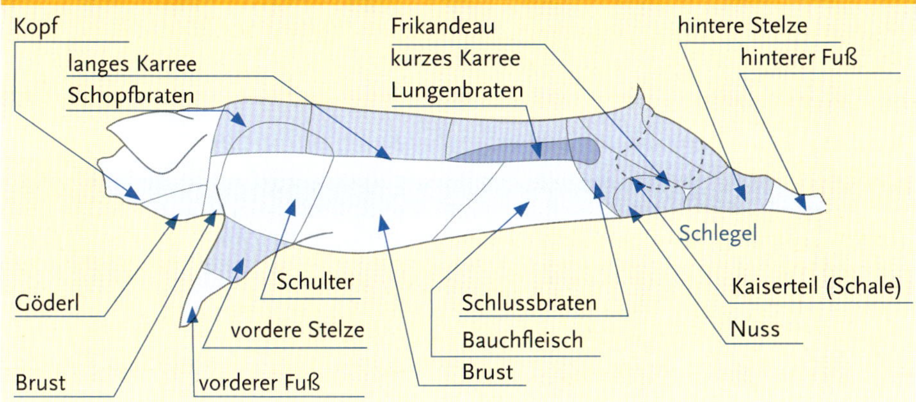

Schweineschlegel – Fleischteile

Aufteilung, Merkmale, Vorbereitung und Verwendungsmöglichkeiten des Schweineschlegels sind ähnlich wie beim Kalb.

Fleischteil	Verwendung
Kaiserteil (Schale)	■ Schnitzel ■ Rouladen
Nuss	■ Steaks, Schnitzel ■ Im Ganzen gebraten
Frikandeau	■ Schnitzel (typisch für Wiener Schnitzel) ■ Geschnetzeltes
Schlussbraten	■ Zarter Fleischteil im Ganzen zum Braten ■ Schnitzel, Medaillons, Spieß etc.
Hintere Stelze	■ Im Ganzen gebraten ■ Gekocht (in Scheiben) im Wurzelsud ■ Ausgelöst für Gulasch, Ragouts ■ Gesurt und gebraten ■ Geselcht und gekocht
Schweinsfüße	■ Gekocht für Klachelsuppe sowie Aspik- und Sulzherstellung

Karree mit Schopf

Fleischteil	Verwendung
Langes Karree	■ Im Ganzen natur gebraten oder gesurt – mit und ohne Rippen ■ Kotelette – mit und ohne Rippenknochen ■ Als Selchkarree in Fond gegart oder gebraten
Kurzes Karree	■ Ohne Knochen im Ganzen gebraten ■ Schweinesteaks – aus der ausgelösten, parierten Karreerose ■ Für Kotelettes ausgelöst – gedünstet, gegrillt, gebraten, gebacken
Lungenbraten, Filet (Schweinelendchen)	■ Zum Kurzbraten im Ganzen – z. B. Schweinsfilet Colbert ■ Als Portionsstücke – Medaillons, Spieß, Sautés.
Schopf	■ Wird zwischen 4. und 5. Rippe vom Karree getrennt ■ Ausgelöst und im Ganzen gebraten, geräuchert oder gesurt ■ Portioniert als Schweinskarbonade zum Grillen oder Braten

Benennen Sie die Fleischteile des Schweines.

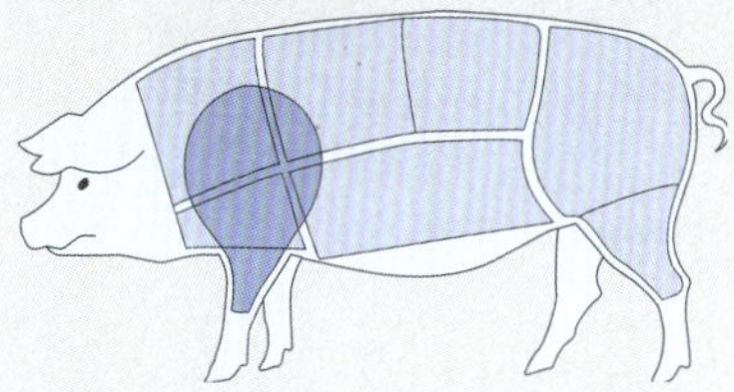

Die Grobaufteilung:
- Schlegel,
- Karree mit Schopf,
- Schultern,
- Brust/Bauch.

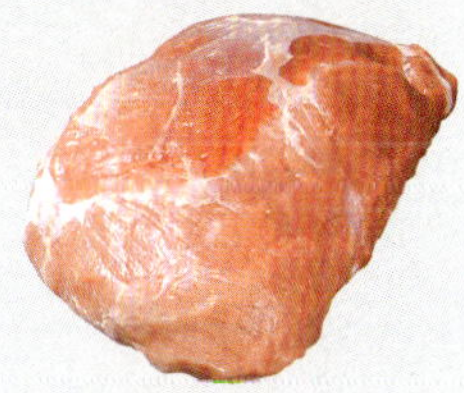
Schale

Nuss

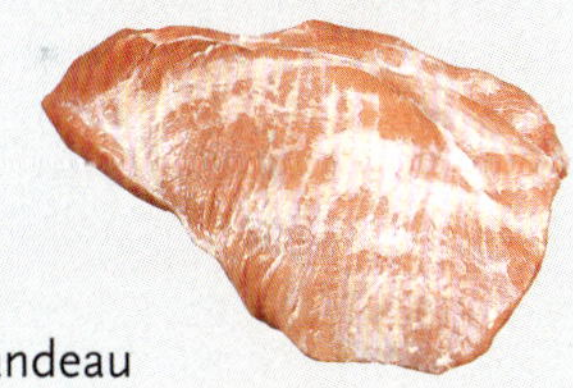
Frikandeau

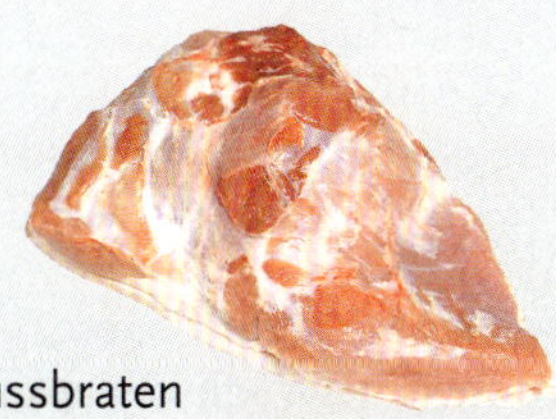
Schlussbraten

Karree

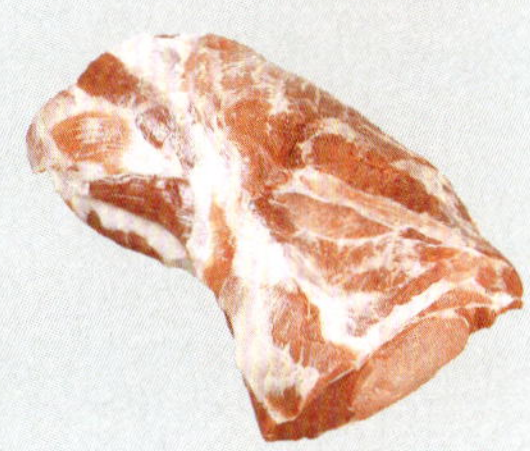
Schopf

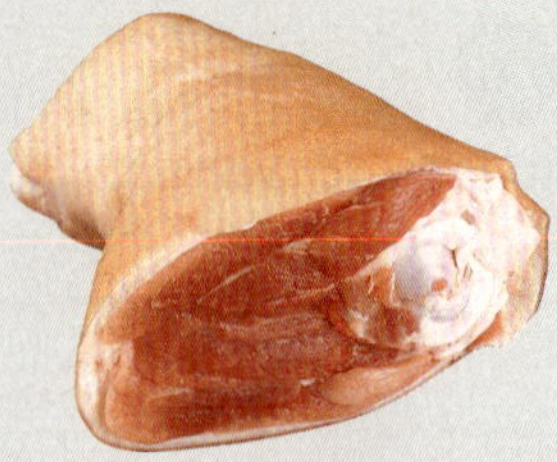
Schweinsstelze

Bauchfleisch

Durch gleichmäßiges Einsalzen wird die Schwarte besonders knusprig.

Eine Frage des guten Geschmacks – die Schweinsblase
Gründlich gereinigt – versteht sich – lässt sich auch dieses Organ posthum noch gebrauchen: In der französischen Küche wird darin Geflügel mit Trüffeln gegart.

Spareribs

Fleischige Schweinsrippen – aus dem Karree abgelöst und geteilt – werden süßsauer mariniert und gegrillt bzw. gebraten.

Schweinsschulter

Fleischteil	Verwendung
Schulterteil, ausgelöst	■ Im Ganzen gerollt, gebraten oder gekocht ■ Für Ragouts (Pörkölt, Curry, Szegediner Gulyás)
Vordere Stelze	■ Siehe hintere Stelze, S. 119

Brust, Bauch

Fleischteil	Verwendung
Schweinsbauch/ -brust ohne Rippenknochen	■ Gekocht, für Krenfleisch ■ Gebraten – mit Semmelfülle ■ Gesurt, gerollt und gebraten ■ Für Ragouts ■ Für Sulz ■ In Scheiben geschnitten, mariniert, zum Grillen ■ Geräuchert für Rohspeck, gedämpft für Hamburger Speck

Schröpfen von Schweinefleisch

Mit Schwarte gebratene Fleischstücke werden vorher geschröpft. Das Fleisch erhält dadurch eine gleichmäßige Kruste und lässt sich leichter portionieren:

- Fleischstücke mit der Schwarte nach unten in wenig Wasser blanchieren. Stelze im Ganzen kurz überkochen.
- Schwarte nicht zu tief in Tranchenstärke (einfach und quer) einschneiden.

Weitere „Schweinereien“

Fleischteil	Verwendung
Schweinsbacken	■ Gekocht (ebenso gesurt, geräuchert) oder gebraten
Kopf, Göderl	■ Gebraten (Kopf), gekocht ■ Für Sulz, Blut- und Leberwursterzeugung
Schweinsnetz	■ Zum Einschlagen von Fleischstücken (Crêpinettes) ■ Vor Verwendung gründlich auswässern

Innereien vom Schwein

Hirn, Zunge, Herz und Lunge werden genauso verarbeitet wie die des Kalbes (siehe S. 118).

Fleischteil	Verwendung
Schweinsnieren	■ Der Länge nach aufschneiden und Harnstrang entfernen, für die Weiterverarbeitung kurz in Milch einlegen ■ Gesäuerte Schweinsnieren
Schweinsleber	■ Für Suppeneinlagen: Leberknödel und -nockerln ■ Geschnetzelt, gebacken ■ Mit Faschiertem gemischt für Netzbraten

2.14 Lamm – Grob- und Feinaufteilung

Die grobe Teilung erfolgt in

- **Hinterstutzen:** Rücken, Schlegel (Keule) und
- **Vorderstutzen:** Schulter, Brust, Hals

Lamm

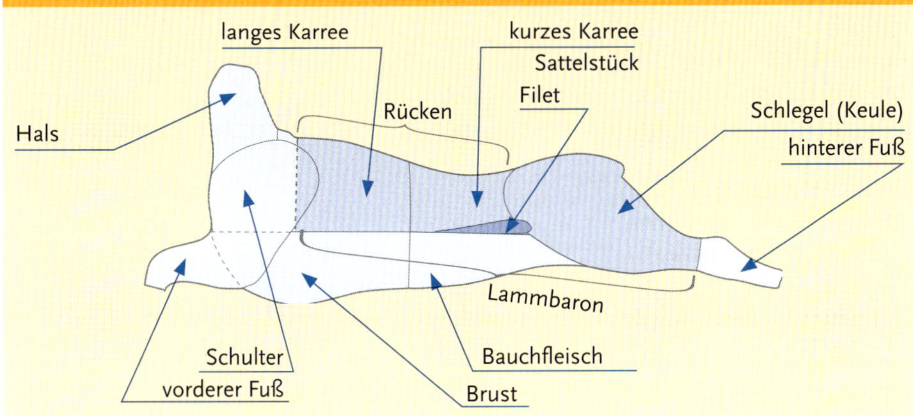

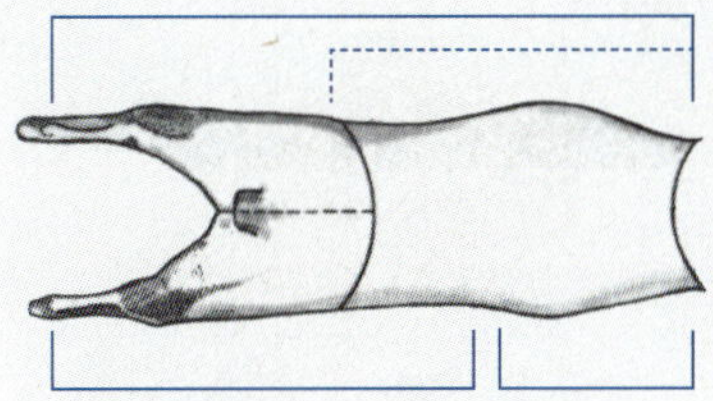

Beide Keulen mit Rückenteil werden in der Fachsprache als **Lammbaron (baron d'agneau)** bezeichnet.

Lammfleisch – Feinaufteilung

Fleischteil	Garung	Charakteristik und Verwendung
Lammschlegel	B, G, S	**Im Ganzen:** ▪ Gespickt und (ohne Schlussknochen) gebraten ▪ In Scheiben geschnitten, mariniert zum Grillen ▪ Hohl ausgelöst, gefüllt und gebraten oder im Sud gegart **Aufgeteilt (wie Kalbsschlegel):** ▪ Kleinteile, im Stück gebraten – als Crêpinettes, überkrustet ▪ Als Medaillons, Schnitzel, Sautégericht, Spieß etc.
▪ Mit hinterer Stelze		▪ Im Ganzen gebraten, im Wurzelsud gegart ▪ In Scheiben geschnitten und gedünstet ▪ Ausgelöst für Kleingerichte, Faschiertes
Lammrücken	B	▪ Sattel- und Rippenstück im Ganzen zum Braten
▪ „Lammchops"	KB	▪ Portionsstücke, quer aus dem Sattel mit Lungenbraten geschnitten, zum Kurzbraten
▪ Langes Karree	B, KB, G	▪ Im Ganzen oder als Portionsstück mit Rippenknochen zum Braten und Kurzbraten ▪ Für Lammkrone, wird mitunter gefüllt ▪ Für Koteletts (gebraten, gegrillt, überkrustet)
Kurzes Karree mit Lungenbraten	B, KB	▪ Wird von den flachen Rippen abgelöst ▪ Im Ganzen oder als Portion zum Braten und Kurzbraten ▪ In Koteletts geschnitten bzw. ausgelöst für Lammnüsschen ▪ Kurz gebraten (z. B. mit Lauchstreifen zu einem Zopf geflochten) ▪ Für Spieß, Sautés
Schulter	B, D, SCH	▪ Ausgelöst, mitunter gerollt, zum Braten und Dünsten ▪ Für Ragouts, Eintöpfe, Kleingerichte ▪ Unausgelöst in Scheiben geschnitten, als Schmorstück; auch zum Kurzbraten
▪ Mit vorderer Stelze		▪ Ausgelöst für Kleingerichte, Lammfaschiertes
Hals, ausgelöst/Brust	D, B	▪ Für Ragouts, Kleingerichte, Eintöpfe ▪ Mit Semmel-Spinat-Fülle ▪ Für Lammfaschiertes

Benennen Sie die Fleischteile des Lammes.

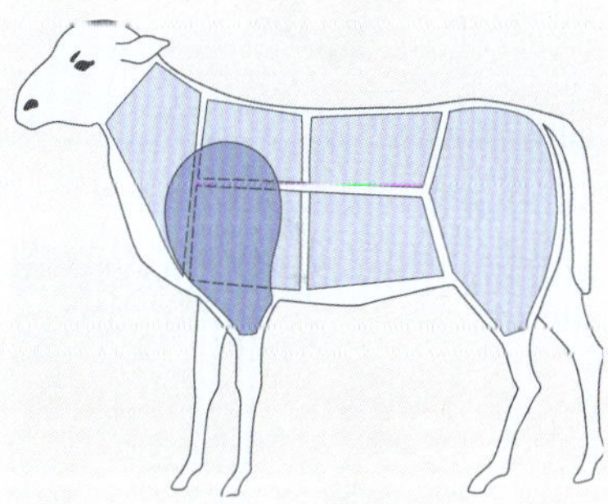

Lammschlegel

Lammschulter

Lammbrust

Lammrücken

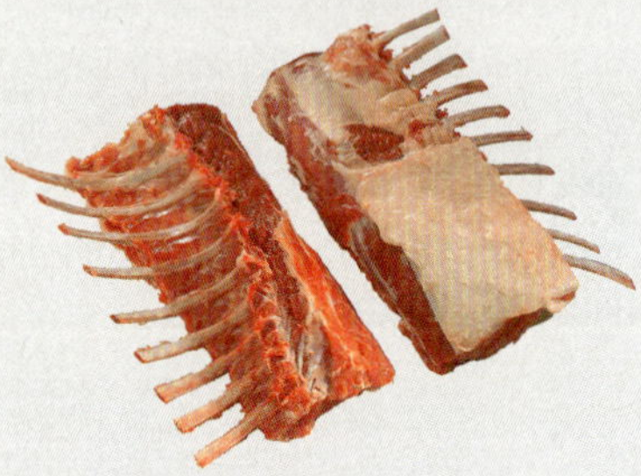

Lammkarree

Sattelstück

Spezielle Vorbereitung einzelner Lammteile

Rücken im Ganzen

- Lammrücken vom Brustteil abtrennen, dabei Rippenknochen länger belassen als die tatsächliche Karreebreite (siehe Foto Lammkarree).
- Fleisch von diesem Rippenteil ablösen – gründlich abschaben (paspulieren).

Weitere Arbeitsschritte

- Nieren mit Fett entfernen.
- Kleine Filets auslösen.
- Dünne, pergamentartige Haut und überschüssiges Fett entfernen.
- Rückensehnen entlang des Rückgratknochens auslösen.

Karree

- Für Karree den bereits vorbereiteten Rücken teilen.
- Das Fleisch beiderseits vom Wirbelknochen bis zum Rippenansatz ablösen.
- Vorbereiteten Rücken aufstellen, Wirbelknochen aushacken bzw. absägen.

Koteletts

- Üblicherweise werden für eine Portion zwei Rippenkoteletts und ein Stück vom ausgelösten Sattel gereicht.
- Die Stücke werden, abhängig von ihrer Fleischstärke, nach jeder zweiten Rippe aus dem Karree geschnitten. Das so portionierte Kotelett hat einen höheren Fleischanteil – der zweite Rippenknochen wird abgelöst.

Einfache oder doppelte Lammkrone

- Hierfür wird das parierte lange Rippenstück (oder auch zwei Karrees) zu einer Krone geformt und gebunden. Das Rückenfleisch befindet sich dabei auf der Innenseite. Der entstandene Hohlraum wird meist gefüllt.

Lammspalier

- Zwei vorbereitete lange Karrees mit abgeschabten Rippen werden so zusammengebunden, dass sich ihre Rippen kreuzen.

Sattelstück (niederer Rückenteil) – im Ganzen gebraten

a) Unausgelöst

- Den parierten Rücken nach der letzten Rippe abtrennen.
- Innere Wirbelsäulenwölbung etwas abschlagen oder heraussägen.
- Bauchlappen kürzen, einschlagen und das Fleischstück so in Form binden.

b) Ausgelöst

- Die Knochen werden so abgelöst, dass der Sattel im Ganzen bleibt – Bauchlappen einschlagen (Hohlraum kann mit Farce und Niere gefüllt werden) und binden.

Scheiben vom ausgelösten Lammsattel

- Lammsattel mit Hautlappen einrollen und so binden, dass aus dem ganzem Stück 2,5 bis 3 cm dicke Scheiben geschnitten werden können.

Vorbereitung von Lammchops (doppelte Koteletts mit Filetanteil)

- Bauchlappen am Sattel etwas länger belassen.
- Anschließend Portionsstücke quer durch den ganzen Sattel schneiden.
- Bauchlappen einschlagen, bridieren oder mit Spieß in Form bringen.

Vorbereitung des Lammschlegels zum Braten

Methode I – im Ganzen mit Knochen

- Schlussknochen ablösen, Rohrknochen mit Haxe belassen.
- Sollte der Lammschlegel vor dem Gast tranchiert werden, wird zusätzlich das Fleisch vom Stelzenknochen abgelöst (der freigelegte Teil dient so – in eine Serviette eingeschlagen – zum Halten des Bratenstückes).

Methode II – im Ganzen ohne Knochen, hohl ausgelöst

- Schlussknochen ablösen, Haxe am Gelenk abtrennen.
- Mit Ausbeinmesser den Röhrenknochen, von beiden Enden zur Mitte hin, mit kurzen Schnitten rundum vorsichtig auslösen – anschließend Knochen durchziehen.
- So vorbereiteten Schlegel bridieren – evtl. vorher füllen.
- Der Schlegel lässt sich nach dem Garen rascher und einfacher tranchieren.

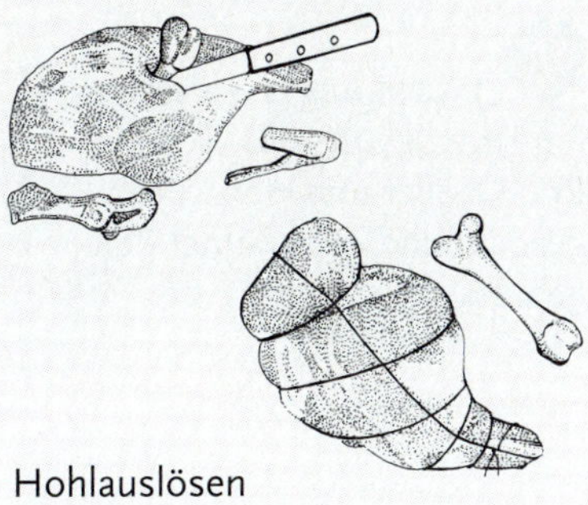

Hohlauslösen

Marinieren von Lamm

Um Lammfleisch einen besonderen Geschmack zu verleihen, werden vorbereitete Fleischstücke in Olivenöl mit passenden Aromen und frischen Kräutern (z. B. Rosmarin) mariniert.

Eine besonders aromatische Art ist, Lamm mit Knoblauch und Rosmarin zu spicken.

Innereien vom Lamm

Zubereitet werden **Zunge, Leber, Nieren, Lunge** ähnlich wie die des Kalbes (siehe S. 118). Die **Lammnieren** gelten als Spezialität.

Die Milz vom Lamm ist Risikomaterial und darf nicht verarbeitet werden!

2.15 Wild – Aufteilung und Vorbereitung

Die Aufteilung von Wild erfolgt wie beim Schlachtfleisch. Bei Hirsch, Reh und Hase wird der Rücken zumeist im Ganzen abgesetzt.

Übliche Zerteilung

- Vorderläufe (Schultern) ablösen.
- Anschließend beide Keulen abtrennen.
- Brustrippen mit Bauchlappen vom Rückenteil absägen.
- Halsstück abtrennen.

Allgemeine Verarbeitung der Wildfleischteile	
Rücken	Edelster Teil, der zum Braten, Braundünsten (z. B. Hase) und in Portionsstücke geteilt zum Kurzbraten geeignet ist
Keulen	Zum Braten, Braundünsten und in Portionsstücke geteilt auch zum Kurzbraten geeignet (z. B. Rehmedaillons)
Schultern, Hals	Zum Schmoren, für Ragouts, Kleingerichte und Farcen
Brust, Bauch	Für Kleingerichte, Farcen, Saucen und Suppenansatz

Vorbereitungsarbeiten für Reh und Gämse

Rücken im Ganzen vorbereiten

- Helle, feste Haut vorsichtig abziehen – Rückenfleisch nicht verletzen.
- Rippenknochen auf die Höhe des Sattels abschlagen bzw. kürzen.

Im Ganzen gebratene Rückenstücke, die z. B. für ein Büffet benötigt werden, wölben sich zumeist auf. Das lässt sich verhindern, indem man vor dem Braten einen Eisenstab durch den Rückenmarkkanal schiebt.

Karree vom Reh

- Rücken so abtrennen, dass die Rippenknochen länger belassen werden.
- Lungenbraten (kleine Filets) entfernen.
- Rückenfilet entlang der Wirbelknochen bis zum Rippenansatz ablösen, Rücken aufstellen und so beide Karreeseiten vom Rückgrat abschlagen.

Rückenfilet, ausgelöst

- Aus dem zuparierten Rücken Filets und Lungenbraten im Ganzen ablösen.
- Rückenfilets zum Kurzbraten in Stücke portionieren; für Nüsschen etc.
- Lungenbraten für Filetspitzen, Spieße oder z. B. als Pasteteneinlage verwenden.

Schlegel, im Ganzen zubereitet

- Schlussknochen ablösen, Haxenende absägen, dünne Haut abziehen.
- Schlegel hohl auslösen (siehe oben), in Form bringen und binden.

Schlegel, ausgelöst

- Haxe abtrennen, Schluss- und Röhrenknochen entfernen, Schlegelteile ablösen und parieren.

Hasenjunges – klassisch
Ein Ragout von Hals, Schulter, Brust, Leber und Herz wird gekocht und mit brauner Roux gebunden.

Die Zerteilung vom Wildschwein ist wie die des Schweins. Die Teile werden ähnlich wie Wild verarbeitet. Ganze und portionierte Stücke werden vor dem Zubereiten nach Bedarf auch bridiert, gespickt, bardiert oder mariniert.

Wussten Sie, dass ...
in der Wiener und der englischen Küche Stücke vom Wildschwein auch gekocht werden?

Bardieren siehe Geflügel, S. 111.

Bridieren mit der Bridiernadel
Zum Verschließen von Fleischstücken (z. B. gefüllter Kalbsbrust) wird der Spagat mit einer Nadel durchgezogen.

Für Rollbraten gibt es auch Fertignetze bzw. werden Brat- und Alufolie verwendet. Rouladen können auch mit Rouladennadeln in Form gebracht werden.

Grüner Speck = roher, reinweißer Speck – am besten vom Schweinerücken. Er wird auch zum Bardieren und für Grammeln verwendet.

Teilung von Hasen und Kaninchen in Portionsstücke

- Vorderläufe abtrennen.
- Hinterläufe ablösen und teilen (Schlussknochen und Haxenknochen entfernen). Brust- und Bauchlappen beiderseits des Rückens abschneiden.
- Kleines Halsstück vom Rückenteil trennen.

Vorbereitungsarbeiten für Wildschwein

Das Fleisch vom Wildschwein ist kräftig, intensiv und fettarm. Gefragt sind vor allem junge Tiere – „Frischlinge". Ausgewachsene Tiere schmecken am besten in einem Alter von ein bis zwei Jahren.

Fleischteil	Verwendung
Keulen und Rücken (Karree) von jüngeren Tieren	■ Ergeben beste Bratenstücke. ■ Ausgelöst und portioniert werden sie zu Medaillons und zu Koteletts verarbeitet.
Keulenteile und Rücken von älteren Tieren	■ Werden zumeist geschmort; um den teils intensiven Geschmack zu mildern bzw. um das Fleisch mürber zu machen, wird Wildschweinfleisch gerne in Buttermilch mariniert oder in passende Beize eingelegt (Marinieren siehe S. 125).
Schulter	■ Die Schulter wird geschmort oder gleich wie Hals, Brust und Bauchlappen für Ragouts verwendet.

2.16 Bridieren, Spicken, Marinieren

Bridieren – in Form bringen

Um vor allem größere Fleischstücke in Form zu bringen, werden sie mit für Lebensmittel geeignetem Küchenspagat zusammengebunden.

Und so geht's

- Ein langes Stück Küchenspagat nehmen und ein Ende um das Fleisch binden.
- Garn um die Hand schlingen, die so entstandene Schlaufe um das Fleisch legen und festziehen.
- Den Vorgang jeweils im Abstand von 2–3 cm wiederholen.
- Die zweite Möglichkeit ist, das Fleischstück mit Einzelschlaufen zu bridieren.

Einschlagen in ein Schweinsnetz

In ein Schweinsnetz eingeschlagen werden z. B. Filet Colbert, Crêpinettes, Hühnerbrüstchen, faschierter Braten.

- Vor Verwendung das Schweinenetz mindestens für eine Stunde wässern (kann sonst beim Garen einen unangenehmen Geruch entwickeln).
- Vorbereitetes Bratenfleisch in das Schweinenetz einschlagen.

Spicken

Mageres Schlachtfleisch bleibt saftiger, wenn es vorher gespickt wird. Fett gilt als Geschmacksträger und schützt vor Austrocknen. Gespickt wird mit grünem Speck, der vorgekühlt und in ca. 7 cm lange und 4 mm dicke Streifen geschnitten ist, oder Gemüse, wobei hier vor allem die Optik positiv beeinflusst wird.

Spicktechniken		
Spicken mit Spicknadel	■ Mit der Spicknadel dünne Streifen an der Fleischoberfläche durchziehen.	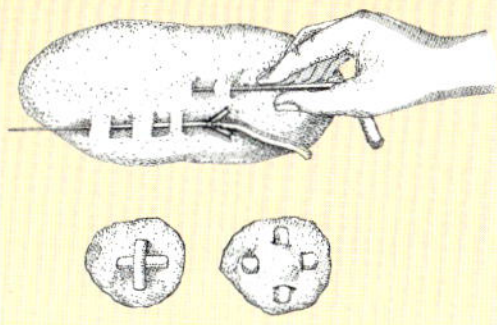
Lardieren	**Methode I:** ■ Speckstreifen mit dem Spickstab in das Fleisch ziehen. **Methode II** ■ Fleisch mit einem Spickmesser längs der Faser einschneiden. ■ Speckstreifen, Gemüse oder Gurkerln etc. in die Schnittstelle schieben.	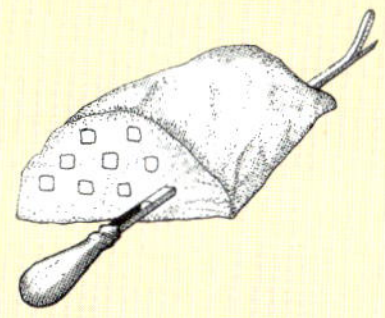
Keilspicken	■ Fleisch mit einem kleinen Messer längs der Faser schräg einschneiden; Knoblauch, Rosmarin etc. einschieben.	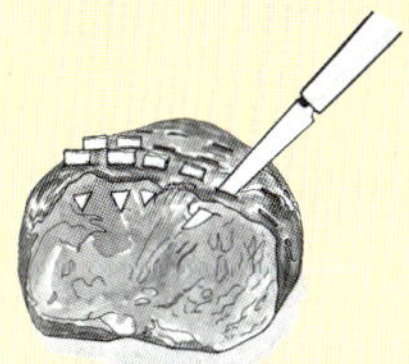
Spicken von Rehrücken	■ Vorbereiteten Rehrücken mit Spickspeck in Zweierreihen versetzt in einem Abstand von 2 cm spicken.	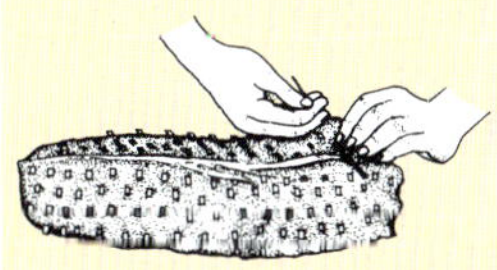
Spicken eines Rehschlegels im Ganzen	■ Vorbereitetes Fleisch in Abständen von ca. 2 cm verschoben spicken.	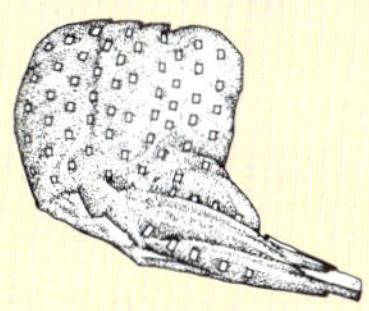
Spicken von Portionsstücken	■ Medaillons, Steaks und Nüsschen an der Oberfläche kreuzweise spicken.	

Marinieren/Beizen

Um Schlachtfleisch, Wild, Geflügel, Fisch, aber auch Gemüse geschmacklich zu verbessern, werden sie in Marinaden eingelegt:

- Das Fleisch wird mürber.
- Durch Einlegen in Öl wird ein Austrocknen verhindert.
- Marinierte Stücke werden für kurze Zeit konserviert.
- Bei älterem Wild wird der möglicherweise starke Wildgeruch gemindert.

Kurzmarinaden

Ölmarinaden

- Öl wird mit passenden Kräutern und Gewürzen vermengt.
- Ergänzt wird mit Zitronensaft (bei Wild mit Orangen- und Zitronenschale), Senf, Zwiebel, Knoblauch, Chili, Spezialessig etc.

Kurzmarinaden aus Alkohol

Kurzmarinaden aus Alkohol (mit Portwein oder Weinbrand) werden vorwiegend zum Marinieren von Farcebestandteilen und Gänseleber etc. verwendet.

Rohe und gekochte Marinaden/Beizen

Sie bestehen zumeist aus einem Säuerungsmittel, wie etwa Wein oder Essig, und werden durch Gemüse, Kräuter und Gewürze ergänzt.

Die Art des Spickens richtet sich nach der Fleischgröße

- **Kleine Fleischstücke** oder Portionsstücke (Nüsschen, Hasen-/Rehrücken) werden an der Oberfläche, nicht zu tief, mit schmalen Speckstreifen gespickt.
- **Große Fleischstücke** Rinderbraten) werden mit stärkeren Streifen/Gemüsestiften im inneren Fleischteil gespickt (lardiert).

Vor dem Spicken Faserverlauf prüfen, gespickt wird immer mit der Faser!

Wussten Sie, dass ...
auch Fisch gespickt werden kann, z. B. gespicktes Hechtfilet auf Kürbisrahmkraut?

Beizen
Der Ausdruck wird in der österreichischen Küche v. a. für Marinaden für älteres Wild und dunkles Schlachtfleisch verwendet.

Verwendung der Ölmarinaden
Für junges, zartes Fleisch, Wild, Geflügel, Fisch und für Grilladen (Koteletts, Filets, Spieße, Medaillons, Gemüse etc.).Für

Je nach Fleischart kann auch ein Teil Essig beigemengt werden. Zu stark gesäuerter Fond eignet sich allerdings nicht zur Weiterverwendung.

In gekochter Beize hält sich Fleisch länger als in roher.

In der asiatischen Küche ist das Marinieren mit Würzsaucen wie beispielsweise Sojasauce beliebt.

Notizen zu den Arbeitsaufgaben:

Rohe Marinade

Zutaten für ca. 1 kg Fleisch:	GRUNDREZEPT
3/8 l Weißwein (für Wild und dunkles Fleisch Rotwein verwenden)	■ Alle Zutaten werden roh verwendet. ■ Fleisch schichtweise mit dem in Scheiben geschnittenen Gemüse und den Gewürzen in eine Schüssel geben – mit Wein abdecken – mit Öl abschließen. ■ Ca. 1–3 Tage gekühlt aufbewahren.
0,30 l Öl	
0,10 kg Zwiebeln	
0,15 kg Karotten, Sellerie, Petersilienwurzel	
Lorbeerblatt, Thymianzweig, Petersilienstiele	ABLEITUNG **Gekochte Marinade** ■ Alle Zutaten werden erhitzt. ■ Wein- bzw. Essigmenge geringfügig erhöhen. ■ Gemüse in wenig Öl andünsten – mit den restlichen Zutaten zum Kochen bringen – ca. 15 min leicht köcheln. ■ Restliches Öl beimengen – abgekühlt über das vorbereitete Fleisch gießen – gekühlt mindestens 24 Stunden ziehen lassen.
1 Knoblauchzehe, 2 Nelken	
Pfefferkörner, Wacholderbeeren	

Anmerkungen

- Erst unmittelbar vor bzw. während der Weiterverarbeitung salzen.
- Fleisch, das für längere Zeit in Marinade gelegt wird, verliert Eiweiß. Wenn die Flüssigkeit weiterverwendet wird, muss sie vorher aufgekocht und abgeseiht werden. Der geronnene, graue Eiweißschaum wird dadurch entfernt.
- Um unerwünschte Saftbildung bei der Garung zu verhindern, mariniertes Fleisch sorgfältig mit Küchenkrepppapier trocken tupfen.

Marinaden aus Milchprodukten

- **Sauermilch/Buttermilch** mit Kräutern und Gewürzen versetzt, 1–2 Tage marinieren; geeignet z. B. für Hase und Wildschwein.
- **Joghurt** mit Kräutern und Gewürzen – eine in der Küche des Mittleren Ostens beliebte Marinade für Geflügel.

Arbeitsaufgaben

1. Beschreiben Sie die allgemeinen Arbeiten zur Vorbereitung von Lebensmitteln.
2. Wie bereiten Sie weißen Spargel zu? Was ist dabei besonders zu beachten?
3. Bereiten Sie eine Ananas für Fruchtsalate vor.
4. Wie funktioniert das 3-S-System?
5. Wie wird Geflügel vorbereitet? Welche unterschiedliche Arten des Bridierens kennen Sie?
6. Beschreiben Sie die Fleischteile der Rindsschulter und ihre Verwendung.
7. Beschreiben Sie die Fleischteile des Kalbsschlegels und ihre Verwendung.
8. Wie wird richtig gespickt?
9. Welche unterschiedlichen Marinaden zum Einlegen von Fleisch kennen Sie?

3 Garmethoden

3.1 Übersicht über die Garmethoden

In nahezu allen internationalen Küchen bilden die Garmethoden die Grundpfeiler jeder Speisenherstellung. Man unterscheidet:

Klassische Garmethoden	Schonende Garmethoden	Garmethoden im Spezialgeschirr	Vollendende Garmethoden	Kombinierte Garmethoden
▪ Blanchieren/Überkochen ▪ Pochieren/Garziehen ▪ Kochen/Sieden ▪ Dämpfen ▪ Dünsten ▪ Braten ▪ Grillen ▪ Frittieren/Schwimmend ausbacken in Fett ▪ Backen im Rohr	▪ Garen in Backtrenn- oder Pergamentpapier ▪ Garen in der Alufolie ▪ Garen in der Bratfolie	▪ Tontopf ▪ Saftomat ▪ Vapeur oder Steamer ▪ Wok	▪ Gratinieren ▪ Glacieren  Glacierte Karotten	▪ Cook and Chill ▪ Cuisson sous vide

3.2 Klassische Garmethoden

Blanchieren/Überkochen

↓

in Wasser

Blanchieren in Wasser ist **kurzes Überkochen in viel kochendem Wasser** und anschließendes sofortiges kaltes Abschrecken. Der Topf wird dabei nicht zugedeckt. Blanchieren ist meist eine **vorbereitende Maßnahme** vor einer weiteren Verarbeitung.

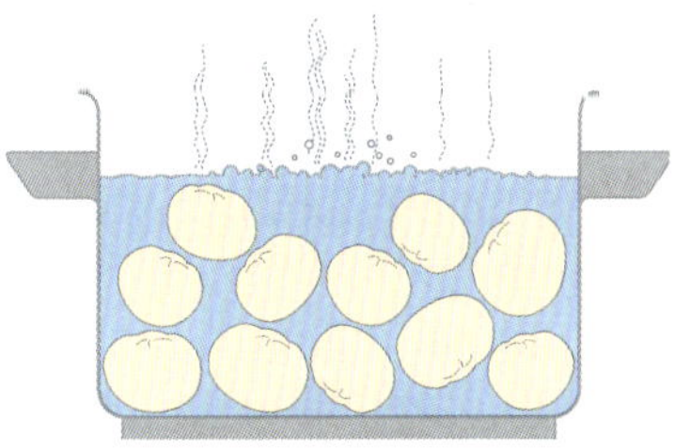

Geeignet für

↓

Gemüse, wie z. B. Tomaten, Spinat, Kohl; Obst, wie z. B. Pfirsiche; Knochen, Karkassen etc.

↓

in Fett

Blanchieren in Fett ist kurzes Vorbacken in heißem Fett; anschließend gut abtropfen lassen.

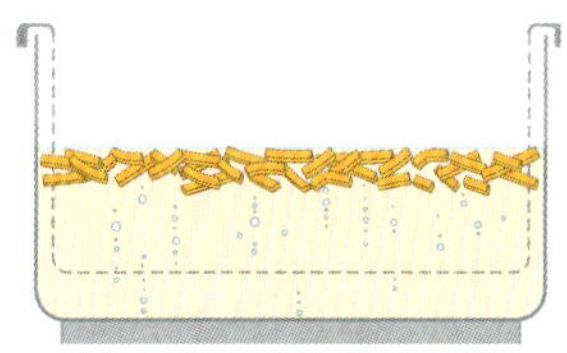

Geeignet für

↓

dick geschnittene Kartoffeln, Pommes frites.

Anmerkungen

- Zum Blanchieren immer ausreichend Wasser verwenden! Das Gargut muss völlig mit kochender Flüssigkeit bedeckt sein, das Wasser darf beim Einlegen des Garguts nicht zu kochen aufhören.
- Kohlgemüse verliert durch das Blanchieren den scharfen Geruch und evtl. Bitterstoffe.
- Grünes Gemüse wird blanchiert, damit es die Farbe behält.
- Gemüse wird vor dem Tiefkühlen blanchiert.
- **Blanchieren von Knochen, Karkassen:** Die Knochen werden durch das Blanchieren vorgereinigt, Knochenmehl wird entfernt, Fett, das den Fond eintrüben kann, wird beseitigt.
- **Blanchieren als Schälhilfe:** Um Gemüse, Nüsse oder Früchte mit dünnschaliger Haut besser schälen bzw. enthäuten zu können, werden sie kurz blanchiert. Beispiele sind Tomaten, Pfirsiche oder Mandeln.

Pochieren/Garziehen

Garziehen ist ein **schonendes Garverfahren** bei ca. 70–80 °C in wenig oder viel Flüssigkeit (Wasser, Fond) oder im Wasserbad. Pochiert wird offen, teilweise zugedeckt oder ganz zugedeckt.

↓

Im Fond, mit wenig Flüssigkeit oder schwimmend

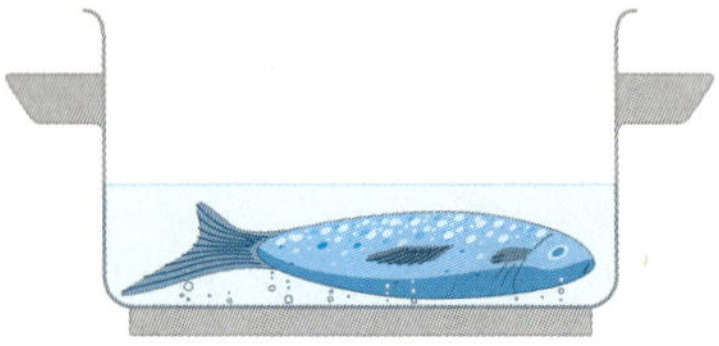

im Fond

Geeignet für

↓

zartes Geflügel oder Fleisch, Fische im Ganzen oder in Tranchen, Meeresfrüchte etc.

↓

Im Wasser, schwimmend unter Zugabe von Essig, Salz oder Zucker

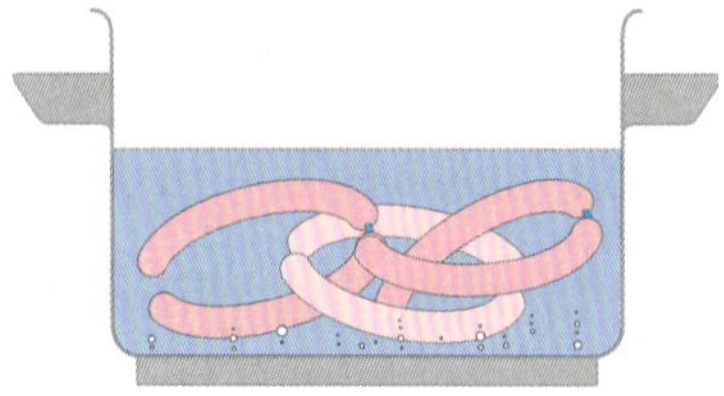

im Wasser

Geeignet für

↓

Eier ohne Schale, Wurstwaren, süße und pikante Knödel, Farcenockerln, Obst etc.

↓

Im Wasserbad

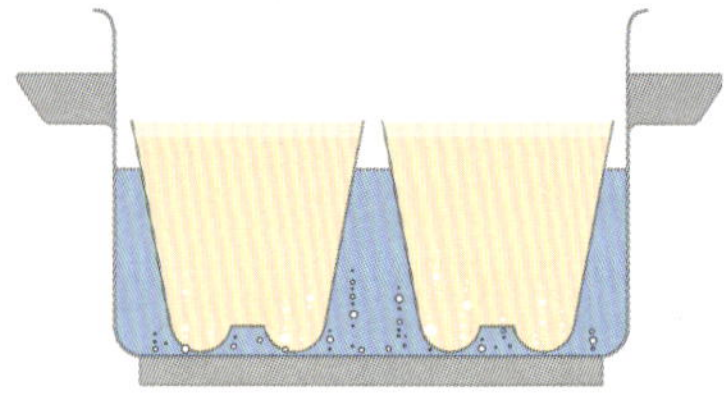

im Wasserbad

Geeignet für

↓

Eierstich, Puddings und Flans, Aufläufe, Galantinen, diverse Süßspeisen und zum Aufschlagen von Massen, Cremen, Parfaits etc.

Anmerkungen

- Beim Pochieren darf die Flüssigkeit nie zu kochen beginnen, sonst bleibt das Gargut (z. B. Fleisch) nicht saftig. Beim Pochieren im Wasserbad würde durch zu hohe Temperatur das Gargut im Randbereich austrocknen.
- Die Flüssigkeitsmenge richtet sich nach dem jeweiligen Gargut. Kleine Portionsstücke, z. B. Fischfilets, werden mit wenig Flüssigkeit untergossen. Große Stücke mit längerer Garzeit sollten mit Flüssigkeit leicht bedeckt sein.
- Nicht immer kommt das Gargut in die heiße Flüssigkeit. Bei Verarbeitung von großen, ganzen Fischen werden diese, um ein gleichmäßiges Garen zu erreichen, in **kalter** Pochierflüssigkeit zugestellt.
- Manche Garprodukte steigen beim Pochieren an die Oberfläche. Damit die Gartemperatur gleichmäßig verteilt wird, kann mit Butterpapier, Leinen oder einem Deckel (optimal ist ein Glasdeckel für die Sichtkontrolle) mehr oder weniger abdeckt werden.
- Geringe Flüssigkeitsmengen kochen allzu leicht auf. Durch die gleichmäßige Hitzeverteilung im Backrohr kann dies vermieden werden.
- Achtung „Blaukochen"! Dies ist ein irreführender Begriff, denn der Fisch (z. B. Forelle) wird keinesfalls gekocht, sondern pochiert.

Kochen

↓

Gekocht wird **in viel sprudelnder Flüssigkeit.**

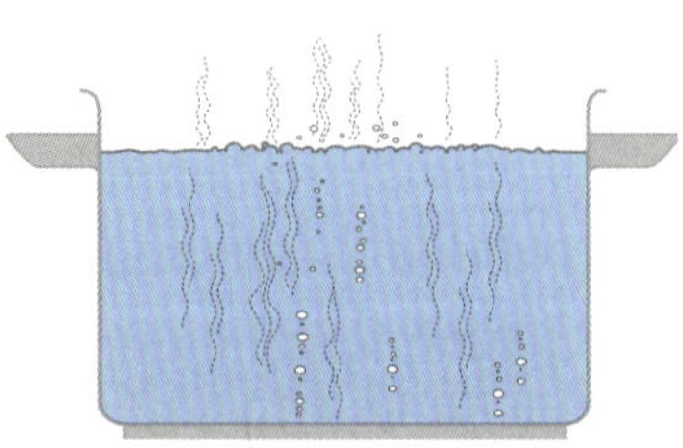

Geeignet für

↓

fast alle Garprodukte; eine Ausnahme sind sehr zarte Fleischstücke wie z. B. die Filets aller Fleischsorten.

Sieden

↓

Sieden ist ein **sanftes Köcheln** des Garguts **in leicht wallender Flüssigkeit.**

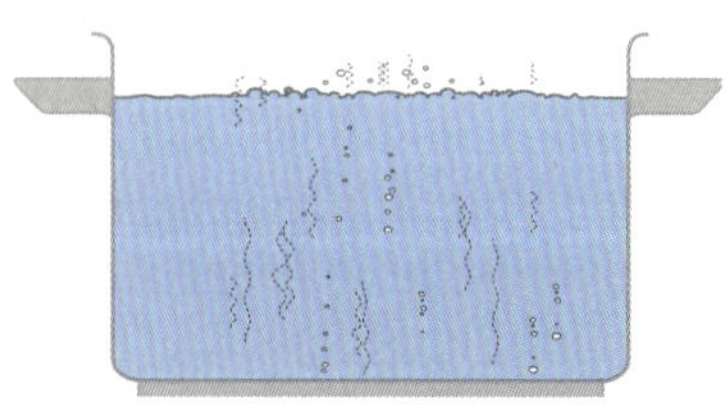

Geeignet für

↓

traditionelle Rindfleischstücke zum Sieden: Hüferschwanzel, Schulterscherzel, Kavalierspitz, mageres und fettes Meisel, Kruspelspitz, Tafelstück, Brustkern, Beinfleisch, Fledermaus und Ochsenschlepp. Ebenso werden klare Suppen und Fonds gesiedet.

Anmerkungen

- Die meisten Nahrungsmittel werden in die kochende bzw. siedende Flüssigkeit eingelegt. Ausnahmen sind Kartoffeln, Hülsenfrüchte, Trockenobst, Suppenknochen und -fleisch.
- Je nach Nahrungsmittel wird offen (Teigwaren, Kohl- und Blattgemüse etc.) oder zugedeckt (Kartoffeln) gekocht.
- Das Gargut soll zur Gänze mit Flüssigkeit bedeckt sein.
- Damit Siedefleisch saftig bleibt und der Fond nicht trüb wird, darf die Flüssigkeit nicht kochen.

Dämpfen

ohne Druck

Dämpfen ist **Garen im Dampf ohne Druck.** Gegart wird im Wasserdampf – in der Kasserolle mit Siebeinsatz, im Heißluftdampfgerät (Dampfgarer) oder im Bambuskorb (asiatische Küche). Das Charakteristische dieser Garmethode ist, dass das Dämpfgut nicht mit dem Wasser in Berührung kommt und somit nicht ausgelaugt wird. Dadurch bleiben der Eigengeschmack und die Wirkstoffe besser erhalten.

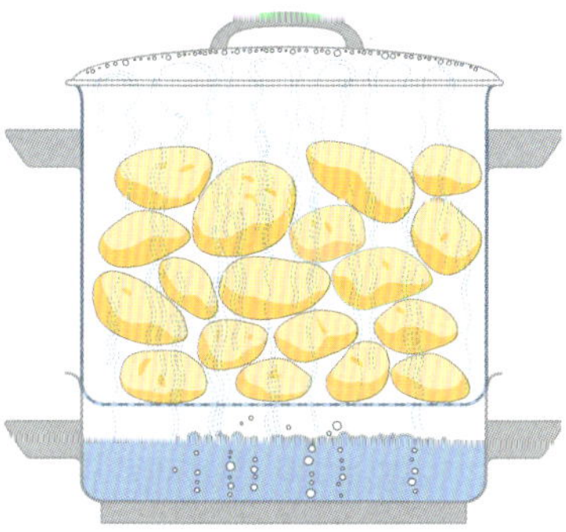

Geeignet für

Gemüse, Kartoffeln, zartes Fleisch und Geflügel, Fisch, Meeresfrüchte, Getreideprodukte und zum Regenerieren von vorgegarten Speisen.

mit Druck

Dämpfen mit Druck ist **Schnellgaren im Dampf** bei Temperaturen über 100 °C und einem Druck von 0,3–1 bar (hängt vom Gargut ab). Die Garzeit kann durch den Druck bis zu 50 % reduziert werden.

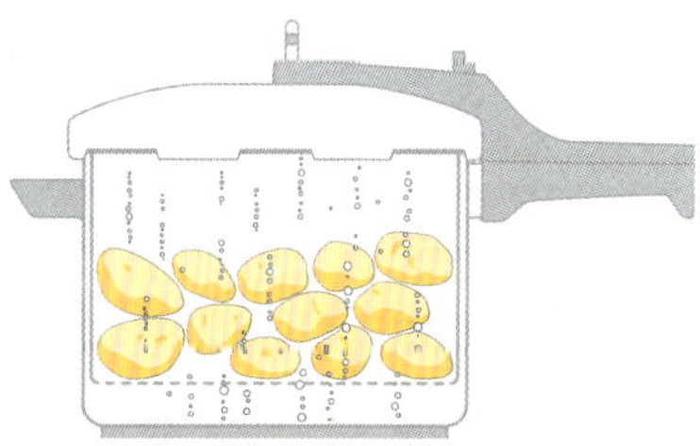

Geeignet für

- **Im Dampfdruckkochtopf:** Klare Suppen und Fonds, Ragouts, Kartoffeln und Gemüse.
- **Im Hochleistungsdämpfer (Steamer):** Gemüse, Kartoffeln, Reis, große Bratenstücke (Rind).
- **Schnellgaren mit Druck und Dampf** (Dampfdruck kann dem Gargut angepasst werden): Schlachtfleisch, Geflügel, Gemüse, Kartoffeln, Reis; zum Regenerieren.

Anmerkungen

- **Vorsicht, heißer Dampf!** Um eine Verbrennungsgefahr im Gesichts- und Handbereich beim Öffnen zu vermeiden, den Deckel immer mit Geschirrtuch und genügend Abstand zum Gesicht öffnen.
- Damit wertvolle Aromastoffe nicht verloren gehen, sollte die Kasserolle weder zu früh noch zu lange während des Garvorgangs geöffnet werden.
- Damit nicht unnötig Dampf entweicht, Kasserolle mit Deckel gut verschließen.
- Die Flüssigkeit sollte sanft köcheln, so wird das Gargut gleichmäßig umdämpft.
- Bei zu starker Hitze verdampft die Flüssigkeit zu rasch, daher Flüssigkeitsmenge kontrollieren.
- Zum Dämpfen kann ebenso gesalzenes Wasser oder eine beliebig aromatisierte Flüssigkeit – abgestimmt auf das Garprodukt – verwendet werden.
- **Achtung, den Dampfdruckkochtopf nie ganz anfüllen:**
  - Mit Flüssigkeiten maximal halbvoll füllen.
  - Mit Gargut maximal zweidrittelhoch füllen (z. B. Kartoffeln).

Dünsten

Dünsten ist Garen im Saft.

Naturdünsten

Es wird ein Ansatz hergestellt, d. h., gehackte Zwiebeln, geschnittenes Gemüse oder Speck werden angeröstet und mit Flüssigkeit (Wasser, Fond, Wein) aufgegossen, das Gargut wird in den Saft eingelegt und gedünstet, die Flüssigkeit darf nicht stark kochen.

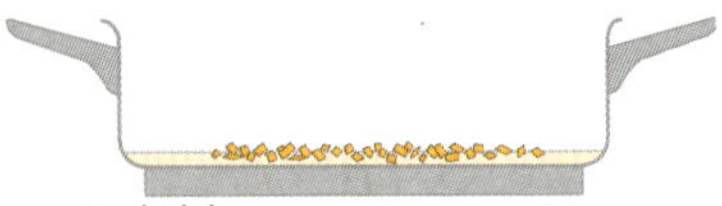

Ansatz bilden

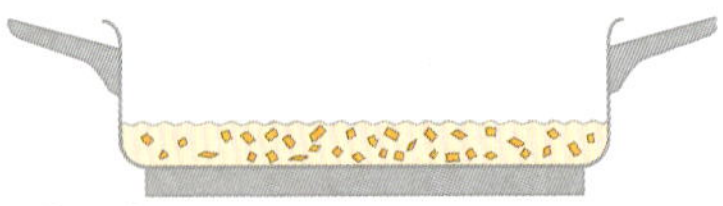

Aufgießen

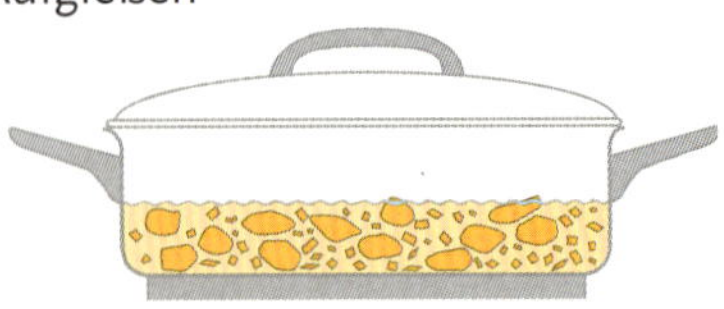

Gargut einlegen

Geeignet für

↓

Gulasch, Saftfleisch, Ragouts, Kohl, Kraut, Fisch.

Hellbraun dünsten (Poelieren)

Das Dünstgut wird in Butter gebräunt bis zur leichten Farbgebung, mit wenig Flüssigkeit untergossen, zugedeckt und gedünstet (= Garen in wenig hellbraunem Saft).

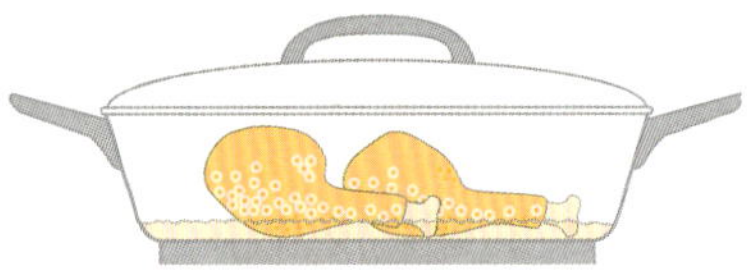

Geeignet für

↓

Kalb- und Lammfleisch (z. B. Filets, Koteletts oder Kalbsnieren), Geflügel, Fisch, Gemüse.

Braundünsten oder Schmoren (Braisieren)

Das Dünstgut wird **auf dem Herd** in sehr heißem Fett stark angebraten, mit wenig Flüssigkeit untergossen und **im Rohr** zugedeckt gedünstet (= Garen in wenig gebräuntem Saft). Es muss immer wieder Flüssigkeit zugegeben werden, bis das Kochgut gar ist. Dadurch und durch das Anbraten erzielt man eine sehr gute Sauce. Kleinere Fleischstücke können auch auf dem Herd zugedeckt gedünstet werden, wobei leichter die Gefahr des Anbrennens besteht.

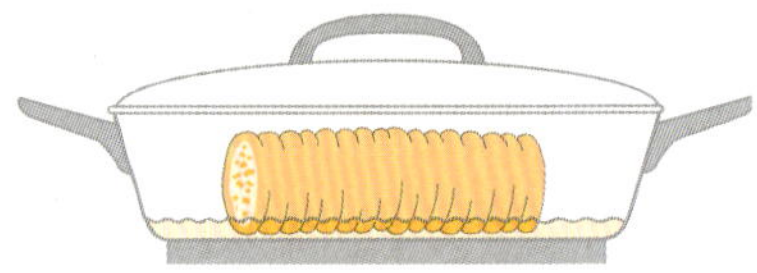

Geeignet für

↓

gröberes Schlachtfleisch, Wild und Wildgeflügel in ganzen Stücken oder portioniert; größere Fleischstücke, z. B. vom Rind (Schlegelteile, Ochsenschlepp, dicke Schulter), die meist wenig Fett aufweisen und eher grobfaserig sind. Geschmort werden aber auch zartere Fleischteile wie Teile vom Kalb (Ossobuco) oder Kaninchen sowie gefüllte Gemüse (z. B. gefüllte Paprika, Kohlrouladen).

Anmerkungen

- Das Gargut darf keinesfalls in zu viel Flüssigkeit liegen. Bei optimaler Hitze steigen nur kleine Bläschen an die Oberfläche. Der Ansatz sollte während der Garzeit mehrmals gleichmäßig eingehen, Flüssigkeitsmenge kontrollieren, evtl. zwischendurch untergießen.
- Zum Dünsten nur hitzebeständiges Fett verwenden.
- Die Topfgröße der Garmenge anpassen, da in zu großen Töpfen die Garflüssigkeit zu rasch verdunstet.

Braten in der Pfanne

Kurzzeitbraten	Schwingend rösten, sautieren
Beidseitiges kurzes Braten in wenig sehr heißem Fett (ganz ohne Flüssigkeit).	Klein geschnittenes Gargut – in Würfel oder geschnetzelt – in wenig heißem Fett schwingend rösten. Je nach Rezept im Saft oder in Sauce ziehen lassen – nicht kochen!
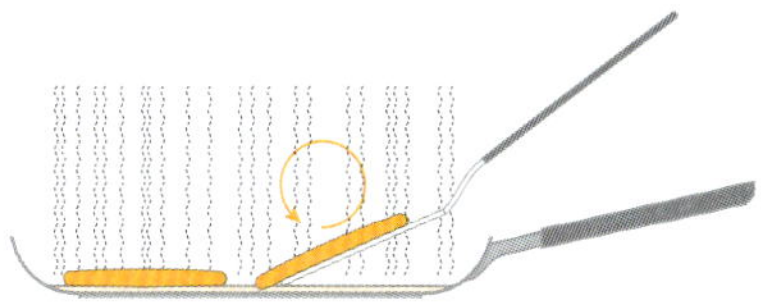	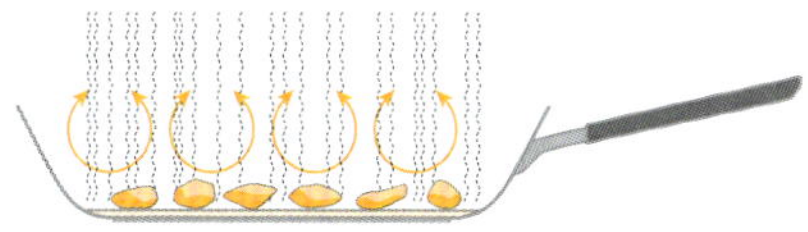
Geeignet für	**Geeignet für**
zartes Rind-, Schweine-, Kalb-, Lammfleisch oder Wild in Portionsstücken, Geflügel, Innereien, Fisch, Meeresfrüchte, blanchierte Kartoffeln, Melanzani, Tomaten, Zucchini etc.	sehr zartes Rindfleisch wie Rindslungenbraten (Bœuf Stroganow), Kalbfleisch, Schweinslungenbraten, Hühner- oder Putenbrust, blanchierte Kartoffeln.

Vorbereiten des Fleisches zum Braten in der Pfanne

- Fleischstücke von Häuten und Sehnen befreien.
- Fleischeigenes Fett gilt als Geschmacksträger und sollte während des Bratens am Fleisch belassen werden (Roastbeef, Rumpsteak, Kotelette etc.).
- Fleischstücke mit geringem Fettanteil können mit Speck umwickelt werden.
- Fleisch quer zur Faser portionieren.
- Fettrand und Innensehnen einschneiden.
- Je nach Fleisch- und Schneideart mehr oder weniger plattieren.
- Erst knapp vor dem Zubereiten salzen bzw. würzen.

Anmerkungen

- Zum Braten eignet sich nur zartes, abgehangenes, feinfaseriges Fleisch (z. B. Medaillons, Schnitzel, Koteletts, Steaks), ebenso Leber und Nieren.
- **Fett spielt beim Braten eine wichtige Rolle**
  Ein wesentlicher Teil des Bratens ist das rasche Verkrusten der Fleischoberfläche. Das Fett muss entsprechend heiß sein, da sonst das Garstück Saft lässt, zu schmoren beginnt und in der Folge zäh wird. Die nötige Anfangstemperatur ist erreicht, wenn das Öl an der Oberfläche feinste Wellen wirft bzw. kurz vor dem Rauchpunkt ist. Zum Braten sollte nur hitzebeständiges Fett (Speiseöl) verwendet werden. Bei reduzierter Hitze kann Öl zusammen mit Butter verwendet werden – der Geschmack wird wesentlich beeinflusst (Vorsicht – Butter bräunt rascher).
- **Zartes, saftiges Fleisch „klebt" am Pfannenboden an**
  Durch das Einlegen der Fleischstücke wird teilweise das Öl, welches eine Trennschicht bildet, nach außen verdrängt. In der Folge verbindet sich das Fleischeiweiß mit dem Pfannenboden – daher Fleischstücke nach einigen Sekunden Anbratzeit hochheben bzw. durchschwenken.
- **Kurzbraten von größeren Stücken**
  Größere Fleischstücke (T-Bone-Steak) werden in der Pfanne zu erst in heißem Fett angebraten und bei reduzierter Hitze – zumeist im Rohr – fertig gegart.
- **Arrosieren von größeren Portionsstücken**
  Dicker geschnittene Bratenstücke, wie z. B. Steaks, werden während des Garens des Öfteren mit Bratenfett übergossen – das Garstück bleibt saftiger und kühlt an der Oberfläche nicht aus.
- **Soll das Bratenstück vor oder nach dem Garen gesalzen werden?**
  Bei Stücken, die unmittelbar vorher gesalzen werden, tritt etwas mehr Fleischsaft aus, jedoch ist der Fleischgeschmack durch stärkeres Verkrusten abgerundeter. Dünnere Grilladen können erst in der Mitte der Garzeit bzw. am Ende gesalzen werden. Dabei kann es passieren, dass sich das Salz nur schwer auflöst.
  Manche Fachleute salzen das Fleisch erst nach dem Anbraten. Leber oder Nieren sollten generell nach dem Braten gesalzen werden.
- **Dicker geschnittene Fleischstücke (Chateaubriand) unbedingt rasten lassen!**
  Der Saft muss nach dem Braten wieder in die Fleischzellen zurückgehen. Dazu lässt man es rasten. Das Fleisch wird dadurch saftiger und zarter im Biss.
- **Vor dem Anrichten die Portionsstücke auf der Unterseite kurz trockentupfen**
  Es wird so ein unansehnliches Verrinnen mit der Sauce auf dem Teller vermieden.

Braten im Rohr

Langzeitbraten mit Fett

Gargut bei 200–250 °C im Brat-/Backrohr in wenig heißem Fett nicht zugedeckt anbraten. Unter öfterem Begießen mit dem Fett aus der Bratpfanne bei 140–160 °C fertig braten. Um den Bratensaft zu verbessern, werden Knochen oder Gemüse mitgebraten.

Geeignet für

ganze Stücke vom Kalb, Schwein oder Rind, Lamm, Wild und Wildgeflügel, Geflügel, Kraut (Stöcklkraut), Kartoffeln.

Langzeitbraten im eigenen Saft – ohne Fett

Fleischstück mit so viel Flüssigkeit, dass der Boden bedeckt ist, in eine Bratpfanne geben und bei 230 °C zugedeckt im Brat-/Backrohr braten (man erspart sich dadurch das Übergießen).

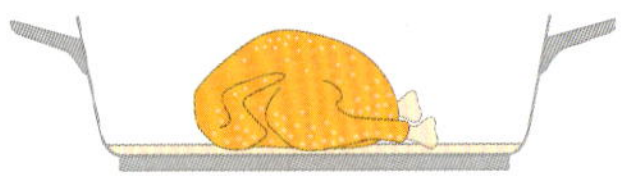

Geeignet für

Schweinefleisch, Geflügel, Lamm, Gemüse.

Niedrigtemperaturbraten/-garen (Cook-&-Hold-Verfahren, siehe Hold-o-mat, S. 61)

Garen bzw. Braten bei niedrigen Temperaturen gehört zu den moderneren Garmethoden. Große Fleischstücke werden mit oder auch ohne Anbraten bei 120–150 °C im Rohr gegart; Fleischstücke bleiben dabei am saftigsten.

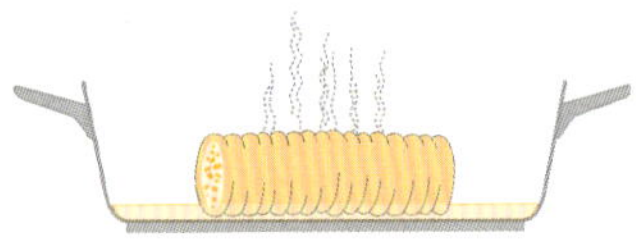

Geeignet für

Lammschlegel oder -schulter, Roastbeef.

Braten am Spieß

Auf einem Spieß fixiertes Fleischstück bei starker Hitze unter Drehen garen, immer wieder mit Fett bestreichen.

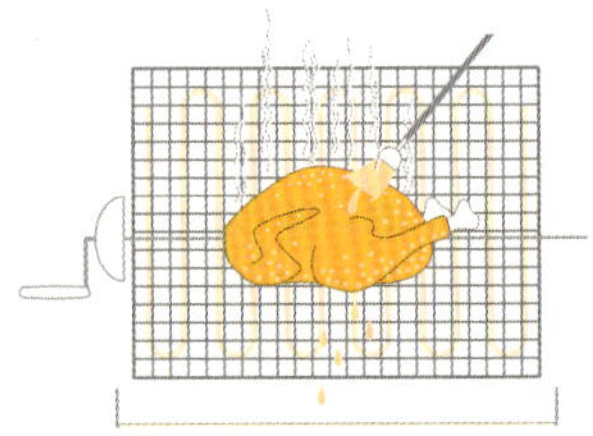

Geeignet für

zarte Fleischstücke von Schlachtfleisch im Ganzen (Spanferkel, Lamm), Hühner im Ganzen, Wild und Wildgeflügel, ganze Fische.

Anmerkungen

- Beim Öffnen des Back- bzw. Bratrohres zur Seite stellen – Schutzhandschuhe und Geschirrtuch verwenden.
- Zum Übergießen der Bratenstücke die Bratenpfanne nie zu weit nach außen ziehen – Schwerpunkt beachten.
- Während des Bratens darf keine Flüssigkeit zugeführt werden. Das Braten würde in ein Schmoren übergehen. Fleischstücke während des Bratens keinesfalls anstechen.
- Große Bratenstücke vom Schwein werden immer durchgebraten, dunkles Fleisch (z. B. Filet und Beiried vom Rind, Lammkeule, Reh, Fasan) wird nie ganz durchgebraten.
- Fleischstücke – vor allem rosa gebratene – müssen nach dem Garen nachziehen. Dieses Rasten bewirkt, dass sich der Fleischsaft gleichmäßig im Fleisch verteilt und das Fleisch beim Tranchieren wenig Saft verliert.
- Um beim Langzeitbraten im eigenen Saft – wenn gewünscht – eine knusprige Oberfläche zu erhalten, kurz vor Ende der Garzeit Deckel abnehmen.
- Um beim Niedrigtemperaturgaren die richtige Garstufe zu erzielen, ist das Messen der Kerntemperatur notwendig.

Grillen

auf dem Rost

Gegart wird auf einem erhitzten Rost oder einer Grillplatte. Für den Geschmack am besten ist der Holzkohlegrill, es gibt aber auch gasbetriebene und elektrisch betriebene Geräte (auch mit Infrarot).

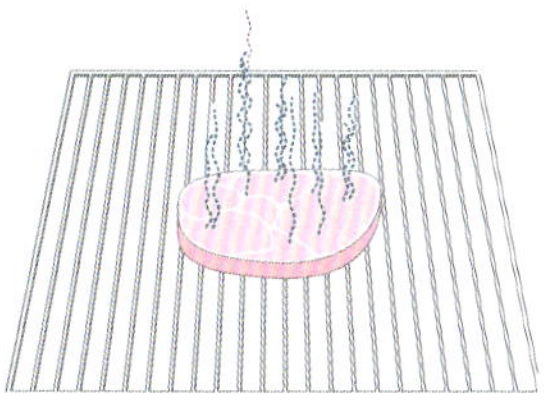

Geeignet für

Stücke aus Rücken und Schlegel von Schwein und Rind, Geflügel, Fische im Ganzen oder portioniert, Krustentiere, Paprika, Tomaten, Melanzani, Zucchini, Zwiebeln, Kartoffeln, verschiedene Würste.

am Spieß

Gegart wird bei trockener Hitzestrahlung (durch Holzkohlenglut, heiße Luft oder Infrarotstrahlung). Fleischstücke auf Spießen fixieren und drehen.

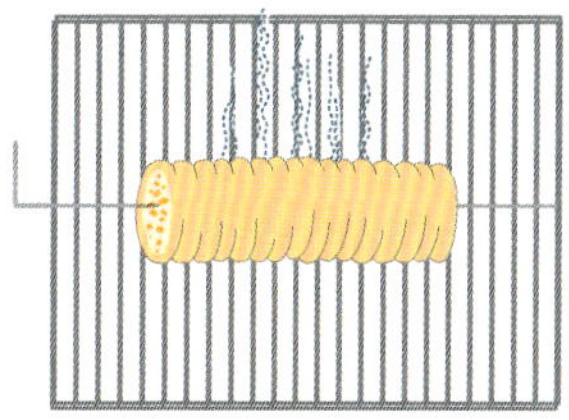

Geeignet für

ganze, zarte Fleischstücke, Geflügel, Wildgeflügel.

Anmerkungen

- Zum Grillen auf dem Rost nur gut abgehangenes, pariertes Fleisch verwenden und dieses gleichmäßig dick schneiden.
- Wird Fisch auf dem Rost gegrillt, diesen gut mit Öl bestreichen.
- Dunkles Fleisch bräunt schneller als helles Fleisch. Grilladen aus hellem Fleisch oder Fisch sind an der Oberfläche nur hellbraun und trotzdem gar.
- Zum Grillen am Spieß müssen Geflügel und Wildgeflügel bridiert sein.

Frittieren/Backen in Fett

Das Gargut wird in heißem Fettbad – evtl. unter Wenden – schwimmend ausgebacken. Zum Ausbacken kann eine Fritteuse verwendet werden. Ein absoluter Fauxpas („Fehltritt") ist es allerdings, Wiener Schnitzel in der Fritteuse auszubacken.

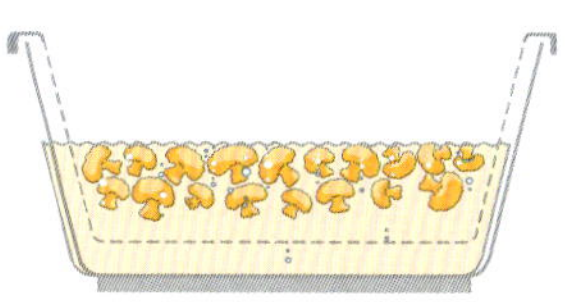

Geeignet für → Rind-, Kalb- (z. B. Piccata milanese, Cordon bleu) oder Schweinefleisch, portioniertes Geflügel, Fisch, Meeresfrüchte (z. B. in Tempurateig), Kartoffeln, Kroketten, Suppeneinlagen (z. B. Backerbsen), Gemüse, Kräuter und Obst im Backteig (z. B. Wäschermädeln), Süßspeisen wie Krapfen oder Brandteiggebäck etc.

Anmerkungen

- Bereits beim Einlegen des Garguts ist auf die entsprechende Fetttemperatur zu achten. Die Hitze ist während des Backens ständig zu kontrollieren und entsprechend zu regulieren.
- Die richtige Gartemperatur garantiert eine vollkommene Krustenbildung und somit saftig Gebackenes. Bei zu starker Hitze erhält man eine zu intensive Bräunung, das Gargut wird möglicherweise nicht durchgegart. Bei zu schwacher Hitze verkrustet die Panade bzw. der Backteig zu langsam, das Backgut saugt das Fett auf und erleidet so einen deutlichen Qualitätsverlust.
- Größere Backstücke wie beispielsweise Backhuhn benötigen eine eher niedrige, dafür aber konstante Backtemperatur.
- Nach dem Herausheben des Backguts lässt man es vor dem Anrichten kurz auf Küchenkrepppapier abtropfen.
- Um ein Weichwerden der Kruste zu verhindern, Gebackenes vor dem Servieren nicht abdecken.
- Ein zu früher Gartest bei gebackenem Fleisch mit der Fleischgabel hinterlässt an den Einstichstellen, bedingt durch austretenden Fleischsaft – vor allem bei Huhn –, unansehnliche Stellen.

Backen im Rohr

Gebacken wird in trockener, heißer Luft bei 170–250 °C, die durch Ober- und Unterhitze oder Umluft erzeugt wird.

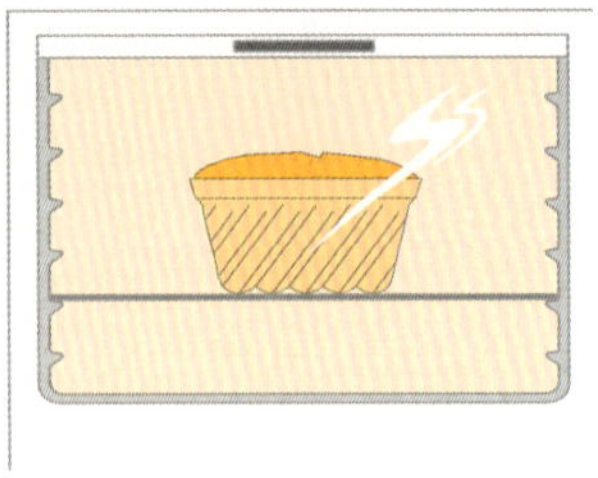

Geeignet für → Fleisch im Teigmantel (z. B. Filet Wellington, Schinken in Brotteig), Torten, Kuchen, Omelettes, Strudel, Pasteten, Quiches, Soufflés, Brot, Gebäck etc.

Anmerkungen

- Das Backgut wird in das vorgeheizte Rohr gegeben. Die Temperatur im Heißluftherd ist bei gleicher Einstellung um ca. 15 °C heißer als im Backrohr bei Ober- und Unterhitze.
- **Backen bei fallender Temperatur**
  Das Gargut wird bei einer höheren Temperatur angebacken und anschließend bei weniger Hitze ausgebacken.
- **Offener und geschlossener Zug**
  Beim Backen entsteht Dampf, der mehr oder weniger entweichen sollte. Dafür sind Abzuglöcher vorhanden (bei Fehlen Backrohrtür einhängen oder mit einem Kochlöffel fixieren).
- **Beschwaden**
  Germgebäckstücke bzw. Brot benötigen zum besseren Aufgehen Dampf. Manche Geräte haben dafür einen Wasseranschluss, durch den eine Dampfzufuhr möglich ist.
- **Vorsicht – Verbrennungsgefahr**
  Entsprechende Schutzhandschuhe sowie mehrfach zusammengelegte Tücher schützen beim Hantieren mit heißen Blechen vor Verbrennung.

3.3 Schonende Garmethoden

Gegart wird im Backrohr mit sehr wenig oder ganz ohne Fett; dadurch bleiben die Inhaltsstoffe und der Geschmack erhalten. Diese Form des Garens ist in der **Diätküche** und in der **Schonkost** unerlässlich. Es sind auch zeitgemäße Garmethoden, da sie gerade für Menschen mit sitzendem Beruf sehr gesund sind.

Garen in Backtrenn- oder Pergamentpapier

↓

Das Gargut wird in Backtrennpapier oder in mit wenig Fett bestrichenem Pergament gebraten. Das poröse Pergamentpapier schützt vor zu großer Hitze. Ein Großteil des Dampfes kann jedoch entweichen und das Gargut wird braun.

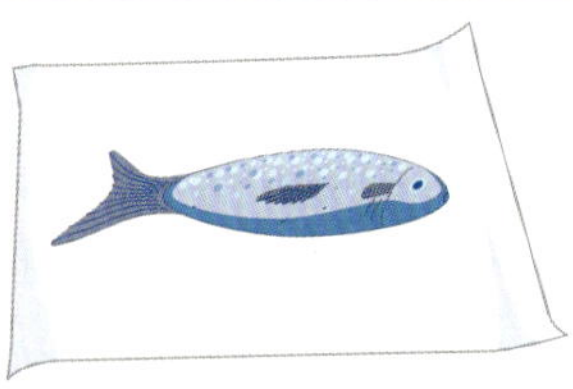

Geeignet für

↓

Portionsstücke von zartem, magerem Fleisch oder Fisch.

Garen in der Alufolie

↓

Das Gargut wird in leicht befetteter Alufolie ohne Bräunung gedünstet.

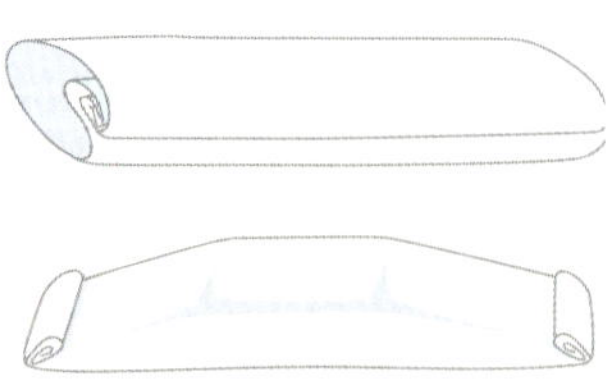

Geeignet für

↓

zartes, mageres Fleisch, Fisch, Gemüse, Kartoffeln, Fleischstücke im Ganzen oder Portionsstücke sowie Geflügel.

Garen in der Bratfolie

↓

Je nach Hitze wird in der Folie entweder gebraten oder gedünstet. Wichtig ist, die Bratfolie richtig zu verschließen (siehe Grafik) und die Oberseite zwei- bis dreimal mit einer Nadel anzustechen.

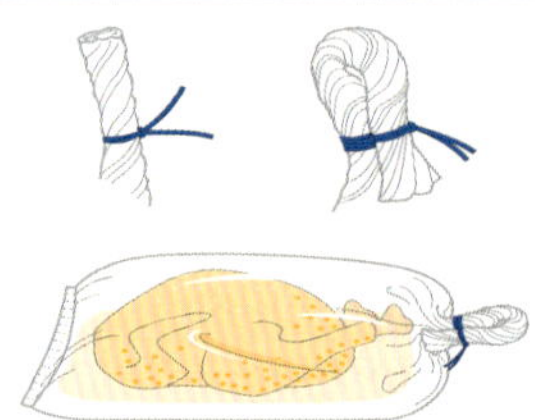

Geeignet für

↓

Fleischstücke im Ganzen und Geflügel.

Anmerkungen

- Geschmack und Inhaltsstoffe bleiben bei diesen Garmethoden erhalten.
- Zur Zubereitung wird wenig bzw. kein Fett benötigt.
- Diese Garmethoden eignen sich speziell für die Zubereitung von Schonkost.
- Das Gargut bekommt beim Garen keine Farbe.
- Beim Garen in Alufolie ist darauf zu achten, dass Alufolie im Kontakt mit säurehaltigen Lebensmitteln chemische Reaktionen hervorruft. Außerdem ist die hohe Umweltbelastung zu bedenken.

3.4 Garmethoden im Spezialgeschirr

Garen im Tontopf

↓

Ist Braten oder Braundünsten im eigenen Saft. Den porösen Tontopf in kaltem Wasser wässern; in das nicht vorgeheizte Backrohr schieben. Das Wasser wird in Form von Dampf auf das Gargut abgegeben.

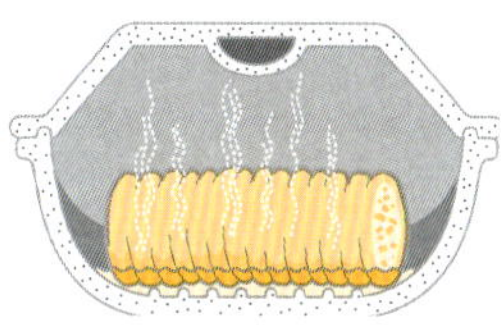

Geeignet für

↓

Portionsstücke von zartem, magerem Fleisch oder Fisch und Geflügel.

Garen im Saftomaten

↓

Saftomaten sind spezielle Bratformen aus Edelstahl mit porösem Tropfeinsatz im Deckel für Braten ohne Fett. Das Gargut wird permanent mit Bier, Wein, Fond etc. beträufelt.

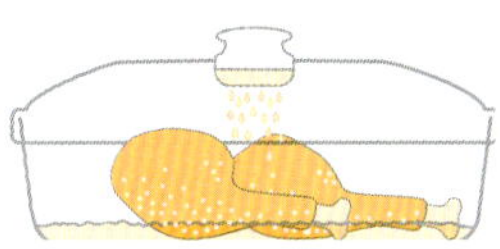

Geeignet für

↓

zartes, mageres Fleisch, Fisch, Gemüse, Kartoffeln, Fleischstücke im Ganzen oder Portionsstücke und Geflügel.

Garen im Vapeur oder Steamer

↓

Der Steamer ist ein Edelstahlbräter mit starkem Boden und Locheinsatz. Er eignet sich zum Kochen, Dämpfen, Dünsten und ohne Deckel auch zum Braten.

Geeignet für

↓

zartes, mageres Fleisch, Fisch, Gemüse, Kartoffeln, Fleischstücke im Ganzen oder Portionsstücke und Geflügel.

Garen im Wok

↓

Ist schnelles Garen bei starker Hitze unter ständigem Wenden. Die Zutaten werden gerade so lange gegart wie unbedingt nötig. Beim Garen wird fast ständig gerührt, sodass alle Zutaten gleichmäßig gar werden. Besteht die Gefahr, dass eine Zutat zu schnell gart, schiebt man sie an den Rand des Woks, dort ist die Temperatur niedriger als in der Mitte.

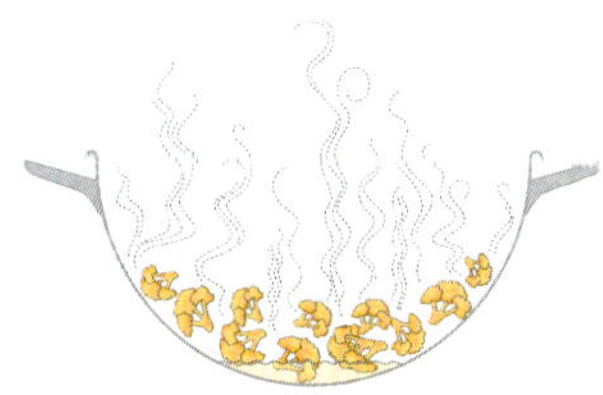

Geeignet für

↓

in kleine Streifen geschnittenes Gemüse, Fleisch oder Fisch – der Fantasie sind kaum Grenzen gesetzt.

Anmerkungen

- Die Garmethoden im Spezialgeschirr sind durchwegs schonend.
- Vorbereitende Schneidarbeiten für das Garen im Wok sind meist sehr zeitaufwendig.

3.5 Vollendende Garmethoden

Gratinieren oder Überkrusten

Das bereits ganz oder fast ganz gegarte Kochgut (Fleisch, Fisch, Eier, Gemüse, Teigwaren etc., Tomaten auch roh) wird mit Käse bestreut oder mit passender Sauce nappiert und anschließend mit Käse bestreut bei starker Oberhitze (bis 300 °C) im Backrohr oder im Salamander überkrustet.

Gratinieren

Variante I	Variante II	Variante III
Gemüse mit Butterflocken und Käse bestreuen.	Mit weißer Gratiniersauce, z. B. Sauce Mornay (siehe S. 197), nappieren, geriebenen Käse und Butterflocken darüberstreuen.	Mit Gratiniersauce nappieren, mit geriebenem Käse und Semmelbröseln bestreuen.

Geeignet für

vor- oder fertig gegarte Gerichte, wie Eiergerichte, Suppen, Käsegerichte, Fische, Krustentiere, Schlachtfleisch und Geflügel, gekochte Teigwaren, Tomaten, Getreide- und Gemüsegerichte, gekochte Kartoffeln, verschiedene Süßspeisen.

Lasagne

Anmerkungen

- Kalte bzw. noch nicht gegarte Speisen werden im Backrohr überbacken.
- Sollte die notwendige Farbe während des Garens im Backrohr nicht erreicht werden, erhöht man für kurze Augenblicke unter Kontrolle die Oberhitze (Vorsicht – kann sehr rasch gehen).
- Das Gargut sollte nach dem Überbacken eine gleichmäßige hellbraune Farbe aufweisen.
- Empfindliches Gargut, z. B. Gemüse, gleichmäßig überziehen bzw. bedecken – ein Austrocknen wird so vermieden. Geschirr vorher mit Butter bestreichen.
- Die Butterflocken bewirken eine gleichmäßige Bräunung.
- Bei manchen Gratiniersaucen kann sich bei zu starker Hitze Fett absetzen. Verhindert wird dies, indem man der Sauce vor dem Nappieren Eidotter beimengt.
- Nudelgerichte lassen sich vorzüglich mit einer Mischung aus Obers, Sauerrahm, Eidotter und Käse – versetzt mit Kräutern – überbacken.

Überglänzen oder Glacieren

Glacieren		
von Fleisch Fleisch wird mit Butter im eigenen Bratensaft überglänzt – bei kurz gebratenen Stücken kurz nachbraten lassen, Langzeitbraten immer wieder übergießen, bei Flüssigkeitsreduktion mit Fond untergießen.	**von Fisch** Fisch wird streng genommen mit einer Sauce (z. B. Sauce hollandaise) nappiert und anschließend **abgeflämmt.** Dennoch wird bei Fisch dafür auch der Begriff Glacieren verwendet.	**von Gemüse** Glaciert wird vorgegartes Gemüse mit in zerlassener Butter eingerührtem Zucker, der bei Bedarf auch karamellisieren kann. Es kann auch mit Fond aufgegossen und ein Sirup eingekocht werden. Gemüse kann ebenso wie Fisch überflämmt werden.
Geeignet für	**Geeignet für**	**Geeignet für**
Kalbfleisch, im Ganzen oder in Portionsstücken sowie Kalbsleber.	Filets von Zander, Dorsch, Hoki, Kabeljau, Hecht, Lachsforelle etc.	vor allem zuckerhaltiges Gemüse, wie (Baby-)Karotten, Zwiebeln, Sellerie, Fisolen, Edelkastanien, Okras etc.

Abflämmen = einem Gericht bei großer Hitze im Salamander oder mit einem Gasbrenner rasch Farbe geben, bis die Oberfläche feine braune Ränder erhält.

Anmerkungen

- Je nach Ausgangsprodukt kann zum Glacieren anstatt Butter ebenso Honig (z. B. bei Schinken), Ahornsirup oder Ähnliches verwendet werden.
- Gedünstetes Gemüse, das glaciert wird, ist im Geschmack ausgeprägter als gekochtes glaciertes Gemüse.
- Für vorgegartes Gemüse lässt man wenig Gemüsefond, Zucker und Butter emulsionsartig einkochen. Gemüse darin erwärmen, kurz durchschwenken bzw. glacieren.
- Statt Wasser kann ebenso neutraler Gemüsefond, heller oder brauner Kalbsfond und Ähnliches verwendet werden – die Flüssigkeitsmenge richtet sich nach der Gardauer des jeweiligen Gemüses. Ebenso kann, z. B. bei glacierten Zwiebeln, Portwein oder Rotwein zugegeben werden. Bei Garende sollte die Flüssigkeit größtenteils verdunstet sein.
- Ob man den Zucker direkt in den Fond gibt, hell schmilzt oder leicht anbräunt, hängt vom verwendeten Gemüse ab. Gebräunter Zucker bringt mehr Farbe und auch intensiveren Geschmack. Der Zucker kann auch durch Honig ersetzt werden.
- Die Beigabe von gehackten frischen Kräutern während des Garens gibt dem Gemüse ein besonderes Aroma.

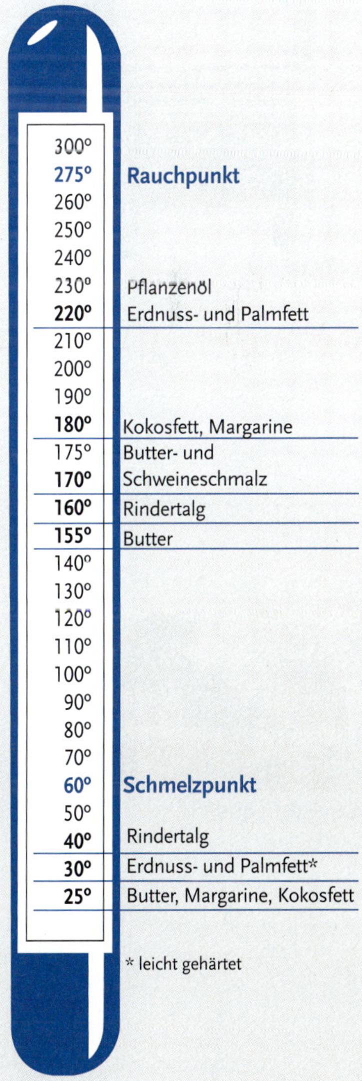

3.6 Kombinierte Garmethoden

Bei den kombinierten Garverfahren ist die Speisenherstellung vom Serviceablauf getrennt, d. h., die Speisen werden zu einer anderen Zeit zubereitet und bei Bedarf aufbereitet.

Hygienemanagement, Wirtschaftlichkeit und die Auslastung der Arbeitszeit stehen bei diesen Zubereitungssystemen im Vordergrund. Durch die Zeit- und Ortsungebundenheit dienen die kombinierten Garverfahren der Qualitätssicherung in der **Systemgastronomie.**

Von **kombinierten** Garverfahren spricht man deshalb, weil nach der Vor- bzw. Zubereitung der Speisen ein weiterer Verarbeitungsschritt folgt, wie etwa das Kühlen der fertigen Speisen oder die Vakuumierung vor dem Garen.

Bei diesen Herstellungsverfahren bestimmen frische Lebensmittel und die Einhaltung der Hygienevorschriften den gesamten Verarbeitungsablauf.

Cook & Chill

Cook & Chill heißt **Kochen und Kühlen.** Dieses System ermöglicht das Planen und Vorbereiten im Voraus. Die Speisen werden erhitzt, wenn sie gebraucht werden.

Chiller

Vorbereitung	Erklärung der Zubereitung
Garen	Die Speisen sollen zeitgemäß und schonend zubereitet werden.
Portionieren	Portionieren bei einer Raumtemperatur von 12 °C. Die Speisen vorher rasch abkühlen, damit das Bakterienwachstum gehemmt wird. Aufbewahrung erfolgt in Vakuumbeuteln oder in Gastronormbehältern.
Schnellkühlung	Danach die Speisen im Schnellkühler auf 3 °C abkühlen.
Lagerung	Im Kühlraum bei 2 °C maximal 3 Tage (lt. Lebensmittelgesetz) lagern.
Transport	Beim Transport darf die Temperatur nicht mehr als 5 °C betragen. Der Verzehr muss innerhalb von 12 Stunden erfolgen.
Regenerieren	Bei der Erhitzung muss die Kerntemperatur mindestens 75 °C erreichen.

Cuisson sous Vide

Diese Bezeichnung steht für **Vakuumkochen.** Das Vakuumieren vor dem Garen ergibt einen geringeren Gewichtsverlust und eine Konservierung der Speisen.

Cuisson sous Vide

Vorbereitung	Erklärung der Zubereitung
Vakuumierung	Das Kochgut wird je nach Bedarf in verschieden großen und kochfesten Vakuumbeuteln (man verwendet auch Schrumpfkochbeutel) luftleer verschweißt.
Vakuumkochen	Das Kochgut wird bei niedrigen Temperaturen in Heißluftdampfgeräten mit Kerntemperatursonde gegart (Temperaturbereiche von 65 bis 95 °C).
Abkühlen	Im Schnellkühler auf 10 °C innerhalb einer Stunde.
Aufbewahren	Im Kühlraum zwischen 1 und 3 °C. Haltbarkeit bis drei Wochen.
Regenerieren	Es gibt drei Möglichkeiten: ▪ im Heißluftdampfgerät (bei 98 °C mit Dampf), ▪ im Wasserbad (mindestens 80 °C), ▪ oder im Mikrowellengerät. Die Speisen werden in vakuumiertem Zustand erhitzt und danach wird die Verpackung entfernt.
Anrichten	Sofort nach dem Erhitzen servieren. Die Speisen dürfen nicht wieder erwärmt werden.

4 Garstufen

Für die Garmethode Braten im Ganzen, Braten in der Pfanne, auf dem Grill oder Rost werden verschiedene Garstufen angewendet. Um die vom Gast gewünschte Garstufe zu erreichen, muss Folgendes beachtet werden:

- Das Gargut (z. B. Fleisch, Fisch) soll nicht direkt vom Kühlfach kommen.
- Die Pfanne bzw. das Gargerät muss vorgeheizt sein. Bei starker Hitze beginnen und halber Hitze beenden.
- Das Gargut muss nach dem Garen rasten, damit sich der Saft in das Gargut zurückzieht und es nicht trocken wird.

Garproben für Portionsstücke am Beispiel Rindersteak

Garstufe	Kern-temperatur	Garzeit	Druckprobe
Blau, stark blutig, rare (engl.) Das Steak hat eine dünne braune Kruste, innen aber ist es noch roh; an der Oberfläche erscheinen Bluttropfen.	45–47 °C	2–3 min	fühlt sich elastisch an
Blutig, stark rosa, medium rare (engl.) Unter der braunen Kruste des Steaks ist das Fleisch im Kern noch fast blutig; der Fleischsaft ist ebenfalls noch blutig.	52 °C	4–6 min	leichter Widerstand spürbar
Halb durch, medium (engl.) Das Steak hat eine schöne braune Kruste und der Kern ist zart rosa; der Fleischsaft ist ebenfalls rosa.	60–62 °C	8–12 min	Widerstand ist deutlich spürbar
Durchgebraten, well done (engl.) Das Steak ist gleichmäßig durchgebraten; der austretende Fleischsaft ist klar und hell.	über 72 °C	länger als 12 min	fühlt sich fest an

Kerntemperaturen für ganze Braten

Fleisch	blutig	rosa	durchgebraten
Roastbeef/Lungenbraten/Lamm	unter 50 °C	58–62 °C	ab 70 °C
Wild		65 °C	ab 70 °C
Schwein			ab 75 °C
Kalb			ab 70 °C
Geflügel			ab 85 °C

Überprüfung der Druckprobe:

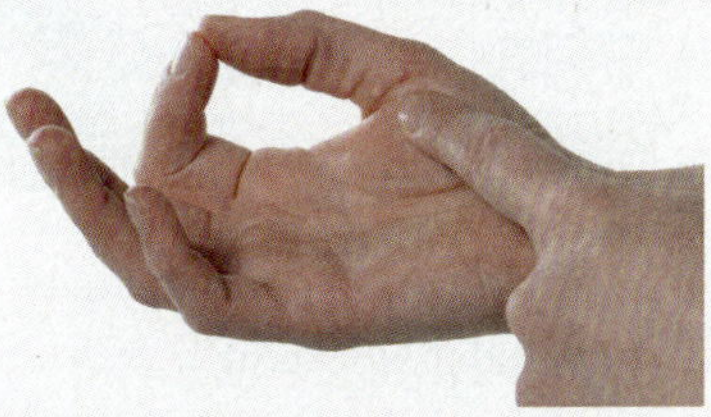

blau

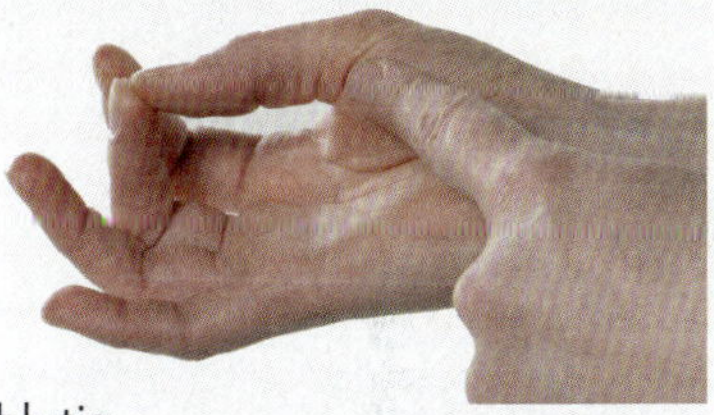

blutig

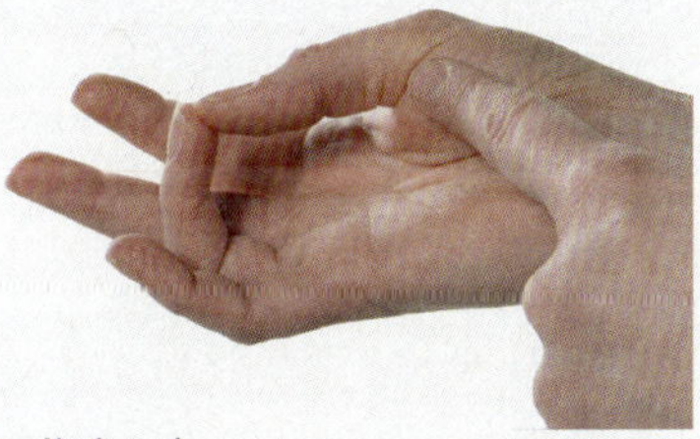

halbdurch

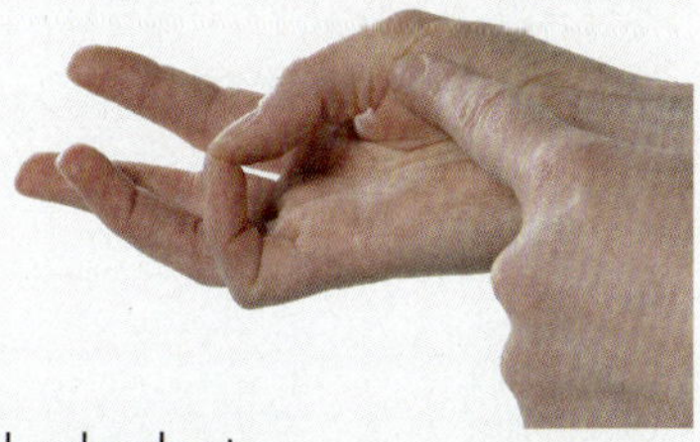

durchgebraten

5 Warmhalten und Regenerieren von Speisen

Grundsäzlich ist zwischen dem Warmhalten **in der Küche** und dem Warmhalten **beim Speisentransport** zu unterscheiden.

5.1 Warmhalten und Regenerieren in der Küche

Eine Temperatur von 75 °C der Speisen ist zu erhalten, um die Vermehrung von Mikroorganismen zu verhindern. Trotzdem ist zu langes Warmhalten zu vermeiden. Es ist besser, die Speise rasch abzukühlen und sie bei Bedarf wieder zu erwärmen (regenerieren). Beschaffenheit und Geschmack der Speisen dürfen durch das Warmhalten bzw. Regenerieren nicht beeinträchtigt werden (kein Auskochen oder Zerkochen).

Die Kerntemperatur muss stimmen, damit der Braten saftig, aber durchgegart ist

? Welche Ausgabegeräte kennen Sie? Schauen Sie sich die Geräte und Beschreibungen ab Seite 66 noch einmal an.

Möglichkeiten zum Warmhalten

- **Wasserbad (Bain-Marie) oder Wasserdampf:** für breiige Speisen, z. B. Kartoffelpüree, Saucen, Cremesuppen, Kartoffeln, Reis, gedünstetes Fleisch, Ragouts, Gemüse etc.
- **Wärmeschrank oder Backrohr:** für frittierte Speisen, Braten im Ganzen (zugedeckt), gratinierte Speisen, Aufläufe, gebratene Speisen (zugedeckt), Strudel etc.

Kochendes Wasser eignet sich zum Regenerieren von Teigwaren, Knödeln oder Nockerln

Möglichkeiten zum Regenerieren

- **Kochendes Wasser:** Die vorgekochte Speise wird im kochenden Wasser regeneriert; z. B. Teigwaren (nach dem Vorkochen gut abschrecken und in genügend Öl schwenken), Knödel, Nockerln etc.
- **Heißes Öl:** für fast fertig frittierte Speisen, z. B. Pommes frites, panierte Speisen, Zwiebelringe etc.
- **Mikrowelle:** die einfachste und rascheste Art, kleine Mengen von Speisen zu erwärmen. Die meisten Speisen sind abzudecken – Ausnahme: Frittiertes und Backwaren.

Warmhalten beim Anrichten

Das Anrichtegeschirr muss entsprechend vorgewärmt sein. Eine zusätzliche Hilfe bieten beheizbare Arbeitsplatten, Rotlichtwärmelampen, Wärmebrücken und Salamander.

5.2 Warmhalten beim Speisentransport

Cloches

Einfache Cloches sind stapelbar und werden von der Küche bis zum Sideboard zum Abdecken der Speisen auf Tellern und Platten verwendet. Schön gestaltete Cloches aus Edelstahl oder Edelmetallen werden mit dem Teller eingestellt. Die Cloches müssen gut vorgewärmt werden.

Thermoausgabewagen

Der Thermoausgabewagen wird für den Transport von Speisen in Krankenhäusern und Großhotels mit mehreren Gebäuden und einer Zentralküche eingesetzt.

6 Anrichten und Garnieren von Speisen

6.1 Anrichten von Speisen

Die zubereiteten, portionierten Speisen werden, sofern sie nicht in Gratinierformen oder anderem Spezialgeschirr fertiggestellt wurden, auf oder in tadellosem Speisegeschirr angerichtet.

Folgende Richtlinien sind zu beachten:

- Für heiße Speisen müssen die einwandfreien, sauberen Teller und Platten vorgewärmt werden.
- Bei Parfaits, Sorbets etc. ist die Anrichtetemperatur unter 0 °C, bei kalten Speisen ca. 10 °C und bei warmen Speisen unbedingt über 72 °C.
- Eine entsprechende Mise en Place (Schöpflöffel, Küchenfreund, Garnituren etc.) ist vorzubereiten.
- Platten, Teller, Schüsseln und Tassen sind in Portionsgröße der Speisen appetitlich anzurichten.
- Der Platten- oder Tellerrand (die Fahne) darf nicht mit Speisen bedeckt werden, höchstens mit dezenten Garnierungen, wie gehackten Kräutern, Pfefferschrot etc.
- Omeletts und andere Eiergerichte nicht auf oxidierendem Metall (z. B. Silber), sondern Porzellan oder Glas anrichten.
- Vor dem Service Platten und Teller noch einmal kontrollieren: Saucenspritzer, Fingerabdrücke etc. mit einem sauberen Küchentuch entfernen.

Was ist eigentlich eine Garnierung?
Die Garnierung ist die Verzierung von Speisen oder Platten mit harmonierenden essbaren Zutaten.

Was ist eigentlich eine Garnitur?
Garnituren sind spezielle Beilagen, Saucen, Suppeneinlagen oder essbare Verzierungen, die einem Gericht auch seinen Namen geben. Historisch gesehen ist die Garnitur eine spezielle, international bekannte Anrichteweise.

Anrichten von Tellern

- Vignette („Firmenlogo“) muss immer am oberen Tellerrand sein.
- Die Hauptspeise wird davon gegenüber aufgelegt.
- Saucen werden halb oder ganz über bzw. unter die Hauptspeise gegossen.
- Jus wird halb unter der Hauptspeise angerichtet, sie muss sichtbar sein.
- Sättigungsbeilagen, wie Kartoffeln, Reis und Nudeln, werden rechts oberhalb der Hauptspeise aufgelegt.
- Vitaminbeilagen wie Gemüse liegen links oberhalb der Hauptspeise.
- Die Garnierung wird ganz zum Schluss platziert.

Anrichten von Platten zum Vorlegen oder Einreichen

- Maximal vier Portionen auf einer Platte anrichten. Dadurch ist ein einfacheres Arbeiten beim Tisch des Gastes gewährleistet und die Speisen bleiben darüber hinaus heiß.
- Das Fleisch wird dachziegelartig aufgelegt, die letzte Tranche liegt rechts.
- Das Fleisch wird mit wenig Sauce oder Jus nappiert.
- Ein Teil der Beilagen wird oberhalb der Fleischstücke appetitlich angerichtet.
- Abschließend wird die Platte dezent garniert.
- Die restlichen Beilagen und Sauce oder Jus werden à part serviert.

Die Präsentation der Speisen ist die Königsdisziplin jedes Profikoches. Oftmals macht die Dekoration einen Teller zum Meisterwerk.

Anrichten von kalten Platten

Sie sind meist Bestandteile von Buffets und müssen besonders sorgfältig angerichtet werden.

Folgende Richtlinien sind zu beachten:

- Die Platten müssen einwandfrei und sauber sein.
- Die Platte muss zu den Speisen passen, z. B. Fischplatte für Fischgerichte.
- Besser zu große als zu kleine Platten verwenden.
- Eckige Platten sind einfacher zu gestalten als runde Platten.
- Häufig werden Metallplatten vor dem Anrichten mit warmem Aspik dünn ausgegossen. Dadurch wird verhindert, dass Speisen mit oxidierendem Metall (z. B. Silber) in Berührung kommen.
- Große Unterschiede bei der Auswahl der Gerichte auf einer Platte sind zu vermeiden.
- „Weniger ist mehr“, d. h., die Platten dürfen nicht überladen wirken.
- Vor dem Anrichten sind Überlegungen zu einer gleichmäßigen Aufteilung sinnvoll; ausgeschnittene Schablonen können hilfreich sein.
- Fleischtranchen mit einem kleinen Fettrand (Schinken, Schweinsbraten etc.) werden so aufgelegt, dass die Fettränder gleichmäßig nach außen gerichtet sind. Nur perfekte Tranchen, quer zur Faser geschnitten, dürfen verwendet werden.
- Teilweise tranchierte Schaustücke (Rehrücken auf der Karkasse etc.) sind besonders hervorzuheben. Die Garnierung darf nicht zu übertrieben sein, sonst verliert das Schaustück seine Wirkung.
- Speisen (Schinkenrollen, Roastbeef etc.), die leicht abtrocknen können, sind dünn mit warmem Aspik zu bepinseln. Zusätzlich erhalten sie dadurch einen schönen Glanz.
- Die Speisen müssen einfach von der Platte gehoben werden können.
- Farbe und Geschmack von Garnierungen müssen mit den Speisen harmonieren. Zutaten aus dem Rezept zu verwenden kann nie falsch sein, Irritationen für Auge und Gaumen werden vermieden.
- Bewusst ausgewählte und sorgfältig vorbereitete Garnierungen unterstreichen das Gesamtbild und decken das Gericht nicht zu.

Hygienerichtlinien beachten!

Die Platten nach dem Anrichten mit Frischhaltefolie abdecken, gut durchkühlen und erst möglichst kurz vor Gebrauch aufstellen.

! Salatblätter als Garnierung bei warmen Speisen sind out.

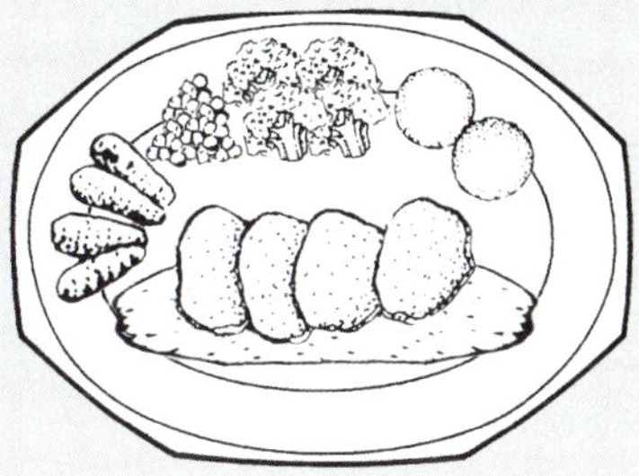

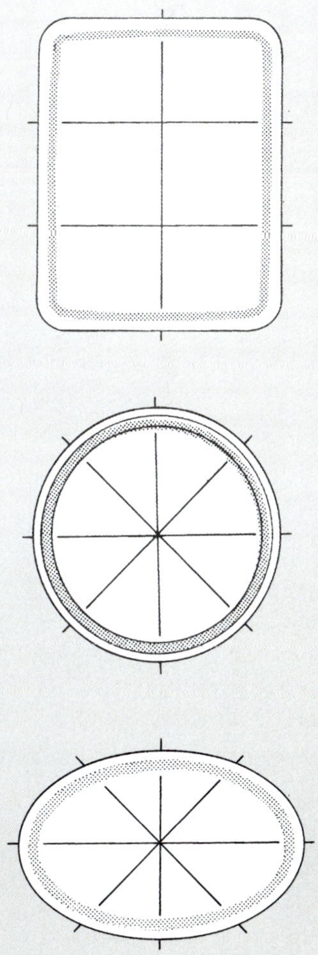

Hier sehen Sie das „goldene Maß“, nach dem eine Platte optisch ansprechend angerichtet wird.

Dieses Kapitel soll Ihnen Anregungen geben und Sie für weitere kreative Ideen motivieren. Probieren Sie einfach auch aus, Ihre eigenen Garnierungen zu gestalten – Sie werden sehen, das macht Spaß!

6.2 Garnieren von Speisen

Passende Garnierungen unterstreichen die Qualität der angerichteten Speise.

Grundsätze beim Garnieren

- Die Garnierung unterstreicht und verdrängt nicht.
- Sie ist farblich auf die Speise abgestimmt.
- Sie ergänzt den Geschmack.
- Sie ist exakt ausgeführt.
- Sie reicht nicht über den Teller- bzw. Plattenrand hinaus.
- Sie ist möglichst essbar.

Zur Verschönerung und zum Haltbarmachen kann die Garnierung mit Aspik überzogen werden = chemisieren.

Garnierungen mit Kräutern

Garnierungen mit ganzen Kräutern

Zweige von Rosmarin, Thymian, Basilikum etc. oder Schnittlauch werden zur Garnierung von Speisen verwendet.

Kleine Thymianzweige aufreihen. Mit einem kurzen Schnittlauchhalm unterlegen.

Mit einem Kanneliermesser Karottenstreifen schneiden. Schnittlauch zu einer Schleife drehen, mit dem Karottenstreifen binden.

Verschiedene Kräuterzweige – z. B. Rosmarin und Thymian – mit dem Karottenstreifen zusammenbinden.

Dillzweigerl mit einem schmalen Zitronenstreifen belegen.

Garnierungen mit gehackten oder geschnittenen Kräutern

Mit gehackten oder geschnittenen Kräutern werden Tellerränder, einzelne Hauptspeisen oder Beilagen garniert.

Petersilie in nicht zu feine Streifen schneiden. Mit dem Messer zu einer Zeile formen.

Schnittlauch gleichmäßig in ca. 1 cm lange Stücke schneiden. Längs auf dem Tellerrand anordnen.

Garnierungen mit Blüten

Blüten von Zucchini, Kapuzinerkresse, Lavendel, Salbei, Borretsch, Gänseblümchen, Veilchen, Rosen etc. sind dekorative Garnierungen für pikante oder süße Gerichte.

Blüten im Ganzen oder einzelne Blütenblätter zum Garnieren verwenden.

Garnierungen mit Butter

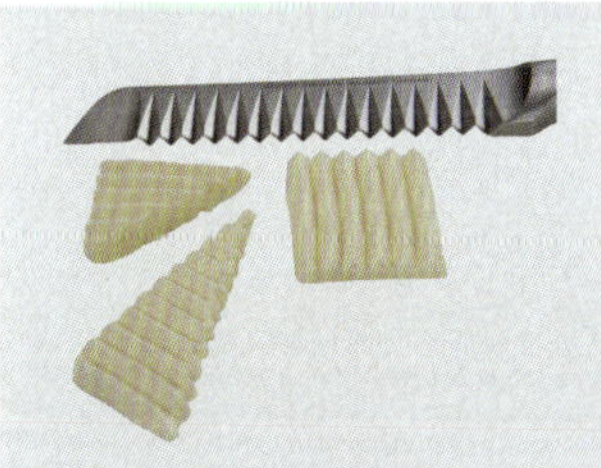

Die Butter mit dem Chartreusemesser (siehe S. 52) in Quadrate, Dreiecke oder ähnliche Formen schneiden.

Mit dem Parisienneausstecher ButterkugerIn ausstechen. Eventuell in gehackten Kräutern wälzen.

Mit dem Butterroller Butterröllchen formen.

Für Buttergarnierungen keine Sommerbutter verwenden! Sie ist sehr weich und lässt sich daher nicht so gut formen.

Garnierungen mit Ei

Spalten oder Scheiben

Hart gekochtes Ei mit dem Eiteiler in Spalten teilen.

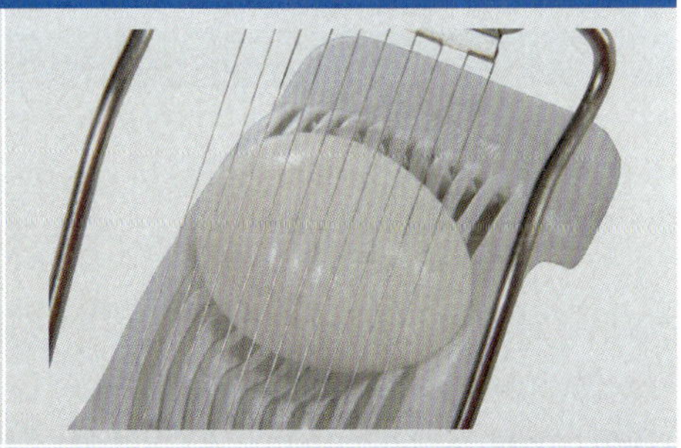

Hart gekochtes Ei mit dem Eischneider in Scheiben schneiden.

Garnierungen mit Ei werden vorwiegend für kalte Platten verwendet.

Eischeiben aneinanderreihen und mit einem Schnittlauchhalm (mit Spitze) belegen.

Eischeibe (oder Spalte) mit Dille und Spalten einer Cocktailtomate belegen.

Eischeibe (oder Spalte) mit Scheiben einer gefüllten Olive belegen.

Eischeibe mit einer Radieschenscheibe und einer Kapernbeere belegen.

Garnierungen mit Wachtelei

Diese Abbildung entspricht ungefähr der Originalgröße. Hart gekocht ist ein Wachtelei in ca. 3 Minuten.

Hart gekochtes Wachtelei vorsichtig bis zur Hälfte schälen.

Hart gekochtes Wachtelei halbieren und vorsichtig auflegen.

Garnierungen mit Gemüse

Garnierungen mit (Essig-)Gurken und Zucchini

Der Fächer kann für alle pikanten Gerichte verwendet werden.

Fächer

Gurke oder Zucchini der Länge nach halbieren – je nach Größe in zwei Teile schneiden.

Schnittseite mit dem runden Ende nach vorn auf das Schneidbrett legen und längs in dünne Streifen schneiden (nicht ganz durchschneiden).

Stücke mit Salz bestreuen und 20 min liegenlassen (nicht bei eingelegten Gurken). Abspülen, flachdrücken.

Räder

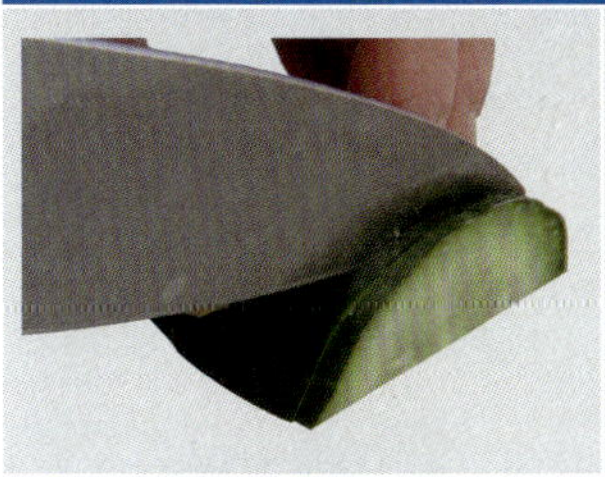		
Gurke oder Zucchini der Länge nach halbieren – mit der Schnittseite auf das Schneidbrett legen.	In dünne Scheiben schneiden.	Räder auflegen.

Räder werden für Eier- und Fleischgerichte und andere pikante Gerichte verwendet.

Scheiben

Gurke oder Zucchini in runde Scheiben schneiden und fächerförmig oder hintereinander anordnen.	Gurke oder Zucchini in schräge Scheiben schneiden und fächerförmig oder hintereinander anordnen.	Gurke oder Zucchini der Länge nach in Scheiben schneiden und fächerförmig anordnen.

Scheiben werden für sämtliche pikanten Gerichte verwendet. Sie können auch vor dem Schneiden kanneliert werden.

Kannelieren

Wussten Sie, dass ...
die Bezeichnung Kannelierung generell für Rinnen- und Furchenbildung auf Stein, speziell aber auch für die Gestaltung von Säulen mit senkrechten Rillen verwendet wird?

Ecken

Gurke oder Zucchini der Länge nach halbieren und mit der Schnittseite auf das Schneidbrett legen.	In Ecken schneiden.	Hintereinander, übereinander oder im Kreis anordnen.

Ecken können für alle pikanten Gerichte verwendet werden.

Krone

Gurke oder Zucchini in 8 bis 10 cm große Stücke schneiden und rundherum im Zickzackschnitt halbieren. Mit einer vorsichtigen Drehbewegung auseinandernehmen. Flache Seite stehend, Anschnitt liegend verwenden.

Kronen werden zur Dekoration von kalten Platten verwendet.

Türmchen können für kalte Platten, aber auch als Gourmandises verwendet werden.

Türmchen

Gurke oder Zucchini evtl. kannelieren und je nach Bedarf in 1–4 cm dicke Stücke schneiden.

Nach Bedarf mit dem Parisienneausstecher aushöhlen.

Beliebig füllen ...

... oder belegen und dekorativ verzieren.

Sämtliche pikanten Gerichte sowie kalte Platten sehen mit diesen Garnierungen sehr ansprechend aus.

Ausgestochene Formen eignen sich auch als Suppeneinlage.

Garnierungen mit Gurken, Zucchini und Karotten

Tagliatelle

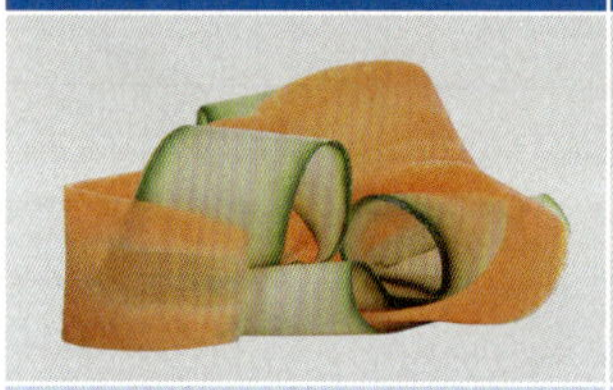

Gurke, Zucchini oder Karotte mit dem Sparschäler der Länge nach in Streifen schneiden, evtl. blanchieren; arrangieren.

Ausgestochene Formen

Große Karotten in ca. 2 mm dicke Scheiben schneiden, mit verschiedenen Ausstechern unterschiedliche Formen ausstechen und formschön gruppieren.

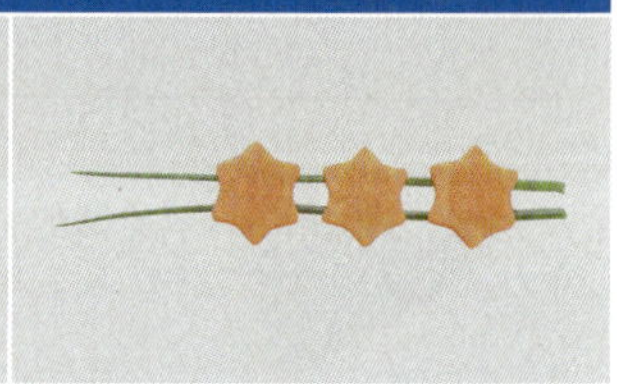

Ausgestochene Formen können auch auf einzelne Schnittlauchhalme dekorativ aufgelegt werden.

Mit Zwiebeln werden deftige Speisen, Aufstriche und Brote garniert.

Garnierungen mit Zwiebeln

Julienne

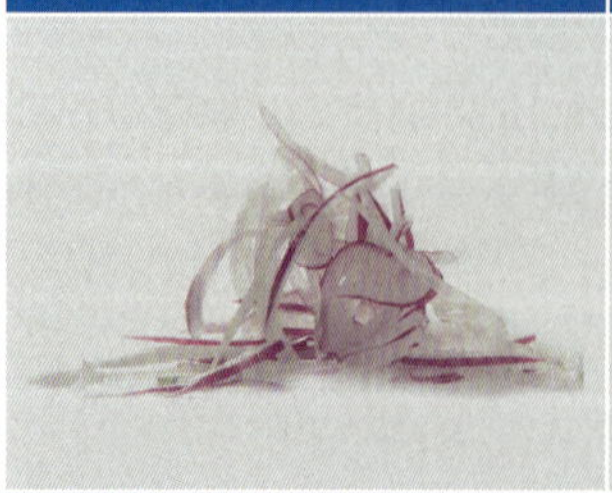

Zwiebeljulienne schneiden und locker arrangieren.

Ringe

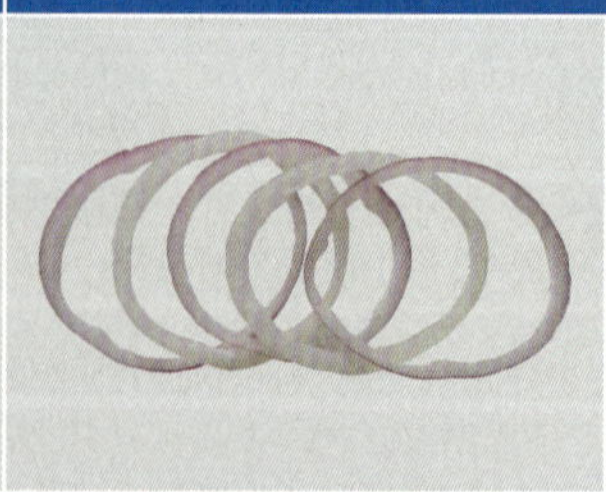

Zwiebel in feine Ringe schneiden und auflegen ...

... oder halbieren und in Kräuter oder Gewürze drücken und anordnen.

Garnierungen mit Tomaten

Scheiben oder Spalten		
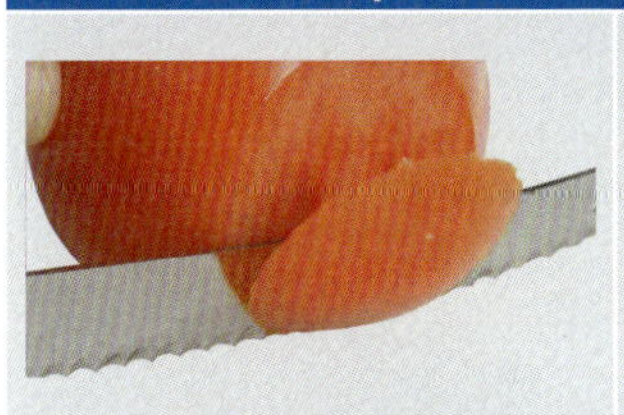		
Tomaten mit dem Tomatenmesser in Scheiben oder Spalten schneiden.	Scheiben hintereinander anordnen.	Spalten ansprechend auflegen und mit Kräuterzweigerln belegen.

Körbchen	Krone	Nest

Mit einem sehr scharfen Messer zwei Spalten aus der Tomate schneiden, sodass ein Henkel übrig bleibt. Aushöhlen, füllen.	Tomate rundherum im Zickzackschnitt halbieren. Mit einer vorsichtigen Drehbewegung auseinandernehmen.	Tomate kreuzförmig nicht ganz durchschneiden. Mit Kräuterzweigerln belegen.

Rose		
	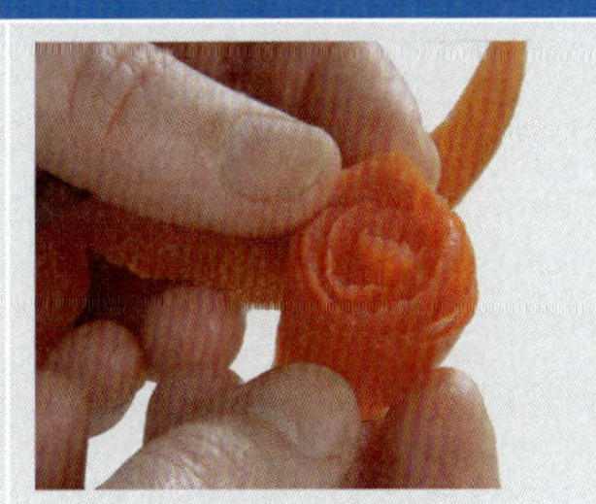	
Tomate vorsichtig spiralförmig 1,5–2 cm breit schälen.	Tomatenstreifen, am Strunkende beginnend, zuerst fest, dann locker aufrollen.	Rose arrangieren und evtl. mit Kräutern dekorieren.

Garnierungen mit Paprika

Ringe		
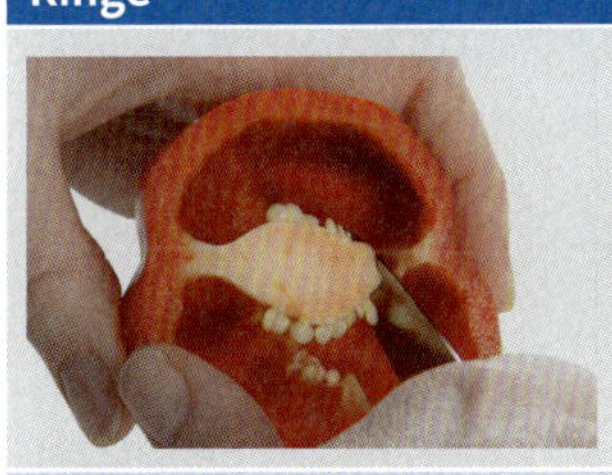		
Paprika entkernen.	In Ringe schneiden.	Arrangieren.

Garnierungen mit Tomaten eignen sich für alle pikanten Gerichte, für kalte Platten und gefüllt als Vorspeise.

Auch mit Kirsch- oder Cocktailtomaten lassen sich hübsche Garnierungen herstellen

Paprika kann auch ausgestochen werden (siehe Karotten, vorige Seite) oder in Rhomben geschnitten und arrangiert werden. Paprikabrunoise kann zum Bestreuen von Gerichten verwendet werden.

Garnierungen mit Radieschen

Knospe	Margerite	Krone	Fächer

Radieschen längs und quer mehrmals einschneiden. In Eiswasser legen, bis es sich öffnet.	Radieschen rundherum mehrmals bis vor den Stielansatz einritzen, vorsichtig öffnen und mit Kresse dekorieren.	Radieschen rundherum im Zickzackschnitt halbieren. Mit einer vorsichtigen Drehbewegung auseinandernehmen.	Radieschen von oben mehrmals einschneiden. Je eine Radieschenscheibe einstecken.

Garnierungen mit Pilzen

Scheiben	Spalten	Kopf	Gefüllter Kopf
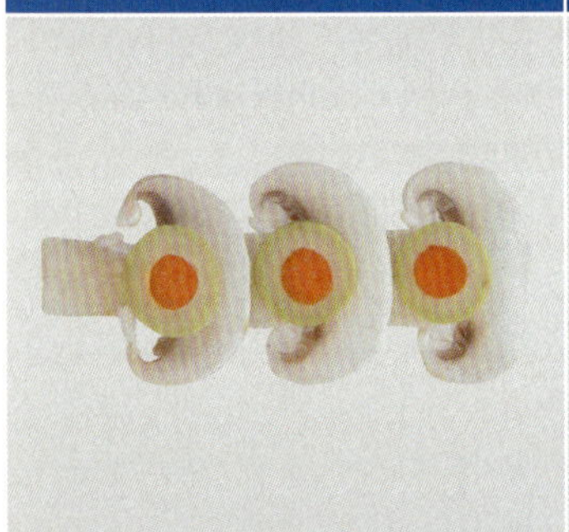			
Pilze in Scheiben schneiden, sofort mit Zitronensaft beträufeln, auflegen und z. B. mit Olivenscheiben dekorieren.	Pilze in Spalten schneiden. Mit einem Kräuterzweigerl auf eine Zitronenscheibe setzen.	Mit dem Kanneliermesser Streifen ziehen. Auf eine Gurkenscheibe setzen, mit Kräuterzweigerl dekorieren.	Stiel entfernen, Pilz evtl. aushöhlen. Beliebig füllen und dekorieren.

➡ Siehe dazu auch das Kapitel Vorbereiten von Obst ab Seite 99.

Garnierungen mit Obst

Garnierungen mit Stein- und Kernobst

Scheiben		

Apfel- und Kiwischeibe schälen oder ausstechen, mit einer halben Erdbeere belegen.	Sternfrucht in Scheiben schneiden und hintereinander auflegen.	Halbierte Erdbeere vorsichtig in dünne Scheiben schneiden und versetzt auflegen.

Spalten

Spalten von Stein- oder Kernobst wie Marille, Pfirsich, Apfel, Birne, Pflaume etc. beliebig gruppieren.

Garnierungen mit Zitrusfrüchten

Spalten	Tüte	Spirale

Zitrusfrucht in Sechstel- oder Achtelspalten schneiden.	Zitrusfrucht in dünne Scheiben schneiden, bis zur Mitte einschneiden und zur Tüte formen.	Zitrusfrucht in dünne Scheiben schneiden, bis zur Mitte einschneiden und spiralförmig drehen.

Scheibe	Kannelierte Scheibe	Zesten

Zitronenscheibe schälen, Rosmarinzweigerl einstecken, mit der Schale Schleife binden.	Zitrusfrucht kannelieren. In Scheiben schneiden, evtl. halbieren und beliebig dekorieren.	Schale der Zitrusfrucht mit dem Kanneliermesser in Zesten schneiden, Zesten arrangieren.

Statt Schokoladesauce kann auch Fruchtmus verwendet werden.

Garnierungen mit Schokoladesauce

Physalis	Kiwi	Kumquats

Physalis öffnen und Blätter drapieren. Garnierung mit Schokoladesauce vollenden.	Kiwi schälen und längs in Scheiben schneiden. Garnierung mit Schokoladesauce vollenden.	Kumquats halbieren oder in Spalten teilen. Mit Schokoladesauce und Granatapfelkern arrangieren.

Auch nur mit Granatapfelkernen lassen sich Speisen wirkungsvoll garnieren

Keine noch so schön angerichtete Speise wirkt, wenn sie nicht perfekt zu Tisch kommt. Daher ist ein abschließender Check notwendig:

- Wassertropfen, Fettspritzer, Saucenspritzer entfernen.
- Fingerabdrücke vom Tellerrand entfernen.
- Temperatur der Speise kontrollieren.

7 Konservieren von Lebensmitteln

Frische Produkte wie Gemüse, Obst, Fleisch oder Fisch verderben schnell. Setzt man sie aber hoher Hitze oder Kälte aus, entzieht man ihnen Wasser oder legt man sie ein in konzentrierten Essig, Salz, Alkohol oder Zucker, kann der natürliche Verfall verzögert oder aufgehalten werden. Einige Verfahren werden schon seit Jahrhunderten angewendet. Ein großer Vorteil der Konservierung ist, dass die Menschen mit ihrer Ernährung nicht an den Ablauf der Jahreszeiten gebunden sind.

Die alltäglichen Feinde frischer Lebensmittel sind	
Luft	Sauerstoff verbrennt (oxidiert) die Lebensmittel. Sobald die Schutzschicht des Lebensmittels, wie Schale oder Haut, geöffnet wird, beginnt die Oxidation.
Wasser	Wasser ist ein idealer Nährboden für Mikroorganismen, es beschleunigt das Wachstum der Bakterien und Pilzerreger, die die Lebensmittel zersetzen.
Wärme	Bei Temperaturen zwischen 15 und 45 °C sind Mikroorganismen wie Bakterien am aktivsten und verändern und beeinflussen alle Lebensmittel negativ.

Zwei Faktoren verursachen bei pflanzlichen Lebensmitteln den schnellen Verfall und Verderb – die **Enzyme** und die **Mikroorganismen:**

- Die **Enzyme (Eiweißmoleküle)** werden aktiv und bewirken eine chemische Reaktion, verändern das Aroma, die Farbe und die Konsistenz aller Lebensmittel.
- **Mikroorganismen** sind Schädlinge wie Pilze und Bakterien, die über den Boden, die Luft oder das Wasser in die Lebensmittel gelangen. Diese Fäulniserreger zersetzen mit ihren schädlichen Giften alle Lebensmittel.

Durch verschiedene Konservierungsmethoden können die Enzyme und Mikroorganismen neutralisiert bzw. unschädlich gemacht werden.

7.1 Tiefkühlen

Die beste und schonendste Haltbarmachung von frischen und vorbereiteten Lebensmitteln ist das Tiefkühlen. Es ist dabei darauf zu achten, dass der **Gefriervorgang möglichst rasch** passiert. Die im Lebensmittel enthaltene Flüssigkeit wandelt sich in Eiskristalle; beim langsamen Kühlvorgang bilden sich große Eiskristalle und das Zellgewebe wird verletzt. Man erkennt das an der austretenden Flüssigkeit beim Auftauen.

Die beste Methode ist daher, die Lebensmittel bei unter –30 °C schockzufrosten und anschließend bei unter –18 °C zu lagern.

Stellen Sie fest, welche Angebote Sie in der Gefrierzeile Ihres Lebensmittelhändlers finden.

Tipps für das Tiefkühlen

- **Obst:** Alle nicht essbaren Teile wie Schalen, Stiele und Kerngehäuse vor dem Tiefkühlen entfernen. Das Obst soll **sofort nach der Ernte** schockgefrostet werden. Dafür die vorbereiteten Früchte auf einem Tablett ausbreiten, abdecken und in das Gefriergerät stellen, anschließend luftdicht verpacken und tiefkühlen. Neben Frischobst können auch verschiedene Obstprodukte, wie Obstmark, Fruchtpüree oder Obstgelee, tiefgekühlt werden. Kernobst lässt sich nur geschält, entkernt und blanchiert tiefkühlen.
- **Gemüse:** Frisch tiefgekühltes Gemüse **bewahrt Farbe und Geschmack.** Auch Mineralstoffe und Vitamine bleiben weitgehend erhalten. Zum Tiefkühlen wird das Gemüse geputzt, vorbereitet und anschließend blanchiert, abgekühlt und trocken verpackt. Einige Gemüsesorten eignen sich weniger zum Tiefkühlen, z. B. Zucchini, Melanzani, Fenchel oder Zwiebel. Wurzelgemüse tiefzukühlen ist nicht notwendig, da es sich problemlos an einem kühlen, trockenen Ort lagern lässt. Blattsalate und Gurken eignen sich nicht zum Tiefkühlen.
- **Fisch und Meeresfrüchte:** Sofern die Fische nicht sofort nach dem Fang – ausgenommen, eventuell filetiert – tiefgekühlt werden, muss man aufgrund der empfindlichen Struktur des Fischfleisches mit Qualitätseinbußen bei Geschmack und Konsistenz rechnen. Daher ist das **Tiefkühlen nur in Ausnahmefällen** eine gute Konservierungsmethode.
- **Fleisch und Geflügel:** Wie alle Lebensmittel muss auch Fleisch rasch tiefgekühlt werden, damit die Zellstruktur nicht zerstört wird. Am besten friert man das Fleisch pariert, filetiert und eventuell portioniert ein – also fertig für die spätere Zubereitung. Bei der luftdichten Verpackung (hier eignet sich am besten die Verpackung mit der Vakuummaschine, siehe S. 64) sollen die Knochen mit Alufolie abgedeckt werden und zwischen die einzelnen Stücke soll eine Klarsichtfolie gelegt werden.

7.2 Einkochen oder Einmachen (Einwecken, Einrexen)

Einkochen heißt, in Gläsern oder Flaschen abgefüllte Lebensmittel im Wasserbad bei Temperaturen zwischen 75 und 95 °C haltbar zu machen. Die Garzeit beträgt je nach Obst oder Gemüse zwischen 60 und 120 Minuten. Dabei entweicht die Luft aus dem Glas und durch die Hitze werden alle Erreger und Bakterien abgetötet. Durch diese einfache Methode kann man Früchte und Gemüse und deren Erzeugnisse in der Saison auf natürliche Art konservieren.

Das lässt sich spielend einkochen

- **Marmelade oder Konfitüre:** Die klassische Faustregel heißt: Auf einen Teil Früchte kommt ein Teil Zucker. Zweckmäßig für längere Haltbarkeit ist **Gelierzucker.** Das Geliermittel ist **Pektin** – eine lösliche Substanz, die in Kernen und Fruchtfleisch der meisten Früchte enthalten ist. Pektin geliert bei Erhitzung mit Zucker und Fruchtsäure. Geeignet für Marmeladen sind alle Zitrusfrüchte sowie heimisches und exotisches Obst in verschiedenen Kombinationen.
- **Kompott:** Die Früchte werden geschält, halbiert, entkernt und anschließend kurz in Zuckersirup mit verschiedenen Gewürzen und evtl. Alkohol pochiert. Verschiedene Obstmischungen als Kompott werden besonders zum Frühstück gerne gereicht. Kompotte, hergestellt aus getrockneten Früchten, wie Dörrpflaumen, Feigen oder Datteln, in Kombination mit Speiseeis oder Eisparfait, werden bevorzugt in den Sommermonaten als Dessert gereicht.
- **Obstgelee:** Es wird durch Einkochen von Obstsäften mit Zucker, Säure und Pektin hergestellt. Die Zubereitung ist dieselbe wie für Marmelade oder Konfitüre. Nach dem Weichkochen des Obstes lässt man den Saft (ohne zu pressen) durch ein Tuch tropfen. Obstgelees werden als Beilage zu Fleisch, für Saucen und zum Glasieren von Kuchen und Torten verwendet.
- **Senffrüchte („mostarda di frutta"):** Sie werden durch Einlegen in eine Essigzuckerlösung mit Senföl hergestellt. Dieses Obstprodukt kommt aus Italien und wird als Beilage zu gekochtem Fleisch, Wildgerichten oder als Garnitur zu kalten Speisen serviert. Verwendet werden dafür z. B. Äpfel, Birnen, Marillen, Pfirsiche, Orangen, Kirschen oder Feigen.
- **Chutney:** In verschiedenen Zusammensetzungen werden Früchte und Gemüse mit Essig, Zucker und Gewürzen eingekocht und in Gläsern aufbewahrt. Zu vielen Fisch- und Fleischgerichten werden die süßsauren Chutneys gereicht, sie regen den Appetit an und geben milden Gerichten eine würzige Note. Beispiele sind Mango-Chutney oder Kürbis-Tomaten-Chutney.
- **Einkochen von Gemüse:** Das vorbereitete Gemüse wird in Salzwasser gekocht und anschließend in Gläsern pasteurisiert. Diese Konservierung wird heute nur noch für Tomatenmark, Würzsaucen oder Pilze angewendet.

7.3 Kandieren

Kandierte Früchte

Kandieren lassen sich frische und blanchierte Früchte. Die Fruchtstücke werden durch **Anreicherung mit Zucker** haltbar gemacht. Anschließend kann man sie mit Zuckerglasur, Schokolade oder Fondant überziehen. Beispiele sind Aranzini (Orangeat) oder Zitronat.

7.4 Pasteurisieren

Pasteurisieren ist ein **kurzes Erhitzen** auf Temperaturen von 65 bis 90 °C mit anschließendem schnellem **Abkühlen.** Dadurch werden die meisten Enzyme und Mikroorganismen unwirksam gemacht. Pasteurisieren ist eine **schonende Konservierungsmethode,** die die Lebensmittel allerdings nur bedingt haltbar macht. Angewendet wird es für Milchprodukte, Obst- und Gemüsesäfte, vakuumierte Gerichte (Cuisson-sous-Vide-Verfahren, siehe S. 138), sowie Fisch und Meeresfrüchte in Marinaden.

7.5 Sterilisieren

Bei diesem Verfahren werden Temperaturen zwischen 100 und 135 °C angewendet. Dabei werden alle Lebensmittel **entkeimt** – alle Verderbniserreger werden abgetötet. Bei dieser Methode werden die Konsistenz und das Aroma verändert und es treten **starke Vitaminverluste** auf. Angewendet wird es für Konservenprodukte, Haltbarmilch und teilweise für Fertigprodukte.

7.6 Marinieren in Essig, Öl oder Alkohol (Einlegen)

Neben Zucker sind Essig, Öl und Alkohol ideale Konservierungsmittel.

- **Gemüse in Essig:** Das Gemüse wird in Gläser gelegt und mit heißem oder kaltem Gewürzessig bedeckt. Zusätzlich werden Gewürze wie Koriander, Dille, Pfefferkörner etc. verwendet. Beispiele sind Essiggurken, Mixed Pickles, Dillgurken, Oliven und Pilze.
- **Gemüse in Öl:** Das vorbereitete Gemüse (getrocknete Tomaten, gegrillte Paprika, gebratene Zucchini etc.) wird in Gläser gelegt und mit hochwertigem Öl bedeckt. Zusätzlich können Gewürze, Kräuter und Knoblauch beigegeben werden.
- **Früchte in Alkohol:** Durch eine gekonnte Dosierung von verschiedenen Spirituosen entwickeln die Früchte ein angenehm duftendes Aroma. Die gewaschenen, gut abgetrockneten Früchte werden in Weinbrand, Whisky, Rum oder Wodka mit Zucker gelegt und in Gläsern abgefüllt aufbewahrt. Produkte: Rumtopf, Sauerkirschen in Weinbrand, Mandarinen in Cointreau etc.

Einlegeessig muss mindestens 4–6 % Essigsäure enthalten, um die Konservierung zu garantieren.

7.7 Trocknen und Dörren von Obst, Gemüse und Kräutern

Das Trocknen oder Dörren ist eine der ältesten Konservierungsmethoden. Trockenobst oder -gemüse wird im Ganzen oder geschnitten vorbereitet und **an der Luft oder in Dörrapparaten** getrocknet. Die Dörrtemperaturen liegen zwischen 55 und 70 °C, die Trockendauer beträgt je nach Lebensmittel und Zubereitung ca. 16 bis 36 Stunden. Der Flüssigkeitsgehalt der Lebensmittel wird beim Dörren bis auf 15 % reduziert. Dadurch wird das Verderben durch Mikroorganismen und Schimmelpilze fast unmöglich gemacht.

Bei sachgemäßer Lagerung bleiben die Trockenprodukte über ein Jahr haltbar. Es bleiben praktisch alle Nähr- und Mineralstoffe erhalten.

Produkte: Rosinen, Dörrpflaumen, Kletzen oder Krauter und Tomaten.

7.8 Säuern von Gemüse

Geschnittenes Kraut, Rettich oder Rüben werden mit Salzwasser und Gewürzen in ein Gefäß oder Fass gefüllt und festgedrückt. Nach zwei bis drei Wochen Fermentation erreicht man einen herrlichen, kräftig-säuerlichen Geschmack. Das bekannteste gesäuerte Gemüse ist wohl das **Sauerkraut.**

Fermentation = Milchsäuregärung.

7.9 Salzen und Pökeln von Fleisch und Fisch

Vor der Erfindung der Tiefkühltruhe war Salzen das gängigste Verfahren zum Haltbarmachen von Fleisch und Fisch. Zum Pökeln wird das Fleisch in eine **Kochsalzlösung** eingelegt (Nasspökeln) oder mit einem körnigen Kochsalz-Nitrit-Gemisch bedeckt (Trockenpökeln). Das Salz löst sich auf und entzieht dabei dem Fleisch die Flüssigkeit. Der dabei entstehende Salzsaft wird vom Fleisch wieder absorbiert und verhindert Fäulnis und Bakterienwachstum. Beispiele sind Pökelzunge, Schinken, Wurstwaren, Klippfisch (Kabeljau) oder Gravad Lax (gebeizter Lachs).

Nitrit ist im Pökelsalz enthalten, das vorzugsweise beim Pökeln eingesetzt wird. Nitrit verbindet sich mit dem Blutfarbstoff des Fleisches und macht es resistenter. Darüber hinaus behält das Fleisch seine rote Farbe.

7.10 Trocknen von Fleisch

Die häufigste Methode ist, das Fleisch für einige Zeit in eine Salzschicht zu legen, zu waschen, zu trocknen und anschließend mit einer Salz-Gewürz-Mischung einzureiben. Anschließend folgt die Lagerung zum Trocknen in Räumen mit natürlicher Belüftung. Beim Trocknen von Fleisch spielt vor allem das Klima eine wesentliche Rolle.

Bekannte Produkte sind Vulcanoschinken (Oststeiermark), Gailtaler Schinken (Kärnten), Prosciutto di San Daniele (Italien), Parmaschinken (Italien), Serranoschinken (Spanien) oder Bündner Fleisch (Schweiz).

7.11 Räuchern

Zuerst wird das Lebensmittel gesalzen oder gepökelt und danach geräuchert. Durch das anschließende Lufttrocknen ist eine monatelange Konservierung möglich.

Es gibt drei verschiedene Räuchermethoden:

Methode	Temperatur	Anwendung
Kalträuchern	Zwischen 20 und 28 °C	Für filetierte Fische, Hartwürste
Warmräuchern	Zwischen 30 und 60 °C	Für ganze Fische, Schinken, Würste
Heißräuchern	Über 70 °C	Für Frischwürste oder frisch geräucherten und warm servierten Fisch

Welche Lebensmittel, die vakuumverpackt angeboten werden, kennen Sie?

7.12 Vakuumverpacken

Lebensmittel wie Wurst, Fleisch, Käse oder geräucherter Fisch werden in Kunststoffsäcken unter Luftentzug verschweißt. Die Lagerdauer wird dadurch geringfügig verlängert. Darüber hinaus bleiben die Aromastoffe erhalten (z. B. bei Kaffee oder Erdnüssen).

8 Convenienceprodukte

Convenience bedeutet Bequemlichkeit. In der Lebensmittelindustrie versteht man unter diesem Begriff vorgefertigte Nahrungsmittel = Conveniencefood.

In der Küche finden immer mehr Convenienceprodukte Verwendung.

Regenerierfertiges Convenienceprodukt

Zu den Convenienceprodukten zählen jene Lebensmittel, die bereits geputzt, geschält, geschnitten, blanchiert, gekocht, gefroren, konserviert oder getrocknet eingekauft werden, sowie jede halb fertige oder fertige Speise – ob frisch, gefroren, als Konserve oder vakuumverpackt.

8.1 Angebotsstufen der Convenienceprodukte

Convenienceprodukt	Bearbeitung in der Küche	Speisen
Tischfertig oder regenerierfertig	Die Speisen werden nur mehr regeneriert, d. h. auf Serviertemperatur gebracht. Dies geschieht direkt in der Verpackung – in der Mikrowelle, im Heißluftdampfgerät oder im Wasserbad.	▪ Vorgefertigte Menüs ▪ Suppen ▪ Panierte Fleisch- und Fischgerichte ▪ Gulyásarten ▪ Gebäck oder warme Mehlspeisen etc.
Verzehrfertig oder servierfertig	Die Speisen müssen weder aufgetaut noch erwärmt, sondern nur angerichtet werden.	▪ Salatmischungen ▪ Pasteten, Terrinen ▪ Mayonnaise ▪ Verschiedene Würzsaucen ▪ Speiseeis ▪ Fertigpuddings etc.

Garfertige oder Halbfabrikate	Diese Produkte sind häufig Tiefkühlprodukte, die nur noch fertig gekocht, gebacken oder gebraten werden müssen.	■ Kartoffelprodukte ■ Fertiges Röstgemüse ■ Knödel ■ Aufläufe etc. ■ Pizzas
Fertige Rohprodukte	Das sind Convenienceprodukte in rohem Zustand; sie müssen gekocht, pochiert, gebraten oder gebacken werden.	■ Fleisch oder Fisch, portioniert ■ Suppeneinlagen ■ Teigwaren ■ Gemüse ■ Kartoffeln
Instantprodukte oder Instantnahrungsmittel	Sie werden in Form von Pasten, in gefriergetrocknetem oder pulverisiertem (gekörntem) Zustand eingekauft und sind sehr geschmacksintensiv. Sie werden entweder kalt angerührt oder erhitzt.	■ Verschiedene Fonds, Saucen und Suppen ■ Kartoffelpulver ■ Puddingpulver ■ Tomatenmark ■ Instantgetränke

8.2 Vorteile und Nachteile der Convenienceprodukte

Vorteile

- Sie ermöglichen ein umfangreiches Angebot zu jeder Jahreszeit.
- Ein gleichmäßiger Qualitätsstandard kann gehalten werden.
- Der zeitliche Aufwand wird verkürzt.
- Dadurch können auch Personalkosten gespart werden.
- Durch Fixpreise der Convenienceprodukte wird die Preisberechnung vereinfacht.
- Eine Reduzierung der Wartezeiten für den Gast ist möglich.

Nachteile

- Die individuelle Geschmacksgebung ist beschränkt.
- Der Vitamin- und Mineralstoffanteil ist vermindert.
- Die Zahl der Arbeitsplätze wird reduziert.
- Sonderwünsche der Gäste können schwer erfüllt werden.

? Arbeitsaufgaben

1. Was müssen Sie beim Anrichten von Speisen beachten?
2. Skizzieren Sie für das erweiterte Menü von S. 73 die richtigen Anrichtearten.
3. Welche Garnierungen aus Gemüse kennen Sie?
4. Üben Sie die Herstellung einfacher Garnierungen, wie kannelierte Orangenscheiben oder ausgestochene Paprika, und anschließend schwierigere Garnierungen, wie Tomatenrose oder -krone, Radieschenfächer oder Gurkenschleifchen.
5. Welche Art der Garnierung passt optisch zu einem rustikalen Buffet, welche Arten eignen sich besonders für ein zeitgemäßes Vitalbuffet?
6. Sie haben eine Gurke, eine Zitrone und/oder ein Radieschen zur Verfügung. Kreieren Sie daraus nach den Grundsätzen des Garnierens Ihre eigene Garnierung.
7. Welche Methoden werden zum Konservieren von Speisen angewendet? Überlegen Sie, welche Konservierungsmethoden zeitgemäß sind. Was sind die Gründe dafür?
8. Diskutieren Sie die Vor- und Nachteile von Convenienceprodukten mit Ihren Kolleg(inn)en und überlegen Sie Ihre eigene Einstellung dazu. Warum ist die Gastronomie einerseits auf Convenienceprodukte angewiesen, andererseits teilweise auf dem Weg, ihre Verwendung wieder auf ein Minimum zu beschränken?

Notizen zu den Arbeitsaufgaben:

Basisrezepte für die Küche

Wichtige Hinweise zur Verwendung des Rezeptteils:

- Für Gerichte, die mit rohen Eiern zubereitet und nicht durcherhitzt werden, sind immer pasteurisierte Eier zu verwenden.
- Mit der Bezeichnung „Mehl" in den Rezepten ist immer glattes Mehl gemeint; bei Verwendung einer anderen Mehltype wird diese angeführt.
- Die Rezepte sind generell für vier Portionen angegeben; Ausnahme sind Teige, Strudeln, Braten etc., die sich nicht für vier Portionen eignen. Die Mengenangaben gelten dann für zehn Portionen bzw. je nach Angabe im Rezept.

Machen Sie im ersten Teil dieses Kapitels eine spannende und informative Reise in die vielfältige Welt der Speisenkunde, bei der Sie Wissenswertes über die Herkunft verschiedener Gerichte erfahren und Eigenarten der nationalen und internationalen Küche kennenlernen.

Praxis ist im zweiten Teil dann das beste Rezept, denn diese Seiten zeigen Ihnen wesentliche Grundrezepte quer durch den Menüaufbau – von der kalten Küche über warme Vor- und Hauptspeisen und Desserts bis hin zu den Sorbets. Die Grundrezepte sind begleitet von vielen Anregungen für Erweiterungen, Garniervorschläge etc. Mit dieser Basis können Sie Gefühl für den Umgang mit den Lebensmitteln entwickeln und sind gerüstet, Ihr Wissen in die Praxis umzusetzen.

Unsere Ziele

Nach Bearbeitung dieses Kapitels werden Sie

- die Herkunft der österreichischen und europäischen Küche kennen;
- Grundzüge und einige Gerichte der Küchen europäischer Länder kennen;
- wissen, welche Gerichte in der kalten Küche zubereitet werden;
- die Herstellung von Eierspeisen kennen und wissen, worauf bei der Verarbeitung von Eiern besonders zu achten ist;
- warme Vorspeisen herstellen können;
- die Grundsaucen kennen und ihre Zubereitung erklären können;
- À-la-minute-Saucen und aufgeschlagene Buttersaucen aufzählen können;
- einen Überblick über Suppen, Suppeneinlagen und ihre Herstellung haben;
- über Zubereitungsarten von Fisch und Meeresfrüchten Bescheid wissen;
- die verschiedenen Zubereitungsarten von Fleisch beschreiben können;
- den küchenmäßigen Umgang mit Innereien kennen;
- die Zubereitungsarten für Wild, Geflügel und Wildgeflügel kennen und einige Wild- und Geflügelgerichte aufzählen können.

Weiters werden Sie

- wissen, welche Beilagen und Zubereitungsarten es gibt;
- die wichtigsten Teige und Massen kennen;
- wissen, wie Füllungen für Torten und Schnitten zubereitet werden;
- Füllcremen und Füllungen kennen und herstellen können;
- die Arten von Glasuren kennen;
- Creme- und Fruchtsaucen herstellen können;
- wissen, was Eisgetränke sind.

1 Reise durch die Welt der Küchen

1.1 Die klassische europäische Küche

Ursprung und Charakteristik der klassischen Küche in Europa

Den größten Einfluss auf die Entwicklung der Kochkunst des Abendlandes hatte Frankreich mit Großmeistern wie Georges Auguste **Escoffier** (1846–1935), der gemeinsam mit César Ritz in Paris und London Hotels gründete und dessen Werk „Le Guide Culinaire" („Kochkunstführer", 1903) noch heute eines der Standardwerke der Kochkunst ist.

Mit „klassischer Küche" sind jene Gerichte gemeint, die französischen Originalrezepten jener Zeit entsprechen. Dazu gehören Spezialitäten, die international nach vorgeschriebener Machart – vor allem was Saucen und Garnituren betrifft – zubereitet sind, wie Hummer parisienne, Chateaubriand, Tournedos Rossini, Omelette surprise, Crêpes Suzette etc.

Zur klassischen Küche werden auch alle Gerichte aus den nationalen Küchen gezählt, die über die Grenzen eines Landes hinaus einen hohen Bekanntheitsgrad erworben haben, z. B. Gerichte aus der Wiener Küche: Tafelspitz, Wiener Schnitzel, Apfelstrudel etc. oder Gerichte wie Roastbeef, Carpaccio, Paella, Zürcher Geschnetzeltes etc.

Wussten Sie, dass ...
Escoffier auch der Erfinder der Küchenbrigade (siehe S. 34) war?

Gerichte aus der Regionalküche und aus der bürgerlichen Küche werden nicht zur klassischen Küche gezählt, z. B. Krautfleckerln, Wiener Gulasch, Frankfurter Würstel, Tiroler Gröstl etc.

Nationalküche

Mit jedem Land ist eine eigene, unverwechselbar Küche verbunden, die sich aus der Lebensart und dem vorhandenen Nahrungsangebot entwickelt hat. Selbstverständlich gehören auch Gerichte aus der klassischen Küche zur jeweiligen Nationalküche.

Welche österreichischen National- bzw. Regionalgerichte kennen Sie?

Regionale Küche

Zur regionalen Küche zählen Gerichte aus verschiedenen Regionen oder Provinzen, die teils auch der Nationalküche zugeordnet werden. Die regionale Küche hat ihre Wurzeln auf dem Land und ist daher vom bäuerlichen Nahrungsmittelangebot geprägt.

Aus der Regionalküche stammen weiters Speisen, die traditionell zu besonderen Anlässen (Ostern, Weihnachten, Kirtag) mit jeweils üblichen Getränken serviert werden.

Was isst man, wenn man „gutbürgerlich" speist?

Die bürgerliche Küche ist eine gehobene, gepflegte Küche, die vor allem im städtischen, bürgerlichen Raum – z. B. in Wien (Wiener Küche) – entstanden ist. Die Speisen werden auf traditionelle Weise zubereitet und serviert. Diese Esskultur wird auch von Touristen sehr geschätzt, da sie landestypische Gerichte wie Grießnockerlsuppe, Tafelspitz und Sachertorte bietet.

Wussten Sie, dass ...
die Wiener Küche die einzige Küche der Welt ist, die nach einer Stadt benannt ist?

1.2 Trends

Vollwertküche, Bioküche oder Naturküche – die Slow-Food-Bewegung

In der Vollwertküche werden Lebensmittel aus **kontrollierter biologischer Landwirtschaft** verwendet. In den letzten Jahren ist das Bewusstsein der Zusammenhänge zwischen unseren Essgewohnheiten und unserem Wohlbefinden stark gewachsen. Daher ist eine Küche, die eine ausgewogene, vollwertige, gesunde Ernährung bietet und den Slow-Food-Gedanken (der den Genuss in den Mittelpunkt stellt) unterstreicht, sehr gefragt.

Näheres dazu erfahren Sie auch im Gegenstand Ernährung.

Kreative Küche

Diese Kochrichtung wird auch als die **zeitgemäße Küche oder als Cuisine du Marché** bezeichnet. Neue Ideen, Kreationen bzw. Zusammenstellungen von Produkten sind erwünscht und stellen eine Herausforderung für jeden Koch dar. Zwei Grundsätze müssen beachtet werden:

Cuisine du Marché = „Marktküche"; gemeint ist damit jene Küche, die aus den besten Produkten, die der Markt zu bieten hat, kreative Speisen zaubert. Der Begriff geht auf das gleichnamige Buch von Kochmeister Paul Bocuse zurück.

Ethnologie = Völkerkunde.

Die Herkunft prägt den Charakter der Speisen

Mehr über die Systemgastronomie lesen Sie in „Service, Getränke und Betriebsorganisation“, Kapitel Betriebe der Systemgastronomie.

- Eine schonende Kochmethode, um den Eigengeschmack und die Nährwerte der jeweiligen Speise möglichst zu erhalten.
- Verwendung von ausnahmslos qualitativ hochwertigen und frischen Lebensmitteln.

Ethnoküche

Zur ethnischen Küche gehören weiters bestimmte Gerichte, die auch aus der jeweiligen Regionalküche stammen können bzw. einem bestimmten Gebiet zuzurechnen sind, wie z. B. Tex-Mex-Küche, Sushi und Maki aus Japan, jüdische Küche etc.

Fast-Food-Küche

Als Fast-Food-Küche wird jene Küche bezeichnet, die ein begrenztes Sortiment an Gerichten zum schnellen Verzehr anbietet oder bei der auch das Mitnehmen nach Hause möglich ist. Diese Angebotsform wird in der schnell wachsenden **Systemgastronomie** bevorzugt.

1.3 Die österreichische Nationalküche

Die österreichische Küche ist ein Sammelsurium von Gerichten aus allen Bundesländern mit ungarischen und böhmischen Einflüssen. Die Küchen haben sich im Lauf der Zeit aus der einfachen, ländlichen Regionalküche entwickelt. Man kann fast jede Speise einer Region zuordnen (z. B. Pongauer Biersuppe, Waldviertler Mohnknödel, Kärntner Kasnudeln, Steirisches Wurzelfleisch, Tiroler Gröstl, Linzer Torte, Wiener Erdäpfelsuppe, Salzburger Nockerln). Von der Wiener Küche ausgehend hat die bürgerliche Küche Österreich beeinflusst.

1.4 Reise durch die Nationalküchen der Welt

Nationalgerichte einem eindeutigen Ursprungsland zuzuordnen, ist nur begrenzt möglich. Viele Gerichte haben anderen Ursprung oder wurden übernommen, in der Zubereitung und Zusammensetzung abgeändert und im Laufe der Zeit zu Nationalgerichten.

Deutschland

Die deutsche Küche ist stark von der mitteleuropäischen Kochtradition geprägt. Im **Norden Deutschlands** wird sie von der Küche Dänemarks, Schwedens, Polens und Russlands beeinflusst, in **Mitteldeutschland** von den Nachbarn Holland, Frankreich und Tschechien und im **Süden Deutschlands** spiegelt sich vor allem die Schweizer und die österreichische Küche wider.

Geräucherter Aal ist eine Spezialität der norddeutschen Küche

In Deutschland findet man Räucherfisch, Hackfleischgerichte, Kartoffel- und Kohlgerichte, Fischgerichte, Spätzle, Klöße und Eiergerichte. Weitere typische Speisen sind Sauerbraten, Eisbein mit Sauerkohl, Bismarckhering, Käsespätzle mit Salat und zum Dessert Bayerische Creme oder Schwarzwälder Kirschtorte.

Frankreich

Die unkomplizierten Küchen der französischen Provinzen boten großteils das Repertoire für die klassische Küche Frankreichs. Escoffier lehrte und praktizierte zwar die **Grande Cuisine,** sagte aber immer zu seinen Schülern: *„Faites simple“ – „Macht es einfach“*. Und so präsentieren sich auch heute noch die Küchen in den **Auberges** (Gasthäusern) der Provinzen.

Käse darf im französischen Menü nicht fehlen

In Frankreich werden Menüs mit mehreren Gängen (meist mehr als fünf) gereicht. Schwerpunkte sind verschiedene kalte und warme Vorspeisen, zu denen Baguette aufgetragen wird, Fisch, Meeresfrüchte und Gerichte mit Käse.

Beispiele aus der französischen Küche sind: Salade niçoise, Bouillabaisse, Quiche Lorraine, Tripes à la mode de Caen, Coq au Vin, Bœuf Bourguignonne, Ratatouille, Pot-aufeu, Crêpes Suzette.

Italien

Neben ihrer regionalen Unterschiedlichkeit mit verbindenden Elementen ist ein Dogma in allen italienischen Küchen zu finden: das Bestehen auf der besten Qualität der Rohprodukte und die Sorgfalt und Begeisterung, mit denen man diese hochwertigen Produkte verarbeitet. **Teigwaren (Pasta)** sind wohl das Hauptnahrungsmittel der Italiener und werden immer vor dem Hauptgang serviert. Immerhin gibt es mehr als 300 bekannte Variationen und darüber hinaus wahrscheinlich unzählbar viele unbekannte Pastagerichte „alla casa".

Eine weitere italienische Spezialität ist das **Risotto,** das mit Gemüse, Pilzen, Fleisch, Fisch oder Muscheln zubereitet wird.

Meeresfrüchte, Fisch, Antipasti, verschiedene gemischte Salate sowie die **Pizza** runden den delikaten italienischen Speiseplan ab – und nicht zu vergessen die Kunst, als Abschluss ausgezeichneten Kaffee zu servieren.

Auf einer kulinarischen Reise durch Italien findet man z. B. Zuppa pavese, Vitello tonnato, Risi e Bisi, Gnocchi di Polenta, Ossobuco, Pizza Margherita, Fritto misto di Mare, Saltimbocca, Tiramisú, Panna cotta.

Die italienische Küche nimmt immer mehr Einfluss auf unsere Essgewohnheiten. Was ist ihr Geheimnis? Sie ist eine farbenfrohe, kreative, frische Küche, die dem heutigen gesunden Ernährungsbewusstsein entspricht.

Teigwaren und Parmesan – ohne sie ist die italienische Küche nicht vorstellbar

Schweiz

Der hohe Standard der Schweizer Hotellerie ist weltbekannt. Daraus entwickelte sich eine internationale, klassische Küche mit Schweizer Nationalgerichten. Je nach Kanton wird die Schweizer Küche durch regionale Küchen der angrenzenden Länder (v. a. Italien und Frankreich, aber auch Deutschland) beeinflusst. Bekannte Speisen sind: Käsefondue, Raclette, Berner Rösti, Aargauer Rüeblitorte, Basler Zwiebelwähe, Potée fribourgoise.

Suchen Sie aus Kochbüchern klassische internationale Rezepte heraus.

Ungarn

Typisch sind in der ungarischen Küche das Würzen der Speisen mit **Paprika** und das Verfeinern mit **Sauerrahm.** Die österreichische Küche ist eng verbunden mit der ungarischen.

Beispiele aus der ungarischen Küche sind Halászlé, Pörkölt, Lecsó, Szekelygulyás, Lángos, Tarhonya, Gundelpalatschinken und Somloer Nockerln.

Wussten Sie, dass ...
das Szekelygulyás dem österreichischen Rindsgulasch entspricht? Unter Gulasch verstehen die Ungarn die Gulaschsuppe.

Tschechien, Slowakei

Die ausgiebige und reichhaltige **tschechische Küche** ist eine Mischung aus unterschiedlichen Kochkulturen und -traditionen. Dank ihrer Lage im Zentrum Europas gibt es **Einflüsse aus dem Süden** (Österreich) und **aus dem Osten** (Slowakei und Ungarn). Die **slowakische Küche** ist ähnlich, allerdings kommt im Süden noch der **Einfluss der ungarischen Küche** dazu. Gans, Kraut und Brimsen findet man häufig auf den Speisenkarten.

Es gibt zahlreiche Variationen von klaren und gebundenen Suppen, Karpfengerichte, geschmortes Rindfleisch, Böhmische Knödeln, Pofesen, Dalken, Tatschkerln, Buchteln etc.

Wussten Sie, dass ...
in der klassischen Wiener Küche viele böhmische Rezepte vorkommen? Powidltascherln und Mohnnudeln sind nur zwei bekannte Beispiele von vielen.

Slowenien, Kroatien, Bosnien-Herzegowina, Serbien, Mazedonien

Es gibt deutliche Unterschiede zwischen dem Binnenland und den Küstenregionen. Während das **Binnenland** durch **eher deftige, einfache Küche** geprägt ist, sind die **Gerichte der Küstenregionen ähnlich jenen der griechischen oder italienischen Küche.** So gibt es verschiedene Fleisch- und Reisfleischgerichte (Pilaw) und Fisch- und Meeresfrüchtegerichte.

Die Dalmatier sagen: *„Dreimal muss der Fisch schwimmen: im Meer, in Öl und in Wein."*

Welche dieser Nationalgerichte kennen Sie? Welche Gerichte haben Sie selbst schon gegessen? Beschreiben Sie die Speisen Ihren Kolleg(inn)en.

Souflaki

Die britische Küche wird nicht gerade gerühmt, aber das Frühstück hat im Ausland einen beachtlichen Ruf. So sagte einst ein französischer Marquis zu einem englischen Lord: *„Die beste Art, in England gut zu essen, ist die, dreimal täglich zu frühstücken."*

Irland – im feuchten Klima gedeihen Kartoffeln und Kohl, die zu schmackhaften Nationalgerichten verarbeitet werden

Gebratener oder gegrillter Fisch wird mit **Aivar** – einer kalten Paprika-Auberginen-Sauce – serviert. Weitere Beispiele sind serbische Bohnensuppe, Cevapcici oder Raznjici.

Spanien

Die Lebensfreude der Spanier, die man in den Tascas (kleinen spanischen Gasthäusern) kennenlernt, prägt auch die Vielfalt und Buntheit der spanischen Küche. Sie bietet naturgemäß **Fisch und Meeresfrüchte, Reis und Gemüse,** aber auch **gegrilltes Fleisch, Omeletten und andere Eierspeisen** werden in Spanien delikat zubereitet. Zutaten wie Olivenöl, Knoblauch und Petersilie dürfen in kaum einem Rezept fehlen.

Weitere bekannte Gerichte sind Paella, Gazpacho oder Tapas.

Türkei

In der türkischen Küche dominieren verschiedene Reisgerichte (Pilaws) und (Lamm-)-Fleischgerichte. Dazu wird Gemüse gereicht.

Beispiele aus der türkischen Küche sind Kokorec, Dönerkebab oder Baklava.

Griechenland

Die griechische Küche ist wohl neben der italienischen die bekannteste Vertreterin der sogenannten **mediterranen Küche.** Viele Gerichte basieren auf Fisch und Meeresfrüchten, Lammfleisch und Gemüse.

Bekannte Leckerbissen der griechischen Küche sind Souflaki, Tsatsiki, Gyros, Dolmades, Moussaka etc.

England

In England ist man der Tradition verpflichtet: Viele Gerichte der regionalen Küche werden oft heute noch nach über hundert Jahre alten Rezepten zubereitet. Berühmt ist das **englische Frühstück** (siehe auch „Service, Getränke und Betriebsorganisation", Kapitel Frühstück). Das Porridge ist hier wohl besonders hervorzuheben.

Weitere typische Gerichte sind z. B. Fisch and Chips, Steak and Kidney-Pie, Roastbeef, Potted Shrimps, Mulligatawny, Kedgeree oder Plumpudding.

Irland

Auf der grünen Insel mit dem feuchten, kühlen Klima gedeihen am besten Kartoffeln und Kohl. Deshalb sind sie Hauptbestandteil vieler Gerichte. In den Meeresbuchten werden Flunder, Schellfisch, Makrelen und Prawns (Steingarnelen) gefischt, immer seltener Lachse und Hummer. In der Landwirtschaft nimmt die Rinderhaltung die überragende Stellung ein. Bekanntestes Gericht ist wohl das Irish Stew.

Schottland

Ähnlich wie in Irland sind die landschaftlichen Züge in Schottland. Auf den Highlands wächst nicht nur die Gerste für den Scotch Whisky, sondern auf den riesigen Weideflächen grasen auch die berühmten **Aberdeen-Angusrinder.** Nationalgerichte sind Cockaleekie oder Scotch Woodcock, zum Tee werden Scones gereicht.

Skandinavien

In Skandinavien wird sehr viel **Fisch** gegessen. Räucherlachs und Gravad Lax sind bekannte Beispiele dafür. Auch Meeresfrüchte, Eiergerichte und Fleischgerichte von Elch und Rentier stehen auf dem Speiseplan.

Bekannte Gerichte sind Kottbullar aus Schweden, Flaeskesteg med Svaer aus Dänemark und Fårikål aus Norwegen.

Russland

Die russische Küche ist eine **einfache Küche.** Typisch sind z. B. dicke Cremesuppen. Viele **Kraut-, Kohl- und Rote-Rüben-Gerichte,** gekochter und geräucherter **Fisch,** Gemüse, Kräuter in Verbindung mit **saurem Rahm** und gefüllte Teigtaschen in verschiedenen Variationen dominieren die russische Küche. Typische russische Speisen sind z. B. Borschtsch, Piroggen und Blinis.

USA

In der mehr als 500-jährigen Geschichte der Vereinigten Staaten hat der Kontinent Menschen aller Nationen und Regionen aufgenommen. Diese **Einwanderer** brachten heimische Rezepte mit, die mit den verfügbaren Nahrungsmitteln ergänzt und abgeändert wurden.

Amerika hat gewiss keine bedeutende Esskultur hervorgebracht, aber als **Schmelztiegel** vieler Völker sind die **Gerichte so unterschiedlich wie ihre Bewohner** und man muss sich von der Vorstellung lösen, dass trotz seiner starken Präsenz das **Fast Food** mit Hamburger, Hotdogs, Ketchup und Pizza das einzige Element der amerikanischen Küche ist. Allein die Einflüsse aus der mexikanischen Küche, die Fisch- und Meeresfrüchtegerichte der Küstenregionen, die Fleischgerichte und Eintöpfe der Landbevölkerung zeugen von großer Vielfalt. Bekannt sind aber trotzdem vor allem Gerichte wie Porterhousesteak, T-Bone-Steak, Donuts, Muffins, Clamchowder und ähnliche Speisen.

Der Donut ist aus amerikanischen Fast-Food-Lokalen nicht mehr wegzudenken

Welche asiatischen Gerichte kennen Sie? Was, meinen Sie, ist der Grund dafür, dass die fernöstliche Küche Einzug in unseren Speiseplan hält?

China und Japan

Noch bevor man in Europa das Essbesteck kannte, herrschte in China und später in Japan bereits eine hoch entwickelte zeremonielle Esskultur. Die fernöstliche Küche hat in den letzten Jahren in Europa immer mehr Fuß gefasst. Viele Spitzenköche nehmen Anleihen aus diesen Küchen. Das kurze Garen und Das-auf-den-Punkt-Kochen von Gemüse aus den Anfängen der Nouvelle Cuisine hatten ihren Ursprung in China und Japan.

Bekannte chinesische Gerichte sind z. B. Wan-tan-Suppe, Dim sun, Szechuan-Ente; bekannte japanische Gerichte sind z. B. Misoshiru, Sashimi, Sushi, Tempura oder Teriyaki.

Curry

Indien

Bei einem Land mit beinahe einer Milliarde Einwohnern ist es wohl schwierig, von „der" indischen Küche zu sprechen, dennoch gibt es bei der Mannigfaltigkeit der Regionalküchen einige Gemeinsamkeiten. So ist die **außerordentliche Vielfalt an Gewürzen** und im speziellen die Verwendung von **Curry** hervorzuheben.

Aufgrund religiöser Vorschriften für Hindus und Moslems wird so gut wie kein Rind- (heilig) und Schweinefleisch (gilt als unrein) verwendet. Dafür gibt es zahlreiche Rezepte mit Lamm- und Geflügelfleisch, vegetarische Gerichte, Saucengerichte mit Curry und Eintöpfe aus Hülsenfrüchten, v. a. aus Linsen. Beispiele sind Papadam und Rice and Curry.

Wussten Sie, dass ...
Curry eine Gewürzmischung ist, die aus bis zu 30 Gewürzen besteht? Unter anderem sind Kurkuma, Nelken, Kardamom, Koriander, Kreuzkümmel und Ingwer in Curry enthalten.

Arbeitsaufgaben

1. Wo liegt der Ursprung der klassischen europäischen Küche?
2. Nennen Sie Beispiele für die ethnische Küche.
3. Welche wesentlichen Merkmale hat die kreative Küche und welche die Fast-Food-Küche?
4. Beschreiben Sie kurz die Besonderheiten der regionalen und der bürgerlichen Küche.
5. Welche Nationalgerichte lernen Sie auf einer Reise in unsere Nachbarländer kennen?
6. Beschreiben Sie den Einfluss der fernöstlichen Küche auf die europäische Küche.

Notizen zu den Arbeitsaufgaben:

2 Basishilfsmittel

2.1 Klassische Basishilfsmittel

Röstgemüse/Mirepoix

- Karotten, Petersilienwurzel, Sellerie, Zwiebel und evtl. Lauch werden je nach Bedarf in größere oder kleinere Würfel geschnitten und in Fett angeröstet.
- Zusammensetzung und Menge hängen von der jeweiligen Speise ab.
- Mirepoix wird als Grundlage für Suppen, Saucen, Fonds, Ragouts etc. verwendet.

Kräutersträußchen/Bouquet garni

- Petersilie, Grünes vom Lauch, Selleriegrün, mitunter Lorbeer, Thymian und Knoblauch werden zu einem Sträußchen gebunden und mit der Speise gegart (vor dem Servieren unbedingt entfernen).
- Zusammensetzung und Menge hängen von der jeweiligen Speise ab und können durch Rosmarin, Bohnenkraut, Estragon etc. ergänzt werden.
- Bouquet garni dient als Zutat für Suppen, Saucen, Fonds, Ragouts etc.

Suppengrün

Die Zutaten für das Suppengrün sind eine Kombination aus Mirepoix und Bouquet garni.

- Karotten, evtl. gelbe Rüben, Petersilienwurzel, Sellerie, Grünes vom Lauch und Petersilie werden zusammengebunden und in der Suppe mitgekocht.
- Zusammensetzung und Menge hängen von der jeweiligen Suppe ab.
- Suppengrün wird – wie schon der Name sagt – für klare Suppen und Fonds verwendet.

Gespickte Zwiebel

- In die geschälte Zwiebel Gewürznelken stecken und mitgaren. Zusätzlich kann die Zwiebel eingeschnitten werden. Der Einschnitt ermöglicht das Einstecken eines Lorbeerblatts, Rosmarin- oder Thymianzweiges o. Ä.
- Zusammensetzung und Menge hängen von der jeweiligen Speise ab.
- Die gespickte Zwiebel wird vor allem für gedünsteten Reis, aber auch für Saucen, Fonds und Ragouts verwendet.

Gewürzsäckchen, Gewürzkugel

- Verschiedene Gewürze wie Pfefferkörner, Wacholderbeeren, Pimentkörner, evtl. Knoblauch etc. werden in ein Säckchen aus Filterpapier (wie für Teebeutel) gebunden und mit den Enden des Küchenspagats am Griff des Kochgefäßes befestigt. Anstelle des Säckchens werden auch Gewürzkugeln verwendet.
- Zusammensetzung und Menge hängen von der jeweiligen Speise ab.
- Gewürzsäckchen werden für Suppen, Saucen, Ragouts etc. verwendet.

Teefilter eignen sich gut für die Herstellung eines Gewürzsäckchens

Kräutermischung/Fines Herbes

- Darunter versteht man gehackte bzw. geschnittene grüne Kräuter.
- Im klassischen Sinne werden Petersilie, Estragon, Kerbel und Schnittlauch gemischt. Zusätzlich kann Zitronenmelisse, Bohnenkraut etc. beigegeben werden.
- Zusammensetzung und Menge hängen von der jeweiligen Speise ab.
- Fines Herbes werden für Aufstriche, Eiergerichte, Saucen, Ragouts, Salate etc. verwendet.

2.2 Basisfüllungen

Farcen

Diese Füllungen werden aus rohem Kalbfleisch, Geflügel, Innereien, Fisch, Meeresfrüchten oder Wild hergestellt. Die Grundzutaten werden mit Gewürzen zu einer feinen, cremigen Mischung gecuttert.

Grundfarce

Zutaten:	AM BEISPIEL VON HÜHNERBRUST
0,40 kg Hühnerbrust	■ Fleisch parieren – in kleine Würfel schneiden. ■ Eiskaltes Fleisch würzen – in den Cutter geben – unter ständiger Zugabe von gut gekühltem Schlagobers eine cremige Farce herstellen.
0,20 l Schlagobers	
Salz, weißer Pfeffer aus der Mühle, evtl. Pastetengewürz	

Anmerkungen

- Besonders feine Farcen werden erreicht, wenn die ferti ge Masse durch ein feines Sieb gestrichen wird.
- Als Lockerungs- und Bindemittel kann Fiklar (evtl. geschlagen) eingesetzt werden.
- Durch entsprechende Einlagen kann die Farce verändert werden: Pistazien, gehackte Champignons, Schinkenwürfel, grüne und rosa Pfefferkörner etc.
- Je nach Gericht kann die Farce mit Geschmacksbeigaben ergänzt werden: Cognac, Wermut, Kräuter, Gewürze, Gemüsepüree etc.

Fischfarce

Zutaten:	FÜR NOCKERLN, FÜLLUNGEN, PASTETEN
0,50 kg Hecht- oder Zanderfilet, ohne Haut und Gräten	■ Fischfilet in kleine Würfel schneiden. ■ Eiskalten Fisch in den Cutter geben und unter ständiger Zugabe von gut gekühltem Schlagobers eine cremige Farce herstellen. ■ Masse durch ein Sieb streichen und würzen.
Ca. 0,40 l Schlagobers	
Salz, weißer Pfeffer aus der Mühle	
Garnierung oder Einlage:	
Dillspitzen	

Champignonfarce (Duxelles)

Zutaten:	
0,20 kg Schalotten oder Zwiebeln, fein gehackt	■ Schalotten oder Zwiebeln in Fett anschwitzen. ■ Fein gehackte Champignons dazugeben und so lange rösten, bis die Flüssigkeit verdunstet ist. ■ Mit Salz und Pfeffer würzen, mit gehackter Petersilie vollenden.
0,12 kg Butter oder Öl	
0,40 kg Champignons, fein gehackt	
Salz, Pfeffer	
0,03 kg Petersilie, fein gehackt	

! Rohes Faschiertes muss laut Lebensmittelhygieneverordnung immer unter 4 °C gelagert werden und ist noch am gleichen Tag zu verbrauchen.

Die Zutaten müssen immer gut gekühlt sein, sonst kann die Farce leicht gerinnen. Häufig werden sogar Eiswürfel beim Cuttern zugegeben.

Die Mehlröstung immer gut verkochen lassen, dadurch verschwindet der Rohmehlgeschmack. Dabei häufig umrühren, damit die Mehlröstung nicht anbrennt.

Für die Einbrenn wird hoch erhitzbares Fett (z. B. Kokosfett oder Butterschmalz) verwendet.

Wussten Sie, dass ...
man Mehlbutter auf Vorrat herstellen kann? Gekühlt gelagert hält sie einige Tage.

2.3 Klassische Bindemittel

Mehlröstungen/Roux	Zubereitung	Verwendung
Einmach/ weißer Roux/ Roux blanc	**Butter oder Margarine** erhitzen, Mehl zugeben, einmal aufschäumen lassen.	Für gebundene Suppen, helle Saucen und Gemüse
Helle Einbrenn/ blonder Roux / Roux blond	**Fett** erhitzen, Mehl zugeben, leicht anrösten.	Für deftiges Gemüse (Kohl, Hülsenfrüchte) und kräftige Saucen
Braune Einbrenn/ brauner Roux / Roux brun	**Fett** erhitzen, Mehl zugeben, Mehl bis zur Bräunung rösten.	Für Suppen, braune Saucen und Ragouts

Klumpenbildung lässt sich vermeiden:
- Immer mit dem Schneebesen rühren.
- Heiße Roux mit kalter Flüssigkeit aufgießen.
- Kalte Roux mit heißer Flüssigkeit aufgießen.

Bindemittel	Arbeitsgang und Verwendung
Mehl (zum Stauben)	■ In das fertige, nicht zu flüssige heiße Gericht einrühren und noch einmal aufkochen. ■ Für Ragouts und als Saucenbasis
Angerührtes Mehl	■ Mehl mit kaltem Wasser oder Sauerrahm glatt rühren, in das kochende Gericht einrühren und noch einmal aufkochen. ■ Für Suppen, Saucen und Gemüsegerichte
Stärke	■ Stärkemehl mit kalter Flüssigkeit glatt rühren, in das kochende Gericht einrühren und noch einmal aufkochen. ■ Für Suppen, Saucen, Fonds und Jus
Kartoffeln (roh gerieben)	■ Rohe Kartoffeln schälen und reiben, sofort ins Gargut geben und mitkochen. ■ Für Suppen, Gemüse und Fleischgerichte
Mehlbutter/ Beurre manié	■ Butter und Mehl im Verhältnis 1:1 verkneten und kalt stellen, in das kochende Gargut einrühren und einmal aufkochen. ■ Für Suppen, weiße Saucen und Gemüsebeilagen
Kalte Butter	■ Eiskalte kleine Butterstücke (Flocken) in das Gargut kräftig einrühren (montieren) und nicht mehr kochen. ■ Für Saucen und Suppen
Schlagobers und/oder Eidotter	■ Nicht zu kaltes Schlagobers oder Crème fraîche in den Fond einrühren und bis zur gewünschten Konsistenz reduzieren. – Für helle Saucen und Suppen ■ Versprudelte Eidotter zum Binden einrühren. – Für Massen und Cremen ■ Eidotter und Schlagobers verrühren **(= Liaison),** in das Gargut einrühren **(= legieren)** und nicht mehr kochen. – Für Suppen und helle Saucen

Fettreduzierte, leicht verdauliche Bindemittel – vor allem für die Diätküche

- **Gelindetes Mehl:** Mehl ohne Fett anrösten, aufgießen und verkochen.
  – Für Suppen und Saucen.
- **Haferflocken oder Hafermehl:** in das Kochgut einrühren und verkochen.
  – Für Suppen und Saucen.

- **Grieß:** in das Kochgut einrühren und verkochen.
  – Für Suppen und Süßspeisen.
- **Magermilchpulver und Magerjoghurt:** miteinander verrühren und zum Kochgut geben.
  – Für Suppen und Saucen.

2.4 Buttermischungen

Kalte Buttermischungen dienen zum Montieren (vgl. kalte Butter/klassische Bindemittel) und zur geschmacklichen Vollendung von Saucen, gebundenen Suppen und Gemüse. Buttermischungen können auch zu Grillgerichten und als Aufstrich gereicht werden.

Zubereitung

- Die weiche Butter flaumig rühren.
- Die zerkleinerten Zutaten und Gewürze einrühren.
- Die Buttermischung bei Bedarf passieren.

Bezeichnung	Zutaten
Basilikumbutter	Butter, fein gehacktes Basilikum, Salz, Pfeffer, Zitronensaft
Colbertbutter	Butter, fein gehackte Petersilie und Estragon, Salz, Pfeffer, Zitronensaft; typisch zu Fischgerichten und Kurzgebratenem
Dillbutter	Butter, fein gehackte Dille, Salz, Pfeffer, Zitronensaft; typisch zu gebratenem/gegrilltem Fisch und zu Krustentieren
Knoblauchbutter	Butter, fein gehackter Knoblauch, Salz, evtl. scharfer Senf und Zitronensaft
Kräuterbutter	Butter, unterschiedliche, fein gehackte Kräuter, Salz, Pfeffer, Zitronensaft, evtl. scharfer Senf
Krenbutter	Butter, fein gerissener Kren, Salz, Zitronensaft, evtl. Zucker
Räucherlachsbutter	Butter, pürierter Räucherlachs, Zitronensaft, evtl. Pfeffer
Sardellenbutter	Butter, Sardellenpaste, Zitronensaft
Senfbutter	Butter, scharfer Senf, Salz, Zitronensaft, Worcestersauce, evtl. Pfeffer

Weiterverarbeitung

- **Butterscheiben:** Die Buttermischung auf Alufolie geben, zu einer gefälligen Rolle formen und kalt stellen. Bei Bedarf mit einem in heißes Wasser getauchten Messer (evtl. Chartreusemesser) in Scheiben schneiden und anrichten.
- **Butterrosetten:** Die Buttermischung in den Dressiersack mit gezackter Tülle füllen, Rosetten auf Alufolie dressieren und kalt stellen.
- **Ausgestochene Butter:** Die Buttermischung auf Alufolie zu einer Platte formen und kalt stellen. Bei Bedarf mit beliebigen Formen (Sternen, Herzen etc.) ausstechen und anrichten. Die Reste können für Suppen und Saucen verwendet werden.

Ausgestochene Butter

3 Kalte Küche

Kalte Speisen werden in einer Küche in der Abteilung Gardemangerie mit Nebenplätzen, wie Salatstation oder Horsd'œuvre-Platz, zubereitet, fertiggestellt und angerichtet.

3.1 Einteilung der kalten Küche

Die kalte Küche wird unterteilt in	
Fingerfood	Canapés, Aufstrichbrote, Sandwiches, belegte Brote, Snacks, Gourmandises
Salate und Rohkost	Vorspeisen-, Beilagensalate, Marinaden und Dressings
Kalte Vorspeisen	Cocktails, kalte Vorspeisen Sulzen, Parfaits/Mousses, Terrinen, Pasteten, Galantinen
Kalte Suppen und Kaltschalen	Siehe S. 192

Fingerfood = Häppchen, das ohne Besteck gegessen wird; Größe und Garnitur sind dementsprechend anzupassen.

3.2 Fingerfood

Fingerfood wird als kleiner Schnellimbiss oder als pikante Nascherei in vielen Variationen angeboten.

Canapés, Appetithappen

Canapés sind kleine, dekorierte Mundbissen, die in verschiedenen Formen geschnitten oder ausgestochen auf Gebäck oder auf Gemüse angerichtet werden.

Als Unterlage für Canapés können auch Salzcrackers verwendet werden.

Herstellung

- **Brot vorbereiten:** entrindetes, evtl. getoastetes, Weißbrot, Toastbrot (Kastenbrot), Mischbrot oder Brioche 0,5 bis 1 cm dick schneiden oder Pumpernickel bzw. Knäckebrot bereitstellen.
- **Schneiden oder ausstechen:** quadratisch, dreieckig, rund, rechteckig, rautenförmig. Werden Canapés in größeren Mengen vorbereitet, empfiehlt es sich, erst nach dem Auflegen des Belages zu schneiden bzw. auszustechen und eventuell mit Aspik zu glacieren.
- **Bestreichen:** mit flaumig gerührter Butter, kalten Buttermischungen oder Ableitungen der Mayonnaise.
- **Belegen:** Belag dekorativ anrichten oder aufdressieren.
- **Garnieren:** sorgfältig mit passender Garnierung versehen (Garnierungen siehe S. 142).

Weniger ist mehr! Daher dezent garnieren.

Beispiele

- Getoastetes Mischbrot – Würzbutter – Roastbeef – Oberskrenrosette – Kräutersträußchen.
- Knäckebrot – Butter – Brie oder Camembert – Walnusshälfte oder gehackte Kürbiskerne, halbierte Weintraube, evtl. gefüllte Olive.
- Getoastetes Weißbrot – Zitronenbutter – Matjeshering – Sauce Chantilly – rote Zwiebelstreifen – Apfelspalte.

Verwendung: Als Amuse-Gueule (auch in Löffeln dressiert), zu Bargetränken, Aperitifs, Sekt oder Champagner und bei Empfängen.

Schneidearten für Canapés

Aufstrichbrote

Aufstriche werden auf verschiedene Brotsorten gestrichen bzw. dressiert und garniert. Die Basis ist meist flaumig gerührte Butter, Topfen oder Mayonnaise mit gehackten Zutaten wie Kräutern, Gewürzen, Eiern, Käse, Fisch etc.

Beispiele (Menge ca. 0,25 kg)

Kräuteraufstrich: 0,06 kg Butter mit 0,15 kg passiertem Topfen flaumig rühren – Schnittlauch, Petersilie, Basilikum und Jungzwiebeln fein schneiden – gehackte getrocknete Tomaten einrühren – würzen – mit Sauerrahm verfeinern.
Käseaufstrich: 0,15 kg Roquefort mit 0,10 kg Topfen passieren – mit Schnittlauch und gehackten Walnüssen vollenden.
Eiaufstrich: 4 gekochte Eier fein hacken – mit 0,05 kg flaumig gerührter Butter und etwas Mayonnaise verrühren – mit Sardellenfilets, Petersilie und Kapern abschmecken – mit Thunfisch ergänzen.

Verwendung: Als Schnellimbiss oder als Zwischenmahlzeit. À part serviert als Kuvert.

Sandwiches, Tramezzini

Braten, Schinken, Käse oder Fisch wird zwischen zwei Scheiben Toastbrot gelegt.

Verwendung: als kleine Zwischenmahlzeit, Schnellimbiss, bei Stehbuffets.

Arten von Sandwiches

Klassisches Sandwich oder Tramezzini: Toastbrotscheibe mit Butter, Würzbutter oder Mayonnaise bestreichen – mit Schinken, Käse, Roastbeef oder Räucherlachs belegen oder mit Aufstrich (Thunfisch-, Eiaufstrich etc.) bestreichen und mit einer Toastbrotscheibe abdecken – in Dreiecke schneiden.
Clubsandwich: Mehrfach belegte Toastbrote aufeinanderreihen – mit Spießchen zusammenhalten – in Dreiecke schneiden. Mit Salatblättern, Brathuhnscheiben, Frühstücksspeck, Eierscheiben und Tomaten belegen.
Offenes oder skandinavisches Sandwich: Eine bebutterte Scheibe Weißbrot oder Baguette belegen, z. B. mit Räucherschinken, Roastbeef, Käse oder Räucherfisch, und garnieren.

Wussten Sie, dass ...
das Sandwich nach dem gleichnamigen englischen Lord benannt wurde?

Belegte Brote

Weiß-, Vollkorn- oder Schwarzbrot oder Ciabatta in ca. 1 cm dicke Scheiben schneiden oder Pumpernickel verwenden und mit Würzbutter, Mayonnaise oder Senf bestreichen. Die Auswahl des Belags ist unbegrenzt: Sie reicht von Wurst, Käse, Schinken über Räucherfisch, Ei bis zu gekochtem Gemüse.

Verwendung: Als Imbiss, Zwischenmahlzeit oder zu Bier und Wein.

Snacks – Gourmandisen

Als **Snacks** bezeichnet man kleine Häppchen, die sowohl kalt als auch warm serviert werden. Als **Gourmandise** bezeichnet man pikant gefülltes Gebäck aus Blätterteig, Brioche, Salzmürbteig oder Salzbiskuit.

Wraps

Beispiele

- **Brandteigkrapferl:** kleine Krapfen mit Haschees von Geflügel, Schinken oder Mousse von Geflügelleber oder Gemüse füllen.
- **Kleine Pastetchen:** gefüllt mit Meeresfrüchten, feinem Hühnerragout (Ragout fin) oder Salpikon – anschließend leicht überbacken.
- **Grissinis:** Rohschinken um Grissinis wickeln.
- **Tortelettes oder kleine Quiches:** gefüllt mit Gemüse, Meeresfrüchten, Käse oder Haschees und im Rohr gebacken.
- **Crostini oder Bruschettas:** geröstetes Ciabatta mit marinierten Zutaten, wie Tomaten, Mozzarella, Pilzen, Muscheln, Hühnerleber etc., belegt.
- **Tortillas oder Tacos:** aus Maismehl hergestellte kleine Crêpes mit Gemüse, feinen pikanten Fleisch-, Geflügel- oder Fischragouts füllen – falten – kalt oder warm servieren.
- **Wraps:** Weizenmehlfladen füllen (mit Aufstrich, Fisch- oder Gemüsesalat) – einrollen – schräg halbieren. Wraps können warm oder kalt serviert werden.
- **Tapas:** so wurden ursprünglich in Spanien Deckel aus Weißbrot genannt, die beim Servieren die Gläser abdeckten. Heute ist es die spanische Bezeichnung für kalte oder lauwarme Snacks. Die große Vielfalt ist vergleichbar mit den italienischen Antipasti.

Salpikon = vorgegartes Fleisch, Geflügel etc., in kleine Würfel geschnitten und zur Weiterverarbeitung bestimmt.

Verwendung: zu Aperitifs oder bei Empfängen, Partys oder in Cocktailbars reichen.

Verschiedene Blattsalate

3.3 Salate und Rohkost

Salate werden sowohl als Beilage als auch als Vorspeise bzw. Imbiss verzehrt.

Einteilung der Salate	
Beilagensalate	Beilagensalate können entweder als **zusammengesetzte oder als gemischte Salate** gereicht werden. Beim zusammengesetzten Salat werden die einzelnen Salate unter Beachtung des Farbenspiels bukettartig angerichtet. Bei gemischten Salaten werden alle Zutaten miteinander vermengt. Beilagensalate können auch als Vorspeisensalate serviert werden. ▪ **Blattsalate:** z. B. Chicorée, Chinakohl, Eichblattsalat, Eissalat, Endiviensalat, Feldsalat etc. ▪ **Rohgemüsesalate:** z. B. Gurken- oder Tomatensalat. ▪ **Salate von gekochtem Gemüse:** z. B. Bohnensalat (weiße Bohnen), Rote-Rüben-Salat, Kartoffelsalat, Selleriesalat, Fisolensalat etc.
Vorspeisensalate	Vorspeisensalate sind meist **Mischsalate,** die aus Geflügel, Fleisch, Fisch, Meeresfrüchten, Gemüse, Käse oder Früchten bestehen. ▪ **Zusammengesetzte Salate bzw. Salatplatten:** sind größer und reichhaltiger als der gemischte Salat. ▪ **Mischsalate:** sind Salatkompositionen, bei denen alle Teile miteinander vermengt und mit passender Salatmarinade oder passendem Dressing zubereitet werden. ▪ **Amerikanische Salate:** sind Mischsalate mit Obst. ▪ **Rohkost:** Unter Rohkost versteht man junges, unbehandeltes Gemüse, das fein geschnitten wird oder naturbelassen bleibt. Es wird mit Marinaden oder Dressings zubereitet und mit Getreideflocken, gehackten Nüssen, Trockenfrüchten etc. variiert. Naturbelassene Rohkost wird auch mit **Dips** (siehe S. 203) gereicht.

Sämtliche Salate können als Cocktails in der Cocktailschale angerichtet werden.

Salatsaucen – Marinaden und Dressings

Marinade: weist eine klare Konsistenz auf und besteht nur aus Essig, Öl, Gewürzen und Kräutern. Die Zutaten müssen gut verrührt (geshakert) werden. Der vorbereitete Salat wird mit der Marinade **vermischt.**
Dressing: Durch Beigabe von Joghurt, Eidotter, Rahm, Topfen, Frischkäse oder Senf haben Dressings eine cremige bis dickflüssige Konsistenz. Der vorbereitete Salat wird mit dem Dressing **überzogen.**

In der kalten Küche werden hochwertige Essig- und Ölsorten unverdünnt in einem Mischverhältnis von 1 : 3 verwendet.

Marinade nicht verdünnen, wenn hochwertige Zutaten verwendet werden!

Essig, Öl und geschmackliche Ergänzungen

Essigsorten für Salatsaucen

- **Weinessig:** Weiß- und Rotweinessig, Sherryessig, Aceto Balsamico.
- **Obstessig:** Apfelessig, Birnenessig.
- **Fruchtessig:** meist mit Früchten versetzter Weinessig, z. B. Himbeeressig, Preiselbeeressig oder Johannisbeeressig.
- **Kräuter- oder Gewürzessig:** angesetzt mit Kräutern und Gewürzen.

Ölsorten für Salatsaucen

Sonnenblumenöl, Rapsöl, Olivenöl, Distelöl, Haselnussöl, Kürbiskernöl, Maiskeimöl, Sesamöl, Walnussöl, Sojaöl und Würzöle.

Würzöle = mild schmeckende Öle, versetzt mit Kräutern, Gewürzen, Knoblauch oder Trüffeln etc.

Geschmackliche Ergänzungen

- **Milchprodukte:** Topfen, Frischkäse, Schimmelkäse, Sauerrahm, Schlagobers, Crème fraîche, Sojaprodukte als Milchproduktersatz.
- **Aromate:** Zucker, Senf, frische Kräuter, Zwiebeln, Knoblauch, Jungzwiebeln, Radieschen, Kresse.
- **Beigaben:** Samen, Sprossen, Keime, Pilze, Oliven, Speck, Mayonnaise.

Salatsauce	Zutaten	Verwendung für
Einfache Essig-Öl-Marinaden	1 Teil Essig, 3 Teile Öl, Salz, frische Kräuter, Ergänzungen nach Wunsch	Blattsalate, Rohgemüsesalate
Italienische Marinade	Weinessig, Olivenöl, Salz, Knoblauch zum Ausreiben der Salatschüssel, evtl. frische Kräuter	Blattsalate, Rohgemüsesalate, Salate von gekochtem Gemüse
Zitronenmarinade	Zitronensaft, Oliven-, Distel- oder Sonnenblumenöl, Salz, Kräuter	Blattsalate, Rohgemüsesalate, Salate von gekochtem Gemüse, Rohkost
Kräutermarinade (Vinaigrette)	Wein- oder Apfelessig, Oliven- oder Sonnenblumenöl, frische Kräuter, Kresse oder Sprossen	Blattsalate, zusammengesetzte Salate
Joghurtdressing	Zitronensaft, Joghurt, Salz, weißer Pfeffer, evtl. Dill oder Melisse	Blattsalate, Rohgemüsesalate, Rohkost
Französisches Salatdressing/ French Dressing	Weinessig, natives Öl, Salz, Dijonsenf, Ei, Pfeffer, Knoblauch zum Ausreiben der Salatschüssel	Blattsalate, Rohgemüsesalate
Roquefortdressing	Weinessig, Roquefortkäse, Olivenöl, Zitronensaft, Salz, Pfeffer	Blattsalate, Rohgemüsesalate

Das Geheimnis einer meisterhaften Salatsauce liegt in der richtigen Dosierung von aromatischem Essig und wohlschmeckendem Öl.

Welches Öl und welchen Essig nimmt man zu welchem Salat? Machen Sie einfach ein paar Versuche und marinieren Sie verschiedene Blattsalate unterschiedlich. Sie werden überraschende Geschmacksrichtungen herausfinden.

Ein Sprichwort sagt:
„Beim Marinieren nehme man Salz wie ein Weiser, Essig wie ein Geizhals und Öl wie ein Verschwender."

Salatrezepte

Griechischer Bauernsalat

Zutaten für 4 Portionen:
0,20 kg Eisberg- oder Bataviasalat
0,25 kg Tomaten
Je 1 Paprika rot und grün
0,15 kg Gurken
0,20 kg frischer Schafkäse oder Fetakäse
0,06 kg schwarze Oliven
0,15 l Olivenöl-Weißweinessig-Marinade
Petersilie oder Koriander

- Salat in kleine Stücke teilen.
- Tomaten in Spalten, Paprika in Streifen schneiden.
- Gurken der Länge nach halbieren – grobe Scheiben schneiden.
- Mit Kräutern und Marinade gut vermischen – mit Käsewürfeln und Oliven bestreuen.

Waldorfsalat

Zutaten für 4 Portionen:
0,30 kg Sellerie
0,15 kg Äpfel
Zitronensaft
0,08 kg Walnüsse, gehackt
0,15 l Sauce Chantilly (siehe S. 202)
Garnierung:
Walnüsse oder Kresse

- Sellerie und Äpfel vorbereiten – in Julienne schneiden – mit Zitronensaft beträufeln.
- Mit Walnüssen und Sauce Chantilly vermischen.
- Auf Salatblättern anrichten.

Waldorfsalat

Zubereitung auch geeignet für Bismarckheringe.

Dieser Salat ist ein Klassiker bei jedem Heringsschmaus. Er kann auch mit Jardinière von Roten Rüben ergänzt werden.

Heringssalat

Zutaten für 4 Portionen:	
0,25 kg Salzheringe	■ Heringe und Zwiebeln in Julienne schneiden. ■ Äpfel und Kartoffeln in Jardinière schneiden. ■ Essiggurken dünnblättrig schneiden. ■ Alle Zutaten mit Mayonnaise und Sauerrahm locker vermischen – evtl. mit Essiggurkenwasser verdünnen – abschmecken.
0,10 kg Zwiebeln	
0,10 kg Äpfel	
0,10 kg Kartoffeln, gekocht	
0,08 kg Essiggurken	
0,15 l Mayonnaise	
0,08 l Sauerrahm	
Salz, Pfeffer, Senf	
Garnierung:	
Salatblätter, Ei, Apfel, Dill	

Nizzasalat/Salade niçoise

Zutaten für 4 Portionen:	
0,25 kg Eisberg- oder Bataviasalat	■ Salat in längliche Streifen schneiden – auf Teller oder in Glasschüssel legen. ■ Tomaten, Zwiebeln, Fisolen und Eier darauf drapieren – würzen – mit Thunfischstücken belegen – mit Öl und Essig beträufeln. ■ Menage à part dazu servieren.
4 Tomaten in Spalten	
0,08 kg grüne Fisolen, halbiert	
0,08 kg Zwiebelringe	
4 Eier, gekocht, in Spalten	
Salz, Pfeffer aus der Mühle	
0,20 kg Thunfisch, mariniert	
0,10 l Olivenöl	
0,04 l Rotweinessig	
Garnierung:	
Sardellenfilets, Oliven, schwarz; Petersilie oder Kerbel	

Mayonnaisesalate müssen am gleichen Tag verwendet werden!

Verwendung
Als Füllung für Roastbeef- oder Schinkenrolle, als Beilage zu marinierten Fischen wie Hering, als Unterlage (Sockel) bei kalten Buffetplatten und als Beilage zu gebackenen Fischgerichten.

Französischer Salat/Russischer Salat/Gemüsemayonnaise

Zutaten für 4 Portionen:	
0,04 kg Karotten	■ Karotten, Sellerie, Kartoffeln, Essiggurken und Äpfel vorbereiten – würfelig schneiden. ■ Abgeschwemmte Bohnen und gekochte Erbsen zugeben. ■ Die Zutaten für die Marinade vermischen – über das Gemüse geben – untermischen – abschmecken.
0,04 kg Sellerie	
0,04 kg Kartoffeln, gekocht	
0,04 kg Essiggurken	
0,04 kg Äpfel	
0,04 kg Bohnen aus der Dose	
0,04 kg Erbsen, gekocht	
0,10 l Mayonnaise	
0,05 l Naturjoghurt oder Schlagobers	
Salz, Pfeffer, Senf	
Zitronensaft	
Einlegeessig von Essiggurken	

Glasnudelsalat

Zutaten für 4 Portionen:	
0,15 kg Glasnudeln	■ Glasnudeln nach Gebrauchsanweisung vorbereiten – mit etwas Öl vermischen. ■ Gemüse in Julienne schneiden. ■ Fleisch schnetzeln – sautieren – würzen – mit Sojasauce deglacieren – mit Fond (siehe S. 183) aufgießen – abkühlen. ■ Mit Nudeln und rohem Gemüse vermischen – abschmecken.
0,02 l Öl	
0,30 kg Hühnerfleisch	
0,02 l Öl zum Sautieren	
0,10 kg Karotten	
0,10 kg Jungzwiebeln	
0,05 kg Sojakeime	
0,05 l Sesamöl	
0,05 l Sojasauce	
0,125 l Geflügelfond	
Salz, Pfeffer, Ingwer, Koriandergrün	

Zubereitung auch geeignet für Kalbfleisch (Kalbsfond verwenden).

Zusammenstellungen von Rohkost

- Karotten mit Äpfeln und Orangen.
- Sauerkraut mit Äpfeln und Ananas.
- Fenchel mit Stangensellerie und Äpfeln.
- Rote Rüben mit Rettich.
- Sellerie mit Äpfeln und Nüssen.
- Kohlrabi mit Lauch und Tomaten.
- Rotkraut mit Äpfeln und Weintrauben.

Rohkost

Diese Zusammenstellungen können je nach Belieben mit Samen, Kernen, Trockenfrüchten, Kren, Kresse, Milchprodukten oder sonstigen Ergänzungen, wie Honig oder Ahornsirup, vollendet werden.

Alle frisch zubereiteten Rohkostsalate haben einen hohen Vitamin- und Mineralstoffgehalt und tragen zu einer gesunden und vollwertigen Ernährung bei.

3.4 Kalte Vorspeisen

Kalte Vorspeisen sind eine Herausforderung für die Kreativität der Köchin, des Kochs und stimmen auf die folgenden Speisen ein. Sie können aus rohen oder gegarten Zutaten hergestellt werden. Der erste Eindruck zählt, daher ist ein exaktes Garnieren und harmonisches Anrichten von Bedeutung.

Cocktails

Avocadococktail

Zutaten für 4 Portionen:	
2 reife Avocados	■ Avocados in Würfel schneiden – vorsichtig mit Tomates concassées, Shrimps, Salz und Zitronensaft vermengen. ■ Salatblätter am Glasrand stehend in die Cocktailschale einsetzen – füllen – mit Sauce Vinaigrette nappieren.
0,10 kg Tomates concassées (siehe S. 97)	
0,10 kg Shrimps	
Salz, Zitronensaft	
0, 10 l Sauce Vinaigrette (siehe S. 202)	
Garnierung:	
Salatblätter, Kerbelsträußchen	

Die aus den USA stammenden Vorspeisencocktails werden vorwiegend bei Buffets angeboten.

Shrimpscocktail

Zutaten für 4 Portionen:	
0,30 kg Shrimps	■ Shrimps mit etwas Zitronensaft und Cognac marinieren. ■ Stangensellerie in Julienne schneiden. ■ Salatblätter in die Cocktailschale am Glasrand stehend einsetzen – den Boden mit Stangensellerie bedecken. ■ Schale mit Shrimps füllen – mit Cocktailsauce nappieren. ■ Zitronenspalte auf den Glasrand setzen.
Zitronensaft, Cognac	
0,10 kg Stangensellerie	
0,15 l Cocktailsauce (siehe S. 202)	
Garnierung:	
Salatblätter, Zitrone, Dille	

Kalte Vorspeisen von Gemüse und Eiern

Gefüllte Tomaten

Zutaten für 4 Portionen:	
4 große Fleischtomaten	■ Tomaten schälen – Deckel abschneiden – aushöhlen. ■ Mit Französischem Salat füllen – Deckel aufsetzen.
Salz, Pfeffer aus der Mühle	
0,20 kg Französischer Salat (siehe S. 170)	
Garnierung:	
Petersilie	

Die Tomaten können auch mit Waldorfsalat oder verschiedenen Aufstrichen gefüllt werden. Sie eignen sich auch als Garnitur für kalte Platten oder Buffets.

Avocadocarpaccio

Zutaten für 4 Portionen:	
4 reife Avocados	■ Avocados halbieren, entkernen und schräg in dünne Scheiben schneiden – mit wenig Zitronensaft beträufeln. ■ Avocado mit Sauce Vinaigrette nappieren.
Zitronensaft	
0,20 l Sauce Vinaigrette (siehe S. 202)	
Garnierung:	
getrocknete Tomaten, gehackt	

Gefülltes Ei

Zutaten für 4 Portionen:	
0,04 kg Butter	■ Butter flaumig rühren – mit passiertem Dotter vermengen – würzen – Eier füllen. ■ Französischen Salat platzieren – gefülltes Ei daraufsetzen – mit Kaviar garnieren.
4 Eier, gekocht	
Salz, Pfeffer, Zitronensaft, Dijonsenf, Sardellenpaste	
Garnierung:	
0,20 kg Französischer Salat (siehe S. 170), Lachskaviar	

Kalte italienische Vorspeisen

Zwiebeln in Rotwein

Zutaten für 4 Portionen:	
0,50 kg Zwiebeln	■ Zwiebeln in Viertel oder Sechstel teilen – sautieren – karamellisieren – mit Essig deglacieren – mit Wein aufgießen. ■ Reduzieren – auskühlen lassen.
0,05 l Öl	
Salz, Zucker	
0,08 l Balsamicoessig	
0,25 l Rotwein	

Zubereitung auch geeignet für Schalotten oder Perlzwiebeln.

Die Zwiebeln eignen sich für ein Vorspeisenbuffet und passen gut zu kaltem Braten oder Schinken.

Paprikaschoten mit Knoblauch

Zutaten für 4 Portionen:	
Je 2 Paprika rot, gelb, grün	■ Ganze Paprika ca. 15 min bei 200–220 °C im Rohr braten. ■ Haut abziehen – entkernen – in schräge Stücke schneiden. ■ Würzen und marinieren mit fein geschnittenem Knoblauch, Olivenöl und etwas Essig.
Grobes Salz, weißer Pfeffer	
3 Knoblauchzehen	
0,12 l Olivenöl	
0,04 l Weißweinessig	

Dieses Gericht kann kalt und als Beilage zu gegrilltem Fleisch serviert werden.

Marinierte Auberginen und Zucchini

Zutaten für 4 Portionen:	
1 kleine Aubergine	■ Aubergine in schräge Scheiben, Zucchini der Länge nach in Streifen schneiden – würzen. ■ Mit halbierten Knoblauchzehen und Kräuterzweigen grillen. ■ Marinade aus Balsamicoessig, Olivenöl und Tomates concassées vorbereiten. ■ Gemüse dachziegelförmig auflegen und noch warm marinieren.
2 kleine Zucchini	
Salz, Pfeffer, Zitronensaft	
2 Knoblauchzehen	
Thymian- und Rosmarinzweig	
Olivenöl zum Grillen	
0,10 kg Tomates concassées (siehe S. 97)	
0,05 l Balsamicoessig	
0,10 l Olivenöl, kalt gepresst	

Dazu passen schwarze Oliven oder Kapernbeeren.

Vorspeisen von Meeresfrüchten und Fisch

Geräucherter Fisch

Geräucherter Fisch wird filetiert, tranchiert und mit Garnierungen, wie Oberskren, Zitrone, gekochtem Ei oder Wachteleiern, Kaviar, Cocktailtomaten, Zwiebelringen, Rucola, Kresse, Dille, Kerbel oder Estragon, serviert.

Zubereitung geeignet für
Forelle, Saibling, Reinanke, Lachs, Heilbutt, Stör.

Crêpes mit Räucherlachs

Zutaten für 4 Portionen:	
8 Crêpes (siehe Frittaten, S. 195)	■ Crème fraîche mit geschlagenem Obers verrühren – würzen – damit die Crêpes bestreichen. ■ Anschließend mit Lachs belegen – einrollen – in ca. 3 cm lange schräge Stücke schneiden.
0,15 kg Räucherlachs	
0,125 l Crème fraîche	
0,125 l Schlagobers	
0,04 kg Kren, gerieben	
Salz, Pfeffer, Zitronensaft	

Fisch wird immer mit weißem Pfeffer – am besten aus der Mühle – gewürzt.

Meeresfrüchte auf Friséesalat mit Kerbelmarinade

Zutaten für 4 Portionen:	
0,10 kg Kalmare	■ Kalmare in Ringe schneiden und sautieren. ■ Meeresfrüchte gut marinieren und auf mariniertem Salat anrichten.
0,15 kg Miesmuscheln ohne Schale	
0,10 kg Shrimps	
0,02 l Olivenöl zum Sautieren	
0,20 kg Friséesalat	
0,15 l Olivenöl-Rotweinessig-Marinade mit Kerbel	
Garnierung:	
Cocktailtomaten, Kapuzinerkresseblüten	

Auf diese Weise können pochierte Schalentiere und sautierte Krustentiere, wie Hummer, Garnelen oder Krabben, auf verschiedenen Blattsalaten und mit passenden Marinaden serviert werden.

Vorspeisen mit Fleisch immer nur in kleinen Mengen anrichten

Schinken oder Roastbeef kann auch mit Französischem Salat, Oberskren oder Spargel gefüllt werden.

Wussten Sie, dass ...
Carpaccio vom venezianischen Gastronomen A. Cipriani kreiert wurde? Er fühlte sich durch das Rot des Rindsfilets an den Renaissancemaler Vittore Carpaccio erinnert. Nach neuem Küchentrend werden auch Gerichte aus dünn geschnittenen marinierten Zutaten (z. B. Zucchini, Roten Rüben, Lachs, Thunfisch) als Carpaccio bezeichnet.

Carpaccio

Dieses Gericht wird à la minute zubereitet. Nur frisches, farbschönes Fleisch verwenden! Beef tartare kann auch vor dem Gast zubereitet werden – evtl. mit Cognac parfümieren.

Kalte Fleischvorspeisen

Geräuchertes Fleisch

Geräuchertes Fleisch, wie Rohschinken, Beinschinken, gekochter Schinken, Lachsschinken oder Wildschinken, wird dünn tranchiert und mit Garnituren, wie z. B. Oberskren, geriebenem Kren, gekochtem Ei oder Wachteleiern, Essiggurken, Bierrettich, Radieschen, Paprika oder Tomaten, serviert.

Luftgetrocknetes Fleisch

Luftgetrocknetes Fleisch, wie Parmaschinken, Prosciutto, Serranoschinken oder Bündnerfleisch, wird hauchdünn geschnitten und z. B. mit Chutney, Oliven, Kapernbeeren, Melone, Feigen oder gehobeltem Parmesan und Rucola serviert.

Schinkenrolle mit Gervaisfüllung

Zutaten für 4 Portionen:	
0,20 kg Schinken, gekocht	■ Butter flaumig rühren – Gervais, Crème fraîche und gehackte Kürbiskerne einrühren – würzen. ■ Schinkenscheiben auf Folie nebeneinander legen – die Fülle mit Spritzsack aufspritzen – mithilfe der Folie einrollen – in 10 cm lange Stücke schneiden.
Gervaisfüllung:	
0,25 kg Gervais	
0,05 kg Butter	
0,125 l Crème fraîche	
0,05 kg Kürbiskerne	
Salz, weißer Pfeffer	
Garnierung:	
Wachtelei, gekocht; Schnittlauch	

Carpaccio vom Rind mit gehobeltem Parmesan und Rucola

Zutaten für 4 Portionen:	
0,30 kg Rindsfilet	■ Pariertes Rindsfilet in Alufolie wickeln und anfrieren. ■ Kalte Teller mit Olivenöl bepinseln – mit Zitronensaft beträufeln – leicht salzen und pfeffern. ■ Mit dem Allesschneider das Filet in hauchdünne Scheiben schneiden – auf die vorbereiteten Teller legen – würzen – gehobelten Käse darübergeben – mit mariniertem Rucola servieren.
0,08 l Olivenöl	
Zitronensaft	
Grobes Salz oder Meersalz, Pfeffer aus der Mühle	
Garnierung:	
0,05 kg Parmesan, gehobelt	
0,05 kg Rucola, mariniert	

Beef tartare

Zutaten für 4 Portionen:	
0,40 kg Rindsfiletspitzen	■ Gut gekühltes Rindfleisch hacken oder fein faschieren. ■ Mit allen Zutaten vermengen – zu Laibchen formen – mit dem Messerrücken Karomuster eindrücken.
0,05 kg Zwiebeln	
0,04 kg Essiggurken	
0,01 kg Kapern	
0,02 kg Sardellenfilets	
0,01 kg Dijonsenf	
Salz, Pfeffer, Petersilie, Worcestersauce	
0,10 kg Eidotter, pasteurisiert, oder Öl	
Garnierung:	
Zwiebelringe	

Sulzen, Parfaits, Terrinen, Pasteten, Galantinen

Sie werden aus Fleisch, Fisch, Innereien oder Gemüse hergestellt und evtl. mit Einlagen versehen. Hier die Unterschiede im Detail:

Bezeichnung	Beschreibung
Sulze	Sie wird mit kräftig geliertem Fond zubereitet. Dazu werden Stärkemittel wie Gelee oder Aspik verwendet. Die **Einlagen** sind gegartes, geschnittenes Fleisch, Fisch oder Gemüse.
Mousse	Das ist ein ganz feiner, leichter Schaum. Der **Grundbestandteil,** z. B. Geflügel, Gänseleber, Fisch, Krustentiere, Wild, Schinken, Gemüse, wird gegart, mit Fond reduziert und püriert und mit flüssigem Aspik ergänzt. Anschließend wird halb geschlagenes Schlagobers untergezogen.
Parfait	Das ist entweder eine feine **Mousse** (gegarte Bestandteile) oder eine **Farce** (rohe Bestandteile), die mit Eiern, Schlagobers oder Butter gebunden wird. Die Masse wird in Parfait- oder Darioleformen abgefüllt – die Farce wird vor dem Tiefkühlen im Wasserbad pochiert, die Mousse nicht. Anschließend tiefkühlen – evtl. mit Aspik glacieren – halb gefroren anrichten. **Grundbestandteile** sind Geflügelleber, Fisch und Krustentiere.
Galantine	Die Außenhülle ist sorgfältig ausgelöstes Geflügel oder Fisch mit Haut; darin enthalten ist eine Farce aus dem gleichen Grundbestandteil. Zum Beispiel wird eine Ente vollständig von Knochen und einem Teil des Fleisches befreit, aus dem Fleisch wird eine Farce hergestellt, die in die Entenhülle gefüllt wird, die Ente wird bridiert oder mit Alufolie geformt und pochiert. **Grundbestandteile** sind Enten, Hühner, Gänsehals und größere Fische wie Zander, Hecht oder Karpfen.
Terrine	Das ist eine Farce, die in feuerfester Form (Terrine) – ausgelegt mit grünem Speck – im Wasserbad im Backrohr pochiert wird. **Grundbestandteile** sind Geflügelleber, Fleisch, Geflügel, Fisch und Krustentiere.
Pastete	Das ist eine in Teig gehüllte Farce, die in einer Pastetenform im Rohr gebacken wird. Anschließend kalt stellen und mit passendem Aspik oder Gelee ausgießen. **Grundbestandteile** sind Schlachtfleisch, Ente oder Wildfleisch. Die klassische Pastete gehört zu den schwierigsten und aufwendigsten Arbeiten in der kalten Küche.

Es gibt auch süße Parfaits

Galantinen werden auch als Rollpasteten bezeichnet.

Gemüsesulze mit Austernpilzen

Zutaten für 4 Portionen:	
1 Lauchstange im Ganzen	■ Lauch im Ganzen blanchieren – restliches vorbereitetes Gemüse auf den Punkt kochen.
0,10 kg Karfiolröschen	■ Im warmen Gemüsefond die eingeweichten Gelatineblätter auflösen.
0,10 kg Karotten, würfelig	■ Austernpilze in feine Streifen schneiden – würzen – sautieren – abkühlen.
0,05 kg Erbsen (TK)	■ Terrinenform mit Frischhaltefolie auslegen – mit blanchierten Lauchblättern so auskleiden, dass die Blätter über den Terrinenrand hängen. Gegartes Gemüse und Pilze schichtweise einlegen – mit kaltem Fond vorsichtig übergießen – stocken lassen – Lauchblätter einschlagen – kühl stellen.
0,40 l Gemüsefond	■ Stürzen – in Scheiben schneiden – mit Vinaigrette und Schnittlauch anrichten.
10 Gelatineblätter	
0,10 kg Austernpilze	
Salz, Pfeffer, Zitronensaft	
Butterschmalz	
0,12 l Vinaigrette	
Garnierung:	
Schnittlauch	

Zubereitung auch geeignet für
Entenfleisch mit Gemüse, Schweinsstelze mit Wurzelgemüse, Rindfleisch, Karpfen, Meeresfrüchte, Eierschwammerl, Krevetten, gekochte Kalbszunge.
Die Terrinenform kann auch mit Lauchblättern und Karottenstreifen oder mit blanchierten Spinatblättern ausgelegt werden.

Räucherforellenmousse

Zutaten für 4 Portionen:	
0,25 kg Räucherforellenfilets	▪ Filets enthäuten – fein pürieren. ▪ Gelatine in kaltem Wasser einweichen – ausdrücken – mit 2 TL Wasser schmelzen – überkühlt unter die Forellenmousse rühren. ▪ Schlagobers nicht zu fest schlagen – unter die Masse heben. ▪ Masse würzen – abschmecken – mindestens 1 Stunde kalt stellen. ▪ Mit zwei nassen Löffeln Nockerln formen (siehe S. 194) – anrichten.
3 Blatt Gelatine	
0,25 l Schlagobers	
Salz, Pfeffer aus der Mühle, Zitronensaft	
Garnierung:	
Limette, Forellenkaviar, Dille	

Hühnerleberparfait

Zutaten für 4 Portionen:	
0,10 kg Zwiebeln	▪ Würfelig geschnittene Zwiebeln und vorbereitete Leber in Butter anschwitzen – würzen – überkühlen lassen – mit Portwein abschmecken – passieren. ▪ Schlagobers nicht zu fest schlagen – unter die Masse heben. ▪ Masse in kalt ausgespülte Portionsförmchen füllen – mindestens 2 Stunden tiefkühlen – stürzen – anrichten.
0,20 kg Hühnerleber	
0,08 kg Butter	
Salz, Pfeffer, Knoblauch, Thymian	
0,02 l Portwein	
0,24 l Schlagobers	
Garnierung:	
Wachteleier, Petersilie	

Parfaitmassen können auch als Espumas (siehe S. 201) verwendet werden.

4 Eier und Eiergerichte

Die Vielfalt der Einsatzmöglichkeiten des Eies ist fast unbegrenzt. Welche Verwendungen von Ei in der Küche fallen Ihnen ein? Welche Speisen mit Ei kennen Sie?

Eier sind wohl die vielseitigsten Küchenwunder überhaupt – denn sie erfüllen neben dem Anspruch, als eigenständiges Gericht eine Gaumenfreude zu sein, auch noch zahlreiche andere Funktionen. So gibt der **Eidotter** vielen Speisen eine schöne Farbe, dient zum Binden, Lockern und Emulgieren von Speisen. Das **Eiklar** wiederum kann zum Glasieren, Kleben, Klären und ebenfalls zum Binden und Lockern von Gerichten verwendet werden.

4.1 Rund ums Ei

Güteklassen
- **S:** klein, unter 53 g.
- **M:** mittel, 53 g bis unter 63 g.
- **L:** groß, 63 g bis unter 73 g.
- **XL:** sehr groß, 73 g und mehr.

Wussten Sie, dass ...
in den Handel nur Eier der Güteklasse A gelangen? Alle übrigen Eier werden als Industrieware verwendet.

Tipps zum Umgang mit Eiern

- Eier nicht neben stark riechenden Lebensmitteln (z. B. geschnittenen Zwiebeln) lagern. **Warum?** Weil durch die poröse Eierschale Gerüche eindringen und das Ei geschmacklich negativ beeinflusst wird.
- Nur unversehrte Eier aufbewahren. **Warum?** Weil bei Eiern mit beschädigter Schale die Haltbarkeit beschränkt ist.
- Eier gekühlt maximal drei Wochen lagern. Kühlkette nicht unterbrechen. **Warum?** Wird das Ei warm und dann wieder abgekühlt, wird die Schale durch Kondenswasser porös – das Ei ist nicht mehr haltbar.
- Nur frische Eier verwenden (nicht älter als 21 Tage)! **Warum?** Damit die Salmonellengefahr möglichst eingeschränkt ist.
- Eier einzeln und erst unmittelbar vor Verwendung aufschlagen. Die Schalen nicht auskratzen! **Warum?** Nur so sind die rohen Eier hygienisch einwandfrei.

- Gerichte mit Ei mindestens 5 Minuten bei 70 °C durcherhitzen. **Warum?** Das Erhitzen gewährleistet, dass keine Salmonellen überleben.
- Für Speisen mit rohen Eiern (z. B. Tiramisu, Topfencreme) nur pasteurisierte Eier verwenden, um einer Salmonellenübertragung entgegenzuwirken. Produkte mit Bestandteilen aus rohen Eiern innerhalb von zwei Stunden nach Herstellung auf + 7 °C oder oder kälter kühlen. **Warum?** Nur so ist die Speise unbedenklich und die Salmonellengefahr auf ein Minimum reduziert.
- Die Abgabe von Produkten aus rohen Eiern an den Gast muss innerhalb von 24 Stunden erfolgen. **Warum?** Eine gesundheitliche Gefährdung kann nach diesem Zeitraum nicht mehr ausgeschlossen werden.

4.2 Grundrezepte mit Ei

Ei, gekocht

- Ei an der stumpfen Seite mit einer Nadel anstechen – in kaltes Wasser in den Topf einlegen. Evtl. einen Schuss Essig zugeben, das verhindert ein Aufplatzen der Schale.
- Die Minutenangaben gelten, sobald das Wasser Bläschen bildet. Nestfrische Eier müssen eine Minute langer gekocht werden!
- Nach dem Kochen mit kaltem Wasser abschrecken – gleich servieren oder unter fließendem Wasser schälen – schneiden – mit Essig säuern.

Ei, pochiert

- Wasser mit Essig ohne Salz zum Sieden bringen. Ein nestfrisches Ei in eine kleine Schüssel schlagen.
- Das Ei vorsichtig auf einen kleinen Schöpflöffel gleiten lassen. Schöpflöffel in das siedende Wasser tauchen und mit einem Löffel das Eiklar über den Dotter legen. Ei ca. 3–4 min ziehen lassen, nicht kochen!
- Ei parieren – in kaltes Salzwasser legen und rasch servieren.

Ei, gebraten

Spiegelei

- Ei in heiße Butter oder Margarine geben – braten, bis der Dotter weich und das Eiklar weiß ist.

Rührei

- Eier mit einem Schuss Milch oder Schlagobers sehr gut verquirlen – in heißer Butter oder Margarine unter ständigem Rühren braten, bis die Masse stockt.

Eierspeise

- Nach dem Einlegen der aufgeschlagenen Eier in die heiße Butter oder Margarine vorsichtig den Dotter aufreißen, Eiweiß und Dotter aber nicht vermischen. Die Masse nach dem Anbraten mit einer Gabel vom Pfannenrand zur Mitte durchziehen und stocken lassen.

Omelette

Zutaten für 1 Omelette:	
3 nestfrische Eier	■ Eier einzeln aufschlagen – würzen – mit Schlagobers gut verquirlen. ■ In der heißen Pfanne Butter oder Margarine erhitzen – Eier eingießen – unter ständigem Rütteln der Pfanne und anfänglich vorsichtigem Rühren die Eier stocken lassen. Die obere Schicht soll noch weich sein. ■ Omelette zu einer Seite hin umklappen (halbieren) – auf einen Teller stürzen – sofort servieren.
Salz	
1 EL Schlagobers	
Butter oder Margarine	

Achten Sie auf die Hygienebestimmungen zur Verarbeitung von Eiern (siehe Lebenmittelhygiene S. 14).

Wussten Sie, dass ...
wir Österreicher/-innen pro Jahr im Durchschnitt 230 Eier essen? Das sind 1,84 Milliarden Eier, die zu 75 % in österreichischen Betrieben von fünf Millionen Hennen gelegt werden.

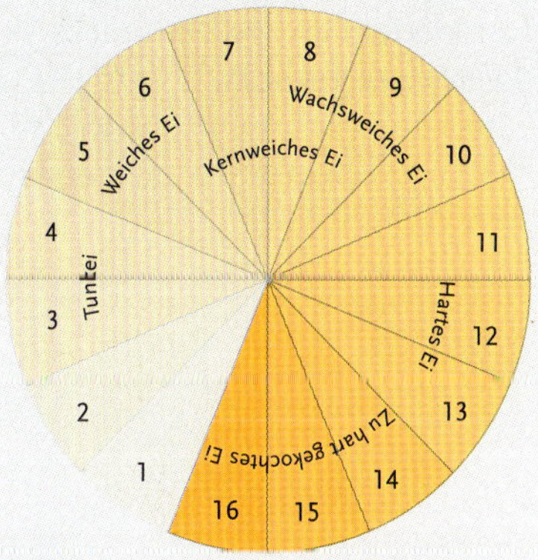

Wussten Sie, dass ...
Sie in Amerika bei der Bestellung von Spiegelei gefragt werden, ob Sie das Ei “sunny side up“ zubereitet möchten?

Mengenangaben/Portion
- **Ei, gekocht oder pochiert:** 1 Stück.
- **Ei, gebraten:** 2–3 Stück, wenn das Eiergericht nur garniert (z. B. mit Schnittlauch) serviert wird; 1 Stück, wenn das Ei als Garnitur verwendet wird (z. B. Spiegelei auf pikantem Brot oder Rührei im Wurstschüsserl).
- **Omelette:** 3 Stück.

Omelettefüllungen aus Zwiebeln, Speck, Kartoffeln (wie bei der Bauernomelette) oder anderen Zutaten (z. B. Blattspinat, Fruchtgelee) werden vor dem Zusammenklappen auf einer Hälfte aufgetragen.

Die klassische Omelette ist nicht gefüllt.

Warme Vorspeisen wurden im 18. Jahrhundert in Frankreich modern. In Italien findet man sie als „primi piatti" auf den Speisenkarten. Siehe auch Menüreihenfolge, S. 73.

5 Warme Vorspeisen

Als warme Vorspeisen serviert man kleine warme Gerichte, die leicht, schmackhaft und appetitlich angerichtet sind. In Österreich haben warme Vorspeisen keine besondere Tradition. Im manchen Restaurants scheinen sie als eigene Kategorie auf, in anderen wird darauf hingewiesen, dass verschiedene Hauptgerichte oder Beilagen auch als kleine Portion und somit als warmes Zwischengericht serviert werden können.

Für warme Vorspeisen, die gekocht werden, werden verschiedene Teige (z. B. Nudelteig) mit Topfenfüllung, Gemüse, Faschiertem etc. gefüllt und in Salzwasser gekocht.

5.1 Gekochte Gerichte

Kärntner Kasnudeln

Zutaten für 4 Portionen:	
0,25 kg griffiges Mehl	▪ Alle Zutaten zu einem glatten, weichen Nudelteig verarbeiten – mit Öl bestreichen – 30 min rasten lassen.
Salz	▪ Gehackte Zwiebeln in Butter glasig werden lassen – Semmelwürfel und Topfen mit Milch begießen – leicht vermengen – Zwiebeln beigeben.
0,02 l Öl	▪ Kartoffeln pressen – mit Gewürzen und Kräutern unter den Topfen mischen – 20 min ziehen lassen.
2 Eier	▪ Teig ausrollen – Kreise mit ca. 8 cm Ø ausstechen – Ränder mit Ei bestreichen.
Wasser nach Bedarf	▪ Jeweils 1 EL Fülle auftragen – halbmondförmig zusammenschlagen – an den Rändern gut zusammendrücken.
Füllung:	▪ Ca. 10 min in Salzwasser kochen – abtropfen lassen – mit brauner Butter begießen.
0,25 kg Bröseltopfen	
0,06 kg Semmelwürfel	
0,03 kg Butter	
0,10 l Milch	
0,03 kg Zwiebeln	
0,05 kg Kartoffeln, gekocht	
Minz- und Kerbelblätter, gehackt, Salz, Pfeffer	
1 Ei zum Bestreichen	
Garnierung:	
Butter, zerlassen; Käse, gerieben; Minzeblätter	

Für warme Vorspeisen, die gebacken werden, werden verschiedene Teige (pikanter Mürbteig, Palatschinkenteig, Strudelteig, Nudelteig, Blätterteig) mit Gemüse, Fleisch, Innereien, Fisch, Pilzen gefüllt und im Rohr gebacken.

5.2 Gebackene Gerichte

Gemüsepalatschinken

Zutaten für 4 Portionen:	
0,06 kg Mehl	▪ Palatschinken herstellen (siehe S. 254) – warm stellen.
0,125 l Milch	▪ Zwiebeln in Brunoise schneiden – in Butter anschwitzen.
1 Ei	▪ Champignons in Paysanne schneiden – mitsautieren.
Salz	▪ Mischgemüse und Sauerrahm unterrühren – mit Kräutern (Rosmarin, Majoran, Oregano, Thymian) würzen.
Butterschmalz zum Backen	▪ Palatschinken füllen – einrollen oder vierteln.
Füllung:	
0,02 kg Zwiebeln	
Etwas Butter	
0,06 kg Champignons	
0,15 kg Mischgemüse, TK	
0,06 l Sauerrahm	
Kräuter, gehackt	
Garnierung:	
Vogerlsalat, Tomate	

Königinnenpastetchen

Zutaten für 4 Portionen:	
½ Suppenhuhn	■ Suppenhuhn mit Wurzelgemüse, Zwiebeln und Gewürzen kochen. ■ Huhn häuten – auslösen – Salpikon herstellen. ■ Champignonpaysanne in Butter sautieren – Salpikon dazugeben. ■ Dicke Einmach herstellen – gut verkochen – legieren – würzen – Huhn-Champignon-Mischung beigeben. ■ **Pastetchen herstellen:** Blätterteig ausrollen – Scheiben und Ringe ausstechen – übereinandersetzen, vorsichtig mit Dotter bestreichen – rasten lassen – bei 200 °C ca. 10 min backen. ■ Ragout in die heißen Pastetchen füllen.
0,20 kg Wurzelgemüse	
0,05 kg Zwiebeln	
Salz, Pfefferkörner	
0,01 kg Butter	
0,10 kg Champignons	
0,02 kg Butter	
0,02 kg Mehl	
0,25 l Hühnerbouillon	
1 Eidotter	
Zitronensaft	
Salz, Muskat	
0,30 kg Blätterteig, TK	
1 Eidotter zum Bestreichen	

Kleine gefüllte Blätterteigpastetchen heißen **Bouchées**, große Blätterteighohlpasteten heißen **Vol-au-Vents.**

Quiche Lorraine

Zutaten für 1 Form:	
Mürbteig:	■ Pikanten Mürbteig herstellen (siehe S. 264, abgebröselter Mürbteig) – 2 Stunden kühl rasten lassen. ■ Runde Form mit Mürbteig auslegen – mehrmals mit einer Gabel anstechen (stupfen). ■ Speck in Streifen – Zwiebeln in Ringe schneiden – auf den Mürbteig streuen. ■ Mit Überguss übergießen – mit geriebenem Emmentaler bestreuen. ■ Bei 180 °C ca. 30 min backen.
0,20 kg Mehl	
0,10 kg Butter	
Salz, etwas Wasser	
Füllung:	
0,10 kg Hamburger Speck	
0,10 kg Zwiebeln	
Überguss:	
2 Eier	
0,20 l Schlagobers	
Pfeffer	
Zum Bestreuen:	
0,12 kg Emmentaler	
Garnierung:	
Schnittlauch	

Eine Quiche Lorraine kann auch mit Blätterteig zubereitet werden.

Blunzensackerln

Zutaten für 4 Portionen:	
1 Pkg. Strudelteig (0,20 kg)	■ Strudelteig nach Gebrauchsanweisung vorbereiten – Quadrate schneiden. ■ Blutwurst aus dem Darm lösen – würzen – gehackte Petersilie und Preiselbeeren dazugeben und gut abbrühren. ■ Füllung auf die Mitte der Quadrate setzen – Sackerln formen. ■ Sackerln mit Lauchstreifen zubinden – mit zerlassener Butter einpinseln – auf ein vorbereitetes Blech setzen. ■ Bei 180 °C ca. 15 min hell backen.
0,25 kg Blutwurst	
Salz, Pfeffer, Majoran, Muskat	
½ Bund Petersilie	
0,04 kg Preiselbeeren	
0,04 kg Butter, zerlassen	
Garnierung:	
Grüner Lauch, blanchiert	
Beilagenvorschläge: Gabelkraut, Kartoffelsalat, Vogerlsalat.	

Lauchstreifen lassen sich besser binden, wenn man sie vorher kurz durch heißes Wasser zieht.

Das Grundmaterial für frittierte Gerichte (Gemüse, Pilze, Innereien) wird in Backteig getaucht, in Teigblätter gefüllt oder paniert frittiert. Meist werden dazupassende Saucen serviert.

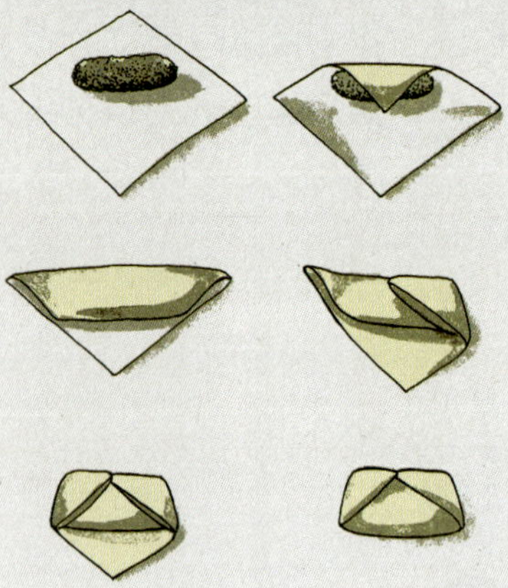

Frühlingsrolle falten

Zubereitung auch geeignet für Karfiol, Schwarzwurzeln, Bries.

Für den Bierbackteig kann zur Hälfte Vollmehl verwendet werden.

5.3 Frittierte Gerichte

Frühlingsrolle „Schanghai"

Zutaten für 4 Portionen:	
1 Pkg. Teigblätter für Frühlingsrollen	
0,02 kg Mu-Err-Pilze	
0,06 kg Frühlingszwiebeln	
0,15 kg Weißkraut	
0,12 kg Faschiertes	
0,02 l Sojasauce	
0,02 l Reiswein oder Sherry	
0,06 kg Bambussprossen	
0,04 l Woköl	
Salz, Zucker	
Wasser-Mehl-Mischung:	
0,01 kg Mehl	
0,02 l Wasser	

- Teigblätter nach Gebrauchsanweisung vorbereiten.
- Mu-Err-Pilze wässern – in Julienne schneiden.
- Frühlingszwiebeln und vorbereitetes Weißkraut in Julienne schneiden.
- Faschiertes mit den flüssigen Zutaten mischen.
- Woköl erhitzen – Faschiertes anrösten – herausnehmen.
- Pilze, Bambussprossen, Zwiebeln und Weißkraut anbraten – würzen.
- Faschiertes zugeben – durchrösten – überkühlen lassen.
- Frühlingsrollen füllen – zum Verschließen die Ecken mit der Wasser–Mehl–Mischung bestreichen.
- Frittieröl erhitzen – Rollen ca. 4 min goldgelb und knusprig frittieren – auf Küchenkrepppapier gut abtropfen lassen.

Beilagenvorschlag: Dip-Sauce aus 0,01 kg Zucker, Salz, 0,02 l dunkler und 0,04 l heller Sojasauce, 0,04 l Hühnersuppe, 0,02 l Sesamöl.

Champignons in Bierbackteig

Zutaten für 4 Portionen:	
0,40 kg kleine Champignons	
Zitronensaft, Kräutersalz	
Bierbackteig:	
0,25 l Bier	
0,15 kg Mehl	
Salz	
2 Eidotter	
2 Eiklar	
Butterschmalz zum Backen	
Garnierung:	
Zitrone, Petersilie	

- Vorbereitete Champignons würzen.
- Backteig herstellen (siehe S. 256).
- Champignons durchziehen – in Butterschmalz backen.
- Auf Küchenkrepppapier abtropfen lassen.

Beilagenvorschlag: Sauce tartare.

5.4 Gratinierte Gerichte

Gratinierte Jakobsmuscheln

Zutaten für 4 Portionen:	
8–12 Jakobsmuscheln in der Schale	▪ Blattspinat mit Knoblauch würzen – kurz in Butter dünsten – abschmecken. ▪ **Sauce herstellen:** Fein gehackte Zwiebeln mit Wein aufkochen – Ansatz auf die Hälfte reduzieren – mit Salz, etwas Zitronensaft und Petersilie würzen – Schlagobers unterziehen – abschmecken. ▪ **Muscheln vorbereiten:** Öffnen, gut reinigen – Muschelfleisch herausnehmen. Den tieferen Teil der Schale sehr gut waschen – bebuttern. ▪ Muschelfleisch mit etwas Zitronensaft würzen – sparsam salzen. ▪ Spinat in die Muschelschalen füllen – Muscheln daraufgeben – mit Sauce überziehen. ▪ Auf dem Blech bei 220 °C mit Ober- und Unterhitze 5 min garen.
0,10 kg Blattspinat, TK (4–5 TK-Portionen)	
Knoblauch	
0,04 kg Butter	
0,04 kg Frühlingszwiebeln	
0,10 l Riesling	
Salz, Zitronensaft	
Petersilie, gehackt	
0,125 l Schlagobers	
Garnierung:	
Krauspetersilie, Zitrone	

Für gratinierte warme Vorspeisen werden vorgegarte Grundmaterialien in Gratinierformen arrangiert, mit passender Sauce überzogen, mit Käse und/oder Bröseln bestreut, mit Butterflocken belegt, überbacken und in der Form serviert.

TK-Blattspinat wird auch in kleinen Portionsstücken angeboten.

5.5 Aufläufe, Puddings

Lachspudding

Zutaten für 4 Portionen:	
0,20 l Milch	▪ Brandteig herstellen (siehe S. 257). ▪ Räucherlachs feinst schneiden – daruntermischen – Schnee unterziehen – in 4 vorbereitete Portionsformen füllen. ▪ Bei 200 °C ca. 25 min im Wasserbad pochieren.
Salz	
0,03 kg Butter	
0,04 kg Mehl	
1 Ei	
2 Eidotter, 2 Eiklar	
0,06 kg Räucherlachs	
Fett und Brösel für die Formen	
Garnierung:	
Zitrone oder Limette, Dille	
Beilagenvorschläge: warme Dillsauce, Salzkartoffeln.	

Für Aufläufe und Puddings wird eine Grundmasse (z. B. Béchamelsauce oder Brandteig) mit Geschmack gebenden Zutaten (Schinken, Spinat, Käse, Karotten etc.) vermischt und im Rohr gegart.

Räucherlachs gibt diesem Pudding seinen feinen Geschmack

Karotten-Hirse-Auflauf

Zutaten für 4 Portionen:	
0,15 kg Hirse	▪ Hirse heiß schwemmen, in gut gewürzter gewässerter Milch garen. ▪ Karotten fein raffeln – einarbeiten. ▪ Dotter, steifen Schnee und Joghurt nach und nach beimengen – in 4 vorbereitete Portionsformen füllen. ▪ Bei 180 °C ca. 15 min garen.
0,15 l Milch	
0,12 l Wasser	
Suppenwürze, Salz, Pfeffer	
0,30 kg Karotten	
3 Eier	
0,12 l Magerjoghurt	
Fett und Brösel für die Formen	
Garnierung:	
Karottenjulienne, Kerbel	
Beilagenvorschläge: warme Schnittlauchsauce, Tomates concassées.	

Zubereitung auch geeignet für Zucchini, Erbsen, Schinken mit Parmesan.

Wird die Masse in eine große Auflaufform gefüllt, ist der Auflauf erst nach ca. 25 min gar.

5.6 Italienische Vorspeisen

Pasta asciutta ist die Bezeichnung für in Salzwasser gekochte Nudeln in einer würzigen Sauce. Umgangssprachlich sagt man nur Pasta. Pasta wird in Italien aus Hartweizengrieß hergestellt.

Bologneser Sauce/Sauce bolognaise siehe Kapitel Saucen, S. 200.

In italienischen Restaurants werden warme Vorspeisen als zweiter Gang nach den verschiedenen Antipasti serviert. Am bekanntesten sind bei uns die verschiedenen Pastagerichte, Risotti und Gnocchi.

Pastagerichte

Die al dente (bissfest) gekochten Teigwaren werden entweder in der Sauce nochmals durcherhitzt, mit dieser nappiert oder à part angerichtet.

Für Sauce Carbonara gibt es viele unterschiedliche Rezepte.

Sauce Carbonara

Zutaten für 4 Portionen:	
0,15 kg durchwachsener Speck	■ Speckstreifen oder -würfel in einer Pfanne ausbraten – Fett abgießen. ■ Mit Schlagobers auffüllen – würzen. ■ Mit Pasta anrichten – geriebenen Käse darüberstreuen.
0,12 l Schlagobers	
Kräuter, gehackt, Salz, Pfeffer	
0,10 kg Pecorino oder Parmesan	

Spinat-Ricotta-Lasagne

Zutaten für 4 Portionen:	
Ca. 0,25 kg Lasagneblätter	■ Béchamelsauce zubereiten (siehe S. 197). ■ Blattspinat auftauen – Gorgonzola fein zerbröseln – Pinienkerne rösten. ■ Alle vorbereiteten Zutaten der Füllung gut mischen und pikant würzen. ■ Einschichten (Béchamelsauce, Blätter, Füllung, Béchamelsauce etc.) – zum Schluss auf die Lasagneblätter die restliche Béchamelsauce verteilen – mit Mozzarellascheiben belegen. ■ Bei 180 °C 50–60 min backen.
Béchamelsauce:	
0,05 kg Butter	
0,05 kg Mehl	
0,50 l Milch	
Salz	
Füllung:	
0,40 kg Blattspinat, TK	
0,20 kg Ricotta	
Pfeffer, Muskat	
0,15 kg Gorgonzola	
0,04 kg Pinienkerne	
0,20 Mozzarella zum Belegen	
Garnierung:	
Petersilie	

Diese Füllung eignet sich auch für Cannelloni.

Zubereitung auch geeignet für Fenchel, Kürbis, Shiitakepilze.

Safranrisotto mit gebratenen Shrimps

Zutaten für 4 Portionen:	
0,12 kg Risottoreis	■ Olivenöl erhitzen – Zwiebelbrunoise glasig werden lassen – Reis beigeben – gut durchrühren. ■ Mit Weißwein ablöschen – Safranfäden beigeben. ■ Nach Bedarf immer wieder mit Fond aufgießen – Reis oftmals durchrühren, bis er weich und cremig ist. ■ Mit Butter und Parmesan verfeinern – würzen. ■ Shrimps in Butter erhitzen – mit Zitronensaft würzen – mit dem Safranreis vermischen.
0,02 l Olivenöl	
0,05 kg Zwiebeln	
0,06 l Weißwein	
Einige Safranfäden	
0,50 l warmer Geflügelfond	
0,06 kg Butter	
0,02 kg Parmesan	
Salz, Pfeffer	
0,15 kg Shrimps	
0,05 kg Butter	
Zitronensaft	

Für Risotto eignen sich am besten die Reissorten Arborio oder Vialone.

Garnierung:	
0,02 kg Rucola	

Kartoffelgnocchi in Salbeibutter

Zutaten für 4 Portionen:	
Kartoffelteig:	▪ Kartoffelteig herstellen (siehe S. 267) – evtl. etwas Parmesan daruntermischen. ▪ Teig zu einer ca. 2 cm dicken Rolle formen – Stücke abschneiden – mithilfe eines Reibeisens oder mit Gabelzinken Muster drücken. ▪ Einmal in Salzwasser aufkochen. ▪ In Butter und geschnittenem, frischem Salbei schwenken – mit Parmesan bestreuen.
0,50 kg mehlige Kartoffeln	
Salz	
0,02 kg Butter	
0,10 kg Mehl	
0,02 kg Grieß	
1 Eidotter	
Weitere Zutaten:	
0,08 kg Butter	
10–12 Salbeiblätter	
0,06 kg Parmesan, frisch gerieben	
Garnierung:	
Salbeiblätter, frittiert	

Gnocchi können auch aus Grießmasse (alla romana) oder Brandteig (alla parigina) hergestellt werden. Als Saucen eignen sich all jene, die auch bei Pasta verwendet werden.

Der Salbei verfeinert dieses Gericht

6 Suppen und Fonds

Ob Suppe, Brühe, Bouillon oder Consommé, ob klar oder gebunden – die Suppe ist fester Bestandteil des Menüs. Aus beinahe allen Lebensmitteln – von Fleisch über Fisch, Geflügel, Wild, Gemüse, Früchte, Getreide bis zu Krustentieren – lassen sich die herrlichsten Suppen zubereiten. Fonds und Suppen sind verwandt. Es besteht jedoch ein wesentlicher Unterschied: Suppen sind eigenständige Gerichte – Fonds sind Grundlage für eine Reihe von Speisen.

Wussten Sie, dass ...
der Begriff Suppe bereits im 6. Jahrhundert entstanden ist? Supa wurde eine überbrühte Brotschnitte genannt.

Übersicht

- **Fonds:** Sie sind die Basis von Suppen und Saucen. Diese Grundflüssigkeiten erhalten ihre Bezeichnung von der verwendeten Basis, z. B. Wildfond, Kalbsfond, Geflügelfond, Fischfond, Gemüsefond.
- **Klare Suppen, Bouillons, Consommés:** Sie werden aus Knochen, Schlachtfleisch, Geflügel, Wild, Fisch oder Gemüse zubereitet. Serviert werden sie meist mit Einlage oder sie werden zum Anrichten von klassischen Siedegerichten (z. B. gekochtem Tafelspitz) verwendet.
- **Gebundene Suppen:** Sie sind gehaltvoller als klare Suppen und daher besonders sättigend. Darauf ist bei der Menüplanung zu achten. Gebunden wird mit Legierung, Milchprodukten, Einmach oder püriertem Gemüse (z. B. Kartoffeln).
- **Spezialsuppen:** Das sind spezielle National- oder Regionalsuppen, kalte und geeiste Suppen sowie süße Suppen.

Fond = Aufgussmittel, Brühe, Sud.

Gebundene Suppe

6.1 Fonds

Einteilung der Fonds

Sie werden einerseits nach **Art der Zubereitung** (hell oder dunkel, reduziert), andererseits nach der **Grundzutat** (z. B. Kalb, Wild, Geflügel, Fisch) eingeteilt.

Grundzutaten für Fonds
Wasser, Knochen, Parüren, aromatische Gemüse und Gewürze.

Wussten Sie, dass ...
Gemüsefond nicht zu den klassischen Fonds zählt? Er hat sich aber in der modernen Küche aus ernährungsphysiologischer Sicht vielfach bewährt.

Ungesalzene Fonds sind gekühlt länger haltbar als gesalzene.

Der Fond muss sehr langsam reduziert werden, damit er nicht trüb wird.

Grand Jus: dunkler Fond aus gemischten Knochen und Parüren von Rind, Kalb und Schwein.

Einteilung nach Art der Zubereitung

Bezeichnung	Basis	Charakteristik
Heller oder weißer Fond, Fond blanc	Schlachtfleisch, Geflügel oder Fisch	Die Zutaten werden nicht gebräunt.
Dunkler oder brauner Fond, Fond brun	Schlachtfleisch, Lamm oder Wild	Die Zutaten werden gebräunt, der Geschmack wird intensiver.

- Reduzierte Fonds werden als **Essenz** oder **Kraftfond,** auf Fischbasis als **Fumet** bezeichnet.
- Bis zur Sirupdicke reduzierte Fonds werden **Extrakt** oder **Glace** genannt. Dafür wird der Fond abgeseiht und entsprechend reduziert. Er ist dadurch sehr geschmacksintensiv.

Einteilung nach der Grundzutat

Bezeichnung	Verwendung
Kalbsfond	Vielseitig einsetzbar für Einmachsuppen und Einmachsaucengerichte
Geflügelfond	Für klare und gebundene Geflügelsuppen, Ragouts aus Geflügel
Fischfond	Für Fischsuppen, pochierten Fisch, Fischragouts
Lammfond	Für Lammragouts, Eintöpfe, gedünstete Lammgerichte
Wildfond	Für Gerichte aus Wild und Wildgeflügel

Heller Kalbsfond

Zutaten für 1 Liter:
1 kg Kalbsknochen (gehackt) und -parüren
2 l Wasser
0,10 kg Zwiebeln, geviertelt
0,15 kg Wurzelgemüse
1 Bouquet garni
Pfefferkörner, Neugewürzkörner

- Kalbsknochen und -parüren blanchieren – abspülen.
- Alle Zutaten in kaltem Wasser ansetzen und langsam, nicht zugedeckt zum Kochen bringen – immer wieder degraissieren.
- Den Fond ca. 3 Stunden kochen lassen und abseihen.

Fischfond

Zutaten für 1 Liter:
0,60 kg Fischgräten und -abschnitte (v. a. von Meeresfischen)
1 l Wasser
0,10 l Weißwein
0,10 kg Wurzelgemüse
1 Bouquet garni
Frische Champignonabschnitte
Pfefferkörner, Lorbeerblatt

- Fischgräten und -abschnitte gut abspülen.
- Wurzelgemüse blättrig schneiden.
- Alle Zutaten in kaltem Wasser ansetzen und langsam aufkochen.
- Den Fond ca. 30 min kochen lassen und abseihen.

Dunkler Fond

Zutaten für 1 Liter:
1 kg Rinds- und Kalbsknochen (gehackt) und -parüren
Evtl. 0,02 kg Speckparüren
0,15 kg Mirepoix
0,02 kg Tomatenpüree
0,10 l Weißwein
2 l Wasser

- Knochen, Parüren und evtl. Speck dunkel anrösten (Pfanne, Backrohr oder Konvektomat).
- Mirepoix zugeben – mitrösten.
- Tomatenpüree dazugeben – kurz mitrösten.
- Anschließend mit etwas Wasser immer wieder ablöschen und reduzieren.
- Mit Weißwein ablöschen – mit restlichem Wasser aufgießen.

1 Bouquet garni	Bouquet garni und Gewürze dazugeben – nicht zugedeckt langsam aufkochen. Den Fond 3–4 Stunden leicht wallend kochen lassen – mehrmals degraissieren – abseihen.
Pfefferkörner, Lorbeerblatt, Neugewürzkörner, Rosmarin, Thymian	
Evtl. 1 Knoblauchzehe	

6.2 Klare Suppen

Klare Suppen sollen Appetit und Verdauung anregen und in Farbe, Menge und Einlage mit dem anschließenden Hauptgericht harmonieren.

Klare Suppe auf Gemüsebasis

Zutaten für 1 Liter:	
0,25 kg Gemüse (Lauch, Sellerie, Karotten, Petersilienwurzel, evtl. Karfiol)	▪ Gemüse putzen – klein schneiden – evtl. in Öl anschwitzen. ▪ Mit kaltem Wasser aufgießen – Kräuter und Gewürze beigeben – ca. 1 Stunde leicht kochen lassen. ▪ Abseihen – würzen.
Evtl. 0,01 l Öl	
1,5 l Wasser	
Petersilien- und Selleriegrün	
Liebstöckel, Knoblauch, Pfefferkörner, Lorbeerblatt, Neugewürzkörner	
Vegetabile Würze	
Meersalz	

Damit die Suppe nicht trüb wird:
- Immer offen kochen lassen.
- Nicht zu stark kochen.
- Nicht umrühren.
- Zwischendurch abschäumen.

Damit die Suppe eine schöne Farbe bekommt:
- Tomate oder ungeschälte Zwiebel mitkochen.

Vegetabile Würze = Fertigwürze auf pflanzlicher Basis.

Helle Rindsknochensuppe/Bouillon blanc

Zutaten für 1 Liter:	GRUNDREZEPT
0,60 kg Rindsknochen, evtl. Parüren	▪ Knochen und Parüren waschen – blanchieren – mit kaltem Wasser zustellen – offen aufkochen – abschäumen. ▪ Zwiebeln einmal durchschneiden – evtl. Zwiebelschnittflächen anrösten – mit den übrigen Zutaten beifügen. ▪ Ca. 2 Stunden langsam offen kochen lassen. ▪ Durch ein feines Sieb oder Etamin abseihen und abschmecken.
1,5 l Wasser	
0,05 kg Zwiebeln	
0,02 kg Rindsleber	
0,02 kg Milz	
1 Knoblauchzehe, Salz	
Pfefferkörner, Lorbeerblatt, Neugewürzkörner	
1 Bund Suppengrün	
	ABLEITUNGEN
Grundrezept	**Braune Rindsknochensuppe**
0,02 l Öl	▪ Knochen und Parüren, grobwürfelig geschnittenes Wurzelgemüse und zuletzt Zwiebeln in heißem Öl anrösten. ▪ Mit kaltem Wasser aufgießen – wie den hellen Rindsknochensud fertigstellen.
Grundrezept	**Rindsuppe/Bouillon**
0,50 kg Siedefleisch (z. B. Hüferscherzel, Tafelstück)	▪ Die Bouillon wird wie die helle Rindsknochensuppe zubereitet. ▪ In den kochenden Fond wird Rindfleisch (Siedefleisch) gelegt und langsam offen weich gekocht. ▪ Die Rindsuppe wird mit Einlage und mit Schnittlauch bestreut serviert.
Garnierung:	
Schnittlauch	

Zubereitung auch geeignet für Kalbsknochen und -parüren (ohne Innereien).

Die helle Rindsknochensuppe wird mit dunkler Suppeneinlage serviert, die braune Rindsknochensuppe mit heller.

Das Siedefleisch kann verwendet werden für: Tellerfleisch (Rindsuppe mit Nudeln, Gemüse und Fleisch), Rindfleischsalat und Haschee.

Ochsenschlepp

Ochsenschleppsuppe

Zutaten für 1 Liter:	
1 kg Ochsenschlepp	■ Ochsenschlepp zwischen den Gelenken in Stücke teilen – mit Röstgemüse und Zwiebeln in heißem Öl bräunen – Tomatenmark dazugeben – kurz mitrösten – mit Rotwein ablöschen – aufkochen – abschäumen. ■ Bouquet garni, Knoblauch und Salz beigeben – 3 Stunden leicht wallend kochen. ■ Suppe abseihen – abschmecken – mit Madeira vollenden. ■ Fleisch vom Ochsenschlepp lösen – als Einlage in kleine Würfel schneiden.
0,04 l Öl	
0,10 kg Mirepoix	
0,01 kg Tomatenmark	
0,06 l Rotwein	
2 l Knochensud oder Wasser	
1 Bouquet garni	
Salz	
0,03 l Madeira	

Kraftsuppe/Consommé

Zutaten für 1 Liter:	GRUNDREZEPT
0,15 kg Rindfleisch, mager	■ Rindfleisch mit Karotten, Lauch und Sellerie grob faschieren – mit Eiklar, Wasser, Tomatenmark, Pfeffer und Salz dickbreiig anrühren – in die kalte Bouillon einrühren – unter öfterem Umrühren auf den Siedepunkt bringen. ■ Langsam ca. 1 Stunde wallen lassen – nicht mehr umrühren. ■ Degraissieren – durch ein Etamin seihen – restliches Fett mit Küchenkrepppapier oder Serviette von der Oberfläche entfernen oder kalt stellen und gestocktes Fett abheben.
1 Bund Suppengrün	
2 Eiklar	
0,02 l kaltes Wasser	
0,01 kg Tomatenmark oder frische Tomaten, entkernt	
Pfefferkörner, Salz	
1,5 l fettfreie Bouillon	
	ABLEITUNGEN
Grundrezept	**Doppelte Kraftsuppe/Consommé double**
mit 0,30 kg Rindfleisch	■ Die Klärfleischmenge bzw. die Geflügel- oder Wildfleischmenge wird verdoppelt. Die große Menge an Fleischeiweiß trägt zur Klärung bei. ■ Der Anteil von Gemüse und Eiklar wird nicht erhöht. Zu hoher Gemüseanteil beeinträchtigt den Eigengeschmack.
Grundrezept	**Wildkraftsuppe/Consommé de Gibier**
mit 0,30 kg Wildfleisch und -parüren	■ Dem Klärfleisch reichlich angebratenes Wildfleisch und Wildparüren beigeben – mit klarem Wildfond auffüllen.
Wildfond statt Bouillon	
Grundrezept	**Geflügelkraftsuppe/Consommé de Volaille**
mit 0,30 kg Geflügelklein und -karkassen oder ½ Suppenhuhn	■ Dem Klärfleisch reichlich Geflügelklein, Geflügelkarkassen oder Suppenhuhn beifügen. Geflügelfond als Aufgussmittel verwenden.
Geflügelfond statt Bouillon	
Grundrezept	**Fischkraftsuppe/Consommé de Poisson**
mit 0,30 kg Fischfleisch	■ Klärfleisch von Fischen und Fischfond als Aufgussmittel verwenden. ■ Für die klare Fischkraftsuppe nur geschmacksneutrale Fische verwenden.
Fischfond statt Bouillon	

Die Trübstoffe werden vom stockenden Eiweiß umschlossen, das Fleisch schwimmt an der Oberfläche. So wird die Suppe geklärt und darf deshalb nicht mehr umgerührt werden.

Klare Wild- und Wildgeflügelsuppen

- Knochen, Parüren und Karkassen mit Mirepoix leicht anbraten und wie braune Fonds kochen. Dadurch werden die Suppen gehaltvoller und hellbraun (bernsteinfarbig).
- Mit trockenem Südwein (Sherry oder Madeira) abschmecken.

Einlage
Wildfleischwürfel, Farcenockerln, sautierte Pilze.

Klare Hühnersuppe

Zutaten für 1 Liter:	
1 kg Suppenhuhn (und/oder Geflügelklein)	▪ Suppenhuhn oder Geflügelklein vorbereiten – mit kaltem Wasser zustellen – aufkochen – abschäumen. ▪ Suppengrün, geschälte Zwiebeln und Gewürze zugeben – 1 ½–2 Stunden kochen. ▪ Abseihen – mit Salz und Muskat abschmecken. ▪ Enthäutetes Geflügelfleisch und Suppengemüse in Streifen oder Würfel schneiden und als Einlage geben – mit geschnittenem Schnittlauch vollenden.
2 l kaltes Wasser	
1 Bund Suppengrün	
0,05 kg Zwiebeln	
Pfefferkörner, Lorbeerblatt, Neugewürzkörner	
Salz, Muskat	
Garnierung:	
Schnittlauch	

Klare Hühnersuppe

Klare Fischsuppen

Gräten und Abgänge von Plattfischen bzw. Zander oder Hecht werden gewässert und zusammen mit Wurzelgemüse und Aromaten wie Fischfond kalt angesetzt.

Einlage
Wurzelgemüse, Krustentiere, Fisch- und Muschelfleisch.

6.3 Gebundene Suppen

Einteilung der gebundenen Suppen

Art	Beschreibung
Einmachsuppe/Potage velouté	Mit Einmach gebundene Suppe
Cremesuppe/Potage crème	Pürierte, mit Einmach leicht gebundene Suppe
Püreesuppe/Potage purée	Durch purierte Zutaten gebundene Suppe
Schaumsuppe	Püreesuppe, die kurz vor dem Service mit kalter Milch oder Schlagobers aufgeschäumt wird

Gebundene Suppe

Einmach- und Cremesuppen

Zutaten für 1 Liter neutrale Suppe:	GRUNDREZEPT
0,04 kg Butter oder Margarine	▪ Weißen Roux herstellen (siehe S. 164) – mit Fond aufgießen und unter häufigem Rühren aufkochen. ▪ Ca. 30 min verkochen lassen – abschmecken und vollenden.
0,04 kg Mehl	
1 l kalter weißer Fond	
Salz	
Zum Vollenden:	
1 Eidotter und 0,06 l Schlagobers für legierte Suppen	
Oder 0,125 l Schlagobers für Cremesuppen	
Garnierung:	
Petersilie oder Kräuter, gehackt	
Grundrezept	ABLEITUNGEN
mit Kalbsfond	**Champignoncremesuppe** ▪ Weißen Roux mit Kalbsfond aufgießen. ▪ Grob geschnittene Champignons mitkochen – pürieren – mit Schlagobers vollenden. Als Einlage angeschwitzte Champignonpaysanne beigeben.
0,10 kg Champignons	
Einlage:	
0,08 kg Champignons	
0,02 kg Butter	

Einmach-, Creme- und Püreesuppen können mit Dotter, Schlagobers, Crème fraîche oder Sauerrahm verfeinert werden.

Wussten Sie, dass ...
mit „à la crème" in der klassischen Gastronomie Suppen gemeint sind, die mit Schlagobers verfeinert werden?

Einmach- und Cremesuppen

Grundrezept	ABLEITUNGEN
mit Kalbsfond 0,20 kg weißer Spargel	**Spargelcremesuppe** ■ Weißen Roux mit Kalbsfond aufgießen – Spargelstücke ohne Spitzen mitkochen – pürieren – mit Schlagobers vollenden. ■ Gedämpfte Spargelspitzen als Einlage beigeben.
Grundrezept mit Fischfond 0,20 kg Fischabschnitte Safran **Einlage:** 0,10 kg Fischfilet, pochiert	**Fischcremesuppe** ■ Fischfond mit weißem Roux binden – Fischabschnitte und Safran mitkochen – durch ein Sieb streichen. ■ Mit Schlagobers vollenden. ■ Als Einlage in Streifen geschnittene, pochierte Fischfilets beigeben.
Grundrezept mit Kalbsfond 0,40 kg Karfiol	**Karfioleinmachsuppe** ■ Einige Karfiolröschen als Einlage zur Seite geben. ■ Kalbsfond mit weißem Roux binden – restlichen, grob geteilten Karfiol mitkochen – pürieren. ■ Karfiolröschen beigeben – gar ziehen lassen – legieren.
Grundrezept mit Hühnerfond 0,20 kg Hühnersalpikon	**Hühnereinmachsuppe** ■ Weißen Roux mit Hühnerfond aufgießen – legieren. ■ Hühnersalpikon in der Suppe wärmen.
Grundrezept mit Kalbsfond 0,20 kg mehlige Kartoffeln Majoran oder Beizkraut 0,125 l Sauerrahm oder Crème fraîche **Einlage:** 0,10 kg speckige Kartoffeln	**Erdäpfelrahmsuppe** ■ Weißen Roux mit Kalbsfond aufgießen – Kartoffelstücke und Gewürze mitkochen – pürieren. ■ **Einlage:** Kleinwürfelig geschnittene Kartoffeln kurz mitkochen – mit Sauerrahm oder Crème fraîche vollenden.

Püreesuppen

Püreesuppen werden durch das Pürieren der Zutaten gebunden, es ist dafür im Gegensatz zu den anderen gebundenen Suppen keine spezielle Zutat nötig.

Die Gemüsepüreesuppe kann mit verschiedenen Saisongemüsen entsprechend ergänzt oder abgewandelt und danach benannt werden, z. B. Pastinaken- oder Zucchinipüreesuppe.

Gemüsepüreesuppe

Zutaten für 1 Liter:	GRUNDREZEPT
0,05 kg Lauch 0,10 kg Karotten 0,10 kg Sellerie 0,03 l Öl Ca. 1 l Wasser 0,20 kg mehlige Kartoffeln Suppenwürze, Salz **Garnierung:** Kräuter (Petersilie oder Selleriegrün), weißer Pfeffer	■ Zwiebeln und Gemüse klein schneiden – in heißem Öl anschwitzen – mit etwas Wasser aufgießen, bis das Gemüse bedeckt ist. ■ Kartoffeln klein schneiden – beigeben und weich kochen. ■ Suppe im Mixglas pürieren – mit restlicher Flüssigkeit in die richtige Konsistenz bringen – abschmecken – mit gehackten Kräutern bestreuen.

Grundrezept	ABLEITUNG
Karotten, Sellerie und Kartoffeln durch 0,40 kg Kürbisfleisch ersetzen	**Kürbispüreesuppe** ■ Kürbis und Lauch schneiden – anschwitzen – mit Wasser aufgießen – weich kochen. ■ Pürieren – mit restlicher Flüssigkeit auffüllen – abschmecken – mit Schlagobers vollenden.
0,12 l Schlagobers (evtl. Kokosmilch)	
Garnierung:	
Kürbiskernöl, -kerne, geröstet	

Eine schöne Farbe erhält die Suppe, wenn man Hokkaidokürbis verwendet

Schaumsuppen

Kresseschaumsuppe

Zutaten für 1 Liter:	
1 l Gemüsefond	■ Die Kresse kurz blanchieren – in Eiswasser abschrecken – ausdrücken und fein hacken. ■ Schalotten fein schneiden und in Butter anschwitzen – Kresse dazugeben und kurz mitdünsten. ■ Mit etwas Gemüsefond aufgießen – aufkochen – würzen. ■ Pürieren – mit restlicher Flüssigkeit auffüllen – mit Schlagobers aufschäumen – mit Kresse garnieren – sofort servieren.
0,04 kg Schalotten	
0,02 l Butter	
4 Tassen Kresse (½ Tasse davon zum Garnieren)	
Salz, Pfeffer	
0,12 l Schlagobers	

Die Kresse behält durch das Abschrecken ihre schöne grüne Farbe.

Die Suppe kann mit Croûtons ergänzt werden oder es können pochierte oder gebratene Fischfilets als Einlage gereicht werden.

Weitere Schaumsuppen

- Kräuterschaumsuppe
- Spinatschaumsuppe
- Fenchelschaumsuppe
- Schaumsuppe von grünem Spargel
- Schaumsuppe von roten Paprikaschoten
- Schaumsuppe von Roten Rüben

Wussten Sie, dass ...
in der kreativen Küche Schaumsuppen neuerdings Cappuccino, z. B. Topinamburcappuccino, genannt werden?

Getreidesuppen

Ihr Gehalt an Stärke gibt ihnen einen besonderen Sättigungswert. Ergänzt man mit frischen Küchenkräutern, so erhält man vollwertige Suppen. Sie sind als leichte Vollkost (besonders bei Magenverstimmung) geeignet.

Haferflockensuppe

Zutaten für 1 Liter:	GRUNDREZEPT
0,08 kg Haferflocken	■ Haferflocken in Fett goldbraun rösten – mit Flüssigkeit auffüllen – verkochen. ■ Suppe abschmecken – legieren.
0,05 kg Butter	
1 l Bouillon oder Wasser	
Salz, Muskat	
1 Dotter	
Garnierung:	
Petersilie	
Grundrezept	ABLEITUNG
Haferflocken durch 0,10 kg Grieß ersetzen.	**Grießsuppe** ■ Zubereitung siehe Grundrezept.

Die Suppe kann mit geraffelten Karotten ergänzt werden.

Für leichte Vollkost die Haferflocken ohne Fett leicht rösten.

6.4 Spezialsuppen

Österreichische Nationalsuppen

Gulaschsuppe

Ein Klassiker – die Gulaschsuppe

Wiederholen Sie die Rindfleischteile, die sich zum Dünsten eignen.

Zutaten für 4 Portionen:
0,20 kg Rindfleisch
0,10 kg Zwiebeln
0,05 l Öl
0,02 kg Paprikapulver
0,02 kg Tomatenmark
1 TL Essig
1 l Wasser
Kümmel, Knoblauch, Majoran, Salz, evtl. Pfefferoni, geschnitten
0,15 kg speckige Kartoffeln
0,02 kg Mehl

- Rindfleisch in kleine Würfel schneiden.
- Zwiebelbrunoise in Öl goldgelb rösten – paprizieren – tomatisieren.
- Mit Essigwasser ablöschen – mit Wasser aufgießen – würzen.
- Rindfleisch zugeben – weich dünsten.
- Kleine Kartoffelwürfel dazugeben – halbweich kochen.
- Mehl mit etwas Wasser glatt rühren – verkochen – abschmecken.

Fischbeuschelsuppe

Karpfenteile = Köpfe, Gräten und Schwanzstücke.

Fischbeuschel setzt sich zusammen aus
- Rogen,
- Kopf,
- Gräten und
- Schwanzstück.

Zutaten für 4 Portionen:
0,40 kg Karpfenteile
1,20 l Wasser
2 Lorbeerblätter
Pfefferkörner, Salz
0,01 l Essig
0,05 l Öl
0,05 kg Zwiebeln
0,15 kg Wurzelgemüse
0,05 kg Mehl
1 Schuss Rotwein
Essig, Pfeffer, Salz
Einlage:
0,03 kg Rogen
0,25 l Essigwasser
1 Semmel
Garnierung:
Petersilie

- Die Karpfenteile gut wässern.
- Wasser mit Gewürzen und Essig aufkochen – Karpfenteile zugeben und 15 min kochen.
- Fischfleisch von den Köpfen und Schwanzstücken auslösen.
- Zwiebelbrunoise und fein geraspeltes Wurzelgemüse anrösten – stauben – mit Karpfensud aufgießen – mit Schneebesen gut durchrühren – verkochen – mit Rotwein, Essig, Pfeffer und Salz pikant-säuerlich abschmecken.
- Rogen gesondert in Essigwasser kochen – mit Schneerute verquirlen.
- Fischfleisch und Rogen in die Suppe als Einlage geben.
- Semmel in Stäbchen schneiden – bähen – à part reichen.

Klachelsuppe

In der Steiermark wird zur Klachelsuppe Heidensterz aus Buchweizen gereicht.

Zutaten für 2 Liter:
0,50 kg Schweinshaxe
1 l Wasser
Salz, Pfefferkörner, Lorbeerblatt, Wacholderbeeren
1 Bund Suppengrün
0,01 l Essig
0,10 l Rahm
0,02 kg Mehl
0,10 kg Brot oder 2 Semmeln

- In Scheiben gehackte Schweinshaxe waschen – mit Suppengrün, Gewürzen und Essig ca. 45 min sieden – abseihen.
- Suppe mit Rahm und Mehl binden – verkochen – abschmecken.
- Fleisch ablösen – in Streifen schneiden und in die fertige Suppe geben.
- Brot- oder Semmelschnitten bähen – à part reichen.

Nationalsuppen anderer Länder

Jede Nation hat landestypische Suppen. Oft werden sie im Suppentopf (in der Marmite) serviert. Der Name von Nationalsuppen soll nicht übersetzt werden, sondern original im Menü oder auf der Speisenkarte aufscheinen.

Minestrone (italienische Gemüsesuppe)

Zutaten für 4 Portionen:	
0,30 kg Wurzelgemüse	■ Gemüse in Paysanne schneiden. ■ Selchspeckwürfel in Öl erhitzen – Zwiebelbrunoise und Gemüsepaysanne darin anschwitzen. ■ Tomatenmark beigeben – mit Wasser aufgießen – kochen – würzen. ■ Einlage beigeben (Makkaroni brechen) – gar kochen. ■ Tomates concassées der fertigen Suppe beigeben.
0,10 kg Kohl	
0,05 kg Zwiebeln	
0,02 l Olivenöl	
0,03 kg Selchspeckwürfel	
0,02 kg Tomatenmark	
1 l Wasser	
Salz, Pfeffer, Knoblauch	
Salbei, Oregano	
Einlage:	
0,02 kg Reis oder 0,05 kg Makkaroni	
0,10 kg Tomates concassées (siehe S. 97)	
Garnierung:	
Parmesan, gerieben; Basilikum	

Die Minestrone kann mit frischen Bohnen, Erbsen oder Karfiolröschen ergänzt werden

Káposztaleves (ungarische Krautsuppe)

Zutaten für 4 Portionen:	
0,20 kg Sauerkraut	■ Sauerkraut mehrmals durchschneiden. ■ Speckwürfel mit Zwiebelbrunoise anrösten – paprizieren – tomatisieren – mit Flüssigkeit ablöschen und aufgießen – würzen – Sauerkraut zugeben. ■ Kartoffeln in die Suppe raspeln – 10 min verkochen lassen – abschmecken.
0,10 kg Schinken- oder Räucherspeck, durchzogen	
0,10 kg Zwiebeln	
0,02 kg Paprikapulver	
0,02 kg Tomatenmark	
1 l Wasser	
1 Knoblauchzehe	
Kümmel, Salz	
0,15 kg mehlige Kartoffeln	
Garnierung:	
0,12 l Sauerrahm	

Wenn das Sauerkraut sehr sauer ist, vor dem Verarbeiten mit kaltem Wasser abschwemmen.

Soupe à l'Oignon (französische Zwiebelsuppe)

Zutaten für 4 Portionen:	
0,40 kg Zwiebeln	■ Zwiebeljulienne in Öl gleichmäßig goldgelb anschwitzen – mit Bouillon aufgießen. ■ 15 min verkochen lassen – umrühren – mit Salz und Pfeffer würzen. ■ Suppe in feuerfeste Form geben – Baguette einlegen – mit geriebenem Käse abdecken – gratinieren.
0,05 l Öl	
1 l Rindsbouillon	
Salz, Pfeffer	
4 Baguettescheiben	
0,04 kg Hartkäse	

Die einfache Variante
Baguettescheiben mit geriebenem Käse gratinieren – in die angerichtete Suppe einlegen.

Weitere Nationalsuppen

Name und Herkunft	Zubereitung
Bouillabaisse Frankreich	Verschiedene Meeresfische, Muscheln und Krustentiere im Fischfond mit Safran.
Mockturtlesoup Großbritannien	Kalbskopf mit braunem Kalbsfond weich kochen – binden – mit Madeira und Kalbskopffleisch vollenden.
Borschtsch Russland	Saure Rote-Rüben-Suppe.
Zuppa alla pavese Italien	Hühnerbouillon mit pochiertem Ei und einer mit Parmesan gratinierten Weißbrotscheibe.

6.5 Kalte Suppen und Kaltschalen

Kalte Suppen und Kaltschalen sind ein beliebter Bestandteil sommerlicher Menüs

In der heißen Jahreszeit werden die erfrischenden, appetitanregenden und verdauungsfördernden gut gekühlten Suppen serviert als:
- fettfreie Consommés mit oder ohne Einlage,
- pürierte Gemüsesuppen mit Kräutern,
- Kaltschalen aus rohen oder gekochten Fruchtpürees.

Kalte Suppen

Kalte Gurkensuppe

Zutaten für 4 Portionen:
0,75 l Joghurt
0,25 kg Salatgurken
0,05 kg Walnüsse
0,01 l Olivenöl
Dille, Salz, Knoblauch
Garnierung:
Frische Dille

- Grob geraffelte Gurken, gehackte Walnüsse und Olivenöl mit dem gut gekühlten Joghurt mischen.
- Mit gehackter Dille, zerdrückter Knoblauchzehe und Salz würzen – abschmecken – kalt stellen.

Wenn die Suppe nicht kalt genug ist, unmittelbar vor dem Servieren einige Eiswürfel beigeben.

Gazpacho

Zutaten für 4 Portionen:
0,25 kg Salatgurke
0,05 kg rote Paprika
0,05 kg grüne Paprika
0,40 kg Tomates concassées (siehe S. 97)
0,10 kg weiße Zwiebeln
Salz, Knoblauch
2 Scheiben Toastbrot
0,05 l Rotweinessig
0,04 l Olivenöl
0,06 l Tomatensaft
Paprika, Kreuzkümmel
Einlage:
0,03 kg Schalotten
Petersilie

- Ca. ein Drittel des Gemüses als Einlage schön schneiden.
- Geschälte, entkernte Gurke, entkernte Paprikaschoten, grob geteilte Zwiebeln, Tomates concassées, Tomatensaft, Olivenöl, Knoblauch, entrindetes Toastbrot und Gewürze fein mixen.
- Konsistenz mit etwas Wasser bestimmen.
- Toastbrotrinde in Würfel schneiden – in Olivenöl goldgelb rösten.
- Als Einlage in Würfel geschnittene Schalotten, gehackte Petersilie, das beiseite gestellte Gemüse und die Toastbrotwürfel à part servieren.

Gazpacho ist eine Spezialität der spanischen Küche.

Kaltschalen – süße Suppen

Kaltschalen basieren auf zu Püree verarbeitetem Obst, roh oder gedünstet, oder auf Sauerrahm oder Joghurt. Sie werden mit Wein, Sekt oder Mineralwasser verdünnt und mit Spirituosen, Zucker, Zitronensaft und Gewürzen abgeschmeckt.

Melonenkaltschale

Zutaten für 4 Portionen:	
0,40 kg Wassermelonenfruchtfleisch, entkernt	■ Die Hälfte des Melonenfruchtfleisches pürieren – mit Flüssigkeit auffüllen – mit Portwein verfeinern. ■ Restliches Melonenfruchtfleisch würfeln oder Parisienne ausstechen – in Gläser geben – kalt stellen. ■ Vor dem Servieren mit gut gekühlter Flüssigkeit auffüllen.
0,02 l roter Portwein	
0,20 l Mineralwasser, Weißwein oder Sekt	
Garnierung:	
Zitronenmelissenblätter	

Aus Honig- oder Zuckermelonen, mit weißem Portwein und Biskuitwürfeln oder in Stücke geteilten Biskotten als Einlage kann diese Kaltschale auch als Dessert gereicht werden.

Ananaskaltschale

Zutaten für 4 Portionen:	
0,40 kg Ananasfruchtfleisch	■ Das Ananasfruchtfleisch pürieren – mit Zitronensaft und Kirschwasser abschmecken – kalt stellen. ■ Vor dem Servieren mit gut gekühlter Flüssigkeit auffüllen.
Zitronensaft	
0,02 l Kirschwasser	
0,20 l Mineralwasser	
Garnierung:	
Zitronengras	

6.6 Suppeneinlagen

Als Suppeneinlagen eignen sich Teigwaren, kleine Knöderln, Nockerln, Strudel, Gebackenes, Gemüse, Getreide oder – je nach Art der Suppe – klein geschnittenes Fleisch, Fisch oder Meeresfrüchte, aber auch Croûtons und gratinierte oder gebähte Brotschnitten. Suppen werden meist mit geschnittenem Schnittlauch (v. a. klare Suppen) oder mit gehackten Kräutern, wie Petersilie oder Kerbel, vollendet.

Verschiedene Suppeneinlagen

Eierstich (Royale)

Zutaten für 4 Portionen:	
1 Ei	■ Ganzes Ei mit Eidotter verschlagen – mit vorgewärmter Flüssigkeit verrühren – würzen. ■ In leicht geölte Form (Wannen-, Pudding- oder Darioleform) füllen. ■ Im heißen Wasserbad im Rohr oder auf dem Herd zugedeckt bei 160 °C ca. 30 min pochieren. ■ Erkaltet stürzen – schneiden oder ausstechen.
1 Eidotter	
0,06 l warme Milch oder Bouillon	
Muskat, Salz	
Öl für die Form	

Eierstich kann durch Zugabe von 0,03 kg Tomatenmark oder passiertem Spinat beliebig ergänzt und in gemischter Form (je ein Stück gelb, rot und grün) als Einlage gegeben werden.

Biskuitschöberln

Zutaten für 4 Portionen:	GRUNDREZEPT
2 Eier	■ Verkehrtes Biskuit herstellen (siehe S. 278). ■ Masse in vorbereitete Formen (z. B. Schöberlformen) 1 cm hoch einfüllen – bei 180 °C ca. 10 min backen – auskühlen lassen – stürzen – portionieren.
Salz	
0,04 kg Mehl	
Grundrezept	ABLEITUNGEN **Käse- oder Kaiserschöberln** ■ Die Biskuitmasse mit Reibkäse mischen.
0,02 kg Reibkäse	
Grundrezept	**Kräuterschöberln** ■ Die Masse mit gehackten Kräutern mischen.
0,01 kg Kräuter	

Auch Tiroler Knödel (siehe S. 243) und Speckgrießknödel (siehe S. 244) können, wenn sie kleiner geformt werden, als Suppeneinlage verwendet werden.

Grießschöberln

Zutaten für 4 Portionen:
0,25 l Milch
0,04 kg Grieß
0,02 kg Butter
1 Ei
1 Eidotter
Salz

GRUNDREZEPT

- Milch und Grieß zu einem dicken Brei verkochen.
- Eiklar zu Schnee schlagen.
- Dotter mit Butter und Salz flaumig rühren – ausgekühlte Grießmasse einrühren.
- Eischnee vorsichtig unter die Masse ziehen.
- Masse ca. 1 cm hoch auf vorbereitetes Backblech aufstreichen – bei 170 °C ca. 45 min backen – überkühlt portionieren.

Grundrezept
0,05 kg Hamburger Speck

ABLEITUNG

Speckgrießschöberln

- Der Masse würfelig geschnittenen Speck beigeben.

Grießnockerln

Zutaten für 4 Portionen:
1 Ei
0,05 kg Butter
Salz, Muskat
0,10 kg Nockerlgrieß

- Butter flaumig rühren – versprudeltes Ei einrühren – würzen – Grieß kurz einrühren – 20 min quellen lassen.
- Nockerln formen – auf nasses Brett legen – sofort zugedeckt 10 min schwach wallend in Salzwasser kochen – 10 min ziehen lassen.

Nockerl formen

Dinkelnockerln

Zutaten für 4 Portionen:
0,08 kg Butter
1 Ei
0,10 kg Dinkelvollkornmehl
Salz, Muskat

- Butter flaumig rühren – versprudeltes Ei einrühren – Mehl kurz einrühren – 30 min quellen lassen.
- Nockerln formen – auf ein nasses Brett legen – sofort zugedeckt 10 min schwach wallend in Salzwasser kochen – 10 min ziehen lassen.

Butternockerln

Zutaten für 4 Portionen:
0,05 kg Butter
2 Eier
Salz
0,10 kg griffiges Mehl

- Butter mit Eidottern flaumig rühren – Mehl und geschlagenen Eischnee abwechselnd unterziehen.
- Nockerln formen – auf ein nasses Brett legen – sofort zugedeckt 10 min schwach wallend in Salzwasser kochen – 10 min ziehen lassen.

Bröselknöderln sind eine typische Einlage für gebundene Suppen, z. B. Hühnereinmachsuppe.

Bröselknöderln

Zutaten für 4 Portionen:
2 altbackene Semmeln
0,04 kg Butter
1 Ei
Petersilie
Salz, Pfeffer
0,05 kg Brösel

- Semmeln in Wasser einweichen – ausdrücken – durch ein Sieb streichen.
- Aus Butter und Ei einen Abtrieb zubereiten.
- Petersilie hacken – mit den Semmeln zum Abtrieb rühren – würzen – nach Bedarf mit Bröseln binden.
- Knöderln formen – 5 min in Salzwasser kochen.

Leberknödel

Zutaten für 4 Portionen:

- 0,05 kg Weißbrot oder 1 Semmel
- 0,10 kg Rindsleber, faschiert
- 0,03 kg Zwiebelbrunoise
- 0,03 l Öl
- 1 Ei
- Knoblauch, Petersilie, Majoran, Salz, Pfeffer
- 0,05 kg Semmelbrösel

GRUNDREZEPT

- Weißbrot in Wasser einweichen – ausdrücken.
- Leber, geröstete Zwiebeln und passiertes Weißbrot vermengen.
- Ei und Gewürze beigeben.
- Mit Semmelbröseln Konsistenz bestimmen.
- Masse ca. 30 min kühl stellen.
- Knödel formen – in reichlich Salzwasser oder Suppe ca. 10 min leicht wallend kochen lassen.

Grundrezept

ABLEITUNG

Lebernockerln

- Aus der Leberknödelmasse mit einem Löffel Nockerln formen – ca. 7 min kochen.

Semmelbrösel quellen während des Rastens noch nach – die Masse wird fester. Probeknödel kochen, um zu überprüfen, ob die Masse hält.

Frittierte Leberknödel werden als Suppeneinlage oder im Innviertel auch als Hauptspeise mit Sauerkraut gereicht.

Frittaten

Zutaten für 4 Portionen:

- 0,06 kg Mehl
- 1 Ei
- 0,06 l Milch
- 0,06 l (Mineral-)Wasser
- Salz
- Öl zum Backen

GRUNDREZEPT

- Ei mit Flüssigkeit glatt rühren – salzen – Mehl unterziehen.
- Frittaten backen (siehe Palatschinkenteig, S. 254) – auskühlen lassen – schneiden.

Grundrezept

- 0,01 kg Kräuter oder Sesam oder 0,02 kg Käse oder 0,03 kg Tomates concassées (siehe S. 97) oder 0,01 kg getrocknete Tomaten

ABLEITUNGEN

Kräuter-, Sesam-, Käse- oder Tomatenfrittaten

- In den Teig gehackte Kräuter, Sesam, geriebenen Käse, Tomates concassées oder gehackte getrocknete Tomaten rühren.

Dieser Teig wird auch zur Herstellung pikanter Crêpes verwendet.

Die Frittaten können auch aus Weizen- oder Buchweizenvollkornmehl zubereitet werden. Evtl. etwas mehr Wasser beigeben und den Teig 30 min quellen lassen.

Tropfteig – Eingetropftes

Zutaten für 4 Portionen:

- 1 Ei
- 0,03 kg Mehl
- Salz, Muskat
- Wasser oder Milch nach Bedarf

GRUNDREZEPT

- Die Zutaten zu einem glatten, dickflüssigen Teig verrühren. Bei Bedarf etwas Wasser oder Milch beigeben.
- Den Teig mithilfe eines Dressiersackes mit dünner Lochtülle oder durch ein grobes Sieb in die leicht wallende Suppe einlaufen lassen oder Teiggefäß hochhalten – Teig über eine Gabel einlaufen lassen.
- Einmal kurz aufkochen lassen.

Grundrezept

- Öl zum Backen

ABLEITUNG

Backerbsen

- Aus Tropfteig kleine Kugeln mit dem Dressiersack mit glatter Tülle auf ein in Pfannengröße geschnittenes Backtrennpapier setzen.
- Papier durch heißes Fett ziehen – Kugeln goldbraun backen – auf Küchenkrepppapier gut abtropfen lassen.

Durch Zugabe von etwas geriebenem Hartkäse oder fein gehackten Kräutern lässt sich der Tropfteig geschmacklich verfeinern.

Backerbsen können mit Lebensmittelfarbe gefärbt werden.

Brandteigkrapferln

Zutaten für 4 Portionen:	
0,10 l Wasser	■ Zubereitung siehe im Rohr gebackener Brandteig, S. 257. ■ Kleine Krapferln dressieren.
0,05 kg Butter	
Salz	
0,09 kg Mehl	
1–2 Eier	

Fleischstrudel – hier mit Brennnessel verfeinert

Weitere Suppeneinlagen

Gemüse	Getreideprodukte	Gebackene und überbackene Einlagen
■ Geschnittenes Gemüse (Brunoise, Paysanne, Julienne) ■ Karfiolröschen ■ Erbsen ■ Brokkoli etc.	■ Suppennudeln ■ Reibgerstel ■ Reis ■ Kleine Ravioli etc.	■ Hirn- oder Leberpofesen ■ Käsekrusteln ■ Milzschnitten ■ Knoblauch- oder Käuter-croûtons ■ Fleisch- oder Kräuterstrudel etc.

7 Saucen

Eine gute Sauce muss mit dem jeweiligen Gericht harmonieren und den Grundgeschmack hervorheben, darf ihn aber nicht überdecken.

Saucen werden eingeteilt in:
- Weiße Grundsaucen – weiße Saucen
- Braune Grundsaucen – braune Saucen
- À-la-minute-Saucen
- Warme Buttersaucen
- Spezielle warme Saucen und kalte Saucen für warme Speisen
- Kalte Saucen
- Spezielle kalte Saucen

Charakteristisch für eine gute Sauce sind eine leichte, sämige Konsistenz und ein appetitliches Aussehen. Saucen gelten als Kennzeichen einer gepflegten und hervorragenden Küche.

7.1 Weiße Saucen

Die Basis für weiße Saucen sind gehaltvolle weiße Fonds oder Pochierfonds. Die Bindungen und Verfeinerungen erfolgen durch Veloutés, Schlagobers, Butter (Montieren), Mehlbutter, Liaison oder Mehl.

Die richtige Wahl der Bindung ist mitentscheidend für Geschmack und Aroma der jeweiligen Sauce.

Weiße Grundsaucen – Veloutés

Weiße Grundsaucen dienen als Bindemittel und als Basis für fertige Saucen. Sie werden in der Vorbereitungszeit (als Mise en Place) hergestellt.

Aufbau der weißen Grundsaucen

Weißer Roux			
+ Gewürzmilch	+ Kalbsfond	+ Geflügelfond	+ Fischfond
= Sauce Béchamel	**= Kalbsvelouté**	**= Geflügelvelouté**	**= Fischvelouté**
Ableitungen			
+ Schlagobers	+ Schlagobers oder Butter	+ in Butter glasig angeschwitzte Schalottenbrunoise, Weißwein, Schlagobers oder Butter	+ in Butter glasig angeschwitzte Schalottenbrunoise, Weißwein, Wermut, Butter
= Sauce Crème (Oberscreme)	**= Sauce Velouté (früher Sauce Allemande)**	**= Sauce suprême**	**= Sauce au Vin blanc**
Ableitungen			
+ Hartkäse	+ frische Kräuter	+ gehackte Kapern	+ Krebs- oder Hummerbutter
= Sauce Mornay	**= Sauce aux fines Herbes**	**= Sauce aux Capres**	**= Sauce aux Crevettes**
oder	oder	oder	oder
+ Tomates concassées	+ Champignon-paysanne	+ Kerbel, Petersilie, Estragon und Schnittlauch	+ Krebsbutter und Krebsschwanzerln
= Sauce Aurora	**= Sauce aux Champignons**	**= Sauce Chivry**	**= Sauce Nantua**
Verwendung			
↓ Gratiniersauce	↓ Pochierte oder gedünstete Kalbs-, Geflügel- oder Fischgerichte		

Alle Ableitungen können anstelle von weißem Roux (Einmach) mit Reduktionen von Fond oder Wein und Schlagobers oder durch Vollendung mit kalten Butterflocken (Montieren) zubereitet werden.

Béchamelsauce

Zutaten für 1 Liter:	
Weißer Roux:	■ Weißen Roux zubereiten – vom Herd wegstellen – abkühlen lassen. ■ **Gewürzmilch:** Milch mit Zwiebeln, Bouquet garni, Lorbeerblatt und Salz aufkochen – ca. 10 min langsam ziehen lassen – abseihen. ■ Abgekühlten Roux mit heißer Gewürzmilch aufgießen – aufkochen – mit dem Schneebesen glatt rühren, um eine Klumpenbildung zu vermeiden. Oder heißen Roux mit der ausgekühlten Gewürzmilch aufgießen. ■ Weitere 10 min langsam bei laufendem Umrühren kochen lassen, damit sich die Sauce nicht am Boden anlegt. ■ Würzen – abschmecken – passieren.
0,06 kg Butter	
0,06 kg Mehl	
Gewürzmilch:	
1 l Milch	
0,05 kg Zwiebeln, fein geschnitten	
1 Bouquet garni	
Weißer Pfeffer, Muskat, Lorbeerblatt, Salz	

Verwendung
Zur Bindung und zum Nappieren beim Glacieren (im Salamander) für Gemüse- und Pastagerichte.

Einfache Béchamelsauce
Heißen Roux mit kalter Milch aufgießen, aufkochen und mit dem Schneebesen glatt rühren. 10 min langsam kochen, ständig umrühren, mit Salz, Pfeffer und Muskat würzen.

Kalbsvelouté

Zutaten für 1 Liter:	
0,05 kg Butter	■ Weißen Roux zubereiten – mit kaltem Kalbsfond aufgießen – mit Schneebesen glatt rühren. ■ Aufkochen – würzen – degraissieren. ■ Mindestens 30 min langsam kochen lassen. Während der Reduktion ständig umrühren, damit sich die Velouté nicht am Boden anlegt. ■ Abschmecken – evtl. anschließend durch ein feines Spitzsieb passieren, dadurch wird sie sämiger und Klumpenreste werden entfernt.
0,05 kg Mehl	
1,40 l Kalbsfond	
Salz, weißer Pfeffer	
Evtl. etwas Zitronensaft	

Alle Veloutés werden auf die gleiche Art hergestellt; der verwendete Fond bestimmt den Namen der Grundsauce und ihrer Ableitungen (siehe Tabelle oben).

Die braunen Saucen haben die Aufgabe, beim Garen verlorenes Aroma und Geschmack des Produktes wieder dem Gericht zuzuführen, und dienen der geschmacklichen Ergänzung.

Verwendung
Für starke, schmackhafte Saucen zu Portionsgerichten vom Rind, z. B. Filetsteak, Entrecôte oder Rostbraten.

Die braune Grundsauce kann auch aus Rind- oder Wildknochen und -fond zubereitet werden.

7.2 Braune Saucen

Die Basis für braune Saucen sind braune Fonds oder Naturjus bzw. Bratenjus. Gebunden wird mit **Mehl, Butter (Montieren), Mehlbutter oder Stärke.** Obwohl die braunen Grundsaucen nicht mehr die Bedeutung früherer Zeit in der klassischen Küche besitzen, werden sie hier nach klassischer Darstellung aufgebaut. Sie werden vermehrt durch die sogenannten À-la-minute-Saucen ersetzt, da diese dem ernährungsphysiologischen Bewusstsein entsprechen und einfacher zuzubereiten sind.

Braune Grundsauce/Sauce demi-glace

Zutaten für 1 Liter:
1 kg Kalbsknochen und -parüren
0,10 l Öl
0,20 kg Mirepoix
2 Knoblauchzehen
0,05 kg Tomatenmark
0,04 kg Mehl oder 0,01 kg Stärkemehl
0,15 l Weißwein
2,5 l Grand Jus oder brauner Kalbsfond
Weiße Pfefferkörner, Gewürzkörner, Lorbeerblatt, Thymianzweig

- Öl erhitzen – Knochen und Parüren anbraten und ca. 1 Stunde bräunen (evtl. im Backrohr).
- Mirepoix und Knoblauch zugeben – bis zur Farbgebung mitrösten – überschüssiges Fett abgießen.
- Tomatenmark beigeben – stauben – ca. 15 min weiterrösten bis zu einer schönen Bräunung.
- Mit Wein ablöschen – reduzieren.
- Mit 2 l Fond aufgießen – aufkochen – degraissieren.
- Gewürze beigeben – langsam 2 Stunden kochen. Zwischendurch immer wieder degraissieren und mit Fond untergießen.
- Die Sauce durch ein Etamin seihen.

Beispiele von Ableitungen der braunen Grundsauce	
Pfeffersauce/ Sauce au Poivre	■ Schalottenbrunoise anschwitzen – mit Rotwein ablöschen. Mit brauner Grundsauce aufgießen – zerdrückten grünen Pfeffer und etwas Schlagobers zugeben – reduzieren und montieren. ■ Für Pfannengerichte und flambierte Gerichte wie Pfeffersteak, zu gedünstetem oder gebratenem Fleisch von Rind und Kalb.
Madeirasauce/ Sauce Madère	■ Braune Grundsauce mit Madeira aufkochen – montieren. ■ Für Eiergerichte, gekochte Zunge, gebratenes oder gegrilltes Fleisch, Geflügel, Leber etc.
Zwiebelsauce/ Sauce lyonnaise	■ Zwiebeln in feine Streifen schneiden – anschwitzen – mit Rotwein ablöschen – mit brauner Grundsauce aufgießen – reduzieren – evtl. montieren. ■ Für Gegrilltes, in der Pfanne gebratene Portionsgerichte, geschmorten Ochsenschwanz, evtl. zu gekochtem Rindfleisch.

Wie der Name schon sagt, werden diese Saucen kurz vor dem Servieren fertiggestellt.

Buttersaucen immer frisch zubereiten!

7.3 À-la-minute-Saucen

Die Saucen werden nur leicht gebunden und eignen sich besonders für Portionsgerichte. Der Bratrückstand wird je nach Gericht mit weißem oder braunem Fond oder brauner Grundsauce aufgegossen, mit Wein, Schalotten, Kräutern etc. auf die Speise abgestimmt und mit Schlagobers, Crème fraîche oder Butter vollendet.

Geklärte Butter = Zerlassene Butter wird bei schwacher Hitze unter ständigem Rühren mit dem Schneebesen eingekocht (Wasser verdampft) und anschließend abgeschäumt. Evtl. wird die Butter noch abgeseiht.

7.4 Warme Buttersaucen

Die Basis der Buttersaucen ist eine Emulsion aus über Dunst aufgeschlagenem Eigelb und zerlassener bzw. geklärter Butter. Sie werden meist zu Gemüsegerichten und pochiertem oder gegrilltem Fleisch gereicht.

Holländische Sauce/Sauce hollandaise

Zutaten für 10 Portionen:	
Reduktion:	■ Für die Reduktion alle Zutaten auf die halbe Flüssigkeitsmenge reduzieren – abseihen – auskühlen lassen. ■ Dotter mit Reduktion und Zitronensaft über Wasserdampf cremig aufschlagen. ■ Geklärte Butter unter ständigem Schlagen langsam einrühren – abschmecken.
0,04 kg Schalotten oder Zwiebeln	
0,01 l Essig	
0,05 l Weißwein	
0,05 l Wasser	
5 Pfefferkörner, zerstoßen	
Weitere Zutaten:	
0,15 kg Eigelb, pasteurisiert (5 Eidotter)	
Zitronensaft	
0,35 kg Butter, geklärt	
Salz, weißer Pfeffer	

Verwendung
Für pochierten und gegrillten Fisch, Krustentiere, Gemüse wie Spargel, zum Glacieren und anschließenden Bräunen unter dem Salamander.

Anmerkungen

- Bei zu schneller Butterbeigabe kann das Eigelb nicht emulgieren – die Sauce flockt aus.
- Die Eimasse darf beim Aufschlagen nicht zu heiß werden, da sonst der Dotter gerinnt.
- Die Konsistenz der Sauce hollandaise wird bestimmt durch Beigabe von Flüssigkeit (dünner) bzw. durch Beigabe von Butter (dicker).
- Anstelle der Reduktion eventuell passende Fonds oder Weißweine verwenden.
- Gerinnt die Sauce, kann ein Eidotter mit etwas Reduktion oder Weißwein aufgeschlagen und die geronnene Sauce nach und nach eingearbeitet werden.

Sauce hollandaise ist ein idealer Begleiter von weißem Spargel

Beispiele von Ableitungen der Sauce hollandaise

Sauce Mousseline

- 2 Teile Sauce hollandaise, 1 Teil geschlagenes Obers, etwas Zitronensaft.
- Für Spargel, zum Vollenden von Cremesaucen, zu gedämpftem oder pochiertem Meeresfisch.

Sauce béarnaise

- Sauce mit Reduktion (mit Estragonstängeln); als Einlage gehackte Estragonblätter, evtl. zusätzlich Kerbel und/oder Petersilie.
- Für gegrillten Fisch wie Lachs, Steinbutt, gegrilltes Portionsfleisch von Lamm und Rind, z. B. Entrecôte.

7.5 Spezielle warme und kalte Saucen für warme Speisen

Tomatensauce, Paradeissauce

Zutaten für 10 Portionen:	
0,10 kg Zwiebeln	■ Fein geschnittene Zwiebeln in Butter anschwitzen – Mehl kurz mitrösten. ■ Mit Fond aufgießen – verkochen lassen. ■ Grob zerkleinerte Tomaten, gehackten Knoblauch, Pfeffer und Salz beigeben – 30 min unter öfterem Umrühren garen – mit Mixstab pürieren. ■ Mit etwas Essig oder Zitronensaft und Zucker abschmecken.
0,05 kg Butter	
0,05 kg Mehl	
0,75 l Fond	
1 kg Fleischtomaten, blanchiert	
1 Knoblauchzehe	
Pfeffer, Salz, 1 TL Zucker	
Essig oder Zitronensaft	

Verwendung
Für Gemüsegerichte wie gefüllte Paprika, gefüllte Zucchini; für Polpette.

Tomatensauce Natur

Zutaten für 1 Liter:
0,04 l Olivenöl
0,06 kg Schalotten
3 Knoblauchzehen
0,50 l Gemüsefond
0,10 kg Karotten
1 kg Tomates concassées (siehe S. 97)
Salz, Pfeffer, frisches Basilikum

- Öl erhitzen – Schalotten und Knoblauch anschwitzen – mit Fond aufgießen – würzen.
- Geraspelte Karotten und Tomates concassées dazugeben – 30 min langsam kochen.
- Abschmecken und mit Basilikum vollenden.

Verwendung
Für Pasta- und Reisgerichte, zu gebratenen Gemüse-, Fisch- und Fleischgerichten (Piccata milanese).

Bologneser Sauce/Sauce bolognaise

Zutaten für 10 Portionen:
0,05 l Öl
0,15 kg Zwiebeln
0,20 kg Wurzelgemüse (Karotten, Sellerie, Petersilienwurzel)
2 Knoblauchzehen
0,80 kg Faschiertes, gemischt
0,08 kg Tomatenmark
0,10 l Weißwein
0,25 l Fond, Bouillon blanc oder Wasser
0,50 kg Tomates concassées (siehe S. 97)
Salz, Pfeffer, Thymian

- Öl erhitzen – Zwiebelbrunoise anschwitzen – geraffeltes Wurzelgemüse und gehackten Knoblauch zugeben – mitrösten.
- Fleisch beifügen – gut durchrösten.
- Tomatenmark dazugeben – mit Wein ablöschen. Würzen und mit Fond mindestens 30 min dünsten. Zwischendurch nach Bedarf mit Fond untergießen.
- Tomates concassées untermengen – abschmecken.

Verwendung
Für Pastagerichte wie Spaghetti, Makkaroni, Lasagne, zur Füllung von Cannelloni, Palatschinken etc.

Semmelkren

Zutaten für 10 Portionen:
10 altbackene Semmeln
0,75 l Bouillon
0,04 kg Kren, frisch gerissen
0,125 l Schlagobers
Salz, Pfeffer, Muskat

- Die grob geteilten Semmeln mit Bouillon zu einem Brei verkochen.
- Kren und Schlagobers einrühren – abschmecken.

Verwendung
Zu gekochtem Rindfleisch wie Tafelspitz oder Schulterscherzel und zu gekochter Zunge.

Püreesaucen/Coulis

Coulis sind leicht flüssige Pürees von Gemüse, Krustentieren oder Früchten. Sie bestehen aus dem besten Teil des Produkts – ohne Bindung. Die Produkte werden roh, gedünstet oder blanchiert püriert bzw. gemixt oder im Pacojet (siehe S. 64) zubereitet.

Coulis sind in der Küche beliebt, da sie bekömmlich und geschmacksintensiv sind.

Tomaten-Coulis

- Tomates concassées mit fein geschnittenen Schalotten und gehacktem Knoblauch anschwitzen – pürieren.
- Zu gebratenem oder gegrilltem Gemüse, Pastagerichten, sautiertem oder gegrilltem Fleisch, Fisch sowie zu Krustentieren.

Kürbis-Coulis

- Kürbisfleisch klein schneiden – mit fein geschnittenen Schalotten anschwitzen – mit Fond untergießen – würzen – weich dünsten. Pürieren – mit Kürbiskernöl vollenden.
- Für sautierte Medaillons, Filets oder Koteletts von Rind, Schwein und Lamm.

Espumas/Spooms – geschäumte Püreesaucen

Espumas oder Spooms sind luftig leichte Schäume, die aus verschiedensten Basisprodukten hergestellt werden können – salzig oder süß. Eine Püreesauce (z. B. Paprika-Tomaten-Coulis) wird passiert, anschließend in einen Sahnesiphon (Schlagobersapparat) gegeben und nach Bedarf verwendet. Durch den Druck entsteht ein Schaum – die Produktmenge verdoppelt sich – wie bei geschlagenem Schlagobers. Dieses Prinzip eignet sich für die Herstellung sowohl kalter als auch warmer Espumas.

Espuma kommt aus dem Spanischen und bedeutet so viel wie Schaum.

Süße Espumas/Spooms siehe S. 305.

Kalte Saucen für warme Speisen

Diese Saucen werden zu warmen Speisen gereicht. Man kann Gerichte damit verfeinern oder sie à part servieren.

Heller Apfelkren

Zutaten für 4 Portionen:	
0,50 kg säuerliche Äpfel	■ Geschälte, grob geteilte Äpfel ohne Kerngehäuse mit Zitronensaft und Wasser dünsten – pürieren. ■ Mit Salz, Zucker und Kren abschmecken.
Zitronensaft	
0,10 l Wasser	
Salz, Zucker	
0,02 kg Kren, gerissen	

Verwendung
Zu gekochtem Rindfleisch.

Es empfiehlt sich, den Apfelkren à la minute zuzubereiten.

Dunkler Apfelkren

Zutaten für 4 Portionen:	
0,50 kg säuerliche Äpfel	■ Geschälte Äpfel fein reiben – mit Zitronensaft beträufeln. ■ Mit Salz, Zucker und Kren abschmecken.
Zitronensaft	
Salz, Zucker	
0,02 kg Kren, gerissen	

Verwendung
Zu gekochtem Rindfleisch.

Schnittlauchsauce

Zutaten für 4 Portionen:	
2 Semmeln	■ Semmeln evtl. entrinden – in Wasser einweichen – gut ausdrücken. ■ Mit den Dottern fein passieren – Mayonnaise einrühren – würzen. ■ Mit geschnittenem Schnittlauch vollenden.
2 Eidotter, hart gekocht	
2 EL Mayonnaise	
Salz, Pfeffer, Zucker	
1 Bd. Schnittlauch	

Verwendung
Zu gekochtem Rindfleisch.

Pesto – italienische Basilikumpaste

Zutaten für 4 Portionen:	
0,04 kg frische Basilikumblätter	■ Basilikum, Pinienkerne und Knoblauch mit Salz im Cutter zerkleinern oder im Mörser zerstampfen. ■ Mit fein geriebenem Parmesan und Olivenöl zu einer dicken Paste verrühren.
0,05 kg Pinienkerne	
2 Knoblauchzehen, gehackt	
Salz	
0,02 kg Parmesan	
0,05 l Olivenöl	

Verwendung
Klassische Sauce für Pastagerichte, Gemüse- und Lammgerichte.

Tsatsiki

Zutaten für 4 Portionen:	
0,20 l Salatgurke, geschält	■ Gurke halbieren – entkernen – fein raffeln – mit einem Tuch gut ausdrücken. ■ Alle Zutaten verrühren und abschmecken.
0,30 l Schafmilchjoghurt	
3 Knoblauchzehen, gehackt	
Salz, Pfeffer aus der Mühle	

Verwendung
Als Vorspeise, zu gegrilltem Geflügel, Lamm- oder Schweinefleisch.

7.6 Kalte Saucen

Die angeführten Saucen werden ausschließlich zu kalten Speisen gereicht. Die Aufteilung erfolgt in Mayonnaise, ihre Ableitungen und in spezielle kalte Saucen bzw. Dipsaucen.

Mayonnaise

Mayonnaise ist eine homogene Emulsion von rohem Eigelb und Pflanzenöl.

Zutaten für 0,50 Liter:	
0,09 kg Eigelb, pasteurisiert, oder 3 Eidotter	■ Eidotter mit Senf, Salz, Pfeffer, Zitronensaft, Worcestersauce und Essig glatt rühren. ■ Öl – anfangs tropfenweise – bis zur Emulsion einrühren. Anschließend kann das restliche Öl in dünnem Strahl beigefügt werden. ■ Abschmecken und kühl stellen.
Estragonsenf, Salz, weißer Pfeffer	
0,40 l Pflanzenöl	
Zitronensaft, Worcestersauce, Essig	

Verwendung
Zur Herstellung von kombinierten Salaten und verschiedenen Vorspeisen, als Grundsauce zur Herstellung verschiedener kalter Saucen und Salatdressings.

Siehe auch Tipps zum Umgang mit Eiern, S. 176.

Mayonnaise

Anmerkungen

- Die Zutaten müssen Raumtemperatur haben, sonst gerinnt die Mayonnaise.
- Geronnene Sauce kann mit einigen Tropfen heißem Essigwasser aufgerührt werden. Gelingt dies nicht, wird von neuem mit der Zubereitung begonnen. In die entstandene Emulsion kann die geronnene Mayonnaise vorsichtig eingerührt werden.
- Die fertige Mayonnaise wird durch Zugabe von Sauerrahm oder Joghurt kalorien- und cholesterinärmer. Es ist zu empfehlen, frisch zubereitete Mayonnaise am gleichen Tag zu verarbeiten.

Klassische Ableitungen der Grundsauce Mayonnaise

Schlagobersmayonnaise/Sauce Chantilly
- 2 Teile Mayonnaise, 1 Teil geschlagenes Obers, etwas Zitronensaft.
- Für kalte Gerichte von Krustentieren, Fisch, garnierte Eier und Salate.

Cocktailsauce/Sauce Cocktail
- 2 Teile Sauce Chantilly, 1 Teil Ketchup, geriebener Kren, etwas Cognac.
- Für Cocktails und Salate von Krustentieren und für kalte gebratene Fleischgerichte.

Remouladensauce/Sauce Rémoulade
- Mayonnaise mit gehackten Kapern, Sardellenfilets, Essiggurken, Kräutern und Zwiebeln.
- Zu frittiertem Gemüse, Champignons und Fisch.

Tatarensauce/Sauce tartare
- Mayonnaise mit fein gehackten hart gekochten Eiern, Essiggurken, Petersilie, Zwiebeln, Kapern, etwas Essigwasser.
- Zu kalten Fleischgerichten und zu Fischspeisen, z. B. Fischterrine.

7.7 Spezielle kalte Saucen

Die speziellen kalten Saucen werden ausschließlich für verschiedene kalte Speisen verwendet.

Salatvinaigrette/Sauce Vinaigrette

Zutaten für 4 Portionen:	
0,02 l Weinessig	■ Essig mit Gewürzen vermischen. ■ Öl nach und nach einschlagen – Sauce mit Weißwein verdünnen. ■ Schalotten, Kapern und Kräuter (Estragon, Kerbel, Petersilie) fein hacken und einrühren.
Salz, Pfeffer, Zucker	
0,04 l Olivenöl	
0,02 l Weißwein	
0,05 kg Schalotten	
2 Kapern	
0,01 kg Kräuter	

Verwendung
Zu kalten Gemüsegerichten wie Spargel und Artischocken.

Anmerkungen

- Zur besseren Bindung die Salatsauce mixen.
- Die Vinaigrette kann durch gekochte, gehackte Eier, gehackte Cornichons, Sardellen, rote Zwiebeln, Avocado- oder Paprikawürfel, Tomates concassées etc. abgewandelt werden.

Dill-Senf-Sauce

Zutaten für 4 Portionen:	
0,05 kg Dijonsenf	■ Senf mit Honig, Weißwein, Salz, Pfeffer und Zitronensaft glatt rühren. ■ Mit dem Olivenöl aufschlagen – mit geschnittener Dille vollenden.
1 EL Honig	
1 Spritzer Weißwein	
Salz, Pfeffer	
Zitronensaft	
0,10 l Olivenöl	
Dille	

Verwendung
Für gebeizten Lachs oder Gravad Lax.

Oberskren

Zutaten für 4 Portionen:	
0,125 l Schlagobers	■ Schlagobers aufschlagen – mit Kren, Salz und einem Spritzer Zitronensaft abschmecken.
0,02 kg Kren, gerissen	
Salz, Zitronensaft	

Verwendung
Zu geräuchertem Fisch wie Lachs und Forelle, zu gekochtem Schinken.

Cumberlandsauce

Zutaten für 4 Portionen:	
0,10 kg Ribiselmarmelade	■ Passierte Ribisel- und Preiselbeermarmelade mit etwas Orangen- und Zitronensaft glatt rühren. ■ Rotwein mit Orangenzesten reduzieren. ■ Alle Zutaten vermengen – abschmecken.
0,10 kg Preiselbeermarmelade	
1 Orange, ungespritzt (Saft und Zesten)	
Zitronensaft	
0,06 l Rotwein	
Englischer Senf, geriebener Ingwer, brauner Zucker	

Verwendung
Für kaltes Roastbeef, kalte Wildgerichte, Pasteten und Terrinen von Wild und Geflügel.

Dipsaucen

Dipsaucen sind Saucen, in die kleine Stücke Rohkost, Garnelen, Tortillas oder Salzgebäck eingetaucht werden.

Salatsaucen finden Sie im Kapitel Kalte Küche, S. 168.

to dip (engl.) = eintauchen.

Dipsaucen	
Sauerrahm-Schnittlauch-Dip	Sauerrahm mit Salz, Pfeffer und viel geschnittenem Schnittlauch verrühren. Statt Schnittlauch kann der Dip auch mit Knoblauch zubereitet werden.
Kräuter-Dip	1 Teil Mayonnaise, 1 Teil Topfen mit etwas Senf und mit vielen frischen gehackten Kräutern verrühren.
Roquefort-Dip	Sauce Chantilly mit passiertem Roquefortkäse mischen.
Avocado-Dip	Reife Avocado mit Zitronensaft zerdrücken und mit Crème fraîche verrühren. Mit Salz, Cayennepfeffer, zerdrücktem Knoblauch und Zitronensaft abschmecken.
Sardellen-Dip	Ricotta oder Mascarpone mit gehackten Sardellenfilets, Kapern, Schalottenbrunoise und vielen frischen gehackten Kräutern verrühren.

8 Rezepte mit Fisch und Meeresfrüchten

Für eine gute Fischküche sind Frische und beste Qualität der Produkte ebenso notwendig wie das Wissen um die richtige Zubereitung.

Verwendungsmöglichkeiten von Fisch in der Küche

In seiner ungeheuren Vielfalt bieten Süß- und Seewasserfische nahezu unbegrenzte Möglichkeiten bei der Verwendung in der Küche. Hier einige Möglichkeiten:

Kalte Vorspeisen

Räucherforelle, Räucherlachs, marinierte Heringe, gebeizter Lachs oder Lachsforelle, pochierte Forelle oder Zander, als Terrine oder Mousse, sautiert mit Blattsalaten etc.

Suppen

Verschiedene klare Suppen mit Einlagen, gebundene Suppen und verschiedene Spezial- bzw. Nationalsuppen.

Fischgang in der Menüfolge oder als Hauptgericht

Kann grundsätzlich in jeder Zubereitungsart mit allen Garmethoden angeboten werden.

Buffets

Die Auswahl reicht von ganzem Fisch oder Fischtranchen, im Sud pochiert und erkaltet, für spezielle Buffets bis zu Matjesheringen zum Frühstücksbuffet.

Garen von Fisch

Für Fisch sollen grundsätzlich schonende Garmethoden gewählt werden, denn die Fische besitzen kein zähes Bindegewebe zwischen Muskeln und Gräten wie Landtiere. Daher ist es für jeden Koch, jede Köchin eine Herausforderung, den Fisch perfekt zuzubereiten.

Es ist ziemlich einfach, einen Fisch zu garen – noch einfacher allerdings, einen Fisch zu sehr zu garen!

Anmerkungen

- **Garzeiten kurz halten, auf den Punkt garen:** Fisch darf nicht lange gegart werden; bei kleinem Fischfilet genügen manchmal einige Minuten. Er zerfällt sonst schnell und wird trocken. Außerdem bleibt bei kurzer Garzeit der feine Geschmack erhalten.
- **Mit Gewürzen sparsam umgehen:** Fisch hat ein feines, delikates Aroma. Es soll nur der Eigengeschmack des Fisches betont werden.
- **Bei Saucen, Beilagen und Garnituren auf den Geschmack achten:** Im Mittelpunkt soll der Geschmack des Fisches stehen. Je nach Art und Zubereitung sind die Beilagen zu wählen.

Pochierter Fisch

Garmethode
Pochieren (siehe S. 128).

Fischfond (Courtbouillon) mit Milch

Zutaten für 1 l Fischfond mit Milch (für 4 Filets á 0,15 kg):	
1 l Wasser	■ Sud kurz kochen lassen – Fisch einlegen.
0,15 l Milch	
0,02 kg Salz	
Lorbeerblatt, weiße Pfefferkörner, Zitronenscheiben	
Beilagenvorschläge: Gedämpftes Gemüse, Butterkartoffeln.	

Zubereitung geeignet für
Aal, Forelle, Karpfen, Lachs, Saibling, Wels, Kabeljau, Seezunge, Scholle, Steinbutt, St.-Peters-Fisch.

Fischfond (Courtbouillon) mit Weißwein

Zutaten für 1 l Fischfond mit Weißwein (für 4 Filets á 0,15 kg):	
0,05 kg Schalotten (oder Zwiebeln), fein geschnitten	■ Schalotten in Butter leicht anschwitzen – mit Weißwein kurz aufkochen – Wasser zugeben – ca. 5 min kochen lassen.
0,05 kg Butter	
0,15 l Weißwein	
1 l Wasser	
Je nach Verwendung Bouquet garni oder frische Kräuter wie Petersilie, Thymian, Dill, Estragon	
Salz, Pfefferkörner	

Zubereitung geeignet für feine Fischfilets von Forelle, Saibling, Seezunge, Steinbutt oder St.-Peters-Fisch.

Es können sowohl ganze Fische als auch filetierte Fische und Fischtranchen pochiert werden.

Anmerkungen

- Damit das Gargut ganz vom Pochierfond bedeckt bleibt, wird es mit Butterpapier abgedeckt.
- Beim Pochieren werden die Aromastoffe des Gargutes in den Pochierfond abgegeben, daher ist er die Basis für jede Sauce.
- Als Fischfumet wird ein kräftiger, intensiver Fischfond bezeichnet. Anstelle von Wasser wird der Fumet mit Fischfond aufgegossen.
- Der Fischfond mit Milch eignet sich vor allem für Fische, die nach dem Garen weiß bleiben sollen.

Forelle blau

Zutaten für 1 Portion:	
0,10 kg Zwiebeln	■ Gemüse grobblättrig schneiden. ■ Salzwasser mit Essig, Gewürzen und Gemüse ca. 15 min langsam kochen lassen. ■ Zuletzt die Kräuter beigeben und noch kurz ziehen lassen. ■ Forelle ca. 12 min pochieren.
½ Stange junger Lauch	
½ Petersilienwurzel	
2 l Wasser	
0,04 kg Salz	
0,10 l Weinessig	
Petersilie, Thymian, Pfefferkörner, Lorbeerblätter	
1 fangfrische, ausgenommene Forelle mit 0,30 kg	
Beilagenvorschläge: Salzkartoffeln, evtl. zerlassene Butter, Sauce hollandaise.	

Garmethode
Pochieren (siehe S. 128).

Zubereitung in der Fischwanne

Anmerkungen

- Die Schleimhaut der Forelle darf beim Waschen nicht zerstört werden, sonst wird der Fisch nicht „blau". Auch muss der Fisch wirklich fangfrisch sein.
- Vorbereiteten Fisch immer in heiße Courtbouillon in die Fischwanne einlegen.
- Die Garzeit bei einer Forelle mit 0,30 kg beträgt ca. 12 min.
- **Achtung:** Der Begriff „Blaukochen" ist leicht irreführend; Fisch wird niemals gekocht, sondern immer nur pochiert.

Garmethode
Braten in der Pfanne – Kurzzeitbraten (siehe S. 131).

Zubereitung auch geeignet für
Reinanke, Lachs, Zander, Angler, Barsch, Heilbutt, Seezunge, Steinbutt.

Forelle Müllerin

Zutaten für 1 Portion:	
1 fangfrische, ausgenommene Forelle mit ca. 0,20–0,25 kg	■ Vorbereiteten Fisch (siehe S. 104) innen und außen würzen – beidseitig bemehlen – gut abschütteln. ■ In Butterschmalz beidseitig knusprig braten. ■ Forelle warm stellen. ■ Bratenfett abgießen – Butter aufschäumen – die angerichtete Forelle damit übergießen.
Zitronensaft, Salz	
0,05 kg Mehl	
0,05 kg Butterschmalz	
0,03 kg Butter	
Garnierung:	
Zitrone, Petersilie	

Beilagenvorschläge: Petersilienerdäpfel, Salzkartoffeln, Blattsalate.

Anmerkung

Werden statt eines Portionsfisches Fischfilets auf diese Art zubereitet, so werden sie nur auf der Hautseite (ob abgezogen oder nicht) bemehlt und auch nur auf dieser Seite gebraten. Während des Garens werden die Filets öfters mit heißem Fett übergossen. Diese Zubereitungsart ist besonders geeignet für À-la-minute-Gerichte.

Garmethode
Braten im Rohr (siehe S. 132).

Zubereitung geeignet für
Zander, Dorsch, Hoki, Kabeljau, Hecht, Lachsforelle.

Im Rohr gebratene Fischfilets mit Tomaten und Champignons

Zutaten für 4 Portionen:	
4 Fischfilets à 0,15 kg	■ Vorbereitete Fischfilets würzen – in eine befettete feuerfeste Form legen – mit Tomatenscheiben und in Paysanne geschnittenen Champignons belegen – mit Käse bestreuen – mit Butterflocken belegen. ■ Bei 220 °C im Backrohr ca. 15 min garen.
Zitronensaft, Salz	
0,02 l Öl	
0,30 kg Tomaten	
0,10 kg Champignons	
0,04 kg Käse, gerieben	
0,04 kg Butter	

Beilagenvorschläge: Petersilienkartoffeln, Rosmarinkartoffeln, Polenta.

Garmethode
Gratinieren (siehe S. 136).

Zubereitung geeignet für
sämtliche filetierte Fische mit festem Fleisch, wie Dorsch, Kabeljau, Zander, Viktoriabarsch, Rotbarsch oder Hoki.

Gratinierte Fischfilets nach Florentiner Art

Zutaten für 4 Portionen:	
4 Fischfilets à 0,15 kg	■ Vorbereitete Fischfilets würzen – in eine feuerfeste Form legen – Blattspinat gut würzen – über den Fischfilets verteilen. ■ Béchamelsauce herstellen – überkühlte Béchamelsauce mit Eidotter verfeinern – über den Blattspinat streichen. ■ Parmesan und Brösel über die Béchamelsauce streuen – mit Butterflocken besetzen – bei 200° C 20 min gratinieren.
Zitronensaft, Salz	
0,12 kg Blattspinat, tiefgekühlt	
Salz, Muskat, Knoblauch	
Béchamelsauce:	
0,02 kg Butter	
0,02 kg Mehl	
0,20 l Milch	
Salz, Pfeffer, Muskat	
1 Eidotter	
Zum Gratinieren:	
0,01 kg Parmesan	
0,01 kg Brösel	
0,01 kg Butter	

Beilagenvorschlag: Salzkartoffeln.

Panierte Fischfilets

Zutaten für 4 Portionen:	
4 Fischfilets à 0,15 kg	■ Vorbereitete Fischfilets würzen – mit Mehl, versprudelten Eiern und Bröseln panieren – in Öl beidseitig goldgelb ausbacken. ■ Abtropfen lassen.
Zitronensaft, Salz	
0,10 kg Mehl	
2 Eier	
0,10 kg Semmelbrösel	
Öl zum Backen	
Garnierung:	
Zitrone, Petersilie	

Beilagenvorschläge: Kartoffelsalat, Petersilienkartoffeln, Blattsalate.

Garmethode
Frittieren/Backen in Fett (siehe S. 133).

Zubereitung geeignet für
Karpfen, Dorsch, Kabeljau, Scholle, Hoki.

Anmerkung

- Man kann auch die Petersilie für die Garnierung im Fett backen.

Fisch in Tempurateig

Zutaten für 4 Portionen:	
0,40 kg Fischfilet	■ Vorbereiteten Fisch in mundgerechte Stücke teilen – würzen. ■ **Tempurateig herstellen:** Mehl in eine Schüssel sieben – schnell das Eier-Wasser-Gemisch dazugießen – kurz verrühren. ■ Gargut kurz durch den Teig ziehen – backen.
Zitronensaft, Salz	
Öl zum Backen	
Tempurateig:	
0,25 kg Mehl oder Reismehl, fein	
0,50 l eiskaltes Wasser	
2 Eier	
Salz, weißer Pfeffer	

Garmethode
Frittieren/Backen in Fett (siehe S. 133).

Zubereitung geeignet für
festes Fischfleisch, wie von Hoki, Kabeljau, Dorsch, Viktoriabarsch.

Anmerkungen

- Der Trick eines guten Tempuragerichts ist das knappe Rühren des Teiges. Das eiskalte Wasser macht den Teig elastisch.
- Das Gargut muss nicht rundherum mit Teig bedeckt sein.
- Mit diesem Teig kann man auch Gemüse und Meeresfrüchte frittieren, dazu reicht man eine spezielle Sojasauce (siehe unten).

Warme Sojasauce für Tempuragerichte

Zutaten für 4 Portionen:	
0,20 l Bouillon oder Hühnerfond	■ Fond, Wein und Sojasauce einmal kurz aufkochen – würzen – den gerissenen Ingwer und geriebenen Rettich zusammen mit dem Zucker in die Sauce rühren. ■ Warm á part zum Tempuragericht servieren.
0,08 l Sojasauce	
0,04 l süßer Reiswein oder süßer Sherry	
0,02 kg Kristallzucker	
0,01 kg frischer Ingwer	
0,08 kg weißer Rettich	
Salz, weißer Pfeffer	

Wussten Sie, dass ...
Tempura die japanische Zubereitungsvariante frittierter Speisen ist? Das Frittieren wurde vermutlich im 16. Jahrhundert durch portugiesische Seefahrer in Japan bekannt.

Garmethode
Backen im Rohr (siehe S. 134).

Zubereitung geeignet für
Zander, Forelle, Karpfen, Viktoriabarsch.

Fischfilets in Kartoffel-Karotten-Kruste

Zutaten für 4 Portionen:
4 Fischfilets à 0,15–0,20 kg
Zitronensaft, Salz
0,60 kg festkochende Kartoffeln
0,20 kg Karotten
0,03 kg Mehl
1 Eiklar

- Vorbereitete Fischfilets würzen – in eine befettete feuerfeste Form legen.
- Geschälte Kartoffeln grob raffeln – in kaltem Wasser 5 min stehen lassen.
- Karotten grob raffeln – zu den ausgedrückten Kartoffeln geben – salzen – mit Mehl vermischen.
- Schnee schlagen – unter die Kartoffelmasse ziehen – Filets mit der Kartoffelmasse vollständig abdecken.
- Im vorgeheizten Rohr bei 200 °C 30 min garen.

Beilagenvorschläge: Blatt- und Gemüsesalate.

Garmethode
Garen im Pergamentpapier (siehe S. 134).

Der Fisch wird im aufgeritzten Päckchen auf einer Platte serviert.

Lachsforelle „en papillote“

Zutaten für 2 Portionen:
1 küchenfertige Lachsforelle (ca. 0,60 kg)
Salz, Pfeffer
0,02 l Sonnenblumenöl zum Bestreichen
Pergamentpapier
0,03 kg Butter
3–4 Knoblauchzehen
4 frische Salbeiblätter

- Lachsforelle waschen – trocken tupfen.
- Innen und außen kräftig würzen – ziselieren.
- Mit Öl bestreichen – auf das Pergamentpapier legen.
- Mit Butterflocken, gehacktem Knoblauch und Salbeiblättern belegen – das Päckchen gut verschließen.
- Die Papieroberfläche ebenfalls mit Öl bestreichen (Papier bräunt nicht so stark).
- Auf einem Backblech im vorgeheizten Rohr bei 200 °C ca. 20–25 min braten.

Garmethode
Kochen (siehe S. 128).

! Muscheln, die beim Kochen nicht aufgehen, dürfen nicht verzehrt werden!

Miesmuscheln

Zutaten für 4 Portionen:
0,15 kg Zwiebeln
0,20 kg Karotten
0,15 kg Lauch
0,15 kg Stangensellerie
0,03 kg Butter
0,50 l trockener Weißwein
Pfeffer
1 Lorbeerblatt
2 kg Miesmuscheln
Garnierung:
Petersilie

- Gemüse in Brunoise schneiden.
- Butter schmelzen – Gemüse anschwitzen – mit Weißwein aufgießen – würzen.
- Vorbereitete Muscheln zugeben – bei starker Hitze 8–10 min kochen, dabei mehrmals schütteln.
- Muscheln, Gemüse und Fond in Suppentellern anrichten – mit gehackter Petersilie bestreuen.

Beilagenvorschläge: Weißbrot, Baguette.

Riesengarnelen provenzalische Art

Zutaten für 4 Portionen:
0,10 kg Schalotten
2 Knoblauchzehen
0,03 l Olivenöl
0,15 kg kleine Champignons
Salz, Pfeffer, Oregano
0,25 l trockener Weißwein
0,02 l Pastis, Pernod oder Weinbrand

- Schalotten und Knoblauch fein hacken – in Öl anschwitzen.
- Vorbereitete Champignons evtl. halbieren – dazugeben – kurz mitdünsten – würzen.
- Mit Weißwein ablöschen – 2 min dünsten lassen.
- Pastis, Tomates concassées und Garnelen dazugeben – kurz erhitzen.
- In feine Streifen geschnittene Petersilie darüberstreuen.

0,25 kg Tomates concassées (siehe S. 97)	
0,20 kg Riesengarnelen (King Prawns)	
Garnierung:	
Petersilie	
Beilagenvorschläge: Blätterteigpasteten, Reis, Baguette.	

Garmethode
Dünsten (siehe S.130).

9 Rezepte mit Rindfleisch

Gekochtes Rindfleisch

Zutaten für 4 Portionen:	
0,05 kg halbierte Zwiebeln mit Schale	■ Gemüse, Fleisch und Knochen vorbereiten – mit den Gewürzen kalt zustellen. ■ Schwach wallend kochen – während des Garens mehrmals degraissieren. ■ Fleisch aus der Bouillon heben – Bouillon abseihen – würzen. ■ Fleisch gegen den Faserverlauf in fingerdicke Tranchen schneiden – mit Bouillon begießen – mit geschnittenem Schnittlauch bestreuen.
0,20 kg Wurzelgemüse (Sellerie, Gelbe Rüben, Karotten, Petersilienwurzel)	
0,05 kg Lauch	
1 kg Rindfleisch (Siedefleisch)	
0,50 kg Rindsknochen	
Ca. 2,5 l Wasser	
Pfefferkörner, Salz, Liebstöckel, Lorbeerblatt, Piment	
Garnierung:	
Schnittlauch	

Beilagenvorschläge: Cremespinat, Röstkartoffeln, kalte Schnittlauchsauce, Apfelkren, Semmelkren, Kürbisgemüse.

Garmethode
Sieden (siehe S. 128).

Zubereitung geeignet für
Hüferschwanzel, Schulterscherzel, Kavalierspitz, mageres und fettes Meisel, Kruspelspitz, Tafelstück, Brustkern. Auch Beinfleisch, Fledermaus und Ochsenschlepp werden gesiedet.

Die Garzeit richtet sich nach Größe und Qualität des Fleischstückes.

Wiener Saftgulasch

Zutaten für 4 Portionen:	
0,50 kg Wadschinken	■ Vorbereitetes Fleisch in 3–4 cm große Würfel schneiden. ■ Zwiebeln blättrig schneiden. ■ Öl erhitzen – Zwiebeln dunkelbraun anrösten – paprizieren. ■ Fleisch und Gewürze dazugeben – immer wieder untergießen – weich dünsten – abschmecken.
0,50 kg Zwiebeln	
0,06 l Öl	
1 gehäufter EL Paprikapulver	
1 Schuss Essig	
0,25 l Bouillon oder Wasser	
Salz, Kümmel, Majoran, evtl. Knoblauch	

Beilagen bzw. Garnitur je nach Gulaschart:
Rindsgulasch: Nockerln.
Bauerngulasch: Semmelknödel.
Herrengulasch: Fächergurkerln, Gebäck.
Fiakergulasch: Spiegelei, ein Frankfurter Würstchen (Einspänner), Fächergurkerl, Salzkartoffeln oder ein Semmerl.

Garmethode
Naturdünsten (siehe S. 130).

Zubereitung auch geeignet für
Schulterscherzel, Brustkern, mageres und fettes Meisel.

Paprizieren = Paprikapulver zugeben, aufschäumen, mit Essigwasser ablöschen.

Ragouts werden aus Fisch, Fleisch, Geflügel oder Wild, auch Gemüse oder Pilzen, in Würfel geschnitten, meist gedünstet und in pikanter Sauce zubereitet.
Frikatesse ist ein gedünstetes, weißes Ragout aus hellem Fleisch.

Gulasch – ein österreichisches Nationalgericht				
	Wiener Saftgulasch	**Rindsgulasch**	**Schweinsgulasch**	**Kalbsgulasch**
Verhältnis Fleisch : Zwiebel	1 : 1	2 : 1	2 : 1	3 : 1
Zwiebel	blättrig; Röstgrad: dunkelbraun	grobwürfelig; Röstgrad: dunkelbraun	mittelgroß; Röstgrad: goldbraun	ganz fein; Röstgrad: hellbraun
Paprika für 1,50 kg Fleisch	3 gehäufte EL	3 gehäufte EL	3 gestrichene EL	3 TL
Fleischwürfel: für 10 Portionen 1,50 kg Fleisch (0,15 kg pro Portion)	4 x 4 cm	4 x 4 cm	3 x 3 cm	2 x 2 cm
Gewürze	Salz, Kümmel, Knoblauch	Salz, Kümmel (Knoblauch)	Salz, Majoran, Kümmel	Salz, Zitronenzesten
Bindung	Natur	gestaubt	gestaubt	Sauerrahm und Mehl

Garmethode
Braundünsten/Schmoren (siehe S. 130).

Zubereitung auch geeignet für
schwarzes Scherzel, Beinscherzel, Tafelstück, weißes Scherzel, dicke Schulter.

Mise en Place für Rindsbraten

Gespickter Rindsbraten in pikanter Sauce

Zutaten für 4 Portionen:
0,05 kg Spickspeck
0,08 kg Essiggurkerln
0,60 kg Rindfleisch (Schulterscherzel)
Salz, Pfeffer
0,04 l Öl
0,05 kg Zwiebeln
0,10 kg Mirepoix
0,25 l Bouillon oder Wasser
Thymian, Lorbeerblatt, Piment, Ingwer, Muskat
0,01 kg Mehl
0,06 l Sauerrahm
0,125 l Rotwein
Garnierung:
Essiggurkerln, Karotten, Preiselbeeren

- Spickspeck und Essiggurkerln in dünne Streifen schneiden.
- Vorbereitetes Rindfleisch auf der Oberseite spicken (siehe S. 124) – würzen.
- Öl erhitzen – Fleisch rundherum rasch anbraten – warm stellen.
- Zwiebeln und Mirepoix grob schneiden – im Bratrückstand anschwitzen.
- Mit Flüssigkeit aufgießen – Fleisch und Gewürze dazugeben.
- Fleisch im Rohr bei 180 °C ca. 1 Stunde weich dünsten – zwischendurch mit dem eigenen Bratensaft übergießen.
- Fleisch warm stellen – Sauce passieren.
- Mehl, Sauerrahm und Rotwein verrühren – Sauce damit binden – abschmecken.
- Fleisch in Tranchen schneiden – mit Sauce anrichten.

Beilagenvorschläge: Serviettenknödel, Teigwaren.

Garmethode
Braundünsten/Schmoren (siehe S. 130).

Rindsrouladen

Zutaten für 4 Portionen:
4 große, dünne Rindsschnitzel
Salz, Pfeffer, scharfer Senf
0,05 kg Hamburger Speck
0,08 kg Essiggurkerln
0,10 kg Karotten
0,04 l Öl
0,25 l Bouillon
0,01 kg Mehl
0,125 l Sauerrahm
Garnierung:
Karotten, Petersilie

- Vorbereitete Rindsschnitzel plattieren – würzen – eine Seite mit Senf bestreichen.
- Speck, Essiggurkerln und Karotte in Julienne schneiden – auf der Senfseite der Schnitzel quer auflegen.
- Schnitzel einrollen – mit Rouladennadeln oder Zahnstochern fixieren.
- Öl erhitzen – Rouladen rundherum rasch anbraten – mit Bouillon untergießen – Rouladen weich dünsten.
- Rouladen bereitstellen – Fixierung entfernen.
- Mehl und Sauerrahm glatt rühren – Sauce binden – abschmecken.
- Die Rouladen in der Sauce wärmen.

Beilagenvorschläge: Bandnudeln, Spätzle.

Gedünsteter Zwiebelrostbraten

Zutaten für 4 Portionen:	
4 St. Rostbraten	■ Vorbereiteten Rostbraten plattieren – würzen – eine Seite in Mehl tauchen.
Salz, Pfeffer	■ Öl erhitzen – Rostbraten mit der Mehlseite zuerst rasch anbraten – umdrehen – bräunen – warm stellen.
0,01 kg Mehl	■ Zwiebeljulienne im Bratrückstand anschwitzen – aufgießen.
0,06 l Öl	■ Rostbraten einlegen – weich dünsten – evtl. mit Mehl stauben – abschmecken.
0,20 kg Zwiebeln	
0,25 l Bouillon oder Wasser	
Mehl zum Stauben	
Garnierung:	
Geröstete Zwiebelringe	

Beilagenvorschläge: Bratkartoffeln, Schupfnudeln, Mehlknödel.

Garnitur je nach Rindsbratenart:
Esterházyrostbraten: gedünstete Petersilienwurzel-, Sellerie- und Karottenjulienne und Petersilie.
Girardirostbraten: Fein gehackter Selchspeck, Champignons, Zwiebeln, Kapern, Zitronenzesten und Petersilie, in Butter angeschwitzt, gestaubt, mit Sauerrahm vollendet.

Garmethode
Braundünsten/Schmoren (siehe S. 130).

Vanillerostbraten

Zutaten für 4 Portionen:	
4 St. Rostbraten	■ Vorbereiteten Rostbraten dünn plattieren – würzen – mit einer halben Knoblauchzehe einreiben – eine Seite in Mehl tauchen.
Salz, Pfeffer, 3 Knoblauchzehen	■ Öl erhitzen – Rostbraten mit der Mehlseite zuerst rasch anbraten – auf beiden Seiten braun braten – warm stellen.
0,06 l Öl	■ Überschüssiges Fett ableeren – Bratrückstand mit Flüssigkeit ablöschen – etwas reduzieren – gepressten Knoblauch dazugeben – montieren.
0,01 kg Mehl	■ Rostbraten einlegen – ziehen lassen.
0,125 l Bouillon oder brauner Fond	
0,02 kg kalte Butter	
Garnierung:	
Geröstete Zwiebelringe	

Beilagenvorschläge: Bratkartoffeln, Karotten oder Fisolen englische Art.

Garmethode
Braten in der Pfanne (siehe S. 131).

Knoblauch galt früher als „Vanille“ der einfachen Leute. Daher kommt die Bezeichnung „Vanillerostbraten“.

Zubereitung auch geeignet für Beiried.

Pfeffersteak

Zutaten für 4 Portionen:	
4 Steaks vom Rindsfilet à 0,18 kg	■ Vorbereitete Steaks auf beiden Seiten würzen.
Salz, Pfeffer	■ Öl erhitzen – Steaks auf jeder Seite 2–3 min braten.
0,04 l Öl	■ Steaks in Alufolie wickeln.
0,02 l Cognac	■ Überschüssiges Fett abgießen – Bratensatz mit Cognac ablöschen – mit Flüssigkeit aufgießen – etwas reduzieren.
0,10 l brauner Fond oder Bouillon	■ Schlagobers beigeben – aufkochen – abseihen.
0,04 l Schlagobers	■ Grünen Pfeffer gut abspülen – der Sauce beigeben und leicht zerdrücken – Sauce montieren.
0,01 kg grüne Pfefferkörner	■ Steaks mit der Sauce anrichten.
0,02 kg kalte Butter	

Beilagenvorschläge: Kroketten, Kartoffelgratin, Pommes Duchesse, Fisolen, Grilltomate.

Garmethode
Braten in der Pfanne – Kurzzeitbraten (siehe S. 131).

Garstufen siehe S. 139.

Garmethode
Niedrigtemperaturbraten (siehe S. 132).

Kerntemperaturen siehe S. 139.

Roastbeef

Zutaten für 10 Portionen:	
1 Beiried, abgelegen, pariert (ca. 1,80 kg)	■ Vorbereitetes Beiried an der Sehne mehrmals einschneiden – kräftig mit Salz und Pfeffer würzen – Unterseite mit Senf einstreichen – ziehen lassen.
Salz, Pfeffer	■ Beiried in sehr heißem Fett rundherum rasch anbraten – Bratrückstand für die Sauce bereitstellen.
Estragonsenf	■ Fleisch in das auf 140 °C vorgeheizte Backrohr schieben und ca. 40 min garen. Bei 65 °C ca. 60 min reifen lassen bzw. warm halten.
0,04 l Öl	■ Kerntemperatur messen.
0,10 l Bouillon oder Wasser	■ Bratrückstand aufgießen – reduzieren – montieren – abschmecken.
0,0 kg kalte Butter	■ Roastbeef tranchieren – Jus à part reichen.

Beilagenvorschläge: Bratkartoffeln, Kartoffelgratin, Fisolen, grüner Spargel, Brokkoli, Romanesco.
Zu kaltem Roastbeef Sauce Cumberland oder Remouladensauce reichen.

Garen mit Trick

Messen Sie die Höhe der Beiried an beiden Enden ab und ermitteln Sie die Durchschnittshöhe. Bei einer Gartemperatur von 230 °C gilt nun folgende Gardauerberechnung:

Höhe der Beiried Ø x kg x 2 = Gardauer in Minuten

Beispiel: Höhe der Beiried = 8 cm, Gewicht = 2 kg 8 x 2 x 2 = 32 min

Garmethode
Braten in der Pfanne – Schwingend rösten/Sautieren (siehe S. 131). Dieses Gericht muss à la minute zubereitet werden.

Zubereitung auch geeignet für Schweinslungenbraten.

Wussten Sie, dass ...
die Stroganows eine ab dem 16. Jahrhundert einflussreiche russische Kaufmannsdynastie waren, die ein riesiges Vermögen durch Salzgewinnung schuf, in den russischen Hochadel aufgenommen wurde, deren Angehörige hohe Staatsämter bekleideten und als Kulturmäzene auftraten?

Gerösteter Rindslungenbraten/Bœuf Stroganow

Zutaten für 4 Portionen:	
0,35 kg Lungenbratenkopf oder -spitze	■ Lungenbratenspitze in Streifen schneiden – mit Salz und Pfeffer würzen.
Salz, Pfeffer	■ Fleisch in heißem Fett scharf anbraten, nicht durchbraten – aus der Pfanne heben und warm stellen.
0,05 kg Fett	■ Im Bratrückstand Zwiebelbrunoise und Champignonspaysanne anschwitzen – mit Bouillon ablöschen – aufkochen.
0,05 kg Zwiebeln	■ Sauerrahm mit Paprikapulver und Mehl glatt rühren – Sauce binden – kurz durchkochen.
0,10 kg Champignons	■ Gurkerljulienne und Fleisch beigeben und kurz erwärmen.
0,25 l Bouillon	
0,06 l Sauerrahm	
Paprikapulver	
0,01 kg Mehl	
0,05 kg Essiggurkerln	
Garnierung:	
Petersilie	

Beilagenvorschläge: verschiedene Kartoffelzubereitungen, Reis, Teigwaren.

Garmethode
Backen im Rohr (siehe S. 134).

Zubereitung auch geeignet für Schweinslungenbraten.

Rindsfilet in Blätterteig/Filet Wellington

Zutaten für 4 Portionen:	
0,60 kg Rindslungenbraten (Mittelstück)	■ Vorbereiteten Lungenbraten würzen.
Salz, Pfeffer	■ Filet im heißen Öl rundherum rasch anbraten – bereitstellen.
0,03 l Öl	■ Blätterteig aufrollen, mit überkühlter Duxelles bestreichen – erkalteten Lungenbraten darauflegen – eng einrollen – Enden gut verschließen.
0,20 kg Duxelles (siehe S. 163)	■ Mit der Kante nach unten auf ein Backblech legen – mit Ei bestreichen – bei 200 °C ca. 45 min backen.
0,25 kg Blätterteig (TK, 1 Pkg.)	■ Vor dem Aufschneiden ca. 10 min warm rasten lassen.
1 Ei	

Beilagenvorschläge: Gemüse englische Art.

Anmerkung

- Vor dem Belegen können vom Teig Streifen abgeschnitten oder Formen ausgestochen werden, mit denen vor dem Backen das Filet im Blätterteig verziert wird – auch mit Ei bestreichen!

Rinderfilet mit buntem Paprika und Pilzen

Zutaten für 4 Portionen:	
0,40 kg Rinderfilet	■ Vorbereitetes Rinderfilet in feine Streifen schneiden. ■ Die Pilze in viel warmem Wasser ca. 1 Stunde einweichen. ■ Vorbereitete Paprika in kleine Rauten schneiden. ■ Mungobohnensprossen abseihen – abspülen. ■ Zwiebeln und Knoblauch fein hacken. ■ Sojasauce mit Reiswein, Zucker und etwas Wasser verrühren. ■ Das Erdnussöl im Wok erhitzen – Fleisch, Zwiebeln und Knoblauch darin anbraten – mit Bouillon ablöschen. ■ Sojasaucemischung, Gemüse, Sprossen und Pilze dazugeben und ca. 5 min garen – abschmecken.
0,04 kg Shiitakepilze	
Je 0,05 kg roter, grüner und gelber Paprika	
0,10 kg Mungobohnensprossen aus der Dose	
0,10 kg Zwiebeln	
2 Knoblauchzehen	
0,04 l Sojasauce	
0,04 l Reiswein	
0,01 kg brauner Zucker	
0,02 l Erdnussöl	
0,10 l Rindsbouillon	
Garnierung:	
Zitronengras	
Beilagenvorschlag: Basmatireis.	

Garmethode
Garen im Wok (siehe S. 135).

Zubereitung auch geeignet für
Schweinsfilet, Putenbrust, Hühnerfilet, Lammfilet.

Anmerkungen

- Vor dem ersten Gebrauch des Woks die Anleitung des Herstellers lesen.
- Bevor Öl und Zutaten in den Wok kommen, muss er so gut erhitzt werden, dass ein Wassertropfen darin perlt.

10 Rezepte mit Kalbfleisch

Eingemachtes Kalbfleisch (Kalbsfrikassee) mit Gemüse

Zutaten für 4 Portionen:	
0,60 kg Kalbsschulter, ausgelöst	■ Kalbfleisch in Würfel schneiden. ■ Fleisch, vorbereitetes Wurzelgemüse (Karotten, Sellerie, Gelbe Rüben, Petersilienwurzel) im Ganzen, gespickte Zwiebel, Bouquet garni und Gewürze in kochendes Wasser geben – ca. 45 min weich kochen – zwischendurch degraissieren. ■ Fleischwürfel aus dem Sud heben – in eine Kasserolle geben – Wurzelgemüse in Würfel schneiden – beiseite stellen. ■ Eine helle Einmach zubereiten – mit Sud aufgießen – 10 min verkochen – abschmecken. ■ Über die Fleischstücke passieren – legieren. ■ Anrichten mit in Würfel geschnittenem Wurzelgemüse.
0,60 l Wasser	
0,10 kg Wurzelgemüse	
Zwiebel, gespickt	
1 Bouquet garni	
Salz, weiße Pfefferkörner	
Einmach:	
0,04 kg Butter	
0,04 kg Mehl	
Zitronensaft, Muskat, Salz	
0,125 l Schlagobers	
Garnierung:	
Petersilie	
Beilagenvorschläge: Bröselknödel, Reis, Petersilienkartoffeln.	

Garmethode
Kochen (siehe S. 128).

Zubereitung auch geeignet für
Kalbsbrust, Kalbshals, Schweinsschulter, Huhn.

Garmethode
Kochen (siehe S. 128).

Zubereitung auch geeignet für
Schweinszunge.

Gekochte Kalbszunge

Zutaten für 4 Portionen:	
2 Kalbszungen	
0,15 kg Wurzelgemüse	
0,10 kg Zwiebeln	
Salz, Pfefferkörner, Lorbeerblatt	
Garnierung:	
Karotten	

- Kalbszunge wässern – in kaltem Wasser zustellen.
- Vorbereitetes Wurzelgemüse im Ganzen mit etwas Salz, Pfefferkörnern und Lorbeerblatt beigeben.
- Zugedeckt ca. 1 ½ Stunden min kochen lassen.
- Zunge häuten – tranchieren.

Beilagenvorschläge: Kartoffelpüree, Salzkartoffeln, Erbsen, Kürbisgemüse.

Garmethode
Naturdünsten (siehe S. 130).

Zubereitung auch geeignet für
Schweinsschulter, Putenbrust.

Reisfleisch

Zutaten für 4 Portionen:
0,40 kg Kalbsschulter, ausgelöst
0,10 kg Zwiebeln
0,03 l Öl
evtl. 1 TL Tomatenmark
Paprikapulver
1 Schuss Essig
0,50 l Bouillon oder Wasser
Salz, Pfeffer
0,10 kg Reis
Garnierung:
Gulaschsaft oder 0,03 kg Käse, gerieben

- Vorbereitete Kalbsschulter in 3 cm große Würfel schneiden.
- Öl erhitzen – Zwiebelbrunoise anschwitzen – evtl. tomatisieren – paprizieren (siehe S. 209) – ablöschen.
- Fleisch zugeben – würzen – halbweich dünsten (ca. 15 min).
- Reis hinzufügen – zugedeckt ca. 30 min fertig dünsten (der Reis sollte mit Flüssigkeit bedeckt sein).
- Reisfleisch zum Portionieren in einen kalt ausgeschwemmten Schöpflöffel pressen – auf einen Teller stürzen.

Beilagenvorschläge: verschiedene Blattsalate.

Garmethode
Hellbraun dünsten/Poelieren (siehe S. 130).

Ossobuco

Zutaten für 4 Portionen:
4 gleich große Scheiben Kalbshaxe mit Knochen
0,02 kg Mehl
Salz, Pfeffer, Majoran
0,10 kg Zwiebeln
1 Knoblauchzehe
0,03 l Olivenöl
0,05 l trockener Weißwein
0,05 l Kalbsfond
½ Orange (Zesten)
½ Zitrone (Zesten)
Salz, Muskat
0,02 kg Butter
Garnierung:
Gremolata:

- Fleisch in Mehl-Gewürz-Mischung wenden.
- Zwiebelringe und gehackten Knoblauch in Öl anschwitzen – Fleisch darin braten.
- Ablöschen – aufgießen – mit Zesten und Gewürzen ca. 50 min garen.
- Bratensatz passieren – montieren – Fleisch mit Sauce anrichten.

Beilagenvorschläge: Gemüserisotto, Safranreis, Ciabatta.

Gremolata = italienische Würzmischung aus zerdrücktem Knoblauch, fein gehackter Petersilie und geriebenen Zitronenzesten, evtl. auch Orangenzesten.

Gespickte Kalbsvögerln

Zutaten für 4 Portionen:	
4 St. Kalbsvögerln (hintere Stelze, vom Fleischhauer vorbereitet)	■ Vorbereitetes Fleisch salzen – rundherum spicken (siehe S. 124). ■ Öl erhitzen – Fleisch rundherum anbraten – mit Suppe untergießen – zugedeckt ca. 40 min weich dünsten. ■ Abschmecken – mit Crème fraîche verfeinern.
Salz	
0,10 kg Spickspeck	
0,04 l Öl	
0,125 l Kalbsknochensuppe	
Zitronensaft	
0,06 l Crème fraîche	
0,10 kg Reis	
Garnierung:	
Zitronenzesten, Petersilie	

Beilagenvorschläge: Salzkartoffeln, Reis, Risi-Pisi, gedämpfte Kartoffeln.

Garmethode
Braundünsten/Schmoren (siehe S. 130).

Überbackenes Kalbskotelett

Zutaten für 4 Portionen:	
4 Kalbskoteletts mit Knochen	■ Koteletts salzen – in heißem Fett kurz beidseitig braun braten. ■ Die Koteletts in eine vorbereitete feuerfeste Form setzen – mit Schinken belegen – mit warmer Duxelles bestreichen. ■ Mit Sauce Mornay überziehen – gratinieren. ■ Bratensatz ablöschen – Tomates concassées und Basilikum beigeben – aufkochen – montieren – mit einem Schuss Wermut vollenden. ■ Die Koteletts mit der Sauce anrichten.
Salz	
0,04 l Öl oder Butterschmalz	
0,10 kg Duxelles (siehe S. 163)	
4 Rohschinkenscheiben	
0,10 l Sauce Mornay (siehe S. 197)	
0,125 l Wasser, Bouillon oder brauner Kalbsfond	
0,08 kg Tomates concassées (siehe S. 97)	
1 TL Basilikum gehackt	
0,03 kg kalte Butter	
Etwas Wermut	
Garnierung:	
Basilikumblätter	

Beilagenvorschläge: Petersilienkartoffeln, Polenta, Schwarzwurzeln, Zucchini.

Garmethode
Braten in der Pfanne – Kurzzeitbraten (siehe S. 131).

Zubereitung auch geeignet für
Schweinskoteletts, Schweinsmedaillons, Hühnerbrust.

Die Koteletts sollen innen rosa bleiben.

Naturschnitzel

Zutaten für 4 Portionen:	
4 Kalbsschnitzel vom Kaiserteil à 0,12 kg	■ Vorbereitete Schnitzel plattieren (unter Frischhaltefolie legen) – salzen – eine Seite in Mehl tauchen. ■ Öl erhitzen – Schnitzel mit der bemehlten Seite zuerst einlegen – beidseitig goldbraun braten – warm stellen. ■ Überschüssiges Öl abgießen – aufgießen – aufkochen – montieren. ■ Schnitzel mit Jus anrichten.
Salz	
Mehl zum Wenden	
0,03 l Öl	
0,02 kg kalte Butter	
Garnierung:	
Petersilie, Zitrone	

Beilagenvorschläge: Reis, Risi-Pisi, glacierte Karotten, grüner Spargel.

Garmethode
Braten in der Pfanne – Kurzzeitbraten (siehe S. 131). Dieses Gericht muss à la minute zubereitet werden.

Zubereitung auch geeignet für
Putenschnitzel.

Garmethode
Braten in der Pfanne – Kurzzeitbraten (siehe S. 131).

Zubereitung auch geeignet für
Putenschnitzel.

Wussten Sie, dass ...
die Bezeichnung „Salt' im bocca" ein Ausdruck aus dem römischen Dialekt ist und „Spring in den Mund" bedeutet?

Saltimbocca alla romana

Zutaten für 4 Portionen:	
4 Kalbsschnitzel à 0,12 kg	▪ Vorbereitete Schnitzel würzen. ▪ Mit je einem Blatt Schinken und zwei Salbeiblättern belegen – mit Rouladennadeln feststecken. ▪ Mit der unbelegten Seite zuerst im heißen Öl fast gar braten – umdrehen – fertig braten – warm stellen. ▪ Bratrückstand mit Wein ablöschen – aufkochen – abschmecken. ▪ Saltimbocca und Jus anrichten.
Salz, weißer Pfeffer	
4 Blatt Parmaschinken	
8 Salbeiblätter	
0,02 l Olivenöl	
0,04 l trockener Weißwein	
Rouladennadeln oder Zahnstocher zum Fixieren	

Beilagenvorschläge: Spaghetti, Tomatenrisotto, gratinierte Tomaten.

Garmethode
Braten in der Pfanne – Schwingend rösten/Sautieren (siehe S. 131).

Zubereitung auch geeignet für
Hühnerfilet, Putenbrust, Schweinsfilet.

Zürcher Geschnetzeltes

Zutaten für 4 Portionen:	
0,40 kg Kalbsfilet	▪ Kalbsfilet schnetzeln – würzen. ▪ Fleisch in heißem Fett scharf anbraten – warm stellen. ▪ Im Bratrückstand Butter erhitzen – Zwiebelbrunoise und Champignonpaysanne darin anschwitzen – stauben – mit Wein ablöschen – mit Flüssigkeit aufgießen. ▪ Schlagobers beifügen – kurz verkochen lassen – mit Zitronensaft abschmecken. ▪ Fleisch dazugeben – einige Minuten ziehen lassen.
Salz, weißer Pfeffer	
0,04 l Öl oder Butterschmalz	
0,03 kg Butter	
0,05 kg Zwiebeln	
0,15 kg Champignons	
Mehl zum Stauben	
0,06 l Weißwein	
0,125 l Kalbsfond oder Bouillon	
0,125 l Schlagobers	
Zitronensaft	
Garnierung:	
Petersilie	

Beilagenvorschläge: Rösti, Spätzle, Reis, Teigwaren, Petersilienkartoffeln.

Garmethode
Braten in der Pfanne – Schwingend rösten/Sautieren (siehe S. 131).

Zubereitung auch geeignet für
Hühnerleber.

Sautierte Kalbsleber

Zutaten für 4 Portionen:	
4 St. Kalbsleberschnitzerln à 0,12 kg	▪ Leberschnitzerln würzen – auf einer Seite bemehlen – in heißem Fett sehr rasch sautieren – warm stellen. ▪ Fett abgießen – mit Flüssigkeit aufgießen – verkochen – mit Schlagobers vollenden. ▪ Leberschnitzerln mit Sauce anrichten.
Salz, Pfeffer	
0,01 kg Mehl	
0,04 l Öl	
0,125 l brauner Fond oder Rindsbouillon	
0,125 l Schlagobers	
Garnierung:	
Gebratene Apfelscheiben	

Beilagenvorschläge: Reis, Kartoffelpüree.

Anmerkung

Zur Geschmacksverfeinerung kann man die Leberfilets vor dem Braten mit dünnen Speckstreifen oder mit Sardellenstreifen umwickeln.

Kalbsbraten mit Natursaft

Zutaten für 10 Portionen:	
2 kg Kalbsschulter	■ Knochen auslösen – hacken – in heißem Fett anbraten. ■ Lose Fleischteile einrollen – mit Küchenspagat binden – salzen – anbraten – auf die Knochen legen – mit etwas Wasser untergießen. ■ Bei 220 °C unter öfterem Begießen 1–1 ½ Stunden braten. ■ Gegen Ende der Bratzeit mit Butter glacieren. ■ Braten herausnehmen – Bratfett abschöpfen. ■ Bratrückstand mit Wasser aufgießen – gut aufkochen – abseihen – reduzieren – mit Beurre manié vollenden – abschmecken. ■ Braten quer zur Faser tranchieren – dachziegelförmig anrichten – Jus à part reichen.
0,05 l Öl oder Bratfett	
Salz	
0,05 kg Butter	
Beurre manié:	
0,03 kg Butter	
0,01 kg Mehl	

Beilagenvorschläge: Reis, Risi-Pisi, gedämpfte Kartoffeln, Erbsenschoten, Karotten.

Garmethode
Braten im Rohr (siehe S. 132).

Zubereitung auch geeignet für
Kalbsnierenbraten, Kalbsstelze, Kalbsschlegel, Kalbskarree.

Gefüllte Kalbsbrust

Zutaten für 10 Portionen:	
2 kg Kalbsbrust	■ Untergriffene Kalbsbrust salzen. ■ Semmeln in Würfel schneiden. ■ Zwiebelbrunoise in Butter anschwitzen – mit den Semmelwürfeln vermischen. ■ Eier mit Milch, Petersilie und Gewürzen versprudeln – über die Semmeln leeren – vermengen – ziehen lassen. ■ Brust füllen – mit Rouladennadeln schließen (oder mit Nadel und Küchenspagat zunähen). ■ Kalbsbrust mit etwas Wasser in einen Bräter legen – mit Öl bestreichen. ■ Zugedeckt bei 220 °C ca. 1–1 ½ Stunden braten – zuletzt offen bräunen lassen – zwischendurch mit entstandenem Bratensaft übergießen – herausnehmen – warm stellen. ■ Bratrückstand abseihen – degraissieren – abschmecken – montieren. ■ Kalbsbrust tranchieren – mit Jus anrichten.
Salz	
Füllung:	
4 altbackene Semmeln	
0,05 kg Zwiebeln	
0,05 kg Butter	
2 Eier	
0,125 l Milch	
Petersilie, gehackt	
Salz, Muskat	
Weitere Zutaten:	
0,05 l Öl	
0,25 l Wasser	
0,03 kg kalte Butter	

Beilagenvorschläge: gedämpfte Kartoffeln, Brokkoli, Erbsen, Karotten.

Untergreifen = Brust zum Füllen vorbereiten; wird meistens bereits in der Fleischhauerei gemacht.

Garmethode
Braten im Rohr (siehe S. 132).

Zubereitung auch geeignet für
Kalbshals.

Wiener Schnitzel

Zutaten für 4 Portionen:	
4 Kalbsschnitzel (Kalbsfrikandeau) à 0,15 kg	■ Vorbereitete Schnitzel plattieren (unter Frischhaltefolie legen) – salzen. ■ **Schnitzel panieren:** Beidseitig in Mehl wenden – durch die versprudelten Eier ziehen – in die Brösel legen und diese rundherum leicht andrücken. ■ Butterschmalz (zwei Finger hoch) in einer Pfanne erhitzen – die abgeschüttelten Schnitzel einlegen und beidseitig goldbraun backen. ■ Auf Küchenkrepppapier kurz abtropfen lassen.
Salz	
Panade:	
0,04 kg Mehl	
1–2 Eier	
0,06 kg Brösel	
0,20 kg Butterschmalz zum Backen	
Garnierung:	
Zitrone, Krauspetersilie, Preiselbeeren	

Beilagenvorschläge: Reis, Petersilienkartoffeln.

Garmethode
Frittieren/Backen in Fett (siehe S. 133).

Zubereitung auch geeignet für
Schweinsschnitzel, Putenschnitzel, Hühnerschnitzel.

Garmethode
Frittieren/Backen in Fett (siehe S. 133).

Cordon bleu

Zutaten für 4 Portionen:	
4 große dünne Kalbsschnitzel (Kalbsschlegel) à 0,20 kg	▪ Vorbereitete Schnitzel plattieren (unter Frischhaltefolie legen) – salzen. ▪ Schnitzel zur Hälfte mit je einer Scheibe Schinken und Käse belegen – andere Hälfte darüberschlagen – mit Rouladennadeln feststecken. ▪ Schnitzel panieren (siehe Wiener Schnitzel). ▪ Butterschmalz (zwei Finger hoch) in einer Pfanne erhitzen – die abgeschüttelten Schnitzel einlegen – beidseitig goldbraun backen. ▪ Auf Küchenkrepppapier abtropfen lassen – vor dem Servieren Rouladennadeln entfernen.
Salz	
4 Scheiben Schinken	
4 Scheiben Käse (z. B. Edamer)	
Panade:	
0,08 kg Mehl	
2 Eier	
0,10 kg Brösel	
0,25 kg Butterschmalz zum Backen	
Garnierung:	
Zitrone, Petersilie	

Beilagenvorschläge: siehe Wiener Schnitzel.

11 Rezepte mit Schweinefleisch

Garmethode
Kochen (siehe S. 128).

Zubereitung auch geeignet für
Bauchfleisch, Brustfleisch.

Steirisches Wurzelfleisch (Krenfleisch)

Zutaten für 4 Portionen:	
0,70 kg Schweinsschulter	▪ Vorbereitetes Schweinefleisch in Essigwasser mit Gewürzsäckchen ca. 1 Stunde kochen. ▪ Gemüse in Bâtonnets schneiden – 10 min vor Garende zum Fleisch geben. ▪ Suppe abschmecken – Fleisch in Tranchen schneiden – Gemüse darauf verteilen – mit etwas Suppe übergießen.
2 l Wasser	
0,05 l Apfelessig	
Salz, Knoblauch, Gewürzsäckchen	
0,15 kg Karotten	
0,10 kg Sellerie	
0,10 kg Zwiebeln	
Garnierung:	
Petersilie; Kren, frisch gerissen	

Beilagenvorschläge: Salzkartoffeln.

Garmethode
Kochen (siehe S. 128).

Zubereitung auch geeignet für
alle anderen geselchten Fleischteile, z. B. geselchte Zunge.

Gekochtes Selchfleisch

Zutaten für 4 Portionen:	
0,70 kg Selchfleisch	▪ Vorbereitetes Fleisch mit grob geschnittenem Suppengrün in kochendes Wasser geben. ▪ Das Fleisch ca. 2 Stunden wallend (nicht sprudelnd) kochen.
1 Bund Suppengrün	
2 l Wasser	
Garnierung:	
Karotten, gedünstet; Schnittlauch; evtl. Kren	

Beilagenvorschläge: Grießknödel, Salzkartoffeln, Kartoffelpüree, Sauerkraut.

Szegediner Gulyás

Zutaten für 4 Portionen:	
0,50 kg Schweinsstelze, ausgelöst	■ Fleisch in 3 cm große Würfel schneiden. ■ Zwiebelbrunoise in Öl hell anschwitzen. ■ Paprizieren – tomatisieren – Fleisch zugeben – ablöschen – würzen. ■ Flüssigkeit untergießen – nach halber Garzeit Sauerkraut beifügen – gar dünsten. ■ Mit Sauerrahm und Mehl binden.
0,20 kg Zwiebeln	
0,05 l Öl	
0,01 kg Paprikapulver	
0,02 kg Tomatenmark	
1 Schuss Essig	
Salz, Kümmel, Knoblauch	
0,20 l Wasser	
0,30 kg Sauerkraut	
0,125 l Sauerrahm	
0,01 kg Mehl	
Garnierung:	
Schnittlauch, Sauerrahm	

Beilagenvorschläge: Salzkartoffeln, Schwarzbrot.

Garmethode
Naturdünsten (siehe S. 130).

Zubereitung auch geeignet für
Bauchfleisch.

Schweinsmedaillons im Speckmantel

Zutaten für 4 Portionen:	
8 Schweinsmedaillons à 0,08 kg	■ Vorbereitete Schweinsmedaillons (aus dem Lungenbratenmittelstück) würzen – mit Speck umwickeln – mit Spagat rund in Form binden. ■ Öl erhitzen – Medaillons rasch anbraten – warm stellen. ■ Überschüssiges Öl abgießen – aufgießen – reduzieren. ■ Jus montieren – über die Medaillons gießen.
Salz, Pfeffer	
8 Blatt Hamburger Speck	
0,03 l Öl	
0,125 l Bouillon	
Evtl. 0,02 l Portwein	
0,02 kg kalte Butter	
Garnierung:	
Petersilie	

Beilagenvorschläge: Brat-, Folienkartoffeln, Rösti, Prinzessbohnen, Blattspinat, Brokkoli.

Garmethode
Braten in der Pfanne – Kurzzeitbraten (siehe S. 131).

Zubereitung auch geeignet für
Putenmedaillons, Rehmedaillons, Kalbsmedaillons.

Fernöstliches Currygeschnetzeltes

Zutaten für 4 Portionen:	
0,40 kg Schweinsfilet	■ Vorbereiteten Schweinslungenbraten schnetzeln – salzen. ■ Mit Mehl vermischen – kurz in heißem Öl rösten – warm stellen. ■ Öl abgießen – Butter aufschäumen lassen – Jungzwiebelbrunoise und gehackte Pfefferoni andünsten. ■ Currypulver beifügen – mit Fond aufgießen – verkochen lassen. ■ Mit Sojasauce und Salz abschmecken. ■ Mit Petersilie und Mango-Chutney vollenden.
Salz	
0,02 kg Mehl	
0,03 l Öl	
0,03 kg Butter	
0,10 kg Jungzwiebeln	
1 Pfefferoni (oder 1 Messerspitze Sambal Oelek)	
1 gehäufter TL Currypulver	
0,20 l Fond	
Sojasauce	
0,02 kg Petersilie, gehackt	
0,02 kg Mango-Chutney	
Garnierung:	
Mandelstifte, geröstet; Rosinen	

Beilagenvorschläge: Glasnudeln, Reis, gedünstete Kochbanane.

Garmethode
Braten in der Pfanne – Kurzzeitbraten (siehe S. 131).

Zubereitung auch geeignet für
zarte Schlögelteile.

Zu lange geröstetes Currypulver wird bitter!

Garmethode
Braten in der Pfanne – Kurzzeitbraten (siehe S. 131).

Zubereitung auch geeignet für
Schweinsschnitzel (Kaiserteil, Nuss, Frikandeau), Schlussbraten, Schweinslungenbraten.

Schweinskoteletts auf Zigeunerart

Zutaten für 4 Portionen:	
4 Schweinskoteletts, ausgelöst, à 0,16 kg	■ Vorbereitete Koteletts einschneiden – plattieren – würzen – mit zerdrücktem Knoblauch einreiben.
Salz, Pfeffer	■ Koteletts auf einer Seite bemehlen.
1 Knoblauchzehe	■ Zuerst auf der bemehlten, dann auf der anderen Seite in heißem Fett kurz braten.
0,04 kg Mehl	■ Koteletts aus der Pfanne geben – warm stellen.
0,04 kg Butterschmalz oder 0,04 l Öl	■ Im Bratrückstand gehackte Zwiebeln anrösten – mit Flüssigkeit aufgießen.
0,10 kg Zwiebeln	■ Gegen Ende der Garzeit in Streifen geschnittene rote Paprikaschoten und gehackte Essiggurkerln beifügen.
0,20 l Fond oder Wasser	■ Sauerrahm und Mehl mit Weißwein glatt rühren – verkochen.
0,05 kg rote Paprika	
0,05 kg Essiggurkerln	
0,125 l Sauerrahm	
0,01 kg Mehl	
0,10 l trockener Weißwein	
Garnierung:	
Petersilie	

Beilagenvorschläge: Reis, Bandnudeln, Salzkartoffeln.

Garmethode
Braten im Rohr – Langzeitbraten mit Fett (siehe S. 132).

Kerntemperatur mit dem Bratenthermometer messen!

Zubereitung auch geeignet für
Karree ohne Schwarte, Karree oder Bauch mit Schwarte (vor dem Braten schröpfen); ausgelöste Schulter.

Schweinsbraten

Zutaten für 10 Portionen:	
2 kg Schweinsschopf, ausgelöst	■ Vorbereiteten Schopf mit Salz, zerdrücktem Knoblauch und Kümmel kräftig einreiben.
Salz, Kümmel, Knoblauch	■ Fett zerlassen – Knochen und grob geteilte Zwiebeln beigeben. Schopf auf die Knochen legen und bei 200 °C ca. 1 ½ Stunden braten.
0,06 kg Schweineschmalz	■ Ab und zu mit etwas Wasser untergießen – Braten mehrmals mit Bratensaft übergießen – knusprig braten.
0,30 kg Karreeknochen, gehackt	■ Jus abseihen – abschmecken – Braten tranchieren.
0,20 kg Zwiebeln	

Beilagenvorschläge: Semmelknödel, Waldviertler Knödel, Salzkartoffeln, warmer Krautsalat.

Garmethode
Braten im Rohr – Langzeitbraten mit Fett (siehe S. 132).

Zubereitung auch geeignet für
Putenbrust.

Schweinsfilet Colbert

Zutaten für 4 Portionen:	
1 Schweinsnetz	■ Schweinsnetz in kaltem Wasser 20 min wässern.
0,70 kg Schweinslungenbraten (Mittelstück)	■ Vorbereiteten Lungenbraten würzen.
Salz, Pfeffer	■ Öl erhitzen – Lungenbraten rundherum rasch anbraten – warm stellen.
0,03 l Öl	■ Kohlblätter in heißem Wasser blanchieren – kalt abschrecken – die dicken Rippen herausschneiden.
6 große Kohlblätter	■ Schweinsnetz gut ausdrücken – auflegen (evtl. auf einer Frischhaltefolie) – Kohlblätter auflegen.
Duxelles (siehe S. 163)	■ Duxelles auf die Kohlblätter streichen – Lungenbraten darauflegen – eng einrollen – Frischhaltefolie entfernen.
0,125 l Bouillon	■ Auf ein vorbereitetes Blech setzen – im vorgeheizten Rohr bei 200 °C ca. 45 min braten.
0,02 kg kalte Butter	■ Bratrückstand mit Bouillon aufgießen – reduzieren – montieren – Jus bereitstellen.
Garnierung:	■ Filet vor dem Aufschneiden 10 min warm rasten lassen – tranchieren.
Kresse	

Beilagenvorschläge: Pommes Duchesse, Karotten.

Schweinefleisch-Brokkoli-Pfanne

Zutaten für 4 Portionen:	
0,20 kg Karotten	▪ Karotten in Paysanne hobeln. ▪ Brokkoli in kleine Röschen teilen. ▪ Champignons in Paysanne schneiden. ▪ Ingwerwurzel in Brunoise schneiden oder fein raffeln. ▪ Fleisch in feine Streifen schneiden – salzen, pfeffern – mit Stärke vermischen. ▪ Öl im Wok sehr heiß werden lassen – Fleisch rasch anbraten – wieder herausnehmen. ▪ Gemüse und Champignons anbraten – gehackten Knoblauch beigeben – Ingwer zugeben – Sojasauce, Bouillon und Zucker einrühren. ▪ Gemüse bissfest garen. ▪ Fleisch unter das Gemüse rühren – kurz mitgaren – evtl. noch einmal abschmecken.
0,30 kg Brokkoli	
0,10 kg Champignons	
0,02 kg frische Ingwerwurzel	
4 Schweinsschnitzel, ca. 0,50 kg	
Salz, Pfeffer	
0,01 kg Speisestärke	
0,04 l Woköl	
2 Knoblauchzehen	
Sojasauce	
0,125 l Bouillon	
1 Prise Zucker	
Garnierung:	
Zitronengras	
Beilagenvorschläge: Curryreis, Basmatireis, Jasminreis, Reisnudeln, Weißbrot.	

Garmethode
Garen im Wok (siehe S. 135).

Zubereitung auch geeignet für
Schweinsfilet, Rindsfilet, Kalbsschnitzel, Putenbrust, Hühnerfilet, Entenbrust.

12 Rezepte mit Faschiertem

Faschierte Grundmasse

Zutaten für 4 Portionen:	GRUNDREZEPT
0,04 kg altbackenes Weißbrot (1 Semmel)	▪ Weißbrot in Wasser einweichen – ausdrücken – passieren (oder mitfaschieren). ▪ Kleinwürfelig geschnittene Zwiebeln in Öl anrösten. ▪ Faschiertes mit Weißbrot, Zwiebeln, Gewürzen, Petersilie und Ei gut durcharbeiten – evtl. mit Bröseln binden.
Wasser	
0,05 kg Zwiebeln	
0,02 l Öl	
0,50 kg Faschiertes, gemischt	
Salz, Pfeffer, Majoran, Knoblauch	
Petersilie, gehackt	
1 Ei	
Brösel zum Binden	
Grundrezept	ABLEITUNG **Faschierte Laibchen** ▪ Mit nassen Händen Laibchen formen – in Bröseln wälzen. ▪ In heißem Öl beidseitig langsam braten.
Brösel zum Formen	
0,08 l Öl	
Garnierung:	
Essiggurkerln, geröstete Zwiebeln, Tomaten, Letscho	
Beilagenvorschläge: Bratkartoffeln, Petersilienkartoffeln, Kartoffelpüree, Mischgemüse Wiener Art.	

Faschiertes, gemischt = zur Hälfte aus Rindfleisch, zur Hälfte aus Schweinefleisch.

Ist die Fleischmasse sehr trocken, kann etwas Wasser eingearbeitet werden, bis die richtige Konsistenz erreicht ist.

Garmethode
Braten in der Pfanne – Kurzzeitbraten (siehe S. 131).

Zubereitung auch geeignet für
Faschiertes vom Lamm oder Rind.

Grundrezept	ABLEITUNG
Tomatensauce (siehe S. 199)	**Polpette**
Garnierung:	■ Aus der Grundmasse kleine ovale Laibchen oder Kugeln formen.
Frischer Majoran	■ In Fett scharf anbraten – in Tomatensauce kurz durchziehen lassen.

Beilagenvorschläge: Salzkartoffeln, Petersilienkartoffeln, Reis.

➡ **Garmethode**
Braten im Rohr – Langzeitbraten im eigenen Saft (siehe S. 132).

Die Sauce lässt sich anstatt mit Sauerrahm und Mehl auch mit Bouillon und Beurre manié fertig stellen.

Grundrezept	ABLEITUNG
1 Schweinsnetz	**Faschierter Netzbraten**
0,125 l Bouillon oder Wasser	■ Schweinsnetz ca. 20 min wässern – gut ausdrücken.
0,25 l Sauerrahm	■ Aus der Grundmasse Wecken formen – in das Schweinsnetz einrollen.
0,01 kg Mehl	■ Im vorgeheizten Rohr bei 200 °C ca. 45 min braten – zwischendurch mit entstandenem Saft übergießen.
Garnierung:	■ Braten warm stellen – überschüssiges Fett abgießen – Bratrückstand aufgießen.
Essiggurkerln	■ Sauerrahm mit Mehl glatt rühren – einrühren – einmal aufkochen – abschmecken.

Beilagenvorschläge: Kartoffelpüree, Petersilienkartoffeln, Mischgemüse englische Art.

Grundrezept	ABLEITUNG
1 Schweinsnetz	**Pikanter faschierter Braten (Giselabraten, Stefaniebraten)**
3 Eier, hart gekocht	■ Aus der Grundmasse Wecken formen.
0,05 kg Speck	■ In den Wecken der Länge nach eine Mulde drücken.
3 Essiggurkerln	■ Eier an den Enden abkappen und hintereinander in den Wecken legen.
Brösel zum Formen	■ Speck und Essiggurkerln in Streifen schneiden – auf die Eier legen.
0,125 l Bouillon	■ Fleischteig darüber gut zusammendrücken – in den Bröseln wälzen – wie faschierten Netzbraten fertigstellen.
0,25 l Sauerrahm	
0,01 kg Mehl	
Garnierung:	
Essiggurkerln	

Beilagenvorschläge: siehe faschierter Netzbraten.

Gefüllte Paprika

➡ **Garmethode**
Braten im Rohr – Langzeitbraten mit Fett (siehe S. 132).

Zutaten für 4 Portionen:	
4 große grüne Paprika	■ Paprika waschen – beim Stiel flache Deckel abschneiden – Schoten vorsichtig aushöhlen.
Füllung:	■ Paprika blanchieren – abschrecken.
0,05 kg Zwiebeln	■ Für die Füllung Zwiebelbrunoise in heißem Öl anschwitzen.
0,02 l Öl	■ Faschiertes, Petersilie, Gewürze, Zwiebeln, Reis und Ei daruntermischen.
0,20 kg Faschiertes, gemischt	■ Schoten füllen – mit Deckel verschließen – in einen befetteten Bräter setzen.
Petersilie, gehackt	■ Aufgießen – im vorgeheizten Rohr bei 180 °C ca. 40 min braten.
Salz, Pfeffer, Majoran	
0,05 kg Reis, gedünstet	
1 Ei	
Weitere Zutaten:	
0,02 l Öl	
0,125 l Bouillon oder Wasser	
Garnierung:	
Petersilie	

Beilagenvorschläge: Tomatensauce (siehe S. 199), Salzkartoffeln.

Die Paprika können auch in der Tomatensauce gegart werden.

Kohlrouladen (Kohlwickler)

Zutaten für 4 Portionen:	GRUNDREZEPT
8 große Kohlblätter	▪ Kohlblätter waschen – blanchieren – Strunk weich klopfen. ▪ Für die Füllung Zwiebelbrunoise in Öl anschwitzen – zum Faschierten geben – würzen – Masse mit Petersilie und Ei vermengen. ▪ Füllung auf den Kohlblättern verteilen und einrollen. ▪ Kasserolle mit Speckstreifen auslegen – Zwiebelbrunoise darauf verteilen. ▪ Rouladen einlegen – mit Flüssigkeit untergießen – im vorgeheizten Rohr bei 200 °C ca. 30 min braten. ▪ Sauerrahm mit etwas Flüssigkeit glatt rühren – Rouladen damit übergießen – weitere 5–10 min garen.
Füllung:	
0,04 kg Zwiebeln	
0,02 l Öl	
0,40 kg Faschiertes, gemischt	
Petersilie, gehackt	
Salz, Pfeffer	
1 Ei	
Weitere Zutaten:	
0,10 kg Hamburger Speck, aufgeschnitten	
0,04 kg Zwiebeln	
0,125 l Sauerrahm	
Etwas Wasser oder Bouillon	
Garnierung:	
Petersilie, Sauerrahm	
Grundrezept	ABLEITUNG
Statt Kohlblättern Krautblätter verwenden.	**Krautrouladen (Krautwickler)** ▪ Zubereitung wie Kohlrouladen.
Beilagenvorschläge: Salzkartoffeln, gedämpfte Kartoffeln, Kartoffelpüree.	

Cevapcici

Zutaten für 4 Portionen:	
0,60 kg Faschiertes vom Rind	▪ Zwiebeln, Knoblauch, Pfefferoni und Kapern fein hacken. ▪ Faschiertes mit den vorbereiteten Zutaten, den Eiern und den Gewürzen gut vermischen – kleine Würstchen formen. ▪ Cevapcici mit Öl bestreichen – im vorgeheizten Rohr bei 230 °C oder auf dem Griller ca. 15 min grillen.
0,10 kg Zwiebeln	
1 Knoblauchzehe	
1 kleiner Pfefferoni	
0,01 kg Kapern	
2 Eier	
Salz, Pfeffer, Majoran, Paprikapulver	
Öl zum Bestreichen	
Garnierung:	
Zwiebelsenf, Zwiebeln	
Beilagenvorschläge: Bratkartoffeln, Letscho.	

Garmethode
Braten im Rohr – Langzeitbraten im eigenen Saft (siehe S. 132).

Die Kohlrouladen können auch mit dem Speck umwickelt werden.

Garmethode
Grillen auf dem Rost (siehe S. 133).

Hygienerichtlinien bei der Verarbeitung von Geflügel beachten (siehe Lebensmittelhygiene, S. 14).

Garmethode
Kochen (siehe S. 128).

Es kann auch anderes Gemüse wie Karfiol, Kohlrabi, Gelbe Rüben, Romanesco, Fisolen, Brokkoli oder auch Pilze wie Champignons verwendet werden.

Zubereitung auch geeignet für
Kalbsschulter, Putenbrust.

Garmethode
Braundünsten/Schmoren (siehe S. 130).

13 Rezepte mit Haus- und Wildgeflügel

Hühnersuppentopf

Zutaten für 4 Portionen:
1 kg Hühnerteile
0,15 kg Wurzelgemüse
0,05 kg Lauch
0,05 kg Zwiebeln
Salz, Pfefferkörner, Pimentkörner, Wacholderbeeren, Lorbeerblätter
2 l Wasser
0,05 kg Karottenjardinière
0,05 kg Erbsen
0,05 kg Suppennudeln, gekocht
Garnierung:
Schnittlauch

GRUNDREZEPT

- Hühnerteile und Gemüse vorbereiten – mit den Gewürzen kalt zustellen.
- Hühnerteile schwach wallend ca. 1 Stunde kochen.
- Bouillon abseihen – abschmecken.
- Fleisch von den Knochen lösen und klein schneiden.
- Karotten und Erbsen in der Bouillon garen – Fleisch und Nudeln beigeben.

Beilagenvorschlag: Hausbrot.

Grundrezept
ohne Suppennudeln
Einmach:
0,03 kg Butter
0,03 kg Mehl
Muskat, Salz, Zitronensaft
0,05 l Schlagobers
0,01 kg kalte Butter

ABLEITUNG

Einmachhuhn

- Blonden Roux vorbereiten – auskühlen lassen.
- In den fertigen Hühnersuppentopf einrühren – verkochen.
- Schlagobers und Butterflocken einrühren.

Beilagenvorschläge: Bröselknödel, Polentanockerln.

Paprikahuhn

Zutaten für 4 Portionen:
4 Hühnerkeulen
0,05 l Öl
0,10 kg Zwiebeln
1 TL Paprikapulver
0,01 kg Tomatenmark
1 Schuss Essig
0,25 l Wasser
Knoblauch, Salz, Rosmarin
0,05 l Sauerrahm
0,01 kg Mehl
Garnierung:
Petersilie, Sauerrahm, evtl. gebratene Speckwürfel

- Vorbereitete Hühnerkeulen salzen.
- In heißem Öl beidseitig anbraten – aus der Pfanne nehmen.
- Im Bratrückstand Zwiebelbrunoise hellbraun anrösten.
- Paprizieren – tomatisieren – mit Wasser aufgießen – würzen.
- Hühnerkeulen in diesem Ansatz zugedeckt ca. 30 min weich dünsten.
- Hühnerkeulen herausnehmen – Haut abziehen – Knochen auslösen – ausgelöste Keulen warm stellen.
- Saft mit Sauerrahm und Mehl binden – verkochen lassen – evtl. passieren.
- Abschmecken – ausgelöste Hühnerkeulen einlegen – durchziehen lassen.

Beilagenvorschläge: Reis, Tarhonya, Nockerln, Teigwaren, Salzkartoffeln.

Wiener Backhuhn (Backhendl)

Zutaten für 4 Portionen:	
2 kleine Brathühner	■ Die küchenfertigen Brathühner vierteln – waschen – mit Küchenkrepppapier abtupfen – Haut abziehen – salzen. ■ Hühnerteile panieren (siehe Wiener Schnitzel, S. 217). ■ Öl oder Butterschmalz in einer Pfanne erhitzen – die abgeschüttelten Hühnerteile einlegen und beidseitig goldbraun backen. ■ Auf Küchenkrepppapier kurz abtropfen lassen.
Salz	
0,08 kg Mehl	
2 Eier	
0,10 kg Brösel	
0,25 l Öl oder 0,25 kg Butterschmalz	
Garnierung:	
Zitrone, Krauspetersilie	

Beilagenvorschläge: Petersilienkartoffeln, Vogerlsalat mit Kartoffeln.

Garmethode
Frittieren/Backen in Fett (siehe S. 133).

Putenschnitzel Pariser Art

Zutaten für 4 Portionen:	
4 Putenschnitzel à 0,12 kg	■ Vorbereitete Schnitzel plattieren (mit Klarsichtfolie) – salzen. ■ In Mehl wenden – abschütteln – in verschlagenem Ei wenden – nicht abtropfen lassen. ■ Öl oder Butterschmalz in einer Pfanne erhitzen – Schnitzel einlegen und beidseitig goldbraun backen. ■ Auf Küchenkrepppapier kurz abtropfen lassen.
Salz	
0,06 kg Mehl	
2 Eier	
0,25 l Öl oder 0,25 kg Butterschmalz	
Garnierung:	
Zitrone, Krauspetersilie	

Beilagenvorschläge: Petersilienkartoffeln, Reis.

Garmethode
Frittieren/Backen in Fett (siehe S. 133).

Zubereitung auch geeignet für
Kalbsschnitzel, Schweinsschnitzel, Hühnerschnitzel.

Anmerkung

▶ Eier nur vorsichtig verschlagen, da sie sonst dünnflüssig werden.

Putenrollbraten im Tontopf

Zutaten für 4 Portionen:	
0,70 kg Putenrollbraten	■ Unglasierten Tontopf ca. 15 min wässern. ■ Vorbereiteten Rollbraten würzen. ■ Gemüse und Zwiebeln in Jardinière schneiden. ■ Gemüse, geschälten Knoblauch und Wein in den Tontopf geben. ■ Fleisch darauf setzen – zudecken – in das kalte Rohr schieben. ■ 80 min bei 220 °C garen. ■ 10 min offen nachziehen lassen. ■ Bratensaft abseihen – Fleisch tranchieren.
Salz, Pfeffer, Rosmarin, Thymian	
0,20 kg Wurzelgemüse	
0,10 kg Zwiebeln	
2 Knoblauchzehen	
0,125 l Weißwein	
Garnierung:	
Rosmarin- oder Thymianzweig	

Beilagenvorschläge: gedämpfte Kartoffeln, Kartoffelknödel, Polenta, Weißbrot, Erbsen, Brokkoli, Fenchel.

Garmethode
Garen im Tontopf (siehe S. 135).

Zubereitung auch geeignet für
Kalbsrollbraten.

Gebratene Gans

Garmethode
Braten im Rohr (siehe S. 132).

Zubereitung auch geeignet für
Ente, Wildente, Huhn (wird ohne Äpfel zubereitet).

Garzeiten
Junge Ente (1,5–2 kg) ca. 1 ¾ h
Wildente (ca. 1 kg) ca. 30 min
Huhn (ca. 1 kg) ca. 50 min
Junger Fasan (ca. 1 kg) 25–30 min

Zutaten für 6–8 Portionen:	
1 junge Gans (ca. 4 kg)	■ Vorbereitete Gans innen und außen kräftig würzen – mit Äpfeln füllen – evtl. bridieren (siehe S. 124).
Salz, Pfeffer, Majoran	■ Gans mit der Brust nach unten in den Bräter setzen – wenig Wasser dazugeben – bei 200–220 °C 2½–3 Stunden braten – zwischendurch mehrmals mit dem entstandenen Bratensaft übergießen.
3 Äpfel	■ Nach halber Bratzeit Gans umdrehen – fertig braten.
Wenig Wasser	■ Einen Teil des Fettes abschöpfen – Bratensaft mit Mehl binden – evtl. mit Wasser verdünnen.
0,01 kg Mehl	■ Die Gans der Länge nach halbieren – die Hälften wieder halbieren oder in kleinere Stücke teilen (je nach Größe der Gans).
Garnierung:	
Majoranzweig	

Beilagenvorschläge: Semmelknödel, Kartoffelknödel, Bratkartoffeln, warmer Krautsalat.

Anmerkung

Eine junge Gans ergibt sechs bis acht, eine große acht bis zehn Portionen.

Gebratener Fasan

Garmethode
Braten im Rohr (siehe S. 132).

Zubereitung auch geeignet für
Rebhuhn, Wachteln.

Zutaten für 4 Portionen:	
1 Fasan	■ Vorbereiteten Fasan innen und außen kräftig würzen – bardieren (siehe S. 111).
Salz, Pfeffer	■ Im vorgeheizten Rohr ca. 40 min bei 220 °C mit Öl rosa braten – mit etwas Wasser untergießen.
0,10 kg grüner Speck, dünn aufgeschnitten	■ Bratensaft degraissieren – montieren.
0,03 l Öl	
0,01 kg kalte Butter	
Garnierung:	
Thymianzweig	

Beilagenvorschläge: Pommes Duchesse oder Dauphinekartoffeln, Rotkraut, glacierte Maroni, gebratene Steinpilze.

Gebratene Wildentenbrust in Pfeffersauce

Garmethode
Braten in der Pfanne – Kurzzeitbraten (siehe S. 131).

Zubereitung auch geeignet für
Entenbrust.

Zutaten für 4 Portionen:	
1 Wildentenbrust, ca. 0,40 kg	■ Vorbereitete Wildentenbrust würzen.
Salz, Pfeffer, Thymian	■ Im heißen Öl rosa braten – herausnehmen – warm stellen.
0,03 l Öl	■ Im Bratrückstand Schalottenbrunoise anschwitzen – tomatisieren – ablöschen – grüne Pfefferkörner dazugeben – reduzieren.
0,05 kg Schalotten	■ Mit Beurre manié binden – abschmecken.
0,02 kg Tomatenmark	■ Wildentenbrust in dünne Tranchen schneiden – mit Sauce untergießen.
0,02 kg Mehl	
0,125 l Rotwein	
0,10 l Fond	
0,02 kg grüne Pfefferkörner, eingelegt	
Beurre manié:	
0,01 kg Butter	
0,01 kg Mehl	
Garnierung:	
Thymianzweig	

Beilagenvorschläge: Dauphinekartoffeln, Kroketten, Kohlsprossen, Romanesco, Mangold.

Gefülltes Brathuhn

Zutaten für 4 Portionen:	GRUNDREZEPT
2 kleine Brathühner	■ Semmelfüllung zubereiten (siehe gefüllte Kalbsbrust, S. 217). ■ Küchenfertige Brathühner waschen – mit Küchenkrepppapier abtupfen – salzen – füllen – mit Rouladennadeln schließen (oder mit Nadel und Bindfaden zunähen) – bridieren. ■ Hühner mit der Brustseite nach unten in den Bräter geben – im vorgeheizten Rohr bei 200 °C ca. 1–1½ Stunden braten. Nach der halben Garzeit wenden. Dazwischen immer wieder mit entstandenem Bratensaft übergießen. ■ Hühner herausnehmen – Bratensaft mit Beurre manié vollenden. ■ Hühner tranchieren – mit Füllung und Bratensaft anrichten.
0,20 kg altbackenes Weißbrot	
0,05 kg Butter	
0,05 kg Zwiebeln	
2 Eier	
0,125 l Milch	
Petersilie, gehackt, Salz, Muskat	
0,05 l Öl für den Bräter	
Beurre manié:	
0,01 kg Butter	
0,01 kg Mehl	
Garnierung:	
Petersilie	

Beilagenvorschlag: Blatt oder Gemüsesalate.

Grundrezept	ABLEITUNG
1 junge Ente	**Gefüllte Ente** ■ Zubereitung siehe oben, Äpfel und Majoran mitbraten. Gardauer: ca. 2 Stunden.
3 Äpfel	
Majoran	
Garnierung:	
Orangen	

Beilagenvorschläge: Rotkraut, glacierte Maroni, Preiselbeerapfel oder -birne.

Grundrezept	ABLEITUNG
1 junger Truthahn	**Truthahn mit Kastanienfüllung** ■ Füllung mit Schlagobers und Kastanienreis zubereiten. Weitere Zubereitung siehe oben.
Schlagobers statt Milch	
1 Pkg. Kastanienreis (tiefgekühlt), ungesüßt	
Garnierung:	
Rosmarinzweig	

Beilagenvorschlag: Rotkraut.

Garmethode
Braten im Rohr – Langzeitbraten mit Fett (siehe S. 132).

Zubereitung auch geeignet für
Wachteln, Tauben, Fasan.

Geflügel nicht zu prall füllen, die Füllung dehnt sich beim Braten.

Füllen unter der Brusthaut: vorsichtig mit zwei Fingern untergreifen und die Semmelfüllung mit dem Dressiersack in den Hohlraum füllen.

Zubereitung auch geeignet für
Wildente, Gans.

Hühnerpfanne mit Gemüse

Zutaten für 4 Portionen:	
0,40 kg Hühnerbrustfilets	■ Vorbereitete Filets in dünne Streifen schneiden. ■ Knoblauch mit Salz und Pfeffer zerdrücken – Fleisch würzen. ■ Morcheln mit heißem Wasser übergießen – 15 min einweichen – abseihen – in Streifen schneiden. ■ Karotten in Paysanne schneiden. ■ Lauch vorbereiten; das Weiße in Ringe, das Grüne längs in Streifen schneiden. ■ Sprossen abschwemmen – abtropfen lassen. ■ Vorbereiteten Pak Choi in Streifen schneiden. ■ Öl in den heißen Wok geben und erhitzen – Fleisch anbraten – warm stellen – Gemüse bissfest garen. ■ Morcheln und Bambussprossen zugeben. ■ Fleisch beigeben – gut durcherhitzen – mit Sherry und Sojasauce abschmecken.
2 Knoblauchzehen, Salz, Pfeffer	
0,01 kg Morcheln, getrocknet	
0,40 l heißes Wasser	
0,10 kg Karotten	
0,10 kg Lauch	
0,10 kg Bambussprossen	
0,08 kg Pak Choi	
0,04 l Woköl	
0,02 l Sherry	
0,02 l Sojasauce	
Garnierung:	
Zitronengras	

Beilagenvorschläge: Basmatireis, Reisnudeln, Weißbrot.

Garmethode
Garen im Wok (siehe S. 135).

Zubereitung auch geeignet für
Putenbrust.

14 Rezepte mit Lammfleisch

Indisches Lammfleischcurry

Garmethode
Hellbraun dünsten/Poelieren (siehe S. 130).

Zubereitung auch geeignet für
Lammhals, Lammbrust, Hühnerfilet, Putenbrust.

Zutaten für 4 Portionen:	
0,50 kg Lammschulter	
0,08 kg Zwiebeln	
0,04 kg Kokosfett	
Evtl. 1 EL Kokosflocken	
0,01 kg Currypulver	
0,10 l Kokosmilch	
0,10 l Geflügelfond	
Salz	
0,20 l Joghurt	
0,02 kg Mehl	
0,20 kg säuerliche Äpfel	
½ Banane	
Garnierung:	
Mandelstifte, geröstet	

- Lammfleisch würfelig schneiden.
- Zwiebelbrunoise in Kokosfett goldgelb rösten.
- Fleisch und Kokosflocken beifügen – Currypulver kurz mitrösten.
- Aufgießen – salzen – weich dünsten.
- Mit Joghurt und Mehl binden – würfelig geschnittene Äpfel und Bananenscheiben beifügen – durcherhitzen.

Beilagenvorschläge: Reis, Fladenbrot.

Lammmedaillons in Kräuterkruste

Garmethoden
Braten in der Pfanne – Kurzzeitbraten (siehe S. 131), Gratinieren (siehe S. 136).

Zubereitung auch geeignet für
Schweinsmedaillons, Kalbsmedaillons, Putenbrust.

Zutaten für 4 Portionen:
0,50 kg Lammfilets
Salz, Pfeffer, Knoblauch, Thymian
0,04 l Öl
0,04 l Sherry
0,125 l Crème fraîche
Kruste:
1 Ei
Salz
0,01 kg Kräuter, gemischt
0,01 kg Parmesan
0,01 kg Brösel
Garnierung:
Kresse, Thymianzweig

- Vorbereitete Lammfilets in Medaillons schneiden – würzen.
- Öl erhitzen – Medaillons beidseitig rasch anbraten.
- Überschüssiges Öl abgießen – mit Sherry ablöschen – Sauce mit Crème fraîche verfeinern.
- **Kruste:** Eiklar mit Salz zu festem Schnee schlagen – vorsichtig versprudelten Eidotter, Kräuter, Käse und Brösel untermengen – auf das Lamm streichen.
- Das Lamm im Rohr goldbraun gratinieren – mit der gewärmten Sauce anrichten.

Beilagenvorschläge: Pommes Duchesse, Kroketten, Bratkartoffeln, Fisolen, Karotten, glacierte Jungzwiebeln, Zucchini.

Gegrillte Lammkoteletts

Garmethode
Grillen auf dem Rost (siehe S. 133).

Zubereitung auch geeignet für
Lammchops, Lammfilets, Lammspieße.

Zutaten für 4 Portionen:
8–12 Lammkoteletts
0,04 l Olivenöl
Knoblauch
Salbei-, Pfefferminzblätter
0,04 kg Zwiebeln
Salz, Pfeffer
Garnierung:
Minzeblätter, Kräuterbutter

- Vorbereitete Koteletts leicht plattieren.
- Einige Stunden in Öl mit zerdrücktem Knoblauch, gehackten Pfefferminz- und Salbeiblättern und Zwiebelringen marinieren.
- Koteletts mit Salz und Pfeffer würzen – grillen.

Beilagenvorschläge: Bratkartoffeln, Kräuterbaguette, Gemüsereis, Melanzani, Zucchini, Speckfisolen, Grilltomaten, Tsatsiki, sautierte Pilze.

15 Rezepte mit Wild

Hirschragout

Zutaten für 4 Portionen:	
0,50 kg Hirschschulter oder -brust	■ Vorbereitetes Fleisch in 3 cm große Würfel schneiden. ■ Speck kleinwürfelig und Zwiebeln in Brunoise schneiden. ■ Öl erhitzen – Speck und Zwiebel anschwitzen – Fleisch beigeben – mitrösten. ■ Aufgießen – würzen. ■ Ragout ca. 80 min weich dünsten – Karottenbrunoise beigeben. ■ Crème fraîche und Mehl glatt rühren – einrühren – einmal aufkochen – abschmecken. ■ Champignonpaysanne in Butter anschwitzen – zur fertigen Sauce geben.
0,10 kg Speck	
0,10 kg Zwiebeln	
0,04 l Öl	
0,125 l Wasser	
0,125 l Rotwein	
Salz, Pfeffer, Lorbeerblatt	
0,10 kg Karotten	
0,03 l Crème fraîche	
0,01 kg Mehl	
Etwas Salzwasser	
0,05 kg Champignons	
0,02 kg Butter	
Garnierung:	
Preiselbeerbirne	

Beilagenvorschläge: Semmelknödel, Serviettenknödel, Pommes Duchesse, Kroketten, Rotkraut.

Garmethode
Braundünsten/Schmoren (siehe S. 130).

Zubereitung auch geeignet für
Rehschulter.

Rehmedaillons in Portwein

Zutaten für 4 Portionen:	
8 Rehmedaillons	■ Vorbereitete Medaillons würzen. ■ **Reduktion herstellen:** Alle Zutaten aufkochen und auf die Hälfte einkochen. ■ Zwiebeln in Brunoise schneiden – Steinpilze in Paysanne schneiden. ■ Öl erhitzen – Medaillons beidseitig braun anbraten – warm stellen. ■ Überschüssiges Öl abgießen. ■ Butter im Bratrückstand schmelzen lassen – Zwiebeln und Steinpilze anschwitzen – mit Reduktion aufgießen – mit Schlagobers verfeinern – abschmecken.
Salz, Pfeffer	
Reduktion:	
0,03 l roter Portwein	
0,01 l Cognac	
5 Wacholderbeeren, Thymian, Orangenzesten	
0,25 l Bouillon oder Wildfond	
Weitere Zutaten:	
0,05 kg Zwiebeln	
0,10 kg Steinpilze	
0,03 l Öl	
0,05 kg Butter	
0,06 l Schlagobers	
Garnierung:	
Orange	

Beilagenvorschläge: Kroketten, Pommes Duchesse, Serviettenknödel, Thymiankartoffeln, Kohlsprossen, Karotten.

Garmethode
Braten in der Pfanne – Kurzzeitbraten (siehe S. 131).

Zubereitung auch geeignet für
Lammmedaillons, Lammkotelets, Tournedos.

Garmethode
Braten im Rohr (siehe S. 132).

Zubereitung auch geeignet für
Hirschrücken.

Gebratener Rehrücken

Zutaten für 10 Portionen:	
1 Rehrücken (ca. 2,50 kg)	
Salz, Pfeffer	
0,04 l Öl	
0,20 l Wildfond	
Garnierung:	
Orange, Preiselbeeren	

- Vorbereiteten Rehrücken mit Gewürzen einreiben.
- In den Bräter setzen – Öl zugeben – im vorgeheizten Rohr bei 220 °C ca. 40 min braten – mehrmals mit eigenem Saft übergießen.
- Rehrücken herausnehmen – warm stellen.
- Bratrückstand mit Wildfond aufgießen – reduzieren – abschmecken.
- Rehrücken tranchieren – mit Jus untergießen.

Beilagenvorschläge: Kroketten, Pommes Duchesse, Rotkraut, glacierte Maroni, Prinzessbohnen.

Garmethode
Braten im Rohr (siehe S. 132).

Zubereitung auch geeignet für
Rehrücken, Rehkeule, Tafelstück, Schulterscherzel.

Gespickter Hirschbraten in Wurzelrahmsauce

Zutaten für 4 Portionen:	
0,80 kg Hirschrücken, ausgelöst	
0,10 kg Speck in Streifen	
Salz, Pfeffer, Wacholderbeeren, zerdrückt	
0,30 kg Wurzelgemüse	
0,10 kg Petersilienwurzeln	
0,04 l Öl	
0,125 l Bouillon	
0,125 l Rotwein	
2 Lorbeerblätter	
0,04 kg Preiselbeerkompott	
Zitronenzesten	
0,06 l Crème fraîche	
0,01 kg Mehl	
Garnierung:	
Preiselbeerbirne, Orange	

- Vorbereitetes Fleisch längs zur Faser spicken (siehe S. 124) – würzen.
- Grob geschnittene Zwiebeln und Wurzelwerk im Öl anschwitzen.
- Braten dazulegen – mit Bouillon untergießen – Lorbeerblätter, Preiselbeerkompott und Zitronenzesten dazugeben.
- Bei 180 °C ca. 1 ½ Stunden braten – mehrmals mit entstandenem Saft übergießen – Rotwein nach und nach zugeben.
- Fleisch warm stellen – Lorbeerblätter entfernen – Sauce passieren.
- Crème fraîche und Mehl glatt rühren – binden – abschmecken.
- Fleisch tranchieren.

Beilagenvorschläge: Mandelkartoffeln, Kroketten, Pommes Duchesse, Serviettenknödel, Rotkraut, Kohlsprossen.

Anmerkungen

- In die fertige Sauce können noch 0,10 kg gedünstete Steinpilze oder Eierschwammerl gegeben werden.
- Beim Abschmecken kann auch ein Stück Kochschokolade beigegeben werden, das macht die Sauce sämig.

Garmethode
Braten im Rohr (siehe S. 132).

Zubereitung auch geeignet für
Hasenrücken, Hirschschlegel.

Gebeizter Hasenschlegel in Pilzrahmsauce

Zutaten für 4 Portionen:	
0,80 kg Hasenschlegel	
Essigbeize:	
2 Bund Suppengrün	
0,05 kg Zwiebeln	
1 Gewürzsäckchen	
1 l Wasser	
0,125 l Rotwein	
0,06 l Apfelessig	

- Hasenfleisch vorbereiten.
- **Für die Beize** das grob geschnittene Gemüse mit den Gewürzen und der Flüssigkeit einmal aufkochen.
- Beize über das Hasenfleisch gießen – einige Stunden ziehen lassen.
- Grob geschnittene Zwiebeln und Speckwürfel in Öl anschwitzen – Zucker zugeben – karamellisieren.
- Mit Rotwein ablöschen – Zitronenzesten beigeben.

Weitere Zutaten:	
0,10 kg Zwiebeln	■ Fleisch aus der Beize heben – darauflegen – ca. 1 ½ Stunden im vorgeheizten Rohr bei 180 °C braten. ■ Hasenschlegel warm stellen – Bratensaft passieren. ■ Mehl und Sauerrahm glatt rühren – mit dem Preiselbeerkompott in die Sauce geben – binden – abschmecken. ■ Schlegel tranchieren.
0,10 kg Speck	
0,03 l Öl	
0,01 kg Zucker	
0,125 l Rotwein	
Zitronenzesten	
0,01 kg Mehl	
0,20 l Sauerrahm	
0,04 kg Preiselbeerkompott	
Garnierung:	
Orange, Preiselbeeren	
Beilagenvorschläge: Semmelknödel, Nockerln, glacierte Karotten, Brokkoli.	

Die Sauce kann mit in Butter gebratenen Pilzen (z. B. Austernpilzen) verfeinert werden.

16 Rezepte mit Gemüse

Geringer Joulegehalt, rasche Zubereitungsmöglichkeiten und große Vielfalt machen Gemüse zu einem Favoriten in der Speiseplangestaltung.

16.1 Gemüse als Beilage

Beilagen ergänzen das Hauptgericht in Geschmack, Zubereitungsart und Farbe. Als Garnitur eignen sich Gemüse einzeln oder in Kombination.

Gemüsebeilagen werden im Unterschied zu Kartoffeln, Knödeln, Teigwaren und Getreidegerichten (= Sättigungsbeilagen) als Vitaminbeilagen bezeichnet.

Zubereitungsmöglichkeiten von Beilagengemüse

Beilagengemüse lässt sich mit beinahe jeder Garmethode zubereiten.

Klassische Zubereitungen

- **Englisch:** Vorbereitetes Gemüse kochen oder dämpfen, mit frischer Butter (evtl. gesalzener Butter oder Kräuterbutter) belegen.
- **Französisch:** Vorbereitetes Gemüse dünsten, in Butter schwenken, evtl. mit Kräutern (Petersilie, Kerbel, Dille, Kräutern der Provence) bestreuen.
- **Polnisch:** Gemüse ohne Fettzugabe garen, mit Butterbröseln bestreuen.
- **Wiener Art:** Vorgegartes Gemüse in einer Einmach fertig garen.
- **Braun gedünstet:** Vorbereitetes Gemüse mit Fett, Speck und Zwiebeln anbraten, mit braunem Fond untergießen, dünsten.
- **Frittiert:** Fein geschnittenes, evtl. blanchiertes Gemüse schwimmend in Fett backen.

Genuss und Nährwert werden weitgehend erhalten oder auch verstärkt, wenn Vor- und Zubereitung von Gemüse sachgemäß erfolgen.

Moderne Zubereitungen

- **Mediterran:** Vorbereitetes Gemüse in Öl scharf anbraten, evtl. marinieren.
- **Im Wok:** Vorbereitetes Gemüse in Öl unter ständigem Rühren mit einem Holzspatel scharf anbraten. Das Gemüse kann im Wok aber auch gedämpft und frittiert werden.
- **In der Folie:** Vorbereitetes gemischtes Gemüse mit Salz und Kräutern portionsweise in Alufolie wickeln – bei 200 °C im Rohr bissfest garen. Päckchen aufreißen – in der Folie servieren.
- **Am Spieß:** Vorbereitetes Gemüse auf Holzspieße aufspießen, grillen oder braten.
- **Gegrillt:** Vorbereitetes Gemüse grillen.
- **Püriert:** Vorbereitetes Gemüse ohne Fett weich garen, passieren, mit Butter vollenden. Meist werden wasserhaltige Gemüse (Kohlsprossen, Karotten) mit einem Teil gedämpfter Kartoffeln vermischt.

Vorsicht beim Öffnen der Folie – heißer Dampf entweicht!

Vollendende Zubereitungen

- **Gratiniert:** Vorgegartes Gemüse im Rohr oder Salamander überbacken.
- **Glaciert:** Vorbereitetes Gemüse in zerlassener Butter und geschmolzenem Zucker (evtl. karamellisiert) schwenken.

Junge feine Gemüse (Spargel, Babykarotten, Brokkoli) werden zu hellem Fleisch, geschmacksintensivere (Kohlsprossen, Fisolen, Karfiol) zu kräftig schmeckendem Fleisch gereicht.

Beispiele für Gemüsezubereitungen

Gemüse	Zubereitungsmöglichkeiten
Artischocke	englisch, frittiert
Blattspinat	französisch, Wiener Art
Brokkoli	englisch, Püree, im Wok, in der Folie, gratiniert
Chicorée	gegrillt, im Wok, gratiniert, glaciert
Erbsen	englisch, französisch, in der Folie, glaciert
Erbsen-(Zucker-)Schoten	englisch, im Wok, glaciert
Fenchel	französisch, gratiniert
Fisolen	englisch, polnisch, Wiener Art
Frühlingszwiebeln	frittiert, gegrillt, im Wok, in der Folie, glaciert
Karfiol	englisch, polnisch, gratiniert
Karotten	englisch, französisch, Püree, frittiert, in der Folie, im Wok, gratiniert, glaciert
Kochsalat	Wiener Art, braun gedünstet
Kohl	Wiener Art, braun gedünstet
Kohlrabi	englisch, französisch, Wiener Art, im Wok, in der Folie
Kohlsprossen	englisch, polnisch, braun gedünstet, Püree, glaciert
Kraut	Wiener Art, braun gedünstet, im Wok
Kürbis	englisch, französisch, Püree, frittiert, glaciert
Lauch (Porree)	französisch, Wiener Art, im Wok, in der Folie
Maiskörner	französisch, Püree, im Wok, in der Folie, glaciert
Maiskolben	englisch, gegrillt
Mangold	englisch, Wiener Art, Püree
Melanzani (Aubergine)	mediterran, in der Folie
Okra	französisch, im Wok, frittiert, glaciert, gratiniert
Pak Choi	englisch, Wiener Art, im Wok
Paprika	mediterran, gegrillt, im Wok
Pastinaken	englisch, im Wok, gratiniert
Pilze	französisch, frittiert, gegrillt, mediterran, in der Folie
Radicchio	mediterran, im Wok, in der Folie
Schwarzwurzeln	französisch, polnisch, Wiener Art
Sellerie	englisch, französisch, Püree, frittiert, in der Folie
Spargel	englisch, polnisch, in der Folie
Stangensellerie	frittiert, im Wok, in der Folie
Tomaten	gegrillt, mediterran, in der Folie, gratiniert
Zucchini	frittiert, mediterran, im Wok, in der Folie
Zwiebeln	frittiert, gegrillt, mediterran, im Wok, glaciert

Pak Choi

Eingemachte Fisolen

Zutaten für 4 Portionen:	
0,60 kg Fisolen	■ Vorbereitete Fisolen in 3 cm lange schräge Stücke schneiden – in Salzwasser kochen. ■ Abseihen (Kochwasser aufheben) – kalt abschrecken. ■ Fein gehackte Zwiebeln in Butter anschwitzen – Mehl dazugeben – hell rösten (Einmach zubereiten) – mit Fond und Kochwasser aufgießen – auf die gewünschte Konsistenz einkochen. ■ Die Sauce mit Fisolen vermischen – aufkochen – abschmecken.
0,03 kg Zwiebeln	
0,02 kg Butter	
0,04 kg Mehl	
0,10 l weißer Fond	
0,10 l Kochwasser	
Salz, Pfeffer, Essig	
Garnierung:	
Dille, gehackt	

Zubereitung auch geeignet für blanchierten Spinat oder Mangold, blanchierten Kohl, Kraut.

Mit Kartoffeln als Beilage kann man die eingemachten Fisolen auch als Hauptgericht reichen.

Sauerkraut

Zutaten für 4 Portionen:	
0,80 kg Sauerkraut	■ Sauerkraut evtl. waschen – mehrmals durchschneiden. ■ Speckwürfel und Zwiebeljulienne in Fett hell rösten. ■ Sauerkraut, Gewürze, Wasser und evtl. Speckschwarte dazugeben – zugedeckt dünsten. ■ Mit rohen geriebenen Kartoffeln gegen Ende der Garzeit binden – weich dünsten – abschmecken.
0,05 kg Selchspeck	
0,06 kg Zwiebeln	
0,02 kg Fett	
Lorbeerblatt, Wacholderbeeren	
Salz, Kümmel	
1 EL Zucker	
0,25 l Wasser (Speckschwarte)	
0,12 kg mehlige Kartoffeln	

Sauerkraut kann auch mit weißer Einmach gebunden werden. Gabelkraut wird nicht gebunden.

Rotkraut

Zutaten für 4 Portionen:	
0,80 kg Rotkraut	■ Rotkraut vierteln – Strunk und Rippen entfernen – in Streifen schneiden oder hobeln. ■ Mit geschälten, blättrig geschnittenen Äpfeln, Kümmel, Zitronensaft und Rotwein marinieren – einige Stunden ziehen lassen. ■ Zucker im Fett karamellisieren – in Streifen geschnittene Zwiebeln darin hell rösten – mit Essig ablöschen – Rotkraut zugeben – würzen. ■ Mit etwas Wasser untergießen – dünsten – eingehen lassen. ■ Stauben – mit Rotwein aufgießen – fertig dünsten und abschmecken.
0,04 kg Äpfel	
Kümmel, Zitronensaft	
0,06 l Rotwein	
0,03 l Öl oder Schmalz	
0,02 kg Zucker	
0,04 kg Zwiebeln	
Essig, Salz, Pfeffer	
0,125 l Wasser	
griffiges Mehl zum Stauben	
0,06 l Rotwein	

Rotkraut kann auch mit in Rotwein verrührter Stärke gebunden und mit Preiselbeermarmelade verfeinert werden.

Rotkraut passt zu Wild, Wildgeflügel, Gans oder Ente.

Letscho

Zutaten für 4 Portionen:	
0,40 kg Tomaten, blanchiert	■ Tomaten häuten – vierteln – entkernen. ■ Würfelig geschnittenen Speck und großwürfelig geschnittene Zwiebeln in Fett anrösten – tomatisieren – paprizieren. ■ Paprikastreifen beifügen – kurz dünsten. ■ Tomatenviertel zugeben – würzen. ■ Zugedeckt langsam weich kochen.
0,04 kg durchzogener Speck	
0,08 kg Zwiebeln	
0,02 kg Schweineschmalz (Öl)	
0,02 l Tomatenmark	
1 TL Paprikapulver	
4 Paprikaschoten	
Salz, Pfeffer, Knoblauch	

Der Paprika gibt dem Letscho eine würzige Note

Mit Kartoffeln als Beilage kann man Letscho und Ratatouille auch als Hauptgericht reichen.

Ratatouille (Nouvelle Cuisine)

Zutaten für 4 Portionen:	
0,10 kg Zwiebeln	■ Zwiebelbrunoise und gehackten Knoblauch in Öl anschwitzen.
Knoblauch	■ Gewürfelte Melanzani und Zucchini mitrösten.
Olivenöl	■ Grob geschnittene Tomaten beifügen – würzen.
0,20 kg Melanzani	■ Ansatz dünsten lassen.
0,20 kg Zucchini	■ Paprikawürfel beifügen – abschmecken.
0,40 kg Tomaten, blanchiert	
Rosmarin, Thymian, Oregano, Meersalz	
Je ½ roten, grünen, gelben Paprika	

16.2 Gemüse als eigenständiges Gericht

In der gesunden, wellnessorientierten Küche wird Gemüse zu eigenständigen Gerichten verarbeitet. Fleisch spielt dabei, wenn überhaupt, nur eine untergeordnete Rolle. Die angeführten Gemüsegerichte können als Beilage, Vor- oder Hauptspeise gereicht werden.

Spargel stehend im Spargeltopf garen, damit die Spargelspitzen nicht zu weich werden.

Gekochter Spargel

Zutaten für 4 Vorspeisenportionen:	
1,20 kg Solospargel	■ Vorbereiteten Spargel in kochendes, mit Butter, Zucker und Salz versetztes Wasser geben.
0,02 kg Butter	■ 10–15 min garen – abtropfen lassen.
Zucker, Salz	
Beilagenvorschläge: Petersilienkartoffeln, gedämpfte Kartoffeln, Rohschinken und braune Butter oder Sauce hollandaise, Sauce Vinaigrette.	

Artischocken in Weißwein

Zutaten für 4 Vorspeisenportionen:	
4 Artischocken	■ Zwiebeln und Karotten in der Hälfte des Öls anbraten – vorbereitete Artischocken mit dem Stielansatz nach unten daraufsetzen – mit dem restlichen Öl beträufeln – mit Weißwein untergießen – langsam dünsten, bis der Wein auf die Hälfte reduziert ist.
0,08 kg Zwiebelbrunoise	■ Zerdrückten Knoblauch und etwas Wasser dazugeben – 10–15 min zugedeckt bei schwacher Hitze fertig garen.
0,10 kg Karottenbrunoise	
0,06 l Öl	
0,20 l Weißwein	
0,02 kg Knoblauch	
Garnierung:	
Zitrone, Petersilie	
Beilagenvorschläge: Baguette, gedämpfte Kartoffeln.	

Gefüllte Paprika siehe Rezepte mit Faschiertem, S. 222.

Gefüllte Gemüse

Das Gemüse wird meist vor der Weiterverwendung **blanchiert** (Kohl- oder Krautblätter, Paprikaschoten), **gekocht** (Kohlrabi, Zwiebeln) oder **gebraten** (Melanzani). Tomaten, Zucchini, Champignons werden roh gefüllt. Die Füllungen bestehen aus Fleischfarce, Haschee (mit Reis), Faschiertem oder aus fleischlosen Zutaten.

Mit Schafkäse gefüllte rote Zwiebeln

Zutaten für 4 Portionen:	
4 große rote Zwiebeln	▪ Zwiebeln blanchieren – Deckel abschneiden – vorsichtig aushöhlen. ▪ In eine befettete feuerfeste Form setzen. ▪ Reis, Schafkäsewürfel, Pinienkerne, Gewürze und Ei vermengen – in die Zwiebeln füllen – Deckel daraufsetzen. ▪ Mit Gemüsefond untergießen – bei 180 °C im Rohr 20 min offen garen.
0,25 kg Reis, gekocht	
0,15 kg griechischer Schafkäse	
0,05 kg Pinienkerne, geröstet	
Thymian, Rosmarin	
1 Ei zum Binden	
0,25 l Gemüsefond	
Garnierung:	
Rosmarin- oder Thymianzweig	

Beilagenvorschläge: gedämpfte Kartoffeln, Ciabatta, Knoblauchbaguette.

Zubereitung auch geeignet für
Auberginen, Zucchini, Gurken, Kohlrabi, Paprika.

Gefüllte Zucchiniblüten

Zutaten für 4 Portionen:	
8 Zucchiniblüten	▪ Für den Sockel die Hälfte der Champignons, und $^2/_3$ der Schalotten sowie Knoblauch in eine geölte feuerfeste Form geben. ▪ Für die Füllung Zucchini, Paprika, Champignons und Schalotten in Brunoise schneiden – in Öl anbraten – ca. 10 min sautieren. ▪ Überkühlt mit Sardellenpaste, Ricotta, Eiklar und Semmelbröseln mischen – abschmecken. ▪ Zucchiniblüten füllen – auf den Sockel setzen – mit Rosmarin und Thymian bestreuen. ▪ Bei 180 °C ca. 15 min im Rohr backen.
0,12 kg Zucchini	
1 rote Paprikaschote	
0,12 kg Champignons	
0,10 kg Schalotten	
0,05 l Olivenöl	
Etwas Sardellenpaste	
0,05 kg Ricotta oder Topfen	
1 Eiklar	
0,02 kg Semmelbrösel	
½ Bund Petersilie, gehackt	
Knoblauch, Salz, Pfeffer	
Rosmarin, Thymian	
Garnierung:	
0,02 kg Parmesan, gerieben	

Beilagenvorschläge: Weißbrot mit Pesto, Tomates concassées, gedämpfte Kartoffeln.

Zubereitung auch geeignet für
Tomaten, Zwiebeln.

Von der Blüte zur Frucht – zum Füllen eignet sich die Blüte im Stadium wie links im Bild zu sehen

17 Rezepte mit Hülsenfrüchten

Die Gardauer hängt von der Größe der Hülsenfrüchte ab und wie stark sie getrocknet wurden. Meist werden sie über Nacht eingeweicht.

Anmerkungen zur Zubereitung von Hülsenfrüchten

- Hülsenfrüchte schäumen beim Kochen stark, daher den Kochtopf nur zu zwei Dritteln füllen, Schaum immer wieder abnehmen. Öl oder Butter verhindert das Überkochen.
- Salz oder Essig erst zum Schluss beifügen. Die Garzeit wird sonst verlängert und der Abbau unerwünschter Stoffe behindert.
- Bei den Hülsenfrüchten ist die verhältnismäßig lange Garzeit zu beachten. Für die schnelle Küche eignen sich rote und grüne Linsen und Bohnen aus der Dose (vor Verwendung abschwemmen).

So werden Hülsenfrüchte bekömmlicher

- Einweichwasser abgießen und zum Kochen frisches Wasser verwenden.
- Hülsenfrüchte offen kochen.
- Auf ausreichende Einweich- und Kochzeit achten.
- Linsen mit Ingwer, Koriander oder Fechel kochen.
- Bohnen oder Erbsen mit Majoran, Thymian, Rosmarin, Liebstöckel, Bohnenkraut oder Kümmel kochen.

Zubereitung auch geeignet für Belugalinsen, Tellerlinsen.

Garam Masala = indische Gewürzmischung. Stattdessen können auch Zimt, Kardamom, Nelken, Pfeffer, Muskat und Kreuzkümmel verwendet werden.

Kidneybohnen sind der Hauptbestandteil des Chili con Carne

Zubereitung auch geeignet für große weiße Bohnen, Tellerlinsen, Du-Puy-Linsen, Trockenerbsen.

Wussten Sie, dass ...
Kichererbsen ihren Namen der botanischen Bezeichnung „Cicer arietinum" verdanken?

Orientalischer Linseneintopf

Zutaten für 4 Portionen:	
0,20 kg Langkornreis	■ Reis zubereiten. ■ Zwiebeljulienne und gehackten Knoblauch in Öl anschwitzen – Karottenscheiben und Apfelachtel beigeben. ■ Linsen und gehackten Ingwer untermischen. ■ Mit Wasser aufgießen – würzen – ca. 10 min köcheln lassen, bis Karotten und Linsen weich sind. ■ Reis anrichten – Linsenmischung daraufsetzen – garnieren – evtl. mit Zitronensaft beträufeln.
0,01 l Rapsöl	
0,10 kg Zwiebeln	
0,40 kg Karotten	
0,20 kg Äpfel, geschält	
0,12 kg rote Linsen	
Knoblauch, Ingwer	
Garam Masala	
Garnierung:	
0,20 l Joghurt	
Vogerl- oder Radicchiosalat	

Chili con Carne

Zutaten für 4 Portionen:	
0,10 kg Zwiebeln, würfelig geschnitten	■ Zwiebeln im heißen Öl anschwitzen – Rindfleisch zugeben – durchrösten. ■ Tomatenmark einrühren – gehackte Pelati mit Tomatensaft einmengen – mit Bouillon aufgießen – 10 min dünsten lassen. ■ Chili, Salz, Pfeffer, Knoblauch, klein geschnittene Pfefferoni und in kleine Würfel geschnittene Paprikaschoten und Bohnen zugeben – 15 min dünsten – evtl. noch etwas Bouillon beigeben – würzig abschmecken.
Olivenöl zum Anbraten	
0,50 kg Rindsschulter, grob faschiert	
3 EL Tomatenmark	
0,40 kg Pomodori pelati mit Saft (1 Dose)	
0,375 l Bouillon	
Chilipulver	
Salz, Pfeffer	
2 Knoblauchzehen	
1 Pfefferoni, entkernt	
½ roter und ½ grüner Paprika	
0,60 kg Kidneybohnen, gekocht	
Beilagenvorschläge: Weißbrot, Knoblauchtoast.	

Kichererbsenpüree

Zutaten für 4 Portionen:	
0,40 kg Kichererbsen	■ Kichererbsen über Nacht einweichen. ■ Mit geschälten, gewürfelten Kartoffeln kochen. ■ Abseihen (etwas Kochwasser aufheben). ■ Pürieren – mit Kochwasser sämig halten – würzen. ■ Mit Butter und gehackten, trocken gerösteten Kürbiskernen verfeinern.
0,15 kg mehlige Kartoffeln	
Meersalz, Muskat	
0,05 kg Butter	
0,04 kg Kürbiskerne	

Hülsenfrüchte mit Speck

Zutaten für 4 Portionen:	
0,04 l Butterschmalz	■ Zwiebelbrunoise in Butterschmalz hell anrösten – stauben – mit Gemüsefond aufgießen – verkochen. ■ Linsen zugeben – würzen. ■ Speckwürfel ausbraten – über die angerichteten Linsen streuen.
0,10 kg Zwiebeln	
0,02 kg Mehl	
0,25 l Gemüsefond	
0,50 kg Linsen (Dose)	
Salz, Pfeffer	
0,10 kg Hamburger Speck	

18 Rezepte mit Pilzen

Pilze können zu Saucen, Gulasch, Risotto, Laibchen und Knödeln verarbeitet werden. Pilzgerichte werden als warme Vorspeise, Hauptspeise oder als Beilage serviert. Getrocknete Pilze sind aromatischer als frische.

Eierschwammerl mit Ei

Zutaten für 4 Portionen:	
0,75 kg Eierschwammerl	■ Schalotten in Brunoise schneiden – in Butter anschwitzen.
0,10 kg Schalotten	■ Vorbereitete Eierschwammerl bei starker Hitze rasch rösten – würzen.
0,06 kg Butter	■ Versprudelte Eier einrühren – stocken lassen.
Salz, Pfeffer	
3–4 Eier	
Garnierung:	
Petersilie	

Beilagenvorschläge: grüner Salat, geröstetes Weißbrot, gedämpfte Kartoffeln.

Steinpilze à la Crème

Zutaten für 4 Portionen:	
0,75 kg Steinpilze	■ Zwiebelbrunoise in Butter anschwitzen.
0,08 kg Butter	■ Vorbereitete, in Scheiben geschnittene Steinpilze beigeben – sautieren.
0,10 kg Schalotten	■ Mit Schlagobers übergießen – zu einer sämigen Sauce reduzieren.
0,25 l Schlagobers	■ Sauerrahm beigeben – würzen – kurz aufkochen.
0,06 l Sauerrahm	
Salz, Pfeffer	
Zitronensaft	
Garnierung:	
Petersilie	

Beilagenvorschläge: Servietten- oder Semmelknödel, Petersilienkartoffeln, Kartoffelknödel, Bandnudeln, schwarzer Reis, Blattsalate.

Gegrillte Austernpilze

Zutaten für 4 Portionen:	
Marinade:	■ Für die Marinade alle Zutaten vermengen.
Zitronensaft	■ Austernpilze teilen – in Marinade einlegen – ziehen lassen.
Salz, Pfeffer, Worcestersauce	■ Vor dem Grillen mit Öl bestreichen – grillen.
Kräuter, gehackt	
Rapsöl	
0,75 kg Austernpilze	
Garnierung:	
Zitrone, Brunnenkresse	

Beilagenvorschläge: Reis, gegrillte Tomaten.

! Wild wachsende Pilze (Eierschwammerl, Steinpilze, Parasole) sollten innerhalb von 24 Stunden verarbeitet werden, da sie leicht zersetzbares Eiweiß enthalten.

Bei gezüchteten Pilzen (Champignons, Austernpilzen) ist die Aufbrauchfrist einzuhalten.

Zubereitete Pilze sollten nicht aufbewahrt werden. Durch Wiedererwärmen können Gifte entstehen.

Es können auch getrocknete Steinpilze verwendet werden.

Zubereitung auch geeignet für Champignons, Austernpilze, Morcheln.

Wussten Sie, dass ... in der Antike die Gourmets viele Pilzgerichte kannten, diese aber aus Angst vor Vergiftung selbst zubereiteten, anstatt ihre Sklaven mit dieser Aufgabe zu betrauen?

Zubereitung auch geeignet für Steinpilze, Parasole.

Steinpilze

Zubereitung auch geeignet für Steinpilze, Austernpilze.

Wussten Sie, dass ... Trüffeln die kostbarsten Speise- und Gewürzpilze sind? Sie werden mit einem Trüffelhobel hauchdünn über verschiedene Gerichte gehobelt.

Champignonomelette

Omelette:	
3 Eier	■ Omelettenteig herstellen (siehe S. 177). ■ Butter aufschäumen – Omelettenteig eingießen – im Rohr halb fertig backen. ■ Champignonpaysanne in Butter anschwitzen – würzen – auf die Omelette streuen – fertig backen. ■ Omelette zusammenschlagen.
0,12 l Schlagobers	
0,02 kg Mehl	
Salz, Pfeffer	
0,03 kg Butter	
Füllung:	
0,20 kg Champignons	
0,03 kg Butter	
Salz, Pfeffer	
Garnierung:	
Petersilie oder Kerbel	

Beilagenvorschläge: Weißbrot, Petersilienkartoffeln, Blattsalate, Tomaten-, Gurkensalat.

Wussten Sie, dass ... die Kartoffelstaude 1588 nach Wien kam und erst Kaiserin Maria Theresia den Anbau förderte?

19 Rezepte mit Kartoffeln

Kartoffeln sind sehr gut lagerfähig, stärkehältig, geschmacksneutral und lassen sich zu den verschiedensten Gerichten verarbeiten. Daher sind sie in der österreichischen Küche sehr beliebt.

Anmerkungen zur Zubereitung von Kartoffeln

- Kartoffeln immer in kaltem Wasser zustellen, damit sie gleichmäßig garen.
- Roh geschälte Kartoffeln werden braun, daher rasch weiterverarbeiten oder in Wasser einlegen.
- Kartoffeln, die frittiert werden, sollten vor dem Ausbacken gut getrocknet werden, da das anhaftende Wasser das heiße Fett zum Spritzen, Schäumen und Übergehen bringt.
- In Fett gebackene Kartoffeln können gut vorbereitet werden. Dazu werden sie bei ca. 140 °C anfrittiert, anschließend gut abgetropft und abgekühlt. Bei Bedarf werden sie fertig frittiert. Sie sollen vor dem Anrichten immer gut geschüttelt werden oder/und auf Küchenkrepppapier abtropfen.

Werden zubereitete Kartoffeln über längere Zeit warm gehalten, verändern sich Aussehen und Geschmack nachteilig.

Als Beilage rechnet man pro Portion 0,20 kg Kartoffeln mit Schale.

19.1 Beilagenkartoffeln

- Für gekochte, frittierte, gebratene, gedünstete Kartoffelspeisen wählt man feste, speckige Sorten, weil sie beim Kochen ganz und schnittfest bleiben.
- Für Kartoffelsalat sind die sogenannten „Kipfler" am besten geeignet.
- Für Pürees eignen sich mehlige Kartoffelsorten.

Warum sollen Kartoffeln eher gedämpft als gekocht werden?

Gedämpfte Kartoffeln

Zutaten für 4 Portionen:	
0,60 kg Kartoffeln	■ Geschälte Kartoffeln der Länge nach vierteln oder halbieren. ■ Mit Salz im Dämpfeinsatz bissfest dämpfen.
Salz	

Salzkartoffeln

Zutaten für 4 Portionen:	GRUNDREZEPT
0,60 kg Kartoffeln Salz	■ Geschälte Kartoffeln der Länge nach vierteln. ■ Mit etwas Salz in wenig Wasser bissfest kochen.
Grundrezept	ABLEITUNGEN **Kartoffelschnee** ■ Salzkartoffeln heiß und trocken pressen.
Grundrezept Muskat 0,04 kg Butter Ca. 0,20 l heiße Milch	**Kartoffelpüree** ■ Salzkartoffeln heiß und trocken pressen – würzen – mit Butter und heißer Milch glatt rühren.
Grundrezept Muskat Ca. 0,20 l Schlagobers	**Schaumkartoffeln** ■ Salzkartoffeln heiß und trocken pressen – würzen – mit Schlagobers kräftig aufschlagen.

Für Salzkartoffeln verwendet man festkochende Kartoffeln, für Püree und Kartoffelschnee sowie Schaumkartoffeln verwendet man mehlige Kartoffeln.

Beobachten Sie, was passiert, wenn das Kartoffelpüree länger steht.

Salzkartoffeln

Bouillonkartoffeln

Zutaten für 4 Portionen:	
0,15 kg Wurzelgemüse 0,05 kg Lauch 0,60 kg Kartoffeln 0,02 l Öl 1 l Gemüsebouillon Petersilie, gehackt	■ Wurzelgemüse und Lauch in Brunoise schneiden – in Fett leicht anschwitzen. ■ Kartoffeln in 2 cm große Würfel schneiden – beigeben – mit Bouillon aufgießen – weich kochen – mit Petersilie bestreuen.

In der Schale gekochte Kartoffeln

Zutaten für 4 Portionen:	GRUNDREZEPT
0,60 kg Kartoffeln	■ Gut gewaschene Kartoffeln dämpfen oder kochen – schälen.
Grundrezept 0,02 kg Butter Salz	ABLEITUNGEN **Butterkartoffeln** ■ Kartoffeln der Länge und Breite nach vierteln oder kleine Kartoffeln im Ganzen in Butter schwenken – salzen.
Grundrezept 0,02 kg Butter Salz Petersilie oder gemischte Kräuter	**Petersilien- bzw. Kräuterkartoffeln** ■ Kartoffeln der Länge und Breite nach vierteln oder kleine Kartoffeln im Ganzen in Butter schwenken – salzen – mit gehackter Petersilie oder anderen Kräutern bestreuen.
Grundrezept Salz Mehl zum Stauben 0,02 kg Butterschmalz oder 0,02 l Öl	**Bratkartoffeln** ■ Kartoffeln der Länge und Breite nach vierteln oder kleine Kartoffeln ganz lassen – leicht salzen. ■ Mit etwas Mehl bestreuen – in heißem Fett unter häufigem Schwenken goldgelb braten.
Grundrezept Salz, Kümmel 0,03 kg Zwiebeln 0,02 l Öl	**Kartoffelschmarren** ■ Kartoffeln dickblättrig schneiden – salzen – mit etwas Kümmel bestreuen. ■ Zwiebeljulienne in heißem Öl rösten – Kartoffeln beigeben – unter öfterem Wenden leicht bräunen.

Die klassische österreichische Beilagenküche kennt viele Varianten von in der Schale gegarten, geschälten Kartoffeln.

Petersilienkartoffeln quer halbieren bzw. vierteln, Salzkartoffeln längs vierteln.

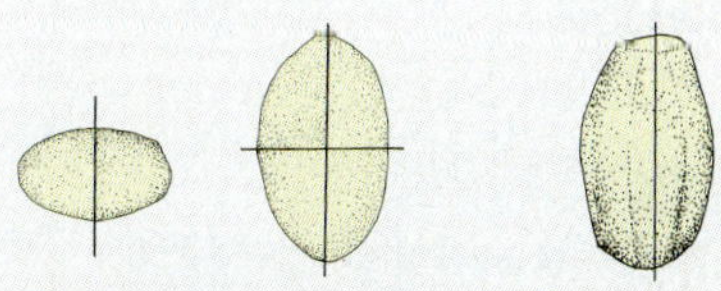

Vorsicht! Beim Öffnen der Folie entweicht heißer Dampf!

Folienkartoffeln

Zutaten für 4 Portionen:
0,60 kg Kartoffeln

- Besonders gut gewaschene Kartoffeln in Alufolie wickeln – im Rohr bei 200 °C oder auf dem Grillrost garen.

Das Blech kann auch mit Sesam oder Leinsamen bestreut werden.

Bircherkartoffeln

Zutaten für 4 Portionen:
0,60 kg Kartoffeln
0,02 l Olivenöl
Grobes Salz

- Heurige Kartoffeln gut waschen – der Länge nach vierteln – mit Olivenöl beträufeln – mit grobem Salz bestreuen – Kräuterzweige darauflegen – im Rohr bei 200 °C ca. 15 min backen.

Bircherkartoffeln

Im Rohr gegarte Kartoffeln

Zutaten für 4 Portionen:
0,50 kg Kartoffeln

GRUNDREZEPT

- Kartoffeln schälen – tournieren oder schneiden – je nach Rezept im Rohr backen.

ABLEITUNGEN

Annakartoffeln

Grundrezept
0,03 kg Butter

- 1 mm dicke Kartoffelscheiben kreisförmig übereinander in eine bebutterte Form geben – mit flüssiger Butter beträufeln – bei 200 °C ca. 30 min goldbraun backen – stürzen.

Bäckerkartoffeln

Grundrezept
0,04 kg Zwiebeln
0,02 kg Butter
Salz, Pfeffer

- Zwiebeljulienne in Butter rösten – Kartoffeln in 2 mm dicke Scheiben schneiden – blanchieren – mit Salz, Pfeffer und Zwiebeljulienne mischen – im Rohr fertig braten.

Kartoffelgratin

Grundrezept
0,125 l Schlagobers
0,125 l Milch
0,05 kg Hartkäse, gerieben
Salz, Pfeffer, Muskat, Knoblauch
Butter für die Form

- Milch und Schlagobers würzen – aufkochen.
- Kartoffeln dazugeben – kernig kochen – öfter umrühren.
- Masse in eine bebutterte Gratinierform geben – mit Käse bestreuen – bei 200 °C ca. 30 min backen.

Grundsätzlich gilt: 2 Teile Kartoffeln – 1 Teil Milch-Schlagobers-Mischung.

Rösti

Zutaten für 4 Portionen:
0,50 kg speckige Kartoffeln
Salz
0,03 kg Schmalz

- Roh geriebene Kartoffeln auspressen – salzen – portionsweise in Schmalz einlegen – andrücken – beidseitig goldgelb ausbacken.

In der Schweiz hat beinahe jeder Kanton sein eigenes Röstirezept. Forschen Sie in Kochbüchern oder im Internet nach und vergleichen Sie die verschiedenen Rezepte.

Kartoffelpuffer

Zutaten für 4 Portionen:
0,50 kg speckige Kartoffeln
0,03 kg Zwiebeln
Knoblauch
1 EL Sauerrahm
1 Eidotter
Stärke zum Binden
0,03 kg Butterschmalz

- Roh geriebene Kartoffeln auspressen – mit gehackten Zwiebeln, Knoblauch, Sauerrahm und Eidotter verrühren – mit etwas Stärke binden.
- Portionsweise in Butterschmalz einlegen – andrücken – beidseitig goldgelb ausbacken.

Da Kartoffeln ca. 80 % Wasser enthalten, müssen sie nach dem Reiben gut ausgepresst werden. Zum Binden von roh geriebenen Kartoffeln wird Kartoffelstärkemehl oder aber auch die Stärke, die sich bei der Lagerung der Kartoffeln im Wasser abgesetzt hat, verwendet.

19.2 Kartoffelfeingebäck/Duchessekartoffeln/ Duchessemasse

Die Duchessemasse wurde früher zum Überbacken verwendet und wird heute für gebackene oder frittierte Beilagen eingesetzt.

Duchessemasse

Zutaten für 4 Portionen:	GRUNDREZEPT
0,50 kg mehlige Kartoffeln 0,01 kg Butter 2 Eidotter Muskat, evtl. etwas Paprikapulver, Salz	▪ Kartoffeln schälen – vierteln – in Salzwasser à point kochen. ▪ Abseihen – ausdämpfen lassen – heiß pressen. ▪ Mit Gewürzen, Butter und Eidotter verarbeiten – spritzen. ▪ Im Rohr backen oder frittieren.
	ABLEITUNGEN
Grundrezept 0,02 kg Parmesan 1 Eidotter	**Prinzesskartoffeln** ▪ Duchessemasse mit geriebenem Parmesan verfeinern – in Dressiersack mit gezackter Tülle füllen. ▪ Rosetten auf ein vorbereitetes Blech spritzen – mit verdünntem Eidotter bestreichen – bei 180 °C ca. 20 min backen.
Grundrezept **Panade:** 0,20 kg Mehl 2 Eier 0,20 kg Brösel 0,30 kg Fett zum Frittieren	**Kartoffelkroketten** ▪ Duchessemasse mit glatter Tülle aufspritzen oder mit der Hand Rollen formen. ▪ Panieren – frittieren. **Birnenkartoffeln** ▪ Duchessemasse zu Birnen formen – panieren – einen Mandelstift als Stiel einstecken – frittieren.
Grundrezept **Panade:** 0,20 kg Mehl 2 Eier 0,20 kg Mandelblättchen 0,30 kg Fett zum Frittieren	**Mandelkartoffeln** ▪ Duchessemasse zu Kugeln formen. ▪ Mit Mehl, Eiern und Mandelblättchen panieren – frittieren.

Die Duchessemasse ist eine Kartoffelmasse mit Eidotter.

Die **Dauphinemasse** ist eine Duchessemasse, die durch Brandteig ergänzt wird.

Prinzessinnenkartoffeln

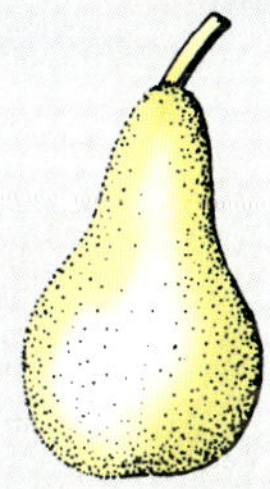

Birnenkartoffeln

Mandelkartoffeln

19.3 Kartoffelteig

Kartoffelteig wird grundsätzlich aus mehligen, bereits gelagerten Kartoffeln hergestellt. Er kann gekocht, gebacken oder frittiert werden.

Zutaten für 4 Portionen:	GRUNDREZEPT
0,50 kg mehlige Kartoffeln Salz 0,02 kg Butter 0,10 kg Mehl 0,02 kg Grieß 1 Eidotter	▪ Kartoffeln dämpfen – schälen – pressen. ▪ Butter einschneiden. ▪ Trockene Zutaten locker untermischen – Grube machen. ▪ Eidotter einarbeiten – kurz verkneten (längeres Kneten macht den Teig zäh). ▪ Sofort weiterverarbeiten.

Kartoffelnockerln siehe Kartoffelgnocchi in Salbeibutter, S. 183.

Grundrezept	ABLEITUNGEN
	Kartoffelnudeln, pochiert ■ Kartoffelteig in kleine Stücke teilen – diese zu Nudeln formen, die an beiden Seiten spitz sind – in Salzwasser pochieren.
Grundrezept 0,02 kg Butterschmalz	**Schupfnudeln** ■ Pochierte Kartoffelnudeln in Butterschmalz sautieren („schupfen"), bis sie goldgelb sind.
Grundrezept Butter für die Form 0,125 l Milch oder Rahm 2 Eier	**Kartoffelnudeln, überbacken** ■ Kartoffelteig zu einer fingerdicken Rolle formen – in 5–7 cm lange Stücke teilen. ■ In eine befettete Form schlichten – bei 170 °C ca. 10 min backen – mit Eiermilch oder Rahmguss übergießen – weitere 10 min hellgelb backen.
Grundrezept Mehl evtl. durch Stärkemehl ersetzen	**Kartoffelknödel** ■ Knödel aus Kartoffelteig formen – ca. 20 min in Salzwasser kochen.
Grundrezept Mehl evtl. durch Stärkemehl ersetzen 0,24 kg Füllung (Fleisch- oder Wursthaschee, Grammeln)	**Kartoffelknödel mit pikanter Füllung** ■ Kartoffelteig portionieren – flach drücken – Füllung verteilen – Knödel schließen. ■ In Salzwasser kochen.
Grundrezept ohne Grieß Öl zum Braten oder Frittieren	**Kartoffellaibchen** ■ Kartoffelteig ohne Grieß zubereiten – Teigstücke abschneiden – Laibchen formen – frittieren, in der Pfanne braten oder bei 180 °C ca. 20 min im Rohr backen.
Grundrezept 0,15 kg Füllung (Selchfleisch, Blattspinat und Schafkäse, Duxelles, siehe S. 163)	**Kartoffelroulade** ■ Teig zu einem Rechteck ausrollen – füllen – einrollen – mit Frischhaltefolie straff umhüllen – in Salzwasser kochen. ■ Oder ohne Frischhaltefolie: mit Ei bestreichen – bei 180 °C ca. 30 min im Rohr backen – in Tranchen schneiden.

Rahmguss = mit Ei vermischter Rahm.

Durch die Stärke hält der Teig besser. Probeknödel kochen, da die Stärke der Kartoffeln nicht immer gleich bindet. Pro Knödel rechnet man 0,03 kg Fülle. Die Knödel können auch mit Obst gefüllt werden.

Der Teig kann für Kartoffellaibchen mit gehackter Petersilie, gehacktem Schinken, geriebenem Käse, gehackten getrockneten Tomaten etc. ergänzt werden.

Wussten Sie, dass ...
früher mit Knödeln die Gäste zur Pünktlichkeit erzogen wurden? Da nur frisch gekochte Knödel flockig-duftig sind, gehörte es zum guten Benehmen, zur rechten Zeit zu Tisch zu kommen.

20 Knödel

Knödel haben in Österreich eine lange Tradition. Sie finden Verwendung als **Suppeneinlage** (Leber-, Grieß-, Bröselknödel), **Hauptspeise** (Grammel-, Haschee-, Wurstknödel, Tiroler Knödel), **Beilage** (Semmel-, Grieß-, Kartoffelknödel; Semmelrolle) und als **Nachspeise** (Marillen-, Zwetschken-, Topfen-, Eisknödel).

Anmerkungen zur Zubereitung von Knödeln

- Festere Massen (Semmelmasse, Grießmasse) werden mit nassen Händen geformt, weichere Teige (Kartoffelteig, Brandteig, Topfenteig) mit bemehlten Händen.
- Knödel werden gekocht, gedämpft, frittiert oder im Rohr zubereitet.
- Beim Garen im Wasser beachten, dass die Knödel eher ziehen als kochen.

▶ Da Knödel im Wasser aufgehen, sind nur so viele einzulegen, wie leicht Platz haben. Knödel sinken beim Einlegen in Wasser zu Boden. Um das Ankleben zu verhindern, wird der Topf vorsichtig gerüttelt.

▶ Probeknödel kochen und bei Bedarf die Konsistenz mit Mehl, Butter oder Flüssigkeit verändern.

Mehlknödel

Zutaten für 4 Portionen:
0,50 kg Mehl
Rindsbouillon
Evtl. Salz

GRUNDREZEPT

- Das gesalzene Mehl mit so viel Bouillon vermengen, dass daraus ein fester, formbarer Teig entsteht.
- Knöderln formen – in Salzwasser kochen.

Grundrezept
statt Rindsbouillon ca. 0,20–0,30 kg mehlige, gelagerte Kartoffeln

ABLEITUNG

Mehlknödel mit Kartoffeln

- Kartoffeln heiß pressen – mit dem gesalzenen Mehl wie im Grundrezept verarbeiten.

Semmelknödel

Zutaten für 4 Portionen:
0,20 kg Knödelbrot
0,02 kg Butter
0,03 kg Zwiebelbrunoise
Ca. 0,125 l Milch
1–2 Eier
Salz, Petersilie
0,06 kg griffiges Mehl

GRUNDREZEPT

- Semmeln in 1 cm große Würfel schneiden.
- Fein gehackte Zwiebeln in Fett leicht anrösten – unter die Semmelwürfel mischen.
- Milch mit Eiern, Salz und gehackter Petersilie verschlagen und über die Semmelwürfel gießen – vermischen – ziehen lassen – Mehl einarbeiten.
- Knödel formen – in Salzwasser offen ca. 20 min leicht wallend kochen.

ABLEITUNGEN

Grundrezept
0,15 kg Blattspinat (tiefgekühlt)
0,10 kg Käsewürfel

Spinat-(Käse-)Knödel

- Unter die Masse gehackten Blattspinat und/oder Käse mischen.

Grundrezept
0,10 kg Selchfleisch, gekocht, würfelig geschnitten

Tiroler Knödel

- Semmelwürfel bähen.
- Selchfleischwürfel unter die Masse mischen.

Serviettenknödel

Zutaten für 4 Portionen:
0,20 kg Knödelbrot
0,04 kg Butter
0,15 l Milch
2 Eier
Salz, Petersilie

- Semmeln würfelig schneiden – zerlassene Butter darübergießen.
- Milch mit Eiern, Petersilie und Salz verschlagen – mit den Semmeln vermischen – gut durchziehen lassen.
- Masse auf nasse Stoffserviette geben – formen – einrollen – straff zusammenziehen – binden.
- In Salzwasser oder Dampf ca. 30 min garen – kurz kalt abschrecken – ausrollen – in Tranchen schneiden.

Waldviertler Knödel

Zutaten für 4 Portionen:
0,75 kg Kartoffeln
1 Eidotter
0,02 kg Butter
0,03 kg griffiges Mehl
Salz

- Die Hälfte der Kartoffeln mit der Schale kochen – erkaltet schälen und pressen.
- Restliche Kartoffeln schälen – im Wasser reiben – durch ein Tuch ausdrücken.
- Alle Kartoffeln mit den übrigen Zutaten und der im Reibwasser abgesetzten Stärke kurz abarbeiten – Knödel formen – in Salzwasser ca. 20 min leicht wallend kochen.

Garzeiten

- Kleine Knödel ca. 4–6 min
- Große gefüllte Knödel ca. 15–20 min
- Große ungefüllte Knödel ca. 15 min
- Serviettenknödel ca. 25–30 min

Mehlknödel sind wahrscheinlich die Urknödel, denn sie sind schon seit dem 12. Jahrhundert bekannt.

Vergleichen Sie die Rezepte von Semmel- und Serviettenknödel. Was fällt Ihnen auf?

Besonders flaumig werden die Knödel, wenn Eischnee unter die Masse gezogen wird.

Waldviertler Knödel passen gut als Beilage zu Schweinsbraten und Wildgerichten

Grießknödel

Zutaten für 4 Portionen:	GRUNDREZEPT
0,25 l Milch 0,03 kg Butter Salz 0,12 kg Grieß 0,04 kg Semmelwürfel 0,02 kg Butter 2 Eier	■ Milch, Butter und Salz zum Kochen bringen – Grieß einrühren – überkühlen lassen. ■ Semmelwürfel in Butter hell rösten. ■ Eier und Semmelwürfel unter Grießmasse rühren – 10 min rasten lassen. ■ Knöderln formen – in Salzwasser 10–15 min kochen.
Grundrezept	ABLEITUNGEN
ohne Butter und ohne Semmelwürfel 0,04 kg Hamburger Speck	**Speckgrießknödel** ■ Geröstete Speckwürfel mit Milch aufgießen – Grieß einrühren – weitere Zubereitung wie oben.
Grundrezept Rindsbouillon statt Milch, Bu chweizen statt Grieß	**Heidenknödel** ■ Zubereitung wie oben.

21 Rezepte mit Teigwaren

Siehe auch Kapitel Italienische Vorspeisen, S. 182, und Nudelteig, S. 259.

Teigwaren, im Besonderen die Nudeln (im Italienischen werden sie als Pasta bezeichnet), sind von der modernen Speisenkarte nicht mehr wegzudenken. Sie werden für deftige Salate, zu warmen Vorspeisen, Beilagen, Haupt- und Nachspeisen verarbeitet. Teigwaren werden in einer großen Vielzahl als Convenienceprodukte angeboten, sind gut lagerfähig und meist schnell zubereitet.

Zu den Teigwaren zählen u. a. Bandnudeln, Spirali, Fleckerln, Spaghetti, Penne, aber auch Reisnudeln, Glasnudeln oder Tarhonya (graupenförmige Teigwaren).

Anmerkungen zur Zubereitung von Teigwaren

- Der Kochtopf muss groß genug sein, da Teigwaren in 10facher Salzwassermenge (1 TL Salz für einen Liter Wasser) gekocht werden. Teigwaren geben während des Kochens Stärke ab. Durch die große Wassermenge soll verhindert werden, dass die Stärke wieder aufgenommen wird und die Nudeln somit verkleistern.
- Das Wasser muss sprudelnd kochen, wenn die Teigwaren eingelegt werden.
- Während des Kochvorgangs einige Male umrühren – offen al dente (bissfest) garen.
- Kochzeit der Packungsangabe entnehmen.
- Abgießen – kalt abschrecken, außer für italienische Pastagerichte.
- Immer etwas Kochwasser aufheben, da damit die Nudeln oder aber auch die Sauce gut angefeuchtet werden können.
- Teigwaren möglichst sofort servieren. Sie können aber auch im Voraus gekocht und bei Bedarf in heißem Wasser regeneriert werden.

Welche Teigwaren kennen Sie?

Schinkenfleckerln

Zutaten für 4 Portionen:	GRUNDREZEPT
0,30 kg Fleckerln 0,03 kg Butter 0,15 kg Schinken Petersilie	■ Fleckerln kochen. ■ Butter erhitzen – fein geschnittenen oder grob faschierten Schinken anschwitzen – Fleckerln unterrühren – gehackte Petersilie beigeben.

Grundrezept
3 Eier
0,125 l Sauerrahm
0,125 l Schlagobers
0,06 kg Brösel
Salz, Pfeffer
Butter und Brösel für die Form

ABLEITUNG

Gratinierte Schinkenfleckerln

- Die Eidotter, Sauerrahm und Schlagobers vermischen – unter die fertig vorbereiteten Schinkenfleckerln rühren – Brösel daruntermengen.
- Die Eiklar zu Schnee schlagen – unter die Schinkenfleckerln heben – abschmecken.
- In die vorbereitete Auflaufform einfüllen – bei 200 °C ca. 35 min backen.

Krautfleckerln

Zutaten für 4 Portionen:
0,30 kg Fleckerln
0,05 kg Butter
0,08 kg Zwiebeln
0,01 kg Zucker
0,60 kg Weißkraut
Salz, Pfeffer, Kümmel
Evtl. Paprikapulver
0,10 l Gemüsefond

- Fleckerln kochen.
- Geputztes Kraut vierteln – Strunk herausschneiden – in Julienne schneiden – salzen – 15 min stehen lassen.
- Zwiebeljulienne in Butter hell anrösten – Zucker zugeben – karamellisieren.
- Kraut beigeben – würzen – gut durchrühren – bei Bedarf mit Gemüsefond ergänzen – weich dünsten.
- Fleckerln unterrühren.

22 Spätzle und Nockerln

Spätzle und Nockerln kommen aus der österreichisch-ungarisch-slowakischen Küche und sind in der ursprünglichen Form mit den italienischen Gnocchi zu vergleichen. Spätzle und Nockerln werden als Beilage zu Gulasch oder anderen Gerichten mit Sauce serviert. Sie können aber auch als Hauptgericht zu Käsespätzle oder Eiernockerln verarbeitet werden.

Spätzle

Zutaten für 4 Beilagenportionen:
0,25 kg griffiges Mehl (Weizen- oder Dinkelvollmehl)
Salz
1 Ei
0,20 l Wasser
0,04 kg Butter, zerlassen

GRUNDREZEPT

- Mehl salzen und mit den übrigen Zutaten kurz zu einem glatten, weichen Teig verrühren.
- Teig partienweise mit dem Spätzlehobel in kochendes Salzwasser hobeln oder durch ein Spätzlesieb streichen.
- Einmal aufkochen – abseihen – evtl. abschrecken.
- In zerlassener Butter schwenken.

Doppelte Menge Grundrezept als Hauptspeise
0,06 kg Butter
0,10 kg Zwiebeln
0,20 kg würziger Hartkäse
Garnierung:
Geröstete Zwiebelringe

ABLEITUNG

Käsespätzle

- Zwiebeljulienne in Butter anrösten – Spätzle untermischen – abwechselnd mit geriebenem Käse in eine Pfanne schichten – mit Käse abschließen.
- Bei 200 °C im Rohr gratinieren.

Portionsmenge (roh) für Teigwaren

- Vorspeise 0,04 kg
- Beilage 0,04–0,05 kg
- Hauptspeise 0,07–0,08 kg

Es können auch Speckwürfel mit angeröstet werden.

Wussten Sie, dass ...
Spätzle so bezeichnet werden, weil sie an kleine Spatzen erinnern?

Nockerln

Zutaten für 4 Portionen:	GRUNDREZEPT
0,25 kg griffiges Mehl (Weizen- oder Dinkelvollmehl)	■ Mehl salzen und mit den übrigen Zutaten kurz zu einem glatten, weichen Teig verrühren. ■ Teig auf ein feuchtes Brett geben – mit dem Messerrücken Nockerln in kochendes Salzwasser einschneiden – 5 min kochen lassen – abseihen – abschrecken. ■ In zerlassener Butter schwenken.
Salz	
1 Ei	
0,20 l Milch	
0,04 kg Butter, zerlassen, für den Teig	
0,04 kg Butter, zerlassen, zum Schwenken	
Doppelte Menge Grundrezept als Hauptspeise	ABLEITUNGEN **Eiernockerln** ■ Über die geschwenkten Nockerln die versprudelten Eier gießen – stocken lassen – durchrühren – mit geschnittenem Schnittlauch oder Kresse bestreuen.
3–4 Eier	
Garnierung:	
Schnittlauch oder Kresse	
Doppelte Menge Grundrezept als Hauptspeise	**Spinatnockerln** ■ Zubereitung siehe Grundrezept.
Anstelle der Milch 0,25 kg Spinat, passiert	

23 Rezepte mit Getreide

Mehl und Mahlprodukte (z. B. Grieß oder Schrot) hatten in der österreichischen Küche immer schon eine große Bedeutung. Seit der Entwicklung der Vollwertkost und der Umstellung vieler Gäste auf vegetarische Ernährung haben manche Getreidesorten einen neuen Stellenwert bekommen.

Man findet Getreide zu Frühstücksspeisen, kalten und warmen Vorspeisen, Zwischengerichten, Hauptspeisen, Beilagen, Süßspeisen, als Füllung, Salat oder als Suppeneinlage verarbeitet.

Portionsmenge (roh) für Getreide
- Vorspeise: 0,03–0,05 kg
- Beilage: 0,03–0,05 kg
- Hauptspeise: 0,07–0,10 kg

Anmerkungen zur Zubereitung von Getreide

- Getreide hat einen hohen Stärkeanteil. Daher ist es notwendig, genügend Flüssigkeit und Zeit zum Quellen zu berechnen.
- Die Einweichzeit von ganzen Körnern beträgt ca. 10–12 Stunden.
- Grundsätzlich werden ganze Getreidekörner vor der Verwendung gewaschen, Hirse wird heiß abgeschwemmt.

Reis

Das Angebot an Reis ist groß. Weltweit gibt es mindestens 4 000 verschiedene Reissorten. Drei Sorten sind in der Küche zu unterscheiden:
- **Langkornreis:** ist nach dem Garen trocken, körnig und locker. Er wird vor allem für Beilagen und Salate verwendet.
- **Mittelkornreis:** ist so lang wie Langkornreis, jedoch wesentlich dicker, in seiner Kocheigenschaft nimmt er eine Mittelstellung zwischen Rund- und Langkornreis ein. Er eignet sich für Reisfleisch und alle Risottogerichte.
- **Rundkornreis:** ist nach dem Garen weich und klebrig, wird für Süßspeisen oder aber auch für Reiskroketten und Reissockel verwendet.

Anrichten von Reis
- Mit nassem Portionierer gestürzt.
- In einer Timbale à part.
- Als Reisring zum Füllen.
- Als Reissockel.

Reis ist in seinem Geschmack neutral. Daher sind viele Ableitungen möglich. Da auf dem Markt immer mehr Reissorten, zum Teil vorbehandelt, zu finden sind, sollte grundsätzlich die Kochanleitung auf der Packung beachtet werden. In der klassischen Küche werden vier Methoden unterschieden: Kochen, Dünsten, Verarbeitung zu Pilaw oder zu Risotto.

Risotto siehe Italienische Vorspeisen, S. 182.

Gekochter Reis

Zutaten für 4 Portionen:	
0,20 kg Langkornreis (parboiled)	■ Salzwasser oder Gemüsebrühe zum Kochen bringen – Reis einkochen und so lange kochen, bis der Reis gar ist. ■ Abseihen – evtl. mit Butterflocken verfeinern.
2 l Salzwasser oder Gemüsebrühe	
0,02 kg Butterflocken	

Gekochter Reis wird gerne in Italien und Frankreich zubereitet.

Gedünsteter Reis

Zutaten für 4 Portionen:	
0,20 kg Langkornreis (parboiled)	■ Salzwasser oder Gemüsebrühe mit Reis und gespickter Zwiebel aufkochen – auf kleinster Stufe ausdünsten lassen. ■ Zwiebel entfernen – Butterflocken locker mit der Gabel unterrühren.
0,30 l Salzwasser oder Gemüsebrühe	
1 kleine gespickte Zwiebel	
0,02 kg Butterflocken	

Wasser oder Gemüsebrühe gut würzen, da der Reis so den Geschmack besser annehmen kann.

Pilaw

Zutaten für 4 Portionen:	
0,20 kg Langkornreis (parboiled)	■ Gehackte Zwiebeln in Butter anschwitzen – Reis beigeben – so lange mitrühren, bis alle Reiskörner glasig wirken. ■ Mit Bouillon auffüllen – aufkochen – auf kleinster Stufe zugedeckt ausdünsten lassen. ■ Butterflocken mit der Gabel untermischen.
0,05 kg Zwiebeln	
0,02 kg Butter	
0,30 l helle Bouillon	
0,02 kg Butterflocken	

Recherchieren Sie in Kochbüchern oder im Internet, welche Reisgerichte es gibt.

Dinkel

Das ganze Korn kann wie Reis gekocht werden. Schrot und Grieß finden bei Aufläufen und Laibchen Verwendung, das Mehl kann das Weizenmehl ersetzen.

Dinkellaibchen

Zutaten für 4 Portionen:	
0,15 kg Dinkelflocken	■ Dinkelflocken mit kochend heißer Gemüsebouillon übergießen – ausquellen lassen. ■ Mit den restlichen Zutaten vermengen – Laibchen herstellen – in grob gehackten Kürbiskernen wälzen. ■ Beidseitig in der Pfanne in Butterschmalz braten.
0,30 l Gemüsebouillon	
0,05 kg Zwiebeln, gehackt	
0,10 kg Sellerie, geraffelt	
0,10 kg Karotten, geraffelt	
2 Eier	
Salz, Knoblauch, Majoran	
Brösel zum Binden	
0,08 kg Kürbiskerne	
0,06 kg Butterschmalz	

Über den Dinkel schrieb vor mehr als tausend Jahren Hildegard von Bingen: *„Er ist das beste Getreide. Er macht die Seele des Menschen froh und voll Heiterkeit.“*

Grünkern (grüner, unreifer Dinkel)

Grünkern schmeckt nussig und leicht rauchig. Er wird im ganzen Korn zu Risotto verarbeitet, als Schrot oder Grieß zu Aufläufen oder als Laibchen, aber auch zu Müslis. Als Brotmehl ist er nicht geeignet, da das Klebereiweiß noch nicht voll zur Geltung kommt.

Grünkern

Gemüsesuppe mit Grünkern

Zutaten für 4 Portionen:	
0,10 kg Grünkern	■ Grünkern über Nacht einweichen – in Gemüsebouillon kochen. ■ Gemüse nach Belieben schneiden und je nach Gardauer beigeben. ■ Aufkochen – garen – abschmecken.
Ca. 1,50 l Gemüsebouillon	
0,20 kg Karotten	
0,20 kg Kohlrabi	
0,20 kg Spargel	
0,10 kg Erbsen (tiefgekühlt)	
0,10 kg Mais (tiefgekühlt oder Dose)	
Garnierung:	
Kresse	

Weizen

Weizen ist bei uns sehr weit verbreitet. Das Mehl wird zu vielerlei Speisen verarbeitet. Die Körner sind vor allem in geschroteter Form als **Bulgur** (Perlweizen) oder **Couscous** erhältlich.

Bulgur und Couscous eignen sich als Beilagen. Werden sie mit Pilzen, gegartem Fleisch, Gemüse oder beispielsweise Nüssen gemischt, können sie als eigenständige Hauptspeise serviert werden. Auch zum Füllen von Gemüse (als Reisersatz) sind Bulgur und Couscous geeignet.

Gekochter Bulgur

Zutaten für 4 Portionen:	
0,12 kg Bulgur	■ Salzwasser oder Gemüsebouillon aufkochen – Bulgur einrieseln lassen – quellen lassen – nach 20 min abseihen. ■ Mit Butterflocken verfeinern.
0,40 l Salzwasser oder Gemüsebouillon	
0,02 kg Butterflocken	

Gedünsteter Couscous

Zutaten für 4 Portionen:	
0,12 kg Couscous	■ Salzwasser oder Gemüsebouillon und Öl aufkochen – Couscous einrühren – 2 min ziehen lassen. ■ Butterflocken unterrühren.
0,12 l Salzwasser oder Gemüsebouillon	
0,01 l Öl	
0,02 kg Butterflocken	

Hirse

Hirse

Hirse ist das Getreide mit den meisten Mineralstoffen, es wird auch als „Schönheitsgetreide" bezeichnet. Hirse hat kein Gluten, daher ist sie für Zöliakiekranke geeignet. Sie wird wie Reis zubereitet und verwendet.

Hirse-Mangold-Strudel

Zutaten für 4 Portionen:	
Hirsefüllung:	■ Hirse 15 min kochen – ausquellen lassen. ■ In Brunoise geschnittene Zwiebeln und Karotten sautieren – zur Hirse geben – fein gehackte Kräuter, zerdrückten Knoblauch und Eidotter unter die Hirse mischen. ■ Eiklar mit Salz steif schlagen – unter die Hirsemasse heben. ■ Eine Rolle formen.
0,12 kg Hirse	
0,25 l Gemüsefond	
0,05 kg Karotten	
0,05 kg Zwiebeln	
0,02 l Olivenöl	
0,02 kg Kräuter (Petersilie, Kerbel, Pimpinelle)	
1 Knoblauchzehe	
1 Eidotter, 2 Eiklar	
Salz	

Mangoldfüllung:
0,60 kg Mangold
0,06 l Schlagobers
Salz, Pfeffer
1 Eidotter
½ Menge Strudelteig (s. S. 260)
0,02 l Olivenöl
Zum Ausarbeiten:
0,01 l Öl
½ Ei

- Vorbereiteten Mangold blanchieren – mit Schlagobers kurz dünsten – würzen – binden – auskühlen lassen.
- Strudelteig ausziehen – mit Öl beträufeln – die Hälfte mit Mangoldfüllung belegen.
- Die Hirserolle daraufsetzen – einrollen.
- Auf ein vorbereitetes Blech legen – mit Ei bestreichen.
- 35 min im vorgeheizten Rohr bei 180 °C backen.

Mangold

Buchweizen

Buchweizen kann sehr unterschiedlich zubereitet werden. Ganze Körner und Schrot eignen sich für Suppen und Salate, Mehl wird für Sterze, Palatschinken, Nudeln und Knödel eingesetzt.

Wussten Sie, dass ...
in der Steiermark Buchweizen als Heiden bezeichnet wird? Daher stammt auch die Bezeichnung Heidensterz.

Frühlingssalat mit Buchweizen

Zutaten für 4 Portionen:
0,10 kg Buchweizenkörner
Je 0,30 kg Äpfel, Kohlrabi, Karotten
Dressing:
0,25 l Sauerrahm
½ Orange – Saft
½ Zitrone – Saft
Salz
Garnierung:
Kerbel oder Kresse

- Buchweizenkörner quellen lassen – kochen.
- Zutaten für das Dressing vermischen.
- Obst- und Gemüsebâtonnets mit dem Dressing vermengen – Körner unterziehen – abschmecken.

Heidensterz

Zutaten für 4 Portionen:
0,15 kg Buchweizenmehl
0,50 l Salzwasser

- Mehl in der Pfanne trocken rösten, bis es duftet – mit Salzwasser aufgießen – glatt rühren – ausquellen lassen.

Heidensterz schmeckt zum Frühstück, zum Kaffee und eignet sich als Suppeneinlage.

Gerste

Gerste wird vor allem in der Getränkeproduktion (Bier, Maltwhisky) eingesetzt. Da sie kein Klebereiweiß enthält, ist sie in der traditionellen Küche kaum verbreitet. Sie ist aber auf dem Speisenplan von Zöliakiepatienten zu finden.

Gerstenknödel

Zutaten für 4 Portionen:
0,50 kg mehlige Kartoffeln
0,05 kg Zwiebeln
0,05 kg Butter
0,15 kg Gerstenmehl
3 Dotter
Salz, Muskat
Garnierung:
Schnittlauch

- Kartoffeln dämpfen – schälen – pressen.
- Gehackte Zwiebeln anschwitzen.
- Alle Zutaten vermengen – Knöderln formen – ca. 15 min in Salzwasser kochen.

Gerste ist auch als Rollgerste bekannt

Hafer schmeckt durch trockenes Rösten nussartig, würzig.

Hafer

Hafer

Hafer ist in der Küche durch seine Flocken als Müsli und als Haferflockensuppe bekannt. Er kann vielseitig verwendet werden. Das Hafermehl ist allerdings weniger zum Backen geeignet und wird als Mehl in der Nudelproduktion verwendet.

Pistazienhafer

Zutaten für 4 Portionen:
0,25 kg Haferkörner
0,15 kg Frühlingszwiebeln
0,15 kg Stangensellerie
0,05 kg Butter
0,20 kg Erbsen (tiefgekühlt)
0,10 kg Pistazien
0,05 kg Parmesan
Garnierung:
Petersilie

- Hafer über Nacht einweichen.
- Zwiebeln hacken – Stangensellerie in Scheiben schneiden – alles in Butter anlaufen lassen – mit (Einweich-)Wasser aufgießen – Hafer beifügen.
- 30 min kochen – 30 min ziehen lassen – Erbsen in den letzten Minuten mitgaren.
- Pistazien unterrühren – mit geriebenem Parmesan abschmecken.

Darren = leichtes Trocknen bei mäßiger Wärme.

Roggen

Roggen ist schwerer verdaulich als Weizen und wird daher nicht so häufig verwendet. Durch Darren wird Roggen leichter verdaubar. Die Backfähigkeit von Roggenmehl ist gut. Es wird z. B. für Brot und Lebkuchen verwendet.

Nehmen Sie Weizen- und Roggenmehl in die Hand. Was fällt Ihnen auf? Beschreiben Sie die Unterschiede.

Zwiebelkuchen

Zutaten für 1 Blech:
Germteig:
0,25 kg Roggenvollmehl
0,25 kg Weizenmehl
0,04 kg Germ
1 TL Honig
0,125 l Öl
Wasser nach Bedarf
Belag:
1,30 kg Zwiebeln
0,04 kg Öl oder Butterschmalz
0,20 l Crème fraîche
0,12 l Schlagobers
6 Eier
Salz, Pfeffer, Kümmel

- Germteig herstellen (siehe S. 268) – gehen lassen.
- **Belag herstellen:** Zwiebeljulienne in Fett anrösten – überkühlen lassen – restliche Zutaten untermischen – herzhaft würzen.
- Germteig ausrollen – mit überkühlter Zwiebelmischung bestreichen – bei 200 °C ca. 35 min backen.

Roggen

Mais

Mais ist vor allem in Form von Popcorn oder Cornflakes bekannt. In der Küche wird auch Maisgrieß (Polenta) oder Maisstärke (Maizena) verwendet. Ganze Maiskörner wiederum werden unter Gemüse und Salate gemischt.

In Italien ist Polenta sehr beliebt. Wird sie mit Eidottern gebunden, in Scheiben ausgestochen, mit Parmesan bestreut und gratiniert, wird sie als Gnocchi alla romana bezeichnet.

Polenta

Zutaten für 4 Portionen:
0,40 l Wasser
Salz
0,02 kg Butter
0,15 kg Maisgrieß

- Wasser mit Salz und Butter aufkochen – Maisgrieß einlaufen lassen – fest einschlagen.
- Entweder sofort servieren oder auf ein Blech streichen – abkühlen lassen – Formen ausstechen oder schneiden – auf der Platte oder im Rohr ausbacken.

24 Teige und Massen

Feine Mehlspeisen verschiedenster Art, wie Bäckereien, Kuchen und Torten, lassen sich aus Teigen und Massen herstellen.

Die Basis von **Teigen** ist Mehl. Die Lockerung erfolgt durch Germ, Backpulver oder durch Wasserdampf, Luft und/oder Fett. **Massen** bestehen großteils aus Eiern, die als Ganzes oder getrennt mit anderen Zutaten schaumig gerührt bzw. geschlagen werden. Die Lockerung erfolgt durch das Einschlagen von Luft oder durch zusätzliche Beigabe von Backpulver bei Massen mit einem sehr hohen Fettanteil.

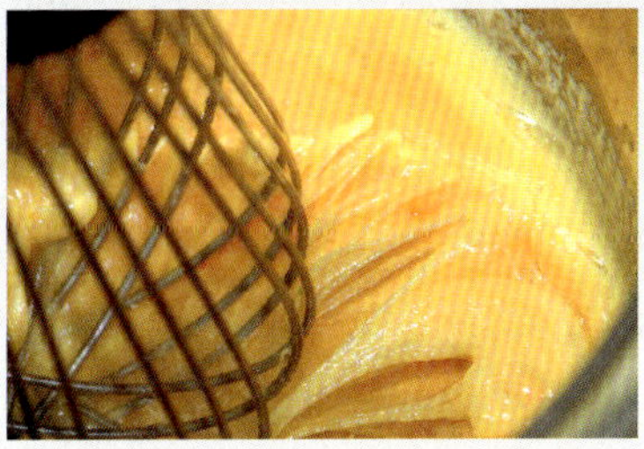

24.1 Übersicht über die Zutaten

Grundzutaten		
Mehl, Zucker, Fett, Eier		
Konsistenzbestimmende Zutaten	**Geschmack gebende Zutaten zum Verfeinern**	**Gewürze**
■ Treibmittel: z. B.Germ, Backpulver ■ Stärke ■ Flüssigkeit, z. B. Milch	■ Früchte ■ Nüsse, Mandeln ■ Honig, Sirup ■ Kakao, Kaffee, Schokolade ■ Spirituosen, Aromaten	■ Salz ■ Zitronen- oder Orangenzesten ■ Zimt, Nelken ■ Vanille(schote) ■ Muskat, Piment, Ingwer, Safran etc.
Im Handel erhältliche Convenienceprodukte		
Kokosette, Kuvertüre, Fondant, Nugat, Marzipan, Vanillezucker, vorbereitete Nüsse, geschnittene kandierte Früchte, Trockengerm, gemahlener Mohn, Lebensmittelfarbe, Zitronensäure, Aromaten etc.		

Vanille- oder Vanillinzucker – das ist hier die Frage
Vanillezucker wird mit echter Vanille hergestellt, Vanillinzucker mit synthetischem Vanillearoma.

1 Pkg. Vanillezucker = 8 g.
1 Pkg. Backpulver = 16 g.

Kokosette = österreichische Bezeichnung für Kokosraspeln.

24.2 Allgemeine Hinweise

Man kann Formen auch sparsam mit geschmacksneutralem Öl bepinseln.

Vorbereitung der Backformen

- **Backformen** dünn mit zerlassener Butter oder Margarine bepinseln, mit Mehl, Staubzucker oder Bröseln gleichmäßig ausstreuen, Form umdrehen und abklopfen.
- **Backbleche** mit Backtrennpapier belegen. Evtl. Blech mit Wasser leicht benetzen, um ein Verrutschen des Papiers zu verhindern. Oder die Bleche dünn befetten und bemehlen (z. B. für Hippengebäck). Zur Herstellung von höheren Massen oder Teigen mit Belag (z. B. Bienenstich) werden Backschienen (Kapselrahmen) zum Begrenzen verwendet.
- **Tortenringe** auf der Oberseite mit Backtrennpapier bespannen (= Boden) und dieses am Tortenring festdrehen (siehe Foto) oder mit Spagat fixieren. Torten in Tortenringen werden auf dem Blech gebacken.

Vorbereitung und Verarbeitung der Grundzutaten

- **Mehl:** Zur Herstellung von Teigen wird Weizenmehl der Type 480 oder 700 verwendet. Diese Mehle haben hohe Elastizität, eine gute Formbarkeit und binden viel Wasser. Massen werden meist aus Weizenmehl der Type 700 hergestellt. Das Mehl dient der Bindung und bewirkt eine grobe Porung. Der Kleber ist verantwortlich für das Gerüst und das Gashaltevermögen.
  Das **Sieben des Mehls** dient zur Auflockerung. Wird Backpulver oder Kakaopulver verwendet, wird dieses mit dem Mehl versiebt.
- **Stärke** bewirkt eine feinporigere Struktur des Backguts. Mehl und Stärke vorsichtig unter die Masse ziehen **(= melieren, unterziehen),** sonst fällt sie zusammen.
  Stärke (meist Maisstärke) wird dann beigemengt, wenn ein Teil des Mehls durch geriebene Mandeln, Nüsse und/oder geriebene Schokolade ersetzt wird.

Alle Teige und Massen können auch mit Vollkornmehl hergestellt werden. Die Ei- oder Flüssigkeitsbeigabe ist dann allerdings zu erhöhen. Ebenso müssen manche Teige aus Vollkornmehl bei Bedarf länger rasten.

- **Zucker:** wirkt geschmacksverbessernd, bewirkt eine bessere Bräunung, dient der Germ als Nahrung und erhöht die Festigkeit des Eischnees.
  Das **Sieben** von **Staubzucker** dient zur Vermeidung von Zuckerklümpchen. Bei Verwendung von Backzucker entfällt das Sieben.
- **Fett:** Bei der Teigherstellung beeinflussen kleinere Mengen an Fett die Klebereigenschaften positiv, größere Mengen hingegen bewirken ein geringeres Gashaltevermögen. Massen werden durch Zugabe von Fett (Butter oder Margarine) saftig. Durch das Flaumigrühren des Fettes wird Luft eingeschlagen, die eine Lockerung ergibt. Die Idealtemperatur zum Flaumigrühren liegt bei ca. 20 °C (Raumtemperatur).
  Als **Abtrieb** bezeichnet man flaumig gerührte Butter oder Margarine, in die Staubzucker und nach und nach Eier oder Eidotter eingerührt werden. Die Eier sollten ebenfalls Raumtemperatur aufweisen, damit sie sich besser mit dem Fett verbinden und der Abtrieb nicht gerinnt.

Das Fett ist flaumig, wenn es heller wird.

- **Eier:** Bei **Teigen** bewirken Eidotter eine Geschmacksverbesserung und dienen der Mürbung und der Farbgebung. Bei **Massen** wirken die Eier Volumen bildend. Eidotter macht die Massen durch den Lezithin- und Fettgehalt saftig. Eiklar in Form von Eischnee dient der Lockerung. DIe Festigkeit des Eiklars wird durch die Zugabe von Zucker oder etwas Salz unterstützt.
  - **Schnee schlagen:** Eiklar und Eidotter sorgfältig trennen. Es darf kein Eidotter zum Eiklar gelangen! In einer fettfreien Schüssel zu Schnee schlagen.
  - **Schnee schlagen unter Zugabe von Zucker:** Schnee halbfest schlagen, nach und nach Kristallzucker zugeben und fertig ausschlagen. Zwischendurch immer gut durchschlagen, damit sich der Zucker löst.
  - Wird die Zuckermenge gleich von Beginn an mit dem Eiklar zu Schnee geschlagen, bleibt das Volumen etwas geringer, aber das Standvermögen und das Backergebnis sind wesentlich besser.
  - **Schnee unterziehen:** Ein Viertel des Schnees mit der Eidottermasse oder dem Abtrieb verrühren. Restlichen Schnee vorsichtig unterziehen.

Kennzeichen, dass der Schnee fest genug ist: Ein Messerschnitt ist deutlich sichtbar.

Manchmal wird in Rezepten auch „schmieriger Schnee" angegeben. Das bedeutet dickcremig.

Vorbereitung und Verarbeitung von Geschmack gebenden Zutaten und Gewürzen

Früchte und Marmelade

- **Getrocknete Früchte,** meist Rosinen, Sultaninen oder Korinthen, in heißem Wasser waschen, in Wasser oder Alkohol (z. B. Rumrosinen) einweichen und abseihen. Um ein Absinken der Früchte zu vermeiden, diese vor der Beigabe mit Mehl mischen.
- **Kandierte Früchte:** Aranzini, Zitronat oder Speisekürbis werden feinwürfelig geschnitten als Einlage für Bischofsbrot, Teekuchen, Christstollen u. Ä. verwendet. Kirschen werden meist als Dekor verwendet.
- **Marmelade:** Zum Füllen oder Aprikotieren die Marmelade (ohne Fruchtstückchen) aufkochen und heiß verwenden. **Aprikotieren:** Die Gebäckoberfläche wird dünn mit heißer, evtl. passierter Marillen-(Aprikosen-)Marmelade (von ihr stammt auch die Bezeichnung) bestrichen. Dazu verwendet man für Gebäck einen Pinsel, für Torten und Schnitten eine Palette. Durch das Aprikotieren erhält man einen glatten Untergrund, der sowohl ein Austrocknen des Gebäcks als auch der Glasur verhindert. Die Glasur hält besser, kann nicht brüchig werden und bleibt glänzend.

Sultaninen = getrocknete Weinbeeren. Sie sind größer und süßer als Rosinen.

Korinthen = getrocknete, kleine, feinhäutige, dunkle, kernlose Weinbeeren. Sie sind nicht so süß wie Rosinen.

Kandierte Früchte sind vor allem Bestandteile weihnachtlicher Bäckereien

Nüsse

- **Geschälte Mandeln:** Kerne blanchieren, ziehen lassen, bis sich die Haut löst. Haut abziehen und Mandeln gut trocknen lassen. Im Ganzen, gerieben, gehackt, gehobelt oder gestiftelt verarbeiten. Für Dekorzwecke in einer Pfanne trocken hellbraun rösten.
- **Geröstete Haselnüsse:** Kerne im Backrohr bei 200 °C ca. 5–10 min rösten. Dadurch erhalten sie einen kräftigeren Geschmack, die Schale löst sich und lässt sich mit einem Küchentuch abreiben. Im Ganzen, gehackt oder gerieben verarbeiten.
- **Walnüsse:** Die getrockneten Kerne werden gehackt, gerieben oder im Ganzen verwendet. Frische Kerne schälen – die Schale ist bitter!

Schokolade

Meist Haushalts-, aber auch dunkle, helle oder weiße Schokolade (bzw. Kuvertüre) reiben, hacken, schneiden oder im Wasserbad bzw. in der Mikrowelle schmelzen.

Spirituosen und Aromaten

Spirituosen wie Obstgeist, Likör oder Rum müssen von guter Qualität sein und geben Massen und Teigen ein feines Aroma.

Zum Backen gibt es auch konzentrierte Aromaten, wie Rum-, Kaffee-, Vanille- oder Orangenaromat.

Achtung bei der Dosierung von Aromaten! Nicht zu viel nehmen!

Salz

Salz kann jedem Teig und jeder Masse beigefügt werden. Es wirkt geschmacksverbessernd und kleberfestigend.

Backvorgang

- **Backformen füllen:** Damit die Masse oder der Teig nicht überläuft, werden Formen nur zu etwa zwei Dritteln gefüllt.
- **Wegsetzen von geformten Teigstücken auf ein Backblech:** Backwaren, die aufgehen, wie z. B. Blätter-, Plunder- und Germteigprodukte oder Lebkuchen, mit reichlichem Abstand wegsetzen, damit sie beim Backen nicht zusammenlaufen.
- **Backen:** Wichtig sind **Backtemperatur** und **Backzeit.** Beide sind abhängig von der **Backtechnik** (Heißluft, Ober- und Unterhitze oder Fett) und der Art, Form und Größe der Backwaren. Backrohr immer bis auf die angegebene Backtemperatur vorheizen.
  - **Backen bei geschlossenem Backrohr:** Der beim Backen entstehende Dampf lockert das Backgut, verhindert eine zu schnelle Krustenbildung (Oberfläche bleibt dehnbar) und fördert dadurch die Volumenentwicklung.
    Diese Backmethode wird vor allem für Brandteig, Germteig und Blätterteig angewendet.
  - **Backen bei eingehängtem Backrohr:** Der sich entwickelnde Dampf kann entweichen, die Oberfläche der Backwaren bleibt glatt. Auf diese Art werden Aufläufe, Puddings, Windmassen, Baisers u. Ä. gebacken.
  - **Blind backen:** Bei dieser Backtechnik wird das Backgut ohne Füllung vorgebacken. In die mit Teig (vor allem Mürbteig) ausgelegten Formen provisorisch Backpapier einlegen und mit getrockneten Hülsenfrüchten (Erbsen oder Linsen) oder Backperlen füllen. Durch das Beschweren geht der Teig nicht zu stark auf und behält während des Backens seine Form.

Blind backen

- **Garproben:** Garproben werden zur Bestimmung der Gar- bzw. Backzeit vorgenommen. Um das Backergebnis nicht zu gefährden, sollte man sie frühestens nach zwei Dritteln der vorgesehenen Backzeit durchführen.
  - **Nadelprobe:** Die Nadelprobe wird nur bei höheren Kuchen und Torten angewendet. Dazu mit einer Rouladennadel oder einem Holzstäbchen die Mitte der Masse anstechen. Diese ist durchgebacken, wenn an der Nadel oder dem Stäbchen nichts mehr haften bleibt.
  - **Druckprobe:** Die Druckprobe eignet sich für Massen, die nicht höher als maximal 15–20 mm sind (z. B. Rouladenbiskuit). Die Oberfläche mit dem Finger leicht eindrücken – verschwindet die Druckstelle sofort wieder, ist das Backgut gar, bleibt die Delle, ist das Backgut innen noch nicht durchgebacken.

Backgut, das sich von der Backform löst, ist meist fertig gebacken. Dennoch sollte man zur Sicherheit eine Nadelprobe durchführen. Muss die Backzeit verlängert werden, sollte man die Oberfläche des Backguts mit Alufolie abdecken, damit sie nicht zu dunkel wird.

- **Stürzen von Kuchen:** Die Kuchen zur Stabilisierung der Masse kurz (maximal 5 min) in der Form überkühlen lassen. Glasiergitter auflegen und Form zügig, aber vorsichtig umdrehen (zum Anfassen trockene Küchentücher verwenden!).
- **Auskühlen:** Vor der Weiterverarbeitung (Füllen, Belegen, Glasieren etc.) lässt man das Backgut auskühlen. Ausnahmen: Backwaren, die noch heiß bezuckert werden, wie z. B. Vanillekipferln, damit der Zucker besser haftet, oder Plunder- und Blätterteiggebäck, das noch heiß aprikotiert und glasiert wird.
- **Schneiden von Kuchen, Torten und anderen Mehlspeisen:** Einen sauberen Schnitt erzielt man bei mit Creme oder Glasur ausgefertigten Kuchen und Torten, wenn man das Messer in heißes Wasser taucht, es abtrocknet und anschließend schneidet.

25 Teige

25.1 Einteilung der Teige nach der Herstellung

Herstellungsverfahren	
Rühren	**Kneten**
▪ Palatschinkenteig ▪ Waffelteig ▪ Omeletten- bzw. Schmarrenteig ▪ Backteige ▪ Brandteige ▪ Feiner gerührter Germteig	▪ Nudelteig ▪ Strudelteig ▪ Topfenmürbteig ▪ Mürbteige ▪ Lebkuchenteig ▪ Kartoffelteig ▪ Topfenteig ▪ Germteige ▪ Blätterteig, Butterteig ▪ Plunderteig

25.2 Palatschinkenteig

Vergleichen Sie den Palatschinkenteig mit dem Tropfteig und dem Frittatenteig (siehe S. 195). Wo liegt der wesentliche Unterschied?

Die Teigkonsistenz ist vergleichbar mit ungeschlagenem Obers.

Zutaten für ca. 10 Palatschinken:	GRUNDREZEPT
0,12 kg Mehl 0,25 l Milch 1–2 Eier Salz 0,02 kg Kristallzucker, je nach Geschmack 0,06 kg Butter oder Margarine, zerlassen, zum Backen	▪ Mehl, Salz, evtl. Zucker mit der halben Milchmenge glatt rühren – restliche Milch und Eier einrühren – kurz quellen lassen. ▪ Palatschinkenpfanne erhitzen – zerlassene Butter eingießen – überschüssige Butter abgießen (weiterverwenden!) – etwas Teig mit einem Schöpflöffel eingießen, durch Drehen der Pfanne gleichmäßig dünn verteilen – goldgelb anbacken, umdrehen und fertig backen. ▪ Butter eingießen – Pfanne ausschwenken – überschüssige Butter abgießen – Backvorgang wiederholen. ▪ Palatschinken übereinandergelegt warm halten (evtl. zugedeckt über Dampf), bis der Teig aufgearbeitet ist. ▪ Vor dem Anrichten füllen – falten – garnieren.

Falttechniken für Palatschinken und Crêpes

Gerollt

Halbiert

Geviertelt

Zur Tüte geformt

Anmerkungen

- Ein Schuss Mineralwasser macht den Teig flaumiger. Man kann auch einen Teil der Milch durch Schlagobers ersetzen oder durch Zugabe von etwas Fett verfeinern.
- Den Teig zuerst eher dick zubereiten und dann mit Flüssigkeit die Konsistenz bestimmen. So vermeiden Sie Mehlklumpen. Sollten sich trotzdem Mehlklumpen bilden, den Teig durch ein Sieb streichen.
- Lässt man den Teig rasten, lässt er sich leichter ausbacken.
- Beim Ausbacken darauf achten, dass das Fett nicht zu heiß wird, da sonst der Teig nicht gleichmäßig verlaufen kann und die Palatschinke kleine Blasen bekommt.

Pikant gefüllte Palatschinken siehe S. 173 und 178.

Füllungen
- Beliebige Marmelade,
- weiche Nussfüllung (siehe S. 287),
- Vanilleeis,
- Erdbeermark mit geschlagenem Obers,
- Staubzucker vermischt mit geriebenen gerösteten Haselnüssen (Budapester Palatschinken).

Crêpes Suzette sind flambierte Crêpes mit Orangenschale und -saft

Überbackene Topfenpalatschinken

Zutaten für 4 Portionen:	
Grundrezept Palatschinkenteig	
Füllung:	
0,04 kg Butter	
0,03 kg Staubzucker	
3 Eidotter	
0,25 kg Topfen (20 % F. i. T.)	
0,12 kg Sauerrahm	
Zitronenzesten, Vanillezucker, Salz	
0,03 kg Rumrosinen	
3 Eiklar	
0,05 kg Kristallzucker	
Royale:	
0,05 l Milch	
0,10 l Sauerrahm	
1 Ei	
0,04 kg Kristallzucker	
Vanillezucker	
Staubzucker zum Bestreuen	

- Palatschinken laut Grundrezept zubereiten.
- **Zubereitung der Füllung:** Butter, Staubzucker und Eidotter flaumig rühren – Topfen, Sauerrahm, Zitronenzesten, Vanillezucker und Salz kurz einrühren – Rumrosinen beigeben – Eiklar mit Kristallzucker zu Schnee schlagen – unterziehen.
- Palatschinken mit Füllung bestreichen – einrollen – in der Mitte durchschneiden – dachziegelartig in eine mit Butter bestrichene feuerfeste Form schlichten – 10 min bei 160 °C im vorgeheizten Rohr anbacken.
- **Zubereitung der Royale:** Milch, Sauerrahm, Ei, Zucker und Vanillezucker verrühren.
- Mit Royale übergießen – ca. 30 min fertig backen – bezuckern.

Royale = eine Mischung aus Schlagobers oder Milch mit Zucker und Eiern. Sie wird als Überguss für gebackene Süßspeisen verwendet und stockt beim Erhitzen.

Andere Möglichkeit der Zubereitung
Befettetes Portionsförmchen mit einer Palatschinke auslegen, füllen, an der Oberseite zusammenschlagen, backen, aus der Form gestürzt servieren.

25.3 Waffelteig

Süßer Waffelteig

Zutaten für 8–10 Stück:	
0,12 kg weiche Butter	
0,08 kg Staubzucker	
Vanillezucker, Salz, Zitronenzesten	
4 Eier	
0,25 kg Mehl	
½ Pkg. Backpulver	
Ca. 0,20 l Milch, Buttermilch oder (Mineral-)Wasser	
Öl für das Waffeleisen	

GRUNDREZEPT

- Butter, Staubzucker, Vanillezucker, Salz und Zitronenzesten flaumig rühren – Eier nach und nach einrühren.
- Mehl, mit Backpulver versiebt, abwechselnd mit der Flüssigkeit unterrühren. So viel Flüssigkeit beigeben, dass der Teig eine dünnflüssige Konsistenz hat.
- Den Waffelteig 15 min rasten lassen.
- Waffeln im Waffeleisen bei 180 °C ca. 3 min backen.
- Portionsweise heiß vollenden und sofort servieren.

Mineralwasser macht die Waffeln besonders knusprig.

Süße Waffeln können auch aus Brandteig (siehe Brandteig zum Backen im Rohr, S. 257) hergestellt werden.

Pikante Waffeln (Teig ohne Zucker zubereitet) sind eine besondere Zugabe für kalte Vorspeisen und können als Kuvertgebäck anstelle von Brot oder Toast serviert werden.

Omeletten müssen immer frisch zubereitet werden, da sie sehr leicht zusammenfallen.

Die Omelette bzw. der Schmarren kann auch auf dem Herd goldbraun gebacken werden; nach halber Backzeit wenden.

Mazerieren = macérer (französ.); Früchte, Biskuits etc. mit Alkohol, Läuterzucker oder aromatischen Flüssigkeiten tränken oder befeuchten und ziehen lassen.

Backen in Fett siehe S. 133. Tempurateig siehe S. 207.

Vollkornwaffeln

Zutaten für ca. 8 Stück:
0,12 kg Butter
3 Eidotter
0,25 kg Weizenvollkornmehl
0,25 l Milch
3 Eiklar
1 Msp. Backpulver
Öl für das Waffeleisen

- Butter flaumig rühren – Eidotter nach und nach einrühren – Mehl, mit Backpulver versiebt, beigeben – Milch einrühren.
- Ca. 30 min quellen lassen – Eiklar zu Schnee schlagen – unterziehen.
- Waffeln im Waffeleisen backen.
- Teilen und heiß mit kalter Sauce oder Dipsauce (siehe S. 203) servieren.

25.4 Omeletten- bzw. Schmarrenteig

Zutaten für 2 Portionen:
0,12 kg Mehl
Salz
½ Pkg. Vanillezucker
4 Eidotter
0,25 l Milch (Butter- oder Sojamilch)
4 Eiklar
0,04 kg Kristallzucker
Butter, zerlassen, zum Backen

GRUNDREZEPT

- Mehl, Salz, Vanillezucker, Eidotter und Milch glatt rühren.
- Eiklar und Zucker zu Schnee schlagen – unterziehen.
- In eine mit Butter bepinselte heiße Pfanne ca. 2 cm hoch gießen – im vorgeheizten Backrohr bei 180 °C ca. 8 min backen.
- Für Schmarren mit zwei Gabeln in Stücke teilen.

Gefüllte Omeletten

- Omeletten mit in Würfel geschnittenen, evtl. mit in Alkohol mazerierten Früchten oder Eiscreme füllen.
- Zusammenklappen – mit leicht gesüßtem geschlagenem Obers garnieren.

Kaiserschmarren

- Schmarrenteig nach dem Eingießen in die Pfanne mit 0,04 kg Rosinen bestreuen.
- Nach dem Backen in Stücke teilen – mit 0,02 kg Zucker und evtl. Zimt bestreuen und durch Schwenken oder im Backrohr bei 220 °C kurz karamellisieren lassen.

25.5 Backteige

Wein-, Bier-, Most- oder Milchbackteig

Zutaten für ca. 0,40 kg vorbereitetes Backgut – ca. 4 Portionen:
0,12 kg Mehl
0,15 l Flüssigkeit (Weißwein, Bier, Most, Milch)
1 Eidotter
0,02 l Öl
Vanillezucker, Salz
1 Eiklar
0,02 kg Kristallzucker
Butterschmalz oder Öl zum Backen

GRUNDREZEPT

- Mehl, zwei Drittel der Flüssigkeit, Eidotter, Öl, Vanillezucker und Salz zu einem glatten, dickflüssigen Teig verrühren – restliche Flüssigkeit dazugeben, bis die gewünschte Konsistenz erreicht ist.
- Eiklar mit Kristallzucker zu Schnee schlagen – unterziehen.
- Vorbereitete Einlage (in mundgerechte Stücke geteilt, mariniert bzw. gewürzt) durch den Backteig ziehen.
- In Fett schwimmend bei ca. 160–170 °C goldbraun backen.
- Auf einem Glasiergitter mit Küchenkrepppapier gut abtropfen lassen.

Anmerkungen

- Backteige nur kurz, d. h. so lange wie unbedingt notwendig, rühren, da sie sonst zäh werden.
- Für den Weinbackteig kann die Hälfte des Weins auch durch Apfelsaft ersetzt werden (= Apfel-Wein-Backteig).

Einlagen für Wein-, Most- oder Milchbackteig

- Apfelspalten,
- Hollerblüten,
- Bananen,
- Feigen,
- Marillen etc.

Gebackene Apfelradeln

Zutaten für 4 Portionen:	
Grundrezept Wein-, Most- oder Milchbackteig	- Geschälte, entkernte Äpfel in 1 cm dicke Scheiben schneiden. - Durch Wein-, Most- oder Milchbackteig ziehen. - 2 min frittieren – abtropfen lassen – mit Zimtzucker bestreuen.
4 Äpfel	
Zimtzucker zum Bestreuen	

Wein-, Most- und Bierbackteig ohne Vanillezucker und Zucker zubereitet eignen sich für pikante Einlagen, wie Zucchini, bissfest vorgegarte Karotten, Pilze, Käse, Fleisch, Fisch, Innereien.

25.6 Brandteige

Brandteig ist der einzige Teig, bei dem die Verkleisterung der Stärke und die Gerinnung des Klebers durch den Brühvorgang schon vor dem Backen stattfinden. Die Gebäcke sind leicht, großporig und voluminös. Die Lockerung erfolgt durch Wasserdampf.

Brandteige werden auch als Brandmassen bezeichnet.

Sie können

- **im Rohr,**
- **in heißem Fett gebacken** oder
- **in Wasser gekocht**

werden.

In Fett gebackener Brandteig wird mit Milch statt Wasser abgebrannt. Der in der Milch enthaltene Milchzucker (Laktose) trägt zusätzlich zur Bräunung des Backgutes bei.

Herstellung

- **Flüssigkeit** (Wasser, Milch), **Fett** (Butter, Margarine) und **Salz** aufkochen.
- Gesiebtes **Weizenmehl** (Type 700, kleberreich) mit einem Kochlöffel einrühren.
- Abbrennen, bis sich die Masse vom Geschirr löst und am Topfboden ein weißer Belag entsteht – überkühlen lassen.
- **Eier** versprudeln und nach und nach bis zur gewünschten Konsistenz einrühren.

Die Eiermenge kann nicht genau festgelegt werden, da mit der Eizugabe die Konsistenz bestimmt wird und die Festigkeit vom Abbrennen abhängt.

Brandteig zum Backen im Rohr

Zutaten für ca. 10 Stück (je nach Größe):	GRUNDREZEPT
0,125 l Wasser	- Brandteig herstellen. - Auf vorbereitetes Blech dressieren (Formen siehe nächste Seite). - Das Backblech mit Wasser besprengen und das Gebäck im Backrohr mit Heißluft bei 200 °C sofort anbacken, bis das Gebäck aufgegangen ist und sich eine Kruste gebildet hat – das Backrohr so lange nicht öffnen. - Bei 160–180 °C ausbacken. Das Gebäck ist gar, wenn es sich vom Blech löst und bei Durchführung der Klopfprobe hohl klingt. - Auskühlen lassen und dem Gebäck entsprechend füllen und garnieren.
0,03 kg Butter	
Salz	
0,07 kg Mehl	
2–3 Eier	

Durch das Besprengen des Backblechs mit Wasser entsteht zusätzlicher Wasserdampf, der der Lockerung dient. Im Konvektomaten geschieht dieser Vorgang automatisch.

Wussten Sie, dass ...
Eclair übersetzt „Liebesknochen" heißt?

Brandteigkrapferl können auch pikant, z. B. mit Käsecreme, gefüllt werden.

Füllcremen in Geschmack und Farbe auf die jeweilige Glasur abstimmen, z. B. mit Kaffeefondant (siehe S. 289) glasierte Eclairs mit Kaffeeoberscreme füllen.

Gebäck aus Brandteig zum Backen im Rohr

Bezeichnung	Dressierform	Fertigstellung
Eclairs	Mit einer Sterntülle 6–8 cm lange Stangen auf ein mit Backpapier ausgelegtes Blech dressieren.	Erkaltetes Gebäck mit Fondant glasieren, durchschneiden, mit leicht gesüßtem geschlagenem Obers oder geschlagener Oberscreme (siehe S. 283) füllen.
Brandteigkrapferln (Windbeutel) oder -ringe	Mit einer großen Sterntülle Krapferln, Rosetten oder Ringe dressieren.	Erkaltetes Gebäck durchschneiden, mit geschlagenem Obers, das mit Spirituosen aromatisiert oder mit Fruchtmark versetzt ist, oder Oberscreme füllen und bezuckern.
Profiterolen	Mit einer Loch- oder Sterntülle kleine Krapferln dressieren.	Ungefüllt als Suppeneinlage verwenden. Oder an der Unterseite anstechen und mit leicht gesüßtem geschlagenem Obers füllen, anrichten und zur Hälfte mit Schokoladesauce (siehe S. 301) nappieren.

Brandteig zum Backen in Fett

Zutaten für ca. 4–8 Stück:	GRUNDREZEPT
0,125 l Milch	■ Brandteig herstellen.
0,02 kg Butter	■ Je nach Rezept weiterverarbeiten.
Salz, Rum	
0,07 kg Mehl	
2–3 Eier	
0,30 kg Fett zum Backen	

Spritzkrapfen oder Strauben

- Brandteig zum Backen in Fett herstellen.
- Teig mit Dressiersack auf ein Backtrennpapier (in der Größe des Fettbades) dressieren – mit der Papierseite nach unten in das Backfett legen – Papier vor dem Wenden abziehen – unter zwei- bis dreimaligem Wenden goldgelb backen.
- Gebäcke auf Glasiergitter mit Küchenkrepppapier abtropfen lassen und bezuckern.
- **Spritzkrapfen:** mit mittelgroßer Sterntülle dressierte Ringe (Ø 4–5 cm).
- **Strauben:** mit einer großen Sterntülle ca. 7 cm lange Stäbe aufs Backtrennpapier oder direkt in das heiße Backfett dressieren.

Spritzkrapfen

Brandteig zum Kochen

Zutaten für 4–8 Knödel oder Tascherln:	GRUNDREZEPT
0,125 l Wasser	■ Brandteig herstellen.
0,01 kg Butter	■ Je nach Rezept weiterverarbeiten.
Salz	
0,08 kg Mehl	
1 Ei	

Obstknödel

Grundrezept Brandteig zum Kochen	
Ca. 0,50 kg vorbereitete Früchte (Marillen, Zwetschken, Erdbeeren etc.)	■ Brandteig zum Kochen herstellen. ■ Aus dem Teig eine Rolle formen – je nach Anzahl der Früchte in gleich große Stücke teilen – flach drücken. ■ Vorbereitete Früchte darauflegen – Knödel formen, dabei die Ränder gut schließen. ■ In schwach kochendem Salzwasser ca. 10–15 min ziehen lassen. ■ **Zubereitung der Butterbrösel:** Fett erhitzen – Brösel und Zucker gut rösten, bis der Zucker karamellisiert, die Brösel knusprig sind und aromatisch duften. Evtl. mit Zimt verfeinern. ■ Knödel abtropfen lassen – in den Butterbröseln wälzen – anrichten und bezuckern.
Butterbrösel:	
0,06 kg Butter	
0,06 kg Semmelbrösel	
0,01 kg Zucker	
Evtl. Zimt (je nach Süßspeise)	

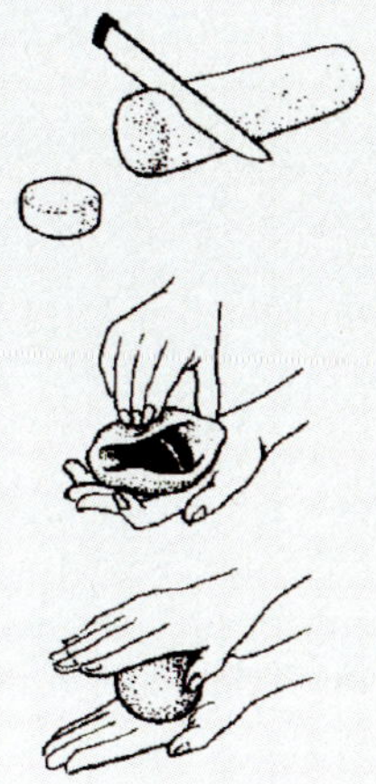

Knödelfüllungen
- Entsteinte, mit Würfelzucker oder Marzipanrohmasse gefüllte Marillen,
- Zwetschken,
- kleine Pfirsiche,
- Himbeeren (4–5 Stück pro Knödel),
- frische Erdbeeren oder
- in Grand Marnier getauchte, in Kristallzucker gewälzte tiefgekühlte Erdbeeren,
- Pralinen etc.

Obstknödel eignen sich hervorragend zum Tiefkühlen. Die verwendeten Früchte sollten jedoch nicht zu groß und wasserreich sein. Die Knödel roh einfrieren und bei Bedarf frisch kochen.

Tascherln
- Brandteig zum Kochen herstellen.
- Brandteig 3 mm dünn ausrollen – rund ausstechen (Ø 8 cm).
- Füllung aufdressieren – Ränder mit Ei bestreichen – zusammenlegen – festdrücken.
- In schwach kochendem Salzwasser ca. 6–8 min ziehen lassen.
- In Butterbröseln wälzen und leicht bezuckern.

Füllungen für Tascherln
- Powidl,
- Himbeer-, Orangen-, Sauerkirschen-, Preiselbeermarmelade,
- Mohn-, Nuss- oder Topfenfüllung (siehe S. 286).

25.7 Nudelteig

Zutaten für ca. 0,40 kg Teig:	GRUNDREZEPT
0,25 kg griffiges Mehl oder Nudelmehl	■ Zutaten zu einem glatten, geschmeidigen Teig kneten. Zu kleinen Laibchen formen und diese schleifen, bis der Teig seidig glatt ist. ■ Mit einem feuchten Tuch abdecken oder in Frischhaltefolie einschlagen – 30 min rasten lassen. ■ Auf bemehlter Arbeitsfläche dünn ausrollen – ca. 10 min übertrocknen lassen. ■ In die gewünschte Form schneiden oder ausstechen. ■ Zur längeren Aufbewahrung locker auf einem bemehlten Tuch oder engmaschigen Trockengitter ausbreiten und vollständig trocknen lassen. ■ Teigwaren in reichlich Salzwasser (0,10 kg Teigwaren auf 1 l Wasser und 1 EL Salz) al dente kochen. Frisch hergestellter Nudelteig benötigt eine wesentlich geringere Kochzeit (ca. 2–3 min). Abseihen – evtl. abfrischen – noch heiß in Butter oder Öl schwenken.
Evtl. Salz	
3 Eier	
1 EL Olivenöl	
Mehl zum Ausarbeiten	

Schleifen = den Teig unter der Handfläche auf der Arbeitsfläche drehen, bis eine besonders glatte Oberfläche entstanden ist.

Spezielle Nudelmaschinen erleichtern das Ausrollen und Schneiden des Nudelteiges. Verschiedene Aufsätze ergeben unterschiedliche Nudelarten.

Durch Beigabe von gehackten Kräutern kann man den Teig geschmacklich verändern.

Anmerkungen

- Auf Vorrat hergestellten Nudelteig nicht salzen.
- Je höher der Eianteil, desto besser die Qualität der Teigware.
- Für Tascherln (Ravioli, Topfentascherln, Kasnudeln) den Teig etwas weicher halten.

Färben von Nudelteig
- **Grüne Nudeln:** Grundteig mit passiertem Spinat; die Eimenge reduzieren.
- **Rote Nudeln:** Grundteig mit Tomatenmark; die Eimenge reduzieren.
- **Schwarze Nudeln:** Grundteig mit Sepiatinte.

Sepiatinte = schwarze Flüssigkeit im Drüsenbeutel (Tintensack) des Tintenfisches (siehe auch S. 109); im Fachhandel erhältlich.

25.8 Strudelteig

Zutaten für 1 Strudel:	GRUNDREZEPT
0,15 kg glattes Mehl, Type 700	- Alle Zutaten zu einem glatten, seidigen, eher weichen Teig verarbeiten (siehe Tropfenprobe).
0,01 l Öl	- Ein Laibchen formen und schleifen (siehe S. 259).
Salz	- Oberfläche mit Öl bestreichen und zugedeckt unter einem vorgewärmten Geschirr mindestens 30 min rasten lassen.
Ca. 0,10 l lauwarmes Wasser	- Auf einem bemehlten Strudeltuch gleichmäßig länglich ausrollen – mit Öl dünn bestreichen.
Mehl zum Ausarbeiten	- Mit bemehlten Handrücken unter den Teig greifen und von der Mitte aus gegen den Rand hin durchscheinend dünn rechteckig ausziehen.
Butter, zerlassen, oder Öl für die Form und zum Bestreichen	- Die Füllung auf ein bis zwei Dritteln der Teigfläche verteilen. Bei Obstfüllungen den Teig vor dem Auftragen der Füllung mit Butterbröseln bestreuen. Streichfüllungen, wie Topfen-, Grieß-, Mohnfüllungen u. Ä., werden direkt auf den Teig gestrichen.
Zutaten für 1 Strudel aus Weizenvollkornmehl:	- Die restliche Teigfläche mit zerlassener Butter bestreichen.
0,15 kg Weizenvollkornmehl, gesiebt	- Dicke Teigränder abschneiden – Seitenränder leicht einschlagen – Strudel mithilfe des Tuches aufrollen.
0,02 l Öl	- Mit dem Schluss nach unten in eine befettete Pfanne oder auf ein befettetes Randblech legen.
Salz	- Mit zerlassener Butter bestreichen – im vorgeheizten Backrohr backen.
Ca. 0,10 l lauwarmes Wasser	
Evtl. 1 Ei	

Strudelteig, der bereits am Vortag zubereitet wird, etwas fester halten und eingeschlagen in Klarsichtfolie im Kühlschrank aufbewahren.

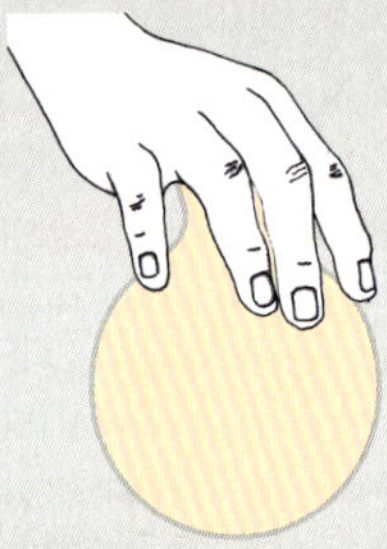

Tropfenprobe
Wenn sich der Teig langsam tropfen- oder birnenförmig löst, ist die Teigkonsistenz ideal.

Die Ölbeigabe verhindert ein zu schnelles Abtrocknen des Teiges. Keine kalt gepressten Öle verwenden! Der Teig lässt sich sonst sehr schlecht ziehen. Wird nach dem Ausrollen der Teig nochmals mit Öl dünn bestrichen, wird das Ausziehen des Teiges erleichtert.

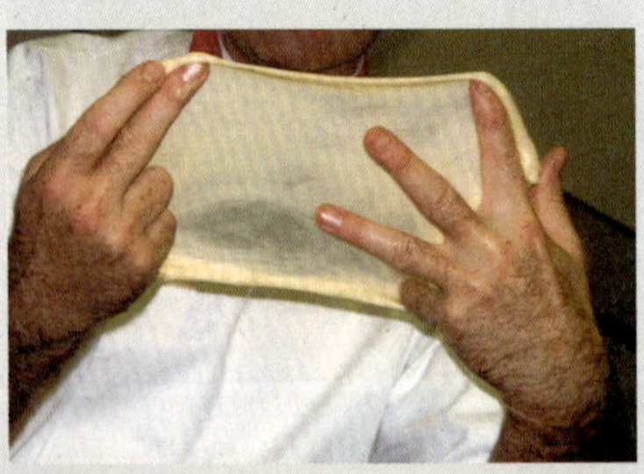

Backtemperatur und Backzeit
- **Obststrudel:** 180–200 °C, ca. 40 min
- **Strudel mit Streichfüllung:** 160–180 °C, 50 min

Apfelstrudel

Zutaten für 1 Strudel:	GRUNDREZEPT
Grundrezept Strudelteig	- Strudelteig herstellen und rasten lassen.
Rohe Apfelfüllung aus 0,75 kg Äpfeln (siehe S. 286)	- Apfelfüllung und Butterbrösel zubereiten.
0,10 kg Butterbrösel (siehe S. 259)	- Strudelteig ausziehen – füllen – backen.
Butter, zerlassen, zum Bestreichen	- Portionieren – bezuckern.
Staubzucker zum Bestreuen	

ABLEITUNGEN

Alt-Wiener Apfelstrudel: Apfelfüllung mit 0,125 l Sauerrahm besprenkeln.
Rhabarberstrudel: 0,60 kg geschälter, in 15 mm breite Stücke geschnittener Rhabarber, 0,10 kg Kristallzucker, 0,10 kg Rosinen, 0,06 kg Toastbrotwürfel.
Kirschenstrudel: 0,70 kg entsteinte Kirschen oder Weichseln, ca. 0,10 kg Kristallzucker, Zimt, 0,05 kg gehackte Mandeln, 0,05 kg Toastbrotwürfel.
Heidelbeerstrudel: 0,60 kg Heidelbeeren, 0,15 kg Ribiseln, 0,12 kg Kristallzucker, 0,08 kg Toastbrotwürfel.
Weintraubenstrudel: 0,75 kg kernlose dünnschalige Weintrauben, Nussbiskuitmasse aus 3 Eiern (siehe S. 278) anstelle von Butterbröseln.

Apfelstrudel

Topfenstrudel

Zutaten für 1 Strudel:	
Grundrezept Strudelteig	GRUNDREZEPT
Füllung:	▪ Strudelteig herstellen – rasten lassen. ▪ **Zubereitung der Füllung:** Flaumigen Abtrieb herstellen – Topfen und Vanillepuddingpulver beigeben – glatt rühren – Rosinen untermischen. ▪ Steifen Schnee unterziehen. ▪ Strudelteig laut Grundrezept ausziehen – füllen – backen. ▪ Portionieren – bezuckern.
0,10 kg Butter	
0,08 kg Staubzucker	
Vanillezucker	
3 Eidotter	
Zitronenzesten	
0,75 kg Topfen (20 % F. i. T.)	
0,03 kg Vanillepuddingpulver	
0,05 kg Rosinen	
Salz	
3 Eiklar	
Butter, zerlassen, zum Bestreichen	
Staubzucker zum Bestreuen	
Grundrezept Topfenstrudel	ABLEITUNGEN **Milchrahmstrudel** ▪ Zubereitung siehe Topfenstrudel. ▪ Milchrahmstrudel nach 20 min mit Royale übergießen und fertig backen.
anstelle 0,75 kg Topfen 0,50 kg Topfen und 0,25 l Sauerrahm	
Royale:	
0,25 l Milch	
3 Eier	
0,03 kg Kristallzucker	
Vanillezucker	
Salz	
Grundrezept Topfenstrudel	**Topfen-Marillen-Strudel** ▪ Zubereitung siehe Topfenstrudel. ▪ Auf der Topfenmasse klein geschnittene Marillen verteilen.
0,30 kg Marillen, entkernt	

Royale siehe Topfenpalatschinken, S. 255.

Gemüsefüllung nach Belieben mit geriebenem Käse verfeinern.

Man kann auch einen Teil der Béchamelsauce durch püriertes Gemüse ersetzen.

Gemüsestrudel

Zutaten für 1 Strudel:
Grundrezept Strudelteig
Füllung:
1 kg gemischtes frisches Gemüse (Karotten, Zucchini, Brokkoli u. Ä.)
Béchamelsauce:
0,06 kg Butter
0,06 kg Mehl
0,20 l Milch
0,10 l Gemüsefond oder Weißwein
Kräutersalz, Muskat
Weitere Zutaten:
3 Eidotter
Gehackte Kräuter (Petersilie, Schnittlauch, Basilikum)
3 Eiklar
Salz
Butter, zerlassen, oder Ei zum Bestreichen

- Strudelteig herstellen und rasten lassen.
- **Zubereitung der Füllung:** Gemüse waschen – putzen – in Brunoise schneiden – evtl. blanchieren.
- Béchamelsauce zubereiten (siehe S. 197) – überkühlen lassen – Eidotter mit Kräutern beigeben – verrühren.
- Béchamelsauce mit dem Gemüse mischen – Eiklar mit Salz zu Schnee schlagen – unterziehen.
- Strudelteig laut Grundrezept ausziehen, füllen und backen.
- Portionieren.

25.9 Topfenmürbteig

Mehl, Butter und Topfen stehen im Verhältnis 1:1:1.

Zutaten für ca. 0,75 kg Teig:
0,25 kg Mehl
Salz
0,25 kg Butter oder Margarine
0,25 kg Magertopfen
Mehl zum Ausarbeiten
Ei zum Bestreichen

GRUNDREZEPT

- Butterwürfel mit Mehl und Salz kurz **abbröseln** – Topfen rasch einarbeiten – Ziegel formen – in Klarsichtfolie einschlagen – mindestens 30 min kühl rasten lassen.
- **Zubereitung von Strudel:** Den Teig ca. 3 mm dünn ausrollen (siehe Grafik) – Füllung der Länge nach in der Mitte auftragen – eine Teigseite zur Mitte hin einschlagen – Ränder evtl. mit Eiklar bestreichen – zweite Seite überlappend einschlagen – Ränder gut mit dem Messerrücken andrücken.
- Mit dem Schluss nach unten auf ein mit Backtrennpapier belegtes Blech wegsetzen – Oberseite mit Ei bestreichen – Blech mit Wasser besprengen (Wasserdampf!) – backen.
- **Zubereitung von Gebäck:** Den Teig nach dem Ausrollen in die gewünschte Form schneiden – Füllung auftragen – Ränder evtl. mit Eiklar bestreichen – formen – Ränder von Tascherln mit Gabel oder Messerrücken festdrücken – Weiterverarbeitung wie bei Strudel.

Abbröseln = mit zwei Teigkarten Fett im Mehl zerkleinern, bis das Fett in sehr kleinen Teilen im Mehl verteilt ist.

Die Ränder etwas dünner ausrollen

Die Schnittflächen nicht mit Ei bestreichen, sie verkleben sonst und das Gebäck geht nicht auf.

Gebäckformen

Tascherl 10 x 10 cm

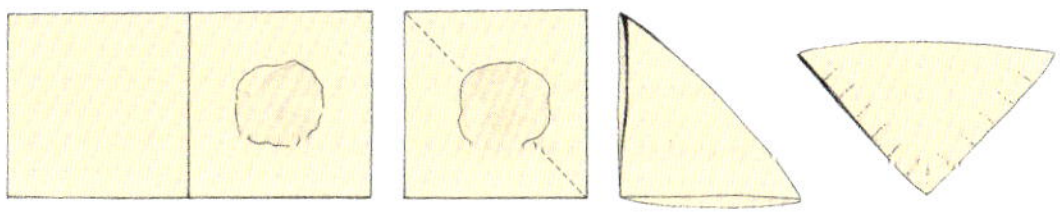

Kipferl

Schlangerl

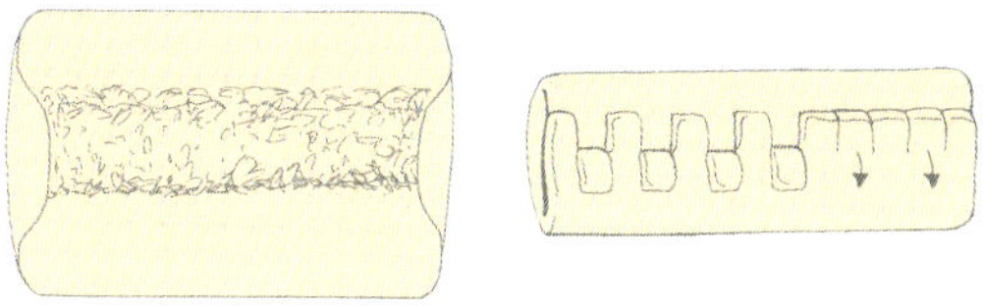

Schifferl 10 x 10 cm

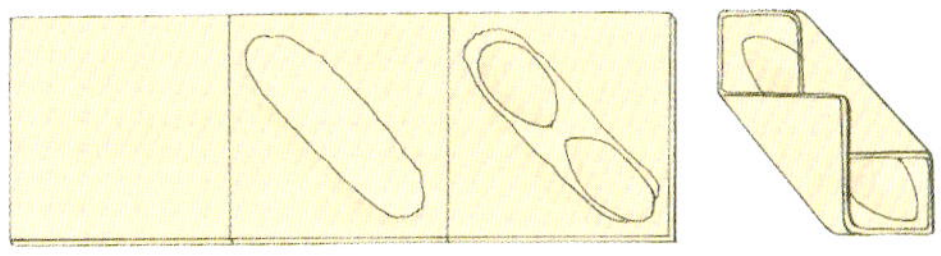

Windrad 10 x 10 cm

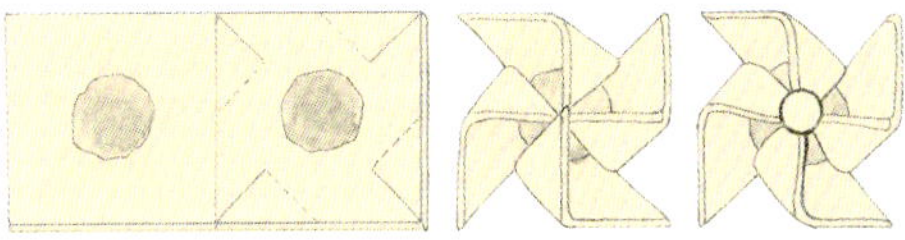

Backtemperatur und Backzeit mit Heißluft

- **Strudel:** 160 °C, ca. 30 min
- **Gebäck:** 180 °C, 10–15 min

Anmerkung

Touriert (siehe S. 275) man Topfenmürbteig, so wird daraus **Topfenblätterteig.** Dazu den Teig rechteckig ca. 1 cm dick ausrollen – eine einfache Tour legen – kurz rasten lassen – ausrollen – eine doppelte Tour legen – über Nacht kühl rasten lassen.

Süße Füllungen

- Marmelade,
- Nussfüllung, Mohnfüllung,
- Topfenfüllung, Topfenfüllung mit Früchten,
- Apfelfüllung (Füllungen siehe S. 286).

Pikante Füllungen

- **Schinkenfüllung:** Fein gehackte Zwiebeln in Butter anschwitzen – gehackten oder in Streifen geschnittenen Schinken kurz mitrösten – überkühlt mit Sauerrahm und Eiern binden – gehackte Petersilie beigeben – mit Salz und Pfeffer würzen.
- **Gemüsefüllung:** Herstellung wie Schinkenfüllung, jedoch anstelle von Schinken kleinwürfeliges gemischtes Gemüse (Paprika, blanchierte Karotten, Champignons etc.) verwenden.
- **Fleischfüllung** (siehe Kartoffelknödel mit pikanter Füllung, S. 242).

Äpfel im Schlafrock

Zutaten für 4–6 Dessertportionen:
Grundrezept Topfenmürbteig, halbe Menge
6 kleine Äpfel
Evtl. 1 Zitrone
Evtl. Gewürznelken
1 Eiklar und 1 Eidotter zum Bestreichen

- Äpfel schälen – Kerngehäuse ausstechen – mit Zitronensaft beträufeln – evtl. mit Ribiselmarmelade oder Nussfüllung (siehe S. 287) füllen.
- Topfenmürbteig ca. 3 mm dünn ausrollen – in Quadrate (entsprechend der Apfelgröße) schneiden.
- Vorbereitete Äpfel auf die Teigquadrate setzen – Ecken mit Eiklar bestreichen – diagonal zusammenschlagen – mit Eiklar bestreichen – kleine Teigscheibe darauflegen – evtl. mit Gewürznelken fixieren.
- Auf ein mit Backtrennpapier belegtes Blech wegsetzen – mit gewässertem Eidotter bestreichen – goldbraun backen – bezuckern.

Gebäck beschwaden – der Teig geht besser auf.

Für Knabbergebäck können Teigreste verarbeitet werden

- Topfenmürbteig ca. 3 mm dünn ausrollen – kleine Formen ausstechen – auf ein mit Backtrennpapier belegtes Blech wegsetzen.
- Mit Ei bestreichen – mit Sämereien, geriebenem Käse, Grobsalz etc. bestreuen – backen.
- Oder den ausgerollten Teig bestreuen – in Streifen (15 x 2 cm) schneiden – Streifen spiralförmig drehen – wegsetzen und backen.

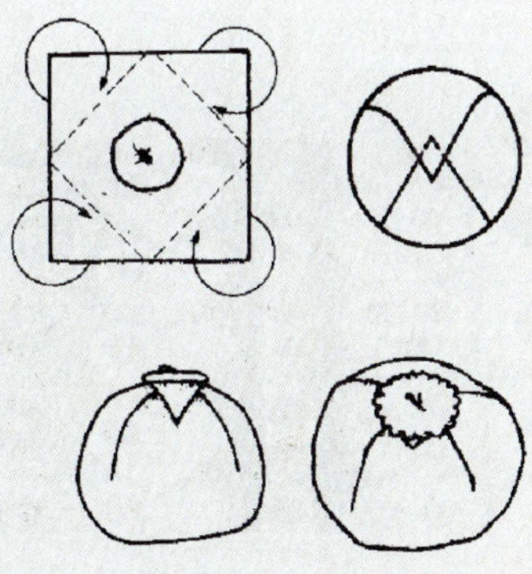

Mürbteige gehen kaum auf, sie benötigen kein Treibmittel; nur ganz selten wird etwas Backpulver mit dem Mehl versiebt.

Mürbteig lässt sich sehr gut auf Vorrat herstellen und kann bis zu drei Tage im Kühlschrank aufbewahrt werden.

Abbröseln siehe Topfenmürbteig, S. 262.

Bei zu langem Kneten erwärmt sich das Fett, wodurch es austritt oder schaumig wird und der Teig seine Bindung verliert – er wird „brandig". Brandiger Mürbteig reißt beim Ausrollen und die Gebäcke sind hart statt mürbe.

Backbleche müssen nicht befettet und bemehlt werden, da der Teig genug Fett enthält.

25.10 Mürbteige

Die Bezeichnung Mürbteig stammt von der charakteristischen mürben Beschaffenheit der daraus hergestellten Backwaren. Der hohe Fettanteil macht das Gebäck mürbe. Die Zutaten werden kurz zusammengeknetet, manchmal auch gerührt.

Mürbteigarten	
Abgebröselter Mürbteig	**Gerührter Mürbteig**
■ Einfacher Mürbteig (1-2-3-Teig) ■ Feiner Mürbteig ■ Linzer Teig	■ Mürbteig zum Dressieren

Abgebröselter Mürbteig

- Mehl sieben – Butter- oder Margarinewürfel in das Mehl schneiden – mit zwei Teigkarten abbröseln.
- Trockene und Geschmack gebende Zutaten, wie Zucker, geriebene Mandeln, Nüsse, Schokolade oder Käse, locker untermischen.
- Eier und evtl. Flüssigkeit einarbeiten: Eine Mulde bilden – Eier und Flüssigkeit hineingeben – von der Mitte nach außen einarbeiten.
- Teig rasch zusammenkneten – zu einer Rolle formen – in Frischhaltefolie einschlagen – mindestens 30 min kühl rasten lassen.

Gerührter Mürbteig (zum Dressieren)

- Abtrieb aus Butter, Zucker, Eiern und Geschmackszutaten herstellen.
- Mehl, evtl. mit Backpulver oder Kakaopulver versiebt, kurz einrühren. Der Teig muss weich – dressierfähig – sein.

Backtemperatur

- **Torten:** 170 °C
- **Gebäck:** 200 °C

Einfacher Mürbteig (1-2-3-Teig)

Grundverhältnis der Zutaten =1-2-3-Teig		
1 Teil Staubzucker	2 Teile Butter oder Margarine	3 Teile Mehl

Zutaten für ca. 0,60 kg Teig:	GRUNDREZEPT
0,30 kg Mehl	■ Abgebröselten Mürbteig herstellen.
0,20 kg Butter	
0,10 kg Staubzucker	

Anmerkung

Die Mehlmenge kann zum Teil durch Geschmack gebende Zutaten, wie geriebene Nüsse, Mandeln, Schokolade oder Kakaopulver, ersetzt werden.

Linzer Augen, Spitzbuben

Grundrezept einfacher Mürbteig	■ Mürbteig 3 mm dünn ausrollen – mit gezacktem oder glattem Ausstecher Scheiben (Ø 3–5 cm) ausstechen – auf vorbereitetes Blech wegsetzen – bei der Hälfte der Scheiben mit einem glatten Ausstecher in der Mitte drei Löcher (Linzer Augen) bzw. ein Loch (Spitzbuben) ausstechen. ■ Backen und auskühlen lassen. ■ Unterteile mit heißer Marmelade bestreichen – gelochte Oberteile bezuckern – darauflegen.
0,20 kg Marillenmarmelade	
Staubzucker zum Bestreuen	

Feiner Mürbteig

Zutaten für ca. 0,60 kg Mürbteig:
0,30 kg Mehl
0,20 kg Butter oder Margarine
0,10 kg Staubzucker
Salz
2 Eidotter
½ Pkg. Vanillezucker
Zitronenzesten

GRUNDREZEPT

- Abgebröselten Mürbteig herstellen.

Mürbteigtortelettes oder -schiffchen

- Tortelett- oder Schiffchenformen mit 3 mm dünnem feinem Mürbteig auslegen – blind backen (siehe S. 253).
- Mit Vanillegrundcreme (siehe S. 285), Vanilleoberscreme (siehe S. 285) oder Fruchtoberscreme (siehe S. 284) füllen – mit Früchten belegen – Früchte mit Tortengelee überglänzen – beliebig dekorieren.

Das Mehl in den hier angeführten feinen Mürbteigrezepten kann auch durch Dinkel- oder Weizenvollkornmehl ersetzt werden.

Einen dunklen Teig erhält man, wenn man 0,05 kg Mehl durch 0,03 kg Kakao ersetzt und mit dem Mehl versiebt.

Gebackene Topfentorte

Zutaten für 1 Torte, Ø 26 cm – 16 Stück:
Grundrezept feiner Mürbteig, halbe Menge
Topfenmasse:
0,50 kg Topfen (20 % F. i. T.)
0,05 kg Staubzucker
0,25 l Sauerrahm
4 Eidotter
1 Pkg. Vanillepuddingpulver
1 Pkg. Vanillezucker
Salz
Zitronenzesten
5 Eiklar
0,10 kg Kristallzucker
0,03 kg Rumrosinen

- Mürbteig 3 mm dünn ausrollen oder Rolle formen (Ø 5 cm) und ca. 3 mm dünne Scheiben abschneiden.
- Boden der Tortenform damit auslegen (die Scheiben dachziegelartig einlegen) – stupfen – im vorgeheizten Backrohr bei 190 °C hell backen.
- **Zubereitung der Topfenmasse:** Topfen, Staubzucker, Sauerrahm, Eidotter, Vanillepuddingpulver, Vanillezucker, Salz und Zitronenzesten glatt rühren.
- Eiklar mit Zucker zu Schnee schlagen – unterziehen.
- Rosinen unterheben.
- Topfenmasse in die Form füllen – bei 175 °C ca. 45 min fertig backen.
- Auskühlen lassen – portionieren – evtl. bezuckern.

Stupfen = ausgerollte Teige mit einer Gabel oder einem Teigstupfer anstechen. Wasserdampf bzw. Kohlensäure kann entweichen, wodurch eine Blasenbildung beim Backen verhindert wird.

Torte evtl. mit Früchten verfeinern.

Linzer Teig

Zutaten für ca. 0,60 kg Mürbteig:
0,20 kg Mehl
0,20 kg Butter
0,08 kg Mandeln, gerieben
0,08 kg Staubzucker
1 Eidotter
½ Pkg. Vanillezucker
Salz

GRUNDREZEPT

- Abgebröselten Mürbteig herstellen – rasten lassen.

Vanillekipferln

- Mürbteig zu kleinen Rollen (Ø 2 cm) formen – Teilchen à ca. 20 g schneiden – Kipferln formen – auf mit Backtrennpapier belegte Bleche setzen – hell backen.
- Noch heiß in 0,20 kg mit Vanillezucker vermischtem Staubzucker wälzen – auskühlen lassen.

Weißer Linzer Teig wird aus geschälten, brauner aus ungeschälten Mandeln hergestellt.

Vanillekipferln

Wussten Sie, dass ...
als Erfinder der Linzer Torte Johann Konrad Vogel gilt, nach dem heute noch eine Straße in Linz benannt ist? Der aus Weihenzell stammende Zuckerbäcker ging 1822 nach Linz, um eine Linzer Zuckerbäckerstochter zu heiraten.

Für Schokoladebäckerei 0,05 kg Mehl durch 0,03 kg Kakaopulver ersetzen.

Doublieren = Zusammensetzen von zwei Gebäckstücken.

Linzer Torte

Zutaten für 1 Torte, Ø 26 cm – 16 Stück:
Grundrezept brauner Mürbteig
Evtl. Tortenoblate
0,20 kg Ribiselgelee
1 Ei zum Bestreichen
Gehobelte Mandeln zum Bestreuen

- Mit der Hälfte des Teiges Tortenform auslegen – evtl. Tortenoblate auflegen – Ribiselgelee aufstreichen, dabei ca. 2 cm zum Rand frei lassen.
- Restlichen Teig zu dünnen Strängen formen und diese als Gitter und Rand darauf legen.
- Mit Ei bestreichen – mit gehobelten Mandeln locker bestreuen.
- Im vorgeheizten Backrohr bei 180 °C ca. 30–40 min backen.

Mürbteig zum Dressieren

Zutaten für ca. 0,60 kg Mürbteig:
0,20 kg Butter oder Margarine
0,07 kg Staubzucker
2 Eier oder 1 Ei und 1 Eidotter
½ Pkg. Vanillezucker
Zitronenzesten
0,15 kg glattes Mehl
0,15 kg griffiges Mehl
Marillenmarmelade zum Füllen
Tunkmasse zum Tunken

GRUNDREZEPT

- Gerührten Mürbteig herstellen.

Dressierte Linzer Bäckerei

- Mürbteig mit einer Sterntülle (Ø ca. 1 cm) auf vorbereitete Bleche dressieren: für **Linzer Kipferln** große Kipferln (halbrunde Bögen), für **Teegebäck** kleinere Formen (Tropfen, Herzen, Biskotten, Busserln).
- Im vorgeheizten Backrohr bei 180–200 °C ca. 10–15 min backen – auskühlen lassen.
- Mit Marmelade doublieren – evtl. in temperierte Tunkmasse tunken.

Zu dünn ausgerollter Teig wird nach dem Backen hart; zu heiß erwärmter Honig macht den Teig klebrig (dickflüssiger Honig muss nicht erwärmt werden).

Der Teig kann mit 0,03 kg geriebenen Walnüssen verbessert werden.

Wussten Sie, dass ...
Lebkuchenrezepte aus mittelalterlichen Klosterbäckereien stammen? Nonnen und Mönche gehörten damals zu den wenigen, die durch ihre Verbindungen zum Mittelmeer auf allerlei orientalische Gewürze zurückgreifen konnten. Und sie sparten damit nicht in ihren Backwerken.

25.11 Lebkuchenteig

Zutaten für ca. 0,70 kg Teig:
0,30 kg Roggen- oder Roggenvollkornmehl
0,15 kg Staub- oder Braunzucker
0,01 kg Natron
Zitronen- und Orangenzesten von je ½ Frucht
1 TL Zimt oder Lebkuchengewürzmischung (Nelkenpulver, Muskat, Zimt, Kardamom, Pfeffer, Ingwer)
Salz
½ Pkg. Vanillezucker
0,08 kg Honig
2 Eier
1 Ei zum Bestreichen

GRUNDREZEPT

- Trockene Zutaten gut mischen – Mulde bilden.
- Eier und Honig beigeben – rasch zusammenkneten – einige Stunden oder über Nacht kühl stellen.
- Teig 5 mm dünn ausrollen – beliebige Formen ausstechen.
- Auf ein vorbereitetes Blech wegsetzen – mit Ei bestreichen.
- Im vorgeheizten Backrohr bei 200 °C je nach Größe ca. 5–10 min backen.

Verzieren von Lebkuchen
Lebkuchen vor dem Backen mit halben Nüssen, Mandeln oder kandierten Früchten belegen oder nach dem Backen mit Spritzglasur (siehe S. 288) dekorieren.

25.12 Kartoffelteig

Kartoffelteig gehört wie der Germteig zur traditionellen österreichischen Küche.

Zutaten für ca. 1 kg Teig:	GRUNDREZEPT
1 kg mehlige Kartoffeln	■ Kartoffeln kochen oder dämpfen – schälen – heiß pressen. ■ Butterflocken auf den Kartoffeln verteilen – kurz überkühlen lassen. ■ Mehl, Salz und evtl. Grieß locker untermischen – Ei kurz einarbeiten. ■ Sofort weiterverarbeiten!
0,04 kg Butter oder 0,04 l Öl	
0,25 kg griffiges Mehl	
Evtl. 0,05 kg Grieß	
Salz	
1 Ei	

Kartoffelteig für pikante Gerichte siehe S. 241.

1 kg rohe Kartoffeln entsprechen einer Menge von ca. 0,60 kg gekochten, geschälten Kartoffeln. Kartoffelteig aus bereits am Vortag gekochten Kartoffeln wird mit weniger Mehl (ca. 0,15 kg) und ohne Grieß hergestellt.

Marillen- oder Zwetschkenknödel aus Kartoffelteig

Zutaten für 4 Portionen:	
Grundrezept Kartoffelteig	■ Herstellung siehe Obstknödel aus Brandteig (siehe S. 259).
12–16 Stück Marillen (mit je einem Zuckerwürfel gefüllt) oder 24 Stück nicht entsteinte Zwetschken	
0,30 kg Butterbrösel (siehe S. 259)	

Zu langes Kneten sowie eine lange Stehzeit machen den Teig zäh!

Es können auch gehäutete Pfirsiche verwendet werden.

Kartoffelnudeln

- Kartoffelteig zu 2–3 cm dicken Strängen rollen und diese in 15 mm breite Teilchen schneiden – Teilchen auf der Arbeitsplatte zu spitz-ovalen Nudeln formen.
- In leicht gesalzenem, kochendem Wasser kurz aufwallen lassen, nahe dem Siedepunkt ca. 5 min ziehen lassen – abtropfen lassen.

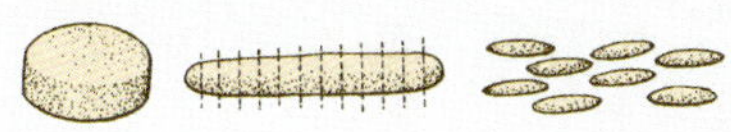

Brösel-, Mohn- oder Nussnudeln

Zutaten für 4 Dessertportionen:	ABLEITUNGEN
Kartoffelnudeln aus ½ Menge Grundrezept Kartoffelteig	**Böselnudeln** ■ Herstellung siehe Kartoffelnudeln. ■ Kartoffelnudeln in Butterbröseln schwenken.
0,15 kg Butterbrösel (siehe S. 259)	
Kartoffelnudeln aus ½ Menge Grundrezept Kartoffelteig	**Mohnnudeln** ■ Herstellung siehe Kartoffelnudeln. ■ Kartoffelnudeln in heißer Butter schwenken und mit Mohn-Staubzucker-Mischung bestreuen.
0,10 kg Butter	
0,08 kg Mohn, gemahlen	
0,03 kg Staubzucker	
Vanillezucker	
Kartoffelnudeln aus ½ Menge Grundrezept Kartoffelteig	**Nussnudeln** ■ Herstellung siehe Kartoffelnudeln. ■ Kartoffelnudeln in heißer Butter schwenken und mit Nuss-Staubzucker-Mischung bestreuen.
0,10 kg Butter	
0,10 kg Walnüsse, gerieben	
0,03 kg Staubzucker	
Vanillezucker	

Brösel-, Mohn- und Nussnudeln

Mit Tiefkühlobst gefüllte Knödel etwas länger kochen (ca. 15 min).

Eine Packung frische Haushaltsgerm (= Pressgerm, wiegt 0,042 kg) oder eine Packung Trockengerm reicht für ca. 0,50 kg Mehl.

? Blättern Sie nach: Welche Backwaren und Gerichte werden aus welcher Germteigart zubereitet?

Die schnelle und einfache Variante: Frische Germ wie Trockenhefe direkt in das Mehl bröseln.

? Überlegen Sie, wo Sie in der Küche den Teig warm stellen können.

25.13 Topfenteig

Zutaten für 0,50 kg Teig:	GRUNDREZEPT
0,25 kg Magertopfen	■ Alle Zutaten rasch zu einem glatten Teig verarbeiten – sofort weiterverwenden.
0,04 kg Butterflocken	
1 Ei	
Salz	
0,20 kg griffiges Mehl	

Marillen-, Zwetschken- oder Erdbeerknödel aus Topfenteig

Zutaten für 4 Dessertportionen:	
Grundrezept Topfenteig	■ Knödel formen (siehe Obstknödel aus Brandteig, S. 259). ■ Knödel ca. 10 min in leicht wallendem Salzwasser kochen – mit Butterbröseln servieren.
8 Marillen oder 12 Zwetschken oder 12 Erdbeeren	
Butterbrösel (siehe S. 259)	

25.14 Germteige

Germteige bestehen aus Mehl, Flüssigkeit (Milch, Wasser), evtl. Fett (Öl, Butter) und Germ, die der Lockerung dient. Eier werden zum Verfeinern beigegeben.

Die Germ – kleiner Würfel – große Wirkung

Durch Germ in Verbindung mit Zucker und Wärme entsteht Kohlendioxid, das das Teigvolumen vergrößert und den Teig auflockert. Die Idealtemperatur zur Verarbeitung von Germ liegt bei 30–32 °C. Diese Temperatur sollte nicht überschritten werden, da die Hefe bei 45–60 °C abstirbt – es kommt zu keiner Treibwirkung. Ebenso muss die Germ frisch sein, um wirken zu können. **Kennzeichen frischer Germ:** frischer Hefegeruch, beige Farbe, kompakt, muschelartiger Bruch, die Germ bröckelt nicht.

Herstellungsarten für Germteige

Herstellungsart	Bezeichnung
Kneten	■ Einfacher Germteig ■ Brotteig ■ Briocheteig ■ Kalter abgebröselter Germteig – Beugelteig ■ Germteig zum Kochen oder Dämpfen ■ Germteig zum Backen in Fett
Rühren	■ Feiner gerührter Germteig

Teigführungsarten

Direkte Teigführung

Bei der direkten Führung werden alle Zutaten bei einer Temperatur von 28–32 °C verarbeitet, ohne dass ein Vorteig (Dampfl) zubereitet worden ist.

- Germ mit etwas warmer Milch (38 °C) und Zucker verrühren.
- Mit den Eiern, Salz, Geschmackszutaten und zerlassener Butter oder Margarine zum Mehl geben – kneten und glatt arbeiten, bis sich der Teig von der Kesselwand löst.
- **Aufgehen lassen:** Teig mit Mehl bestauben – abdecken – warm stellen (max. 30 °C), bis sich das Volumen des Teiges um ein Drittel vergrößert hat.
- **Zusammenarbeiten:** Den Teig nochmals kneten – erneut gehen lassen.
- **Ausfertigen:** Laut Rezept weiterverarbeiten (z. B. formen, ausrollen oder in Formen füllen) – nochmals warm gehen lassen – evtl. bestreichen, bestreuen, einschneiden o. Ä. – backen.

Indirekte Teigführung

Bei der indirekten Führung wird ein **Vorteig** – Dampfl oder Gärprobe – hergestellt. Er dient dazu, dass die Germ ihre volle Gärleistung und somit eine bessere Treibwirkung erreicht.

- **Zubereitung Dampfl (Vorteig):** Milch (ein Drittel der Rezeptmenge, ca. 38 °C) mit Germ verrühren – mit Mehl (gleiche Menge wie Flüssigkeit) mischen bzw. abschlagen – mit etwas Mehl bestauben – bei ca. 30–35 °C aufgehen (gären) lassen.
- **Zubereitung Hauptteig:** Reifes Dampfl mit der restlichen Milch und den übrigen Zutaten (Mehl, Zucker, Eiern, Salz, Geschmackszutaten und geschmeidigem Fett) mischen – kneten und glatt arbeiten, bis sich der Teig von der Kesselwand löst.
- **Aufgehen lassen:** Teig mit Mehl bestauben – abdecken – warm stellen (max. 30 °C), bis sich das Volumen des Teiges um ein Drittel vergrößert hat.
- Weiterverarbeitung wie bei der direkten Teigführung.

Das Dampfl soll nie direkt mit Salz oder Fett in Berührung kommen. Beide Zutaten wirken gärhemmend. Durch eine kleine Menge Zucker (ca. 1 TL) lässt sich das Aufgehen des Dampfls beschleunigen.

Gerührter Germteig (indirekte Teigführung)

- **Dampfl (Vorteig)** (siehe indirekte Teigführung) zubereiten – reifen lassen.
- **Abtrieb** aus Butter, Zucker, Salz, Geschmackszutaten, Eiern, Eidottern und **Rum** herstellen.
- **Zubereitung Hauptteig:** Reifes Dampfl, Abtrieb, restliches Mehl und restliche Flüssigkeit mischen – zu einem glatten Teig verrühren – evtl. Einlagen (z. B. Rosinen) einarbeiten.
- **Ausfertigen:** In die vorbereiteten Formen zweidrittelhoch füllen – kurz gehen lassen – backen.

Bei in Fett gebackenen Germteigprodukten wird durch das Verdampfen des Alkohols ein zu starkes Aufsaugen des Backfettes verhindert.

Einfacher Germteig

Zutaten für ca. 1 kg Teig:	GRUNDREZEPT
0,50 kg Mehl	Germteig mit direkter Teigführung herstellen – gehen lassen.
0,25 l lauwarme Milch	
0,04 kg Germ	
0,06 kg Butter, zerlassen	
0,05 kg Kristallzucker	
3 Eidotter	
1 Prise Salz	
Vanillezucker	
Zitronenzesten	

Mohn- oder Nussstrudel

Zutaten für 1 Strudel:	
Grundrezept einfacher Germteig, halbe Menge	Germteig teilen – Teigstücke rechteckig ca. 5 mm dünn ausrollen.
0,50 kg gekochte Mohn- oder Nussfüllung (siehe S. 287)	Mit Füllung gleichmäßig bestreichen – einrollen – mit dem Schluss nach unten auf ein mit Backtrennpapier belegtes Blech wegsetzen.
1 Ei zum Bestreichen	Gehen lassen – mit Ei bestreichen – stupfen (siehe S. 265) – im vorgeheizten Backrohr bei 180 °C ca. 30–40 min backen.

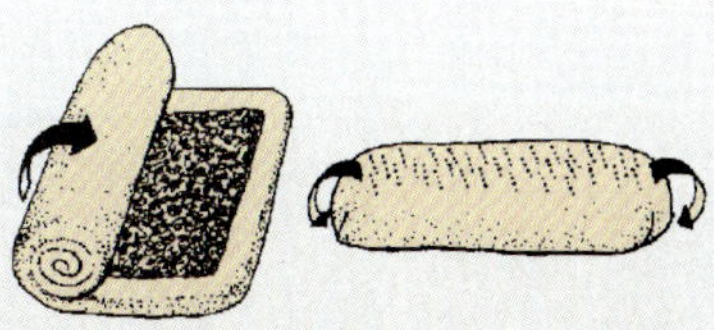

Strudel

Schnecken

Zutaten siehe Mohn- oder Nussstrudel, ca. 12 Stück:

- Germteig rechteckig ausrollen.
- Mit Füllung gleichmäßig bestreichen – einrollen – in 2 cm breite Stücke schneiden – auf ein mit Backtrennpapier belegtes Blech wegsetzen, dabei die Enden knapp unter das Teigstück ziehen – etwas flach drücken.
- Gehen lassen – im vorgeheizten Backrohr bei ca. 200 °C ca. 15 min backen.
- Bezuckern oder aprikotieren und mit Fondant glasieren.

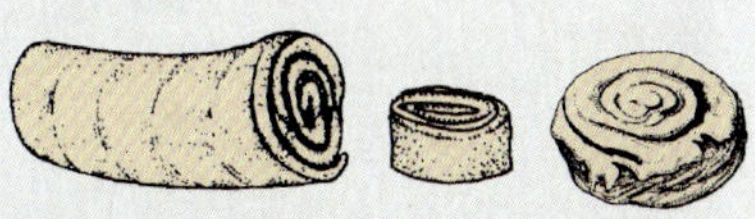

Schnecken

Potitzen

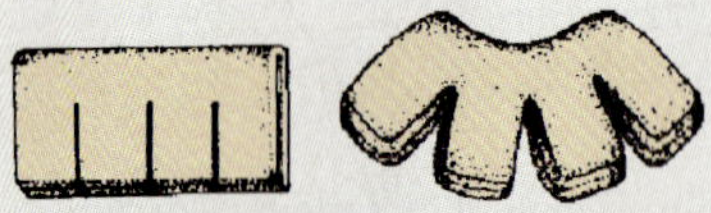

Kronen

Dukatenbuchteln
sind kleine, ungefüllte Buchteln auf Vanillesauce. Sie stammen aus der Wiener Küche.

Kronen

Zutaten siehe Mohn- oder Nussstrudel, ca. 8 Stück:

- Mohn- oder Nussstrudel nach dem Einrollen je nach Strudelstärke in ca. 50 mm breite Stücke schneiden – etwas flach drücken – entlang einer Schnittkante mehrmals einschneiden – etwas biegen – auf ein mit Backtrennpapier belegtes Blech wegsetzen.
- Weiterverarbeitung wie bei Schnecken.

Buchteln

Zutaten für ca. 12–16 Stück:
Grundrezept einfacher Germteig, halbe Menge
Füllung:
Ca. 0,25 kg Powidl, backfeste Marmelade, Topfen- oder Mohnfüllung (siehe S. 286, halbe Menge)
Butter, zerlassen, zum Eintauchen

- Germteig zu einer Rolle formen – in 12–16 Stücke teilen – flach drücken – beliebige Füllung auftragen – Teigstücke schließen, gut zusammendrücken – jedes Stück mit zerlassener Butter bestreichen – mit dem Schluss nach unten eng aneinander in eine Wannenform setzen.
- Gehen lassen – im vorgeheizten Backrohr bei 180 °C ca. 30 min backen.
- Kurz überkühlen lassen – stürzen – umdrehen – portionieren – bezuckern.

Streuselkuchen

Streuselkuchen

Zutaten für ein Backblech, 40 x 30 cm:
Grundrezept einfacher Germteig, halbe Menge
Streusel:
0,25 kg Mehl (oder 0,15 kg Mehl und 0,10 kg geriebene Nüsse)
0,20 kg Staubzucker
0,20 kg Butter, zerlassen
Füllung:
0,30 kg Powidl
0,03 l Orangensaft, frisch gepresst
Salz
0,01 l Rum
0,20 kg Butter, zerlassen

- Germteig in Blechgröße ausrollen – mithilfe des Nudelholzes auf das mit Backtrennpapier belegte Blech legen – stupfen (siehe S. 265).
- **Zubereitung des Streusels:** Trockene Zutaten mischen – Butter langsam darübergießen – mit einer Gabel mischen, sodass größere Klümpchen entstehen.
- **Zubereitung der Füllung:** Alle Zutaten miteinander verrühren.
- Füllung auf dem Teig verstreichen – Streusel gleichmäßig aufstreuen.
- Gehen lassen – im vorgeheizten Backrohr bei 200 °C ca. 25–30 min backen.

Marillenfleck

Marillen- oder Zwetschkenfleck

Zutaten für ein Backblech, 40 x 30 cm:
Grundrezept einfacher Germteig, halbe Menge
2 kg Marillen oder Zwetschken
Zimt
Evtl. Streusel (siehe Streuselkuchen) oder 0,05 kg Hagelzucker

- Marillen- oder Zwetschkenfleck wie Streuselkuchen zubereiten, jedoch anstelle von Powidl mit entsteinten, eingeschnittenen Marillen- oder Zwetschkenhälften dachziegelartig belegen.
- Mit Zimt und evtl. Streusel oder Hagelzucker bestreuen.

Brotteig aus Weißmehl oder Vollkornmehl

Zutaten für ca. 0,80 kg Teig – ca. 12–14 Stück Gebäck:
0,50 kg Mehl oder Vollkornmehl, gemischt
Ca. 0,30 l lauwarmes Wasser
0,04 kg Germ
0,02 l Olivenöl
1 TL Kristallzucker
1 EL Salz, evtl. Gewürze (Fenchel, Koriander, Kümmel)
Wasser und evtl. Kartoffelstärke zum Bestreichen

GRUNDREZEPT

- Germteig mit direkter Teigführung herstellen – 30 min gehen lassen.
- Zusammenarbeiten – gehen lassen – in 12–14 Stücke teilen – schleifen (siehe S. 259) – gehen lassen.
- Gebäck formen – auf ein mit Backtrennpapier belegtes Blech wegsetzen – mit Wasser oder einer Mischung aus Kartoffelstärke und Wasser bestreichen – gehen lassen.
- Mit Wasser besprühen – im vorgeheizten Backrohr bei 220 °C ca. 15–18 min backen.

Gebäck evtl. mit Mohn, Kümmel, Sesam, Leinsamen und/oder grobem Salz, geriebenem Käse, Kürbiskernen u. Ä. bestreuen.

Für Kleingebäck Teigstücke zu je 0,05 kg, für Jourgebäck Teigstücke zu je 0,03 kg auswiegen.

Formen von Brotgebäck

Flesserl oder Striezerl (Rolle 25–30 cm lang)

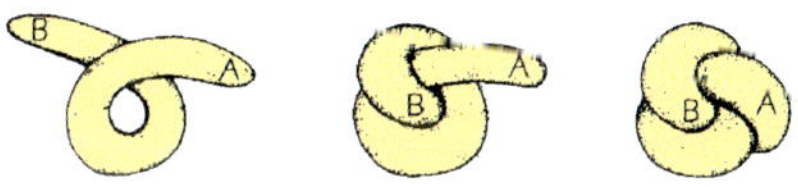

Knopf (Rolle 15 cm lang)

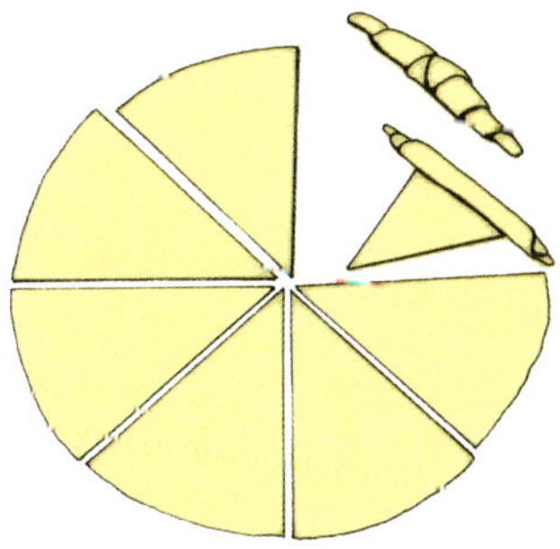

Salzstangerl (Scheibe mit 25 cm Durchmesser)

Pizzateig

Zutaten für 4 Portionen:
Grundrezept Brotteig, halbe Menge, mit 0,01 kg Germ

- Teig herstellen.
- Auf einer bemehlten Unterlage in Blechgröße ausrollen, dabei den Teig an den Rändern etwas wulstiger belassen – belegen.
- Im vorgeheizten Backrohr bei 230 °C je nach Belag 12–14 min backen.

Machen Sie Vorschläge, womit Pizza belegt werden kann. Welche Zutaten lassen sich kombinieren – welche nicht?

Briocheteig

Zutaten für einen Zopf (Striezel) oder 25 Stück Gebäck:
0,50 kg Mehl
0,20 l Milch
0,04 kg Germ
0,08 kg Butter
0,08 kg Kristallzucker
1 Ei
3 Eidotter
Salz
½ Pkg. Vanillezucker
Rum, Zitronenzesten
1 Prise Salz
Zum Bestreichen:
1 Ei
2 Eidotter

GRUNDREZEPT

- Germteig mit indirekter Teigführung herstellen – gehen lassen.
- Gebäck formen (siehe Stückgebäckformen oder Wiener Sechsstrangzopf) – auf ein mit Backtrennpapier belegtes Blech wegsetzen – gehen lassen.
- Ei und Eidotter verrühren – Gebäck damit bestreichen – evtl. mit Hagelzucker bestreuen – im vorgeheizten Backrohr backen.

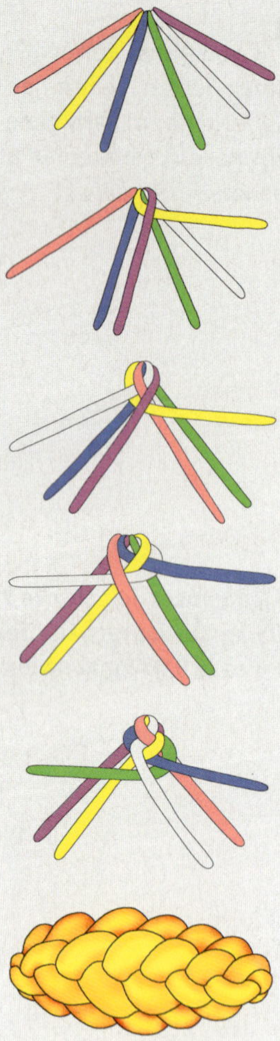

Wiener Sechsstrangzopf

Konditoren bezeichnen die kalte Teigführung auch als „böhmische“ Teigführung.

Nussbeugel

Mohnbeugel

Das Trocknen der Streiche bewirkt das klassische Reißen der Gebäckoberfläche beim Backen.

Backtemperatur und Backzeit

- **Zopf (Striezel):** 180 °C, ca. 30 min
- **Gebäck:** 200 °C, 15–20 min

Wiener Sechsstrangzopf

Ausgangsstellung: Von sechs Strängen werden drei nach rechts und drei nach links gelegt und an ihren oberen Enden zusammengedrückt. Die rechte und die linke Stranggruppe bestehen jeweils aus Außen-, Mittel- und Innenstrang.

Erste Flechtung: Die linke Hand erfasst den linken Mittelstrang und die rechte Hand den rechten Außenstrang. Der linke Mittelstrang wird unter dem Außenstrang hindurchgeführt und als rechter Außenstrang nach links geführt und zum linken Innenstrang.

Zweite Flechtung: Die rechte Hand erfasst den rechten Mittelstrang und die linke Hand den linken Außenstrang. Der rechte Mittelstrang wird unter dem Außenstrang hindurchgeführt und als linker Außenstrang abgelegt; gleichzeitig wird der linke Außenstrang nach rechts geführt, er wird zum rechten Innenstrang.

Wiederholung der ersten Flechtung: Sie beginnt wieder mit dem linken Mittelstrang (linke Hand) und dem rechten Außenstrang (rechte Hand). Der linke Mittelstrang wird unter dem Außenstrang abgelegt; gleichzeitig wird der rechte Außenstrang nach links geführt, er wird zum linken Innenstrang.

Wiederholung der zweiten Flechtung: Sie beginnt wieder mit dem rechten Mittelstrang (rechte Hand) und dem linken Außenstrang (linke Hand). Der rechte Mittelstrang wird unter dem Außenstrang hindurchgeführt und als linker Außenstrang abgelegt; gleichzeitig wird der linke Außenstrang nach rechts geführt, er wird zum rechten Innenstrang.

Beugelteig – Germteig mit kalter Teigführung

Zutaten für ca. 0,50 kg Teig:
0,30 kg Mehl
0,08 kg Butter
0,02 kg Germ
0,05 kg Kristallzucker
Salz, Zitronenzesten
Vanillezucker
1 Eidotter
0,07 l kalte Milch

GRUNDREZEPT

- Die Zutaten werden **kalt** verarbeitet, damit die Beugel erst beim Backen aufgehen.
- Mehl mit Butter abbröseln, in der Mitte eine Mulde drücken.
- Zerbröckelte Germ mit allen anderen Zutaten in die Mulde geben – zu einem mittelfesten glatten Teig kneten – ca. 1 Stunde kühl rasten lassen.

Mohn- oder Nussbeugel

Zutaten für ca. 12 Stück:
Grundrezept Beugelteig
0,36 kg Mohn- oder Nussfüllung (siehe S. 286, 287)
Zum Bestreichen:
1 Ei
1 Eidotter

- Beugelteig in 12 Stücke teilen – schleifen.
- Oval ca. 3 mm dünn ausrollen.
- Mohn- oder Nussfüllung mit einer großen Lochtülle der Länge nach in der Mitte aufdressieren oder in Form von Rollen darauflegen.
- Den Teig straff darüberziehen – andrücken – zigarrenförmig rollen.
- In Beugelform – Mohnbeugel in spitzer Kipferlform bzw. Nussbeugel in lang gezogener Kipferlform – mit dem Schluss nach unten auf ein mit Backtrennpapier belegtes Blech wegsetzen.
- Mit Eidotter bestreichen – abtrocknen lassen – mit Ei bestreichen – abtrocknen lassen.
- Im vorgeheizten Backrohr bei 200 °C ohne Dampf ca. 15–20 min backen.

Germteig zum Kochen oder Dämpfen – Böhmische Germknödel

Zutaten für ca. 4–8 Knödel:	
0,12 kg glattes Mehl	■ Germteig mit indirekter Teigführung herstellen – gehen lassen. ■ Powidl mit Rum und Zimt abschmecken. ■ Teig in 4 bzw. 8 Stücke teilen – ausrollen – mit Powidl füllen – Knödel formen – auf ein bemehltes Tuch setzen – zugedeckt ca. 10 min gehen lassen. ■ Mit der Oberseite nach unten in das kochende Salzwasser legen – kurz aufkochen lassen – bei fast geschlossenem Deckel nahe dem Siedepunkt ca. 8 min ziehen lassen – umdrehen – ca. 4 min fertig kochen. ■ Herausnehmen und mit einer dicken Nadel oder einem Zahnstocher sofort einige Male anstechen, um das Zusammenfallen der Knödel in Grenzen zu halten. ■ Anrichten – mit Butter nappieren – mit Mohnmischung bestreuen.
0,12 kg griffiges Mehl	
0,06 l Milch	
0,02 kg Germ	
0,05 kg Butter	
0,01 kg Kristallzucker	
1 Ei	
Salz, Zitronenzesten	
Vanillezucker	
Füllung:	
0,10 kg Powidl	
Rum, Zimt	
Weitere Zutaten:	
0,12 kg Butter, zerlassen	
0,20 kg Mohnmischung (siehe Mohnnudeln, S. 267)	

Wussten Sie, dass ...
Dampfnudeln – eine Spezialität aus Kärnten – Germknödel sind? Sie werden ungefüllt, nur mit Butter n appiert und mit Kompott oder Apfelmus serviert.

Germknödel

Knödelfüllungen

- Heidelbeeren,
- Heidelbeer- oder Preiselbeermarmelade,
- Nussfüllung (siehe S. 287),
- Mohnfüllung (siehe S. 286),
- Topfenfüllung (siehe S. 287).

Die Knödel kann man auch im Dampf garen. Diese Methode ist schonender und die Knödel müssen nicht gewendet werden.

Germteig zum Backen in Fett

Zutaten für ca. 0,90 kg Teig:	GRUNDREZEPT
0,50 kg Mehl	■ Germteig mit indirekter Teigführung herstellen – gehen lassen.
0,25 l Milch	
0,04 kg Germ	
0,05 kg Butter	
0,05 kg Kristallzucker	
5 Eidotter	
Salz	
0,01 l Rum	
Zitronenzesten	
Vanillezucker	

Gebackene Mäuse

Zutaten für ca. 30 Stück:	
Grundrezept Germteig zum Backen in Fett	■ Den Germteig etwas weicher zubereiten – evtl. Rumrosinen oder kleine Apfelwürfel einarbeiten – gehen lassen. ■ Mit einem in heißes Fett getauchten Löffel Nocken ausstechen – in das heiße Backfett legen – anbacken – wenden – fertig backen. ■ Abtropfen – bezuckern.
Evtl. 0,05 kg Rumrosinen oder 0,15 kg Apfelwürfel	
Butterschmalz oder Öl zum Backen	
Staubzucker zum Bestreuen	

Gebackene Mäuse – ein knuspriger Dessertgenuss

Für **Bauernkrapfen** größere Scheiben ausstechen.

Bayrische Kücherln

Zutaten für ca. 16 Stück:	
Grundrezept Germteig zum Backen in Fett	■ Germteig 2 cm dick ausrollen – ausstechen (Ø 5 cm) – mit Mehl bestauben – zugedeckt gehen lassen. ■ In der Mitte mit dem Daumen eindrücken – leicht auseinanderziehen. ■ Mit der Vertiefung nach unten in das Backfett legen – 2 min zugedeckt backen – umdrehen und offen fertig backen – auf Glasiergitter mit Küchenkrepppapier abtropfen lassen. ■ Vertiefung mit Marmelade füllen – bezuckern.
Butterschmalz oder Öl zum Backen	
0,25 kg Marillenmarmelade, passiert	
Staubzucker zum Bestreuen	

Faschingskrapfen

Faschingskrapfen

Zutaten für 12 Stück:	
Grundrezept Germteig zum Backen in Fett	■ Germteig in 12 Stücke teilen – schleifen (siehe S. 259) – flach drücken – bemehlen. ■ Abgedeckt warm gehen lassen. ■ **Backen:** Mit der Oberfläche nach unten in das heiße Backfett (160–170 °C) legen – 3 min zugedeckt backen, um eine rasche Hautbildung zu vermeiden. Wenden – offen ca. 2–3 min fertig backen – zur Stabilisierung der hellen Randzone evtl. nochmals zurückdrehen und für kurze Zeit untertauchen. ■ Auf Glasiergitter mit Küchenkrepppapier abtropfen lassen. ■ Mit einer Krapfentülle mit Marmelade füllen – bezuckern.
Butterschmalz oder Öl zum Backen	
0,25 kg Marillenmarmelade, passiert	
Staubzucker zum Bestreuen	

Backzeit mithilfe der Nadelprobe überprüfen.

Feiner gerührter Germteig – Wiener Gugelhupf

Zutaten für 1 Gugelhupfform, Ø 20 cm:	
0,30 kg Mehl	■ Germteig mit indirekter gerührter Teigführung zubereiten. ■ Teig zweidrittelhoch in die vorbereitete Form einfüllen – ca. 15 min gehen lassen – im vorgeheizten Backrohr bei 170–180 °C ca. 40–50 min backen.
0,125 l Milch	
0,03 kg Germ	
0,15 kg Butter	
0,10 kg Kristallzucker	
1 Ei	
4 Eidotter	
Salz	
Zitronenzesten	
Vanillezucker	
Rum	
0,05 kg Rosinen	

Savarins
In kleinen Gugelhupfformen backen – auf einem Teller anrichten – mit Fruchtsalat, Vanilleeis und leicht gesüßtem, geschlagenem Obers anrichten.

Babas au Rhum
In kleinen Gugelhupfformen backen – in Rum tränken – aprikotieren.

25.15 Blätterteig, Butterteig

Die Besonderheit dieser Teige ist das in den Grundteig **eintourierte Fett.** Durch diese Technik entstehen Fett- und Teigschichten. Diese Schichten und die Hitze beim Backen (Wasserdampf entsteht) bewirken die Lockerung und die besondere Beschaffenheit des Teiges.

Blätter- bzw. Butterteig wird für süße Backwaren (Strudel, Kaffeegebäck, Cremeblätter Schaumrollen etc.) und für pikantes Gebäck wie Pastetchen, Käsebäckerei, Schinkenkipferln etc. verwendet.

Blätterteig darf nur dann als Butterteig bezeichnet werden, wenn zur Herstellung kein anderes Fett als Butter verwendet wird.

Butter- und Blätterteig auf Wiener Art

Zutaten für 1,20 kg Teig:
Fettziegel:
0,40 kg Butter und 0,04 kg Mehl (oder Ziehmargarine)
Grundteig:
0,50 kg Mehl
Salz
1 TL Essig oder Rum
0,05 kg Butter oder 0,03 l Öl
0,25 l Wasser

- **Zubereitung des Fettziegels:** Fett mit Mehl zu einem Ziegel (ca. 2 cm hoch) formen – kühl stellen.
- **Zubereitung des Grundteiges:** In die Mitte des Mehls eine Mulde drücken – Wasser, Salz, Essig oder Rum untermischen – mit Fett intensiv zu einem glatten Teig (ähnlich wie beim Strudelteig) kneten.
- Teig zu einer Kugel schleifen – kreuzförmig einschneiden – in Folie eingeschlagen – 20–30 min kühl rasten lassen.
- **Einschlagen des Fettziegels:** Grundteig in Kreuzform ausrollen (die Mitte des Teiges ist viermal so dick wie die Flügel) – Fettziegel in die Mitte des Teiges legen – mit den Teigenden straff einschlagen.

Grundteig Fettziegel

Ziehmargarine = besonders dehnbares Fett, lässt sich daher leichter verarbeiten.

Der Fettziegel muss zum Einschlagen die gleiche Konsistenz wie der Grundteig haben. Den Teig beim Tourieren nicht dünner als 1 cm ausrollen. Beim Ausrollen nicht zu stark drücken, da sich sonst die Schichten verschieben und der Teig ungleichmäßig aufgeht.

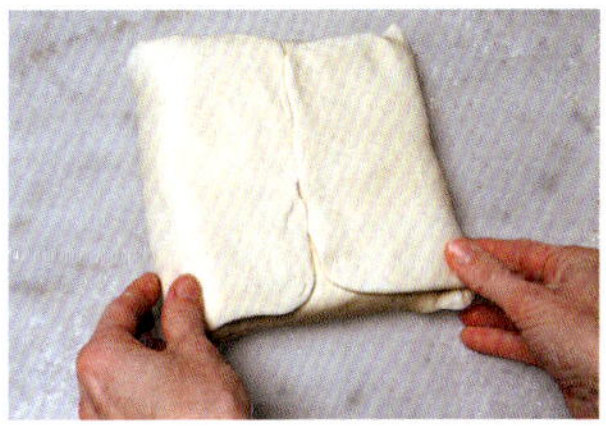

Tourieren

Einfache Tour

- Teig rechteckig ca. 1 cm dick ausrollen – Mehl abkehren.
- Den Teig in drei Lagen übereinanderlegen.
- Nach jeder einfachen Tour zugedeckt 10 min kühl rasten lassen.

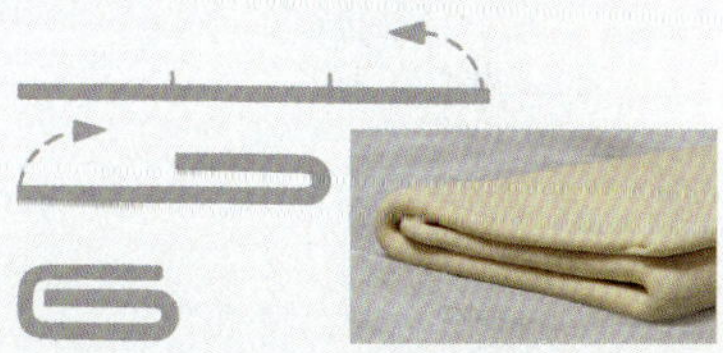

Einfache Tour

Doppelte Tour

- Teig rechteckig in der Querrichtung ca. 1 cm dick ausrollen – Mehl abkehren.
- Den Teig in vier Lagen gleichmäßig übereinanderlegen.
  Nach jeder doppelten Tour zugedeckt 20 min kühl rasten lassen.

- Einfache und doppelte Tour wiederholen.

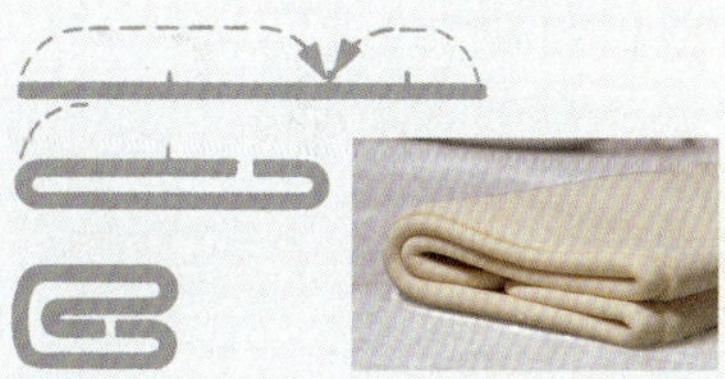

Doppelte Tour

Aufarbeitung

- Nach der Rastzeit den Teig gleichmäßig (ohne zu drücken) 2–3 mm dünn ausrollen.
- Je nach Rezept weiterverarbeiten (schneiden, ausstechen, füllen) – 20–30 min rasten lassen. Dabei entspannt sich der Teig, wodurch ein zu starkes Schnurren (Zusammenziehen) während des Backens verhindert wird.
- Mit Ei bestreichen.

Der Teig kann nach dem Tourieren bis zu zwei Tage im Kühlschrank aufbewahrt werden.

Anmerkungen

- Alle Zutaten müssen kalt verarbeitet werden.
- Zum Ausstechen und Schneiden nur scharfe Ausstecher und Messer verwenden, damit die Schichten nicht gedrückt werden.
- **Blätterteigreste** nie zusammenkneten, sondern übereinanderlegen und ausrollen. Für Backwaren verwenden, die nicht so stark aufgehen müssen, z. B. zum Auslegen von Formen, für Käsebäckerei.
- Schnittkanten nicht bestreichen, damit sie nicht verkleben und der Teig gleichmäßig aufgehen kann.
- Die Backbleche nicht befetten, sondern nur mit etwas Wasser benetzen oder Backgut beschwaden. Der Teig enthält genügend Fett, dass er nicht haften bleibt.

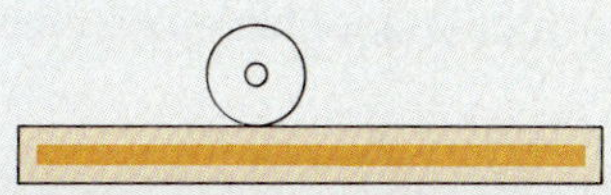

Die Fettschicht wird gleichmäßig verteilt

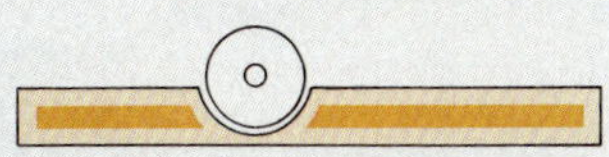

Durch ungleichmäßiges Drücken wird die Fettschicht zerstört

Lockerung des Teiges
Ab einer Temperatur von 100 °C verdampft das Wasser in den Teigschichten. Dadurch entsteht ein Innendruck, der die Teigschichten hebt.

Blitzblätterteig ist rationeller in der Herstellung, geht aber evtl. nicht so hoch auf.

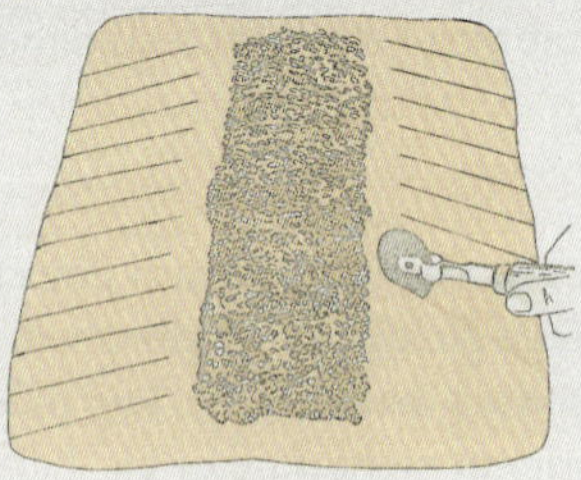

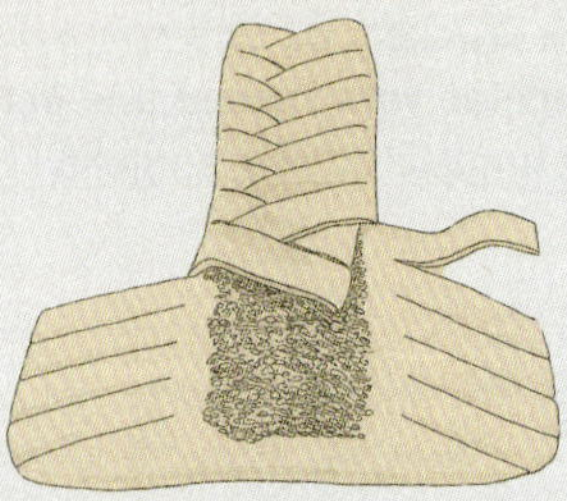

Blätterteigpasteten, Hohlpasteten siehe S. 179.

Backtemperatur und Backzeit mit Heißluft
- **Kleines Gebäck:** 220–200 °C (fallend), je nach Erzeugnis ca. 10–30 min
- **Großes Gebäck wie Strudel:** 180 °C, ca. 45 min

Blitzblätterteig
- Die Zutaten für den Grundteig nur kurz und locker mischen.
- Fett zum Tourieren in groben Würfeln flüchtig untermischen.
- Sofort mit zwei einfachen und zwei doppelten Touren fertig rollen.
- Ca. 30 min kühl rasten lassen – aufarbeiten.

Apfelstrudel aus Blätterteig

Zutaten für 1 Strudel:	
Grundrezept Blätterteig, halbe Menge	▪ Blätterteig rechteckig 2 cm dünn ausrollen. ▪ Der Länge nach zwei 1,5 cm breite Streifen zum Verzieren abschneiden. ▪ Auf dem restlichen Teig der Länge nach die Apfelfüllung auftragen. ▪ Eine Teigseite zur Mitte hin einschlagen – mit Ei bestreichen – zweite Teigseite überlappend einschlagen – mit dem Schluss nach unten auf ein mit Backtrennpapier belegtes Blech wegsetzen – mit Ei bestreichen – stupfen (siehe S. 265) – Strudel mit den Teigstreifen verzieren – Streifen mit Ei bestreichen – kurz rasten lassen – im vorgeheizten Backrohr bei 180 °C Heißluft ca. 30 min backen.
0,50 kg rohe Apfelfüllung (siehe S. 286)	
1 Ei zum Bestreichen	

Blätterteigröllchen
- Blätterteig 2 mm dünn und 30 cm breit ausrollen – der Breite nach in 2 cm breite Streifen schneiden – Streifen mit Wasser bestreichen – auf Schaumrollenformen überlappend wickeln – auf mit Backtrennpapier belegte Bleche wegsetzen – mit Wasser oder Ei bestreichen – kurz rasten lassen – im vorgeheizten Backrohr bei 220 °C ca. 15 min backen.
- Noch heiß vorsichtig von den Formen klopfen – auskühlen lassen – beliebig süß (z. B. mit gezuckertem geschlagenem Obers) oder pikant füllen.

25.16 Plunderteig

Plunderteig für pikant gefüllte Backwaren ohne Zucker zubereiten.

Die Zutaten werden kühl verarbeitet, damit sich die Teigschichten besser bilden können.

Plunderteiggebäck zählt zu den feinen Germteigbackwaren.

Zutaten für ca. 1,40 kg Teig – 25 Stück à 12 x 12 cm:	GRUNDREZEPT
Fettziegel:	▪ **Zubereitung des Butterziegels:** Butter mit Mehl zu einem Ziegel (ca. 2 cm hoch) formen – kühl stellen. ▪ **Zubereitung des Grundteiges:** Germteig mit kalter Teigführung (siehe S. 272) zubereiten – kurz kühl rasten lassen. ▪ **Einschlagen des Fettziegels:** Grundteig rechteckig ausrollen – Fettziegel auf eine Teighälfte legen – an den drei Außenseiten den Teig knapp über die Ziegelkante ziehen – die freie Teighälfte darüberschlagen und mit den hochgezogenen Teigrändern verbinden. ▪ **Tourieren:** Eine einfache und eine doppelte Tour (siehe Butter- und Blätterteig, S. 275) legen – kühl rasten lassen. ▪ **Aufarbeitung:** Ca. 3 mm dünn ausrollen – je nach Rezept weiterverarbeiten (schneiden, ausstechen, füllen).
0,40 kg Butter (ca. 18 °C) und 0,04 kg Mehl (oder Ziehmargarine)	
Grundteig:	
0,50 kg Mehl	
0,25 kalte Milch	
0,04 kg Germ	
0,06 kg Butter	
0,06 kg Kristallzucker	
3 Eidotter	
Salz	

Mehl zum Ausarbeiten immer wieder abkehren

Zitronenzesten	■ Die geformten Teigstücke evtl. mit Ei bestreichen – bei Raumtemperatur gehen lassen. ■ **Backen:** Im vorgeheizten Backrohr bei 180–200 °C je nach Erzeugnis ca. 15–30 min backen. ■ **Ausfertigung:** Noch heiß bezuckern oder aprikotieren und mit Fondant dünn glasieren.
Vanillezucker	

Plunderteige sollen vor dem Ausarbeiten nicht aufgehen. Daher ist auf eine kalte Teigführung und ein rasches Ausarbeiten besonders zu achten.

Blitzplunderteig

Herstellung wie Blitzblätterteig – das Fett zum Tourieren wird in groben Würfeln in den Grundteig eingearbeitet.

Mohn- oder Nusszopf

Zutaten für 1 Zopf:	
Grundrezept Plunderteig, halbe Menge	■ Plunderteig rechteckig 3 mm dünn ausrollen – mit Füllung bestreichen – mit Rosinen bestreuen – einrollen – auf ein mit Backtrennpapier belegtes Blech wegsetzen. ■ Mit einem scharfen Messer jeweils im Abstand von 2 cm halb durchschneiden – die so entstandenen Teile abwechselnd nach beiden Seiten versetzen (siehe Grafik). ■ Oder den eingerollten Strudel der Länge nach durchschneiden – mit den Schnittflächen nach oben zu einem Zweistrangzopf flechten bzw. drehen. ■ 15 min bei Raumtemperatur gehen lassen – im vorgeheizten Backrohr bei 180 °C ca. 30–40 min backen. ■ Noch heiß aprikotieren – mit Fondant dünn bestreichen.
0,50 kg Mohnfüllung (siehe S. 286) oder Nussfüllung (siehe S. 287)	
0,03 kg Rosinen	
Marillenmarmelade zum Aprikotieren	
Fondant (siehe S. 289) zum Glasieren	

Dieser Zopf kann auch aus Blätterteig gefertigt werden.

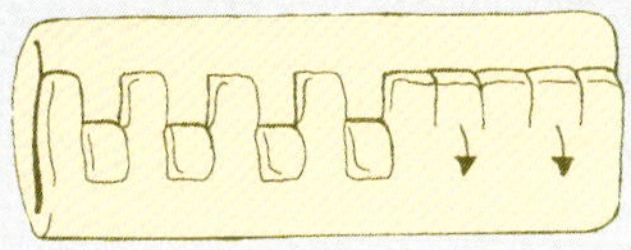

Croissants – Plunderkipferln

- Plunderteig 3 mm dünn ausrollen – in Dreiecke (10 x 20 cm) schneiden.
- An den Schmalseiten in der Mitte ca. 2 cm tief einschneiden – evtl. füllen – straff aufrollen – in Kipferl- oder Stangerlform auf mit Backtrennpapier belegte Bleche wegsetzen.
- Bei Raumtemperatur gehen lassen – im vorgeheizten Backrohr bei 200 °C ca. 15 min backen – bezuckern.

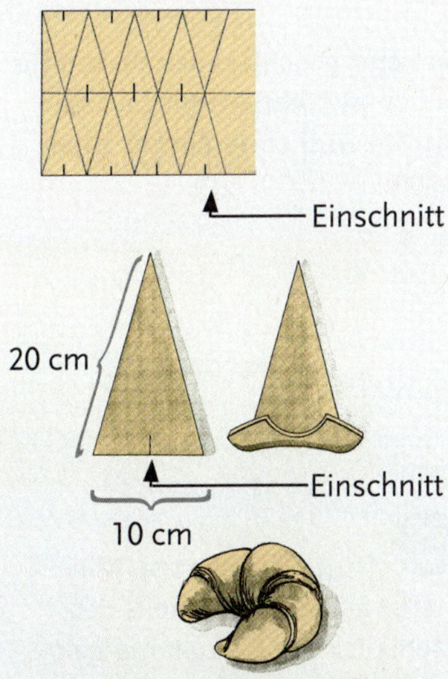

Süße Füllungen

- Marzipanrohmasse,
- Schokoladestücke etc.

Pikante Füllungen

- Geriebener Käse,
- Schinkenwürfel,
- Fleischfüllung etc.

Plundergebäck

- Plunderteig 3 mm dünn ausrollen – in Quadrate (12 x 12 cm) schneiden.
- **Kolatschen:** Ecken mit Ei bestreichen – in die Mitte je 0,02 kg Topfenfüllung (siehe S. 287) dressieren – die diagonal gegenüberliegenden Ecken leicht überlappend zur Mitte legen – fixieren – kleine, mit Ei bestrichene Teigquadrate darauflegen – andrücken.
- **Bärentatzen:** Ränder mit Ei bestreichen – je 0,03 kg Mohn- oder Nuss-Mandel-Füllung (siehe S. 286) der Länge nach in die Mitte einer Teighälfte dressieren – zusammenlegen – entlang einer Längskante mehrmals einschneiden – etwas biegen.
- Geformte Teigstücke auf ein mit Backtrennpapier belegtes Blech wegsetzen – bei Raumtemperatur gehen lassen – bei 190–200 °C ca. 15 min backen.
- Plundergebäck bezuckern oder aprikotieren und mit Fondant glasieren.

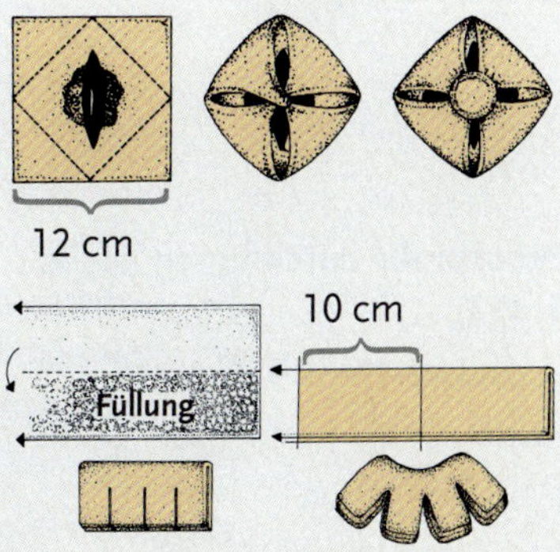

26 Massen

26.1 Einteilung von Massen

Einteilung				
Biskuitmassen	Wiener Massen (leichte Sandmassen)	Sandmassen	Rührmasse mit Backpulver	Spezialmassen

Mengenverhältnis für Biskuitmassen
Pro Ei 0,02–0,03 kg Staubzucker und 0,02–0,03 kg Mehl.

26.2 Biskuitmassen

Biskuitmassen werden ohne Fett zubereitet und sind leicht verdaulich. Nach der Herstellung unterscheidet man zwischen
- kalt gerührtem Biskuit,
- warm geschlagenem Biskuit,
- verkehrt geschlagenem Biskuit.

Schnee schlagen siehe S. 252.

Kalt gerührtes Biskuit
- Eier trennen.
- Eidotter mit Staubzucker und evtl. Geschmackszutaten schaumig rühren.
- Eiklar zu Schnee schlagen.
- Mehl abwechselnd mit dem Schnee unterziehen.

Warm geschlagene Massen im warmen Wasserbad bis 40 °C warm und anschließend bis Raumtemperatur (20 °C) kalt schlagen.

Warm geschlagenes Biskuit
- Ganze Eier mit Zucker warm schlagen.
- Kalt schlagen.
- Mehl unterziehen.

Verkehrt geschlagenes Biskuit für Schöberl (Suppeneinlage, siehe S. 193) wird ohne Zucker zubereitet.

Verkehrt geschlagenes Biskuit
- Eier trennen.
- Eiklar mit Zucker und Salz zu Schnee schlagen.
- Eidotter versprudeln, unter die Schneemasse heben.
- Mehl unterziehen.

Biskuitmasse

Zutaten für 1 Tortenboden, Ø 22 cm, Höhe 5 cm, oder 1 Blech für Rouladen oder Schnitten, 40 x 30 cm, Höhe 1,5 cm, oder ca. 14 Omeletten à Ø 12 cm:	GRUNDREZEPT
5 Eier	■ Biskuitmasse kalt gerührt oder warm geschlagen herstellen.
0,12 kg Staubzucker	
Zitronenzesten	
1 Pkg. Vanillezucker	
Salz	
0,15 kg Mehl	
Grundrezept	ABLEITUNGEN **Kakaobiskuitmasse**
0,01 kg Mehl durch Kakaopulver ersetzen	■ Mehl mit Kakaopulver versieben.
Grundrezept	**Nussbiskuitmasse**
0,05 kg Mehl durch fein geriebene Mandeln, Wal- oder Haselnüsse ersetzen	■ Mehl mit Nüssen vermischen.

Durch Zugabe von Maisstärke anstelle eines Teils des Mehls (ca. 1/5) erzielt man eine feinere Porung.

Druckprobe durchführen (siehe S. 253).

Biskuitroulade

Grundrezept
0,20 kg Marillenmarmelade
Staubzucker zum Bestreuen

- Die Masse auf ein vorbereitetes Blech streichen.
- Im vorgeheizten Backrohr bei 200–220 °C ca. 10–12 min backen.
- Biskuit stürzen – Papier abziehen (evtl. Papier mit Wasser benetzen) – mit glatt gerührter, evtl. heißer Marillenmarmelade bestreichen – einrollen – auskühlen lassen – bezuckern.

Für Biskuitrouladen, die mit Füllcremen (siehe S. 283) oder Schlagobers gefüllt werden, Biskuit vor dem Füllen eingerollt auskühlen lassen.

Biskuittortenböden

- Die Masse in eine vorbereitete Springform oder einen Tortenring auf Backtrennpapier füllen, dabei von der Mitte zum Rand hochstreichen.
- Im vorgeheizten Backrohr bei 200 °C ca. 30 min backen.
- Auf ein mit Kristallzucker bestreutes Backpapier umdrehen. Dadurch wird ein Ausdunsten des Backgutes verhindert und es bleibt saftiger.
- Auskühlen lassen – Papier abziehen.
- Je nach Rezept weiterverarbeiten.

Biskuitomelette

- Die Masse mit einer Lochtülle (Ø 0,8 cm) spiralförmig zu Kreisen (Ø 15 cm) auf vorbereitete Bleche dressieren.
- Im vorgeheizten Backrohr bei 220 °C ca. 10 min backen.
- Weiterverarbeitung wie Biskuittortenböden.

Biskotten (Löffelbiskuit)

Zutaten für ca. 16–20 Stück:
2 Eier
Salz
0,06 kg Kristallzucker
0,04 kg Mehl
Staubzucker zum Bestreuen

- Verkehrt geschlagenes Biskuit herstellen.
- Mit Lochtülle (Ø 1 cm) ca. 6 cm lange Biskotten auf das vorbereitete Backblech setzen – mit Staubzucker bestauben.
- Im vorgeheizten Rohr bei 200–220 °C ca. 5 min bei eingehängtem Rohr backen.

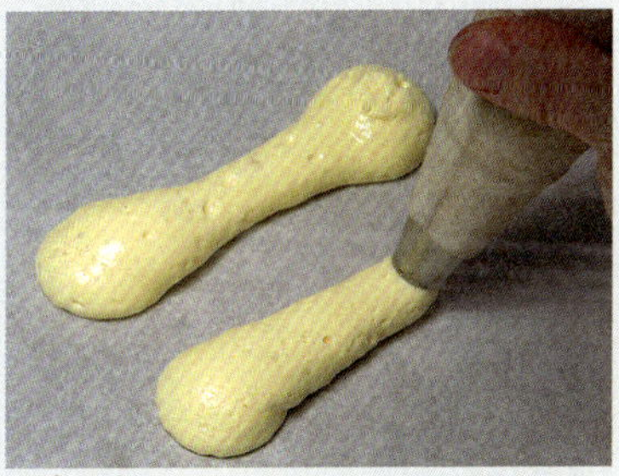

26.3 Wiener Massen (leichte Sandmassen)

Wiener Massen sind Biskuitmassen, in die zusätzlich nach Zugabe des Mehls pro Ei 0,01 kg zerlassene Butter eingerührt wird. Dadurch sind sie feinporiger und saftiger als Biskuitmassen und halten sich länger frisch.

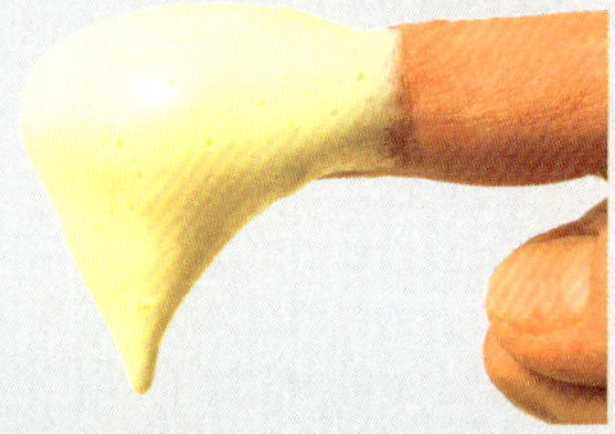

Fingerprobe: Beim Eintauchen mit dem Finger in die Masse bildet sich ein kleiner Haken, der nicht abtropfen darf

Wiener Masse

Zutaten für 1 Tortenboden, Ø 22 cm, Höhe 5 cm, oder 1 Blech, 40 x 30 cm, Höhe 1,5 cm:
5 Eier
0,15 kg Staubzucker
Zitronenzesten
Vanillezucker
Salz
0,12 kg Mehl
0,03 kg Maisstärke
0,05 kg Butter, zerlassen

GRUNDREZEPT

- Eier, Staubzucker und Geschmackszutaten warm schlagen (siehe warm geschlagenes Biskuit).
- Mehl, mit Maisstärke versiebt, unterziehen – zerlassene Butter unterziehen.
- Weiterverarbeitung und Verwendung siehe Biskuitmasse.

Die Zugabe von grob geriebenen Nüssen oder Mandeln, Schokoladestückchen, kandierten Früchten oder Rosinen hat keinen Einfluss auf das Verhältnis der Rezeptzutaten.

Grundrezept	ABLEITUNGEN
Anstelle der Stärke 0,02 kg Kakaopulver	**Wiener Masse mit Kakao** ■ Mehl mit Kakaopulver versieben.
Grundrezept	**Wiener Masse mit Mandeln oder Nüssen**
Anstelle des Mehls und der Stärke 0,10 kg Mehl und 0,05 kg fein geriebene Nüsse (Mandeln, Wal- oder Haselnüsse)	■ Mehl mit Nüssen vermischen.

26.4 Sandmassen

Sandmassen sind Massen mit einem hohen Fettanteil. Sie werden bei geringer Temperatur langsam gebacken.

Gleichschwermasse, Eischwermasse

Bei dieser Sandmasse wird die Butter-, Zucker- und Mehlmenge dem Gewicht der Eier angepasst. Das heißt, die Eier abwiegen und die übrigen Zutaten „gleich schwer“ verwenden.

Zutaten für 1 Gugelhupfform, Ø 22 cm, oder 1 Kapsel bzw. Blech mit Backschiene, 30 x 30 cm, Höhe 3 cm:	GRUNDREZEPT
0,25 kg Butter	■ Eidotter und Eiklar trennen. ■ Butter, Staubzucker und Geschmackszutaten flaumig rühren. ■ Eidotter nach und nach einrühren. ■ Eiklar und Salz zu Schnee schlagen. ■ Gesiebtes Mehl unterziehen oder Nüsse, Schokolade, Fruchtmischungen u. Ä. mit Mehl mischen und einrühren.
0,25 kg Staubzucker	
Zitronenzesten	
Vanillezucker	
5 Eier	
1 Prise Salz	
0,25 kg Mehl	

Rosinengugelhupf

Grundrezept Gleichschwermasse	
0,05 kg Rosinen	■ Rosinen mit dem Mehl einmelieren. ■ Die Masse in die vorbereitete Form füllen – im vorgeheizten Backrohr bei 160–180 °C ca. 70–80 min backen (Nadelprobe durchführen, siehe S. 253). ■ Stürzen – auskühlen lassen – mit Staubzucker bezuckern oder aprikotieren und mit Schokoladeglasur (siehe S. 289) glasieren.
Staubzucker zum Bestreuen	

Anmerkung

Anstelle der Rosinen kann die Hälfte der Gleichschwermasse mit Kakaopulver **(Marmorgugelhupf)** oder die Gleichschwermasse mit geriebenen Haselnüssen, Mandeln oder gehackten Schokoladestückchen versetzt werden.

Marillenkuchen

Der Kuchen kann auch mit Zwetschken, Äpfeln, Weintrauben, Kirschen, Rhabarber oder Birnen belegt werden.
Der Obstkuchen kann auch aus Ölmasse zubereitet werden.

Grundrezept Gleichschwermasse	
0,75 kg Marillen, halbiert, entsteint	■ Die Masse in eine Kapsel füllen oder auf ein vorbereitetes Blech streichen – mit vorbereiteten Marillen belegen – im vorgeheizten Backrohr bei 160–180 °C 40–50 min backen – auskühlen lassen – bezuckern.
Staubzucker zum Bestreuen	

Teekuchen (Englischer Kuchen)

Teekuchen sind Gleichschwermassen mit kandierten Früchten, in kleine Würfel geschnittenen Aranzini, gehacktem Zitronat und Orangeat oder mit in Spirituosen getränkten Rosinen und Korinthen, die in Kastenformen gebacken werden.

Sachermasse

Zutaten für 1 Tortenboden, Ø 22 cm, Höhe 5 cm:	
0,15 kg Butter	■ Butter, Staubzucker und Vanillezucker flaumig rühren – Eidotter nach und nach einrühren – Schokolade einrühren. ■ Eiklar, Kristallzucker und Salz zu Schnee schlagen – unterheben – Mehl unterziehen. ■ Masse in eine vorbereitete Springform füllen, dabei von der Mitte zum Rand hochstreichen. ■ Im vorgeheizten Backrohr bei 220 °C auf 180 °C fallend ca. 40–50 min backen – stürzen – auskühlen lassen.
0,12 kg Staubzucker	
Vanillezucker	
6 Eidotter	
0,15 kg Kochschokolade, geschmolzen, oder Tunkmasse	
6 Eiklar	
0,08 kg Kristallzucker	
Salz	
0,15 kg Mehl	

§ Laut Bestimmungen des österreichischen Lebensmittelkodex darf zur Herstellung der Sachermasse kein anderes Fett als Butter verwendet werden, und der Schokoladeanteil muss bei mindestens 15 % des Rezeptgewichtes liegen. Gibt man der Masse geriebene Nüsse oder Mandeln bei, so wird sie als Nuss- oder Mandelsachermasse bezeichnet.

Ein Klassiker – die Sachertorte

Nussschokolademasse

Zutaten für 1 Tortenboden, Ø 22 cm, Höhe 5 cm:	
0,18 kg Butter	■ Butter, Schokolade, Staubzucker und Geschmackszutaten flaumig rühren. ■ Eidotter nach und nach einrühren. ■ Eiklar und Kristallzucker zu Schnee schlagen – vorsichtig unter den Abtrieb mischen – Mehl-Walnuss-Mischung unterziehen. Masse in eine vorbereitete Springform füllen. ■ Im vorgeheizten Backrohr bei 170 °C ca. 1 Stunde backen. ■ Stürzen – auskühlen lassen – je nach Rezept weiterverarbeiten.
0,09 kg Kochschokolade, geschmolzen, oder Tunkmasse	
0,07 kg Staubzucker	
1 Pkg. Vanillezucker	
5 Eidotter	
5 Eiklar	
0,12 kg Kristallzucker	
Salz	
0,15 kg Mehl	
0,09 kg Walnüsse, fein gerieben	

26.5 Rührmasse mit Backpulver

Der Masse wird als Lockerungs- und Triebmittel Backpulver beigeben.

Rührmasse mit Backpulver (Backpulverteig)

Grundrezept für 1 Gugelhupfform, Ø 20–22 cm, oder ein Blech, 40 x 30 cm:	GRUNDREZEPT
0,15 kg Butter	■ Butter, Staubzucker und Geschmackszutaten flaumig rühren – Eidotter nach und nach einrühren – zwei Drittel des Mehls abwechselnd mit der Milch unterheben. ■ Eiklar mit Kristallzucker zu Schnee schlagen. ■ Restliches Mehl, mit Backpulver versiebt, abwechselnd mit dem Schnee in den Abtrieb einmelieren. ■ Masse in die vorbereitete Form füllen. ■ Im vorgeheizten Backrohr bei 160–180 °C ca. 1 Stunde backen. ■ Stürzen – auskühlen lassen – mit Staubzucker bestreuen.
0,07 kg Staubzucker	
1 Pkg. Vanillezucker	
Zitronenzesten	
4 Eidotter	
4 Eiklar	
0,08 kg Kristallzucker	
0,40 kg Mehl	
1 Pkg. Backpulver	
0,25 l Milch	
Staubzucker zum Bestreuen	

Durch Feuchtigkeit wird eine chemische Reaktion ausgelöst, bei der Kohlendioxid entsteht, wodurch das Backgut in die Höhe getrieben wird. Deshalb sollte man Backpulver erst mit dem Restmehl (versiebt!) zum Teig geben und den fertigen Teig sofort ins vorgeheizte Backrohr schieben, damit die Kohlensäure nicht vorzeitig entweicht.

In der Biedermeierzeit entstand die Tradition, dass sich die Familie am Sonntag um den selbst gebackenen Gugelhupf versammelte

Kakao-Öl-Masse
0,03 kg Mehl durch 0,02 kg Kakao ersetzen.

Statt Zimt und Rum können auch 0,05 kg Schokoladestreusel eingerührt werden. Dieser Gugelhupf wird auch als Ameisenkuchen bezeichnet.

Hippengebäck erst kurz vor dem Verzehr füllen, damit das Gebäck nicht weich wird und seine knusprige Beschaffenheit verliert.

Marmorgugelhupf

Grundrezept Rührmasse mit Backpulver	
0,03 kg Kakaopulver und 3 EL Milch (glatt gerührt)	■ Masse halbieren – eine Hälfte mit der Kakaomischung vermengen. ■ Abwechselnd helle und dunkle Masse in die vorbereitete Form füllen. ■ Anschließend eine Gabel oder Spicknadel durch die Masse ziehen, um eine gleichmäßige Marmorierung zu erhalten.

26.6 Spezialmassen

Ölmasse

Zutaten für 1 Gugelhupfform, Ø 22 cm, oder 1 Kapsel bzw. Blech mit Backschiene, 30 x 30 cm:	GRUNDREZEPT
4 Eidotter	■ Eidotter, Staubzucker und Geschmackszutaten sehr schaumig rühren – Öl nach und nach einrühren – Wasser einrühren. ■ Eiklar mit Kristallzucker zu Schnee schlagen. ■ Mehl, mit Backpulver versiebt, abwechselnd mit dem Schnee unterziehen.
0,10 kg Staubzucker	
Zitronensaft	
Zitronenzesten	
0,10 l Öl	
0,125 l Wasser	
4 Eiklar	
0,05 kg Kristallzucker	
0,28 kg Mehl	
½ Pkg. Backpulver	

Zimtgugelhupf

Grundrezept Ölmasse	
1 TL Zimt	■ Ölmasse herstellen. ■ Die Masse in die vorbereitete Form füllen. ■ Im vorgeheizten Backrohr bei 180 °C ca. 50 min backen. ■ Stürzen – auskühlen lassen – mit Zimtzucker bestreuen.
0,02 l Rum	
Zimtzucker zum Bestreuen	

Hippenmasse

	GRUNDREZEPT
1 Eiklar	■ Alle Zutaten kurz glatt rühren (die Masse darf nicht schaumig werden). ■ Die Masse dünn in entsprechenden Formen (Schablonen) auf ein vorbereitetes Backblech streichen – im vorgeheizten Backrohr bei 200 °C backen, bis die Ränder hellbraun sind. ■ Masse rasch vom Blech lösen – formen – auskühlen lassen – beliebig vollenden.
0,05 kg Butter	
0,05 kg Zucker	
0,05 kg Mehl	

Blumen, Blätter und Tierformen

- Hippenmasse mit Schablonen aufstreichen – evtl. mit einer Kontrastmasse (Masse mit Kakao oder Lebensmittelfarbe einfärben) dekorieren – Schablone entfernen.
- Backen – vom Blech lösen – evtl. formen.

Stanitzel
- Die Hippenmasse mit einer runden Schablone im gewünschten Durchmesser aufstreichen – Schablone entfernen.
- Anbacken – vorsichtig vom Blech heben.
- Sofort nach dem Lösen mit dem Stanitzelholz formen.
- Nach dem Auskühlen beliebig füllen.

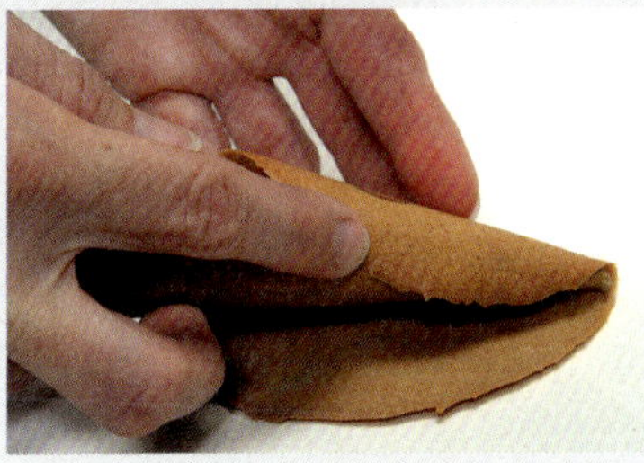

Schüsserln
- Die Hippenmasse mit runden Schablonen im gewünschten Durchmesser aufstreichen.
- Nach dem Backen in oder über Schüsserln formen.
- Nach dem Auskühlen beliebig füllen.

Puderzucker = ganz besonders feiner Staubzucker; wird hauptsächlich in der Konditorei verwendet. Sie können Puderzucker selbst herstellen, indem Sie Staubzucker im Cutter zerkleinern.

Baisermasse, Meringuemasse (Schaummasse)

Zutaten für ca. 8 St. Baisers oder ca. 8 St. Windstangerln:	
0,03 l Eiklar, pasteurisiert (1 Eiklar)	■ Eiklar, Kristallzucker und Vanillezucker zu Schnee schlagen. ■ Puder- oder Staubzucker einrühren. ■ **Baisers:** Die Schaummasse mit einer Lochtülle (Ø 0,6–0,8 cm) spiralförmig auf feuchte (in Wasser gelegte) Baiserhölzer dressieren. ■ Bei ca. 150 °C die Baisers so lange anbacken, bis sie bruchfrei vom Holz zu lösen sind. ■ Mit der Innenseite nach oben auf ein vorbereitetes Blech legen – bei 50 °C ca. 6 Stunden fertig trocknen lassen – auskühlen lassen – beliebig füllen.
0,03 kg Kristallzucker	
Vanillezucker	
0,03 kg Puder- oder Staubzucker	

Esterházymasse
Baisermasse mit fein geriebenen Haselnüssen oder Mandeln anstelle von Staubzucker. Diese Schaummasse wird als Dekor für Obstkuchen, Torten, Schnitten etc. verwendet.

Windmasse zum Flämmen

Zutaten für 1 Blech, 30 x 40 cm:	
0,12 kg Eiklar, pasteurisiert (4 Eiklar)	■ Herstellung siehe Baisermasse. ■ Die Schaummasse mit einer Palette oder einer gezackten Teigkarte auf das Erzeugnis streichen oder mit einer Loch- oder Sterntülle daraufdressieren. ■ Im Backrohr bei 240 °C Oberhitze oder im Salamander abflämmen.
0,10 kg Kristallzucker	
0,10 kg Puder- oder Staubzucker	

27 Füllcremen

Füllcremen sind Füllungen und zugleich Dekor. Ihre Konsistenz sollte locker, luftig oder schaumig sein.

27.1 Oberscremen

Sie lassen sich hervorragend mit Fruchtmark und sonstigen Geschmacksträgern mischen. Zur Bindung werden **Gelatineblätter** oder Gelatinepulver verwendet: Gelatineblätter einzeln in viel kaltes Wasser einlegen, quellen lassen, bis sie weich sind – ausdrücken, im warmen Wasserbad schmelzen oder in der heißen Creme auflösen.

Temperaturausgleich machen
Zum Einrühren in Joghurt, Topfen, Fruchtmus u. Ä. sollte die aufgelöste Gelatine die gleiche Temperatur aufweisen. Deshalb eine kleine Menge der Masse mit Gelatine verrühren und anschließend der restlichen Masse beigeben.

Fruchtoberscreme

Zutaten für ca. 0,90 kg Creme oder für 1 Torte zum Füllen:	
0,20 kg Fruchtmark (Erdbeer-, Himbeermark)	■ Fruchtmark, Kristallzucker und Zitronensaft verrühren – aufgelöste Gelatine einrühren – knapp bevor die Creme zu stocken beginnt, geschlagenes Obers unterziehen.
Ca. 0,15 kg Kristallzucker (je nach Säuregehalt der Früchte)	
Zitronensaft	
6 Bl. Gelatine	
0,50 l Obers, geschlagen	

Topfenoberstorten werden mit dieser Topfenoberscreme zubereitet und können mit Früchten verfeinert werden

Topfenoberscreme

Zutaten für ca. 0,80 kg Creme oder für 1 Torte zum Füllen:	
0,30 kg Topfen (20 % F. i. T.)	■ Topfen, Sauerrahm und Staubzucker mit den Geschmackszutaten glatt rühren – aufgelöste Gelatine einrühren – geschlagenes Obers unterziehen.
0,12 kg Staubzucker	
0,12 l Sauerrahm	
Zitronensaft	
Zitronenzesten	
1 Pkg. Vanillezucker	
Salz	
6 Bl. Gelatine	
0,30 l Obers, geschlagen	

Joghurtoberscreme

Zutaten für ca. 0,80 kg Creme oder für 1 Torte zum Füllen:	GRUNDREZEPT
0,40 l Joghurt	■ Joghurt, Staubzucker, Zitronensaft und -zesten glatt rühren – aufgelöste Gelatine einrühren – geschlagenes Obers unterziehen.
0,10 kg Staubzucker	
Zitronensaft	
Zitronenzesten	
8 Bl. Gelatine	
0,30 l Obers, geschlagen	
Grundrezept	ABLEITUNGEN
Statt 0,25 l Jogurt 0,20 kg Fruchtmark	**Erdbeer-, Himbeer-, Heidelbeer-, Brombeerjoghurtcreme** ■ Herstellung wie Joghurtoberscreme.

27.2 Schokoladecremen

Pariser Creme

Zutaten für ca. 0,50 kg Schokoladecreme oder für 1 Torte zum Glasieren:	
0,25 l Schlagobers	■ Schlagobers bis mindestens 85 °C erhitzen – Schokolade darin auflösen – evtl. homogenisieren – auskühlen lassen. ■ Knapp vor dem vollständigen Stocken schaumig rühren.
0,25 kg Kochschokolade, gehackt, oder Tunkmasse	

Homogenisieren = mit dem Stabmixer eine Minute pro Liter Creme mixen.

Pariser Creme kann auch zum Glasieren von Torten, Schnitten, Stückdesserts u. Ä. verwendet werden (siehe Schokoladeobersglasur, S. 290) und mit verschiedenen Geschmacksstoffen wie Löskaffee, Likören oder Nugat verändert werden.

27.3 Vanillecremen

Vanillegrundcreme, Pâtisseriecreme

Zutaten für ca. 0,70 kg Creme oder für 1 Torte zum Füllen:	GRUNDREZEPT
0,50 l Milch	■ 0,45 l Milch, Kristallzucker und Vanilleschote aufkochen – Vanilleschote entfernen.
0,10 kg Kristallzucker	■ Restliche Milch, Vanillepuddingpulver und Eidotter glatt rühren – in die kochende Milch geben, unter ständigem Rühren durchkochen lassen.
½ der Länge nach aufgeschnittene Vanilleschote	■ In ein flaches Gefäß leeren – mit Frischhaltefolie abdecken.
0,04 kg Vanillepuddingpulver oder Maisstärke	■ Auskühlen lassen – zur Weiterverarbeitung passieren.
2 Eidotter	
Grundrezept 0,25 kg Vanillegrundcreme, passiert	ABLEITUNG **Vanilleoberscreme**
1 Bl. Gelatine	■ Vanillegrundcreme, aufgelöste Gelatine, Rum und Staubzucker glatt rühren – geschlagenes Obers unterziehen.
0,02 l Rum	
0,02 kg Staubzucker	
0,50 l Obers, geschlagen	

Diese Creme wird als Füllcreme, Beimischung für Buttercreme, für Desserts etc. verwendet.

Die Creme kann auch durch Rühren rasch abgekühlt werden. Durch die Bewegung bildet sich an der Oberfläche keine Haut, sie wird nach dem Stocken nicht schnittfest und muss deshalb auch nicht passiert werden. Die Creme wird besonders fein, wenn man einen Teil der Milch durch Schlagobers ersetzt.

27.4 Buttercremen

Buttercremen werden nur mit Butter hergestellt.

Buttercreme

Zutaten für ca. 0,60 kg Creme:	GRUNDREZEPT
0,25 kg Butter	■ Zimmerwarme Butter, Staubzucker und Salz sehr flaumig rühren – Vanillegrundcreme einrühren – nach Bedarf abschmecken.
0,02 kg Staubzucker	
Salz	
0,35 kg Vanillegrundcreme, passiert (siehe oben)	
Grundrezept	ABLEITUNGEN **Erdbeerbuttercreme**
0,10 kg Erdbeermark	■ Buttercreme mit Erdbeermark mischen.
Grundrezept	**Kaffeebuttercreme**
0,01 kg Löskaffee	■ Buttercreme mit Löskaffee mischen.
Grundrezept	**Schokoladebuttercreme**
0,08–0,10 kg Kochschokolade, geschmolzen, oder Tunkmasse	■ Wie Buttercreme herstellen, jedoch die Buttermasse vor dem Einrühren der Vanillegrundcreme mit 0,08–0,10 kg geschmolzener Kochschokolade oder Tunkmasse flaumig rühren.
Grundrezept	**Vanillebuttercreme**
½ Vanilleschote, Mark	■ Buttercreme mit dem Mark der Vanilleschote mischen.

28 Füllungen

Füllungen geben den Erzeugnissen durch ihre Zusammensetzung Geschmack, Charakter und längere Frischhaltung. Sie sind mit Ausnahme der Punschfüllung backfest und werden zum Füllen von Backwaren aus Germ-, Plunder-, Blätter- und Mürbteig verwendet.

28.1 Apfelfüllungen

Diese Apfelfüllung wird für Apfeltaschen, gedeckten Apfelkuchen etc. verwendet.

Gedeckter Apfelkuchen

0,01 kg Vanillepuddingpulver kann als Saftbinder anstelle der Brösel beigemengt werden.

Rohe Apfelfüllung

Zutaten für ca. 1 kg Füllung:	GRUNDREZEPT
0,75 kg säuerliche Äpfel, geschält, entkernt, blättrig geschnitten	■ Äpfel mit den übrigen Zutaten kurz vor der Verwendung locker mischen.
Ca. 0,08 kg Kristallzucker (je nach Säuregehalt der Äpfel)	
Zimt	
0,07 kg Biskuitbrösel	
0,05 kg Rosinen	
Zitronenzesten, Zitronensaft	
Rum	
0,05 kg Walnüsse, grob gehackt	
Grundrezept	ABLEITUNG
0,07 kg Butter	**Apfelfüllung für gezogenen Apfelstrudel** ■ Brösel in gleicher Menge Butter rösten.

Gedünstete Apfelfüllung

Zutaten für ca. 1,20 kg Füllung:	
1 kg Äpfel, geschält, entkernt, blättrig geschnitten	■ Äpfel mit Zucker, Rosinen und Geschmackszutaten kernig weich dünsten.
0,10 kg Kristallzucker	
0,06 kg Rosinen	
Zitronensaft, Zimt	

28.2 Mohnfüllungen

Powidl = böhmische Bezeichnung für ungezuckertes Pflaumenmus.

Diese Mohnfüllung wird für Strudel, Gebäck etc. verwendet.

Gekochte Mohnfüllung

Zutaten für ca. 0,50 kg Füllung:	
0,12 l Milch	■ Milch, Kristallzucker, Vanillezucker und Butter aufkochen. ■ Mohn, Biskuitbrösel und Rosinen einrühren – einmal aufkochen. ■ Auskühlen lassen – Honig und Powidl einrühren. ■ Mit Zitronenzesten, Zimt und Rum abschmecken.
0,07 kg Kristallzucker	
½ Pkg. Vanillezucker	
0,04 kg Butter	
0,20 kg Mohn, gemahlen	
0,05 kg Biskuitbrösel	
0,05 kg Rosinen	
0,03 kg Honig	
0,04 kg Powidl	
Zitronenzesten	
Zimt	
Rum	

28.3 Nussfüllungen

Gekochte Nussfüllung

Zutaten für ca. 0,50 kg Füllung:	
0,125 l Milch	■ Milch mit Kristallzucker und Honig aufkochen. ■ Biskuitbrösel und Nüsse oder Mandeln einrühren – auskühlen lassen. ■ Mit Rum, Zitronenzesten und Zimt abschmecken.
0,07 kg Kristallzucker	
0,03 kg Honig	
0,07 kg Biskuitbrösel	
0,20 kg Wal- oder Haselnüsse oder Mandeln, gerieben (1 Pkg. Nüsse = 0,20 kg)	
Rum, Zitronenzesten, Zimt	

Diese Füllung wird für Strudel, Schnecken etc. verwendet.

28.4 Topfenfüllungen

Topfenfüllung

Zutaten für ca. 0,50 kg Füllung:	
0,10 kg weiche Butter	■ Butter, Staubzucker, Eidotter und Geschmackszutaten flaumig rühren – Topfen und Vanillepuddingpulver einrühren.
0,20 kg Staubzucker	
2 Eidotter	
½ Pkg. Vanillezucker	
Salz, Zitronenzesten	
0,25 kg Topfen (20 % F. i. T.)	
0,02 kg Vanillepuddingpulver oder Maisstärke	

Diese Topfenfüllung wird für Strudel (doppelte Menge) und Gebäck verwendet.

Die Topfenfüllungen können durch je 0,04 kg Rosinen ergänzt werden.

Topfenfüllung mit Vanillecreme

Zutaten für ca. 0,50 kg Füllung:	
0,125 l Milch	■ Milch, Kristallzucker, Vanillezucker, Eidotter, Vanillepuddingpulver verrühren, aufkochen – überkühlen lassen. ■ Topfen, Salz und Zitronenzesten unterziehen.
0,05 kg Kristallzucker	
½ Pkg. Vanillezucker	
1 Eidotter	
0,03 kg Vanillepuddingpulver oder Maisstärke	
0,25 kg Magertopfen	
Salz, Zitronenzesten	

Diese Topfenfüllung wird für Gebäck verwendet.

28.5 Punschfüllung

Zutaten für ca. 1,30 kg Füllung:	
0,80 kg Biskuit und Kakaobiskuit (siehe Biskuitmassen, S. 278)	■ Helles und dunkles Biskuit in kleine Würfel schneiden. ■ Mit Orangenmarmelade, Aranzini, Rum und Läuterzucker mischen.
0,20 kg Orangenmarmelade	
0,08 kg Aranzini, faschiert	
0,06 l Inländerrum	
0,10 kg Läuterzucker (siehe S. 289)	

Die Punschfüllung wird für Torten, Schnitten und Stückdesserts verwendet.

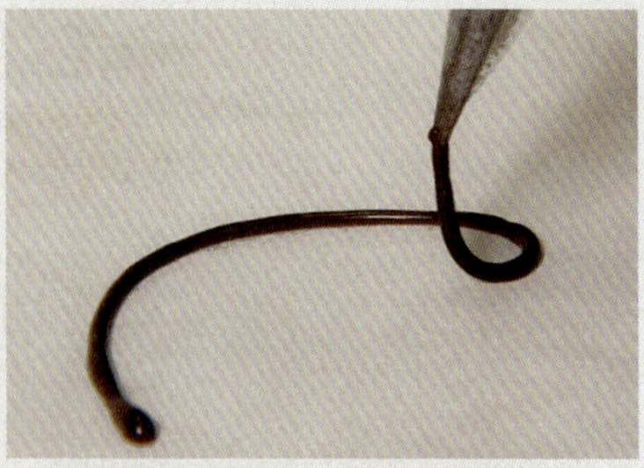

Die richtige Konsistenz hat die Glasur, wenn sie einen Löffelrücken dünn überzieht

Aprikotieren = Bestreichen der Gebäckoberfläche mit heißer, passierter Marillen-(= Aprikosen-)marmelade, damit beim Glasieren die Glasur nicht grießig wird.

29 Glasuren

Das Überziehen von Gebäckstücken mit einer Glasur oder Überzugsmasse dient der Frischhaltung, der Geschmacksverbesserung und ist gleichzeitig Dekor.

Glasieren von Torten

- Die Oberfläche der zu überziehenden Erzeugnisse (Torten, Schnitten, Plunder-, Blätterteiggebäck u. Ä.) wird vor dem Glasieren aprikotiert.
- Die Torten rasch und mit wenigen Strichen überziehen. Da die Glasur sehr schnell anzieht, bleibt kaum Zeit zum Korrigieren. Deshalb sollte man von vornherein genügend Glasur aufgießen.
- Die glasierten Torten sofort auf die vorbereitete Unterlage setzen und die Glasur erstarren lassen.
- Evtl. abgelaufenen Überzug mit einem kleinen Messer wegschneiden.
- Glasurrückstände mit wenig Wasser verrühren und beim Kochen der nächsten Glasur mitverarbeiten.

29.1 Glasuren aus Puder- oder Staubzucker

Spritzglasur, Eiklarspritzglasur, Glace royale

Zutaten für ca. 0,20 kg:
Ca. 0,15–0,20 kg Puderzucker (siehe S. 283) oder feinstgesiebter Staubzucker
0,03 kg Eiklar, pasteurisiert
Zitronensaft

- Eiklar mit einem Großteil des Puderzuckers glatt rühren.
- Restlichen Puderzucker nach und nach dazugeben, bis die gewünschte Konsistenz erreicht ist.
- Ein paar Tropfen Zitronensaft dazugeben.
- Schaumig rühren, bis die Glasur standfest und spritzfähig ist.
- Evtl. mit Lebensmittelfarbe einfärben.
- Die Schüssel mit der fertigen Glasur sofort mit einem feuchten Tuch abdecken, damit die Glasur nicht antrocknen kann.

Diese Glasur wird für Garnier- und Schreibarbeiten, Dekorteile, Aufsätze, zum Einstreichen von Torten und Kuchen verwendet.

Anmerkungen

- Spritzglasur für Schreibarbeiten und Dekorteile sollte man nur mit dem Kochlöffel rühren, um ein Schaumigwerden zu vermeiden.
- Mit Zitronensaft lässt sich die Spritzglasur leichter aufschlagen und ist somit geschmeidiger und spritzfähiger.
- Auf Vorrat hergestellte Spritzglasur verschlossen, z. B. in einem Plastiksackerl, im Kühlschrank aufbewahren.

Zitronen- oder Rumglasur

- Puderzucker oder feinst gesiebten Staubzucker je nach Verwendungszweck mit Zitronensaft oder Rum dickflüssig anrühren.

29.2 Zuckerkochen

Beim Zuckerkochen werden Zuckerlösungen gekocht. Je länger gekocht wird, umso dichter (konzentrierter) wird die Lösung. Von der Konzentration hängt die Verwendbarkeit ab.

Die Zuckerkochtabelle finden Sie unter www.trauner.at – Schulbuch, Service – Küche, Service, Betriebsorganisation.

Die **Temperatur** von Zuckerlösungen kann mit dem Zuckerthermometer (Angabe in Celsius- oder Reaumurgraden), die **Dichte** mit der Zuckerwaage (Aräometer) oder mit dem Refraktometer (Angabe in Prozenten) gemessen werden. Die Dichte wird in Zuckergraden – Baumé (°Bé) oder Brix – angegeben. Die Zuckergrade kann man auch mit unterschiedlichen Proben von Hand ungefähr ermitteln.

Die einfachste Form und erste Stufe beim Zuckerkochen ist der **Läuterzucker.** Läuterzucker ist eine aufgekochte reine Zuckerlösung, die meist auf Vorrat hergestellt wird. Zucker- und Wassermenge bestimmen die Dichte des Läuterzuckers.

Diese Läuterzuckerlösung (Verhältnis 1 : 1) wird zum Tränken von Torten, Gebäck etc., Verdünnen von Glasuren, Ansetzen von Kompotten und Fruchtsalaten, Mixen von Bargetränken, zur Speiseeisherstellung etc. verwendet.

Läuterzucker

Zutaten:	
0,25 kg Kristallzucker	■ Zucker und Wasser aufkochen – abschäumen (Teesieb). ■ In Flaschen abgefüllt gekühlt aufbewahren.
0,25 l Wasser	

Karamell

Karamell ist die letzte Stufe des Zuckerkochens. Läuterzucker wird durch weiteres Kochen immer dickflüssiger und fester – **Bruchzucker.** Wird Bruchzucker weiter erhitzt, so wird er wieder flüssig. Der vorerst klare, durchsichtige Zucker färbt sich schnell gelblich, zum schwachen Karamell. Karamell entsteht bei einer deutlichen Braunfärbung. Er wird für Dobosglasur, zum Ausgießen von Darioleformen, für Karamellcreme und -saucen und Krokant verwendet.

Karamell kann auch nur durch Schmelzen von Zucker hergestellt werden. Bei ausreichender Erhitzung schmelzen die Zuckerkristalle und gehen in einen flüssigen Zustand über. Durch diese Umwandlung verändert der Zucker seinen Geschmack und seine Farbe.

29.3 Glasuren aus gekochtem Zucker

Fondant, Fondantglasur

Fondant ist eine im Fachhandel erhältliche Zuckerglasur, die sehr aufwendig in der Herstellung ist. Sie wird zum Glasieren von Torten (z. B. Esterházytorte), Schnitten (z. B. Cremeschnitten), Gebäck, Kuchen, Teegebäck etc. und zur Herstellung von Pralinen verwendet.

- Zum Glasieren je nach Verwendungszweck mehr oder weniger anwärmen (ca. 36 °C).
- Mit Wasser oder Läuterzucker (siehe oben) zur gewünschten Konsistenz verdünnen.
- Nach Bedarf mit Lebensmittelfarben, Kakaopulver, Löskaffee, Zitronen- oder Orangensaft, flüssiger Schokolade, Spirituosen u. Ä. abschmecken bzw. färben.
- Die zu überziehenden Torten oder Schnitten vor dem Glasieren aprikotieren.
- Fondant soll nach dem Glasieren rasch abtrocknen, grifffest sein und einen schönen Glanz haben. Dieser lässt sich durch Zugabe von etwas Eiklar noch verstärken.

Punschglasur
Glasur mit roter Lebensmittelfarbe rosarot (nicht zu intensiv) einfärben.

Schokoladeglasur

Zutaten für eine Torte, Ø 22 cm:	
0,13 kg Kristallzucker	■ Kristallzucker mit Wasser aufkochen. ■ Schokolade dazugeben und mit dem Stabmixer kurz mixen, bis die Glasur glänzend ist und eine homogene Konsistenz hat. ■ Auf ca. 50 °C temperieren und die Torte glasieren.
0,07 kg Wasser	
0,15 kg Kochschokolade, geschmolzen, oder Tunkmasse	

Diese Glasur wird für Torten, Kuchen und Schnitten verwendet.

Spritzschokolade wird für Fadengarnierungen und zum Spritzen von Ornamenten verwendet

Spritzschokolade, Schokoladespritzglasur

Zutaten:	
Kochschokolade, geschmolzen, oder Tunkmasse	▪ Schokolade mit ein wenig Läuterzucker, Rum oder Wasser verrühren; dadurch verdickt sich die Masse. ▪ Weiterrühren, bis die Masse grießig wird. Die Emulsion der Schokolademasse geht vorübergehend verloren. ▪ Weitere Flüssigkeit dazugeben und rühren, bis eine dickcremige Masse entsteht. Die Konsistenz kann durch die Flüssigkeitsmenge reguliert werden. ▪ Auf Vorrat hergestellte Spritzschokolade wird durch Erwärmen im Wasserbad wieder spritzfähig.
Läuterzucker (siehe S. 289)	
Rum oder Wasser	

Anmerkung

Spritzschokolade kann auch durch Mischen mit Kakaopulver hergestellt werden. Dazu 0,10 kg geschmolzene Kochschokolade mit 0,01 kg gesiebtem Kakaopulver verrühren und passieren.

29.4 Schokoladefettglasur

Durch die Verwendung von Kokosfett werden ein besonders schöner Glanz und eine bessere Schnittfestigkeit erreicht. Eine geschmackliche Veränderung ist allerdings zu berücksichtigen, daher evtl. die Butter nur teilweise durch Kokosfett ersetzen.

Zutaten für eine Torte, Ø 22 cm:	
0,20 kg Kochschokolade	▪ Kochschokolade im warmen Wasserbad schmelzen – Fett beigeben – glatt rühren. ▪ Bis zur richtigen Konsistenz abkühlen lassen (die Glasur muss einen Löffelrücken dünn überziehen). ▪ Aprikotierte Torte glasieren – auf einem Glasiergitter abtropfen lassen. ▪ Zum Tunken von Gebäck die Glasur im Wasserbad stehen lassen, damit sie gleichmäßig warm bleibt.
0,15–0,20 kg Butter, Margarine oder Kokosfett	

29.5 Schokoladeobersglasur

Diese Glasur wird zum Überziehen von Torten, Schnitten, Rouladen, Stückdesserts u. Ä. verwendet.

- Zutaten und Herstellung siehe Pariser Creme, S. 284.
- Nach dem Homogenisieren auf die gewünschte Konsistenz überkühlen lassen.

29.6 Überzugsmassen

Kuvertüre wird als Überzugsmasse für Teegebäck, Torten, Schnitten, Kuchen, Pralinen etc. verwendet.

Tunkmasse, Kuvertüre

Kuvertüre wird vom Handel in drei verschiedenen Arten angeboten:
- dunkle Kuvertüre,
- Milchkuvertüre,
- weiße Kuvertüre.

Temperieren von Kuvertüre

Kuvertüre kann als Glasur nur temperiert werden. Damit ist gemeint, die zerkleinerte Kuvertüre im warmen Wasserbad auf maximal 33 °C zu erwärmen.

Überwärmte Kuvertüre hat nach dem Stocken einen grauen Schleier und eine brüchige Struktur. Richtig temperierte Kuvertüre hat nach dem Erstarren einen seidigen Glanz und ist grifffest.

Fettglasurmasse

Fettglasurmasse wird für Torten, Schnitten und Kuchen verwendet. Sie wird vom Handel in verschiedenen Farben angeboten.

- Fettglasurmasse braucht nicht wie Tunkmasse temperiert zu werden, sondern wird nur geschmolzen. Sie bleibt nach dem Erstarren schnittfähig.
- Fettglasurmasse kann mit Öl und in der warmen Jahreszeit mit Kokosfett verdünnt werden.

Anmerkung

Fettglasurmasse darf aufgrund ihrer Zusammensetzung nicht als Schokolade bezeichnet werden.

30 Torten

Torten werden meist aufgeschnitten, mit Creme, Schlagobers, Marmelade, Früchten u. Ä. gefüllt und entsprechend vollendet. Die Tortenbezeichnungen richten sich nach der Art des Bodens (Sachertorte), der Füllung (Punschtorte) oder des Geschmacks (Kaffeetorte).

30.1 Buttercreme- und Vanillecremetorten

Malakowtorte, Biskottentorte

Zutaten für eine Torte, Ø 22 cm:	
1 Boden aus Biskuitmasse (siehe S. 278), Höhe 1 cm	
Creme:	
0,35 kg Vanillegrundcreme, passiert (siehe S. 285)	
0,06 l Rum	
0,25 l Obers, geschlagen	
Tränke:	
0,08 l Läuterzucker (siehe S. 289)	
0,05 l Rum	
Weitere Zutaten:	
Ca. 40 St. Biskotten	
0,25 l Obers, geschlagen, leicht gesüßt, zum Bestreichen	
Dekor:	
Mandeln, gehobelt, geröstet	
Biskotten, halbiert	
Tunkmasse, temperiert	
Schokoladespäne	

- **Zubereitung der Creme:** In die Vanillegrundcreme Rum und geschlagenes Obers unterziehen.
- **Zubereitung der Tränke:** Läuterzucker mit Rum mischen.
- Einen mit Folienstreifen ausgelegten Tortenring um den Biskuitboden stellen – Biskuitboden mit Creme bestreichen.
- Biskotten mit Tränke befeuchten – dicht einlegen – Creme aufstreichen.
- Insgesamt drei Lagen getränkte Biskotten abwechselnd mit Creme schichten.
- Oberfläche mit Creme glatt streichen – kühl stellen.
- Torte mit leicht gesüßtem geschlagenem Obers einstreichen – unteren Rand mit gehobelten, gerösteten Mandeln einstreuen.
- Jedes Stück mit einer Obersrosette und einer halbierten, in Tunkmasse getunkten Biskotte dekorieren.
- Oberflächenmitte mit Mandelblättchen oder Schokoladespänen bestreuen.

30.2 Oberstorten

Topfenoberstorte

Zutaten für 1 Torte, Ø 22 cm:	
1 Mürbteigboden aus 0,15 kg feinem Mürbteig (siehe S. 265)	■ Mürbteigboden mit Marillenmarmelade bestreichen – Biskuitboden darauflegen – einen mit Folienstreifen ausgelegten Tortenring um den Tortenboden stellen – Topfenoberscreme einfüllen – glatt streichen – einige Stunden kühl stellen. ■ Tortenkörper mit leicht gesüßtem geschlagenem Obers einstreichen. ■ Mit Marillenspalten und Schokoladeflocken garnieren.
0,05 kg Marillenmarmelade	
1 Boden aus Biskuitmasse (siehe S. 278), Höhe 1 cm	
Ca. 0,80 kg Topfenoberscreme (siehe S. 284)	
0,25 l Obers, geschlagen, leicht gesüßt, zum Bestreichen	
Dekor:	
Marillenspalten	
Schokoladeflocken	

Erdbeerjoghurttorte – mit Fruchtspiegel überzogen

Erdbeerjoghurttorte

Zutaten für 1 Torte, Ø 22 cm:	
2 Böden aus Wiener Masse (siehe S. 279), Höhe 1,5 cm und 1 cm	■ **Zubereitung der Tränke:** Erdbeermark, Läuterzucker und Grand Marnier mischen. ■ Böden mit der Tränke bestreichen. ■ Einen mit Folienstreifen ausgelegten Tortenring um den Tortenboden stellen. ■ Erdbeerjoghurtcreme mit den klein geschnittenen Erdbeeren mischen. ■ Die Hälfte der Creme in den Tortenring füllen. ■ Den zweiten Boden einlegen – restliche Creme einfüllen – einige Stunden kühl stellen. ■ Tortenkörper mit leicht gesüßtem geschlagenem Obers einstreichen. ■ Jedes Stück mit einer Obersrosette und einer in Gelee getauchten Erdbeere garnieren.
Tränke:	
0,10 kg Erdbeermark	
0,03 l Läuterzucker (siehe S. 289)	
0,03 l Grand Marnier oder Cointreau (Konzentrat)	
Füllung:	
Ca. 0,65 kg Erdbeerjoghurtcreme (siehe S. 284)	
0,05 kg Erdbeeren	
0,25 l Obers, geschlagen, leicht gesüßt, zum Bestreichen	
Dekor:	
Erdbeeren, halbiert, mit Blättern	
Gelee	

Nusstorte

Zutaten für 1 Torte, Ø 24 cm:	
Nussboden:	■ **Zubereitung des Nussbodens:** Herstellung siehe kalt gerührtes Biskuit, S. 278. ■ Die Masse in eine vorbereitete Springform oder einen Tortenring auf Backtrennpapier füllen – im vorgeheizten Backrohr bei 180 °C ca. 45 min backen. ■ Auf ein mit Kristallzucker bestreutes Backpapier umdrehen – auskühlen lassen.
6 Eidotter	
0,02 l Wasser	
6 Eiklar	
0,06 kg Kristallzucker	
0,06 kg Staubzucker	
0,08 kg Mehl	
0,05 kg Walnüsse, fein gerieben	
0,03 kg Biskuitbrösel	

Nusscreme:
0,10 l Wasser
0,03 kg Kristallzucker
0,10 kg Walnüsse, gerieben
2 Bl. Gelatine
0,05 l Rum
0,35 l Obers, geschlagen
Dekor:
0,05 kg Walnüsse, gerieben
Walnüsse, halbiert

- **Zubereitung der Nusscreme:** Wasser mit Zucker aufkochen – Walnüsse beigeben – unter ständigem Rühren eine Minute kochen lassen – auskühlen lassen.
- Aufgelöste Gelatine und Rum einrühren – geschlagenes Obers unterziehen.
- Nussboden zweimal durchschneiden.
- Böden abwechselnd mit drei Viertel der Creme zusammensetzen.
- Tortenkörper mit Creme einstreichen – mit geriebenen Walnüssen bestreuen.
- Jedes Stück mit einer Cremerosette und einer halben Walnuss dekorieren.

30.3 Torten mit Marmelade

Sachertorte

Zutaten für 1 Torte, Ø 22 cm:
1 Tortenboden aus Sachermasse (siehe S. 281)
0,15 kg Marillenmarmelade
Schokoladeglasur (siehe S. 289)

- Die oberen Kanten des Tortenbodens leicht **abrunden.**
- Boden einmal durchschneiden – mit Marillenmarmelade zusammensetzen.
- Aprikotieren und mit Schokoladeglasur glasieren.

Sacherglasur siehe www.trauner.at, Schulbuch, Service.

Die Sacher- und die Fruchtgeleetorte können auch als Schnitten ausgefertigt werden.

30.4 Fruchtgeleetorte

Zutaten für 1 Torte, Ø 22 cm:
1 Mürbteigboden aus 0,15 kg feinem Mürbteig (siehe S. 265)
0,05 kg Marillenmarmelade
1 Boden aus Biskuit-, Wiener- oder Sandmasse (siehe S. 278), Höhe 2–3 cm
Ca. 0,60 kg Früchte (Erdbeeren, Kiwis, Bananen, Himbeeren, Weintrauben etc., auch Tiefkühl- und Kompottfrüchte)
Gelee

- Mürbteigboden mit Marillenmarmelade bestreichen – einen mit Folienstreifen ausgelegten Tortenring um den Tortenboden stellen.
- Biskuitboden einlegen – mit Marillenmarmelade bestreichen.
- Mit vorbereiteten Früchten belegen – mit Gelee überglänzen – erstarren lassen.
- Oder drei 1 cm hohe Böden aus Wiener Masse (siehe S. 279) dünn mit Buttercreme (siehe S. 285) zusammensetzen, vorsichtig pressen. Oberfläche mit Creme bestreichen – kühl stellen – mit vorbereiteten Früchten belegen – mit Gelee überglänzen – erstarren lassen.
- Oder aus Sandmasse (siehe S. 280) ohne Mürbteigboden und ohne Marmelade in einer Obsttortenform (siehe S. 50) zubereiten.

Gutes **Gelee** soll kristallklar, wohlschmeckend und je nach Verwendungszweck mehr oder weniger fest sein.

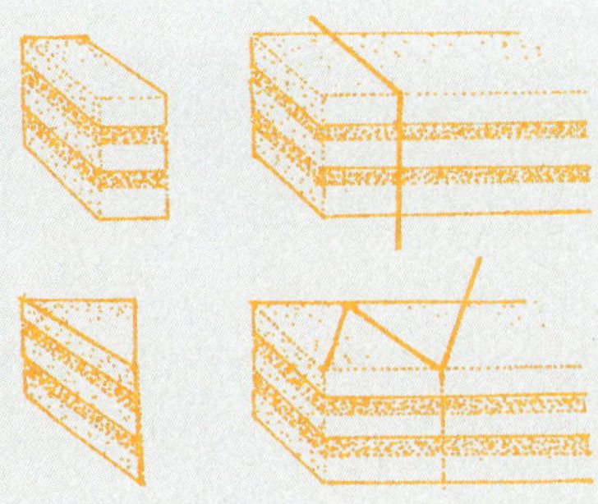

31 Schnitten

Schnitten sind in ihrer Zusammensetzung – Masse, Creme, Früchte etc. – den Torten sehr ähnlich. Die Herstellung ist jedoch wesentlich rationeller. Das in Streifen oder Würfel geschnittene Backwerk wird mit Creme zusammengesetzt, gekühlt, dekoriert und in die gewünschte Stückgröße geschnitten. Es ist durchaus üblich, Schnitten auch in dreieckige, tortenähnliche Stücke zu teilen.

Kardinalschnitten können auch mit Marillenmarmelade oder Fruchtoberscreme (siehe S. 284) gefüllt werden.

Fruchtgeleeschnitten siehe Fruchtgeleetorte, S. 293.

31.1 Obersschnitten

Kardinalschnitten

Zutaten für ca. 13 Stück:
Schneemasse:
8 Eiklar
0,18 kg Kristallzucker
Biskuitmasse:
2 Eier
3 Eidotter
0,05 kg Kristallzucker
1 Pkg. Vanillezucker
0,05 kg Mehl
Staubzucker zum Bestreuen
Kaffeeobers:
0,50 l Schlagobers
0,02 kg Staubzucker
2 EL starker Kaffee

- Eiklar mit Zucker zu Schnee schlagen.
- Kalt gerührtes Biskuit herstellen.
- Auf zwei Blatt Backtrennpapier (à 40 x 15 cm) je drei Streifen Schneemasse mit einer großen Lochtülle im Abstand von ca. 1,5 cm dressieren – in die Zwischenräume die Biskuitmasse dressieren.
- Mit Staubzucker bezuckern und im vorgeheizten Backrohr bei 200 °C ca. 20 min backen. Die Biskuitmasse soll ausgebacken, die Schneemasse jedoch nur gestockt sein.
- Auskühlen lassen – umdrehen – Papier abziehen.
- **Zubereitung des Kaffeeobers:** Schlagobers mit Staubzucker aufschlagen – mit Kaffee abschmecken.
- Auf einen der beiden Massestreifen (Unterteil) das Kaffeeobers aufdressieren.
- Den zweiten Streifen in Schnittenbreite teilen – darauflegen.
- Fertig portionieren – mit Staubzucker bezuckern.

31.2 Obstschnitten

Himbeer-Mohn-Schnitten

Zutaten für 1 Randblech, 40 x 30 cm:
Mohnmasse:
0,24 kg Butter
0,07 kg Staubzucker
1 Pkg. Vanillezucker
Zitronenzesten
Salz
10 Eidotter
10 Eiklar
0,20 kg Kristallzucker
0,30 kg Mohn, gemahlen
0,20 kg Haselnüsse, gerieben
Weitere Zutaten:
0,25 kg Buttercreme (siehe S. 285)
1 kg Himbeeren (auch tiefgekühlt) zum Belegen
Gelee

- **Zubereitung der Mohnmasse:** Butter, Staubzucker, Vanillezucker, Zitronenzesten und Salz flaumig rühren – Eidotter nach und nach einrühren.
- Eiklar mit Kristallzucker zu Schnee schlagen – mit der Buttermasse mischen und die Mohn-Haselnuss-Mischung unterziehen.
- Im Randblech verstreichen und im vorgeheizten Backrohr bei 160 °C ca. 45 min backen – auskühlen lassen.
- Oberfläche mit Buttercreme bestreichen – mit Himbeeren dicht belegen – mit Gelee überglänzen – in Schnitten teilen.

31.3 Schnitten mit Marmelade

Punschschnitten

Zutaten für 1 Kapsel bzw. Blech mit Backschiene, 40 x 30 cm:	
2 Böden aus Wiener Masse (siehe S. 279), Höhe 1,5 cm	■ Einen Boden in die vorbereitete Form geben – mit Orangenmarmelade bestreichen. ■ Punschfüllung 3 cm hoch auftragen – mit Orangenmarmelade bestreichen und zweiten Boden darauflegen – über Nacht beschweren. ■ Aprikotieren – in 8 cm breite Streifen schneiden. ■ Streifen mit Punschglasur glasieren – in 3 cm breite Schnitten teilen.
0,15 kg Orangenmarmelade	
Punschfüllung (siehe S. 287)	
Dekor:	
0,08 kg Marillenmarmelade	
Punschglasur (siehe Fondant, S. 289)	

Sacherschnitten siehe Sachertorte, S. 293.

32 Dessertcremen

Cremen, von leichter Konsistenz und dekorativ angerichtet, lassen sich hervorragend mit Früchten oder Saucen kombinieren. Man unterscheidet:

- **Cremen zum Stürzen (Sturzcremen)** mit einem relativ hohen Anteil an Gelatine.
- **Cremen im Glas (Gläsercremen)** mit geringem oder keinem Anteil an Gelatine.
- **Mousses,** die aus einem fein pürierten oder aufgelösten, verfeinerten Grundbestandteil bestehen, nach dem sie bezeichnet werden.

Geschmackszutaten wie Fruchtmark oder -stücke, Schokolade, Spirituosen u. Ä. werden vor dem Unterziehen des Schlagobers mit der Grundcreme gemischt und geben der Creme ihren Namen, z. B. Cointreaucreme oder Erdbeercreme.

Verarbeitung von Gelatine

Quellen der Gelatine in kaltem Wasser.

↓

Auflösen der eingeweichten und ausgedrückten Gelatine in wenig warmer Flüssigkeit.

↓

Unterziehen der aufgelösten Gelatine in die Masse.

↓

Steifen der Speise durch Kühlen.

Als Grundregel gilt, dass 1 Liter Flüssigkeit mit 6 Blatt Gelatine oder 1 Päckchen Pulvergelatine gesteift wird.

Gelatine nie bis zum Siedepunkt erhitzen, da sie sonst die Gelierfähigkeit verliert!

32.1 Cremen zum Stürzen (Sturzcremen)

Bayrische Creme, gesulzte Creme

Zutaten für ca. 4 Portionen:	
0,20 l Milch	■ Milch mit Vanilleschote aufkochen. ■ Eidotter mit Kristallzucker verrühren – unter ständigem Rühren in die heiße Milch geben – bis zur leichten Bindung des Eidotters erhitzen – Vanilleschote entfernen – passieren. ■ Vorbereitete Gelatine beigeben – im Wasserbad kalt rühren – Geschmackszutaten beigeben. ■ Knapp bevor die Creme zu stocken beginnt, geschlagenes Obers unterziehen. ■ In mit Wasser benetzte Formen füllen – „glatt klopfen" – kühl stellen. ■ Nach dem Stocken aus der Form stürzen (evtl. Formen vorher kurz in heißes Wasser tauchen) – anrichten.
½ Vanilleschote, der Länge nach aufgeschnitten	
2 Eidotter	
0,04 kg Kristallzucker	
2 Bl. Gelatine	
0,20 l Obers, geschlagen	

Wussten Sie, dass ...
die **Bayrische Creme** eine der ältesten und berühmtesten Cremen ist? Sie hat als „Crème bavaroise" weltweit die feine Küche erobert.

Die Joghurtterrine kann auch durch Fruchtmark oder sehr kleinen Fruchtstückchen ergänzt werden. Die Masse kann auch in Portionsförmchen abgefüllt und gestürzt werden.

Joghurtterrine

Zutaten für ca. 4 Portionen:	
3–4 Bl. Gelatine	▪ Vorbereitete Gelatine in Zitronensaft und Rum auflösen. ▪ Joghurt mit Staubzucker verrühren und in die aufgelöste Gelatine rühren. ▪ Knapp bevor die Creme zu stocken beginnt, geschlagenes Obers unterziehen. ▪ In eine mit Klarsichtfolie ausgelegte kleine Terrinenform füllen – glatt streichen – kühl stellen. ▪ Stürzen – Folie abziehen – portionieren.
Etwas Zitronensaft, Rum	
0,25 l Joghurt	
0,05 kg Staubzucker	
0,12 l Obers, geschlagen	

32.2 Cremen im Glas (Gläsercremen)

0,04 kg pasteurisierter Eidotter entspricht 2 Eidottern.
0,06 kg pasteurisiertes Eiklar entspricht 2 Eiklar.

Weincreme mit in kleine Würfel geschnittenen Kompottfrüchten oder Beeren mischen.

Weincreme

Zutaten für ca. 4 Portionen:	
0,04 kg Eidotter, pasteurisiert	▪ Eidotter, Staubzucker, Vanillezucker und Wein im warmen Wasserbad aufschlagen – vorbereitete Gelatine einrühren – kalt schlagen. ▪ Knapp bevor die Masse zu stocken beginnt, geschlagenes Obers unterziehen – in Gläser füllen – kühl stellen.
0,07 kg Staubzucker	
Vanillezucker	
0,125 l Weißwein	
1 Bl. Gelatine	
0,20 l Obers, geschlagen	

32.3 Kalte Puddings

Grießmasse mit frischen Früchten mischen und mit Fruchtsauce (siehe S. 302) servieren

Grießflammeri

Zutaten für ca. 4 Portionen:	
0,20 l Milch	▪ Milch, Vanillezucker und Salz aufkochen. – Grieß dazugeben – unter Rühren aufkochen. ▪ Vorbereitete Gelatine in der warmen Masse auflösen – auskühlen lassen. ▪ Eidotter schaumig rühren. ▪ Knapp bevor die Grießmasse zu stocken beginnt, Eidottermasse und geschlagenes Obers unterziehen. ▪ In mit Wasser benetzte Formen füllen – kühl stellen.
1 Pkg. Vanillezucker	
Salz	
0,03 kg Grieß	
3 Bl. Gelatine	
0,02 kg Eidotter, pasteurisiert	
0,20 l Obers, geschlagen	

32.4 Mousses

Die Mousse kann auch aus weißer Schokolade zubereitet werden.

Mousse au Chocolat

Zutaten für ca. 4 Portionen:	
0,10 l Schlagobers	▪ Schlagobers aufkochen – Schokolade dazugeben – mixen – überkühlen lassen. ▪ Eidotter schaumig rühren – flüchtig mit der Schokolademasse mischen. ▪ Weinbrand und geschlagenes Obers unterziehen. ▪ In Gläser dressieren – mit Milchschokoladespänen bestreuen – kühl stellen – mit je einer Obersrosette garnieren.
0,125 kg Kochschokolade, geschmolzen, oder Tunkmasse	
0,04 kg Eidotter, pasteurisiert	
Weinbrand oder Rum	
0,15 l Obers, geschlagen	

33 Aufläufe, Soufflés, Koche und warme Puddings

33.1 Aufläufe

Pikante Aufläufe siehe Warme Vorspeisen, S. 181.

Das sind lockere Massen, die in eigens dafür bestimmten feuerfesten Porzellanformen gebacken und anschließend portioniert werden.

Auflaufgrundmasse, Vanilleauflauf

Zutaten für 1 Auflaufform, 30 x 25 cm:	
0,30 l Milch	■ Milch, Vanillezucker und Salz aufkochen. ■ Butter zerlassen – Mehl einrühren – mit der kochenden Milch aufgießen und abrösten, bis sich die Masse vom Geschirr löst. ■ Kurz überkühlen lassen – Eidotter nach und nach einrühren. ■ Eiklar mit Kristallzucker zu Schnee schlagen – ein Viertel mit der Béchamelmasse mischen und in den restlichen Schnee melieren. ■ In die vorbereitete Form füllen – glatt streichen. ■ Im vorgeheizten Backrohr bei 180 °C ca. 50 min backen – portionieren.
2 Pkg. Vanillezucker	
Salz	
0,12 kg Butter	
0,12 kg Mehl	
7 Eidotter	
7 Eiklar	
0,09 kg Kristallzucker	

Reisauflauf

Zutaten für 1 Auflaufform, 30 x 25 cm:	GRUNDREZEPT
0,15 kg Rundkornreis	■ Milch, Butter und Geschmackszutaten aufkochen – Reis dazugeben – aufkochen lassen – weich dünsten – kurz überkühlen lassen. ■ Eidotter schaumig rühren. ■ Eiklar mit Kristallzucker zu Schnee schlagen. ■ Reismasse mit der Eidottermasse mischen – Schnee unterziehen. ■ In die vorbereitete Form füllen – glatt streichen. ■ Im vorgeheizten Backrohr bei 160 °C ca. 50 min backen. ■ Portionieren – mit Staub- oder Zimtzucker bestreuen.
0,75 l Milch	
0,08 kg Butter	
1 Pkg. Vanillezucker	
Salz, Zitronenzesten	
6 Eidotter	
6 Eiklar	
0,08 kg Kristallzucker	
Staub- oder Zimtzucker zum Bestreuen	
Grundrezept	ABLEITUNG **Apfelreisauflauf** ■ Die Hälfte der Reismasse in die Form füllen. ■ Oblaten darauflegen und Apfelfüllung darüber verteilen. ■ Restliche Auflaufmasse einfüllen – glatt streichen – backen. ■ Gegen Ende der Backzeit Schaummasse auf den Reisauflauf streichen. ■ Mit gehobelten Mandeln locker bestreuen – bezuckern – bei 250 °C im Backrohr (oder unter dem Salamander) abflämmen – portionieren.
Oblaten	
Gedünstete Apfelfüllung, halbe Menge (siehe S. 286)	
Windmasse zum Flämmen (siehe S. 283) aus 2 Eiklar und 0,06 kg Kristallzucker	
0,03 kg Mandeln, gehobelt	
Staubzucker zum Bestreuen	

Salzburger Nockerln sind ein typischer Vertreter der österreichischen Mehlspeisenküche

Salzburger Nockerln

Zutaten für 1 Hauptspeisenportion oder 3 Dessertportionen:	
0,12 l Milch	■ Milch mit Butter in einer Gratinierschüssel im Backrohr aufkochen. ■ Eidotter mit Vanillezucker verrühren. ■ Eiklar mit Kristallzucker zu einem kompakten, aber noch geschmeidigen Schnee schlagen. ■ Eidotter und Mehl locker über den Schnee verteilen – flüchtig unterziehen. ■ Die Masse mit einer Teigkarte zu drei Nocken formen – in die kochende Milch-Butter-Mischung legen. ■ Im Backrohr bei 220 °C ca. 8–10 min backen. ■ Mit Staubzucker bestreuen – rasch servieren.
0,03 kg Butter	
3 Eidotter	
1 Pkg. Vanillezucker	
5 Eiklar	
0,05 kg Kristallzucker	
0,02 kg Mehl	
Staubzucker zum Bestreuen	

33.2 Soufflés

Sie bestehen aus einer besonders leichten, stark aufgehenden Grundmasse, meist einer Béchamelmasse, der verschiedene Geschmacksträger beigegeben werden. Nach ihnen werden die Soufflés benannt.

Herstellung von Früchtesoufflés

- Die halbe Milchmenge durch Fruchtmark ersetzen oder
- das Fruchtmark zum neutralen Soufflé servieren oder
- die Grundmasse mit Fruchtstücken mischen.

Soufflégrundmasse, Vanillesoufflé

Zutaten für 4 Portionen:	GRUNDREZEPT
0,125 l Milch	■ Eine Béchamelmasse herstellen (siehe Auflaufgrundmasse, S. 297). ■ Mit einer großen Lochtülle in kleine, mit Butter bestrichene, mit Staubzucker bestreute Gratinierschüsseln bis 1 cm unter den Formenrand füllen. ■ Im vorgeheizten Backrohr bei 200 °C ca. 20 min backen. ■ Oder die Formen auf ein Randblech stellen, dieses 1,5 cm hoch mit kochendem Wasser füllen und backen. ■ Mit Staubzucker bestreuen – in der Form servieren.
1 Pkg. Vanillezucker	
Salz	
0,02 kg Butter	
0,03 kg Mehl	
3 Eidotter	
3 Eiklar	
0,04 kg Kristallzucker	
Staubzucker zum Bestreuen	
Soufflégrundmasse	ABLEITUNG **Schokoladesoufflé**
0,10 kg Kochschokolade, geschmolzen, oder Tunkmasse	■ Geschmolzene Kochschokolade oder Tunkmasse nach der Eidotterzugabe mit der Béchamelmasse mischen und Walnüsse in den Schnee mischen. ■ Soufflés in Formen füllen – sofort in das vorgeheizte Backrohr schieben – bei 200 °C ca. 10 min backen.
0,06 kg Walnüsse, grob gehackt	

Soufflé

Das Garen im Wasserbad verhindert die Krustenbildung am Boden und an der Seite.
Soufflés sollen nach dem Backen innen noch fast cremig sein.

Tipp
Das Soufflé kann auch auf Vorrat hergestellt werden: Soufflémasse in Formen füllen – sofort tiefkühlen – tiefgekühlt in das vorgeheizte Backrohr schieben – bei 200 °C ca. 25–30 min backen.

33.3 Aufläufe auf Wiener Art, Koche

Koche sind eine Spezialität der Wiener Mehlspeisenküche. Sie werden warm, meistens mit verschiedenen Saucen serviert.

Scheiterhaufen, Wiener Auflauf mit Semmeln und Äpfeln

Zutaten für 4 Portionen oder 1 Auflaufform, 20 x 15 cm:	
5 St. altbackene Semmeln	■ Semmeln blättrig schneiden – in eine Schüssel geben. ■ Übrige Zutaten verrühren – darübergießen – locker mischen. ■ Masse eine Stunde durchziehen lassen, dabei von Zeit zu Zeit vorsichtig wenden. ■ Die halbe Masse locker in eine vorbereitete Form füllen – Apfelfüllung darauf verteilen – restliche Masse einfüllen. ■ Butterflocken daraufsetzen – mit Alufolie abdecken – im vorgeheizten Backrohr bei 180 °C ca. 45 min backen. Ca. 20 min vor Ende der Backzeit die Folie entfernen. ■ Windmasse auf den Scheiterhaufen streichen – evtl. gehobelte Mandeln locker aufstreuen – bei 250 °C im Backrohr abflämmen – kurz überkühlen lassen – portionieren.
0,05 l Schlagobers	
0,35 l Milch	
1 Ei	
3 Eidotter	
0,03 kg Staubzucker	
Vanillezucker	
Zitronenzesten, Salz	
0,30 kg gedünstete Apfelfüllung (siehe S. 286)	
0,04 kg Butterflocken	
Windmasse zum Flämmen (siehe S. 283) aus 2 Eiklar und 0,08 kg Kristallzucker	
Evtl. 0,03 kg Mandeln, gehobelt	

Nusskoch, Wiener Auflauf mit Nüssen

Zutaten für 4 Portionen oder 1 Auflaufform, 20 x 15 cm:	GRUNDREZEPT
0,10 kg Butter	■ Butter mit Geschmackszutaten flaumig rühren – Eidotter nach und nach einrühren – Nuss-Brösel-Mischung dazugeben. ■ Eiklar mit Kristallzucker zu Schnee schlagen – mit der Buttermasse melieren. ■ In die vorbereitete Form füllen – im vorgeheizten Backrohr bei 170 °C ca. 45 min backen – kurz überkühlen lassen. ■ Portionieren – mit Staubzucker bestreuen.
Rum	
Vanillezucker, Salz, Zimt, Zitronenzesten	
4 Eidotter	
0,12 kg Walnüsse, fein gerieben	
0,08 kg süße Brösel oder Semmelbrösel	
4 Eiklar	
0,08 kg Kristallzucker	
Staubzucker zum Bestreuen	
Grundrezept	ABLEITUNG **Weinkoch, Wiener Auflauf mit Wein**
0,25 l Weißwein	■ Fertigen Nuss- oder Mandelkoch portionieren. ■ Glühwein herstellen – Nusskoch damit tränken.
0,25 l Wasser	
0,15 kg Kristallzucker	
Zimtstange, Gewürznelken	
Zitronenzesten	

Wussten Sie, dass ...
Koche ursprünglich aus der Resteverwertung entstanden? Einige der traditionellen Grundmassen bestehen nämlich aus altbackenen Semmeln oder Kipferln. Daher stammt auch die Bezeichnung „Kipferlkoch“.

Durch das Abdecken mit Alufolie souffliert die Masse und wird besonders leicht.

Anstelle von Walnüssen können auch Mandeln verwendet werden.

33.4 Warme Puddings, Dunstkoche

Puddings werden ebenso wie Aufläufe und Soufflés auch als pikante Speise (siehe S. 181) hergestellt.

Warme Puddings oder Dunstkoche werden hauptsächlich aus Béchamelmassen oder nach eigenen Rezepten (z. B. Mohr im Hemd) hergestellt. Im Unterschied zu den Soufflés werden sie nach dem Garen im Wasserbad oder Dampf aus der Form gestürzt und mit passenden Saucen serviert.

Puddings lassen sich im Wasserbad nahe dem Siedepunkt und mit Deckelregulierung ca. 30 Minuten auf Volumen halten.

Puddinggrundmasse, Vanillepudding

Zutaten für 12 Portionen oder 1 Puddingform:	
0,30 l Milch	▪ Béchamelmasse herstellen (siehe Auflaufgrundmasse, S. 297). ▪ Mit einer großen Lochtülle die mit Butter bestrichenen, mit Staubzucker bestreuten Puddingformen dreiviertelhoch füllen. ▪ Formen in eine Kasserolle stellen und diese mit kochendem Wasser bis zur halben Formenhöhe füllen. ▪ Bei fast geschlossenem Deckel kurz aufkochen lassen, dabei beachten, dass das Wasser nicht über den Formenrand kocht. ▪ Kochtemperatur reduzieren und nahe dem Siedepunkt nur mehr ziehen lassen. ▪ Dampfbildung im Kochgeschirr durch leichtes Öffnen oder Schließen des Deckels regulieren. ▪ Pudding bis ca. 1 cm über dem Formenrand aufgehen lassen. ▪ Mit leichtem Fingerdruck in der Mitte des Puddings überprüfen, ob er gar ist. ▪ Stürzen – anrichten.
2 Pkg. Vanillezucker	
Salz	
0,10 kg Butter	
0,10 kg Mehl	
7 Eidotter	
7 Eiklar	
0,08 kg Kristallzucker	

Mohr im Hemd/Schokoladepudding

Zutaten für 12 Portionen oder 1 Puddingform:	
0,15 kg altbackene Semmeln oder Toastbrot, entrindet	▪ Semmeln in Milch einweichen – ausdrücken – passieren. ▪ Butter, Schokolade, Vanillezucker und Salz flaumig rühren – Eidotter nach und nach dazugeben. ▪ Die Semmelmasse, Mandeln und Semmelbrösel einrühren. ▪ Eiklar mit Kristallzucker zu Schnee schlagen und die Schokolademasse unterziehen. ▪ Die Puddings kochen (siehe Puddinggrundmasse). ▪ Stürzen – anrichten.
0,19 l Milch	
0,20 kg Butter	
0,15 kg Kochschokolade, geschmolzen, oder Tunkmasse	
1 Pkg. Vanillezucker	
Salz	
6 Eidotter	
0,15 kg Mandeln oder Walnüsse, gerieben	
0,10 kg Semmelbrösel	
6 Eiklar	
0,12 kg Kristallzucker	

Der Mohr im Hemd ist wohl der berühmteste Vertreter der warmen Puddings

34 Saucen

Saucen sind ideale Ergänzungen zum Nappieren für warme und kalte Süßspeisen.

34.1 Cremesaucen

Vanillesauce

Zutaten für ca. 4 Portionen:	GRUNDREZEPT
0,20 l Milch 0,20 l Schlagobers 0,05 kg Kristallzucker 1 Vanilleschote, Mark 2 Eidotter 0,02 kg Maisstärke Rum Evtl. 0,12 l Obers, geschlagen	■ Drei Viertel der Milchmenge, Schlagobers, Kristallzucker und Vanillemark aufkochen. ■ Restliche Milch, Eidotter und Maisstärke verrühren – unter ständigem Rühren in die kochende Milch geben – aufkochen lassen. ■ Mit Rum abschmecken – evtl. mit etwas geschlagenem Obers verfeinern.
Grundrezept	ABLEITUNGEN
0,04 l Löskaffee oder Kaffee	**Kaffeesauce** ■ Vanillesauce mit Löskaffee mischen oder bei der Herstellung ein Viertel der Flüssigkeit durch starken schwarzen Kaffee ersetzen.
Grundrezept	
Amaretto nach Geschmack oder 0,08 kg Marzipanrohmasse 0,04 kg Mandeln, fein gerieben, geröstet	**Mandelsauce** ■ Vanillesauce mit Amaretto abschmecken oder mit Marzipanrohmasse und fein geriebenen, gerösteten Mandeln mischen.

Die richtige Sauce gibt einer Süßspeise optisch den letzten Schliff

Verwendung als Schokoladesauce
Bei der Zubereitung der Vanillesauce 0,10 kg zerkleinerte Kochschokolade oder 0,02 kg Kakaopulver mit der Milch aufkochen.

Amaretto = Likör aus Mandeln, Bittermandeln, Kräutern, Vanille und anderen Gewürzen.

Karamellsauce

Zutaten für ca. 4 Portionen:	
0,09 kg Kristallzucker 0,04 l Wasser 0,10 l Kaffeeobers 0,06 l Milch 0,01 kg Maisstärke	■ Kristallzucker zu hellbraunem Karamell schmelzen (siehe S. 289) – mit Wasser ablöschen. ■ Kaffeeobers, Milch und Maisstärke glatt rühren – zum Karamell geben – aufkochen lassen.

Die Karamellsauce kann kalt oder warm verwendet werden.

Einfache Schokoladesauce

Zutaten für ca. 4 Portionen:	
0,25 l Milch 0,08 kg Kochschokolade 0,04 kg Kristallzucker 0,01 kg Maisstärke	■ Kochschokolade zerkleinern. ■ Alle Zutaten kalt zustellen – unter ständigem Rühren aufkochen.

Schokoladesauce

Zutaten für ca. 4 Portionen:	
0,25 l Schlagobers 0,10 kg Kochschokolade oder Kuvertüre, zerkleinert 0,10 kg Milchschokolade oder Milchkuvertüre, zerkleinert Rum	■ Schlagobers aufkochen – Schokolade dazugeben und auflösen. ■ Mixen und warm halten – mit Rum abschmecken.

Eine festere Saucenkonsistenz, z. B. zum Nappieren einer Speise oder für kalte Saucen, erhält man durch Erhöhung der Eidottermenge und durch Absteifen mit Gelatine oder geschlagenem Obers.

Da Schaumsaucen sehr rasch an Volumen verlieren und leicht zusammenfallen, empfiehlt es sich in der Gastronomie, die Zutaten zu mixen, in Flaschen abzufüllen und bei Bedarf über Dunst aufzuschlagen.

34.2 Schaumsaucen, Sabayons

Der Begriff Sabayon wird häufig nur mit dem klassischen Weinchaudeau, einer leichten, aus trockenem Weißwein, Eiern und Zucker warm aufgeschlagenen Schaumsauce, in Verbindung gebracht. Zahlreiche Variationen lassen sich jedoch durch den Austausch der Grundzutaten davon ableiten. Weißwein durch Rotwein, Sekt, Most, Portwein, Fruchtsirup und -püree, Saft und Zesten von Zitrusfrüchten und dergleichen ersetzen.

Kalte Schaumsaucen nach dem Erhitzen auf Eiswasser kalt schlagen.

Weinchaudeau, Weinschaumsauce

Zutaten für ca. 4 Portionen:	
0,25 l trockener Weißwein	▪ Alle Zutaten mischen und über Dunst dickschaumig bis zur leichten Bindung der Eier aufschlagen – sofort anrichten.
Ca. 0,10 kg Kristallzucker	
1 Ei	
2 Eidotter	

Orangensabayon, Orangenschaumsauce

Zutaten für ca. 4 Portionen:	
0,125 l trockener Weißwein	▪ Zubereitung siehe Weinchaudeau.
0,15 l Orangensaft, frisch gepresst	
0,10 kg Kristallzucker	
0,06 l Cointreau	
8 Eidotter	

Reife Früchte besitzen optimales Aroma und Süße, wodurch die Zuckerzugabe verringert werden kann.

34.3 Fruchtsaucen, Fruchtpürees

Sie werden aus frischen, vollreifen Früchten, Tiefkühlfrüchten sowie Kompottfrüchten hergestellt.

Fruchtsauce (Fruchtmark) aus frischen Früchten

Zutaten für ca. 4 Portionen:	
0,25 kg Beerenfrüchte (Himbeeren, Erdbeeren) oder Kiwis	▪ Früchte mit Kristallzucker mixen und passieren. ▪ Nach Bedarf mit Zitronensaft und Spirituosen abschmecken.
Ca. 0,05 kg Kristallzucker (je nach Säuregehalt der Früchte)	
Evtl. Zitronensaft und Spirituosen (Grand Marnier, Himbeergeist u. Ä.)	

Apfelmus

Zutaten für ca. 4 Portionen:	
0,50 kg Äpfel, geschält, entkernt	▪ Äpfel mit Wasser und Zimtstange weich dünsten – evtl. überschüssige Flüssigkeit abgießen – Zimtstange entfernen – mixen und passieren. ▪ Mit Kristallzucker und Zitronensaft abschmecken.
Wasser zum Dünsten	
1 Zimtstange	
Kristallzucker (Menge je nach Säuregehalt der Äpfel)	
Zitronensaft	

34.4 Garniervorschläge für Saucen

Kalte und warme Süßspeisen sowie Eisgerichte lassen sich auf bzw. neben Creme-, Schaum- und Fruchtsaucen (Fruchtspiegel) besonders dekorativ anrichten.

Dekorationsvorschläge

Variante 1:
Verschiedenfärbige Fruchtsaucen, wie z. B. Erdbeersauce, Kiwisauce und Marillensauce, auf einem Dessertteller kreisförmig oder halbrund nebeneinander dünn auftragen. Mit halb geschlagenem Obers oder glatt gerührtem Sauerrahm mit einer Spritztüte dünne Verzierungen daraufdressieren. Mit einer Gabel oder einem Stäbchen verschiedene Muster ziehen.

Variante 2:
Die Dessertteller dünn mit Vanillesauce ausgießen. Mit einer Spritztüte Fruchtmark in Form von Ringen daraufdressieren und diese mit einem Stäbchen abwechselnd von innen nach außen und von außen nach innen ziehen.

Variante 3:
Die Dessertteller mit beliebiger Fruchtsauce ausgießen. Mit einer Spritztüte kontrastfärbige Fruchtsauce in Form von Tupfen aufdressieren. Diese mit einem Stäbchen teilen.

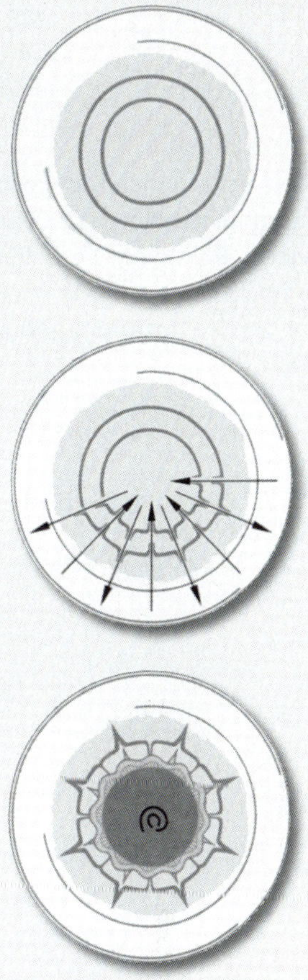

Fruchtspiegel

35 Halbgefrorenes, Parfait

Meist wird es aus einer Eidotter-(Eier-)Masse, Geschmacksträgern und geschlagenem Obers hergestellt.

Parfaitgrundmasse, Vanilleparfait

Zutaten für ca. 4–6 Portionen:	GRUNDREZEPT
1 Ei 3 Eidotter 0,06 kg Kristallzucker ½ Vanilleschote, Mark 0,25 Obers, geschlagen	■ Ei, Eidotter, Kristallzucker und Vanillemark warm schlagen – kalt schlagen. ■ Mit den gewünschten Geschmackszutaten (Schokolade, Nugat, Maronipüree, Fruchtmark, Spirituosen etc.) mischen. ■ Geschlagenes Obers unterziehen. ■ In mit Klarsichtfolie ausgelegte Formen füllen – glatt streichen – mit Folie abdecken – tiefkühlen. ■ Stürzen – portionieren.
Grundrezept	ABLEITUNGEN
0,20 kg Erdbeeren 0,06 kg Kristallzucker 0,03 l Grand Marnier	**Erdbeerparfait** ■ Erdbeeren mit Kristallzucker und Grand Marnier mixen – mit der Parfaitgrundmasse mischen.
Grundrezept 0,04 l starker Kaffee	**Mokkaparfait** ■ Parfaitgrundmasse mit Kaffee mischen.
Grundrezept 0,15 kg Kochschokolade, geschmolzen	**Schokoladeparfait** ■ Parfaitgrundmasse mit geschmolzener Kochschokolade mischen.

Parfaitmasse zum Füllen von Cassatas, Eisbomben, Eisziegeln oder Eistorten kann beliebig mit kandierten oder marinierten Früchten, getränkten Biskuitwürfeln, Makronenstückchen, Schokoladespänen, Baiserstücken etc. versetzt werden

36 Eisgetränke

36.1 Sorbets

Sorbets sollten nicht auf Vorrat, sondern unmittelbar vor dem Service z. B. in einer Sorbetière oder im Tiefkühlschrank (zwischendurch umrühren) gefroren werden.

Verwenden Sie für das Apfelsorbet Äpfel der Sorten Golden Delicious oder Granny Smith oder andere hellschalige Äpfel.

Das Sorbet kann anstelle von Champagner auch mit trockenem Sekt oder Weißwein zubereitet werden.

Diese Eisgetränke werden mit einem hohen Fruchtanteil (auch Wein- oder Champagneranteil), aber geringem Zuckeranteil hergestellt. Neuerdings werden auch Gemüsesäfte zur Herstellung verwendet. Sie werden hauptsächlich als Zwischengericht, seltener als Dessert serviert.

Apfelsorbet

Zutaten für ca. 4 Portionen:
0,20 kg Äpfel
0,10 l Wasser oder Weißwein
Kristallzucker (Menge je nach Säuregehalt der Äpfel)
Zitronensaft, Calvados

- Äpfel schälen – entkernen – in Spalten schneiden.
- Äpfel, Wasser oder Wein und Kristallzucker mixen – passieren.
- Mit Zitronensaft und Calvados abschmecken – gefrieren.
- Mit Eisportionierer ausstechen.

Erdbeersorbet oder Himbeersorbet

Zutaten für ca. 4 Portionen:
0,20 kg Fruchtmark
0,10 l Wasser oder Weißwein
Kristallzucker nach Geschmack
Zitronensaft nach Geschmack

- Alle Zutaten mischen – mixen – passieren – gefrieren.
- Mit Eisportionierer ausstechen.

Champagnersorbet

Zutaten für ca. 4 Portionen:
0,02 l Orangensaft
Zitronensaft
0,30 l Champagner
0,08 kg Kristallzucker

- Alle Zutaten mischen – gefrieren.
- Mit Eisportionierer ausstechen.

36.2 Granités

Ein Granité ist geeister Fruchtsaft. Es können verschiedene Früchte verarbeitet werden.

Zitronengranité

Zutaten für ca. 4 Portionen:
0,02 l Zitronensaft
0,01 l Wasser
0,02 l Weißwein, Sekt oder Champagner
0,04 kg Kristallzucker
Staubzucker

- Alle Zutaten gut verrühren.
- Ein flaches Gefäß mit Staubzucker bestreuen – Masse eingießen – tiefkühlen – zwischendurch immer wieder gut durchrühren.
- In eisgekühlte Gläser füllen.

36.3 Spooms

Spooms sind gefrorene Sorbets, denen gezuckerter Eischnee aus pasteurisiertem Eiklar beigemengt wird.

Ananasspoom

Zutaten für ca. 4 Portionen:	
0,06 l Wasser	■ Wasser mit Kristallzucker aufkochen – kühl stellen. ■ Mit Ananaspüree und Weißwein mixen – gefrieren. ■ Eiklar und Kristallzucker zu Schnee schlagen – unterziehen. ■ In Gläser füllen.
0,04 kg Kristallzucker	
0,15 kg Ananasfruchtfleisch, püriert	
0,06 l Weißwein, trocken	
0,02 kg Eiklar, pasteurisiert	
0,08 kg Kristallzucker	

Küchenfachausdrücke

Manche Dinge lassen sich mit einem Fachausdruck wesentlich besser auf den Punkt bringen als mit umständlichen Erklärungen. Sie erschauern beim Wort Fachausdrücke? Keine Angst, Fachausdrücke sind wie ein Lied: Je öfter man sie hört, desto leichter kann man sie wiedergeben.
Hier erfahren Sie in alphabetischer Reihenfolge alles Wesentliche von A wie à la minute bis Z wie Zitronat.

Unser Ziel

Dieses Kapitel erklärt Ihnen auf einfache Weise die wichtigsten Küchenfachausdrücke und soll Ihnen helfen, die Dinge ganz einfach beim Namen zu nennen.

À la minute	Frische Zubereitung von Speisen nach Bestellung (meist portionsweise).
À part	Beilagen, Saucen etc. extra anrichten und servieren.
À point	Auf den Punkt gegart.
Abflämmen	→ Flämmen.
Ablöschen	Bratrückstand mit Flüssigkeit begießen; dadurch löst er sich vom Gefäßboden.
Abschäumen	→ Degraissieren.
Abschrecken	Gegarte (gekochte, blanchierte) Speisen (Nudeln, Grüngemüse) mit kaltem Wasser übergießen oder in Eiswasser abfrischen.
Abstocken lassen	→ Stocken lassen.
Abtrieb	Butter mit Zutaten flaumig rühren.
Agar-Agar	Verdickungsmittel, Geliermittel (→ Gelieren); getrocknete asiatische Meeralge von außergewöhnlich starker Gelierkraft; zur Herstellung von Süßspeisen und anstelle von Gelatine in der vegetarischen Küche.
Al dente	Bissfest gekocht.
Anbacken	Teige vor der Weiterverarbeitung kurz backen, um in der Folge ein Durchbacken zu gewährleisten (v. a. Mürbteig).
Angelika(grün)	Kandierter Engelwurz.
Anschwitzen	In Fett ohne Bräunung leicht anlaufen lassen.
Aprikotieren	Abglänzen von Torten, Schnitten und Desserts mit Marmelade vor dem Glasieren.
Aranzini	Kandierte Orangenschalen.
Aromaten	Aroma gebende Ergänzungen, z. B. Gewürze, Kräuter.
Arrosieren	Braten während des Garens mehrmals mit entstandenem Bratensaft begießen.
Backperlen	→ Blind backen.
Bähen	Brot, Semmelschnitten kurz hellbraun rösten, toasten (z. B. als Suppeneinlage).
Baiser	Gebäck aus Schaummasse.
Bardieren	Geflügel, Fleisch etc. in einen Speckmantel kleiden; gegen Austrocknen und zur Geschmackgebung.
Bâtonnets	Schneideart; dicke Gemüsestäbchen.
Béchamelsauce	Milcheinmachsauce; die → Einmach wird mit Milch aufgegossen.
Beizen	Fleisch mit Marinade übergießen und längere Zeit ziehen lassen.
Beschwaden	Gargut heißem Wasserdampf aussetzen.
Beurre manié	Mehlbutter; Butter und Mehl werden verknetet und in Saucen zur Bindung eingerührt. Mehlbutter ist im Kühlschrank einige Zeit haltbar.
Binden	Mit Bindemittel (Mehl, → Beurre manié, Stärke etc.) eindicken.
Blanchieren	Kurz überkochen vor der Weiterverarbeitung.
Blind backen	Backgut ohne Füllung vorbacken; Hülsenfrüchte oder Backperlen werden eingefüllt, damit die Form des Backguts bewahrt wird (v. a. bei Mürbteig).
Blinis	Kleine Buchweizenpfannkuchen, die warm serviert werden.
Bouchées	Mundbissen, kleine Blätterteigpastetchen, gefüllt.
Bouquet garni	Kräutersträußchen; wird zur Geschmackgebung in Fonds, Suppen etc. mitgegart.
Brandig	Teig wird durch zu langes Bearbeiten brandig, er verliert seine Bindung und das Fett tritt aus.
Bridieren	Informbringen von Geflügel vor dem Garen durch Binden mit einem Küchenspagat.
Bruchzucker	Zucker, der bis zum starken Bruch gekocht wird.

Brunoise	Schneidetechnik; in feine Würfel Geschnittenes, z. B. Wurzelgemüse.
Butter, braune	Butter wird langsam erwärmt, bis sie eine hellbraune Färbung bekommt. Sie wird heiß und schäumend über die angerichtete Speise gegossen.
Canapés	Kleine, mundgerechte Happen.
Chemisieren	Formen mit Aspik überziehen.
Consommé	Kraftsuppe.
Courtbouillon	Fischfond; wird mit Milch oder Weißwein zubereitet.
Crêpes	Kleine, dünn gebackene Palatschinken.
Croûtons	In Würfel geschnittenes in Fett geröstetes Weißbrot (z. B. als Suppeneinlage oder für Salate).
Cuttern	Im Cutter feinst zerkleinern (z. B. zur Herstellung von Farcen).
Dampfl	Hefeansatz; zur Entfaltung der Hefezellen.
Darne	Fischmittelstück, → Tranche aus dem ganzen Fisch.
Dash, Spritzer	Maßeinheit für Mixgetränke.
Deglacieren	Ablöschen.
Degraissieren	Fett, Schaum etc. von Flüssigkeiten (Suppen, Fonds, Saucen) abschöpfen.
Dekorieren	Ausschmücken, verzieren, garnieren.
Demi-glace, Sauce	Braune Grundsauce.
Doublieren	Zusammensetzen von zwei Gebäckstücken (z. B. Linzer Augen).
Dressieren	Cremen oder Massen in bestimmten Formen mit einem Dressiersack aufspritzen.
Duxelles	Fein geschnittene Zwiebeln mit gehackten Champignons in Fett angeschwitzt, mit Salz und Pfeffer gewürzt, mit Petersilie vollendet und zur Weiterverarbeitung bestimmt.
Eclair	Längliches gefülltes Gebäck aus Brandmasse.
Einbrenn	Mehl wird in Fett braun geröstet und mit Flüssigkeit aufgegossen (brauner Roux, Roux brun).
Eingehängtes Rohr	Backen bei eingehängtem Rohr, Backen bei offenem Zug: Backen ohne Dampf durch Öffnen der dafür vorgesehenen Vorrichtung des Backrohrs (evtl. Einhängen eines Küchentuchs).
Einkochen	→ Reduzieren.
Einmach	Mehl wird in Fett hell angeschwitzt und mit Flüssigkeit aufgegossen (weißer Roux, Roux blanc).
En fritot	Gebackene Gerichte.
Etamin	Passiertuch, Tuchgewebe, zum Seihen von Fonds, Saucen, Suppen etc.
Farce	Füllung, fein zerkleinerte Mischung, hergestellt aus rohem Fisch, Fleisch, Geflügel etc., als Geschmacksträger sowie mit Lockerungs- und Bindemitteln. Damit das Eiweiß nicht gerinnt, sehr kalt – auch mit Eiswürfeln – zur Farce → cuttern.
Faschieren	Durch den Fleischwolf drehen, sehr fein hacken.
Filet	Lungenbraten; auch garfertig vorbereitete Stücke vom Fisch.
Filetieren	Auslösen von Fischfleisch oder Fruchtfleisch von Zitrusfrüchten.
Fines Herbes	Fein gehackte, frische Kräuter.
Flambieren	Fachausdruck für das Abbrennen von Spirituosen bei Flambégerichten.
Flämmen	Oberflächliches Bräunen unter dem Salamander oder mit der Heißluftpistole.
Fleurons	Kleine ausgestochene Blätterteighalbmonde oder andere Blätterteigformen als Garniturbestandteil oder Dekor.
Folienstreifen	Kunststofffolie zum Auslegen von Tortenringen.
Fond	Basis; mit Geschmack gebenden Zutaten (z. B. → Parüren, Abschnitten von Wurzelgemüse, → Karkassen) gegarte Flüssigkeit, die Grundlage für Saucen, Suppen etc. ist.

Frikassee	Gericht aus hellem Fleisch mit heller Sauce.
Fumet	→ Reduzierter Fond auf Fischbasis.
Garnieren	Verzieren von Speisen, Gebäck, Torten etc.
Geklärte Butter	Zerlassene, → abgeschäumte Butter.
Gelatine	Tierisches Produkt; wird aufgelöst zum Binden von Cremen etc. verwendet.
Gelieren	Eindicken von Flüssigkeiten mithilfe von Geliermitteln (→ Gelatine, Agar-Agar etc.)
Glace royale	Spritzglasur.
Glacieren	Überglänzen von Fleisch (mit Fond) oder Gemüse (z. B. mit Butter und Zucker).
Glasieren	Überziehen von Torten, Schnitten, Gebäck etc. mit Glasur.
Grand Jus	Großer brauner Fond; Zutaten wie beim braunen Fond, erweitert durch Schweinsknochen und → -parüren. Als Aufgussmittel für → Fonds, Saucen oder Fleischgerichte.
Granité	Geeister Saft verschiedener Früchte mit Weißwein oder Sekt, im Tiefkühlfach gefroren und so gespachtelt, dass kleine Kristalle entstehen.
Gratinieren	Gegarte Speisen mit Käse, Butter, Sauce und/oder Bröseln im Rohr oder im Salamander bei sehr starker Oberhitze überkrusten, überbacken.
Gremolata	Italienische Würzmischung aus zerdrücktem Knoblauch, fein gehackter Petersilie und geriebenen Zitronenzesten, evtl. auch Orangenzesten.
Grillage	Krokant; Karamell mit gerösteten Haselnüssen im Verhältnis 1 : 1, gerieben.
Grosse Pièce	Großes Fleischgericht im Stück.
Guss	→ Royale.
Homogenisieren	Mixen mit einem Stabmixer o. Ä.; schafft eine Verbindung verschiedener Zutaten von feinerer Konsistenz (z. B. Saucen, Eis etc.).
Horsd'œuvre	Vorspeise.
Jardinière	Schneideart; in grobe Würfel Geschnittenes, z. B. Wurzelgemüse, Nudelteig.
Julienne	Schneideart; feine, ca. 4 cm lange nudelige Streifen.
Jus	Natursaft, der beim Braten von Fleisch, Geflügel und Wild entsteht. Auch: Fruchtsaft.
Kannelieren	Mit dem Kanneliermesser (siehe S. 53) Gemüse oder Früchte an der Oberfläche durch Einschneiden mit Rillen verzieren.
Karamell	Braun geschmolzener Zucker.
Karkasse	Gerippe bzw. Knochengerüst von Geflügel und Wild. Zur Herstellung von → Fonds.
Klären	Klar machen; Trubstoffe von Aspikfond oder von Suppen mithilfe von Eiweiß, fein gehacktem magerem Fleisch (Klärfleisch), Filter oder → Etamin entfernen; beim Zerlassen von Butter (→ geklärte Butter) oder beim Zuckerkochen durch → Abschäumen.
Kuvertüre	Überzugsmasse, Schokolade.
Läuterzucker	Zuckersirup; Wasser und Zucker werden im Verhältnis 2 : 1 kurz aufgekocht.
Legieren	Suppen oder Saucen mit Eidotter und Schlagobers binden (→ Liaison).
Liaison	Bindung von Suppen oder Saucen mit Eidotter und Schlagobers (→ legieren).
Marinieren	Fleisch oder andere Lebensmittel mit Marinade übergießen und ziehen lassen.
Marmite	Kochtopf für Fleischgerichte, Suppentopf.
Mazerieren	Früchte mit Alkohol oder verdünnten Aromaten übergießen und längere Zeit ziehen lassen.
Mehlbutter	→ Beurre manié.
Melieren	Unterziehen (Mehl, Eischnee etc.) in Massen.
Mignons	Filets mignons; kleine Steaks aus der Filetspitze vom Rind.

Mirepoix	Verschiedenes geschnittenes Gemüse zum Ansetzen von → Fonds, für Braten etc.
Mise en Place	Bereitstellung aller benötigten Produkte und Küchenwerkzeuge vor Beginn der Tätigkeit.
Mixen	→ Homogenisieren.
Montieren	Fertige, nicht mehr kochende Suppen, Saucen oder Jus mit kalten Butterflocken sämig aufschlagen.
Mousse	Luftige oder besonders feine Masse von leichter Konsistenz, z. B. Geflügelmousse, Schokolademousse.
Nappieren	Mit Sauce übergießen, abdecken.
Papillote	Papier zum schonenden Garen im Rohr.
Paprizieren	Ansatz (z. B. gedünstete Zwiebeln) mit Paprikapulver bestreuen, kurz aufschäumen lassen und mit Essigwasser → ablöschen.
Parfümieren	Speisen mit duftenden Aromen oder Spirituosen versetzen.
Parieren	Zurechtschneiden von Fleischstücken.
Parisienne	Schneideart; mit dem Parisienneausstecher (siehe S. 52) rund bzw. kugelig ausgestochene Kartoffeln, Gemüse oder Früchte (z. B. Melonen).
Parüren	Abschnitte durch → Parieren von Fleischstücken. Werden zum Ansetzen von Fonds verwendet.
Passieren	Durch ein engmaschiges Sieb oder Passiertuch drücken.
Pasteurisieren	Durch Erhitzen keimarm machen.
Paysanne	Schneideart; feinblättrig Geschnittenes, z. B. Wurzelgemüse.
Petits Fours	Kleines Gebäck, dekoriert.
Plattieren	Portionierte Fleisch- oder Fischstücke vor dem Garen zart flach bzw. breit klopfen, um das Bindegewebe zu lockern bzw. zum Zweck der Formgebung.
Pochieren	Garziehen unter dem Siedepunkt.
Potitze	Von zwei Seiten eingerollter Germteigstrudel mit Mohn- oder Nussfüllung.
Powidl	Böhmische Bezeichnung für ungezuckertes Pflaumenmus.
Pürieren	Weiches oder weich gegartes Produkt durch Zerdrücken oder Zerkleinern in der Küchenmaschine oder mit dem Mixer oder Pürierstab in eine breiige Konsistenz bringen.
Quellen	In Flüssigkeit weichen lassen, z. B. Gelatineblätter.
Reduzieren	Einkochen auf die gewünschte Konsistenz (z. B. Saucen).
Rôti	Französische Bezeichnung für Braten, also große Fleischstücke, die im Ganzen gebraten oder gegrillt werden. In der Gastronomie auch Bezeichnung für das Hauptgericht (muss nicht unbedingt ein Fleischgericht sein).
Roux	→ Einbrenn, → Einmach.
Royale	Eiermilch (Überguss); auch: Eierstich (Suppeneinlage).
Rumrosinen	Mit Rum marinierte Rosinen.
Salpikon	In kleine Würfel geschnittenes, bereits gegartes Fleisch bzw. Fisch, Geflügel, Krustentiere, Gemüse etc., zur Weiterverarbeitung vorbereitet.
Sautieren	Kurz schwingend rösten (meist für → À-la-minute-Gerichte).
Savouries	Kleine, leckere, pikante, appetitanregende warme oder kalte Happen, Cocktailhappen.
Schleifen	Einem Teigstück mit Druck und kreisender Bewegung Spannung und eine glatte Oberfläche geben.
Schnee	Geschlagenes Eiklar.
Schnurren	Zusammenziehen von Teig (wenn der Teig vor Verarbeitung nicht lange genug rastet). Der Kleber im Mehl ist noch nicht entspannt.
Soufflé	Leichte Auflaufmasse, in der Form serviert.

Stauben	Saucenansätze, Sautés oder Gedünstetes zum Binden mit Mehl bestauben. Auch: befettete Backformen mit Mehl oder Staubzucker bestauben oder bei der Teigverarbeitung, um ein Klebenbleiben zu verhindern.
Stocken lassen	Cremen, Sulzen etc. durch Erkaltenlassen zum Erstarren bringen.
Stupfen	Ausgerollte Teige oder geformtes Gebäck (z. B. Mürb- oder Blätterteig) mit der Gabel mehrmals einstechen, um eine Blasenbildung beim Backen zu vermeiden.
Sulzen	Mit Geliermittel eindicken, → stocken lassen.
Süße Brösel	Getrocknete, zerbröselte Abschnitte bzw. Reste von gebackenen Kuchen, Torten etc. ohne Füllungen, Dekorationen u. Ä.
Tablieren	Abkühlen von Massen durch mehrmaliges Aufstreichen und Wiederzusammennehmen auf einer Tischplatte; gekochten Zucker auf einer Marmorplatte so lange bearbeiten, bis er weiß wird.
Temperieren	Auf die richtige Temperatur bringen; meist leichtes Anwärmen, aber auch Kuvertüre durch → Tablieren auf die richtige Verarbeitungstemperatur bringen.
Tomates concassées	Blanchierte, geschälte, entkernte Tomaten, klein gehackt zur Weiterverarbeitung.
Tomatisieren	Dem Ansatz vor dem → Ablöschen Tomatenmark beigeben und kurz durchrühren.
Tourieren	Blätter- und Plunderteig werden bei der Verarbeitung in Schichten gelegt (touriert), die beim Backen das Blättern des Teigs bewirken.
Tournieren	Schneideart; aus Wurzelgemüse oder Kartoffeln kleine länglich-runde Stücke herausschneiden.
Tramezzini	Italienisches Sandwich.
Tranche	Scheibe; z. B. geschnittener (tranchierter) Braten.
Tranchieren	Fachgerechtes Zerteilen von Geflügel und Schlachtfleisch.
Tränken	Benetzen, anfeuchten, durchtränken von Tortenböden, Kuchen oder luftigen Germgebäcken mit Spirituosen u. Ä.
Überglänzen	→ Glacieren.
Untergießen	Aufgießen mit wenig Flüssigkeit; dabei das Gargut nicht übergießen, sondern nur den Gefäßboden bedecken.
Velouté	Weiße Grundsauce, Einmachsauce, bestehend aus weißem → Fond, → Einmach und Schlagobers.
Vinaigrette	Salatsauce auf Essig-Öl-Basis mit verschiedenen Kräutern.
Vol-au-Vents	Größere → Bouchées.
Vorteig	Dient der Vermehrung von Hefezellen bei der Herstellung von Germteig.
Wasserbad	Wasser erhitzen und Massen, Cremen, Chaudeaus etc. in einem Gefäß darin aufschlagen.
Wegsetzen	Gebäck zum nächsten Arbeitsgang auf eine andere Unterlage geben, z. B. auf ein Blech, auf Backtrennpapier.
Zesten	Zitronen- oder Orangenschalen, die hauchdünn (mit dem Zestenmesser, siehe S. 53) abgeschält oder feinnudelig geschnitten werden. Sie dienen als → Aromaten in süßen und pikanten Gerichten (z. B. Saucen, Teigen, Massen).
Ziehmargarine	Besonders dehnbares Fett, das zur Herstellung von Blätter- und Plunderteig statt des Fettziegels verwendet werden kann.
Ziselieren	Einschneiden von Gargut, damit es beim Garen nicht reißt (z. B. bei Fisch).
Zitronat	Kandierte Zitronenschalen.
Zug, offener	→ Eingehängtes Rohr.

Stichwortverzeichnis

A

B

G

H

N

O

P

Q

R

S

T

U

V

W

Z

Rezeptregister

A

B

C

H

I

J

K

L

M

N

O

P

Q

R

S

T

U

V

W

Z

Literaturverzeichnis

Altmann-Gädke u. a.: Haushaltsführung und Haushaltspflege. Verlag Handwerk und Technik, Hamburg, 4. überarb. Aufl. 1995

Auinger-Pfund u. a.: Lehrbuch der Konditorei. Trauner Verlag, Linz, 3. Aufl. 2000 (SBNR: 1.582)

Backvergnügen wie noch nie. Gräfe & Unzer, München, 12. Aufl. 1984

Breiteneder u. a.: Konditorei, Patisserie, Bäckerei. Trauner Verlag, Linz 2004

Codex Alimentarius: Lebensmittelhygiene. Internationale Standards und Richtlinien. Behr's Verlag, Hamburg 2004

Dax u. a.: Haushaltsökonomie. Trauner Verlag, Linz 2002 (SBNR: 105.173)

Duch u. a.: Handlexikon der Kochkunst. Band 1, Trauner Verlag, Linz, 19., völlig überarb. Aufl. 2002

Duch u. a.: Handlexikon der Kochkunst. Band 2, Trauner Verlag, Linz, 3. Aufl. 1999

Erste Hilfe. Österreichisches Rotes Kreuz (Hrsg. und Verleger), Wien 1990

Fellner/Flatz: Keine Angst vor HACCP. Verlag Österreich, Wien 1997

Grüner/Metz: Der junge Koch. Fachbuchverlag Pfanneberg, Gießen, 29. Aufl. 2000

HACCP Handbuch. Praxishandbuch zur Umsetzung der Lebensmittelhygiene-Verordnung, Teile I und II. Behr's Verlag, Hamburg Juni 2004

HACCP Handbuch. Dokumentenordner zur Umsetzung der Lebensmittelhygiene-Verordnung. Behr's Verlag, Hamburg Juni 2004

Hagenauer u. a.: Kalte Küche. Trauner Verlag, Linz 1987

Hecker/Hermann: Gastronomie Grundstufe, Verlag Handwerk und Technik, Hamburg 1998

Herrmann/Nothnagel: Lehrbuch für Köche. Verlag Handwerk und Technik, Hamburg, 3., überarb. Aufl. 2002

Hofbauer/Frühwirth: Kulinarische Diätküche, Trauner Verlag, Linz, 2., überarb. Aufl. 2003

Johanna Maier: Collection Rolf Heyne, München, 4. Aufl. 2004

Karlinger: Kochbuch für jeden Haushalt. Trauner Verlag, 18. Aufl. 1997

Kosma u. a.: Betriebsorganisation, Tourismus, Marketing. Trauner Verlag, Linz, 11. Aufl. 2005 (SBNR: 3.688)

Kramer (Hrsg.): Der große Pellaprat. Die französische und internationale Kochkunst. Deutsche Neufassung von Walter Bickel. Verlag Gräfe und Unzer, München

Lang u. a.: Österreichische Naturküche. Trauner Verlag, Linz 1989

Lazelsberger u. a.: Küchenführung und Servierkunde. Band I, Trauner Verlag, Linz, 7. Aufl. 2001 (SBNR: 3.031)

Lazelsberger u. a.: Küchenführung und Servierkunde. Band II, Trauner Verlag, Linz, 5. Aufl. 2000 (SBNR: 2.375)

Lazelsberger u. a.: Angewandte Betriebsorganisation. Trauner Verlag, Linz, 4. Aufl. 2000 (SBNR: 2.912)

Metz u. a.: Hotel & Gast. Fachwissen Hotel, Restaurant, Küche. Fachbuchverlag Pfanneberg, Gießen, 7. Aufl. 1999

Liebster: Warenkunde Obst und Gemüse. Band I: Obst. Hädecke Verlag, Weil der Stadt, 2. Aufl. d. Neuausgabe 2002

Liebster: Warenkunde Obst und Gemüse. Band II: Gemüse. Hädecke Verlag, Weil der Stadt, Neuausgabe 2002

Maier-Bruck: Klassische österreichische Küche. Seehamer Verlag, Weyarn 2003

Matt u. a.: Erlesenes aus Österreichs Küche, Trauner Verlag, Linz 1982

Obauer/Obauer: Das neue österreichische Kochbuch. Über 100 Klassiker und neue Kreationen. Verlag Zabert Sandmann, München 1999

Pauli: Lehrbuch der Küche, Fachbuchverlag Philip Pauli, Zürich 1992

Plachutta/Wagner: Die gute Küche. Verlag Orac, Wien 1993

Plachutta/Wagner: Die gute Küche. 2. Teil, Verlag Christian Brandstätter, Wien 2002

Reischl u. a.: Ernährung – bewusst, aktuell, lebensnah. Trauner Verlag, Linz 2003 (SBNR: 110.689)

Richter: Lehrbuch der Diätküche. Matthaes Verlag, Stuttgart 2001

Richter/Richter: Handbuch der Küche. Matthaes Verlag, Stuttgart 2004
Rohatsch u. a.: Großküchen. Planung, Entwurf, Einrichtung. Verlag Bauwesen, Berlin 2002
Rund ums Ei. Agrarmarkt Austria, Wien 2002
Sator/Sator: Übungswirtschaftsleitung. Trauner Verlag, Linz 1999
Schade u. a.: Aktive Schädlingskontrolle. Vorbeugung, Erkennung, Bekämpfung. Behr's Verlag, Hamburg 2003
Schuhmacher: Wiener Süßspeisen. Trauner Verlag, Linz 2002
Teubner u. a.: Das große Buch vom Gemüse. Edition Teubner, München 2002
Teubner u. a.: Das große Buch vom Obst. Edition Teubner, München 2002
Teubner u. a.: Das große Teubner Backbuch. Edition Teubner, München 2002.
Teubner u. a.: Gut backen. Die besondere Backschule. Edition Teubner, Füssen 2000
Verordnung des Europäischen Parlaments und des Rates mit spezifischen Hygienevorschriften für Lebensmittel tierischen Ursprungs. Gemeinsamer Standpunkt des Rates vom 13. Juni 2003. Behr's Verlag, Hamburg 2003

Bildnachweis

Seiten 57, 58, 68, 69, 127–135 (Grafiken): Gertrud Kirschenhofer, Wien
Seiten 16, 34, 110 (Zeichnungen): Arnulf Kossak, Linz
Seiten: 9, 11 (oben), 19 (oben), 21 (oben), 23, 46, 49 (Gastronorm), 50 (Spaghettitopf, Dünsttopf, Spargeltopf, Passiersieb), 51 (Römertopf), 54 (Muskatreibe, Parmesanreibe, Knoblauchpresse, Teigspachtel), 56, 62 (Allesschneider), 64 (Großküchenuniversalmaschine, Vakuummaschine), 65 (Schneebesen, Knethaken, Teigrührer, Fleischwolf, Nudelschneidmaschine, Turbomixer), 66, 67, 76 (oben), 80, 89, 91–93, 94 (unten), 95 (Fenchel, Mangold), 96 (unten), 97 (Zwiebel schälen), 99, 100 (Ananas, Feige, Granatapfel, Kaki), 101 (oben), 102 (Melonen, Papaya), 103, 104, 106, 108, 125, 127, 130, 139 (Mitte und unten), 140, 142–150, 151 (unten), 153, 162 (Mirepoix, Bouquet garni, Suppengrün, gespickte Zwiebel, Gewürzsäckchen), 165, 185, 196 (unten), 204, 205, 208, 210, 215, 217, 248, 249 (unten), 250, 251, 252, 253, 254 (Rand), 255, 256 (oben), 257, 258, 259 (oben), 261, 265, 266, 267, 270 (unten), 272, 273, 274 (unten), 275, 276, 277, 279, 281, 282 (unten), 283, 284, 285, 287, 288, 289, 290, 291, 294, 296 (unten), 297, 298, 300, 301, 303, 304, 305 Trauner Verlag, Mag. Wolfgang Kraml
Seiten: 10, 11 (unten), 20, 26 (unten), 27 (Gerätebedienung), 28, 32, 34, 35, 41, 63 (Gemüseschneidmaschine), 64 (Pacojet), 71, 72 (oben und Mitte), 83 (unten), 174 (oben), 175 (oben), 187, 188, 192, 193, 196 (oben), 222, 249 (oben), 262 Raimund Mayerhofer, Wien
Seiten 13 (oben), 14: Workline Berufskleidung, Wien, www.workline.at
Seite 13 (unten): Fotolia, © pemotret
Seiten 15, 38, 62 (Dörrapparat), 64 (Universalküchenmaschine): Rist, Wien
Seiten 16, 21, 45: Trauner Verlag, Mag. Karin Gollowitsch
Seiten 19 (unten), 105, 138, 186: Rechteinhaber unbekannt
Seite 25: Fotolia, © fotor
Seite 26 (oben): Fotolia, © studio l'alternative
Seite 27 (Messer): Solingen
Seite 30: Fotolia, © Glenn Jenkinson
Seite 33: Fotolia, © Alexander Van Deursen
Seite 36: Hotel & GV Praxis, 4/99
Seite 37: Fotolia, © Carl Durocher
Seite 40: Kempinski Hotels & Resorts S. A., Genf, Schweiz
Seiten 49–54, 63: Kolb, Bäko-Österreich
Seiten 55, 60, 61 (unten), 62 (oben): Salvis
Seiten 61 (oben), 138 (oben): Hugentobler
Seite 65 (Cutter): Cuttex
Seiten 70, 158 (oben): gettyimages
Seite 72 (unten): Fotolia, © matttilda
Seiten 73, 163, 168: Fotolia, © Esther Hildebrandt
Seite 75 (oben): Fotolia, © agg; (Mitte): Fotolia, © Chantal Seigneurgens; (unten): Fotolia, © Lisa F. Young
Seite 76 (unten): Fotolia, © Bob Rannels
Seite 77 (oben): Fotolia, © Daniel Sainthorant
Seiten 77 (unten), 102 (Litschi), 191 (oben), 197, 213, 234, 243 (unten), 270 (oben), 286: MEV
Seite 78: Fotolia, © Michael Siller
Seite 79: Manfred Buchinger, Buchingers Gasthaus „Zur Alten Schule", Riedenthal ob Wolkersdorf
Seite 81 (oben): Fotolia, © Maceo; (unten): Fotolia, © Massimiliano Pieraccini
Seite 82 (oben): Fotolia, © quayside; (unten): Fotolia, © Kasia75
Seite 83 (oben): Fotolia, © Hannes Strasser
Seite 84: Fotolia, ©, darac
Seite 85: Fotolia, ©, retrosesos
Seiten 86–88 (Screenshots BKV-WIN-Programm): Ing. Christian Pohanka, Wien
Seite 94 (oben): Fotolia, © Radu Razvan
Seite 95 (Ingwer): Fotolia, © Ewa Brozek
Seiten 96 (oben), 154, 226, 232, 282 (oben): Fotolia, © Lucky Dragon
Seite 97 (Stangensellerie): Fotolia, © jamocki; (Topinambur): Fotolia, © foto.fred; (Trüffeln): Fotolia, © Siegfried Schnepf
Seite 98: Fotolia, © Guido Roesen

Seite 100 (Datteln): Fotolia, © toufikbobo
Seite 101 (unten): Fotolia, © Gilles Paire
Seiten 113–122: Copyright Agrarmarkt Austria Marketing GesmbH
Seite 122: Fotolia, © Rachael Santillan
Seite 136: Franke
Seite 139 (oben): Fotolia, © Rohit Seth
Seite 143 (Rand): Fotolia, © Natalia Klenova
Seite 150 (unten): Fotolia, © Twilight_Art_Pictures
Seite 151 (oben): Fotolia, © Graeme Dawes
Seite 152: Fotolia, © Andrea Seemann
Seite 156: Good Tastes
Seite 158 (Mitte): Fotolia, © Bea Busse; (unten): Fotolia, © Tomo Jesenicnik
Seite 159: Fotolia, © Simone Van den Berg
Seiten 160 (oben), 201: Fotolia, © Liv Friis-larsen
Seite 160 (unten): Fotolia, © Sam Smith
Seite 161 (oben): Fotolia, © Kirill Zdorov; (unten): Fotolia, © Anne Rolland
Seite 162 (Fines herbes): Fotolia, © Carole Gomez
Seiten 167 (oben), 171: Fotolia, © KNSTUDIOS
Seiten 167 (unten), 172 (oben): Fotolia, © Elke Dennis
Seite 169: Fotolia, © Helmut Niklas
Seite 172 (unten): Fotolia, © eyewave
Seite 173: Fotolia, © pgm
Seite 174 (unten): Fotolia, © Pierre-armand Dussex
Seite 175 (oben): Fotolia, © dominique touchard
Seite 179: Fotolia, © Pascal Castellaz
Seite 181: Fotolia, © Svetlana Streltsov
Seite 182: Fotolia, © istori
Seite 183 (oben): Anthony Hall; (unten): Fotolia: © Kasia Biel
Seiten 189, 246: Fotolia, © Michael Gerlach
Seite 190: Trauner Verlag
Seite 191 (unten): Fotolia, © og-vision
Seiten 194, 254 (Hauptspalte): Rund ums Ei, Agrarmarkt Austria
Seite 199: Fotolia, © koi88
Seite 202: Fotolia, © Diana Strizhigo
Seite 203: Fotolia, © Cathleen Clapper
Seite 231: Fotolia, © Olga Lyubkina
Seiten 233, 243 (oben): Fotolia, © Franz Pfluegl
Seite 235: Fotolia, © oswald kunstmann
Seite 236: Fotolia, © Christian Jung
Seite 237: Fotolia, © Fotolial
Seite 239: Fotolia, © T. Lieder
Seite 240: Fotolia, © Maria Bedacht
Seite 242: Fotolia, © Svenja98
Seite 244: Fotolia, © Udo Kroener
Seite 245: Fotolia, © sunday pictures
Seiten 256 (unten), 296 (oben), 302: BOL Christian Kaltenbacher, Tirol
Seite 259: Fotolia, © Bockholm
Seite 260: Kolb
Seiten 264, 266 (oben), 274 (oben): BOL Dipl.-Päd. Johann Sandbichler, BOL Dipl.-Päd. Hannes Payer

Alle weiteren Bilder und Grafiken sind Eigentum des Trauner Verlages.

Danksagung

Besonderen Dank möchten wir all jenen aussprechen, die uns beim Entstehen dieses Buches geholfen haben:
Frau Fachvorstand Christine Mangler, Bergheidengasse, Wien
Frau FL Sylvia Dax, Ried
Frau Fachvorstand Christine Traidl, Technikerstraße, Innsbruck
Frau Maria Sturm, Theodor R. Rist Ges.m.b.H., Großküchenausstattung, Wien
Frau Andrea Hofbauer, Dipl.-Diätassistentin, Wien
Frau Claudia Kraml, Redaktion „Konditorei, Patisserie, Bäckerei“, Linz
Herrn Küchenmeister Anton Frühwirth, Wien
Herrn Raimund Mayerhofer, Fotograf, Wien

Folgenden Firmen danken wir sehr herzlich für die zur Verfügung gestellten Kataloge bzw. Bilder:
Firma a&g (CAD-Planung), Wien
Firma BÄKO-Österreich, Linz
Firma Franke, Wien
Firma Hugentobler, Schweiz
Firma Kolb, Meiningen, Vorarlberg
Firma Rist, Wien
Firma Salvis, Schweiz
Kempinski Hotels & Resorts S. A., Schweiz